Humberto Nagera (Hrsg.)

Psychoanalytische Grundbegriffe

Eine Einführung in Sigmund Freuds
Terminologie und Theoriebildung

Aus dem Englischen von
Friedhelm Herborth

Fischer
Taschenbuch
Verlag

Geist und Psyche
Herausgegeben von Willi Köhler
Begründet von Nina Kindler 1964

Die Originalausgaben entstanden unter Mitarbeit von
S. Baker, A. Colonna, E. Dansky, R. Edgcumbe, E. First,
A. Gavshon, A. Holder, G. Jones, M. Kawenoka, L. Kearney,
E. Koch, M. Laufer, C. Legg, D. Meers, H. Nagera,
L. Neurath, P. Radford, K. Roes

32.–33. Tausend: Februar 1998

Ungekürzte Ausgabe
Veröffentlicht in der Fischer Taschenbuch Verlag GmbH,
Frankfurt am Main, April 1977
Lizenzausgabe mit freundlicher Genehmigung
der S. Fischer Verlag GmbH, Frankfurt am Main
Die englischen Originalausgaben mit den Titeln:
›Basic Psychoanalytic Concepts on the Libido Theory;
on the Theory of Dreams; on the Theory of Instincts;
on Metapsychology, Conflict, Anxiety and Other Subjects‹
erschienen bei Allan and Unwin Ltd., London
© 1969 u. 1970 George Allan and Unwin Ltd., London
Gesamtbibliographie der veröffentlichten Schriften Sigmund Freuds:
© 1974 The Institute of Psycho-Analysis, London,
und Angela Richards, Eynsham.
Für die deutsche Ausgabe:
© S. Fischer Verlag GmbH, Frankfurt am Main 1974
Umschlaggestaltung: Buchholz/Hinsch/Hensinger
Satz: Georg Wagner, Nördlingen
Druck und Bindung: Clausen & Bosse, Leck
Printed in Germany
ISBN 3-596-42288-4

Inhalt

ANHANG

Vorwort von Anna Freud

Die Veröffentlichungen in diesem Band wenden sich an einen Leserkreis, der mit der Gedankenwelt der Psychoanalyse vertraut ist und Interesse daran hat, die in ihr vorgehenden Veränderungen an Hand der theoretischen, klinischen und technischen psychoanalytischen Literatur zu verfolgen. Was dabei auf den ersten Blick als das individuelle Schicksal der einzelnen Termini und Begriffe erscheint, erweist sich bei näherem Zusehen als die Folge von mehr allgemeinen Tendenzen und Ursachen.

Was die Psychoanalyse in ihren Anfangsjahren vor allem benötigte, waren umfassende Begriffe, die trotz allem leicht faßlich, d. h. auch für das Laienpublikum verständlich waren. Ein Beispiel dieser Art ist der von C. G. Jung eingeführte Terminus »Komplex« als Bezeichnung für ein Bündel von Impulsen, Gefühlen und Gedanken, die im Unbewußten wurzeln und von dort her in der Form von Ängsten, Abwehrmechanismen und Symptombildungen das bewußte Seelenleben beeinflussen. Die Vorstellung von der Existenz solcher Komplexe wurde rasch populär und fand weitgehende Verwendung auch in der Literatur in den Formeln von »Vaterkomplex«, »Mutterkomplex«, »Schuldgefühlkomplex«, »Minderwertigkeitskomplex«. Aber so nützlich sich diese Abkürzungen auch zur Zeit erwiesen, so wenig konnten sie mit den wachsenden Einsichten in die Komplikationen der menschlichen Entwicklung Schritt halten. Die Beziehung zwischen Kind und Eltern, der Einfluß der Mutter im ersten Lebensjahr, narzißtische Wunden und ihre Folgen für vermindertes Selbstgefühl verlangten nach detaillierterer Beschreibung. Gerade die Breite des Komplexbegriffes, die ihn zuerst empfohlen hatte, führte mit der Zeit zu seiner – wenigstens teilweisen – Vernachlässigung. Was heute in der psychoanalytischen Literatur von ihm übrig ist, sind nur zwei Verwendungen: »Ödipuskomplex« für die Dreieckbeziehung zwischen Vater, Mutter und Kind in der phallischen Phase; und »Kastrationskomplex« für die Ängste, verdrängten Wünsche etc., die sich auf den befürchteten Verlust oder das Fehlen des männlichen Genitalorgans beziehen.

Was in dieser Weise im Falle des Komplexbegriffes als Aufspaltung einer allgemeinen Formel in ihre Einzelheiten erscheint, steht in schärfstem Gegensatz zum Schicksal anderer analytischer Konzepte. Wir finden Begriffe und Termini, die bei ihrem ersten Auftreten begrenzt, voll definiert und konkretisiert waren, aber im Laufe der Zeit bei immer weiterer Verwendung viel von ihrer Bestimmtheit und ursprünglichen Bedeutung verloren. Sie müssen schließlich neu definiert und in ihrem Anwendungsgebiet beschränkt werden, um verwendbar zu bleiben. »Übertragung« und »Trauma« sind Begriffe dieser Art.

»Übertragung« war ursprünglich die Bezeichnung für die Störung der Realbeziehung zwischen Analytiker und Patient durch Beiträge aus dem vergangenen Phantasie- und Liebesleben des letzteren und für die technische Verwendung dieses Vorgangs zur Aufhellung der Vergangenheit. Heute finden wir nicht selten, daß dasselbe Wort alles deckt, was sich zwischen den beiden Partnern in der Behandlung abspielt, ungeachtet der Herkunft und Bedeutung der einzelnen Elemente.

Ein »Trauma« oder »traumatisches Erlebnis« war ursprünglich ein Vorgang in der Innen- oder Außenwelt, der vom Ich des Individuums nicht bewältigt werden konnte, d. h. ein Durchbruch des normalen Reizschutzes. Diese rein quantitative Bedeutung des Begriffs erweiterte sich im Laufe der Zeit durch Qualifikationen verschiedener Art, wie z. B. kumulatives Trauma, retrospektives Trauma, stilles Trauma, nützliches Trauma etc. Im heutigen Gebrauch hat der Terminus viel von seiner Präzision verloren und ist mehr oder weniger auf jedes pathogene Ereignis anwendbar.

Noch wichtiger als die bisher geschilderten sind andere in der psychoanalytischen Gedankenwelt vorgegangene Veränderungen. Analytische Begriffe verdanken ihre Entstehung zumeist einer speziellen Periode in der analytischen Theoriebildung oder einem speziellen klinischen Gebiet, eventuell einer speziellen technischen Handhabung. Die Entwicklungen, die in Theorie, Klinik und Technik vor sich gehen, sollten also logischerweise auch zu neuen Begriffsbildungen führen. Das ist aber nicht immer der Fall. Begriffe, die ihren Hintergrund verloren haben, werden nicht fallen gelassen, sondern weitergeschleppt, nur zu oft ohne abgeändert oder neu definiert zu werden.

Ein gutes Beispiel in dieser Hinsicht ist der Begriff des »Agierens«. Wir finden den Terminus in der frühen technischen Literatur mit Bezug auf die Analyse rein neurotischer Patienten. Was er bezeichnete, war eine bestimmte Reaktion dieser Patienten auf die analytische Deutung unbewußter Inhalte, die anstatt bewußt erinnert zu werden, direkt zu Handlungen führten. Diese wichtige Unterscheidung zwischen bewußtem Erinnern und aktivem Wiedererleben der verdrängten Vergangenheit ist heute verlorengegangen, und der Terminus Agieren hat viele andere Verwendungen gefunden. Wir begegnen ihm als Bezeichnung für das Benehmen von Jugendlichen, von Verwahrlosten, von Psychotikern, d. h. angewendet auf Fälle, in denen der Durchbruch von Impulsen vom Unbewußten her zur Pathologie gehört und nichts mit der analytischen Aufhebung von Ichwiderständen und daraus folgender Befreiung von Esinhalten zu tun hat.

Überlegungen dieser Art gaben den Ansporn für das Erscheinen der vorliegenden Veröffentlichung. Dr. H. Nagera unternimmt hier gemeinsam mit Mitgliedern und Studenten der Hampstead Clinic eine Untersuchung der Geschichte psychoanalytischer Grundbegriffe von ihrem ersten Auftauchen in den frühen Schriften Freuds bis zum letzten Band seiner gesammelten Werke.

Dr. Nagera und seine Mitarbeiter verfolgen in ihren Bemühungen ein vierfaches Ziel:

Leser der analytischen Literatur sollen es mit Hilfe dieser Erläuterungen leichter finden, die psychoanalytische Terminologie zu verstehen und sich psychoanalytisches Denken anzueignen.

Die einzelnen psychoanalytischen Begriffe sollen nicht nur ihrer eigenen Bedeutung nach definiert und verstanden werden, sondern auch mit Bezug auf die historische Periode analytischer Begriffsbildung, der sie ihre Entstehung verdanken.

Psychoanalytische Autoren sollen sich veranlaßt fühlen, die von ihnen verwendete Terminologie auf ihren historischen Hintergrund hin zu prüfen und eventuellen Veränderungen im theoretischen Denken anzupassen. Größere Präzision im sprachlichen Ausdruck könnte viel dazu beitragen, die heute nur zu häufigen Mißverständnisse und theoretischen Unstimmigkeiten in der analytischen Literatur zu verringern.

Studenten der Psychoanalyse sollen sich ermutigt fühlen, die Lektüre analytischer Schriften selbständig und von kritischem Denken begleitet in Angriff zu nehmen, um sich auf diese Art in das Wesen jeder Theoriebildung und ihrer Veränderungen einführen zu lassen.

London, im September 1973   Anna Freud

Einleitung

Dieser Band ist das Ergebnis einer in Verbindung mit der Hampstead Clinic durchgeführten Forschungsarbeit über eine große Zahl ausgewählter psychoanalytischer Konzepte, die Freud in seinen psychoanalytischen Schriften formuliert und entwickelt hat.

Diese Arbeit ist in den vergangenen sechs Jahren von der Concept Research Group geleistet worden. Die in diesem Band versammelten Artikel über Grundkonzepte sollen keineswegs das Studium der Freudschen Werke selbst ersetzen, sondern im Gegenteil eben diesem Ziel dienen.

Die Forschungsgruppe arbeitete nach den folgenden Verfahren: Jedes Mitglied übernahm jeweils die Bearbeitung eines Konzepts. Es exzerpiert dann alle im Hinblick auf dieses Konzept wichtigen Stellen aus Freuds veröffentlichten Schriften, aus seinen Briefen, aus den Minutes of the Meetings of the Vienna Psychoanalytic Society usw. und faßt sie zu einer Diskussionsvorlage schriftlich zusammen. Ein solches erstes Manuskript nannten wir das »persönliche Manuskript« und verteilten es einige Zeit vor seiner Diskussion an die Mitglieder der Arbeitsgruppe.

Wenn immer möglich, zitiert das Manuskript wörtlich, unter Angabe der genauen Quelle der Zitate. Das erleichterte den Mitgliedern der Gruppe, die sich wöchentlich zur Diskussion eines persönlichen Manuskripts trafen, das Studium dieses Manuskripts. Auf der Basis der allgemeinen Diskussion in der Gruppe wurde dann ein zweites Manuskript verfaßt, das »Gruppenmanuskript«.

Wir verfolgten mit dieser Arbeit vielfältige Ziele, die weitgehend mit denjenigen übereinstimmen, die Hartmann, Kris und Loewenstein in ihrer Schrift über ›The Function of Theory in Psychoanalysis‹[1] und anderen Publikationen formuliert haben.

Mit diesen Autoren glauben wir, daß in einem beträchtlichen Teil der riesigen Menge psychoanalytischer Literatur die Thesen Freuds oft falsch dargestellt werden, vor allem deshalb, weil manche seiner Äußerungen nicht immer in ihrem richtigen Kontext gesehen werden. So werden nicht selten spezifische Aspekte aus einer langen historischen Linie theoretischer Entwicklung herausgerissen und isoliert betrachtet,

---

[1] H. Hartmann, E. Kris u. R. M. Loewenstein, ›The Function of Theory in Psychoanalysis‹, in: *Drives, Affects and Behaviour,* International Universities Press, New York 1953.

oder man mißt der einen oder anderen Phase psychoanalytischen Denkens außerhalb des richtigen Kontextes übertriebenes Gewicht bei. Falsche Darstellungen dieser Art können leicht den irreführenden Eindruck vermitteln, daß der jeweils isolierte Aspekt alles umfaßt, was Freud oder die Psychoanalyse je zu einem bestimmten Thema zu sagen hatten. In diesem Sinne stimmen wir völlig mit Hartmann, Kris und Loewenstein überein, die sagen, »Freud zitieren ist in der Regel nur im Zusammenhang des mühsamen, aber unumgänglichen Versuchs sinnvoll, die Bedeutung der zitierten Stelle innerhalb der Entwicklung des Freudschen Denkens zu verstehen«.[2] Genau dies ist eines der Hauptziele der Concept Research Group.

Die Tatsache, daß, wie wir mit Hartmann, Kris und Loewenstein glauben, »die psychoanalytische Theorie oft nicht als ein kohärentes System von Annahmen gesehen wird«[3], war ein weiterer Antrieb für unsere Arbeit. »Freuds Hypothesen stehen in einem systematischen Zusammenhang, in einer Hierarchie im Hinblick auf ihre Relevanz, ihre Nähe zur Beobachtung, ihren Grad der Verifizierbarkeit. Gleichwohl ist es richtig, daß es keine umfassende Darstellung der Analyse unter diesem Gesichtspunkt gibt. Auch hier scheint wieder der Rekurs auf den historischen Zugang geboten zu sein ... indem man die aktuellen Probleme in ihren richtigen Proportionen und in ihrer richtigen Perspektive zeigt.«[4]

Ein weiterer wichtiger Faktor ist die Erkenntnis, daß Freud im Laufe der Entwicklung seiner Theorien viele anfängliche Äußerungen später zurückgenommen oder modifiziert hat. Dies allein stellt schon eine Hauptquelle für Mißverständnisse der Freudschen Theorien dar. Wir möchten mit dieser Arbeit, in der wir versuchen, Freuds psychoanalytische Grundkonzepte in ihren historischen Kontext zu stellen, zur Vermeidung solcher Mißverständnisse und falscher Darstellungen beitragen.

Mit Hartmann, Kris und Loewenstein stimmen wir auch darin überein, daß eine große Gefahr für falsche Darstellungen von einem unzureichenden Verständnis der Hierarchie psychoanalytischer Sätze ausgeht. Es ist deshalb wichtig – beim Zitieren ebenso wie beim Versuch von Neuformulierungen –, eine klare Vorstellung davon zu haben, wie die verschiedenen Teile der theoretischen Sätze der Psychoanalyse zusammenhängen. Wir haben deshalb die bisher geleistete Arbeit der Concept Research Group veröffentlicht, um sie Lehrern und Studen-

---

[2] H. Hartmann, ›The Development of the Ego Concept in Freud's Work‹, in: *International Journal of Psychoanalysis,* Bd. 37, Teil 6, 1956. (Bei den Freud Centenary Meetings der British Psychoanalytic Society am 5. Mai 1956 gehaltenes Referat.)
[3] H. Hartmann, E. Kris u. R. M. Loewenstein, op. cit., S. 23.
[4] H. Hartmann, op. cit., S. 425.

ten der Psychoanalyse und verwandter Gebiete zugänglich zu machen. Wir glauben, daß dieser Beitrag für jeden Studenten der Psychoanalyse von besonderem Wert und Interesse sein wird, vor allem für angehende Psychoanalytiker, die damit eine Übersicht über die psychoanalytischen Grundkonzepte erhalten – eine extrem verdichtete, aber sinnvolle Übersicht. Von den Artikeln über die einzelnen Konzepte kann der Student leicht zu Freud selbst zurückfinden, um die Originalformulierungen selbst zu studieren und genauer kennenzulernen. Auf diese Weise kann er sich auf bestimmte Aspekte in der Entwicklung der Theorie konzentrieren und doch gleichzeitig eine umfassendere oder Gesamtsicht des besonderen Themas und seiner Beziehungen zu anderen Teilen der Theorie gewinnen. Dozenten und Seminarleitern, Forschern auf dem Gebiet der Psychoanalyse und auf verwandten Gebieten sowie denjenigen, die für ihre Arbeit eine Übersicht über Freuds Äußerungen zu einem bestimmten Thema brauchen, wird unsere Arbeit ähnlich nützlich sein können. Insgesamt hoffen wir, daß unsere Arbeit hilft, Konfusion, ständige Neuformulierungen und die Einführung neuer Begriffe, wenn Autoren sich in Wirklichkeit auf von Freud klar formulierte Konzepte beziehen, zu vermeiden. Schließlich mag unsere Arbeit dazu beitragen, in bezug auf die genaue Bedeutung der heute in der Psychoanalyse gebrauchten Begriffe allmählich zu einem gewissen Maß an Standardisierung und Übereinstimmung zu kommen.

Obwohl wir uns die größte Mühe gegeben haben, umfassend zu sein und falsche Darstellungen zu vermeiden, können wir, wie uns die Erfahrung gelehrt hat, keinen Anspruch auf Vollständigkeit und Fehlerlosigkeit erheben. Bei einer so riesigen und komplexen Theoriemasse, wie sie das Gesamtwerk Freuds darstellt, ist es praktisch unmöglich, nicht den einen oder anderen Aspekt einer Faktorengruppe zu übersehen oder falsch aufzufassen. Außerdem nehmen bei einer an einer solchen Arbeit beteiligten Person oder Gruppe Verständnis- und Einsichtsfähigkeit mit dem Fortgang der Arbeit zu. Manche Formulierungen werden bedeutungsvoller, werden plötzlich in einem neuen Licht verstanden, nehmen eine andere Bedeutung an usw. Da wir wissen, daß uns Fehler unterlaufen sein können, bitten wir künftige Leser dieser Konzepte, die von uns begonnene Arbeit vervollständigen und weiter klären zu helfen, indem sie uns auf wichtiges Material, das wir übersehen, falsch dargestellt oder nicht in seiner vollen Bedeutung verstanden haben, aufmerksam machen.

Dr. Humberto Nagera

I. Teil
Libido- und Triebtheorie

1
Instinkt und Trieb

Die Termini »Instinkt« oder »instinktiv« finden sich nur in fünf der Freudschen Werke, nämlich in *Totem und Tabu* (1912–13), in der Abhandlung über ›Das Unbewußte‹ (1915e), in der klinischen Abhandlung ›Aus der Geschichte einer infantilen Neurose‹ (1918b [1914]), in *Massenpsychologie und Ich-Analyse* (1921c) sowie in *Hemmung, Symptom und Angst* (1926d). Wenn Freud über instinkthaften Drang, über instinkthafte Impulse, Bedürfnisse oder Antriebe schreibt, verwendet er durchgängig den Terminus »Trieb«. In der englischen Ausgabe der Werke Freuds, der *Standard Edition,* ist Freuds Begriff »Trieb« stets mit »instinct« übersetzt worden.

Im Vorwort zur *Standard Edition* argumentieren die Herausgeber, daß »vom Standpunkt der modernen Biologie aus gesehen, das Wort ›Trieb‹ bei Freud für eine Vielzahl verschiedener Konzepte benutzt wird«. Sie hielten es deshalb nicht für richtig, Freuds »Trieb« durch »drive« wiederzugeben, sondern zogen es vor, »ein offenkundig vages und unbestimmtes Wort« wie »instinct« zu wählen.[1]

Jones weist in seiner Freud-Biographie darauf hin, »daß das deutsche Wort ›Trieb‹ weniger genau ist als das englische ›instinct‹, das unbedingt die Begriffe ›angeboren‹ und ›ererbt‹ einbegreift. Andere Worte wie ›urge‹, ›impulsion‹ oder das familiärere und ausdrucksvollere amerikanische ›drive‹ sind ebenfalls zur Übersetzung vorgeschlagen worden, aber keins davon ist ganz befriedigend. Im ganzen gesehen bedeutet das Wort ›Trieb‹ in Freuds Schriften öfter ›instinct‹ im englischen Sinn.«[2]

Freud hat zwischen »Instinkt« und »Trieb« deutlich unterschieden. An vier Stellen, an denen er den Terminus ›Instinkt‹ in bezug auf Menschen verwendet, setzt er ihn in Vergleich zu Phänomenen, die sich in der Tierwelt beobachten lassen. Während am Vorhandensein von Trieben beim Menschen kein Zweifel bestehen kann, ist sich Freud nicht ganz so gewiß, ob Menschen auch Instinkte haben: »Wenn es beim Menschen ererbte psychische Bildungen, etwas dem Instinkt der Tiere Analoges gibt, so macht dies den Kern des Unbewußten aus.«[3] Diese Formulierung scheint auf eine erste wichtige Unterscheidung zwi-

[1] ›Editor's General Preface‹, *Standard Edition* (S. E.), Bd. 1, S. 25.
[2] E. Jones, *Das Leben und Werk von Sigmund Freud,* Huber, Bern u. Stuttgart 1962a, Bd. 2, S. 374.
[3] (1915e) ›Das Unbewußte‹, G. W., Bd. 10, S. 294.

schen einem Instinkt und einem Trieb in Freuds Sicht hinzudeuten. Instinkte sind »ererbte psychische Bildungen«, Trieb hingegen ist ein »Begriff der Abgrenzung des Seelischen vom Körperlichen«, und die »Quelle des Triebes ist ein erregender Vorgang in einem Organ«[4], der eine – bewußte oder unbewußte – Repräsentanz finden kann.[5] In der Fortsetzung des obigen Zitats aus ›Das Unbewußte‹ führt Freud eine klare Unterscheidung ein: »Dazu [zu den Instinkten] kommt später das während der Kindheitsentwicklung als unbrauchbar Beseitigte hinzu, was seiner Natur nach von dem Ererbten nicht verschieden zu sein braucht. Eine scharfe und endgültige Scheidung des Inhaltes der beiden Systeme stellt sich in der Regel erst mit dem Zeitpunkte der Pubertät her.«[6] (Die Bedeutung des letzten Satzes ist nicht ganz klar.)

An anderen Stellen scheint es, daß Freud, wenn er von Instinkten spricht, sie nicht so sehr als innere Phänomene, sondern mehr als eine ererbte Erkenntnis äußerer Situationen, insbesondere von Gefahrensituationen, auffaßt:

> »Anderseits muß auch die äußere (Real-)Gefahr eine Verinnerlichung gefunden haben, wenn sie für das Ich bedeutsam werden soll; sie muß in ihrer Beziehung zu einer erlebten Situation von Hilflosigkeit erkannt werden. Eine instinktive Erkenntnis von außen drohender Gefahren scheint dem Menschen nicht oder nur in sehr bescheidenem Ausmaß mitgegeben worden zu sein. Kleine Kinder tun unaufhörlich Dinge, die sie in Lebensgefahr bringen, und können gerade darum das schützende Objekt nicht entbehren. In der Beziehung zur traumatischen Situation, gegen die man hilflos ist, treffen äußere und innere Gefahr, Realgefahr und Triebanspruch zusammen ... (für bestimmte Phobien) – kleine Tiere, Gewitter u. dgl. – bietet sich vielleicht die Auskunft, sie seien die verkümmerten Reste einer kongenitalen Vorbereitung auf die Realgefahren, die bei anderen Tieren so deutlich ausgebildet ist.«[7]

Ein ähnliches Argument bringt Freud vor, wenn er die spätere Reaktivierung des Urszenenerlebnisses, das der Wolfsmann im Alter von eineinhalb Jahren hatte, betrachtet:

> ». . . man kann die Auffassung schwer von sich weisen, daß eine Art von schwer bestimmbarem Wissen, etwas wie eine Vorbereitung zum Verständnis, beim Kinde dabei mitwirkt. Worin dies bestehen mag, entzieht sich jeder Vorstellung; wir haben nur die eine ausgezeichnete Analogie mit dem weitgehenden instinktiven Wissen der Tiere zu Verfügung.

[4] (1905d) *Drei Abhandlungen zur Sexualtheorie*, G. W., Bd. 5, S. 67.
[5] (1915e) ›Das Unbewußte‹, G. W., Bd. 10, S. 276.
[6] Ibid., S. 294.
[7] (1926d) *Hemmung, Symptom und Angst*, G. W., Bd. 14, S. 201.

Gäbe es einen solchen instinktiven Besitz auch beim Menschen, so wäre es nicht zu verwundern, wenn er die Vorgänge des Sexuallebens ganz besonders beträfe, wenngleich er auf sie keineswegs beschränkt sein kann. Dieses Instinktive wäre der Kern des Unbewußten, eine primitive Geistestätigkeit, die später durch die zu erwerbende Menschheitsvernunft entthront und überlagert wird, aber so oft, vielleicht bei allen, die Kraft behält, höhere seelische Vorgänge zu sich herabzuziehen.«[8]

Der letzte Satz dieses Abschnittes scheint eine weitere Unterscheidung zwischen Instinkt und Trieb zu enthalten. Während Trieb hier als die »psychische Repräsentanz einer kontinuierlich fließenden, innersomatischen Reizquelle« definiert und als ein »Maß von Arbeitsanforderung für das Seelenleben« mit dem unmittelbaren Ziel »der Aufhebung dieses Organreizes«[9] betrachtet wird, scheint ein *Instinkt* weder durch kontinuierliche innere Reize noch durch Forderungen an das Seelenleben charakterisiert zu sein, und sein Ziel scheint eher in der Selbsterhaltung zu liegen als in der Aufhebung eines Organreizes. Darüber hinaus scheinen die Triebschicksale, die Freud in ›Triebe und Triebschicksale‹ beschreibt, für die von Freud »Instinkte« genannten ererbten psychischen Bildungen keine Gültigkeit zu haben.

Diese Überlegung führt uns zu einem letzten Aspekt der Freudschen Unterscheidung zwischen Instinkten und Trieben. Zu den Merkmalen der Triebe gehört es, daß sie beständig Entlastung oder Befriedigung suchen. Für einen Instinkt scheint das nicht zuzutreffen.

In den beiden übrigen Werken (*Totem und Tabu* und *Massenpsychologie und Ich-Analyse*) benutzt Freud den Terminus ›Instinkt‹ an Stellen, an denen er sich auf für sein Thema wichtige Literatur bezieht; doch die genaue Bedeutung, die das Konzept des Instinktes für Freud hatte, wird an keiner dieser Stellen weiter erhellt.

In *Totem und Tabu* argumentiert Freud gegen die Behauptung von Westermarck, die »Inzestscheu« sei als Folge eines angeborenen Instinktes aufzufassen.

> »Ein derartiger biologischer Instinkt würde in seiner psychologischen Äußerung so weit irregehen, daß er anstatt der für die Fortpflanzung schädlichen Blutsverwandten die in dieser Hinsicht ganz harmlosen Haus- und Herdgenossen träfe ... Die Auffassung der Inzestscheu als eines angeborenen Instinkts muß also fallen gelassen werden.«[10]

In *Massenpsychologie und Ich-Analyse* erscheint der Terminus ›Instinkt‹ einige Male im Zusammenhang der Diskussion des Buches *In-*

[8] (1918b) ›Aus der Geschichte einer infantilen Neurose‹, G. W., Bd. 12, S. 156.
[9] (1905d) *Drei Abhandlungen zur Sexualtheorie*, G. W., Bd. 5, S. 67.
[10] (1912–13) *Totem und Tabu*, G. W., Bd. 9, S. 149 u. 151.

stincts of the Herd in Peace and War (1916)[2] von W. Trotter. Freud hält sich hier nicht an eine klare Trennung von Trieb und Instinkt; im einen Abschnitt spricht er von »Herdeninstinkt«, im nächsten von »Herdentrieb«.[11]

Zwei weitere Stellen können Freuds Gebrauch der Termini ›Instinkt‹ und ›Trieb‹ vielleicht noch etwas deutlicher machen. Die erste deutet darauf hin, daß Freud den Begriff »Trieb« gebraucht, um etwas zu bezeichnen, das sich von dem gebräuchlicheren »Instinkt« unterscheidet: »Wir heißen diese Körperbedürfnisse, insofern sie Anreize für seelische Tätigkeit darstellen, *Triebe,* ein Wort, um das uns viele moderne Sprachen beneiden.«[12]

In Freuds Vorrede zu Theodor Reiks *Probleme der Religionspsychologie;* 1. Teil: *Das Ritual* (1919) heißt es: »Ungebändigt und unzerstörbar, doch an jeder Betätigung gehemmt, bilden diese der Verdrängung verfallenen Triebe und ihre primitive seelische Repräsentanz die seelische Unterwelt, den Kern des eigentlichen Unbewußten, stets bereit, ihre Ansprüche geltend zu machen und auf jedem Umweg zur Befriedigung vorzudringen.«[13] Insofern diese Definition in den Trieben »den Kern des eigentlich Unbewußten« sieht, entspricht sie der Definition der ›Instinkte‹, die wir in ›Das Unbewußte‹ gelesen haben.[14]

[11] (1921c) *Massenpsychologie und Ich-Analyse*, G. W., Bd. 13, S. 130–134.
[12] (1926e) *Die Frage der Laienanalyse*, G. W., Bd. 14, S. 227.
[13] (1919g) Vorrede zu Reik, *Probleme der Religionspsychologie*, G. W., Bd. 12, S. 326.
[14] S. Anm. 3 auf S. 19.

2
Die Entwicklung der Freudschen Triebtheorie 1894–1939

Einführung und Definition

Freuds Bemühungen, die Natur der in seelischen Konflikten wirksamen Kräfte zu verstehen, stützen sich auf seine klinische Erfahrung mit neurotischen, später auch psychotischen Patienten (vgl. Konzept: *Konflikt*). Die Entwicklung seines klinischen Verständnisses und der theoretischen Postulate, vermittels derer er die normalen und pathologischen Prozesse des psychischen Lebens zu ordnen und zu erklären suchte, ist deshalb durch das ihm jeweils zugängliche klinische Material bestimmt. Er konstruierte theoretische Modelle der Psyche, des psychischen Apparates und der in ihm wirksamen Prozesse und versuchte, die inneren und äußeren Reize, die auf den psychischen Apparat einwirken und seine Prozesse in Gang setzen, zu unterscheiden und zu ordnen. Die bei weitem wichtigsten dieser Reize sind die Triebe.

Freuds Definition der Triebe ging von zwei Aspekten aus: von der Natur und Zusammensetzung der Triebe und von ihren Wirkungen auf den psychischen Apparat, z. B.:

»Unter einem ›Trieb‹ können wir zunächst nichts anderes verstehen als die psychische Repräsentanz einer kontinuierlich fließenden, innersomatischen Reizquelle, zum Unterschiede vom ›Reiz‹, der durch vereinzelte und von außen kommende Erregungen hergestellt wird. Trieb ist so einer der Begriffe der Abgrenzung des Seelischen vom Körperlichen. Die einfachste und nächstliegende Annahme über die Natur der Triebe wäre, daß sie an sich keine Qualität besitzen, sondern nur als Maße von Arbeitsanforderung für das Seelenleben in Betracht kommen. Was die Triebe voneinander unterscheidet und mit spezifischen Eigenschaften ausstattet, ist deren Beziehung zu ihren somatischen Quellen und Zielen. Die Quelle des Triebes ist ein erregender Vorgang in einem Organ und das nächste Ziel des Triebes liegt in der Aufhebung dieses Organreizes.«[1]

An anderer Stelle trifft er eine schärfere Unterscheidung zwischen Trieben und ihren Vorstellungsrepräsentanzen:

1 (1905d [1915]) *Drei Abhandlungen zur Sexualtheorie*, G. W., Bd. 5, S. 67.

»Ich meine wirklich, der Gegensatz von Bewußt und Unbewußt hat auf den Trieb keine Anwendung. Ein Trieb kann nie Objekt des Bewußtseins werden, nur die Vorstellung, die ihn repräsentiert. Er kann aber auch im Unbewußten nicht anders als durch die Vorstellung repräsentiert sein. Würde der Trieb sich nicht an eine Vorstellung heften oder nicht als ein Affektzustand zum Vorschein kommen, so könnten wir nichts von ihm wissen. Wenn wir aber doch von einer unbewußten Triebregung oder einer verdrängten Triebregung reden, so ist dies eine harmlose Nachlässigkeit des Ausdrucks. Wir können nichts anderes meinen als eine Triebregung, deren Vorstellungsrepräsentanz unbewußt ist, denn etwas anderes kommt nicht in Betracht.«[2]

Das biologische und das psychologische Triebkonzept

Nachdem Freud sich von seiner frühen neurologischen Orientierung entfernt hatte, versuchte er nicht mehr, psychische Phänomene wie physikalische Ereignisse zu beschreiben, sondern richtete seine Anstrengungen auf die Entwicklung einer rein psychologischen Theorie. Doch erweist es sich, wie Freuds Definitionen zeigen, gerade in der Dimension der Triebe als überaus schwierig, das Psychologische vom Biologischen zu sondern. Wie auch immer, Freud sagt an vielen Stellen, daß die Psychoanalyse sich nur mit den psychischen Aspekten des Trieblebens beschäftige, z. B.:

»Die Triebe und ihre Umwandlungen sind das letzte, das die Psychoanalyse erkennen kann. Von da an räumt sie der biologischen Forschung den Platz.«[3]

»Die Psychoanalyse vergißt niemals, daß das Seelische auf dem Organischen ruht, wenngleich ihre Arbeit es nur bis zu dieser Grundlage und nicht darüber hinaus verfolgen kann.«[4]

Wie sich aus der zweiten der oben in der Einführung angegebenen Definitionen ersehen läßt,[5] hat Freud nach 1915 deutlich gemacht, daß allein die Vorstellungsrepräsentanzen von Trieben Gegenstand psychoanalytischer Untersuchung sein können. Ohne derartige Repräsentanzen könnten wir von den Trieben selbst nichts wissen.

An der Entscheidung, sich nur mit den psychischen Aspekten der Triebe zu beschäftigen, hat Freud viele Jahre lang festgehalten. Schließlich

---

[2] (1915e) ›Das Unbewußte‹, G. W., Bd. 10, S. 275 f.
[3] (1910c) *Eine Kindheitserinnerung des Leonardo da Vinci,* G. W., Bd. 8, S. 209.
[4] (1910i) ›Die psychogene Sehstörung in psychoanalytischer Auffassung‹, G. W., Bd. 8, S. 100 f.
[5] (1915e) ›Das Unbewußte‹, G. W., Bd. 10, S. 275 f.

aber – als er die Lebens- und die Todestriebe postulierte – sah er sich genötigt, sich erneut auf die Biologie zu stützen.

»Während die psychoanalytische Arbeit sonst bestrebt ist, ihre Lehren möglichst unabhängig von denen anderer Wissenschaften zu entwickeln, sieht sie sich doch genötigt, für die Trieblehre Anlehnung bei der Biologie zu suchen. Auf Grund weitläufiger Erwägungen über die Vorgänge, die das Leben ausmachen und die zum Tode führen, wird es wahrscheinlich, daß man zwei Triebarten anzuerkennen hat, entsprechend den entgegengesetzten Prozessen von Aufbau und Abbau im Organismus. Die einen Triebe, die im Grunde geräuschlos arbeiten, verfolgten das Ziel, das lebende Wesen zum Tode zu führen, verdienten darum den Namen der ›Todestriebe‹ und würden, durch das Zusammenwirken der vielen zelligen Elementarorganismen nach außen gewendet, als Destruktions- oder Aggressionstendenzen zum Vorschein kommen. Die anderen wären die uns analytisch besser bekannten libidinösen Sexual- oder Lebenstriebe, am besten als Eros zusammengefaßt, deren Absicht es wäre, aus der lebenden Substanz immer größere Einheiten zu gestalten, somit die Fortdauer des Lebens zu erhalten und es zu höheren Entwicklungen zu führen. [...] das Leben bestünde in den Äußerungen des Konflikts oder der Interferenz beider Triebarten und brächte dem Individuum den Sieg der Destruktionstriebe durch den Tod, aber auch den Sieg des Eros durch die Fortpflanzung.«[6] (Vgl. auch unten: *Geschichte der Entwicklung der Triebtheorie,* sowie Konzept: *Der Todestrieb.*)

Nach der Formulierung dieser Theorie[7] betrachtete Freud die Triebe auf zwei Ebenen: auf der biologischen, deren Quelle in der somatischen Organisation liegt, und auf der psychischen. Die psychische Ebene konnte jetzt weiter unterteilt werden: in die Triebregungen, die als solche der Untersuchung unzugänglich blieben, und die Vorstellungsrepräsentanzen dieser Triebregungen, die uns durch das Ich zur Kenntnis gelangen. In einer Strukturbeschreibung der »psychischen Provinzen« sagt Freud vom Es:

»Die älteste dieser psychischen Provinzen oder Instanzen nennen wir das *Es*; sein Inhalt ist alles, was ererbt, bei Geburt mitgebracht, konstitutionell festgelegt ist, vor allem also die aus der Körperorganisation stammenden Triebe, die hier einen ersten uns in seinen Formen unbekannten psychischen Ausdruck finden.«[8]

Und über die Weise, in der das Ich die Aufgabe der Selbstbehauptung erfüllt, heißt es:

6 (1923a) ›»Psychoanalyse« und »Libidotheorie«‹, G. W., Bd. 13, S. 232 f.
7 (1920g) *Jenseits des Lustprinzips,* G. W., Bd. 13.
8 (1940a [1938]) ›Abriß der Psychoanalyse‹, G. W., Bd. 17, S. 67 f.

».. . nach innen gegen das Es [erfüllt das Ich die Aufgabe der Selbst-
behauptung], indem es die Herrschaft über die Triebansprüche gewinnt, entscheidet, ob sie zur Befriedigung zugelassen werden sollen, diese Befriedigung auf die in der Außenwelt günstigen Zeiten
und Umstände verschiebt oder ihre Erregungen überhaupt unterdrückt.«[9]

Die historische Entwicklung der Triebtheorie

Zusammenfassung

Die Entwicklung der Triebtheorie läßt sich entsprechend den Gruppen
von Trieben, die Freud zu verschiedenen Zeiten unterschieden hat, in
vier Hauptphasen einteilen:

Phase 1: 1894–1911
In dieser Phase ließ Freud die damals geläufige Unterscheidung gelten,
die Biologen zwischen dem auf die Erhaltung des Individuums gerichteten Selbsterhaltungstrieb und den auf die Erhaltung der Art gerichteten Sexualtrieben getroffen hatten. Gleichwohl verlangt diese Phase
eine weitere Unterteilung.
(a) 1894–1897: Die Theorie einander widerstreitender biologischer
Triebe (Selbsterhaltungs- und Sexualtriebe) war während dieser Zeit
eine implizite, nicht weiter diskutierte Annahme. Freud vertrat in dieser Phase im Grunde eine Affekttheorie, und psychische Konflikte beschrieb er unter dem Gesichtspunkt einander widerstrebender »Vorstellungen« oder »Wünsche«. Obwohl er die Bedeutung der Sexualität
durchaus schon akzentuierte, lag der Hauptakzent seiner Erklärung
der Ursache psychischer Konflikte noch auf äußeren Traumen und
physischen Ereignissen, d. h. hier: auf Verführung.
(b) 1897–1911: Durch die Entdeckung des Ödipuskomplexes und die
Erkenntnis der Bedeutung des Phantasielebens für den psychischen
Konflikt wurde die Bedeutung äußerer Traumen und physischer Ereignisse eingeschränkt. Freud sah sich in dieser Phase genötigt, sich vom
Physischen zum Psychischen zu wenden und konzentrierte sich auf die
psychischen Aspekte instinkthaften Dranges; die im psychischen Konflikt einander widerstreitenden ›Vorstellungen‹ und ›Wünsche‹ erscheinen jetzt als Ableitungen dieses Dranges. Freud postulierte einen
Konflikt zwischen den sexuellen oder libidinösen Trieben und den
Selbsterhaltungstrieben, die er 1910 »Ichtriebe« nannte. Dieser Konflikt wurde in diesem Stadium der Theorie mit einem anderen gleich-

[9] Ibid., S. 68.

gesetzt, nämlich dem zwischen den bewußten und unbewußten Kräften in der Seele, wobei das Ich als bewußt vorgestellt wurde. Die den Selbsterhaltungsbedürfnissen des Ichs dienenden Ichtriebe waren die verdrängende, die Sexualtriebe die verdrängte Kraft, die nach Bewußtsein und Befriedigung strebte.

Fast alle wichtigeren Theoreme über die Sexualtriebe wurden zu dieser Zeit formuliert, während Freud den Ichtrieben nur wenig Aufmerksamkeit schenkte; sie blieben zunächst dunkel.

Phase 2: 1911–1914

Die Einführung des Konzepts des Narzißmus verwischte die Unterscheidung zwischen Sexual- und Ichtrieben, denn es schien jetzt, daß sie aus einer gemeinsamen libidinösen Quelle hervorgingen. Eine Unterscheidung ließ sich nur im Hinblick auf das Objekt treffen, auf das die Libido sich richtete, d. h. ein äußeres Objekt oder das eigene Ich. Freud glaubte jedoch noch, an den Ichtrieben sei neben dem libidinösen auch ein nicht libidinöses Element beteiligt, das er »Interesse« nannte.

Phase 3: 1915–1920

Aggression, die vorher als ein Element des Sexualtriebes und hauptsächlich im Zusammenhang mit dem Sadismus betrachtet worden war, wurde jetzt den nicht-libidinösen Ichtrieben – in Gestalt des Triebs zur Bemächtigung der äußeren Welt – zugeordnet. Diese stärkere Betonung der Bedeutung der Aggression entsprang aus Freuds Überlegungen zum Problem der Ambivalenz, der gleichzeitigen Anwesenheit von Liebe und Haß.

Phase 4: 1920–1939

Der Gegensatz zwischen den sexuellen und aggressiven Trieben wurde festgehalten; sie wurden jedoch zu Elementen größerer Einheiten: der Lebens- und Todestriebe. Die Selbsterhaltungstriebe wurden mit den Sexualtrieben zu einem Teil des Lebenstriebes zusammengefaßt, und Aggression wurde nicht mehr den Ichtrieben zugeordnet.

Insgesamt blieb die Theorie also eine dualistische, wenngleich es eine kurze Periode gab (Phase 2: 1911–1914), in der Freud glaubte, seine Entdeckungen nötigten zur Annahme einer monistischen Theorie. Was sich änderte, waren die Kategorien von Trieben, die er annahm. (Die für die einzelnen Phasen angegebenen Daten sind insofern etwas willkürlich, als dem Erscheinen neuer Vorstellungen und Formulierungen in Freuds Schriften immer eine Übergangsphase vorausging. Im allgemeinen dient das Datum einer Arbeit, die Schlüsselcharakter besitzt, zur Markierung eines Wendepunktes in der Theorie.)

Phase 1: 1894–1911

(a) 1894–1897: *Die Beschaffenheit der Sexual- und Selbsterhaltungs-triebe wird noch nicht expliziert*

In den während dieser Periode veröffentlichten Arbeiten Freuds findet sich der Terminus ›Trieb‹ nicht, obwohl er in dem posthum veröffentlichten ›Entwurf einer Psychologie‹[10] sowie in Breuers Beitrag zu den *Studien über Hysterie*[11] je einmal vorkommt. Freuds Aufmerksamkeit war zu dieser Zeit nicht auf das Studium der Triebe als solcher gerichtet.* Implizit unterstellte er das Vorhandensein von Sexual- und Selbsterhaltungstrieben, die er als Quellen einer innerhalb des Organismus wirksamen kontinuierlichen somatischen Reizung ansah. Der Organismus wird durch die Tendenz gesteuert, Erregung möglichst gering zu halten, um Unlust bewirkende Spannung zu vermeiden. Im ›Entwurf‹ wird diese Tendenz als »Prinzip der Neuronen-Trägheit« bezeichnet, als die Tendenz des Neuronensystems, »sich der Quantität zu entledigen« und sich dadurch von Erregung freizuhalten.[12] Freud übersetzte die neurologische Vorstellung der »Quantität« in die psychologische des »Affektbetrags« oder der »Erregungssumme«.

»... an den psychischen Funktionen [ist] etwas zu unterscheiden (Affektbetrag, Erregungssumme), das alle Eigenschaften einer Quantität hat – wenngleich wir kein Mittel besitzen, dieselbe zu messen – etwas, das der Vergrößerung, Verminderung, der Verschiebung und der Abfuhr fähig ist und sich über die Gedächtnisspuren der Vorstellungen verbreitet, etwa wie eine elektrische Ladung über die Oberflächen der Körper.«[13]

Obwohl Freud zu dieser Zeit schon auf dem Wege vom neurologischen zum psychologischen Denken war, legt seine Theorie der Neurose doch noch großes Gewicht auf physische Vorgänge in der Vergangenheit oder in der Gegenwart. Im Falle der Aktualneurosen wurde die somatische Spannung durch eine aktuelle Anomalie des Sexuallebens ohne Gelegenheit zur Abreaktion erzeugt. Bei den Psychoneurosen war ein traumatisches Ereignis in der Kindheit, eine sexuelle Verführung, Ursache der genitalen Erregung.

»... chacune des grandes névroses énumérées a pour cause immédiate un trouble particulier de l'économie nerveuse, et ces modifications pathologiques fonctionnelles *reconnaissent comme source*

[10] (1895) ›Entwurf einer Psychologie‹, in: (1950a [1887–1902]) *Aus den Anfängen der Psychoanalyse,* S. Fischer, Frankfurt am Main 1962, S. 305.
[11] (1895d) und Breuer, J., *Studien über Hysterie,* Wien, G. W., Bd. 1, S. 75 (ohne die Beiträge von Breuer). Vollständige Neuausgabe: Fischer Taschenbuch Nr. 6001, Frankfurt am Main 1970.
* Seelische Konflikte führte er zu dieser Zeit auf Affekte zurück, die in Widerstreit geraten und abgewehrt werden müssen.
[12] (1950a [1887–1902]) *Aus den Anfängen der Psychoanalyse,* op. cit., S. 305.
[13] (1894a) ›Die Abwehr-Neuropsychosen‹, G. W., Bd. 1, S. 74.

28

commune la vie sexuelle de l'individu, soit désordre de la vie sexuelle actuelle, soit événements importants de la vie passée.«[14]

»... *une expérience précoce de rapports sexuels avec irritation véritable des parties génitales, suite d'abus sexuel pratiqué par une autre personne* et la *période de la vie* qui renferme cet événement funeste est la *première jeunesse,* les années jusqu'à l'âge de huit à dix ans, avant que l'enfant soit arrivé à la maturité sexuelle.«[15]

Psychoneurotische Konflikte entstünden, so meinte Freud damals, aufgrund von »unverträglichen« Vorstellungen oder Wünschen, die stets sexueller Natur und wegen des mit ihnen einhergehenden peinlichen Affektes für das Ich unannehmbar seien. Derartige Vorstellungen verbinden sich mit unbewußten Gedächtnisspuren infantiler Sexualtraumen und bewirken Erregungsprozesse in den Genitalien, die den bei dem sexuellen Erlebnis selbst ablaufenden Prozessen gleichen. Das Ich wehrt diese Vorstellungen durch Verdrängung und Trennung von ihrer Wirkung (ihrem Affekt) ab. Symptome solcher Vorgänge sind aus dem Konflikt zwischen dem Ich und diesen Vorstellungen resultierende Kompromisse. Freud glaubte zu dieser Zeit, die an der Verdrängung beteiligten Prozesse seien eher physische als unbewußte psychische Prozesse.

»Das Vorstellen sexuellen Inhaltes erzeugt bekanntlich ähnliche Erregungsvorgänge in den Genitalien wie das sexuelle Erleben selbst. Man darf annehmen, daß diese somatische Erregung sich in psychische umsetzt.«[16]

»*Die Abwehr erreicht dann ihre Absicht, die unverträgliche Vorstellung aus dem Bewußtsein zu drängen, wenn bei der betreffenden, bis dahin gesunden Person infantile Sexualszenen als unbewußte Erinnerungen vorhanden sind, und wenn die zu verdrängende Vorstellung in logischen oder assoziativen Zusammenhang mit einem solchen infantilen Erlebnis gebracht werden kann.«*[17]

»Die Trennung der sexuellen Vorstellung von ihrem Affekt und die Verknüpfung des letzteren mit einer anderen, passenden, aber nicht unverträglichen Vorstellung – dies sind Vorgänge, die ohne Bewußtsein geschehen, die man nur supponieren, aber durch keine klinischpsychologische Analyse erweisen kann. Vielleicht wäre es richtiger zu sagen: Dies sind überhaupt nicht Vorgänge psychischer Natur, sondern physische Vorgänge, deren psychische Folge sich so darstellt, als wäre das durch die Redensarten: ›Trennung der Vorstel-

[14] (1896a) ›L'hérédité et l'étiologie des nevroses‹, G. W., Bd. 1, S. 414.
[15] Ibid., S. 417.
[16] (1896b) ›Weitere Bemerkungen über die Abwehr-Neuropsychosen‹, G. W., Bd. 1, S. 384, Anm. 1.
[17] (1896c) ›Zur Ätiologie der Hysterie‹, Bd. 1, S. 447 f.

lung von ihrem Affekt und falsche Verknüpfung des letzteren‹, Aus-
gedrückte wirklich geschehen.«[18]
Später verdeutlichte Freud, daß diese Vorstellungen oder Wünsche als
Abkömmlinge der Sexualtriebe aufzufassen seien.

»Die psychoanalytische Forschung führt mit wirklich überraschender
Regelmäßigkeit die Leidenssymptome der Kranken auf Eindrücke
aus ihrem Liebesleben zurück, zeigt uns, daß die pathogenen
Wunschregungen von der Natur erotischer Triebkomponenten
sind.«[19]

»Wir sind auf die Bedeutung der Triebe für das Vorstellungsleben
aufmerksam geworden; wir haben erfahren, daß sich jeder Trieb
durch die Belebung der zu seinen Zielen passenden Vorstellungen
zur Geltung zu bringen sucht.«[20]

(b) 1897–1911: *Die Dualität von Sexual- und Ichtrieben wird expliziert*

Die Erkenntnis, daß es sich bei den von seinen Patienten mitgeteilten
Verführungen in der Kindheit nicht um wirkliche Vorkommnisse, sondern um Phantasien handelte, und die Entdeckung der Universalität
des Ödipuskomplexes veranlaßten Freud zu einer drastischen Ge-
wichtsverschiebung:[21] Reale zu genitaler Erregung führende Verführungen wurden jetzt als weniger bedeutsam angesehen; als das eigentlich Wichtige galt nun das Phantasieleben, aus dem die Vorstellungen
und Wünsche entstammten, deren Bedeutung er bereits hervorgehoben
hatte.

»[Ich habe gelernt,] so manche Verführungsphantasie als Abwehrversuch gegen die Erinnerung der eigenen sexuellen Betätigung
(Kindermasturbation) aufzulösen. Mit dieser Aufklärung entfiel die
Betonung des ›traumatischen‹ Elementes an den sexuellen Kinder-
erlebnissen, und es blieb die Einsicht übrig, daß die infantile Sexualbetätigung (ob spontan oder provoziert) dem späteren Sexualleben
nach der Reife die Richtung vorschreibt ... Nach dieser Korrektur
waren die ›infantilen Sexualtraumen‹ in gewissem Sinne durch den
›Infantilismus der Sexualität‹ ersetzt.«[22]

Beim Studium der Sexualtriebe mußte Freud – notwendigerweise –
ihren somatischen Ursprung in Betracht ziehen, und er stellte auch

[18] (1894a) ›Die Abwehr-Neuropsychosen‹, G. W., Bd. 1, S. 67.
[19] (1910a) ›Über Psychoanalyse‹, G. W., Bd. 8, S. 41.
[20] (1910i) ›Die psychogene Sehstörung in psychoanalytischer Auffassung‹, G. W., Bd. 8, S. 97.
[21] (1950a [1885–1902]) *Aus den Anfängen der Psychoanalyse,* op. cit., Briefe 69 (v. 21. 9. 97) und 71 (v. 15. 10. 97), S. 229 u. 235.
[22] (1906a) ›Meine Ansichten über die Rolle der Sexualität in der Ätiologie der Neu-
rosen‹, G. W., Bd. 5, S. 153 f.

Überlegungen über die chemische Grundlage der Sexualerregung an.[23] Sein Hauptinteresse galt aber den beteiligten psychischen Vorgängen. Er untersuchte in dieser Phase sehr genau die Sexualtriebe, während er auf die Selbsterhaltungs- oder Ichtriebe nur insofern einging, als er sie mit den Sexualtrieben vergleicht oder von ihrem Einfluß oder ihrer Einwirkung auf die Sexualtriebe spricht, z. B.:

»Die Tatsache geschlechtlicher Bedürfnisse bei Mensch und Tier drückt man in der Biologie durch die Annahme eines ›Geschlechts-triebes‹ aus. Man folgt dabei der Analogie mit dem Trieb nach Nah-rungsaufnahme, dem Hunger. Eine dem Worte ›Hunger‹ entspre-chende Bezeichnung fehlt der Volkssprache; die Wissenschaft ge-braucht als solche ›Libido‹.«[24]

»Gegensätze der Vorstellungen sind nur der Ausdruck der Kämpfe zwischen den einzelnen Trieben. Von ganz besonderer Bedeutung für unseren Erklärungsversuch ist der unleugbare Gegensatz zwischen den Trieben, welche der Sexualität, der Gewinnung sexueller Lust, dienen, und den anderen, welche die Selbsterhaltung des Individuums zum Ziele haben, den Ichtrieben.

... Den sexuellen wie den Ichtrieben stehen im allgemeinen die näm-lichen Organe und Organsysteme zur Verfügung. Die sexuelle Lust ist nicht bloß an die Funktion der Genitalien geknüpft; ... Es bewahrhei-tet sich nun, daß es für niemand leicht wird, zweien Herren zugleich zu dienen. In je innigere Beziehung ein Organ mit solch doppelseitiger Funktion zu dem einen der großen Triebe tritt, desto mehr verweigert es sich dem anderen. Dies Prinzip muß zu pathologischen Konsequen-zen führen, wenn sich die beiden Grundtriebe entzweit haben, wenn von seiten des Ichs eine Verdrängung gegen den betreffenden sexuellen Partialtrieb unterhalten wird.«[25]

An der zuletzt zitierten Stelle hat Freud den Begriff »Ichtriebe« zum erstenmal gebraucht und die so bezeichneten Triebe mit den Selbst-erhaltungstrieben gleichgesetzt.

Daß Freuds Aufmerksamkeit sich in erster Linie auf die Sexualtriebe richtete, ist in seiner frühen Arbeit mit Fällen von Hysterie und Zwangsneurose begründet, deren Ursache er in sexuellen Konflikten sah.

»Da wir bei der Untersuchung der Neurosen das Ich als die einschrän-kende, verdrängende Macht kennen lernten, die Sexualstrebungen als das Eingeschränkte, Verdrängte, glaubten wir nicht nur die Verschie-denheit, sondern auch den Konflikt zwischen beiden Triebgruppen mit

[23] (1905d) *Drei Abhandlungen zur Sexualtheorie*, G. W., Bd. 5, S. 117.
[24] Ibid., S. 33.
[25] (1910i) ›Die psychogene Sehstörung in psychoanalytischer Auffassung‹, G. W., Bd. 8, S. 97, 99.

Händen zu greifen. Gegenstand unseres Studiums waren zunächst nur die Sexualtriebe, deren Energie wir ›Libido‹ benannten.«[26]

In veröffentlichten Schriften tritt der Begriff »Libido« zum erstenmal 1895[27] auf. Vorher findet er sich nur in der Korrespondenz mit Fließ.[28]

Die meisten Thesen über die Sexualtriebe wurden 1905 in den *Drei Abhandlungen zur Sexualtheorie* entfaltet. (Eine Reihe von ihnen war in früheren Schriften oder Briefen an Fließ skizziert worden.)[29] In späteren Auflagen wurden jedoch einige wichtige Abschnitte hinzugefügt, um das Buch auf den neuesten Stand der Entwicklung der Triebtheorie zu bringen. Zur früheren Periode gehören die Theorien über infantile Sexualität und Bisexualität, über die Partialtriebe und erogenen Zonen, die autoerotischen und objektgerichteten Phasen der Libido sowie über die genitale Organisation der Libido. Spätere Hinzufügungen umfassen das Konzept der verschiedenen prägenitalen Organisationen der Libido (1913: anale Phase; 1915: orale Phase; 1923: phallische Phase) und die Einfügung der Phase des Narzißmus zwischen die autoerotische und die objektgerichtete Phase der Libido (1911). Die Zeit, zu der Libido nach außen auf ein äußeres Objekt gerichtet wird, wurde jetzt von der Pubertät in die frühe Kindheit zurückverlegt; vorher hatte Freud die Sexualität als bis zur Pubertät autoerotisch und objektlos charakterisiert. Die Verwandlungen der Libido wurden zwar schon 1905 diskutiert, aber der eigentliche Abschnitt über die Libidotheorie[30] wurde erst 1915 – nach der Einführung des Konzepts des Narzißmus – hinzugefügt.

Infantile Sexualität: In einer Bemerkung des Herausgebers zu den *Drei Abhandlungen* schreibt Strachey, Freud sei mit seiner Entdeckung der infantilen Sexualität nicht sofort zufrieden gewesen.[31] Strachey weist auf einige widersprüchliche Stellen in *Die Traumdeutung* hin.

»Wenn wir die Kindheit glücklich preisen, weil sie die sexuelle Begierde noch nicht kennt, so wollen wir nicht verkennen, eine wie reiche Quelle der Enttäuschung, Entsagung und damit der Traumanregung der andere der großen Lebenstriebe für sie werden kann.«[32]

[26] (1933a) *Neue Folge der Vorlesungen zur Einführung in die Psychoanalyse,* G. W., Bd. 15, S. 102.

[27] (1895b) ›Über die Berechtigung von der Neurasthenie einen bestimmten Symptomenkomplex als »Angstneurose« abzutrennen‹, G. W., Bd. 1.

[28] (1950a [1887–1902]) *Aus den Anfängen der Psychoanalyse,* op. cit., Manuskripte E u. F, 1894, S. 80 u. 87.

[29] (1905d) *Drei Abhandlungen zur Sexualtheorie,* G. W., Bd. 5.

[30] Ibid. [1915], S. 118.

[31] Ibid., S. E., S. 127.

[32] (1900a) *Die Traumdeutung,* G. W., Bd. 2/3, S. 136.

»Man lernt hiebei [bei der Analyse von Psychoneurotikern], daß sehr frühzeitig die sexuellen Wünsche des Kindes erwachen – soweit sie im keimenden Zustande diesen Namen verdienen.«[33]

Abgesehen hiervon läßt sich weitere Verwirrung vermeiden, wenn man festhält, daß Freud zunächst glaubte, Sexualität bleibe bis zur Pubertät mehr oder weniger latent, es sei denn, sie werde zufällig erregt. So heißt es in der ersten nach der Entdeckung des Ödipuskomplexes veröffentlichten Schrift, in der er noch die Bedeutung der Verführung hervorhebt:

»Man tut Unrecht daran, das Sexualleben der Kinder völlig zu vernachlässigen; sie sind, so viel ich erfahren habe, aller psychischen und vieler somatischen Sexualleistungen fähig. So wenig die äußeren Genitalien und die beiden Keimdrüsen den ganzen Geschlechtsapparat des Menschen darstellen, ebensowenig beginnt sein Geschlechtsleben erst mit der Pubertät, wie es der groben Beobachtung erscheinen mag. Es ist aber richtig, daß die Organisation und Entwicklung der Spezies Mensch eine ausgiebigere sexuelle Betätigung im Kindesalter zu vermeiden strebt; es scheint, daß die sexuellen Triebkräfte beim Menschen aufgespeichert werden sollen, um dann bei ihrer Entfesselung zur Zeit der Pubertät großen kulturellen Zwecken zu dienen. Aus einem derartigen Zusammenhange läßt sich etwa verstehen, warum sexuelle Erlebnisse des Kindesalters pathogen wirken müssen. Sie entfalten ihre Wirkung aber nur zum geringsten Maße zur Zeit, da sie vorfallen; weit bedeutsamer ist ihre *nachträgliche* Wirkung, die erst in späteren Perioden der Reifung eintreten kann. Diese nachträgliche Wirkung geht, wie nicht anders möglich, von den psychischen Spuren aus, welche die infantilen Sexualerlebnisse zurückgelassen haben. In dem Intervall zwischen dem Erleben dieser Eindrücke und deren Reproduktion (vielmehr dem Erstarken der von ihnen ausgehenden libidinösen Impulse) hat nicht nur der somatische Sexualapparat, sondern auch der psychische Apparat eine bedeutsame Ausgestaltung erfahren, und darum erfolgt auf die Einwirkung jener früheren sexuellen Erlebnisse nun eine abnorme psychische Reaktion, es entstehen psychopathologische Bildungen.«[34]

1905 korrigierte Freud diese Ansicht, Sexualität bleibe normalerweise bis zur Pubertät latent und lasse sich nur durch äußere Einwirkung erwecken.

»Ich meine nun, daß die infantile Amnesie, die für jeden einzelnen seine Kindheit zu einer gleichsam prähistorischen Vorzeit macht und ihm die Anfänge seines eigenen Geschlechtslebens verdeckt, die Schuld daran trägt, wenn man der kindlichen Lebensperiode einen

[33] Ibid., S. 264.
[34] (1898a) ›Die Sexualität in der Ätiologie der Neurosen‹, G. W., Bd. 1, S. 511.

Wert für die Entwicklung des Sexuallebens im allgemeinen nicht zutraut.«[35]

»Es ist selbstverständlich, daß es der Verführung nicht bedarf, um das Sexualleben des Kindes zu wecken, daß solche Erweckung auch spontan aus inneren Ursachen vor sich gehen kann ... unter dem Einfluß der Verführung kann das Kind polymorph pervers werden, zu allen möglichen Überschreitungen verleitet werden. Dies zeigt, daß es die Eignung dazu in seiner Anlage mitbringt; die Ausführung findet darum geringe Widerstände, weil die seelischen Dämme gegen sexuelle Ausschreitungen, Scham, Ekel und Moral, je nach dem Alter des Kindes noch nicht aufgeführt oder erst in Bildung begriffen sind.«[36]

»Am Lutschen oder Wonnesaugen haben wir bereits die drei wesentlichen Charaktere einer infantilen Sexualäußerung bemerken können ... sie kennt noch kein Sexualobjekt, ist autoerotisch, und ihr Sexualziel steht unter der Herrschaft einer erogenen Zone. Nehmen wir vorweg, daß diese Charaktere auch für die meisten anderen Betätigungen der infantilen Sexualtriebe gelten.«[37]

Bisexualität: Freud vertrat zu dieser Zeit die Anschauung, daß der Mensch bisexuell veranlagt sei, und die psychologische Unterscheidung zwischen männlich und weiblich sich erst in der Pubertät auspräge[38] (s. Konzepte: *Bisexualität; männlich-weiblich; aktiv-passiv*).

Partialtriebe und erogene Zonen: Freud faßte Sexualität nicht als einen nicht weiter zerlegbaren Trieb auf, sondern als aus einer Anzahl von Partialtrieben – wie Exhibitionismus und Schaulust, Sadismus und Masochismus – zusammengesetzt, die zunächst, ehe sie in der genitalen Phase zusammengefaßt werden, unabhängig voneinander Befriedigung suchen. Die oralen, analen und phallischen Partialtriebe, die in späteren Entwicklungsphasen der Triebtheorie eingeführt werden, sind eng mit den erogenen Zonen verknüpft, mit Körperstellen, von denen eine lustvolle Erregung ausgehen kann (s. Konzepte: *Partialtriebe, erogene Zonen*).[39]

Die autoerotischen und objektgerichteten Phasen der Libido; die genitale Phase: 1905 stellte Freud die infantile Sexualität als im wesentlichen objektlos und autoerotisch dar; jeder Partialtrieb suche unabhängig von den anderen Befriedigung an bestimmten Körperzonen des Kindes. Erst zur Zeit der Pubertät würden die Partialtriebe unter dem

[35] (1905d) *Drei Abhandlungen zur Sexualtheorie*, G. W., Bd. 5, S. 76.
[36] Ibid., S. 91 f.
[37] Ibid., S. 83.
[38] Ibid., S. 120 ff.
[39] Ibid., S. 61, 67 f, 83–86, 108.

Primat der Genitalzone vereinigt, in den Dienst der Fortpflanzung gestellt und auf eine andere Person als Sexualobjekt gelenkt. Diese frühen Anschauungen sind in einer Hinzufügung zu den *Drei Abhandlungen* von 1915 zusammengefaßt (s. Konzepte: *Autoerotik; Die genitale Phase; Libidinöse Entwicklung zur Zeit der Pubertät*).[40] Er wies jedoch darauf hin, daß für einige der Partialtriebe – Schaulust und Exhibitionismus, die in gewisser Unabhängigkeit von der Sexualität aufträten – von Anfang an auch andere Personen als Objekte in Betracht kämen (s. Konzepte: *Schaulust, Exhibitionismus*).[41]

Mit der Einführung des Konzepts des Narzißmus in der nächsten Phase seiner Theorie revidierte Freud die Ansicht, die infantile Sexualität sei objektlos und autoerotisch; er sah jetzt, daß schon in der frühen Kindheit zunächst das Selbst, dann aber auch schon andere Personen als Objekte dienen (s. Konzept: *Narzißmus*).

Die prägenitalen Organisationsphasen der Libido, in denen die Partialtriebe in der Kindheit zusammenkommen und auf ein äußeres Objekt gelenkt werden, die dominante erogene Zone aber noch nicht die genitale ist, hat Freud erst später beschrieben. Die orale Phase wird zuerst in einer Hinzufügung von 1915 zu den *Drei Abhandlungen*[42] dargestellt; dort wird auch die anale Phase erwähnt, die zwei Jahre früher zum erstenmal als solche bezeichnet worden war.[43] Die phallische Phase, in der die genitale die dominante Zone ist, aber nur das männliche Genitale eine Rolle spielt, wird erst 1923 eingeführt (s. Konzepte: *Orale, anale und phallische Phase, Latenz*).[44] In jeder dieser Phasen können sich Fixierungen der Libido ausprägen, Wegmarken für die Regression auf frühe Organisationsstufen, wenn es später zu neurotischen Konflikten kommt (s. Konzepte: *Fixierung, Regression*).

Phase 2, 1911–1914: Einführung des Konzepts des Narzißmus
Freuds Studien zur Homosexualität und Paranoia führten dazu, in der Entwicklungsgeschichte der Libido ein Stadium des Narzißmus zu postulieren (s. Konzept: *Narzißmus*). Hinweise auf die narzißtische Grundlage der Objektwahl finden sich schon 1910.[45] In der Schrift über den Fall Schreber beschreibt Freud die Phase des primären Narzißmus, das Phänomen der Regression auf diese Stufe, auf der die Objektbesetzungen ins Ich zurückgeholt werden, und er erörtert die Probleme, die dieses neue Postulat stellt. Die aus der Entdeckung des Narzißmus zu ziehenden Schlußfolgerungen ließen sich nicht ohne weiteres

[40] (1905d [1915]) ibid., S. 98.
[41] Ibid., S. 92 f.
[42] Ibid. [1915] S. 98.
[43] (1913i) ›Die Disposition zur Zwangsneurose‹, G. W., Bd. 8, S. 446 f.
[44] (1923e) ›Die infantile Genitalorganisation‹, G. W., Bd. 13.
[45] (1905d [1910]) *Drei Abhandlungen zur Sexualtheorie*, G. W., Bd. 5, S. 44 f.

mit der Annahme der Trennung zwischen Sexual- und Ichtrieben in Einklang bringen.

»Untersuchungen der letzten Zeit haben uns auf ein Stadium in der Entwicklungsgeschichte der Libido aufmerksam gemacht, welches auf dem Wege vom Autoerotismus zur Objektliebe durchschritten wird. Man hat es als Narzissismus bezeichnet; ich ziehe den vielleicht minder korrekten, aber kürzeren und weniger übelklingenden Namen Narzißmus vor. Es besteht darin, daß das in der Entwicklung begriffene Individuum, welches seine autoerotisch arbeitenden Sexualtriebe zu einer Einheit zusammenfaßt, um ein Liebesobjekt zu gewinnen, zunächst sich selbst, seinen eigenen Körper zum Liebesobjekt nimmt, ehe es von diesem zur Objektwahl einer fremden Person übergeht. Eine solche zwischen Autoerotismus und Objektwahl vermittelnde Phase ist vielleicht normalerweise unerläßlich.«[46]

Freud widmete in dieser Periode den Ichtrieben größere Aufmerksamkeit, blieb aber mit dem Stand des psychoanalytischen Wissens über sie unzufrieden. Die Konsequenzen der Einführung der Stufe des Narzißmus wurden in der Schrift über dieses Thema weiter diskutiert.[47] Er formulierte hier die These von einer ursprünglichen Besetzung des Ichs mit Libido, von der erst später an die Objekte abgegeben werde. Das macht es allerdings schwierig, zwischen libidinösen und Ichtrieben zu unterscheiden, jedenfalls so lange, als es noch keine Objektbesetzung gibt. Freud traf jetzt eine Unterscheidung zwischen Ichlibido und Objektlibido, formulierte also eine neue Dichotomie unter dem Gesichtspunkt der Triebrichtung, nicht mehr unter dem der Triebquelle. Er bezeichnet den Narzißmus als: »... die libidinöse Ergänzung zum Egoismus des Selbsterhaltungstriebes, von dem jedem Lebewesen mit Recht ein Stück zugeschrieben wird«.[48]

»Wir bilden so die Vorstellung einer ursprünglichen Libidobesetzung des Ichs, von der später an die Objekte abgegeben wird, die aber, im Grunde genommen, verbleibt und sich zu den Objektbesetzungen verhält wie der Körper eines Protoplasmatierchens zu den von ihm ausgeschickten Pseudopodien.«[49]

»Wir sehen auch im groben einen Gegensatz zwischen der Ichlibido und der Objektlibido. Je mehr die eine verbraucht, desto mehr verarmt die andere ... Endlich folgern wir für die Unterscheidung der psychischen Energien, daß sie zunächst im Zustande des Narzißmus beisammen und für unsere grobe Analyse ununterscheidbar sind, und daß es erst mit der Objektbesetzung möglich wird, eine Sexual-

[46] (1911c) ›Über einen autobiographisch beschriebenen Fall von Paranoia‹, G. W., Bd. 8, S. 296 f.
[47] (1914c) ›Zur Einführung des Narzißmus‹, G. W., Bd. 10.
[48] Ibid., S. 139.
[49] (1914c) ›Zur Einführung des Narzißmus‹, G. W., Bd. 10, S. 141.

energie, die Libido, von einer Energie der Ichtriebe zu unterscheiden ... Wenn wir dem Ich eine primäre Besetzung mit Libido zu-
erkennen, wozu ist es überhaupt noch nötig, eine sexuelle Libido
von einer nicht sexuellen Energie der Ichtriebe zu trennen? Würde
die Zugrundelegung einer einheitlichen psychischen Energie nicht
alle Schwierigkeiten der Sonderung von Ichtriebenergie und Ichlibido, Ichlibido und Objektlibido ersparen?«[50]
»Die Sonderung der Libido in eine solche, die dem Ich eigen ist, und
eine, die den Objekten angehängt wird, ist eine unerläßliche Fort-
führung einer ersten Annahme, welche Sexualtriebe und Ichtriebe
voneinander schied.«[51]
»Gerade weil ich sonst bemüht bin, alles andersartige, auch das biologische Denken, von der Psychologie ferne zu halten, will ich an dieser Stelle ausdrücklich zugestehen, daß die Annahme gesonderter
Ich- und Sexualtriebe, also die Libidotheorie, zum wenigsten auf
psychologischem Grunde ruht, wesentlich biologisch gestützt ist. Ich
werde also auch konsequent genug sein, diese Annahme fallen zu
lassen, wenn sich aus der psychoanalytischen Arbeit selbst eine andere Voraussetzung über die Triebe als die besser verwertbare erheben würde.«[52]
Wir sehen, daß Freud trotz der scheinbaren Verwischung der Unterscheidung zwischen Ich- und Sexualtrieben aufgrund seiner klinischen
Erfahrung wie auch aufgrund vorherrschender biologischer Annahmen
es für notwendig hielt, an der Unterscheidung festzuhalten, jedoch bereit blieb, diese Annahme fallenzulassen, falls sich eine bessere Lösung
anbieten sollte. Der 1915 den *Drei Abhandlungen* hinzugefügte Abschnitt über die Libidotheorie reflektiert die oben angeführten Thesen;
Freud spricht dort vom Ich als dem ursprünglichen Reservoir der Libido, aus welchem spätere Objektbesetzungen ausgesendet werden.[53]

Phase 3, 1915–1920: Aggression als ein Ichtrieb
Die nächste Stufe in der Entwicklung der Freudschen Theorie findet
sich in der Schrift über ›Triebe und Triebschicksale‹.[54] Freud wiederholt hier die Unterscheidung zwischen Ich- und Sexualtrieben, die nur
als vorläufige Arbeitshypothese aufgefaßt werden dürfe,[55] und er stellt
auch wieder fest, daß die Sexualtriebe ursprünglich den Selbsterhaltungstrieben anhängen.[56]

[50] Ibid., S. 141 f.
[51] Ibid., S. 143.
[52] Ibid., S. 144.
[53] (1905d [1915]) *Drei Abhandlungen zur Sexualtheorie*, G. W., Bd. 5, S. 118 f.
[54] (1915c) ›Triebe und Triebschicksale‹, G. W., Bd. 10.
[55] Ibid., S. 216 f.
[56] Ibid., S. 219.

Die Diskussion der Triebschicksale führt ihn zum Problem der Beziehung zwischen Liebe und Haß, die, wie er folgert, nicht als Triebe, sondern als Affekte oder Objektrelationen des Ichs vorzustellen seien. (Man darf nicht vergessen, daß Freud in den Schriften dieser Periode, also vor der Einführung der Strukturtheorie, den Terminus ›Ich‹ in den meisten Fällen im Sinne von ›Selbst‹ gebraucht.)

> ». . . die Beziehungen Liebe und Haß [sind] nicht für die Relationen der Triebe zu ihren Objekten verwendbar, sondern für die Relationen des Gesamt-Ichs zu den Objekten reserviert«.[57]

Freud unterscheidet zwischen mehreren Gegensätzen von Lieben und Hassen. Der eine dieser Gegensätze, der zwischen Lieben und Hassen auf der einen gegenüber Gleichgültigkeit auf der anderen Seite, charakterisiert den Anfang des Seelenlebens, die Stufe des primären Narzißmus, auf der nur das Selbst besetzt und die Außenwelt für die Befriedigung gleichgültig ist.

Aber das Selbst kann es nicht lange vermeiden, innere Triebreize als unlustvoll zu verspüren und muß daher alsbald Objekte aus der Außenwelt erwerben, um seine Selbsterhaltungstriebe zu befriedigen. Der Gegensatz Liebe–Haß entsteht noch in der Phase des primären Narzißmus, wenn das Ich sich lustvolle Anteile der Außenwelt einverleibt und die unlustvollen Bestandteile seiner selbst in die Außenwelt projiziert, so daß das Selbst erneut mit dem Lustvollen und die Außenwelt mit dem Unlustvollen zusammenfällt. Das ›Ich‹ liebt sich selbst und haßt die Außenwelt mit ihrer unwillkommenen Reizeinwirkung.[58]

Wenn die Stufe des Narzißmus durch die der Objektliebe abgelöst wird, sucht das Ich sich lustspendende Objekte einzuverleiben, während es andererseits bestrebt ist, Unlust hervorrufende Objekte in der gleichen Weise abzustoßen, wie es ursprünglich vor unwillkommenen äußeren Reizen zu fliehen versuchte.

> »Wir empfinden die ›Abstoßung‹ des Objekts und hassen es; dieser Haß kann sich dann zur Aggressionsneigung gegen das Objekt, zur Absicht, es zu vernichten, steigern.«[59]

Freud beschreibt, wie ›Liebe‹ im Gang der Entwicklung zum Ausdruck der Lustbeziehung des Ichs zu den Objekten und schließlich an die Sexualobjekte fixiert wird. Haß ist demgegenüber weniger mit der Sexuallust, sondern mehr mit den Ichtrieben verknüpft.

> »Die Unlustrelation scheint die einzig entscheidende. Das Ich haßt, verabscheut, verfolgt mit Zerstörungsabsichten alle Objekte, die ihm zur Quelle von Unlustempfindungen werden, gleichgültig, ob sie ihm eine Versagung sexueller Befriedigung oder der Befriedigung von

---

[57] Ibid., S. 229.
[58] Ibid., S. 227 f.
[59] (1915c) Ibid., S. 229.

Erhaltungsbedürfnissen bedeuten. Ja, man kann behaupten, daß die richtigen Vorbilder für die Haßrelation nicht aus dem Sexualleben, sondern aus dem Ringen des Ichs um seine Erhaltung und Behauptung stammen ... Der Haß ist als Relation zum Objekt älter als die Liebe, er entspringt der uranfänglichen Ablehnung der reizspendenden Außenwelt von seiten des narzißtischen Ichs. Als Äußerung der durch Objekte hervorgerufenen Unlustreaktion bleibt er immer in inniger Beziehung zu den Trieben der Icherhaltung, so daß Ichtriebe und Sexualtriebe leicht in einen Gegensatz geraten können, der den von Hassen und Lieben wiederholt.«[60]

Freud schlägt hier die Annahme einer aggressiven Tendenz vor (freilich noch nicht die eines gesonderten Triebes), die keine Komponente des Sexualtriebes darstelle, sondern zum Selbsterhaltungstrieb gehöre. Und mit der Rede von allgemeinen »Ichinteressen« behauptet er erneut das Vorhandensein nicht libidinöser Antriebe.

»Wir nannten die Energiebesetzungen, die das Ich den Objekten seiner Sexualstrebungen zuwendet, ›Libido‹, alle anderen, die von den Selbsterhaltungstrieben ausgeschickt werden, ›Interesse‹.«[61]

»... wie unterscheiden sich Narzißmus und Egoismus begrifflich? Nun, ich meine, Narzißmus ist die libidinöse Ergänzung zum Egoismus. Wenn man von Egoismus spricht, hat man nur den Nutzen für das Individuum ins Auge gefaßt; sagt man Narzißmus, so zieht man auch seine libidinöse Befriedigung in Betracht.«[62]

Diese Position wurde aufrechterhalten, bis die Theorie in einer weiteren Phase ihrer Entwicklung eine drastische Revision erfuhr.

Phase 4
(a) 1920–1939: *Dualität von Lebens- und Todestrieben.*
Das Jahr 1920 markiert den Beginn der letzten Phase der Freudschen Triebtheorie.[63] Beobachtungen an traumatischen Neurosen, Träumen und der Übertragungssituation in der Analyse zeigten den Zwang, Erlebnisse zu wiederholen, aus denen sich keine Lust gewinnen ließ und die auch in der Vergangenheit niemals Triebbefriedigung verschafft haben konnten. Diese Evidenz nötigte zur Annahme eines Wiederholungszwanges, der sich über das Lustprinzip, das bisher als die beherrschende Tendenz im Seelenleben betrachtet worden war, hinwegsetzt.[64] (Für eine ausführlichere Diskussion s. Konzept: *Der Todestrieb;* s. a. Konzepte: *Die Prinzipien der psychischen Funktion.)* Dem Wiederholungszwang sprach Freud Triebcharakter zu:

[60] Ibid., S. 230 f.
[61] (1916–17) *Vorlesungen zur Einführung in die Psychoanalyse*, G. W., Bd. 11, S. 430.
[62] Ibid., S. 432.
[63] (1920g) *Jenseits des Lustprinzips*, G. W., Bd. 13.
[64] Ibid., S. 5–7, 17–22, 28–36.

»*Ein Trieb wäre also ein dem belebten Organischen innewohnender Drang zur Wiederherstellung eines früheren Zustandes,* welchen dies Belebte unter dem Einflusse äußerer Störungskräfte aufgeben mußte, eine Art von organischer Elastizität, oder wenn man will, die Äußerung der Trägheit im organischen Leben.«[65]

Freud führt zur Stützung dieser These biologische Tatsachen[66] an und stellt die Theorie einander widerstrebender Lebens- und Todestriebe auf. Beide seien primitive organische Triebe, die sich bei der Entstehung der organischen aus der anorganischen Materie gebildet hätten. Im Destruktions- oder Todestrieb zeige sich der Wiederholungszwang in der Tendenz, zum anorganischen Zustand zurückzukehren, im Eros, dem Lebenstrieb, in der Tendenz, die Entwicklung des Lebens fortzusetzen und den Vorgang der Schöpfung des Lebens zu wiederholen. Der Sexualtrieb sei deshalb »der eigentliche Lebenstrieb«, und die Polarität zwischen Lebens- und Todestrieb gleiche der zwischen Liebe und Haß.[67] Freud diskutierte diese Theorie auf der Ebene primitiver Organismen und einzelliger Lebewesen. In einer Fußnote faßt er die vorangegangene Entwicklung der Triebtheorie prägnant zusammen und zeigt, wie die neuen Annahmen das Problem der Einteilung der Triebe besser lösen können.

».. . Mit der Aufstellung der narzißtischen Libido und der Ausdehnung des Libidobegriffes auf die einzelne Zelle wandelte sich uns der Sexualtrieb zum Eros, der die Teile der lebenden Substanz zueinanderzudrängen und zusammenzuhalten sucht, und die gemeinhin so genannten Sexualtriebe erschienen als der dem Objekt zugewandte Anteil dieses Eros ... Unübersichtlicher ist vielleicht die Wandlung, die der Begriff der ›Ichtriebe‹ erfahren hat. Ursprünglich nannten wir so alle jene von uns nicht näher gekannten Triebrichtungen, die sich von den auf das Objekt gerichteten Sexualtrieben abscheiden lassen, und brachten die Ichtriebe in Gegensatz zu den Sexualtrieben, deren Ausdruck die Libido ist. Späterhin näherten wir uns der Analyse des Ichs und erkannten, daß auch ein Teil der ›Ichtriebe‹ libidinöser Natur ist, das eigene Ich zum Objekt genommen hat. Diese narzißtischen Selbsterhaltungstriebe mußten also jetzt den libidinösen Sexualtrieben zugerechnet werden. Der Gegensatz zwischen Ich- und Sexualtrieben wandelte sich in den zwischen Ich- und Objekttrieben, beide libidinöser Natur. An seine Stelle trat aber ein neuer Gegensatz zwischen libidinösen (Ich- und Objekt-) Trieben und anderen, die im Ich zu statuieren und vielleicht in den Destruktionstrieben aufzuzeigen sind. Die Spekulation wandelt diesen Ge-

[65] Ibid., S. 38.
[66] Ibid., S. 38 f.
[67] (1920g) Ibid., S. 40–42.

gensatz in den von Lebenstrieben (Eros) und von Todestrieben um.«[68]

Diese neue Formulierung der Triebtheorie ermöglichte gleichzeitig ein besseres Verständnis des Sadismus und Masochismus. In *Jenseits des Lustprinzips* wurde dieser Aspekt gestreift, umfassender wurde er erst in späteren Schriften aufgenommen. Sadismus war bis dahin als eine aggressive Komponente der Libido aufgefaßt worden, Masochismus als ein sekundäres Phänomen, das aus einer Wendung des Sadismus gegen das eigene Selbst resultierte (s. Konzepte: *Sadismus, Masochismus*).[69]

>Wie soll man aber den sadistischen Trieb, der auf die Schädigung des Objekts zielt, vom lebenserhaltenden Eros abhalten können? Liegt da nicht die Annahme nahe, daß dieser Sadismus eigentlich ein Todestrieb ist, der durch den Einfluß der narzißtischen Libido vom Ich abgedrängt wurde, so daß er erst am Objekt zum Vorschein kommt?«[70]

Der Masochismus wurde jetzt als ein primäres Phänomen angesehen, als ein Beweis für den im Individuum wirkenden Todestrieb. Ein Anteil dieses Triebes verbleibt im Organismus, doch um das Leben des Individuums zu erhalten, muß er von der Libido, dem Lebenstrieb, gebunden werden; er ist somit der »ursprüngliche, erogene Masochismus«. Ein anderer Anteil dieses Triebes wird nach außen geleitet und in den Dienst der Sexualfunktion gestellt; er ist der eigentliche Sadismus (s. Konzepte: *Sadismus, Masochismus, Aggression)*.[71]

Das Konzept der Triebmischung: Freud behauptete, das Konzept der Triebmischung sei eine unabweisbare Annahme der Triebtheorie. Das Individuum müßte alsbald sterben, wenn der Todestrieb nicht vom Lebenstrieb gebunden oder neutralisiert würde. Gleichwohl gebrauchte er gelegentlich Ausdrücke wie »eine Reinkultur des Todestriebes«.[72] Hier handelt es sich offenkundig um eine laxe Ausdrucksweise, die sich auf die Tatsache bezieht, daß in der Melancholie der Todestrieb den Kampf der Triebe gewinnen kann. Freud macht ganz deutlich, daß Triebe nur in Mischungen – in wechselnden Proportionen – auftreten, z. B.:

»Die Entstehung des Lebens wäre also die Ursache des Weiterlebens und gleichzeitig auch des Strebens nach dem Tode, das Leben selbst ein Kampf und Kompromiß zwischen diesen beiden Strebungen . . . In welcher Weise sich Triebe der beiden Arten miteinander verbinden, vermischen, legieren, wäre noch ganz unvorstellbar; daß dies

---

[68] Ibid., S. 66 Anm.
[69] (1915c) ›Triebe und Triebschicksale‹, G. W., Bd. 10, S. 221 Anm.
[70] (1920g) *Jenseits des Lustprinzips*, G. W., Bd. 13, S. 58.
[71] (1924c) ›Das ökonomische Problem des Masochismus‹, G. W., Bd. 13, S. 376.
[72] (1923b) *Das Ich und das Es*, G. W., Bd. 13, S. 283.

aber regelmäßig und in großem Ausmaß geschieht, ist eine in unserem Zusammenhang unabweisbare Annahme.«[73]

Die Triebe im psychischen Apparat

Der Frage der Funktion der Triebe im psychischen Apparat und der Weise, in der dieser Apparat mit ihnen umgeht, widmete Freud viel Aufmerksamkeit. Sein erstes psychologisches Modell der Seele, das in vielen Hinsichten dem im ›Entwurf‹ entwickelten neurologischen Modell gleicht, entfaltete er im siebten Kapitel der *Traumdeutung*.[74] Freud hat hier nicht die Rolle der Triebe im psychischen Apparat ausführlich diskutiert, sondern sich vor allem mit den Vorstellungen und Phantasien beschäftigt, die als Bestandteile des Trieblebens erscheinen.

Explizite Hinweise auf die Rolle der Triebe im psychischen Apparat finden sich in den *Drei Abhandlungen* von 1905[75] und danach in allen Phasen der Entwicklung der Triebtheorie, die wichtigsten Formulierungen in den topographisch-strukturellen Modellen der Psyche.

(a) 1905
Schon in den *Drei Abhandlungen zur Sexualtheorie* stellte Freud Überlegungen zu den psychischen Kräften an, die den Triebausbrüchen entgegenstehen:

»... der Sexualtrieb hat gegen gewisse seelische Mächte als Widerstände anzukämpfen, unter denen Scham und Ekel am deutlichsten hervorgetreten sind. Es ist die Vermutung gestattet, daß diese Mächte daran beteiligt sind, den Trieb innerhalb der als normal geltenden Schranken zu bannen, und wenn sie sich im Individuum früher entwickelt haben, ehe der Sexualtrieb seine volle Stärke erlangte, so waren sie es wohl, die ihm die Richtung seiner Entwicklung angewiesen haben.«[76]

»Während dieser Periode totaler oder bloß partieller Latenz werden die seelischen Mächte aufgebaut, die später dem Sexualtrieb als Hemmnisse in den Weg treten und gleichwie Dämme seine Richtung beengen werden (der Ekel, das Schamgefühl, die ästhetischen und moralischen Idealanforderungen).«[77]

(b) Die topographische Theorie
Eine sehr viel ausführlichere Diskussion der Rolle der Triebe im psy-

[73] Ibid., S. 269.
[74] (1900a) *Die Traumdeutung*, G. W., Bd. 2/3.
[75] (1905d) *Drei Abhandlungen zur Sexualtheorie*, G. W., Bd. 5, S. 61, 78.
[76] Ibid., S. 61.
[77] Ibid., S. 78.

chischen Apparat findet sich in den metapsychologischen Schriften von 1915, in denen Freud seine topographische Theorie aufstellt.

Nach diesem Modell ist der psychologische Apparat topographisch in drei Systeme unterteilt: das Unbewußte, das Vorbewußte und das Bewußte.

»Der Kern des *Ubw* besteht aus Triebrepräsentanzen, die ihre Besetzung abführen wollen, also aus Wunschregungen. Diese Triebregungen sind einander koordiniert, bestehen unbeeinflußt nebeneinander, widersprechen einander nicht. Wenn zwei Wunschregungen gleichzeitig aktiviert werden, deren Ziele uns unvereinbar erscheinen müssen, so ziehen sich die beiden Regungen nicht etwa voneinander ab oder heben einander auf, sondern sie treten zur Bildung eines mittleren Zieles, eines Kompromisses, zusammen.«[78]

Vorstellungen können durch jedes der drei Systeme besetzt werden, doch die Triebe selbst können nicht Objekt des Bewußtseins werden; das können nur die Vorstellungsrepräsentanzen der Triebe. Andererseits können Gefühle, Empfindungen und Affekte nicht unbewußt sein, da nur die Vorstellungen, an die sie geknüpft sind, verdrängt werden können.[79]

Freud unterscheidet zwischen einer Urverdrängung, durch die den Vorstellungsrepräsentanzen der Triebe der Zugang zum Bewußtsein versagt wird, und der eigentlichen Verdrängung, durch die »psychische Abkömmlinge der verdrängten Repräsentanz oder Gedankenzüge, die anderswoher stammend, in assoziative Bindung zu ihr geraten sind«, vom Bewußtsein abgestoßen werden. Die Verdrängung behindert nicht das Fortbestehen der Triebrepräsentanz im Unbewußten, sie stört nur ihre Beziehung zum Bewußten.[80]

Die Verdrängung einer Triebrepräsentanz setzt voraus, daß die Triebkraft der Unlust stärker ist als die aus der Befriedigung eines Triebes gewonnene Lust. Sie kann erst dann einsetzen, wenn sich eine scharfe Trennung zwischen bewußter und unbewußter Seelentätigkeit ausgebildet hat. Vor dieser Stufe werden Triebregungen durch andere Triebschicksale als das der Verdrängung abgewehrt, z. B. durch die Verwandlung ins Gegenteil oder die Wendung gegen die eigene Person.[81]

Wenn eine Triebrepräsentanz dem bewußten Einfluß entzogen ist, entwickelt sie sich ungestörter und reichhaltiger. Abkömmlinge jedoch, die weit genug von ihr entfernt oder stark genug entstellt sind, haben noch freien Zugang zum Bewußtsein.[82] Symptome und Ersatzbildun-

---

78 (1915e) ›Das Unbewußte‹, G. W., Bd. 10, S. 285.
79 Ibid., S. 276 f.
80 (1915d) ›Die Verdrängung‹, G. W., Bd. 10, S. 250 f.
81 Ibid., S. 249 f.
82 (1915d) Ibid., S. 252.

gen zeugen von einer Wiederkehr des Verdrängten. Indes ist es nicht die Verdrängung selbst, die Symptome erzeugt.[83] In den verschiedenen Neurosen zeigen sich unterschiedliche Mechanismen der Ersatzbildung.[84]

(c) Die strukturelle Theorie
In *Das Ich und das Es*[85] hat Freud das dritte Modell der Psyche formuliert, in dem die Einteilung in Strukturen, in Ich, Es und Überich, die ältere topographische Einteilung in Bewußtes, Vorbewußtes und Unbewußtes teilweise ersetzt und ergänzt (s. Konzept: *Die Modelle der Psyche*). Das Es wird zum Sitz der Triebe und befindet sich im Konflikt mit dem Ich. Freud hebt jedoch hervor, daß das Ich nicht mehr mit dem Bewußten gleichgesetzt werden kann, d. h., die alte Annahme eines Konflikts zwischen den Trieben und dem Ich als Entsprechung zu einem Konflikt zwischen Unbewußtem und Bewußtem gilt nicht mehr.

»Wir haben im Ich selbst etwas gefunden, was auch unbewußt ist, sich gerade so benimmt wie das Verdrängte, das heißt, starke Wirkung äußert, ohne selbst bewußt zu werden, und zu dessen Bewußtmachung es einer besonderen Arbeit bedarf. Die Folge dieser Erfahrung für die analytische Praxis ist, daß wir in unendlich viele Undeutlichkeiten und Schwierigkeiten geraten, wenn wir an unserer gewohnten Ausdrucksweise festhalten und zum Beispiel die Neurose auf einen Konflikt zwischen dem Bewußten und dem Unbewußten zurückführen wollen. Wir müssen für diesen Gegensatz aus unserer Einsicht in die strukturellen Verhältnisse des Seelenlebens einen anderen einsetzen: den zwischen dem zusammenhängenden Ich und dem von ihm abgespaltenen Verdrängten.«[86]

»Es ist leicht einzusehen, das Ich ist der durch den direkten Einfluß der Außenwelt unter Vermittlung von *W-Bw* veränderte Teil des Es, gewissermaßen eine Fortsetzung der Oberflächendifferenzierung. Es bemüht sich auch, den Einfluß der Außenwelt auf das Es und seine Absichten zur Geltung zu bringen, ist bestrebt, das Realitätsprinzip an die Stelle des Lustprinzips zu setzen, welches im Es uneingeschränkt regiert. Die Wahrnehmung spielt für das Ich die Rolle, welche im Es dem Trieb zufällt. Das Ich repräsentiert, was man Vernunft und Besonnenheit nennen kann, im Gegensatz zum Es, welches die Leidenschaften enthält.«[87]

In seiner Entwicklung erreicht das Ich allmählich das Vermögen, die

83 Ibid., S. 257.
84 Ibid., S. 257–259.
85 (1923b) *Das Ich und das Es,* G. W., Bd. 13.
86 Ibid., S. 244.
87 Ibid., S. 253 f.

Triebe zu beherrschen und zu hemmen.[88] Aber das Ich muß sich nicht nur gegen die Triebe aus dem Es, sondern auch gegen Gefahren aus zwei weiteren Richtungen wehren – gegen Gefahren aus der Außenwelt und seinem Überich. Das Überich ist durch eine Identifizierung mit dem Vater zur Zeit der Lösung des Ödipuskomplexes entstanden. Eine solche Identifizierung ist ein durch Desexualisierung der Libido charakterisierter Vorgang.[89]

Im Es arbeitet der Todestrieb stumm auf eine Reduktion der Spannung, letztlich auf den Tod, hin. Aber der Eros führt – in der Form von Triebansprüchen – Spannungen in das Es ein. Unter der Herrschaft des Lustprinzips erwehrt sich das Es dieser Ansprüche, indem es nach ihrer Befriedigung strebt, insbesondere nach Entledigung von den sexuellen Substanzen, den »gesättigten Trägern« der erotischen Spannungen, um die Spannungen zu lösen.[90] Daß die Todestriebe im Es libidinös gebunden und auf die Außenwelt abgeleitet werden – und dadurch das Leben erhalten –, geschieht ebenfalls durch Vermittlung des Eros.[91]

Das Ich unterstützt das Es in seinen Anstrengungen, Spannungen zu lösen, indem es einen Teil der Libido sublimiert.[92] Da aber bei Sublimierungs- und Desexualisierungsprozessen Triebentmischung stattfindet, werden Todestriebe frei – und das Ich ihrer Gefahr ausgesetzt. Auch an der Bildung des Überichs ist eine solche Triebentmischung beteiligt; die nicht länger gebundene Destruktivität wird hier zur Quelle der Härte des Ichideals. Es-Inhalte gelangen daher nicht nur direkt, sondern auch über das Ichideal zum Ich.[93]

»Das Ich entwickelt sich von der Triebwahrnehmung zur Triebbeherrschung, vom Triebgehorsam zur Triebhemmung. An dieser Leistung hat das Ichideal, das ja zum Teil eine Reaktionsbildung gegen die Triebvorgänge des Es ist, seinen starken Anteil ... Zwischen beiden Triebarten hält es sich nicht unparteiisch. Durch seine Identifizierungs- und Sublimierungsarbeit leistet es den Todestrieben im Es Beistand zur Bewältigung der Libido, gerät aber dabei in Gefahr, zum Objekt der Todestriebe zu werden und selbst umzukommen. Es hat sich zu Zwecken der Hilfeleistung selbst mit Libido erfüllen müssen, wird dadurch selbst Vertreter des Eros und will nun leben und geliebt werden.

Da aber seine Sublimierungsarbeit eine Triebentmischung und Freiwerden der Aggressionstriebe im Über-Ich zur Folge hat, liefert es

[88] Ibid., S. 286.
[89] Ibid., S. 184–286.
[90] Ibid., S. 276.
[91] Ibid., S. 275 u. 269.
[92] Ibid., S. 275.
[93] Ibid., S. 284 f.

sich durch seinen Kampf gegen die Libido der Gefahr der Mißhandlung und des Todes aus. Wenn das Ich unter der Aggression des
Über-Ichs leidet oder selbst erliegt, so ist sein Schicksal ein Gegenstück zu dem der Protisten, die an den Zersetzungsprodukten zugrunde gehen, die sie selbst geschaffen haben. Als solches Zersetzungsprodukt im ökonomischen Sinne erscheint uns die im Über-Ich
wirkende Moral.«[94]

Mit diesen Thesen korrigierte Freud die Theorie des Narzißmus. Hatte
er früher das Ich als das »Reservoir« der narzißtischen Libido angesehen, sagte er jetzt, das Es sei dieses ursprüngliche Reservoir und der
Narzißmus des Ichs sei nur ein sekundärer.

»Indem es sich in solcher Weise der Libido der Objektbesetzungen
bemächtigt, sich zum alleinigen Liebesobjekt aufwirft, die Libido des
Es desexualisiert oder sublimiert, arbeitet es den Absichten des Eros
entgegen, stellt sich in den Dienst der gegnerischen Triebregungen . . .

An der Lehre vom Narzißmus wäre nun eine wichtige Ausgestaltung
vorzunehmen. Zu Uranfang ist alle Libido im Es angehäuft, während das Ich noch in der Bildung begriffen oder schwächlich ist. Das
Es sendet einen Teil dieser Libido auf erotische Objektbesetzungen
aus, worauf das erstarkte Ich sich dieser Objektlibido zu bemächtigen und sich dem Es als Liebesobjekt aufzudrängen sucht. Der Narzißmus des Ichs ist so ein sekundärer, den Objekten entzogener.«[95]
(S. jedoch Konzept: *Narzißmus,* wo offenkundige Widersprüche in
Freuds Ansichten über dieses Thema diskutiert werden.)

Freud kehrte zur Frage der scheinbaren Verwandlung von Liebe in
Haß zurück, die, wenn sie sich wirklich vollzöge, gegen die Unterscheidung von Lebens- und Todestrieb spräche. Aber, so sein Argument,
was sich wirklich vollziehe, sei eine reaktive Verschiebung neutralisierter Energie. Der Vorrat desexualisierter Libido stehe den destruktiven
ebenso wie den erotischen Triebregungen zur Verfügung, und im Falle
der Umwandlung von Liebe zu Haß werde diese neutrale Energie der
erotischen Regung entzogen und der destruktiven hinzugefügt.[96]

Diese neue Sicht der Triebe ermöglichte eine tiefere Einsicht in die
Funktion des Überichs in der Zwangsneurose und Melancholie. Findet
eine Mischung der beiden Triebarten allmählich im Verlauf der libidi-
nösen Entwicklung statt, so liegt das Wesen der Regression in einer
Entmischung der Triebe.[97] In der Regression auf die anal-sadistische
Phase in der Zwangsneurose werden destruktive Impulse gegen das

[94] (1923b) Ibid., S. 286 f.
[95] Ibid., S. 274 f.
[96] Ibid., S. 270–274.
[97] Ibid., S. 270.

Objekt freigesetzt. Obwohl das Ich gegen diese Impulse ankämpft, verhält sich das Überich, dessen Härte sich aus den Destruktionstrieben herleitet, so, als wäre das Ich für diese Impulse verantwortlich, und macht ihm »Vorwürfe«. In der Melancholie, in der das äußere Objekt nicht festgehalten wird, werden alle Destruktionstriebe gegen das eigene Ich gewendet.[98] (S. auch Konzepte: *Triebmischung – Triebentmischung; Aggression.*)

---

[98] Ibid., S. 284.

3
Der Todestrieb

Definition und Einführung

In seiner letzten Formulierung der Triebtheorie im Jahre 1938 (vgl. *Die Entwicklung der Freudschen Triebtheorie*) stellt Freud die beiden Grundtriebe, Eros und Destruktionstrieb, einander gegenüber. Das Ziel des letzteren ist, »Zusammenhänge aufzulösen und so die Dinge zu zerstören. Beim Destruktionstrieb können wir daran denken, daß als ein letztes Ziel erscheint, das Lebende in den anorganischen Zustand zu überführen. Wir heißen ihn darum auch *Todestrieb* . . . In den biologischen Funktionen wirken die beiden Grundtriebe gegeneinander oder kombinieren sich miteinander . . .«.

>»Solange dieser Trieb als Todestrieb im Inneren wirkt, bleibt er stumm, er stellt sich uns erst, wenn er als Destruktionstrieb nach außen gewendet wird. Daß dies geschehe, scheint eine Notwendigkeit für die Erhaltung des Individuums . . .«[1]

Freuds Trieblehre war in allen Phasen ihrer Entwicklung eine dualistische Theorie (vgl. *Die Entwicklung der Freudschen Trieblehre*). Ein unabhängiger Destruktionstrieb, der dann den einen der beiden Grundtriebe bildete, wurde jedoch erst 1920 anerkannt.[2] Die klinische Bedeutung der Aggression war seit den Anfängen der Psychoanalyse gesehen, aber zunächst als eine Komponente des Sexualtriebes aufgefaßt worden. Nach 1920 wurde Aggression als die Manifestation des nach außen gewendeten Todestriebes verstanden. In *Das Unbehagen an der Kultur* sagt Freud, daß die Anerkennung eines besonderen, unabhängigen Aggressionstriebes keine Abänderung der psychoanalytischen Trieblehre bedeute, sondern nur eine längst vollzogene Wendung schärfer fasse und in ihren Konsequenzen verfolge.[3] Was es notwendig gemacht hatte, die Existenz eines Todestriebes zu postulieren, waren natürlich die Probleme, die sich im Verlauf der psychoanalytischen Erfahrung stellten (s. Konzepte: *Entwicklung der Freudschen Triebtheorie; Aggressionstrieb*). Gleichwohl läßt sich die Theorie über den Todestrieb gesondert diskutieren, da Freuds Argumentation in diesem Punkt zu einem großen Teil spekulativ ist und sich auf biologische und philosophische Erwägungen stützt.

---

[1] (1940a [1938]) *Abriß der Psychoanalyse*, G. W., Bd. 17, S. 71 f.
[2] (1920g) *Jenseits des Lustprinzips*, G. W., Bd. 13, S. 15.
[3] (1930a) *Das Unbehagen in der Kultur*, G. W., Bd. 14, S. 476.

Die Theorie des Todestriebes, der dem Eros, dem die Sexual- und Selbsterhaltungstriebe umfassenden Lebenstrieb, entgegenarbeitet, hat Freud zuerst in *Jenseits des Lustprinzips*[4] formuliert.

Er diskutiert dort zunächst das Lustprinzip, die den seelischen Apparat beherrschende Tendenz, die danach strebt, Unlustspannungen zu vermeiden bzw. abzubauen.[5] Anschließend führt er aus, daß der Wiederholungszwang, wie er sich in Träumen, traumatischen Neurosen, im Kinderspiel und in der Übertragungsneurose manifestiert, dem Lustprinzip offenkundig widerspreche; unlustvolle Erlebnisse aus der Zeit des Ödipuskomplexes würden wiederholt, obwohl es keine Möglichkeit gebe, die sich in ihnen ausdrückenden Wünsche zu befriedigen. Zwar schiene manches an solchen Prozessen rational verständlich, doch »es bleibt genug übrig, was die Annahme des Wiederholungszwangs rechtfertigt, und dieser erscheint uns ursprünglicher, elementarer, triebhafter als das von ihm zur Seite geschobene Lustprinzip . . ., dem wir doch bisher die Herrschaft über den Ablauf der Erregungsvorgänge im Seelenleben zugetraut haben.«[6] Im Anschluß an eine Diskussion der Funktionen des psychischen Apparates bezeichnet er es als die Aufgabe der höheren psychischen Prozesse, Trieberregung zu binden;[7] erst nach einer solchen Bindung könne das Lustprinzip sich ungehindert durchsetzen. Der Wiederholungszwang in der Übertragungsneurose und in Träumen zeige, daß die verdrängten Erinnerungsspuren nicht gebunden sind.[8]

Freud folgerte, der Wiederholungszwang besitze Triebcharakter. »Ein Trieb wäre also ein dem belebten Organischen innewohnender Drang zur Wiederherstellung eines früheren Zustandes.«[9] Das Ziel des Todestriebes ist, den Organismus wieder in den Zustand anorganischer Materie zurückzuführen, wie er vor der Entstehung des Lebens bestand. Freud zog Materialien aus der Biologie heran[10], um zu zeigen, daß niedere Organismen durch Produkte ihres eigenen Stoffwechsels geschädigt werden und so infolge ihrer eigenen Lebensprozesse sterben. Durch äußere Reize, d. h. bei Versorgung mit frischer Nahrungsflüssigkeit oder Verschmelzung mit einem anderen Organismus (dem Vorläufer der gesellschaftlichen Fortpflanzung), können sie jedoch verjüngt werden.[11] Bei diesen niederen Organismen hat sich noch keine Diffe-

[4] (1920g) *Jenseits des Lustprinzips*, G. W., Bd. 13.
[5] Ibid., S. 3–8.
[6] Ibid., S. 22.
[7] Ibid., S. 36.
[8] Ibid., S. 37.
[9] Ibid., S. 38.
[10] Ibid., S. 46–52.
[11] Ibid., S. 51.

renzierung in Soma und Keimplasma (die sterblichen und unsterblichen Substanzen) vollzogen.[12] Die Keimzellen arbeiten dem Tod der lebenden Substanz entgegen, und die Sexualtriebe erhalten das Leben der Art.[13] Freud übertrug die Libidotheorie auf das Verhältnis der Zellen zueinander und schlug vor, im Hinblick auf vielzellige Organismen sich vorzustellen, daß die Lebens- und Sexualtriebe in jeder Zelle aktiv sind, andere Zellen zum Objekt nehmen, dadurch die Todestriebe teilweise neutralisieren und so Leben erhalten.[14] »Der Lebensprozeß des Individuums führt aus inneren Gründen zur Abgleichung chemischer Spannungen, das heißt, zum Tode, während die Vereinigung mit einer individuell verschiedenen lebenden Substanz diese Spannungen vergrößert, sozusagen neue ›Vitaldifferenzen‹ einführt, die dann ›abgelebt‹ werden müssen. Daß wir als die herrschende Tendenz des Seelenlebens, vielleicht des Nervenlebens überhaupt, das Streben nach Herabsetzung, Konstanterhaltung, Aufhebung der inneren Reizspannung erkannten (das Nirwanaprinzip), wie es im Lustprinzip zum Ausdruck kommt, das ist ja eines unserer stärksten Motive, an die Existenz von Todestrieben zu glauben.«[15] In *Das Ich und das Es* schreibt Freud, man müsse den Eindruck gewinnen, »daß die Todestriebe im wesentlichen stumm sind und der Lärm des Lebens meist vom Eros ausgeht. Und vom Kampf gegen den Eros.«[16] Die Ansprüche des Eros führen Spannungen ein, die das Ich auf verschiedene Weisen abwehrt. Freud bemerkt, daß der Zustand nach der vollen Sexualbefriedigung dem Sterben gleiche und bei niederen Tieren der Tod mit dem Zeugungsakt zusammenfalle, weil nach Ausschaltung des Eros durch die Befriedigung der Todestrieb freie Hand bekommen habe.

Freud stellte fest, daß sich zwar ausreichend Gelegenheit geboten habe, die libidinösen Triebe zu studieren, die Analyse des Ichs aber noch nicht weit genug fortgeschritten sei, um das Studium der anderen Triebe zu erlauben.[17] Indes zeige sich in der Polarität von Liebe und Haß eine Parallele zu dem Gegensatz von Lebens- und Todestrieben. Außerdem habe die Psychoanalyse seit langem eine sadistische Komponente des Sexualtriebes anerkannt, und wenn die libidinösen und Selbsterhaltungstriebe nun Eros unterzuordnen seien, könne dieser sadistische Trieb, der auf eine Schädigung des Objekts ziele, kaum vom lebenserhaltenden Eros abgeleitet werden. Freud folgerte deshalb, daß der Sadismus ein Todestrieb sei, »der durch den Einfluß der narzißtischen Libido vom Ich abgedrängt wurde, so daß er erst am Objekt

[12] Ibid., S. 52.
[13] Ibid., S. 42.
[14] Ibid., S. 54.
[15] Ibid., S. 60.
[16] (1923b) *Das Ich und das Es*, G. W. Bd. 13, S. 275.
[17] (1920g) *Jenseits des Lustprinzips*, G. W. Bd. 13, S. 57.

zum Vorschein kommt«.[18] Wenn aber zwischen einer Wendung des Triebes vom Objekt zum Ich und der Wendung vom Ich zum Objekt kein prinzipieller Unterschied bestehe, sei der Masochismus eine Regression auf eine frühere Stufe des Triebes, so daß man auch von einem primären Masochismus – einer früher bestrittenen Annahme – sprechen könnte.[19] In ›Das ökonomische Problem des Masochismus‹ wurde diese Frage erneut aufgegriffen. Freud sagt dort, daß die Libido in vielzelligen Organismen die Aufgabe hat, den destruierenden Trieb unschädlich zu machen, indem sie ihn nach außen ableitet – als Destruktionstrieb, Bemächtigungstrieb oder Wille zur Macht – und sich mit ihm vermischt.[20] »Ein Anteil dieses Triebes wird direkt in den Dienst der Sexualfunktion gestellt ... Dies ist der eigentliche Sadismus.«[21] Ein anderer Anteil verbleibt im Organismus. Dieser Anteil ist der mit dem Masochismus identische Ursadismus. Der erogene Masochismus, der ebenfalls zu einer Komponente der Libido geworden ist, stellt sich dann als ein Überrest aus der Phase dar, in der sich die Legierung von Eros und Todestrieb vollzog.[22] (Für eine ausführliche Diskussion dieses Problems s. Konzepte *Sadismus* und *Masochismus*.)

Eine Regression der Libido führt zur Freisetzung des vorher gebundenen, gegen das Objekt gewendeten Destruktionstriebes. Dies geschieht in der Zwangsneurose; das Ich hat sich hier der analsadistischen Impulse zu erwehren.[23] Die freigesetzten Impulse verschärfen die Strenge des Überichs.[24] In der Melancholie, in der das Ich sich mit dem verlorenen Objekt identifiziert und die Libido auf die narzißtische Stufe regrediert, werden alle nun ins Überich eingegangenen Impulse gegen das Ich gewendet. »Was nun im Überich herrscht, ist wie eine Reinkultur des Todestriebes« – was die hier zu beobachtende Tendenz zum Selbstmord erklärt.[25]

[18] Ibid., S. 58.
[19] Ibid., S. 59.
[20] (1924c) ›Das ökonomische Problem des Masochismus‹, G. W. Bd. 13, S. 376.
[21] Ibid., S. 376.
[22] Ibid., S. 377.
[23] (1923b) *Das Ich und das Es,* G. W. Bd. 13, S. 283.
[24] Ibid., S. 285.
[25] Ibid., S. 283.

Der Aggressionstrieb

Einführung

Freuds Konzept der Aggression läßt sich nicht isoliert betrachten. Es ist in Abhängigkeit von der Libidotheorie entwickelt worden, ohne die es nicht verstanden werden kann. Die Entwicklung der Triebtheorie zerfällt in vier Phasen, wobei die erste und die letzte noch einmal unterteilt sind. Freuds Auffassung der Aggression und ihres Ursprungs hat entsprechende Wandlungen erfahren. (Vgl. Konzept: *Die Entwicklung der Freudschen Triebtheorie.*)

Phasen 1 und 2

Freud hatte seit den Anfängen der Psychoanalyse die klinische Bedeutung der gegen die Außenwelt gerichteten aggressiven Strebungen des Individuums anerkannt. Doch zu der Zeit, als er die Triebe in zwei Klassen einteilte, die sexuellen und die selbsterhaltenden, wurden aggressive Impulse als sadistische Komponenten des Sexualtriebes angesehen. Schon in den *Drei Abhandlungen zur Sexualität* (1905d) war Freud von dieser Erklärung des Ursprungs der Aggression nicht überzeugt, und 1909 stellte er die These auf, daß beide, die Sexual- und die Selbsterhaltungstriebe, aggressiven Charakter annehmen könnten. Die aggressive Komponente der Triebe wurde jetzt im Zusammenhang mit der Notwendigkeit gesehen, sich der Außenwelt zu bemächtigen.

Phase 3

In ›Triebe und Triebschicksale‹ (1915c) kam Freud zu dem Schluß, daß Aggression sich nicht als eine libidinöse Strebung auffassen lasse, sondern den Selbsterhaltungstrieben entstammen müsse.

Phase 4a

In *Jenseits des Lustprinzips* (1920g) gab Freud eine neue Klassifikation der Triebe. Die Sexual- und Selbsterhaltungstriebe wurden dem Lebenstrieb subsumiert, und Aggression wurde nicht mehr als eine den Selbsterhaltungstrieben entstammende Strebung, sondern als die nach außen gewendete Manifestation des Todestriebes aufgefaßt. Freud hob hervor, daß Aggression sich nur in mit Libido vermischten Erscheinungen studieren lasse – so daß die Konzepte der *Mischung* und *Entmischung* bedeutsam wurden.

Die eigentliche Bedeutung seines Postulats des *Todestriebes* lag daher nicht in der Anerkennung der Rolle der Aggression für die menschliche Psychopathologie, sondern in dem neuen metapsychologischen Verständnis, das es im Hinblick auf die Ursprünge und Schicksale der aggressiven oder destruktiven Tendenzen ermöglichte. Dies führte zu neuen Einsichten in klinische Probleme und zu einer Revision der früheren Ansicht, der Sadismus sei gegenüber dem Masochismus das Primäre.

Phase 4b
Nach der Einführung von Strukturkonzepten in die psychoanalytische Theorie in *Das Ich und das Es* (1923b) war die neue Auffassung der Aggression insbesondere für das Verständnis der Zwangsneurose und der Melancholie wichtig, da sie auf den Prozeß der Überich-Bildung neues Licht warf.

Historische Entwicklung der Freudschen Auffassung von Aggression

Phase 1 und 2
Freud hat das Problem der sexuellen Aggression bereits vor der Jahrhundertwende gesehen. Vermutlich hat er mit der von Breuer in den *Studien über Hysterie* formulierten Ansicht übereingestimmt, daß die Zunahme sexueller Erregung bei männlichen Tieren zu einer Intensivierung des Aggressionstriebes führe[1] und daß bei normalen und gesunden jungen Männern Sexualität *»ein ungemischter Aggressionstrieb«* sei.[2]
Freud hat zu dieser Zeit nur manifeste nach außen gerichtete Aggression in Betracht gezogen und diese mit Aktivität und Männlichkeit verknüpft; sexuelle Aggressivität erschien ihm als ein männliches Privileg, während er die weibliche Entwicklung als von Anfang an passiv ansah. (Diese Zeit lag vor seinen Untersuchungen zu den Ähnlichkeiten und Unterschieden zwischen männlicher und weiblicher Entwicklung und zum Verhältnis von *Passivität-Aktivität* und *Männlichkeit-Weiblichkeit*; vgl. diese Konzepte.) In seinem damaligen Verständnis der Ätiologie der Neurosen fand er in der Ätiologie der Zwangsneurose bei Männern »einen vom Wunsch geleiteten Akt der Aggression«, während er bei Frauen nur »eine lustvolle Teilnahme an sexuellen Bezie-

---

[1] (1895d) und Breuer, J., *Studien über Hysterie*, Wien, G. W., Bd. 1, S. 75 (ohne die Beiträge von Breuer). Vollständige Neuausgabe: Fischer Taschenbuch Nr. 6001, Frankfurt am Main 1970, S. 161.
[2] Ibid., S. 199.

hungen«[3] fand. Akte sexueller Aggressivität bei Kindern hielt er damals nur bei einer vorausgegangenen Verführung für möglich.[4] Eine ausführlichere Darstellung seiner Ansichten gab er in den *Drei Abhandlungen zur Sexualtheorie* (1905d); sein Hauptinteresse war hier nicht auf Aggression *per se,* sondern auf ein Verständnis des Sadismus gerichtet. Er vertrat hier die Ansicht, daß die männliche Sexualität aufgrund der Notwendigkeit, den Widerstand des Sexualobjekts zu überwinden, ein Element von Aggressivität enthalte – den Wunsch zu überwältigen. Die Perversion des Sadismus »entspräche dann einer selbständig gewordenen, übertriebenen, durch Verschiebung an die Hauptstelle gerückten, aggressiven Komponente des Sexualtriebes«[5] (vgl. Konzepte: *Sadismus* und *Masochismus*).

Freud hielt die damals bekannten Erklärungen des Sadismus oder der Aggressivität für unzureichend. Zwar sei gesehen worden, »daß Grausamkeit [Sadismus] und Sexualität innigst zusammengehören, . . . aber in der Aufklärung dieses Zusammenhanges ist man über die Betonung des aggressiven Moments der Libido nicht hinausgekommen. Nach einigen Autoren ist diese dem Sexualtrieb beigemengte Aggression eigentlich ein Rest kannibalischer Gelüste, also eine Mitbeteiligung des Bemächtigungsapparates, welcher der Befriedigung des anderen, ontogenetisch älteren, großen Bedürfnisses dient.«[6] In *Der Witz und seine Beziehung zum Unbewußten* (1905c) findet sich eine Passage, in der Freud zwischen Aggressivität im Sinne des Wunsches zu unterwerfen oder zu herrschen und Sadismus zu unterscheiden scheint, wenngleich beide als libidinöse Strebungen angesehen werden. Er spricht über die Situation, in der die sexuelle Aggressivität des Mannes (wie sie sich in der sexuell erregenden Rede ausdrückt) auf ein Hindernis stößt und deshalb ihren Charakter ändert. »Sie wird direkt feindselig, grausam, ruft also die sadistische Komponente des Geschlechtstriebes gegen das Hindernis zu Hilfe.«[7] In anderen Zusammenhängen (in 1905c) wird diese Unterscheidung nicht getroffen.

In den oben erwähnten Passagen wird Aggression als eine libidinöse Strebung aufgefaßt. In der Ausgabe 1905d der *Drei Abhandlungen* gab es indes eine in späteren Ausgaben gestrichene Stelle, in der Freud meinte, daß »die Strebung der Grausamkeit« (d. h. hier der sadistische Impuls) aus von der Sexualität unabhängigen Quellen entspringen könnte; obwohl dies die endgültige Entwicklung der Freudschen Triebtheorie anzudeuten scheint, werden die sadistischen und sexuellen Stre-

---

[3] (1896a) ›L'Hérédité et l'Etiologie des Névroses‹, G. W., Bd. 1, S. 420.
[4] Ibid., S. 420; s. a. (1896c) ›Zur Ätiologie der Hysterie‹, G. W., Bd. 1, S. 445.
[5] (1905d) *Drei Abhandlungen zur Sexualtheorie,* G. W., Bd. 5, S. 57.
[6] Ibid., S. 58.
[7] (1905c) *Der Witz und seine Beziehung zum Unbewußten,* G. W., Bd. 6, S. 108.

bungen auf dieser Stufe seiner Theorie zusammengebracht (vgl. *Die Entwicklung der Freudschen Triebtheorie*).[8]

Freud ist dann viele Jahre lang nicht bereit gewesen, die Existenz eines unabhängigen Aggressionstriebes anzunehmen. In 1909b, bei der Diskussion der feindseligen und aggressiven Regungen des »kleinen Hans« wandte er sich energisch gegen Adlers Konzept eines Aggressionstriebes, um vorläufig an der Auffassung festzuhalten, die jedem Trieb (den sexuellen wie den selbsterhaltenden) ein eigenes Vermögen, aggressiv zu werden, zusprach. Aggression wird hier also nicht mehr einfach als eine libidinöse Strebung aufgefaßt.[9]

Phase 3

Der nächste Schritt in Freuds Untersuchung der Ursprünge der Aggression wurde in 1915c getan, als er die Vorstellung verwarf, Aggression sei eine libidinöse Strebung. In ›Triebe und Triebschicksale‹ (1915c) diskutiert er den Gegensatz von Liebe (Zärtlichkeit) und Haß (Aggression), den er später mit der Polarität zwischen den Lebens- und Todestrieben verglich, und er erkennt die Komplexität der Beziehung zwischen Liebe und Haß.[10] Er sagt, daß der Haß älter als die Liebe sei, daß er aus einer anderen, d. h. nicht libidinösen, Quelle entspringe und diese Quelle die Selbsterhaltungstriebe seien.[11] Haß war ursprünglich die Reaktion des Ichs auf die unwillkommene Reize zuführende Außenwelt[12], so daß die Sexual- und Ichtriebe im Laufe ihrer Entwicklung »leicht in einen Gegensatz geraten können, der den von Hassen und Lieben wiederholt«[13] (s. a. *Ambivalenz*). Doch als eine Folge seiner Arbeit über den Narzißmus fragt Freud schon in dieser Abhandlung, ob sich die Unterscheidung zwischen den libidinösen (Objekt-) und den selbsterhaltenden (Ich-)Trieben noch aufrechterhalten lasse[14] (s. Konzept: *Die Entwicklung der Freudschen Triebtheorie*). In einem Zusatz zu den *Drei Abhandlungen* aus demselben Jahr bemerkt er, daß die Ursprünge der Aggression noch nicht verstanden seien.[15]

Das neue Verständnis der Weise, in der ursprünglich gegen äußere Objekte gerichtete feindselige, destruktive Tendenzen in der Melancholie auf das Selbst zurückgewendet werden (1917e [1915] ›Trauer und Melancholie‹, G. W., Bd. 10), machte es schwierig, lange an der Auffas-

---

[8] (1905d) *Drei Abhandlungen zur Sexualtheorie*, G. W., Bd. 5, S. 93 f.
[9] (1909b) ›Analyse der Phobie eines fünfjährigen Knaben‹, G. W., Bd. 7, S. 371 f.
[10] (1915c) ›Triebe und Triebschicksale‹, G. W., Bd. 10, S. 230.
[11] Ibid., S. 231.
[12] Ibid., S. 228.
[13] Ibid., S. 231.
[14] Ibid., S. 217.
[15] (1905d) *Drei Abhandlungen zur Sexualtheorie*, G. W., Bd. 5, S. 58 u. 101.

sung festzuhalten, die Aggression entstamme den Selbsterhaltungstrieben, denn Aggression ließ sich nun nicht mehr einfach als der Impuls zur Bemächtigung der Außenwelt interpretieren (vgl. Konzept: *Die Entwicklung der Freudschen Triebtheorie*).

Phase 4a

Der nächste Schritt wurde in 1920g vollzogen, als Freud in einer völligen Revision dieser Theorie die Sexual- *und* Selbsterhaltungstriebe Eros – dem Lebenstrieb – unterordnete und einen Eros entgegengesetzten Todestrieb postulierte (s. Konzept: *Der Todestrieb*). Aggression wurde jetzt nicht mehr als den Selbsterhaltungstrieben, sondern dem Todestrieb entspringend aufgefaßt, und Freud verglich die Polarität von Liebe (Zärtlichkeit) und Haß (Aggression) mit der von Lebens- und Todestrieben.[16] In *Jenseits des Lustprinzips* war Freud in erster Linie am Wirken des Todestriebes im Organismus interessiert; in späteren Schriften richtete er seine Aufmerksamkeit auf die Weise, in der die Todestriebe nach außen gewendet und als destruktive oder aggressive Strebungen manifest werden. Er stellte fest, daß die erotischen und die Todestriebe nur in unterschiedlichen Legierungen oder Mischungen erscheinen, wenngleich unter bestimmten Bedingungen auch Entmischungen möglich seien.[17] Dieses Thema wurde in *Das Ich und das Es* (1923b) weiter verfolgt. Dort heißt es, daß das Konzept der Mischung eine unabweisbare Annahme darstelle. Der Todestrieb manifestiere sich teilweise als ein gegen die Außenwelt und andere Organismen gerichteter Destruktionstrieb, während er zu Zwecken der Abfuhr in den Dienst des Eros gestellt werde.

> »In der sadistischen Komponente des Sexualtriebes hätten wir ein klassisches Beispiel einer zweckdienlichen Triebmischung vor uns, im selbständig gewordenen Sadismus als Perversion das Vorbild einer, allerdings nicht bis zum äußersten getriebenen Entmischung.«[18] (s. Konzepte: *Mischung-Entmischung; Sadismus*).

Phase 4b

Kurz nach der Formulierung der Triebtheorie in *Jenseits des Lustprinzips* (1920g) führte Freud in *Das Ich und das Es* (1923b) seine Strukturkonzepte ein (s. Konzept: *Die Entwicklung der Freudschen Triebtheorie*); die neuen Formulierungen über die Aggression ermöglichten ein neues Verständnis der Überich-Bildung. In das Überich wird jener Anteil der kindlichen Aggressivität aufgenommen, den das Kind – aufgrund seiner Liebe zu ihnen – nicht gegen die Eltern wenden

[16] (1920g) *Jenseits des Lustprinzips*, G. W., Bd. 13, S. 57.
[17] (1923a) [1922]) ›»Psychoanalyse« und »Libidotheorie«‹, G. W., Bd. 13, S. 233.
[18] (1923b) *Das Ich und das Es*, G. W., Bd. 13, S. 270.

kann, die seinen Triebwünschen Versagungen auferlegen. Die verinnerlichten Eltern werden zum Überich, aber die Strenge des Überichs entspricht nicht der Strenge der Eltern, sondern dem Betrag der gegen sie gerichteten Aggressivität des Kindes, der nun in das Überich eingegangen ist.[19] Mit den Identifikationen und Introjektionen bei der Überich-Bildung geht eine Triebentmischung einher, so daß die freigesetzten destruktiven Strebungen die Strenge des Überichs erhöhen[20] (s. Konzept: *Mischung-Entmischung*).

Eine Regression der Libido führt auch zur Freisetzung des vorher gebundenen, gegen das Objekt gewendeten Destruktionstriebes. Dies geschieht in der Zwangsneurose; das Ich muß sich hier gegen die analsadistischen Impulse zur Wehr setzen.[21] In der Melancholie, in der das Ich sich mit dem verlorenen Objekt identifiziert und die Libido auf die Stufe des Narzißmus regrediert, werden alle nun im Überich enthaltenen destruktiven Impulse gegen das Ich gewendet. »Was nun im Überich herrscht, ist wie eine Reinkultur des Todestriebes« – daher die hier zu beobachtende Tendenz zum Selbstmord.[22]

In *Das Unbehagen in der Kultur* (1930a) bemerkt Freud, daß sich in der analytischen Literatur eine Vorliebe für die Theorie zeige, jede Art von Versagung führe zu einer Steigerung des Schuldgefühls. Er läßt diese Ansicht jedoch nur hinsichtlich der aggressiven Triebe gelten, da eine Steigerung des Schuldgefühls anstelle nicht erfüllter erotischer Ansprüche sich weder dynamisch noch ökonomisch erklären lasse.

»Wenn eine Triebstrebung der Verdrängung unterliegt, so werden ihre libidinösen Anteile in Symptome, ihre aggressiven Komponenten in Schuldgefühle umgesetzt.«[23]

Klinische Anwendungen

Die Wandlungen im Verständnis klinischer Probleme infolge der Entwicklung der Freudschen Vorstellungen über Aggression hingen in erster Linie vom Verständnis des Überichs ab.

Die negative therapeutische Reaktion

Nach der Einführung des Todestriebes wurde die negative therapeutische Reaktion aufgefaßt als eine Folge der Entmischung und der Über-

---

[19] (1930a) *Das Unbehagen in der Kultur,* G. W., Bd. 14, S. 490.
[20] (1923b) *Das Ich und das Es,* G. W., Bd. 13, S. 284 f.; s. a. (1924c) ›Das ökonomische Problem des Masochismus‹, G. W., Bd. 13, S. 380.
[21] (1923b) *Das Ich und das Es,* G. W., Bd. 13, S. 283.
[22] Ibid., S. 283.
[23] (1930a) *Das Unbehagen in der Kultur,* G. W., Bd. 14, S. 499.

nahme aggressiver Tendenzen ins Überich, die zu einem Strafbedürfnis des Ichs führten, so daß der Patient dort, wo im Verlauf der Behandlung normalerweise Besserungen eintreten, gegenteilig reagiert.[24]

Melancholie

In *Trauer und Melancholie* (1917d [1915]) werden die Selbstvorwürfe und die Selbstquälerei des Melancholikers als vom Überich – das damals als »Gewissen«, als eine »vom Ich abgespaltene kritische Instanz«[25] bezeichnet wurde – ausgehend und als aufgrund seiner Identifikation mit dem verlorenen Objekt gegen das eigene Ich gewendet angesehen.[26] Die Selbstquälerei bedeutet eine Befriedigung von sadistischen und Haßtendenzen, und die Krankheit dient dazu, den offenen Ausdruck von Feindseligkeit gegen das Liebesobjekt zu vermeiden.[27]

In *Das Ich und das Es* (1932b) wurde das »Gewissen« zum Überich, und seine Strenge gegen das Ich ließ sich mit der Entmischung der Triebe und der Übernahme der Destruktionstriebe ins Überich erklären.[28] Das Ich gibt sich auf, weil es sich vom Überich gehaßt und verfolgt fühlt. Leben bedeutet für es, vom Überich geliebt zu werden.[29]

Zwangsneurose

Das Studium der Aggression in der Zwangsneurose hat eine lange Geschichte. In ›Zur Ätiologie der Hysterie‹ (1896c) sagte Freud, daß Zwangsvorstellungen sich in der Analyse »regelmäßig als verkappte und verwandelte Vorwürfe wegen sexueller Aggressionen im Kindesalter« erweisen ließen.[30] Die Rolle der unterdrückten sadistischen und feindseligen Tendenzen und die Bedeutung der Ambivalenz wurde darin gesehen, daß sie zu dem in den Zwangssymptomen repräsentierten Konflikt führen.[31] In ›Die Disposition zur Zwangsneurose‹ (1913i) stellte Freud die Annahme auf, daß in der Disposition zur Zwangsneurose eine Vorzeitigkeit der Ichentwicklung enthalten sein könne, die

[24] (1933a) *Neue Folge der Vorlesungen zur Einführung in die Psychoanalyse,* G. W., Bd. 15, S. 117.
[25] (1917d [1915]) ›Trauer und Melancholie‹, G. W., Bd. 10, S. 433.
[26] Ibid., S. 435.
[27] Ibid., S. 438.
[28] (1923b) *Das Ich und das Es,* G. W., Bd. 13, S. 283 f.
[29] Ibid., S. 288.
[30] (1896c) ›Zur Ätiologie der Hysterie‹, G. W., Bd. 1, S. 457.
[31] (1909d) ›Bemerkungen über einen Fall von Zwangsneurosen‹, G. W., Bd. 7, S. 414 u. 456.

unter dem Einfluß der Ichtriebe zu einer Objektwahl in einer Zeit nötige, in der der Sexualtrieb die prägenitale Stufe noch nicht überwunden hat. Da »nach der Entwicklung der Haß der Vorläufer der Liebe ist«, könnte eine solche Vorzeitigkeit erklären, daß der Zwangsneurotiker zum Schutz seines Liebesobjekts eine Übermoral entwickeln muß.[32]

Nach der Einführung der Strukturkonzepte und des Destruktionstriebes korrigierte Freud diese Ansichten und brachte die Strenge des Überichs in der Zwangsneurose mit der Regression der Libido auf die analsadistische Stufe, womit eine Triebentmischung einhergeht, und mit der Aufnahme destruktiver Impulse ins Überich in Zusammenhang.[33]

Soziologische Betrachtungen

Nach 1920 widmete Freud der Rolle des Destruktionstriebes für die Gruppenbildung und Kulturentwicklung große Aufmerksamkeit. Die ausführlichste Darstellung seiner Überlegungen zu dieser Frage findet sich in *Das Unbehagen in der Kultur* (1930a). Dort heißt es, daß der Triebausstattung des Menschen ein mächtiger Anteil an Aggressivität zuzurechnen sei, so daß »der Nächste nicht nur möglicher Helfer und Sexualobjekt [ist], sondern auch eine Versuchung, seine Aggression an ihm zu befriedigen«.[34]

In der Regel äußert sich diese Aggresivität nur bei einer Provokation, oder sie stellt sich in den Dienst einer anderen Absicht. Unter ihr günstigen Umständen kann sich der Mensch jedoch »als wilde Bestie, der die Schonung der eigenen Art fremd ist«, offenbaren. »Infolge dieser primären Feindseligkeit der Menschen gegeneinander ist die Kulturgesellschaft beständig vom Zerfall bedroht.«[35]

Die Kultur bietet eine Reihe von Methoden auf, um den Manifestationen der Aggressivität Schranken zu setzen: Identifizierungen, zielgehemmte Liebesbeziehungen, Einschränkungen des Sexuallebens und Reaktionsbildungen.[36] Ein kleiner Kulturkreis gestattet der Aggression einen Ausweg in der Feindseligkeit gegen Außenstehende.[37] Zum Ausgleich für die seiner Sexualität und Aggressionsneigung auferlegten Opfer gewinnt der Kulturmensch größere Sicherheit.[38]

---

[32] (1913i) ›Die Disposition zur Zwangsneurose‹, G. W., Bd. 8, S. 451.
[33] (1926d) *Hemmung, Symptom und Angst,* G. W., Bd. 14, S. 143.
[34] (1930a) *Das Unbehagen in der Kultur,* G. W., Bd. 14, S. 470.
[35] Ibid., S. 471.
[36] Ibid., S. 471.
[37] Ibid., S. 473.
[38] Ibid., S. 474.

Kultur ist ein Prozeß im Dienste des Eros mit dem Ziel, Individuen zu immer größeren Einheiten zusammenzufassen. Aber der natürliche Aggressionstrieb des Menschen, der Abkömmling und Hauptvertreter des Todestriebes, widersetzt sich diesem Programm der Kultur. Die Kulturentwicklung zeigt uns »den Kampf zwischen Eros und Tod, Lebenstrieb und Destruktionstrieb, wie er sich an der Menschenart vollzieht«.[39] Die bedeutsamste Form des Umgangs mit der Aggression ist ihre Verinnerlichung und die Übernahme der Rolle der Triebwünsche versagenden Autorität ins Überich.

[39] Ibid., S. 481.

5
Triebmischung – Triebentmischung

Historische Betrachtungen

Mischung und Entmischung sind energetische Konzepte. Ihre Bedeurung beruht darauf, daß die Psychoanalyse mit einer dualistischen Triebtheorie arbeitet. Diese Begriffe beziehen sich auf den Grad, in dem Triebe in Verbindung miteinander angetroffen werden. Freud hat die Vermischung der Triebe in verschiedenen Begriffen beschrieben (darunter Legierung, Verschmelzung, Amalgamierung); ich werde darauf noch einmal zurückkommen. Für die Absichten dieses Referats werden die Begriffe *Mischung* und *Entmischung* in einem allgemeinen Sinne gebraucht, in dem sie sich auf den allgemeinen Prozeß beziehen.

In der frühen Triebtheorie Freuds (die Libido- und Ichtriebe unterschied) findet sich im Begriff »Zusammenfluß« ein Vorläufer der »Mischung«:

»Wir vermuten, daß im Ich noch andere als die libidinösen Selbsterhaltungstriebe tätig sind; wir sollten nur imstande sein sie aufzuzeigen. Es ist zu bedauern, daß die Analyse des Ichs so wenig fortgeschritten ist, daß dieser Nachweis uns recht schwer wird. (Nur in der Erstausgabe geht das Zitat dann folgendermaßen weiter:) Die libidinösen Triebe des Ichs mögen allerdings in besonderer Weise mit den anderen, uns noch fremden Ichtrieben verknüpft, nach dem Ausdruck von Alf. Adler ›verschränkt‹ sein«.[1]

Beim Studium narzißtischer Störungen war deutlich geworden, daß die theoretische Sonderung von Ich- und Sexualtrieben sich aus logischen Gründen nicht aufrechterhalten ließ. Doch zeigte die klinische Erfahrung, daß man an einer Unterscheidung zwischen Sexual- und anderen Trieben festhalten mußte. Darauf zielen Freuds Argumente in den *Vorlesungen zur Einführung in die Psychoanalyse* (1916–17). Seine sonstigen Überlegungen in diesem Zusammenhang reflektieren das allgemeine Problem, mit psychologischen Konzepten zu arbeiten, die ihren Ursprung in der Biologie haben:

»An unserem guten Recht, Ich- und Sexualtriebe zu sondern, kann . . . wohl nicht gerüttelt werden. Es ist ja mit der Existenz des Sexuallebens als einer besonderen Betätigung des Individuums gegeben. Es kann sich nur fragen, welche Bedeutung wir dieser Son-

---

[1] (1920g) *Jenseits des Lustprinzips*, G. W., Bd. 13, S. 57; vollständiges Zitat S. 84 der Erstausg.

derung beilegen, für wie tief einschneidend wir sie halten wollen. Die Beantwortung dieser Frage wird sich aber nach dem Ergebnis der Feststellung richten, inwiefern sich die Sexualtriebe in ihren somatischen und seelischen Äußerungen anders verhalten als die anderen, die wir ihnen gegenüberstellen, und wie bedeutsam die Folgen sind, die sich aus diesen Differenzen ergeben. Eine übrigens nicht recht faßbare Wesensverschiedenheit der beiden Triebgruppen zu behaupten, dazu fehlt uns natürlich jedes Motiv. Beide treten uns nur als Benennungen für Energiequellen des Individuums entgegen, und die Diskussion, ob sie im Grunde eins oder wesensverschieden sind, und wenn eines, wann sie sich voneinander getrennt haben, kann nicht an den Begriffen geführt werden, sondern muß sich an die biologischen Tatsachen hinter ihnen halten. Darüber wissen wir vorläufig zu wenig, und wüßten wir selbst mehr, es käme für unsere analytische Aufgabe nicht in Betracht.

Wir profitieren offenbar auch sehr wenig, wenn wir nach dem Vorgang von Jung die uranfängliche Einheit aller Triebe betonen und die in allem sich äußernde Energie ›Libido‹ nennen. Da sich die Sexualfunktion durch keinerlei Kunststück aus dem Seelenleben eliminieren läßt, sehen wir uns dann genötigt, von sexueller und von asexueller Libido zu sprechen.«[2]

In einer quasi-autobiographischen Bemerkung in *Das Unbehagen in der Kultur* (1930a) sprach Freud von den Problemen, die sich aus den Widersprüchen zwischen der älteren Triebtheorie und der theoretischen Lösung ergaben, die seinem Postulat der Todes- und Lebenstriebe folgte:

»Es schien eine Weile unvermeidlich, Libido mit Triebenergie überhaupt zusammenfallen zu lassen, wie C. G. Jung schon früher gewollt hatte. Doch blieb etwas zurück wie eine noch nicht zu begründende Gewißheit, daß die Triebe nicht alle von gleicher Art sein können.«[3]

Neben den narzißtischen Störungen ließen sich auch die Probleme des Sadismus und Masochismus nicht ohne weiteres erklären. An einer Stelle, die ebenfalls biographischen Charakter hat, heißt es, es sei »nur in der Ordnung, wenn das, was für die eine Theorie den Stein des Anstoßes gebildet hat, für die sie ersetzende den Eckstein abgeben sollte«[4]. Machten die narzißtischen Störungen die Grenzen der frühen Libidotheorie deutlich, so legten der Masochismus und Sadismus die Konzepte der Mischung und Entmischung der beiden Urtriebe, der Lebens- und der Todestriebe, nahe.

[2] (1916–17) *Vorlesungen zur Einführung in die Psychoanalyse*, G. W., Bd. 11, S. 427 f.
[3] (1930a) *Das Unbehagen in der Kultur*, G. W., Bd. 14, S. 477.
[4] (1933a) *Neue Folge der Vorlesungen zur Einführung in die Psychoanalyse*, G. W., Bd. 15, S. 111.

An anderer Stelle sagt Freud, die Triebtheorie sei im Grenzgebiet zwischen Psychologie und Biologie angesiedelt. Es ist daher nicht überraschend, wenn seine Annahmen über die Mischung der Triebe sich eines biologischen Modells bedienen. In *Das Ich und das Es* heißt es:

»Jeder dieser beiden Triebarten wäre ein besonderer physiologischer Prozeß (Aufbau und Zerfall) zugeordnet, in jedem Stück lebender Substanz wären beiderlei Triebe tätig, aber doch in ungleicher Mischung, so daß eine Substanz die Hauptvertretung des Eros übernehmen könnte.«[5]

An dieser biologischen Sicht – oder Analogie – hat Freud im Grunde in seinem ganzen Werk festgehalten, und noch im *Abriß der Psychoanalyse* (1940a [1938]) schreibt er:

»In diesem Es wirken die organischen *Triebe,* selbst aus Mischungen von zwei Urkräften (Eros und Destruktion) in wechselnden Ausmaßen zusammengesetzt und durch ihre Beziehung zu Organen oder Organsystemen voneinander differenziert.«[6]

Dies scheint mehr als ein ›biologisches Modell‹ zu sein, das nur als eine Analogie zu psychologischen Prozessen dient. Freud scheint vielmehr anzunehmen, daß Triebmischung auf einer biologischen Ebene stattfindet:

»Infolge der Verbindung der einzelligen Elementarorganismen zu mehrzelligen Lebewesen, wäre es [aufgrund der Annahme der Mischung] gelungen, den Todestrieb der Einzelzelle zu neutralisieren, und die destruktiven Regungen . . . auf die Außenwelt abzuleiten.«[7]

Freud scheint, wenngleich nicht explizit, die Tendenz zu Mischung/ Bindung mit dem Lebenstrieb und die Tendenz zu Entmischung/Zerfall mit dem Todestrieb gleichzusetzen:

»Das Ziel des ersten ist, immer größere Einheiten herzustellen und so zu erhalten, also Bindung, das Ziel des anderen im Gegenteil, Zusammenhänge aufzulösen und so die Dinge zu zerstören. Beim Destruktionstrieb können wir daran denken, daß als sein letztes Ziel erscheint, das Lebende in den anorganischen Zustand zu überführen. Wir heißen ihn darum auch *Todestrieb.*

Einen Anfangszustand stellen wir uns in der Art vor, daß die gesamte verfügbare Energie des Eros, die wir von nun an *Libido* heißen werden, im noch undifferenzierten Ich-Es vorhanden ist, und dazu dient, die gleichzeitig vorhandenen Destruktionsneigungen zu neutralisieren.«[8]

5 (1923b) *Das Ich und das Es,* G. W., Bd. 13, S. 269.
6 (1940a [1938]) *Abriß der Psychoanalyse,* G. W., Bd. 17, S. 128.
7 (1923b) *Das Ich und das Es,* G. W., Bd. 13, S. 269.
8 (1940a [1938]) *Abriß der Psychoanalyse,* G. W., Bd. 17, S. 71 f.

Es erstaunt, daß Freuds Formulierungen über die Urtriebe des Lebens und des Todes und über die organische Natur der Triebmischungen biologische Konzepte zugrunde liegen, die sich als solche von den gleichwertigen oder parallelen Prozessen psychischer Natur unterscheiden lassen. Andernorts hat Freud erklärt, daß die Triebe nicht direkt, sondern nur durch ihre Abkömmlinge, durch Vermittlung des Ichs, erlebt und erkannt werden können. Wo er dazu übergeht, von der »Aggression im Es« zu sprechen, scheint er den Schritt von einem biologischen zu einem psychologischen Modell vollzogen zu haben.

Bindung und Neutralisierung

Da es notwendig sein wird, das Verhältnis des Konzeptes der Mischung/Entmischung zu denen der Bindung und Neutralisierung zu klären, erscheint es angebracht, auf eine terminologische Schwierigkeit hinzuweisen, die Konfusion hervorrufen kann. In bezug auf den Lebenstrieb gebraucht Freud die Begriffe *gebunden* und *neutralisiert* auch in einer offenkundig deskriptiven Weise:

»... wäre es gelungen, den Todestrieb der Einzelzelle zu neutralisieren ...«.

»... die Hauptabsicht des Eros, zu vereinigen und zu binden ...«[9].

»Wie groß die Anteile der Todestriebe sind, welche sich solcher Bändigung durch die Bindung an libidinöse Zusätze entziehen, läßt sich derzeit nicht erraten.«[10]

»Das Ziel des ersten ist, immer größere Einheiten herzustellen und so zu erhalten, also Bindung, ... die gesamte verfügbare Energie des Eros dient dazu, die gleichzeitig vorhandenen Destruktionsneigungen zu neutralisieren.«[11]

Dieser Spachgebrauch scheint ein eindeutig deskriptiver zu sein, der die Eigenschaften der Triebe nur darstellt. Das Konzept der Bindung bezieht sich auf einen anderen Prozeß, auf die Hemmung beweglicher Energien; und das Konzept der Neutralisierung auf die Modifikation/ die Transformation libidinöser Energien in desexualisierte, neutralisierte Energie.

Definition

In verschiedenen Schriften und zu verschiedenen Zeiten hat sich Freud unterschiedlicher Ausdrücke bedient, um das Vermischen oder Ver-

[9] (1923b) *Das Ich und das Es,* G. W., Bd. 13, S. 269 und 274.
[10] (1924c) ›Das ökonomische Problem des Masochismus‹, G. W., Bd. 13, S. 376 f.
[11] (1940a [1938]) *Abriß der Psychoanalyse,* G. W., Bd. 17, S. 71 f.

binden von Trieben zu bezeichnen. Neben *Mischung* und *Entmischung* finden wir: Triebe seien »verschränkt« (1920g; nur in der Erstausg., S. 84; s. o. S. 61); »regelmäßige Vermischungen« (1923a, S. 233); »verbinden, vermischen, legieren«, »eine Triebentmischung« (1923b, S. 269 u. 284); »Bändigung des Todestriebes durch die Libido«, »eine sehr ausgiebige, in ihren Verhältnissen variable Vermischung« der beiden Triebarten«, »verschiedenwertige Vermengungen derselben«, »Legierung von Todestrieb und Eros« (1924c, S. 376 f.); »daß die beiden Triebarten ... sich in verschiedenen, sehr wechselnden Mengungsverhältnissen miteinander legieren« (1930a, S. 478); »ein Trieb ist immer mit einem gewissen Betrag von der anderen Seite verbunden, wie wir sagen: legiert, der sein Ziel modifiziert oder ihm unter Umständen dessen Erreichung erst möglich macht« (1933b, S. 20). Wir wissen, daß Freud einmal die Möglichkeit einer Verwandlung der Triebe in ihr Gegenteil in Betracht zog, aber nach ausführlicher Diskussion (in *Das Ich und das Es,* S. 273–276) verwarf. (In diesem Zusammenhang führte er die Hypothese neutraler Energien, d. h. desexualisierter Libido, ein.)

Die Mehrdeutigkeit in Freuds Sprachgebrauch scheint vor allem aus der Natur der Sache und der Schwierigkeit, sie zu fassen, zu entspringen. Noch 1933a heißt es: Wie sich die beiden Grundtriebe »im Lebensprozeß vermengen, wie der Todestrieb den Absichten des Eros dienstbar gemacht wird ... das sind Aufgaben, die der Forschung der Zukunft überlassen bleiben«.[12]

Die allgemeine Wörterbuchbedeutung des Begriffs ›Mischung‹ stammt mit der Bedeutung von legieren und vermischen bei Freud durchaus überein. Die zeitgenössische Physik und Chemie indes gebrauchen den Begriff *Mischung* in einem anderen Sinne, nämlich dem der Vereinigung zweier Elemente (Verbindungen) zu einem(r) dritten Element (Verbindung) mit anderen Eigenschaften als die ursprünglichen Elemente.

Freuds ›Bedeutung‹ von Mischung« erscheint am klarsten in seinen deskriptiven Bemerkungen:

»Der eine dieser Triebe ist ebenso unerläßlich wie der andere, aus dem Zusammen- und Gegeneinanderwirken der Beiden gehen die Erscheinungen des Lebens hervor. Nun scheint es, daß kaum jemals ein Trieb der einen Art sich isoliert betätigen kann, er ist immer mit einem gewissen Betrag von der anderen Seite verbunden, wie wir sagen: legiert, der sein Ziel modifiziert oder ihm unter Umständen dessen Erreichung erst möglich macht. So ist z. B. der Selbsterhaltungstrieb gewiß erotischer Natur, aber gerade er bedarf der Verfü-

[12] (1933a) *Neue Folge der Vorlesungen zur Einführung in die Psychoanalyse, G. W.,* Bd. 15, S. 115.

gung über die Aggression, wenn er seine Absicht durchsetzen soll. Ebenso benötigt der auf Objekte gerichtete Liebestrieb eines Zusatzes vom Bemächtigungstrieb, wenn er seines Objekts überhaupt habhaft werden soll.«[13]

»Veränderungen im Mischungsverhältnis der Triebe haben die greifbarsten Folgen. Ein stärkerer Zusatz zur sexuellen Aggression führt vom Liebhaber zum Lustmörder, eine starke Herabsetzung des aggressiven Faktors macht ihn scheu und impotent.«[14]

Daraus schließe ich, daß Freud annahm, daß libidinöse und aggressive Besetzungsenergien gleichzeitig auf ein Objekt fließen und es von der relativen Stärke der einen oder anderen Triebart abhängt, ob sich schließlich Aggression oder Liebe zeigt. Die »Mischung« besteht in der Verbindung der Triebe in unterschiedlichen Verhältnissen.

Bei Anna Freud läßt sich Unterstützung für diese Ansicht finden:

»... Gefühle von Liebe und Haß finden sich im menschlichen Seelenleben untrennbar miteinander verbunden und von Beginn aller Objektbeziehungen auf die gleichen Personen gerichtet. Auch das Kleinkind besetzt die Mutter, entgegen allen Erwartungen, nicht nur mit positiven, sondern auch mit negativen Gefühlen.

Liebes- und Haßregungen, Zuneigung und Ärger, Zärtlichkeit und Aggression, Todeswünsche gegen geliebte Personen oder Dinge und Verlangen nach ihrer Erhaltung erscheinen in den ersten Lebensjahren gleichzeitig oder in rascher Aufeinanderfolge und streben nach Erfüllung, ohne sich gegenseitig zu stören. Die psychischen Abkömmlinge von Libido und Aggression treten in keine Beziehung zueinander, solange das Denken vom Primärvorgang beherrscht ist. Erst nach dem Aufbau des Ichs, der Strukturierung der Persönlichkeit und der Entwicklung des Sekundärvorgangs kommt es im Bewußtsein zu einer zentralen Synthese aller Triebregungen, die ihre Unverträglichkeit aufzeigt und die inneren Konflikte zur Folge hat.«[15]

Das Gleichgewicht vermischter libidinöser und aggressiver Energien kann noch ein anderes Schicksal haben und anders als durch das Verhältnis der Triebkräfte modifiziert werden. Im Hinblick auf neutralisierte Energien heißt es, daß »eine verschiebbare Energie ... an sich indifferent, zu einer qualitativ differenzierten erotischen oder destruktiven Regung hinzutreten und deren Gesamtbesetzung erhöhen kann«[16].

Die Unbestimmtheit der Freudschen Formulierungen über Mischung

[13] (1933b) *Warum Krieg?* G. W., Bd. 16, S. 20 f.
[14] (1940a [1938]) *Abriß der Psychoanalyse,* G. W., Bd. 17, S. 71.
[15] (1949) Freud, A., ›Notes on Aggression‹, *Bulletin of the Menninger Clinic,* S. 147 u. 149.
[16] (1923b) *Das Ich und das Es,* G. W., Bd. 13, S. 272 f.

bzw. Entmischung der Triebe mag von seiner Überzeugung herrühren, daß die Kenntnisse über den Prozeß noch zu gering seien; noch 1933 war Freud unentschieden:

>»Wir anerkennen zwei Grundtriebe und lassen jedem sein eigenes Ziel. Wie sich die beiden im Lebensprozeß vermengen, wie der Todestrieb den Absichten des Eros dienstbar gemacht wird, zumal in seiner Wendung nach außen als Aggression, das sind Aufgaben, die der Forschung der Zukunft überlassen bleiben.«[17]

Strukturelle Formulierungen

Vermischte oder teilweise entmischte Energien werden vom Ich und Überich ebenso benutzt wie neutrale Energien. Freud nahm an, daß alle psychischen Strukturen sich derartiger Energien bedienten:

>»Hier handelt es sich um das letzte, was die psychologische Erforschung überhaupt zu erkennen vermag, das Verhalten der beiden Urtriebe, deren Verteilung, Vermengung und Entmischung, Dinge, die nicht auf eine einzige Provinz des seelischen Apparates, Es, Ich und Über-Ich beschränkt vorzustellen sind!«[18]

Im Hinblick auf die narzißtische Besetzung der Ichfunktionen und des Selbst nimmt Freud an, daß aufgrund der auf Bindung und Vereinigung gerichteten inneren Tendenz der Libido hier libidinöse Energien benutzt werden, während im Prozeß der Neutralisierung oder Desexualisierung der Libido gleichzeitig aggressive Energien entbunden werden.

>»Ich kann nun diese Verhältnisse nicht weiter erläutern, ohne eine neue Annahme einzuführen. Das Über-Ich ist ja durch eine Identifizierung mit dem Vatervorbild entstanden. Jede solche Identifizierung hat den Charakter einer Desexualisierung oder selbst Sublimierung. Es scheint nun, daß bei einer solchen Umsetzung auch eine Triebentmischung stattfindet.

>Die erotische Komponente hat nach der Sublimierung nicht mehr die Kraft, die ganze hinzugesetzte Destruktion zu binden, und diese wird als Aggressions- und Destruktionsneigung frei. Aus dieser Entmischung würde das Ideal überhaupt den harten, grausamen Zug des gebieterischen Sollens beziehen.«[19]

In dieser Sicht erscheint der Prozeß der Neutralisierung als eine potentielle Gefahr, da die freigesetzte Aggression gegen das Selbst gewendet

[17] (1933a) *Neue Folge der Vorlesungen zur Einführung in die Psychoanalyse,* G. W., Bd. 15, S. 115.
[18] (1937c) ›Die endliche und die unendliche Analyse‹, G. W., Bd. 16, S. 88.
[19] (1923b) *Das Ich und das Es,* G. W., Bd. 13, S. 284 f.

werden könnte. (Vgl. jedoch eine alternative Interpretation, der zufolge freigesetzte Aggression vom Ich als Abwehrenergie benutzt wird: Hartmann, ›Notes on the Theory of Sublimation‹, *The Psychoanalytic Study of the Child,* Bd. X, 1955.)

Klinische Implikationen

Die Konzepte der Mischung und Entmischung erweisen sich bei der Betrachtung einer Vielzahl von Phänomenen als hilfreich. Aufgrund der Tatsache, daß diese Konzepte sich auf die Grundtriebe beziehen, kann man erwarten, daß sich Mischung und Entmischung hinsichtlich aller Aspekte normalen und pathologischen Verhaltens feststellen lassen.

»Gemäßigt und gebändigt, gleichsam zielgehemmt, muß der Destruktionstrieb, auf die Objekte gerichtet, dem Ich die Befriedigung seiner Lebensbedürfnisse und die Herrschaft über die Natur verschaffen.«[20]

»Nun lassen Sie uns nicht zu rasch mit den Wertungen von Gut und Böse einsetzen. Der eine dieser Triebe ist ebenso unerläßlich wie der andere, aus dem Zusammen- und Gegeneinanderwirken der Beiden gehen die Erscheinungen des Lebens hervor. Nun scheint es, daß kaum jemals ein Trieb der einen Art sich isoliert betätigen kann, er ist immer mit einem gewissen Betrag von der anderen Seite verbunden, wie wir sagen: legiert.«[21]

Die aggressive Komponente bildet – durch Mischung mit ihr – die Triebkraft der libidinösen Strebung; und die libidinöse Qualität trägt dazu bei, die Entladung der aggressiven Strebung zu hemmen oder abzuleiten. Freud deutet den qualitativen Unterschied in der »Mischung« an, daß nämlich »die erotischen Triebe die Mannigfaltigkeit ihrer Sexualziele in die Mischung einführen, während die anderen nur Milderungen und Abstufungen ihrer eintönigen Tendenz zuließen«.[22]

Identifizierung und *Sublimierung* sind Prozesse, die eine Desexualisierung von Libido einschließen und eine Triebentmischung zur Folge haben. Es ist daher eine innere Konsequenz von Identifizierung und Sublimierung, daß die Aggressionstriebe im Überich frei werden und das Ich »sich durch seinen Kampf gegen die Libido der Gefahr der Mißhandlung und des Todes« ausliefert.[23]

[20] (1930a) *Das Unbehagen in der Kultur,* G. W., Bd. 14, S. 480.
[21] (1933b) *Warum Krieg?* G. W., Bd. 16, S. 20.
[22] (1933a) *Neue Folge der Vorlesungen zur Einführung in die Psychoanalyse,* G. W., Bd. 15, S. 111 f.
[23] (1923b) *Das Ich und das Es,* G. W., Bd. 13, S. 287.

»In rascher Verallgemeinerung möchten wir vermuten, daß das Wesen einer Libidoregression, zum Beispiel von der genitalen zur sadistisch-analen Phase, auf einer Triebentmischung beruht, wie umgekehrt der Fortschritt von der früheren zur definitiven Genitalphase einen Zuschuß von erotischen Komponenten zur Bedingung
hat.«[24]

Dies deutet darauf hin, daß für Freud mit dem Fortschritt der Libidoentwicklung das Vermögen zur Triebmischung steigt. Der umgekehrte
Vorgang der Regression bedeutet dann eine Triebentmischung durch
die Rückkehr zu frühen Formen der Triebabfuhr – wieder mit der
möglichen Folge einer Zunahme von gegen das Selbst gewendeter Aggression:

»Vielleicht ist die Regression nicht die Folge eines konstitutionellen,
sondern eines zeitlichen Faktors. Sie wird nicht darum ermöglicht
werden, weil die Genitalorganisation der Libido zu schwächlich geraten, sondern weil das Sträuben des Ichs zu frühzeitig noch während der Blüte der sadistischen Phase eingesetzt hat.«

»Die metapsychologische Erklärung der Regression suche ich in einer ›Triebentmischung‹, in der Absonderung der erotischen Komponenten, die mit Beginn der genitalen Phase zu den destruktiven
Besetzungen der sadistischen Phase hinzugetreten waren.«[25]

Auch *Schuldgefühle und Symptombildung* wurden theoretisch auf
Triebentmischung bezogen:

»Wenn eine Triebstrebung der Verdrängung unterliegt, so werden
ihre libidinösen Anteile in Symptome, ihre aggressiven Komponenten in Schuldgefühle umgesetzt. Auch wenn dieser Satz nur in durch-
schnittlicher Annäherung richtig ist, verdient er unser Interesse.«[26]

Primärer und sekundärer Masochismus lassen sich mit Hilfe der Formulierungen über Triebmischung und Triebentmischung erklären,
Freud behandelt dieses Problem in ›Das ökonomische Problem des
Masochismus‹ (1924c), wo er die Annahme formulierte, daß die Differenzierung der Triebregungen und die zwischen Selbst und Objekt-
welt sich gleichzeitig vollzögen. Auf der Stufe des Narzißmus sei das
Selbst das einzige Objekt der Triebabfuhr; aggressive, destruktive Regungen würden allein durch Triebmischung gehemmt. Nach der »Verlegung« des Todestriebes nach außen behalte eine mit Libido vermischte Restaggression das Selbst als ursprüngliches Objekt. Interes-

---

[24] Ibid., S. 270.
[25] (1926d) *Hemmung, Symptom und Angst,* G. W., Bd. 14, S. 143.
[26] (1930a) *Das Unbehagen in der Kultur,* G. W., Bd. 14, S. 499.

santerweise vermutet Freud hier, daß der Narzißmus die Phase sein könnte, in der sich die »Legierung« der Triebarten vollzieht:

> »So wäre dieser Masochismus ein Zeuge und Überrest jener Bildungsphase, in der die für das Leben so wichtige Legierung von Todestrieb und Eros geschah.«[27]

Der sekundäre Masochismus läßt sich dann als wieder introjizierte Aggression verstehen. Nachdem Aggression zunächst auf das elterliche Objekt projiziert worden sei, würden durch die zur Bildung des Überichs führenden Identifikationen und Introjektionen aggressive Regungen wieder freigesetzt und – vom Überich nun gegen das Selbst gewendet – den sekundären Masochismus hervorbringen.

Auch der *Sadismus* ist aus der Mischung von Aggression und Libido zu erklären; er unterscheidet sich vom Masochismus im Hinblick auf das Objekt. Sadismus ist eine ›normale‹ Erscheinung. Der Grund einer pathologischen Veränderung des Sadismus bestimmt sich teilweise durch den Anteil der Aggression in der Triebmischung:

> »Veränderungen im Mischungsverhältnis der Triebe haben die greifbarsten Folgen. Ein stärkerer Zusatz zur sexuellen Aggression führt vom Liebhaber zum Lustmörder, eine starke Herabsetzung des aggressiven Faktors macht ihn scheu oder impotent.«[28]

Diese Formulierung fällt etwas aus dem hier gezogenen Rahmen, da eine Steigerung der Aggressivität nicht unbedingt und in jedem Falle gegen äußere Objekte gewendet werden muß. Es hängt von strukturellen Bedingungen ab, ob eine gesteigerte Aggressivität nach außen, gegen andere Personen, oder in der Form von Selbstbestrafung, Depression oder Selbstmord nach innen gewendet wird.

Dem Phänomen der *Ambivalenz* hat Freud in einer Diskussion der Zwangsneurose beiläufige Aufmerksamkeit gewidmet. Er fragte, »ob nicht die reguläre Ambivalenz . . . als Ergebnis einer Entmischung aufgefaßt werden« dürfe, verwarf diese Vermutung jedoch mit dem Schluß, die Ambivalenz sei »so ursprünglich, daß sie vielmehr als nicht vollzogene Triebmischung gelten muß«.[29]

---

[27] (1924c) ›Das ökonomische Problem des Masochismus‹, G. W., Bd. 13, S. 377.
[28] (1940a [1938]) *Abriß der Psychoanalyse*, G. W., Bd. 17, S. 71.
[29] (1923b) *Das Ich und das Es*, G. W., Bd. 13, S. 270.

6
Wiederholungszwang

Freuds Formulierung dieses Konzepts läßt sich historisch in zwei Phasen unterscheiden. Die erste Ausarbeitung des Konzepts findet sich in der wichtigen Arbeit zur psychoanalytischen Technik ›Erinnern, Wiederholen und Durcharbeiten‹ (1914g).
Freud gebrauchte den Begriff zunächst nur deskriptiv. Aus diesem Gebrauch läßt sich eine operationelle Definition ableiten, die den ›Wiederholungszwang‹ mit der Tendenz zum Agieren unbewußter Impulse – Erlebnisse, die nicht erinnert werden können – identifiziert. Anstatt zu erinnern, wiederholt oder agiert der Patient »alles, was sich aus den Quellen seines Verdrängten bereits in seinem offenkundigen Wesen durchgesetzt hat, seine Hemmungen und unbrauchbaren Einstellungen, seine pathologischen Charakterzüge«[1]. Derartige Wiederholungen führen zwar Schwierigkeiten in der Analyse herbei, sind aber unvermeidlich, da der Patient sich allein in dieser Form erinnern kann. Diese Tatsache muß nicht beklagt werden, denn sie liefert dem Analytiker ein Übertragungsbild von den Konflikten des Patienten: »... die Übertragung ist selbst nur ein Stück Wiederholung und die Wiederholung ist die Übertragung der vergessenen Vergangenheit nicht nur auf den Arzt, sondern auch auf alle anderen Gebiete der gegenwärtigen Situation«[2]. Die Wiederholungen sind nicht auf die analytische Behandlung oder den Behandlungsraum begrenzt. Bei fortschreitender Analyse und Entwicklung des Widerstandes kann das Agieren außerhalb der Behandlung zunehmen – ein Umstand, der potentielle Gefahren für den Patienten birgt, und der Grund für die Verpflichtung des Patienten, während der Dauer der Behandlung keine grundlegenden Änderungen in seinem Leben einzuführen. Freud spricht in diesem Zusammenhang von der oft unausweichlichen »Verschlimmerung während der Kur«.
In *Jenseits des Lustprinzips* (1920g) nahm Freud dieses Thema erneut auf. Bevor wir uns den komplexeren und umstritteneren Formulierungen zuwenden, sollten wir uns den strukturellen und dynamischen Gesichtspunkt vergegenwärtigen, unter dem Freud dieses Phänomen betrachtete.
Der Wiederholungszwang, argumentierte Freud, ließe sich besser verstehen, wenn man den Charakter des »Widerstandes« gegen das Er-

[1] (1914g) ›Erinnern, Wiederholen und Durcharbeiten‹, G. W., Bd. 10, S. 131.
[2] Ibid., S. 130.

innern aufkläre. Das verdrängte Unbewußte sei für diesen Widerstand nicht verantwortlich, da das Verdrängte ständig nach Abfuhr in Aktionen strebe. Der Widerstand gegen das Erinnern gehe vielmehr vom »zusammenhängenden Ich« aus. Etwas später, in *Hemmung, Symptom und Angst* (1926d), heißt es:

> »Das Verdrängte ist nun ›vogelfrei‹, ausgeschlossen aus der großen Organisation des Ichs, nur den Gesetzen unterworfen, die im Bereich des Unbewußten herrschen. Ändert sich nun die Gefahrsituation, so daß das Ich kein Motiv zur Abwehr einer neuerlichen, der verdrängten analogen Triebregung hat, so werden die Folgen der Icheinschränkung manifest. Der neuerliche Triebablauf vollzieht sich unter dem Einfluß des Automatismus, – ich zöge vor zu sagen: des Wiederholungszwanges – er wandelt dieselben Wege wie der früher verdrängte, als ob die überwundene Gefahrsituation noch bestünde. Das fixierende Moment an der Verdrängung ist also der Wiederholungszwang des unbewußten Es, der normalerweise nur durch die frei bewegliche Funktion des Ichs aufgehoben wird.«[3]

Von der Dynamik, die kontinuierliche, die Verdrängung aufrechterhaltende Gegenbesetzungen determiniert, ließe sich auf die strukturelle Beziehung von Überich und Ich schließen. Doch Freud hat in dieser Richtung nicht weitergearbeitet.

Als ein deskriptives und klinisches Konzept scheint der Wiederholungszwang nicht diskutiert worden zu sein. Freuds Neuformulierung des Konzeptes in *Jenseits des Lustprinzips* hängt eng mit seinen oft erörterten, eher philosophischen Hypothesen über den »Todestrieb« zusammen.

Die klinischen und theoretischen Probleme, die Freud zu einer Neukonzeptualisierung des ›Wiederholungszwanges‹ veranlaßten, lassen sich kurz zusammenfassen: (1) Bestimmte Betätigungen von Kindern werden beständig wiederholt, anscheinend ohne jemals – weder gegenwärtig noch in der Vergangenheit – Lust zu verschaffen; (2) Angstträume ließen sich durch die Regel, daß alle Träume Versuche von Wunscherfüllung darstellen, nicht vollständig erklären; (3) traumatische Neurosen lassen unlustvolle traumatische Erlebnisse fortbestehen und (4) Patienten in Analyse zeigen ständig, daß sie Erlebnisse bewahren und fortgesetzt wiederholen, von denen einige niemals lustvoll gewesen sein können. Um 1920 scheint Freud das »Lust-Unlust-Prinzip« zum Lustprinzip verdichtet zu haben. In den angeführten Beispielen sah er Ausnahmen vom »Lustprinzip«, etwas, was über das Lustprinzip selbst hinaus- oder ihm vorausgehe, etwas, was eine triebhafte Qualität besitze:

---

[3] (1926d) *Hemmung, Symptom und Angst*, G. W., Bd. 14, S. 185.

»Auf welche Art hängt aber das Triebhafte mit dem Zwang zur Wiederholung zusammen? Hier muß sich uns die Idee aufdrängen, daß wir einem allgemeinen, bisher nicht klar erkannten – oder wenigstens nicht ausdrücklich betonten – Charakter der Triebe, vielleicht alles organischen Lebens überhaupt, auf die Spur gekommen sind. *Ein Trieb wäre also ein dem belebten Organischen innewohnender Drang zur Wiederherstellung eines früheren Zustandes,* welchen dies Belebte unter dem Einflusse äußerer Störungskräfte aufgeben mußte, eine Art von organischer Elastizität oder wenn man will, die Äußerung der Trägheit im organischen Leben.«[4]

Der Wiederholungszwang läßt sich also als eine organische, triebhafte Tendenz definieren, die stärker und ursprünglicher ist als das Lustprinzip.

»Das Lustprinzip ist dann eine Tendenz, welche im Dienste einer Funktion steht, der es zufällt, den seelischen Apparat überhaupt erregungslos zu machen, oder den Betrag der Erregung in ihm konstant oder möglichst niedrig zu erhalten.«[5]

[4] (1920g) *Jenseits des Lustprinzips,* G. W., Bd. 13, S. 38.
[5] Ibid., S. 67 f.

7
Aktivität–Passivität;
Männlichkeit–Weiblichkeit

Vgl. Konzepte: *Bisexualität und Ödipuskomplex*

Definition

›Aktivität und Passivität‹ und ›Männlichkeit und Weiblichkeit‹ sind zwei Aspekte der psychischen Sexualität. In dem Gebrauch dieser Begriffe, wie er von Freud allmählich entwickelt und definiert worden ist, bezeichnet Aktivität–Passivität eine Polarität, die sich auf die Triebziele bezieht, während Männlichkeit–Weiblichkeit eine komplexere Polarität bezeichnet, die sich in erster Linie auf die Wahl des postödipalen Sexualobjekts und die entsprechende Vorherrschaft aktiver oder passiver Wünsche diesem Objekt gegenüber bezieht.

Freud weist nach, daß auf den präödipalen Entwicklungsstufen Jungen *und* Mädchen aktive *und* passive Triebziele haben und die Art der Bindung an Objekte und die Unterschiede in den Objektbeziehungen auf diesen Stufen stärker von der Entwicklungsphase des Kindes und seinen Triebzielen abhängen als davon, ob das Kind ein Junge oder ein Mädchen ist.

Jungen und Mädchen haben also aktive und passive, orale, anale und phallische Wünsche, doch im Verlauf der phallischen Phase beginnt das Geschlecht des Kindes eine bestimmendere Rolle zu spielen; der Junge wird gewahr, daß Frauen keinen Penis haben, d. h. ›kastriert‹ sind, und das Mädchen wird gewahr, daß ihr erogenes Organ, die Klitoris, im Vergleich zum Penis minderwertig und kein wirklicher Ersatz für ihn ist.

In der ödipalen Phase und ihrer Auflösung spielen diese anatomischen Tatsachen eine bedeutende Rolle bei der Differenzierung der psychischen Entwicklung von Jungen und Mädchen. Der Ödipuskomplex bietet dem Jungen Befriedigungsmöglichkeiten in zwei Richtungen an: den auf die Mutter gerichteten aktiven Wunsch, der die Usurpation der Stelle des Vaters bedeuten würde, oder den auf den Vater gerichteten passiven Wunsch, der bedeutet, die Stelle der Mutter einzunehmen. Da die Befriedigung jedes dieser beiden Wünsche die Kastrationsdrohung heraufbeschwört, bewegt die narzißtische Besetzung seines Penis das Ich des Jungen, sich von beiden Eltern und vom Ödipuskomplex abzuwenden.

Die Entwicklung des Mädchens verläuft anders: Das Fehlen eines Penis bringt es in der ödipalen Phase dazu, seine aktiven phallischen Wünsche zu verdrängen und den Wunsch nach einem Penis durch den Wunsch nach einem Kind zu ersetzen; mit diesem Ziel vor Augen, wendet es sich von der Mutter ab, die zu einem Objekt der Eifersucht wird, und nimmt statt dessen den Vater als Liebesobjekt. Beim Mädchen findet sich deshalb nicht dieselbe entschiedene Abkehr vom Ödipuskomplex qua Gesamtstruktur wie beim Jungen.

In der Pubertät fällt die geschlechtliche Polarität mit der von Männlichkeit und Weiblichkeit zusammen. Männlichkeit verbindet die Faktoren: Subjekt, Aktivität und Besitz eines Penis, und die Entwicklung des Jungen setzt sich deshalb in Übereinstimmung mit seiner früheren phallischen Entwicklung fort. Weiblichkeit verbindet die Faktoren: Objekt und Passivität; die weitere Entwicklung des Mädchens stellt daher keine geradlinige Fortsetzung seiner früheren phallischen Entwicklung dar. Freud nimmt an, daß die erste Phase der Pubertät beim Mädchen einen neuen, gegen seine frühere klitorale (phallische) Sexualität gewendeten Verdrängungsschub erzwingt, damit die Vagina zur leitenden erogenen Zone werden und dem passiven Wunsch, ein Kind zu bekommen, dienen kann – wodurch die weibliche Sexualität konstituiert wird.

Es gibt allerdings zahlreiche Fälle von Erwachsenen, die von der normalen Entwicklung hinsichtlich des Sexualobjekts und des vorherrschenden Sexualziels abweichen, bei denen sich keine volle männliche oder weibliche Übereinstimmung entwickelt hat. Um sich den Charakter dieser beiden Faktoren verständlich zu machen, muß man unterscheiden zwischen:

(a) aktiv homosexuelle(s)
(b) passiv homosexuelle(s)
(c) aktiv heterosexuelle(s)   Triebziel und Objektwahl
(d) passiv heterosexuelle(s)

Historische Entwicklung

In den *Drei Abhandlungen zur Sexualtheorie* (1905) schreibt Freud, daß »gewisse Perversionsneigungen regelmäßig als Gegensatzpaare auftreten, was im Hinblick auf später beizubringendes Material eine hohe theoretische Bedeutung beanspruchen darf. Es ist ferner einleuchtend, daß die Existenz des Gegensatzpaares Sadismus-Masochismus aus der Aggressionsbeimengung nicht ohne weiters ableitbar ist. Dagegen wäre man versucht, solche gleichzeitig vorhandene Gegensätze mit dem in der Bisexualität vereinten Gegensatz von männlich und weiblich in Beziehung zu setzen.« Eine Entwicklung in Freuds Denken zeigt sich in einem in der Ausgabe von 1915 hinzugefügten Nebensatz: »... Gegensatz ... dessen Bedeutung in der Psychoanalyse auf den Gegensatz von aktiv und passiv zu reduzieren ist.« 1924 wurde der Wortlaut, nicht jedoch der Inhalt dieses Nebensatzes leicht verändert.[1] Diese Veränderungen zeigen, daß Freud den Gegensatz von Männlichkeit und Weiblichkeit immer stärker als den von Aktivität und Passivität sah. In diesem Sinne steht die Psychoanalyse, die die Unterscheidung zwischen Männlichkeit und Weiblichkeit als einen Entwicklungsprozeß ansieht, im Gegensatz zur populären Meinung, dieser Unterschied beruhe entweder auf den anatomischen Geschlechtsmerkmalen, die in der Regel bei der Geburt vorhanden und sichtbar sind, oder auf Faktoren der sozialen Umwelt. Freud sagt ausdrücklich, daß anatomische Geschlechtsmerkmale sich nicht in Parallele zu seelischen Merkmalen oder sexuellen Einstellungen und Verhaltensweisen setzen lassen.[2]

In derselben Schrift führt Freud später aus, daß in der Entwicklung der Gegensatz von aktiv und passiv dem von männlich und weiblich vorausgeht:

»Eine zweite prägenitale Phase ist die der sadistisch-analen Organisation. Hier ist die Gegensätzlichkeit, welche das Sexualleben durchzieht, bereits ausgebildet; sie kann aber noch nicht *männlich* und *weiblich,* sondern muß *aktiv* und *passiv* benannt werden. Die Aktivität wird durch den Bemächtigungstrieb von seiten der Körpermuskulatur hergestellt, als Organ mit passivem Sexualziel macht sich vor allem die erogene Darmschleimhaut geltend; für beide Strebungen sind Objekte vorhanden, die aber nicht zusammenfallen. Daneben betätigen sich andere Partialtriebe in autoerotischer Weise. In dieser Phase sind also die sexuelle Polarität und das fremde Objekt bereits nachweisbar. Die Organisation und die Unterordnung unter die Fortpflanzungsfunktion stehen noch aus.«[3]

Die Fallgeschichte von Dora erschien ebenfalls im Jahre 1905, war aber schon 1901 geschrieben worden und geht bereits auf das Problem der Bisexualität ein:

»In gewissem Sinne war es auch eine ›Deckerinnerung‹, wenn sie aussprach, bis zu der ersten Krankheit habe sie mit dem Bruder Schritt halten können, von da an sei sie im Lernen gegen ihn zurückgeblieben. Als wäre sie bis dahin ein Bub gewesen, dann erst mädchenhaft geworden. Sie war wirklich ein wildes Ding, vom ›Asthma‹

---

[1] (1905d) *Drei Abhandlungen zur Sexualtheorie,* G. W., Bd. 5, S. 59.
[2] Ibid., S. 40 f.
[3] Ibid., S. 99.

an wurde sie still und sittig. Diese Erkrankung bildete bei ihr die Grenze zwischen zwei Phasen des Geschlechtslebens, von denen die erste männlichen, die spätere weiblichen Charakter hatte.«[4]

Auch in den *Drei Abhandlungen* untersucht Freud die Frage der Sexualentwicklung und der Bisexualität und stellt fest, daß nach Errichtung des Primats der Genitalzone »das neue Sexualziel den beiden Geschlechtern sehr verschiedene Funktionen anweist, [so daß] deren Sexualentwicklung nun weit auseinandergeht. Die des Mannes ist die konsequentere, auch unserem Verständnis leichter zugängliche, während beim Weibe sogar eine Art Rückbildung auftritt«[5].

»Es ist bekannt, daß erst mit der Pubertät sich die scharfe Sonderung des männlichen und weiblichen Charakters herstellt ... Die autoerotische Betätigung der erogenen Zonen ist aber bei beiden Geschlechtern die nämliche und durch diese Übereinstimmung ist die Möglichkeit eines Geschlechtsunterschiedes, wie er sich nach der Pubertät herstellt, für die Kindheit aufgehoben. Mit Rücksicht auf die autoerotischen und masturbatorischen Sexualäußerungen könnte man den Satz aufstellen, die Sexualität der kleinen Mädchen habe durchaus männlichen Charakter.«[6]

Solange seine Sexualentwicklung der Jungen parallel läuft, ist die Klitoris die leitende erogene Zone des Mädchens. Die Pubertät aber, »welche beim Knaben jenen großen Vorstoß der Libido bringt, kennzeichnet sich für das Mädchen durch eine neuerliche Verdrängungswelle, von der gerade die Klitoris-, die männliche Sexualität betroffen wird«. Wenn das Mädchen die volle Reife erlangt, sollte im Idealfalle die Funktion der Klitoris nur noch darin bestehen, die sexuelle Erregung an der Vagina weiterzuleiten, die dann die leitende erogene Zone beim Geschlechtsverkehr bleiben sollte. Der Mann hingegen behält seine leitende erogene Zone [den Penis] von der Kindheit an bei, und bei ihm gibt es in der Pubertät auch keinen gegen seine männliche Sexualität gerichteten Verdrängungsschub.[7]

Die Schicksale männlicher und weiblicher Sexualentwicklung illustrierendes klinisches Material findet sich in ›Das Tabu der Virginität‹ (1918a). Freud zeigt dort, daß der »Penisneid« des kleinen Mädchens mit starken feindseligen Regungen gegen die begünstigten Jungen verknüpft ist, daß der Wunsch nach einem Penis erst später zum Wunsch nach einem Kind wird und daß die frühe männliche Konstellation durch den ersten Koitus reaktiviert werden kann.[8] Im Fall Schreber

---

[4] (1905e [1901]) ›Bruchstück einer Hysterie-Analyse‹, G. W., Bd. 5, S. 244.
[5] (1905d) *Drei Abhandlungen zur Sexualtheorie,* G. W., Bd. 5, S. 108.
[6] Ibid., S. 120.
[7] Ibid., S. 122.
[8] (1918a) ›Das Tabu der Virginität‹, G. W., Bd. 12, S. 175.

(1911c) beschreibt Freud den femininen Wunsch des Mannes, »ein Weib zu sein, das dem Beischlaf unterliege«.[9]

1913 geht Freud erneut auf die Frage der Vermengung der Begriffe ›männlich‹ und ›weiblich‹ mit den Qualitäten von ›Aktivität‹ und ›Passivität‹ ein und stellt fest, diese letzteren Qualitäten seien nicht durch die Triebe selbst, sondern durch ihre Ziele bestimmt.

»Die infantile Sexualität läßt zwei weitere Eigenschaften erkennen, welche für die biologische Auffassung bedeutungsvoll sind. Sie erweist ihre Zusammensetzung aus einer Reihe von Partialtrieben, welche an gewisse Körperregionen – erogene Zonen – geknüpft erscheinen, und von denen einzelne von Anfang an in Gegensatzpaaren – als Trieb mit aktivem und passivem Ziel – auftreten.«[10]

»Trotz aller Bemühung, biologische Termini und Gesichtspunkte nicht zur Herrschaft in der psychoanalytischen Arbeit gelangen zu lassen, können wir es nicht vermeiden, sie schon in der Beschreibung der von uns studierten Phänomene zu gebrauchen. Wir können dem ›Trieb‹ nicht ausweichen als einem Grenzbegriff zwischen psychologischer und biologischer Auffassung, und wir sprechen von ›männlichen‹ und ›weiblichen‹ seelischen Eigenschaften und Strebungen, obwohl die Geschlechtsverschiedenheiten streng genommen keine besondere psychische Charakteristik beanspruchen können. Was wir im Leben männlich oder weiblich heißen, reduziert sich für die psychologische Betrachtung auf die Charaktere der Aktivität und der Passivität, das heißt auf Eigenschaften, welche nicht von den Trieben selbst, sondern von deren Zielen anzugeben sind. In der regelmäßigen Gemeinschaft solcher ›aktiver‹ und ›passiver‹ Triebe im Seelenleben spiegelt sich die Bisexualität der Individuen, welche zu den klinischen Voraussetzungen der Psychoanalyse gehört.«[11]

1915, in Triebe und Triebschicksale, diskutiert Freud die Frage der Triebe mit aktiven und passiven Zielen im einzelnen. Er sagt:

»Jeder Trieb ist ein Stück Aktivität; wenn man lässigerweise von passiven Trieben spricht, kann man nichts anderes meinen als Triebe mit passiven Zielen.« Weiter heißt es: »Die Verkehrung ins Gegenteil löst sich bei näherem Zusehen in zwei verschiedene Vorgänge auf, in die Wendung eines Triebes von der Aktivität zur Passivität und in die inhaltliche Verkehrung.«[12]

»Beispiele für den ersteren Vorgang ergeben die Gegensatzpaare Sadismus–Masochismus und Schaulust–Exhibition. Die Verkehrung

[9] (1911c) ›Psychoanalytische Bemerkungen über einen autobiographisch beschriebenen Fall von Paranoia (Dementia paranoides)‹, G. W., Bd. 8, S. 277.
[10] (1913j) ›Das Interesse der Psychoanalyse für die nicht psychologischen Wissenschaften‹, G. W., Bd. 8, S. 409.
[11] Ibid., S. 410 f.
[12] (1915c) ›Triebe und Triebschicksale‹, G. W., Bd. 10, S. 214 f. u. 219.

betrifft nur die *Ziele* des Triebes; für das aktive Ziel: quälen, beschauen, wird das passive: gequält werden, beschaut werden, eingesetzt. Die inhaltliche Verkehrung findet sich in dem einen Falle der Verwandlung des Liebens in ein Hassen.«[13]

Freud bemerkt, daß beide Strebungen gleichzeitig befriedigt werden können, der Masochismus ein gegen das Selbst gewendeter Sadismus ist und fährt dann fort:

>»Das Wesentliche an dem Vorgang ist also der Wechsel des *Objektes* bei ungeändertem Ziel. Es kann uns indes nicht entgehen, daß Wendung gegen die eigene Person und Wendung von der Aktivität zur Passivität in diesen Beispielen zusammentreffen oder zusammenfallen.«[14]

Mit anderen Worten: das aktive Ziel ist zunächst zu quälen, dann: sich selbst anstatt des Objektes zu quälen, also gequält zu werden – der Trieb hat jetzt ein passives Ziel. In dieser Zeit verneinte Freud die Existenz eines primären Masochismus; später in *Das ökonomische Problem des Masochismus* (1924) revidierte er diese Ansicht; vgl. Konzept: *Masochismus*.

Für Sadismus und Schaulust gilt nach Freud, »daß die Triebverwandlung durch Verkehrung der Aktivität in Passivität und Wendung gegen die eigene Person eigentlich niemals am ganzen Betrag der Triebregung vorgenommen wird. Die ältere aktive Triebrichtung bleibt in gewissem Ausmaße neben der jüngeren passiven bestehen«[15]. (Es ist interessant, daß Freud dieses Nebeneinander hier als »Ambivalenz« beschreibt.[16])

Freud bemerkt weiter, daß der Schautrieb auf seiner ersten Stufe sein Objekt am eigenen Körper des Individuums finde und deshalb dem Narzißmus zugeordnet werden müsse; erst später richte sich der aktive Trieb auf den Körper einer anderen Person – besetze also fremde Objekte –, während der passive Trieb am narzißtischen Objekt – dem eigenen Körper des Individuums – festhalte. Der Begriff »passiver Schautrieb« scheint sich daher nur auf die erste Entwicklungsphase des Autoerotismus zu beziehen, in der der Schautrieb am eigenen Körper des Individuums seine Befriedigung findet.

>»Wir haben uns daran gewöhnt, die frühe Entwicklungsphase des Ichs, während welcher dessen Sexualtriebe sich autoerotisch befriedigen, Narzißmus zu heißen, ohne zunächst die Beziehung zwischen Autoerotismus und Narzißmus in Diskussion zu ziehen. Dann müssen wir von der Vorstufe des Schautriebes, auf der die Schaulust den eigenen Körper zum Objekt hat, sagen, sie gehöre dem Narziß-

[13] (1915c) Ibid., S. 219 f.
[14] Ibid., S. 220.
[15] Ibid., S. 223.
[16] Ibid., S. 224.

mus an, sei eine narzißtische Bildung. Aus ihr entwickelt sich der
aktive Schautrieb, indem er den Narzißmus verläßt, der passive
Schautrieb halte aber das narzißtische Objekt fest. Ebenso bedeute die Umwandlung des Sadismus in Masochismus eine Rückkehr
zum narzißtischen Objekt, während in beiden Fällen das narzißtische Subjekt durch Identifizierung mit einem anderen fremden Ich
vertauscht wird. Mit Rücksichtnahme auf die konstruierte narzißtische Vorstufe des Sadismus nähern wir uns so der allgemeineren
Einsicht, daß die Triebschicksale der Wendung gegen das eigene Ich
und der Verkehrung von Aktivität in Passivität von der narzißtischen Organisation des Ichs abhängig sind und den Stempel dieser
Phase an sich tragen. Sie entsprechen vielleicht den Abwehrversu-
chen, die auf höheren Stufen der Ichentwicklung mit anderen Mit-
teln durchgeführt werden.«[17]

Freud sagt, daß er nur die Schicksale von Sadismus und Schaulust diskutiert habe, weil über die anderen »ambivalenten« Sexualtriebe noch
zu wenig bekannt sei. Sadismus und Schautrieb seien dadurch ausgezeichnet, daß sie, um Befriedigung zu erreichen, auf ein Objekt angewiesen seien, während man von den anderen Trieben sagen könnte,
daß sie sich autoerotisch betätigten, »d. h., ihr Objekt verschwindet gegen das Organ, das ihre Quelle ist, und fällt in der Regel mit diesem
zusammen«. Freud zitiert eine »ansprechende Vermutung von P. Fe-
dern und L. Jekels«, wonach »Form und Funktion des Organs über die
Aktivität und Passivität des Triebzieles entscheiden«[18].

Bei der Diskussion des Gegensatzes von lieben–geliebt werden sagt
Freud, er entspreche »der Wendung von der Aktivität zur Passivität
und läßt auch die nämliche Zurückführung auf eine Grundsituation
wie beim Schautrieb zu. Diese heißt: *sich selbst lieben,* was für uns die
Charakteristik des Narzißmus ist. Je nachdem nun das Objekt oder
das Subjekt gegen ein fremdes vertauscht wird, ergibt sich die aktive
Zielstrebung des Liebens oder die passive des Geliebtwerdens, von denen die letztere dem Narzißmus nahe verbleibt«[19].

»Der Gegensatz von Aktiv–Passiv ist nicht mit dem von Ich–Subjekt
– Außen–Objekt zu verwechseln. Das Ich verhält sich passiv gegen die
Außenwelt, insoweit es Reize von ihr empfängt, aktiv, wenn es auf
dieselben reagiert. Das Ich-Subjekt ist passiv gegen die äußeren
Reize, aktiv durch seine eigenen Triebe. Der Gegensatz Aktiv–Passiv verschmilzt späterhin mit dem von Männlich–Weiblich, der, ehe
dies geschehen ist, keine psychologische Bedeutung hat. Die Verlötung der Aktivität mit der Männlichkeit, der Passivität mit der

17 Ibid., S. 244.
18 Ibid., S. 225.
19 Ibid., S. 226.

Weiblichkeit tritt uns nämlich als biologische Tatsache entgegen; sie ist aber keineswegs so regelmäßig durchgreifend und ausschließlich, wie wir anzunehmen geneigt sind!«[20] (Freud diskutiert diesen Punkt ausführlicher in einer 1915 den *Drei Abhandlungen* hinzugefügten Fußnote.)[21]

Am Ende der Untersuchung über *Triebe und Triebschicksale* heißt es: »Wir dürfen zusammenfassend hervorheben, die Triebschicksale bestehen im wesentlichen darin, daß die *Triebregungen den Einflüssen der drei großen das Seelenleben beherrschenden Polaritäten unterzogen werden.* Von diesen drei Polaritäten könnte man die der Aktivität–Passivität als die *biologische,* die Ich-Außenwelt als die *reale,* endlich die von Lust–Unlust als die *ökonomische* bezeichnen.«[22]

Kurz vorher (1914d) hatte Freud im Zusammenhang seiner Kritik an Adlers Konzept des »männlichen Protests« geschrieben:

»Das Kind ahnt die Bedeutung des Geschlechtsunterschiedes anfänglich nicht, geht vielmehr von der Voraussetzung aus, daß beiden Geschlechtern das nämliche (männliche) Genitale zukomme.«[23]

In ›Zur Einführung des Narzißmus‹ (1914c) wird die Entwicklung der Objektwahl ausführlich dargestellt. Sie geht von einer Situation aus, in der das Kind zwei Sexualobjekte hat – sich selbst und die Mutter. Das Kind kann dann eine Objektwahl nach dem narzißtischen oder nach dem Anlehnungstypus treffen.

»Die volle Objektliebe nach dem Anlehnungstypus ist eigentlich für den Mann charakteristisch. Sie zeigt die auffällige Sexualüberschätzung, welche wohl dem ursprünglichen Narzißmus des Kindes entstammt und somit einer Übertragung desselben auf das Sexualobjekt entspricht. Anders gestaltet sich die Entwicklung bei dem häufigsten Typus des Weibes. Hier scheint mit der Pubertätsentwicklung durch die Ausbildung der bis dahin latenten weiblichen Sexualorgane eine Steigerung des ursprünglichen Narzißmus aufzutreten, welche der Gestaltung einer ordentlichen mit Sexualüberschätzung ausgestatteten Objektliebe ungünstig ist . . . Ihr [dieser Frauen] Bedürfnis geht auch nicht dahin zu lieben, sondern geliebt zu werden.«[24]

Indes:

»In dem Kinde, das sie gebären, tritt ihnen ein Teil des eigenen Körpers wie ein fremdes Objekt gegenüber, dem sie nun vom Narzißmus aus die volle Objektliebe schenken können. Noch andere Frauen brauchen nicht auf das Kind zu warten, um den Schritt in der Entwicklung vom (sekundären) Narzißmus zur Objektliebe zu ma-

[20] (1915c) Ibid., S. 227.
[21] (1905d [1915]) *Drei Abhandlungen zur Sexualtheorie,* G. W., Bd. 5, S. 121.
[22] (1915c) ›Triebe und Triebschicksale‹, G. W., Bd. 10, S. 232.
[23] (1914d) ›Zur Geschichte der psychoanalytischen Bewegung‹, G. W., Bd. 10, S. 99.
[24] (1914c) ›Zur Einführung des Narzißmus‹, G. W., Bd. 10, S. 154 f.

chen. Sie haben sich selbst vor der Pubertät männlich gefühlt und ein Stück weit männlich entwickelt; nachdem diese Strebung mit dem Auftreten der weiblichen Reife abgebrochen wurde, bleibt ihnen die Fähigkeit, sich nach einem männlichen Ideal zu sehnen.«[25]

In den *Vorlesungen zur Einführung in die Psychoanalyse* (1916–17) faßte Freud die frühen Phasen der Sexualorganisation zusammen. Im Hinblick auf die prägenitale Organisation, in der die sadistischen und analen Triebe im Vordergrund stehen, stellt er fest:

»Der Gegensatz von *männlich* und *weiblich* spielt hier noch keine Rolle; seine Stelle nimmt der Gegensatz zwischen *aktiv* und *passiv* ein ... Was uns an den Betätigungen dieser Phase als männlich erscheint, wenn wir sie von der Genitalphase her betrachten, erweist sich als Ausdruck eines Bemächtigungstriebes, der leicht ins Grausame übergreift. Strebungen mit passivem Ziel knüpfen sich an die ... erogene Zone des Darmausganges. Schau- und Wißtrieb regen sich kräftig; ... Es fehlt den Partialtrieben dieser Phase nicht an Objekten, aber diese Objekte fallen nicht notwendig zu einem Objekt zusammen.«[26]

Weiteres klinisches Material wird in der Fallgeschichte des Wolfsmannes dargestellt. An diesem Fall macht Freud den Gegensatz zwischen einer frühen Stufe aktiver und sadistischer Phantasien und Betätigungen in der Kindheit und passiven masochistischen Phantasien im späteren Erwachsenenleben deutlich, ein Gegensatz, der mit dem zwischen der ersten – weiblichen – Objektwahl des Jungen und der späteren, nach seiner Zurückweisung einsetzenden Suche nach einem anderen Sexualobjekt – dem Vater – zusammenhängt, wobei das Ziel nun passiv ist. Auch der Wirkung äußerer Umstände, die den Patienten in eine passive Rolle zwangen (z. B. Verführung durch die ältere Schwester, Beobachtung des elterlichen Verkehrs), geht Freud nach.[27] Diese Fallgeschichte enthält ferner eine Zusammenfassung der Psychopathologie des Patienten, die das frühe Schwanken zwischen Aktivität und Passivität mit dem Ringen um Männlichkeit in der Pubertätszeit verknüpft und zeigt, daß die narzißtische Komponente der für die Bildung und Aufrechterhaltung seiner homosexuellen Einstellung entscheidende Faktor war.[28]

In einer anderen Schrift zeichnet Freud die Schicksale des verdrängten Wunsches der Frau nach, einen Penis zu besitzen. Er zeigt, daß dieser Wunsch neurotische Symptome hervorbringen oder in den Wunsch nach einem Kind oder nach einem Mann verwandelt werden kann; in-

[25] Ibid., S. 156.
[26] (1916–17) *Vorlesungen zur Einführung in die Psychoanalyse*, G. W., Bd. 11, S. 339.
[27] (1918b [1914]) ›Aus der Geschichte einer infantilen Neurose‹, G. W., Bd. 12, S. 50 f., 144 (vgl. auch S. 95, 111, 116, 135, 145–147 und 153).
[28] Ibid., S. 154.

dem er die Objektwahl bestimmt, ermöglicht der Wunsch nach einem Mann einem Teil der narzißtischen Männlichkeit, der weiblichen Sexualfunktion zu dienen, d. h. sich in Weiblichkeit zu verwandeln.[29]

In einer weiteren Schrift werden die Unterschiede und Ähnlichkeiten zwischen sadistischen und masochistischen Phantasien bei Mädchen und Jungen diskutiert:

»Es ist nicht zu vergessen, daß bei der Verwandlung der inzestuösen Phantasie des Knaben in die entsprechende masochistische eine Umkehrung mehr vor sich geht als im Falle des Mädchens, nämlich die Ersetzung von Aktivität durch Passivität, und dies Mehr von Entstellung mag die Phantasie vor dem Unbewußtbleiben als Erfolg der Verdrängung schützen. Dem Schuldbewußtsein hätte so die Regression an Stelle der Verdrängung genügt; in den weiblichen Fällen wäre das, vielleicht an sich anspruchsvollere, Schuldbewußtsein erst durch das Zusammenwirken beider begütigt worden.«[30]

In derselben Abhandlung heißt es:

»Wir sind berechtigt anzunehmen, daß durch die Verdrängung der ursprünglichen unbewußten Phantasie nicht allzuviel geändert wird. Alles fürs Bewußtsein Verdrängte und Ersetzte bleibt im Unbewußten erhalten und wirkungsfähig. Anders ist es mit dem Effekt der Regression auf eine frühere Stufe der Sexualorganisation. Von dieser dürfen wir glauben, daß sie auch die Verhältnisse im Unbewußten ändert, so daß nach der Verdrängung im Unbewußten bei beiden Geschlechtern zwar nicht die (passive) Phantasie, vom Vater geliebt zu werden, aber doch die masochistische, von ihm geschlagen zu werden, bestehen bleibt.«[31]

In ›Über die Psychogenese eines Falles von weiblicher Homosexualität‹ (1920a) unterschied Freud zwischen Fragen der Objektwahl einerseits und des Geschlechtscharakters und der geschlechtlichen Einstellung andererseits:

»Ein Mann mit überwiegend männlichen Eigenschaften, der auch den männlichen Typus des Liebeslebens zeigt, kann doch in bezug aufs Objekt invertiert sein, nur Männer anstatt Frauen lieben. Ein Mann, in dessen Charakter die weiblichen Eigenschaften augenfällig vorwiegen, ja, der sich in der Liebe wie ein Weib benimmt, sollte durch diese weibliche Einstellung auf den Mann als Liebesobjekt hingewiesen werden; er kann aber trotzdem heterosexuell sein, nicht mehr Inversion in bezug aufs Objekt zeigen als durchschnittlich ein Normaler. Dasselbe gilt für Frauen, auch bei ihnen treffen psychischer Geschlechtscharakter und Objektwahl nicht zu fester Relation

[29] (1917c) ›Über Triebumsetzungen, insbesondere der Analerotik‹, G. W., Bd. 10, S. 405.
[30] (1919e) ›Ein Kind wird geschlagen‹, G. W., Bd. 12, S. 209 f.
[31] Ibid., S. 221.

zusammen . . . Vielmehr handelt es sich [bei der Homosexualität] um drei Reihen von Charakteren

Somatische Geschlechtscharaktere – Psychischer Geschlechtscharakter

(Physischer Hermaphroditismus)

$\left(\begin{array}{l}\text{männl.}\\\text{weibl.}\end{array}\text{Einstellung}\right)$

– Art der Objektwahl.«[32]

In dem Aufsatz über die infantile Genitalorganisation (1923e) gibt Freud eine sehr klare Zusammenfassung seiner Annahmen über die geschlechtliche Polarität:

»Ein erster Gegensatz wird mit der Objektwahl, die ja Subjekt und Objekt voraussetzt, eingeführt. Auf der Stufe der prägenitalen sadistisch-analen Organisation ist von männlich und weiblich noch nicht zu reden, der Gegensatz von *aktiv* und *passiv* ist der herrschende. Auf der nun folgenden Stufe der infantilen Genitalorganisation gibt es zwar ein *männlich,* aber kein weiblich; der Gegensatz lautet hier: *männliches Genitale* oder *kastriert.* Erst mit der Vollendung der Entwicklung zur Zeit der Pubertät fällt die sexuelle Polarität mit *männlich* und *weiblich* zusammen. Das Männliche faßt das Subjekt, die Aktivität und den Besitz des Penis zusammen, das Weibliche setzt das Objekt und die Passivität fort. Die Vagina wird nun als Herberge des Penis geschätzt, sie tritt das Erbe des Mutterleibes an.«[33]

In ›Der Untergang des Ödipuskomplexes‹ (1924d) zeigt Freud, daß der Ödipuskomplex dem Kind »zwei Möglichkeiten der Befriedigung, eine aktive und eine passive« bietet. Der Junge kann sich entweder an die Stelle des Vaters oder an die der Mutter setzen; beide Möglichkeiten bedeuten aber Kastration – als Strafe im einen, als Folge der weiblichen Identifikation im anderen Falle. In diesem Konflikt siegt normalerweise das narzißtische Interesse des Jungen an seinem Penis über die libidinöse Besetzung der elterlichen Objekte – das Ich des Jungen wendet sich vom Ödipuskomplex ab.[34]

In der Abhandlung ›Einige psychische Folgen des anatomischen Geschlechtsunterschieds‹ (1925j) sagt Freud, daß er den Wunsch des Jungen, die Stelle der Mutter als Liebesobjekt des Vaters einzunehmen, als feminine Einstellung bezeichne.[35] Über die weibliche Entwicklung sagt Freud in derselben Abhandlung, daß beim Mädchen in der phallischen Phase, »bald nach den Anzeichen des Penisneides eine intensive Gegenströmung gegen die Onanie auftritt«. Er hält diese Strö-

[32] (1920a) ›Über die Psychogenese eines Falles von weiblicher Homosexualität‹, G. W., Bd. 12, S. 299 f.
[33] (1923e) ›Die infantile Genitalorganisation‹, G. W., Bd. 13, S. 297 f.
[34] (1924d) ›Der Untergang des Ödipuskomplexes‹, G. W., Bd. 13, S. 398.
[35] (1925j) ›Einige psychische Folgen des anatomischen Geschlechtsunterschieds‹, G. W., Bd. 14, S. 21.

mung für die Folge eines narzißtischen Gefühls der Demütigung (weil die Klitoris als minderwertig gegenüber dem Penis empfunden wird) und einen Vorboten »jenes Verdrängungsschubes, der zur Zeit der Pubertät ein großes Stück der männlichen Sexualität« des Mädchens beseitigt.[36] Im Hinblick auf die ödipale Phase beim Mädchen sagt Freud:

> »Es gibt den Wunsch nach dem Penis auf, um den Wunsch nach einem Kinde an die Stelle zu setzen und nimmt in dieser Absicht den Vater zum Liebesobjekt ... Wenn diese Vaterbindung später als verunglückt aufgegeben werden muß, kann sie einer Vateridentifizierung weichen, mit der das Mädchen zum Männlichkeitskomplex zurückkehrt und sich eventuell an ihm fixiert.«

Freud formuliert dann das Paradox:

> »*Während der Ödipus-Komplex des Knaben am Kastrationskomplex zugrunde geht, wird der des Mädchens durch den Kastrationskomplex ermöglicht und eingeleitet.* Dieser Widerspruch erhält seine Aufklärung, wenn man erwägt, daß der Kastrationskomplex dabei immer im Sinne seines Inhaltes wirkt, hemmend und einschränkend für die Männlichkeit, befördernd für die Weiblichkeit. Die Differenz in diesem Stück der Sexualentwicklung beim Mann und Weib ... entspricht dem Unterschied von vollzogener und bloß angedrohter Kastration.«[37]

Freud diskutiert weiter die Unterschiede in der Überich-Bildung bei Jungen und Mädchen; sie hingen mit der vollständigen Zertrümmerung des Ödipuskomplexes beim Jungen, die sich beim Mädchen nicht im gleichen Maße vollziehe, zusammen.

In *Hemmung, Symptom und Angst* (1926d) gibt Freud klinisches Material, das die einer passiven sexuellen Einstellung zugrunde liegenden Faktoren deutlich macht; er vergleicht zwei Fälle (kleiner Hans und Wolfsmann), um an ihnen die Unterschiede im Grad der zugrunde liegenden Triebregression und die Differenzen in der Natur der Triebwünsche, die in den phobischen Symptomen abgewehrt werden, aufzuzeigen.[38]

In *Das Unbehagen in der Kultur* (1930a) formuliert Freud seine Ansichten über die Bisexualität neu: »Wir sind gewohnt zu sagen: jeder Mensch zeige sowohl männliche als weibliche Triebregungen, Bedürfnisse, Eigenschaften.« Nach einem Hinweis darauf, daß man nicht allzu unbedenklich Aktivität mit Männlichkeit und Passivität mit Weiblichkeit gleichsetzen sollte, fährt er fort:

> »Wenn wir als tatsächlich annehmen, daß der Einzelne in seinem

36 (1925j) Ibid., S. 27.
37 Ibid., S. 27 f.
38 (1926d) *Hemmung, Symptom und Angst,* G. W., Bd. 14, S. 134–137 u. 154.

Sexualleben männliche wie weibliche Wünsche befriedigen will, sind wir für die Möglichkeit vorbereitet, daß diese Ansprüche nicht durch das nämliche Objekt erfüllt werden und daß sie einander stören, wenn es nicht gelingt, sie auseinander zu halten und jede Regung in eine besondere, ihr angemessene Bahn zu leiten. Eine andere Schwierigkeit ergibt sich daraus, daß der erotischen Beziehung außer der ihr eigenen sadistischen Komponente so häufig ein Betrag von direkter Aggressionsneigung beigesellt ist.«[39]

In ›Über die weibliche Sexualität‹ (1931b) wird das aktive Element in der Einstellung des kleinen Mädchens gegen die Mutter und in der Weiblichkeit im allgemeinen ausführlich diskutiert. Freud spricht von der frühen Tendenz des Kindes, aktiv zu wiederholen, was es passiv erlebt hat, gleichgültig ob das Erlebnis lustvoll oder unlustvoll war.

»Nicht bei allen Kindern wird diese Schwenkung von der Passivität zur Aktivität gleich regelmäßig und energisch ausfallen, bei manchen mag sie ausbleiben. Aus diesem Verhalten des Kindes mag man einen Schluß auf die relative Stärke der Männlichkeit und Weiblichkeit ziehen, die das Kind in seiner Sexualität an den Tag legen wird.«

Das Spiel des Mädchens mit der Puppe sei Ausdruck der aktiven Wiederholung eines passiven Erlebnisses.[40] Freud diskutiert ferner die Umwandlungen der aggressiv oralen und sadistischen Wünsche und den Wunsch des kleinen Mädchens, die Mutter zu schwängern. Schließlich skizziert er die drei Richtungen, die sich in der Entwicklung des kleinen Mädchens nach der Entdeckung der organischen Minderwertigkeit der Klitoris gegenüber dem Penis voneinander scheiden:

»a) die zur Einstellung des ganzen Sexuallebens; b) die zur trotzigen Überbetonung der Männlichkeit; c) die Ansätze zur endgültigen Weiblichkeit«.[41]

In ›Dostojewski und die Vatertötung‹ (1928b) hat Freud seine Annahmen über die Entwicklung des Jungen erweitert, insbesondere hinsichtlich der aggressiven Komponente. Die Beziehung des Jungen zum Vater sei ambivalent, Haß und Zärtlichkeit verbänden sich und führten so zu einer männlichen Identifizierung mit dem Vater.[42] Freud geht in dieser Arbeit auch auf die Überich-Bildung ein:

»War der Vater hart, gewalttätig, grausam, so nimmt das Über-Ich diese Eigenschaften von ihm an und in seiner Relation zum Ich stellt sich die Passivität wieder her, die gerade verdrängt werden sollte.

---

[39] (1930a) *Das Unbehagen in der Kultur,* G. W., Bd. 14, S. 465 f. Anm.
[40] (1931b) ›Über die weibliche Sexualität‹, G. W., Bd. 14, S. 530.
[41] Ibid., S. 525 u. 531–533.
[42] (1928b) ›Dostojewski und die Vatertötung‹, G. W., Bd. 14, S. 406 f.

Das Über-Ich ist sadistisch geworden, das Ich wird masochistisch, d. h. im Grunde weiblich passiv.«[43]

In der *Neuen Folge der Vorlesungen* wiederholt Freud die in seinen früheren Schriften gesondert diskutierten Aspekte der weiblichen Sexualität und faßt sie prägnant zusammen.[44] Wenn die Objektwahl der Frau nicht auf große innere oder äußere Hindernisse treffe, erfolge sie oft »nach dem narzißtischen Ideal des Mannes, der zu werden das Mädchen gewünscht hatte«.[45] Freud unterscheidet zwei der Identifizierung des Mädchens mit der Mutter zugrunde liegende Schichten – die zärtliche präödipale Bindung und die ödipale Feindseligkeit. Für den Erwerb der für die Übernahme der weiblichen Rolle erforderlichen Eigenschaften sei die Phase der präödipalen Bindung die entscheidende.[46]

In ›Die endliche und die unendliche Analyse‹ (1937c) heißt es, »daß zwei Themen sich besonders hervortun und dem Analytiker ungewöhnlich viel zu schaffen machen« (der Wunsch nach einem Penis bei der Frau und der Kampf gegen Passivität beim Mann).

»Die beiden einander entsprechenden Themen sind für das Weib der *Penisneid* – das positive Streben nach dem Besitz eines männlichen Genitales –, für den Mann das Sträuben gegen seine passive oder feminine Einstellung zum anderen Mann. Das Gemeinsame hat die psychoanalytische Nomenklatur frühzeitig als Verhalten zum Kastrationskomplex herausgehoben. Alfred Adler hat später die für den Mann zutreffende Bezeichnung ›männlicher Protest‹ in Gebrauch gebracht; ich meine, ›Ablehnung der Weiblichkeit‹ wäre von Anfang an die richtige Beschreibung dieses so merkwürdigen Stückes des menschlichen Seelenlebens gewesen.

Beim Versuch einer Einfügung in unser theoretisches Lehrgebäude darf man nicht übersehen, daß dieser Faktor seiner Natur nach nicht die gleiche Unterbringung bei beiden Geschlechtern finden kann. Beim Mann ist das Männlichkeitsstreben von Anfang an und durchaus ichgerecht; die passive Einstellung wird, da sie die Annahme der Kastration voraussetzt, energisch verdrängt, und oftmals weisen nur exzessive Überkompensationen auf ihr Vorhandensein hin. Auch beim Weib ist das Streben nach Männlichkeit zu einer gewissen Zeit ichgerecht, nämlich in der phallischen Phase, vor der Entwicklung zur Feminität. Dann aber unterliegt es jenem bedeutsamen Verdrängungsprozeß, von dessen Ausgang die Schicksale der Weiblichkeit abhängig sind. Sehr viel wird darauf ankommen, ob genug vom

[43] Ibid., S. 408.
[44] (1933a) *Neue Folge der Vorlesungen zur Einführung in die Psychoanalyse*, G. W., Bd. 15, S. 120–123, 125, 128, 135, 137–141.
[45] Ibid., S. 142.
[46] Ibid., S. 143 f.

Männlichkeitskomplex sich der Verdrängung entzieht und den Charakter dauernd beeinflußt; große Anteile des Komplexes werden normaler Weise umgewandelt, um zum Aufbau der Weiblichkeit beizutragen; aus dem ungestillten Wunsch nach dem Penis soll der Wunsch nach dem Kind und nach dem Manne werden, der den Penis trägt. Ungewöhnlich oft aber werden wir finden, daß der Männlichkeitswunsch im Unterbewußten erhalten geblieben ist und von der Verdrängung her seine störenden Wirkungen entfaltet.

Wie man aus dem Vorstehenden ersieht, ist es in beiden Fällen das Gegengeschlechtliche, das der Verdrängung verfällt.«[47]

Am Ende dieses Abschnittes betont Freud in einer Fußnote, was er mit den Begriffen »aktiv« und »passiv« *nicht* sagen wollte:

»Man darf sich durch die Bezeichnung ›männlicher Protest‹ nicht zur Annahme verleiten lassen, die Ablehnung des Mannes gelte der passiven Einstellung, dem sozusagen sozialen Aspekt der Feminität. Dem widerspricht die leicht zu bestätigende Beobachtung, daß solche Männer häufig ein masochistisches Verhalten gegen das Weib, geradezu eine Hörigkeit zur Schau tragen. Der Mann wehrt sich nur gegen die Passivität im Verhältnis zum Mann, nicht gegen die Passivität überhaupt. Mit anderen Worten, der ›männliche Protest‹ ist in der Tat nichts anderes als Kastrationsangst.«[48]

Im *Abriß der Psychoanalyse* diskutiert Freud die Wirkungen des Kastrationskomplexes bei Jungen und Mädchen:

»Die Wirkungen der Kastrationsdrohung sind mannigfaltig und unübersehbar, sie betreffen alle Beziehungen des Knaben zu Vater und Mutter, späterhin zu Mann und Weib überhaupt. Meist hält die Männlichkeit des Kindes dieser ersten Erschütterung nicht stand. Um sein Geschlechtsglied zu retten, verzichtet er mehr oder weniger vollständig auf den Besitz der Mutter, häufig bleibt sein Geschlechtsleben für alle Zeit von dem Verbot belastet. Wenn eine starke feminine Komponente, wie wir es ausdrücken, bei ihm vorhanden ist, gewinnt sie durch die Einschüchterung der Männlichkeit an Stärke. Er gerät in eine passive Einstellung zum Vater, wie er sie der Mutter zuschreibt. Er hat zwar infolge der Drohung die Masturbation aufgegeben, aber nicht die sie begleitende Phantasietätigkeit. Diese wird vielmehr, da sie jetzt die einzige ihm verbliebene Form der sexuellen Befriedigung ist, mehr als vorhin gepflegt werden und in solchen Phantasien wird er sich zwar noch immer mit dem Vater, aber auch gleichzeitig und vielleicht vorwiegend mit der Mutter identifizieren. Abkömmlinge und Umwandlungsprodukte dieser frühen Onaniephantasien pflegen sich den Einlaß in sein späteres Ich zu verschaf-

[47] (1937c) ›Die endliche und die unendliche Analyse‹, G. W., Bd. 16, S. 97 f.
[48] Ibid., S. 99 Anm.

fen und werden Anteil an seiner Charakterbildung bekommen. Unabhängig von solcher Förderung seiner Weiblichkeit werden Angst vor dem Vater und Haß gegen ihn eine große Steigerung erfahren. Die Männlichkeit des Knaben zieht sich gleichsam in eine Trotzeinstellung zum Vater zurück, die sein späteres Verhalten in der menschlichen Gemeinschaft zwangsmäßig beherrschen wird. Als Rest der erotischen Fixierung an die Mutter stellt sich oft eine übergroße Abhängigkeit von ihr her, die sich später als Hörigkeit gegen das Weib fortsetzen wird. Er getraut sich nicht mehr die Mutter zu lieben, aber er kann es nicht riskieren, nicht von ihr geliebt zu werden, denn dann ist er in Gefahr, von ihr an den Vater verraten und der Kastration ausgeliefert zu werden.«[49]

Einige Seiten später fährt Freud fort:

»Die Wirkungen des Kastrationskomplexes sind beim kleinen Mädchen einförmiger und nicht weniger tiefgreifend. Das weibliche Kind hat natürlich nicht zu befürchten, daß es den Penis verlieren wird, es muß aber darauf reagieren, daß es ihn nicht bekommen hat ... Wenn es in der phallischen Phase versucht, sich wie der Knabe durch manuelle Reizung des Genitales Lust zu verschaffen, erzielt es oft keine ihm genügende Befriedigung, und dehnt das Urteil der Minderwertigkeit von seinem verkümmerten Penis auf seine ganze Person aus ...

Wenn das kleine Weib bei ihrem ersten Wunsch beharrt, ein ›Bub‹ zu werden, so wird sie im extremen Fall als manifeste Homosexuelle enden, sonst in ihrer späteren Lebensführung ausgeprägt männliche Züge zum Ausdruck bringen, einen männlichen Beruf wählen u. dgl. Der andere Weg führt über die Ablösung von der geliebten Mutter, der die Tochter unter dem Einfluß des Penisneides nicht verzeihen kann, daß sie sie so mangelhaft ausgestattet in die Welt geschickt hat. Im Groll darüber gibt sie die Mutter auf und ersetzt sie durch eine andere Person als Liebesobjekt, durch den Vater. Wenn man ein Liebesobjekt verloren hat, so ist die nächstliegende Reaktion, daß man sich mit ihm identifiziert, es gleichsam durch Identifizierung von innen her ersetzt. Dieser Mechanismus kommt hier dem kleinen Mädchen zur Hilfe. Die Mutteridentifizierung kann nun die Mutterbindung ablösen. Das Töchterchen setzt sich an die Stelle der Mutter, wie sie in ihren Spielen immer getan hat, will sie beim Vater ersetzen und haßt nun die vorher geliebte Mutter mit zweifacher Motivierung, aus Eifersucht wie aus Kränkung über den versagten Penis. Ihr neues Verhältnis zum Vater mag zunächst den Wunsch zum Inhalt haben, über seinen Penis zu verfügen, es gipfelt aber in

[49] (1940a [1938]) *Abriß der Psychoanalyse*, G. W., Bd. 17, S. 117 f.

dem anderen Wunsch, von ihm ein Kind zum Geschenk zu bekommen ...

Für das Weib bringt es geringen Schaden, wenn es in seiner femininen Ödipuseinstellung (man hat für sie den Namen ›Elektrakomplex‹ vorgeschlagen) verbleibt. Sie wird dann ihren Mann nach väterlichen Eigenschaften wählen und bereit sein, seine Autorität anzuerkennen. Ihre eigentlich unstillbare Sehnsucht nach dem Besitz eines Penis kann zur Befriedigung kommen, wenn es ihr gelingt, die Liebe zum Organ zur Liebe für den Träger desselben zu vervollständigen, wie es seinerzeit beim Fortschritt von der Mutterbrust zur Mutterperson geschah.«[50]

[50] Ibid., S. 120 f.

8
Masochismus

Der Terminus ›Masochismus‹ bezeichnet die Vermischung der nach innen gerichteten Destruktivität mit der Sexualität.[1] Ein gewisses Maß an Masochismus ist in jeder normalen Sexualbeziehung vorhanden; im Falle der Perversion wird das Bedürfnis, Schmerzen, Mißhandlungen und Demütigungen zu erleiden, zum hauptsächlichen oder einzigen Sexualziel.[2] Freud diskutierte dieses Konzept zuerst in den *Drei Abhandlungen zur Sexual*theorie (1950d), die endgültige Formulierung fand es jedoch erst zwanzig Jahre später in *Das ökonomische Problem des Masochismus* (1924c). In der Entwicklung der Freudschen Konzeptualisierung des Masochismus lassen sich drei Hauptphasen unterscheiden:

(a) 1905–1919 sah er den Masochismus fast ausschließlich als eine Perversion, als eine Umwandlung des Sadismus, und zweifelte an der Existenz eines primären Masochismus.

(b) 1919–1924 faßte er den Masochismus nicht mehr nur als eine Perversion auf, sondern auch als ein auf ein unbewußtes Strafbedürfnis zurückgehendes Regressionsphänomen.

(c) 1924–1937 postulierte Freud – in Zusammenhang mit der Theorie des Todestriebes – neben dem sekundären einen primären Masochismus und unterschied die drei Formen des erogenen, femininen und moralischen Masochismus.

(a) 1905–1919
Von den frühesten Formulierungen an sah Freud eine Verbindung zwischen masochistischen Tendenzen und den Sexualtrieben; er sprach von den »masochistischen Komponenten des Sexualtriebes«.[3] Für eine der Hauptwurzeln des masochistisch-sadistischen Triebes hielt er die erogene Wirkung schmerzhafter Empfindungen.[4] Er definierte Masochismus sogar als »alle passiven Einstellungen zum Sexualleben und Sexualobjekt [umfassend], als deren äußerste die Bindung der Befriedigung an das Erleiden von physischem oder seelischem Schmerz von seiten des Sexualobjekts erscheint«[5]. Diese extremen Fälle seien als

1 (1930a) *Das Unbehagen in der Kultur*, G. W., Bd. 14, S. 478.
2 (1933a) *Neue Folge der Vorlesungen zur Einführung in die Psychoanalyse*, G. W., Bd. 15, S. 111.
3 (1900a) *Die Traumdeutung*, G. W., Bd. 2/3, S. 165.
4 (1905d) *Drei Abhandlungen zur Sexualtheorie*, G. W., Bd. 5, S. 105.
5 Ibid., S. 57.

Perversionen aufzufassen, die aus der Übertreibung und Fixierung der ursprünglich passiven Sexualeinstellung herrührten.[6]

Unter den Perversionen nähmen Sadismus und Masochismus aber eine besondere Stellung ein, »da der ihnen zugrunde liegende Gegensatz von Aktivität und Passivität zu den allgemeinen Charakteren des Sexuallebens gehört«.[7] Die aktive und passive Form dieser Perversion finde man regelmäßig bei ein und derselben Person. »Ein Sadist ist immer auch gleichzeitig ein Masochist.«[8] Dies gehe nicht allein auf das Element von Aggressivität, sondern auch auf die Bisexualität zurück.[9] Die Erkenntnis, daß es sadistische und masochistische Perverse gibt, die eine wirkliche sexuelle Befriedigung durch eine Vorstellung in der Phantasie ersetzen können[10], markiert einen wichtigen Schritt in Richtung auf die späteren Formulierungen Freuds.

In dieser ganzen Periode bezweifelte Freud, daß der Masochismus jemals als ein primäres Phänomen auftreten könnte.[11] Er glaubte, der Masochismus entstehe immer als Verkehrung der aggressiven, sadistischen Komponente ins Gegenteil.[12] 1905 definiert er den Masochismus als den »passiven Trieb zur Grausamkeit«[13], 1915 finden wir die Formulierung, »daß der Masochismus ja ein gegen das eigene Ich gewendeter Sadismus ist«, wobei das Wesentliche an diesem Vorgang der Wechsel des Objekts sei.[14] Es ist wichtig, festzuhalten, daß Freud zu dieser Zeit Selbstquälerei und Selbstbestrafung dem Masochismus nicht zurechnete[15], während er später Hauptmerkmale des moralischen Masochismus in ihnen sah. Er war ferner der Ansicht, »daß die Triebverwandlung durch Verkehrung der Aktivität in Passivität und Wendung gegen die eigene Person eigentlich niemals am ganzen Betrag der Triebregung vorgenommen wird«[16] und die »Umwandlung des Sadismus in Masochismus eine Rückkehr zum narzißtischen Objekt« bedeute.[17] »Das Schmerzgenießen wäre also ein ursprünglich masochistisches Ziel, das aber nur beim ursprünglich Sadistischen zum Triebziele werden kann«. Wahrscheinlich könne das Zufügen von Schmerzen »in der Identifizierung mit dem leidenden Objekt« genossen werden.[18]

[6] Ibid., S. 58.
[7] Ibid., S. 58.
[8] Ibid., S. 59, 66.
[9] Ibid., S. 59.
[10] (1916–17) *Vorlesungen zur Einführung in die Psychoanalyse*, G. W., Bd. 11, S. 265.
[11] (1905d) *Drei Abhandlungen zur Sexualtheorie*, G. W., Bd. 5, S. 57.
[12] (1900a) *Die Traumdeutung*, G. W., Bd. 2/3, S. 165; vgl. auch (1905d) *Drei Abhandlungen zur Sexualtheorie*, G. W., Bd. 5, S. 57.
[13] (1905d) Ibid., S. 94.
[14] (1915c) ›Triebe und Triebschicksale‹, G. W., Bd. 10, S. 220.
[15] Ibid., S. 221.
[16] Ibid., S. 223.
[17] (1915c) Ibid., S. 224.
[18] Ibid., S. 221.

(b) 1919–1924

Die Abhandlung ›Ein Kind wird geschlagen‹ (1919e) – eine Studie über die Schlagphantasien von Jungen und Mädchen – enthält zahlreiche neue Einsichten in das Problem des Masochismus. Freud selbst bezeichnet diese Studie als eine Abhandlung über den Masochismus.[19] Er nahm hier an, daß ein Schuldbewußtsein der Faktor sei, der den Sadismus in Masochismus umwandelte, aber auch geschlechtliche Liebe ein bedeutsames Moment seines – des Masochismus – Inhalt sei.[20] Bei manchen Patienten finde dieses Schuldgefühl seine Befriedigung im Kranksein und wolle auf die Strafe des Leidens nicht verzichten.[21] Eine Form des Masochismus charakterisiert Freud folgendermaßen: »*Es ist nicht nur die Strafe für die verpönte genitale Beziehung, sondern auch der regressive Ersatz für sie,* und aus dieser letzteren Quelle bezieht es die libidinöse Erregung, die ihm von nun an anhaften wird.«[22] Obwohl die Form einer solchen Schlagphantasie sadistisch sei, sei die aus ihr gewonnene Befriedigung masochistisch, weil sie die »libidinöse Besetzung des verdrängten Anteils und mit dieser auch das am Inhalt haftende Schuldbewußtsein« übernommen habe.[23] Die masochistische Phantasie, vom Vater geschlagen zu werden, bleibe bei beiden Geschlechtern nach der Verdrängung »im Unbewußten erhalten und wirkungsfähig«.[24]

1919 hält Freud noch an der Auffassung fest, »daß der Masochismus keine primäre Triebäußerung ist, sondern aus einer Rückwendung des Sadismus gegen die eigene Person, also durch Regression vom Objekt aufs Ich entsteht«.[25] Es ist jedoch schon eine Andeutung dessen, was später als »femininer Masochismus« bezeichnet wird, wenn Freud – insbesondere bei der Frau – Triebe mit passivem Ziel postuliert.[26]

In *Jenseits des Lustprinzips* (1920g) treten zum erstenmal zwei Annahmen auf, die erst vier Jahre später in der Arbeit über den Masochismus voll entfaltet werden – daß es masochistische Tendenzen des Ichs gibt[27] und daß der Masochismus auch ein primärer sein könnte.[28]

(c) 1924–1937

Die Arbeit über ›Das ökonomische Problem des Masochismus‹ (1924c) enthält Freuds endgültige Fassung dieses Konzepts. Er unterscheidet

19 (1919e) ›Ein Kind wird geschlagen‹, G. W., Bd. 12.
20 Ibid., S. 208.
21 (1923b) *Das Ich und das Es*, G. W., Bd. 13, S. 279.
22 (1919e) ›Ein Kind wird geschlagen‹, G. W., Bd. 12, S. 209.
23 Ibid., S. 211.
24 Ibid., S. 221.
25 Ibid., S. 214.
26 Ibid., S. 214.
27 (1920g) *Jenseits des Lustprinzips*, G. W., Bd. 13, S. 11.
28 Ibid., S. 59.

jetzt zwei Arten – primären und sekundären Masochismus – und drei Formen – einen erogenen Masochismus, aus dem sich später ein femini"ner und ein moralischer Masochismus entwickeln.[29]

Der *erogene Masochismus* ist der primäre Masochismus,[30] der eine biologische und konstitutionelle Basis hat[31] und als Schmerzlust definiert ist.[32]

>»Wenn man sich über einige Ungenauigkeit hinaussetzen will, kann man sagen, der im Organismus wirkende Todestrieb – der Ursadismus – sei mit dem Masochismus identisch. Nachdem sein Hauptanteil nach außen auf die Objekte verlegt worden ist, verbleibt als sein Residuum im Inneren der eigentliche erogene Masochismus, der einerseits eine Komponente der Libido geworden ist, andererseits noch immer das eigene Wesen zum Objekt hat.«

Der erogene oder primäre Masochismus wäre also ein Zeuge der Legierung von Todestrieb und Eros.[33] Er »macht alle Entwicklungsphasen der Libido mit und entnimmt ihnen seine wechselnden psychischen Umkleidungen«[34].

Der *feminine Masochismus* ist die am wenigsten rätselhafte und die der Beobachtung am besten zugängliche Form.[35] Sie wird feminin genannt, weil die mit ihr verbundenen Phantasien »die Person in eine für die Weiblichkeit charakteristische Situation versetzen, also Kastriertwerden, Koitiertwerden oder Gebären bedeuten«. Viele Merkmale dieser Form deuten auch auf das infantile Leben hin: der Masochist will wie ein kleines, hilfloses, schlimmes Kind behandelt werden.[36] Daß die Leiden von einer geliebten Person ausgehen, ist eine wesentliche Bedingung.[37]

Der *moralische Masochismus* ist die in gewisser Hinsicht wichtigste Erscheinungsform des Masochismus; sie ist durch ein meist unbewußtes Schuldgefühl oder Strafbedürfnis bestimmt.[38] Die Beziehung zur Sexualität ist hier gelockert. »Das Leiden selbst ist das, worauf es ankommt«, gleichgültig, wo es herkommt.[39] Der moralische Masochismus muß von einer unbewußten Fortsetzung der Moral klar unterschieden

[29] (1924c) ›Das ökonomische Problem des Masochismus‹, G. W., Bd. 13, S. 373; s. a. (1905d) *Drei Abhandlungen zur Sexualtheorie*, G. W., Bd. 5, S. 57 (1924 hinzugefügt).
[30] Ibid., S. 57 (1924 hinzugefügt).
[31] (1924c) ›Das ökonomische Problem des Masochismus‹, G. W., Bd. 13, S. 373.
[32] Ibid., S. 373.
[33] Ibid., S. 377, 383.
[34] Ibid., S. 377.
[35] Ibid., S. 374.
[36] Ibid., S. 374.
[37] Ibid., S. 378.
[38] (1924c) Ibid., S. 373, 379, 382; s. a. (1937c) ›Die endliche und die unendliche Analyse‹, G. W., Bd. 16, S. 88.
[39] Ibid., S. 378.

werden. Diese ist durch die Unterwerfung des Ichs unter den gesteigerten Sadismus des Überichs gekennzeichnet, während im moralischen Masochismus der Akzent auf den eigenen, weitgehend unbewußten Masochismus des Ichs fällt, der nach Strafe vom Überich oder autoritären äußeren Mächten verlangt. Der Sadismus des Überichs und der Masochismus des Ichs ergänzen einander und haben dieselbe Wirkung. Phantasien, vom Vater geschlagen zu werden, sind eine regressive Entstellung des Wunsches, in passive (feminine) sexuelle Beziehung zu ihm zu treten. Sie offenbaren den geheimen Sinn des moralischen Masochismus, durch den »die Moral wieder sexualisiert, der Ödipuskomplex neu belebt« wird.[40]

Der *sekundäre Masochismus* entsteht »durch Rückwendung des im Leben unverbrauchten Sadismus gegen die eigene Person«, wo er sich teils zum primären Masochismus hinzuaddiert, teils vom Überich aufgenommen wird und dessen Sadismus erhöht.[41] Diese »Rückwendung des Sadismus gegen die eigene Person ereignet sich regelmäßig bei der kulturellen Triebunterdrückung, welche einen großen Teil der destruktiven Triebkomponenten der Person von der Verwendung im Leben abhält«.[42]

Femininer und moralischer Masochismus werden nicht als primärer Masochismus aufgefaßt, obwohl Freud in diesem Punkte nicht ganz deutlich ist, denn seine Formulierungen implizieren, daß beide durch sekundären Masochismus gesteigert werden können.

In späteren Werken klärte Freud einige weitere Aspekte des Masochismus. Er stellte fest, daß masochistische Regungen durch Regression verstärkt werden und Ursache neuer Symptome in Zwangsneurosen sein können.[43] Übertriebene Angstreaktionen angesichts realer Gefahrensituationen ließen sich verstehen, wenn man annehme, daß zur Realangst ein Stück Triebangst hinzukomme, die auf den masochistischen, den gegen die eigene Person gewendeten Destruktionstrieb zurückgehe.[44] Freud war auch der Ansicht, daß »Vollmasochisten« nicht unbedingt neurotisch sein müßten.[45] Als eine Perversion könne der Masochismus erst dann bezeichnet werden, wenn er die anderen Sexualziele zurückdränge und seine eigenen Ziele an deren Stelle setze. Sadismus und Masochismus bilden Ecksteine der Aggressions- und Destruktionstheorie; Freud argumentiert, der Masochismus sei älter als der Sadismus, da dieser erst erscheine, wenn der größere Anteil des

[40] Ibid., S. 382.
[41] (1905d) *Drei Abhandlungen zur Sexualtheorie,* G. W., Bd. 5, S. 57; s. a. (1924c) ›Das ökonomische Problem des Masochismus‹, G. W., Bd. 13, S. 377.
[42] (1924c) Ibid., S. 383.
[43] (1926d) *Hemmung, Symptom und Angst,* G. W., Bd. 14, S. 147.
[44] Ibid., S. 201 Anm.
[45] (1928b) ›Dostojewski und die Vatertötung‹, G. W., Bd. 14, S. 402.

Triebes zur Selbstzerstörung (gleich Masochismus ohne erotische Komponenten) nach außen gewendet werde. Der Destruktionstrieb lasse sich nur unter zwei Bedingungen beobachten – »wenn er sich mit erotischen Trieben zum Masochismus verbindet, oder wenn er sich als Aggression gegen die Außenwelt wendet«.[46]

[46] (1933a) *Neue Folge der Vorlesungen zur Einführung in die Psychoanalyse*, G. W., Bd. 15, S. 111 f.

9
Sadismus

Der Terminus ›Sadismus‹ bezeichnet den Wunsch, das Sexualobjekt zu erniedrigen, zu überwältigen und/oder ihm Schmerzen zuzufügen; am ausgeprägtesten manifestiert er sich in der klassischen Perversion, in geringerer Stärke aber auch in der normalen Sexualität.

Ursprünglich hatte Freud den Sadismus als einen der Partialtriebe des Sexualtriebes aufgefaßt. An dieser Auffassung hielt er bis zur Formulierung des Todestriebes fest; fortan sah er den Sadismus im Zusammenhang mit dem Aggressionstrieb. »Man muß jedoch bemerken, daß auch jetzt und in späteren Schriften Freuds (z. B. in Kapitel IV von *Das Ich und das Es*) der Aggressiontrieb immer noch etwas Sekundäres, vom primären selbstdestruktiven Todestrieb Abgeleitetes war.«[1]

Die erste eingehende Diskussion des Sadismus findet sich in den *Drei Abhandlungen zur Sexualtheorie*.

»Für die aktive Algolagnie, den Sadismus, sind die Wurzeln im Normalen leicht nachzuweisen. Die Sexualität der meisten Männer zeigt eine Beimengung von *Aggression*, von Neigung zur Überwältigung, deren biologische Bedeutung in der Notwendigkeit liegen dürfte, den Widerstand des Sexualobjektes noch anders als durch die Akte der Werbung zu überwinden. Der Sadismus entspräche dann einer selbständig gewordenen, übertriebenen, durch Verschiebung an die Hauptstelle gerückten aggressiven Komponente des Sexualtriebes.«[2]

Freud hatte den Sadismus ursprünglich als die aktive Seite im Gegensatzpaar der Partialtriebe Sadismus und Masochismus angesehen. Aber obwohl er den Sadismus als Komponente des Sexualtriebes auffaßte, stellte Freud den Masochismus zunächst nicht als ein primäres Phänomen dar, sondern als Resultat einer Wendung des Sadismus gegen das Selbst.

»Sadismus und Masochismus nehmen unter den Perversionen eine besondere Stellung ein, da der ihnen zugrunde liegende Gegensatz von Aktivität und Passivität zu den allgemeinen Charakteren des Sexuallebens gehört.«[3]

»Es ist ferner einleuchtend, daß die Existenz des Gegensatzpaares Sadismus–Masochismus aus der Aggressionsbeimengung nicht ohne

---

[1] (1923b) *The Ego and the Id*, S. E., Bd. 19, S. 62 [Einleitung des Hrsgs.].
[2] (1905d) *Drei Abhandlungen zur Sexualtheorie*, G. W., Bd. 5, S. 57.
[3] [1915] Ibid., S. 58.

weiteres ableitbar ist. Dagegen wäre man versucht, solche gleichzeitig vorhandene Gegensätze mit dem in der Bisexualität vereinten Gegensatz von männlich und weiblich in Beziehung zu setzen, für welchen in der Psychoanalyse häufig der von aktiv und passiv einzusetzen ist.«[4] (In einer Fußnote des Herausgebers wird [in der *Standard Edition*] darauf hingewiesen, daß der letzte Nebensatz eine Formulierung aus dem Jahre 1924 ist. Es ist wichtig, dies zu bemerken, weil Freud zu dieser Zeit die Lebens- und Todestriebe bereits postuliert und unmittelbar zuvor – in *Das Ich und das Es* – die Strukturtheorie aufgestellt hatte.)

In der Analyse der Melancholie zeigt Freud, wie es möglich ist, sich selbst als Objekt zu behandeln, den Sadismus gegen das eigene Selbst zu wenden, ja sogar, sich zu töten.

»Nun lehrt uns die Analyse der Melancholie, daß das Ich sich nur dann töten kann, wenn es durch die Rückkehr der Objektbesetzung sich selbst wie ein Objekt behandeln kann, wenn es die Feindseligkeit gegen sich richten darf, die einem Objekt gilt, und die die ursprüngliche Reaktion des Ichs gegen Objekte der Außenwelt vertritt.«[5]

Mit der Postulierung der Lebens- und Todestriebe in *Jenseits des Lustprinzips* (1920g) stellte Freud seine früheren Annahmen über das Verhältnis von Sadismus und Masochismus sowie die Auffassung, der Sadismus sei ein Partialtrieb des Sexualtriebes, in Frage. Er sah den Sadismus jetzt in Beziehung zum Todestrieb und erkannte die Möglichkeit eines primären Masochismus an. Nach außen gewendet werde dieser primäre Masochismus zum Sadismus. (S. Konzept: *Masochismus.*)

Freud wies darauf hin, daß im Sadismus – qua Perversion – die aktive (Sadismus) und passive Form (Masochismus) immer zusammen auftreten, wenngleich die eine oder die andere Seite des Gegensatzpaares vorherrschen kann. In einer 1924 zu den *Drei Abhandlungen* hinzugefügten Fußnote sagt Freud, es ergebe »sich für das Gegensatzpaar Sadismus–Masochismus eine auf den Trieburschprung begründete Sonderstellung, durch welche es aus der Reihe der anderen ›Perversionen‹ herausgehoben wird«[6].

»Wir haben von jeher eine sadistische Komponente des Sexualtriebes anerkannt; sie kann sich, wie wir wissen, selbständig machen und als Perversion das gesamte Sexualstreben der Person beherrschen. Sie tritt auch in einer der von mir sogenannten ›prägenitalen Organisationen‹ als dominierender Partialtrieb hervor. Wie soll man aber den sadistischen Trieb, der auf die Schädigung des Objekts zielt,

4 [1924] Ibid., S. 59.
5 (1917e [1915]) ›Trauer und Melancholie‹, G. W., Bd. 10, S. 439.
6 (1905d) *Drei Abhandlungen zur Sexualtheorie*, G. W., Bd. 5, S. 58 (1924 hinzugefügt).

vom lebenserhaltenden Eros ableiten können? Liegt da nicht die Annahme nahe, daß dieser Sadismus eigentlich ein Todestrieb ist, der durch den Einfluß der narzißtischen Libido vom Ich abgedrängt wurde, so daß er erst am Objekt zum Vorschein kommt? Er tritt dann in den Dienst der Sexualfunktion; im oralen Organisationsstadium der Libido fällt die Liebesbemächtigung noch mit der Vernichtung des Objekts zusammen, später trennt sich der sadistische Trieb ab und endlich übernimmt er auf der Stufe des Genitalprimats zum Zwecke der Fortpflanzung die Funktion, das Sexualobjekt so weit zu bewältigen, als es die Ausführung des Geschlechtsaktes erfordert. Ja, man könnte sagen, der aus dem Ich herausgedrängte Sadismus habe den libidinösen Komponenten des Sexualtriebs den Weg gezeigt; späterhin drängen diese zum Objekt nach. Wo der ursprüngliche Sadismus keine Ermäßigung und Verschmelzung erfährt, ist die bekannte Liebe–Haß–Ambivalenz des Liebeslebens hergestellt.«[7]

Der folgende wichtige Satz faßt Freuds endgültige Sicht zusammen:

»Wir meinen also, daß wir im Sadismus und im Masochismus zwei ausgezeichnete Beispiele von der Vermischung beider Triebarten, des Eros mit der Aggression, vor uns haben, und machen nun die Annahme, daß dies Verhältnis vorbildlich ist, daß alle Triebregungen, die wir studieren können, aus solchen Mischungen oder Legierungen der beiden Triebarten bestehen.«[8]

In ›Das ökonomische Problem des Masochismus‹ untersucht Freud noch einmal sehr ausführlich die Frage, ob es einen primären Masochismus gebe – was auch zu einer erneuten Diskussion des Sadismus nötigt.

»Die Libido hat die Aufgabe, diesen destruierenden Trieb unschädlich zu machen, und entledigt sich ihrer, indem sie ihn zum großen Teil und bald mit Hilfe eines besonderen Organsystems, der Muskulatur, nach außen ableitet, gegen die Objekte der Außenwelt richtet. Er heiße dann Destruktionstrieb, Bemächtigungstrieb, Wille zur Macht. Ein Anteil dieses Triebes wird direkt in den Dienst der Sexualfunktion gestellt, wo er Wichtiges zu leisten hat. Dies ist der eigentliche Sadismus.«[9]

»Wenn man sich über einige Ungenauigkeit hinaussetzen will, kann man sagen, der im Organismus wirkende Todestrieb – der Ursadismus – sei mit dem Masochismus identisch.«[10]

[7] (1920g) *Jenseits des Lustprinzips*, G. W., Bd. 13, S. 58.
[8] (1933a) *Neue Folge der Vorlesungen zur Einführung in die Psychoanalyse*, G. W., Bd. 15, S. 111.
[9] (1924c) ›Das ökonomische Problem des Masochismus‹, G. W., Bd. 13, S. 376.
[10] Ibid., S. 377.

10
Bisexualität

Definition

Bisexualität ist ein biologisches Konzept[1] und die Psychoanalyse »steht auf gemeinsamem Boden mit der Biologie, indem sie eine ursprüngliche Bisexualität des menschlichen (wie des tierischen) Individuums zur Voraussetzung nimmt. Aber das Wesen dessen, was man im konventionellen oder im biologischen Sinne ›männlich‹ und ›weiblich‹ nennt, kann die Psychoanalyse nicht aufklären, sie übernimmt die beiden Begriffe und legt sie ihren Arbeiten zugrunde«[2]. In der Psychoanalyse bezeichnet der Begriff der Bisexualität eine bei allen menschlichen Individuen vorhandene Anlage,[3] die Tendenz, »ihre Libido entweder in manifester oder in latenter Weise auf Objekte beider Geschlechter zu verteilen«[4].

Evidenzen für die Universalität der Bisexualität lassen sich auf der organischen wie auf der psychischen Ebene finden. Im Hinblick auf die erstere sagt Freud:

> »Ein gewisser Grad von anatomischem Hermaphroditismus gehört nämlich der Norm an; bei keinem normal gebildeten männlichen oder weiblichen Individuum werden die Spuren vom Apparat des anderen Geschlechts vermißt.«[5]

[1] (1950a [1887–1902] *Aus den Anfängen der Psychoanalyse;* op. cit., S. 287; s. a. (1905d) *Drei Abhandlungen zur Sexualtheorie,* G. W., Bd. 5, S. 40; (1910c) *Eine Kindheitserinnerung des Leonardo da Vinci,* G. W., Bd. 8, S. 209; (1940a [1938]) *Abriß der Psychoanalyse,* G. W., Bd. 17, S. 114.

[2] (1920a) ›Über die Psychogenese eines Falles von weiblicher Homosexualität‹, G. W., Bd. 12, S. 301; (1933a) *Neue Folge der Vorlesungen zur Einführung in die Psychoanalyse,* G. W., Bd. 15, S. 121.

[3] (1950a [1887–1902]) *Aus den Anfängen der Psychoanalyse,* op. cit., S. 155; (1920a) ›Über die Psychogenese eines Falles von weiblicher Homosexualität‹, G. W., Bd. 12, S. 283; (1923b) *Das Ich und das Es,* G. W., Bd. 13, S. 260; (1925d) *Selbstdarstellung,* G. W., Bd. 14, S. 61; (1925j) ›Einige psychische Folgen des anatomischen Geschlechtsunterschiedes‹, G. W., Bd. 14, S. 30; (1928b) ›Dostojewski und die Vatertötung‹, G. W., Bd. 14, S. 407; (1930a) *Das Unbehagen in der Kultur,* G. W., Bd. 14, S. 466 Anm.; (1931b) ›Über die weibliche Sexualität‹, G. W., Bd. 14, S. 520.

[4] (1937c) ›Die endliche und die unendliche Analyse‹, G. W. Bd. 16, S. 89.

[5] (1905d) *Drei Abhandlungen zur Sexualtheorie,* G. W., Bd. 5, S. 40. (1920a) ›Über die Psychogenese eines Falles von weiblicher Homosexualität‹, G. W., Bd. 12, S. 300; (1933a) *Neue Folge der Vorlesungen zur Einführung in die Psychoanalyse,* G. W., Bd. 15, S. 121.

Auf der psychischen Ebene manifestiert sich die Bisexualität in einer »männlichen oder weiblichen Einstellung«, die aber niemals in reiner Form auftreten.[6]

>»Jede Einzelperson weist vielmehr eine Vermengung ihres biologischen Geschlechtscharakters mit biologischen Zügen des anderen Geschlechts auf.«[7] »Die Raktionen der menschlichen Individuen beiderlei Geschlechts sind aus männlichen und weiblichen Zügen gemengt.«[8]

Historische Entwicklung

Die Idee einer konstitutionellen Bisexualität übernahm Freud in den neunziger Jahren von Fliess und erkannte bald, wie wichtig dieses Konzept für das Verständnis der Neurosen werden könnte.[9] Um die Jahrhundertwende beabsichtigte er sogar ein Buch über »Die menschliche Bisexualität«[10] zu schreiben. Freuds Ansichten und Formulierungen über die Bisexualität blieben in allen seinen Schriften im Kern unverändert – bei einer wichtigen Ausnahme. Freud und Fließ hatten ursprünglich die Bisexualität für die »Neigung zur Verdrängung«[11] verantwortlich gemacht. Noch 1901 meinte Freud, Verdrängung sei »nur durch Reaktion zwischen zwei sexuellen Strömungen möglich«[12] und habe »die Bisexualität zur Voraussetzung«[13]. 1905 setzte er überdies das Gegensatzpaar Sadismus–Masochismus und die Bisexualität in Beziehung.[14] 1914 jedoch schränkte Freud die allgemeine Gültigkeit der ursprünglichen Annahme ausdrücklich ein: »Die Betonung der Bisexualität als Motiv der Verdrängung wäre zu enge.« Gleichzeitig hob er hervor, daß es in vielen Fällen das Ich ist, »von dem die Verdrängung ins Werk gesetzt wird, zu Gunsten einer der sexuellen Strebungen«[15].

[6] (1905d) *Drei Abhandlungen zur Sexualtheorie*, G. W., Bd. 5, S. 121 Anm.; (1920a) ›Über die Psychogenese eines Falles von weiblicher Homosexualität‹, G. W., Bd. 12, S. 300; (1925j) ›Einige psychische Folgen des anatomischen Geschlechtsunterschieds‹, G. W., Bd. 14, S. 30.
[7] (1905d) *Drei Abhandlungen zur Sexualtheorie*, G. W., Bd. 5, S. 121.
[8] (1925j) ›Einige psychische Folgen des anatomischen Geschlechtsunterschiedes‹, G. W., Bd. 14, S. 26.
[9] (1950a [1887–1902]) *Aus den Anfängen der Psychoanalyse,* op. cit., S. 40 f.
[10] Ibid., S. 287.
[11] Ibid., S. 208.
[12] Ibid., S. 287.
[13] Ibid., S. 289.
[14] (1905d) *Drei Abhandlungen zur Sexualtheorie*, G. W., Bd. 5, S. 59.
[15] (1918b) ›Aus der Geschichte einer infantilen Neurose‹, G. W., Bd. 12, S. 145; (1919e) ›Ein Kind wird geschlagen‹, G. W., Bd. 12, S. 222–224; (1937c) ›Die endliche und die unendliche Analyse‹, G. W., Bd. 16, S. 97.

Obwohl Freud das Konzept der Bisexualität als ein klinisches Postulat der Psychoanalyse betrachtete,[16] schrieb er noch 1930:

»Die Lehre von der Bisexualität liegt noch sehr im Dunkeln, und daß sie noch keine Verknüpfung mit der Trieblehre gefunden hat, müssen wir als schwere Störung verspüren.«[17]

In seinen späteren Schriften warf er kein neues Licht auf dieses Dunkel und knüpfte auch nicht das fehlende Glied.

Bisexualität und Libidotheorie

Für die Entwicklung der Libidotheorie hat das Konzept der Bisexualität eine wichtige Rolle gespielt. Bereits in einem Brief an Fließ hatte Freud geschrieben:

»Ich gewöhne mich auch, jeden sexuellen Akt als einen Vorgang zwischen vier Personen aufzufassen«.[18]

Er stellte fest, daß die sexuelle Konstitution eines Menschen sich aus der ursprünglichen Bisexualität herausbilde[19] und die normalen Sexualäußerungen sich nicht verstehen ließen, ohne der Bisexualität Rechnung zu tragen.[20] »Unser aller Libido schwankt normalerweise lebenslang zwischen dem männlichen und dem weiblichen Objekt.«[21] Freud sah in der Bisexualität eine wichtige ätiologische Bedingung der Neurose.

»Die Veranlassungen der Neurose sind Versagungen und innere Konflikte, Konflikte zwischen den drei großen psychischen Instanzen, Konflikte innerhalb des Libidohaushalts infolge der bisexuellen Anlage, zwischen den erotischen und aggressiven Triebkomponenten.«[22]

Bei der Frau tritt die Bisexualität viel deutlicher hervor als beim Mann, da sie zwei leitende Geschlechtsorgane besitzt, nämlich die Klitoris und die Vagina, die ihr Geschlechtsleben in zwei Phasen zerteilen. Die erste Phase hat männlichen Charakter (klitorale Sexualität, Masturbation); erst die zweite ist die spezifisch weibliche. Da der Mann nur eine leitende Geschlechtszone besitzt, gibt es bei ihm keine Entsprechung zu den zwei Phasen in der Geschlechtsentwicklung der Frau.[23]

16 (1913j) ›Das Interesse an der Psychoanalyse‹, G. W., Bd. 8, S. 410.
17 (1930a) *Das Unbehagen in der Kultur,* G. W., Bd. 14, S. 466 Anm.
18 (1950a [1887–1902]) *Aus den Anfängen der Psychoanalyse,* op. cit., S. 240.
19 (1900a) *Die Traumdeutung,* G. W., Bd. 2/3, S. 611.
20 (1905d) *Drei Abhandlungen zur Sexualtheorie,* G. W. Bd. 5, S. 121.
21 (1920a) ›Die Psychogenese eines Falles von weiblicher Homosexualität‹, G. W., Bd. 12, S. 285.
22 (1931a) ›Fetischismus‹, G. W., Bd. 14, S. 513.
23 (1925j) ›Einige psychische Folgen des anatomischen Geschlechtsunterschieds‹, G. W., Bd. 14, S. 27; (1931b) ›Über die weibliche Sexualität‹, G. W., Bd. 14, S. 520.

In der *Traumdeutung* lesen wir:

>»Es ist richtig, daß die Neigung des Traumes und der unbewußten Phantasien, die Sexualsymbole bisexuell zu verwenden, einen archaischen Zug verrät ... Man kann aber auch zur irrigen Annahme eines bisexuellen Sexualsymbols verleitet werden, wenn man daran vergißt, daß in manchen Träumen eine allgemeine Geschlechtsverkehrung vorgenommen wird, so daß das Männliche durch Weibliches dargestellt wird und umgekehrt.«[24]

In einer 1911 hinzugefügten Stelle heißt es:

>»An vielen Träumen wird man bei sorgfältiger Deutung feststellen können, daß sie selbst bisexuell zu verstehen sind, indem sie eine unabweisbare Überdeutung ergeben, in welcher sie homosexuelle, d. h. der normalen Geschlechtsbetätigung der träumenden Person entgegengesetzte Regungen realisieren. Daß aber alle Träume bisexuell zu deuten seien, wie W. Stekel und Alf. Adler behaupten, scheint mir eine ebenso unbeweisbare wie unwahrscheinliche Verallgemeinerung, welche ich nicht vertreten möchte.«[25]

Bisexualität und Ödipuskomplex

Freud maß der Bedeutung der Bisexualität für den Ödipuskomplex große Bedeutung zu. (a) Sie bestimmt die Lösung der ödipalen Situation:

>»Der Ausgang der Ödipussituation in Vater- oder in Mutteridentifizierung scheint also bei beiden Geschlechtern von der relativen Stärke der beiden Geschlechtsanlagen abzuhängen. Dies ist die eine Art, wie sich die Bisexualität in die Schicksale des Ödipuskomplexes einmengt!«[26]

(b) Sie ist für den vollständigeren (positiven und negativen) Ödipuskomplex verantwortlich:

>»Der einfache Ödipuskomplex [ist] überhaupt nicht das häufigste ... Eingehendere Untersuchung deckt zumeist den *vollständigeren* Ödipuskomplex auf, der ein zweifacher ist, ein positiver und ein negativer, abhängig von der ursprünglichen Bisexualität des Kindes, d. h. der Knabe hat nicht nur eine ambivalente Einstellung zum Vater und eine zärtliche Objektwahl für die Mutter, sondern er benimmt sich auch gleichzeitig wie ein Mädchen, er zeigt die zärtliche

---

[24] [1911] [1925] (1900a) *Die Traumdeutung,* G. W., Bd. 2/3, S. 364.
[25] [1911] Ibid., S. 401.
[26] (1923b) *Das Ich und das Es,* G. W., Bd. 13, S. 261.

feminine Einstellung zum Vater und die ihr entsprechende eifersüchtig-feindselige gegen die Mutter. Dieses Eingreifen der Bisexualität macht es so schwer, die Verhältnisse der primitiven Objektwahlen und Identifizierungen zu durchschauen ... Es könnte auch sein, daß die im Elternverhältnis konstatierte Ambivalenz durchaus auf die Bisexualität zu beziehen wäre und nicht ... durch die Rivalitätseinstellung aus der Identifizierung entwickelt würde.«[27]

(c) Beim Untergang des Ödipuskomplexes bestimmt die Bisexualität die relative Stärke der Identifizierungen:

»Beim Untergang des Ödipuskomplexes werden die vier in ihm enthaltenen Strebungen sich derart zusammenlegen, daß aus ihnen eine Vater- und eine Mutteridentifizierung hervorgeht ... In der verschieden starken Ausprägung der beiden Identifizierungen wird sich die Ungleichheit der beiden geschlechtlichen Anlagen spiegeln.«[28]

Bisexualität und Neurose

Eine »stark bisexuelle Anlage wird zu einer der Bedingungen oder Bekräftigungen der Neurose«[29], und die Stärke dieser Anlage läßt sich »bei den Psychoneurotikern besonders deutlich erkennen«.[30] Die Wiederkehr verdrängter sexueller Wunschregungen aus dem Infantilen in späteren Entwicklungsperioden, die »die Triebkräfte für alle psychoneurotische Symptombildung abgeben«,[31] ist letztlich aufgrund unserer ursprünglichen Bisexualität möglich. Freud sah in der Bisexualität eine der organischen Grundlagen hysterischer Symptome[32] und sprach von einer »bisexuellen Bedeutung historischer Symptome«, sofern sich in ihnen unbewußte männliche und weibliche Phantasien ausdrücken. Er bemerkte jedoch ausdrücklich, daß er dieser Formel keine Allgemeingültigkeit zuspreche.[33] Gleichwohl sei es in der psychoanalytischen Behandlung sehr wichtig, auf die bisexuelle Bedeutung eines Symptoms vorbereitet zu sein. »Man braucht sich dann nicht zu verwundern, wenn ein Symptom anscheinend ungemindert fortbesteht, obwohl man die eine seiner sexuellen Bedeutungen bereits gelöst hat.«[34] Eifersucht

---

[27] (1923b) Ibid., S. 261; (1925d) *Selbstdarstellung*, G. W., Bd. 14, S. 61; (1925j) ›Einige psychische Folgen des anatomischen Geschlechtsunterschiedes‹, G. W., Bd. 14, S. 21.
[28] (1923b) *Das Ich und das Es*, G. W., Bd. 13, S. 262.
[29] (1928b) ›Dostojewski und die Vatertötung‹, G. W., Bd. 14, S. 407.
[30] (1908a) ›Hysterische Phantasien und ihre Beziehung zur Bisexualität‹, G. W., Bd. 7, S. 198.
[31] (1900a) *Die Traumdeutung*, G. W., Bd. 2/3, S. 611.
[32] (1905e) ›Bruchstück einer Hysterie-Analyse‹, G. W., Bd. 5, S. 277.
[33] (1908a) ›Hysterische Phantasien und ihre Beziehung zur Bisexualität‹, G. W., Bd. 7, S. 196–198.
[34] Ibid., S. 199.

kann verstärkt werden und neurotischen Charakter annehmen, wenn sie bisexuell erlebt wird, »das heißt beim Manne wird außer dem Schmerz um das geliebte Weib und dem Haß gegen den männlichen Rivalen auch Trauer um den unbewußt geliebten Mann und Haß gegen das Weib als Rivalin wirksam«[35].

Bisexualität und Perversion

Die Inversion läßt sich nicht als psychischer Hermaphroditismus verstehen, d. h. sie ist im ganzen unabhängig vom somatischen Hermaphroditismus. Dennoch glaubte Freud, »daß auch für die Inversion eine bisexuelle Veranlagung in Betracht kommt ... welche den Geschlechtstrieb in seiner Entwicklung betrifft«[36]. Das Sexualobjekt des Invertierten ist »die Vereinigung beider Geschlechtscharaktere ... sozusagen die Spiegelung der eigenen bisexuellen Natur«[37].

Bisexualität und Konflikt

In »Die endliche und die unendliche Analyse« diskutiert Freud die Frage, warum trotz der Universalität der bisexuellen Anlage die meisten Menschen nicht Personen beiderlei Geschlechts als Sexualobjekte wählen können, ohne daß die beiden Richtungen in Konflikt geraten. »Man sieht nicht ein, warum die Rivalen nicht regelmäßig den verfügbaren Betrag der Libido je nach ihrer relativen Stärke unter sich aufteilen«, es sei denn, man nehme eine »unabhängig auftretende Konfliktneigung« an, die man auf »das Eingreifen eines Stückes von freier Aggression« zurückführen müsse.[38]

[35] (1922b) ›Über einige neurotische Mechanismen bei Eifersucht, Paranoia und Homosexualität‹, G. W., Bd. 13, S. 196.
[36] (1905d) *Drei Abhandlungen zur Sexualtheorie,* G. W., Bd. 5, S. 42.
[37] [1915] Ibid., S. 44.
[38] (1937c) ›Die endliche und die unendliche Analyse‹, G. W., Bd. 16, S. 90.

11
Partialtriebe

Definition

Mit dem Terminus ›Partialtriebe‹ werden die einzelnen Elemente bezeichnet, die, indem sie sich verbinden und organisieren, die Struktur des voll entwickelten Triebes gestalten. Die Annahmen über die Partialtriebe wurden zu einer Zeit formuliert, als Freuds Hauptinteresse auf den Sexualtrieb gerichtet war.

Geschichte

Die Theorie der Partialtriebe deutet sich zum erstenmal in einem Brief an Fließ vom 6. Dezember 1896 an.[1] Der Begriff als solcher erscheint zuerst in den *Drei Abhandlungen zur Sexualtheorie*[2]. Was hier einbezogen wird, bezieht sich in erster Linie auf die »Partialtriebe« des »sexuellen Dranges«.

Die Theorie der ›Partialtriebe‹ entsprang aus Freuds Beobachtung, daß die Perversionen nur verständlich werden, wenn man eine Verbindung mehrerer Motive annimmt:

»Wenn sie [solche Perversionen] eine Analyse – Zersetzung – zulassen, müssen sie zusammengesetzter Natur sein. Hieraus können wir einen Wink entnehmen, daß vielleicht der Sexualtrieb selbst nichts Einfaches, sondern aus Komponenten zusammengesetzt ist, die sich in den Perversionen wieder von ihm ablösen.«[3]

»Das Sexualleben des Kindes erschöpft sich eben in der Betätigung einer Reihe von Partialtrieben, die unabhängig voneinander teils am eigenen Körper teils schon am äußeren Objekt Lust zu gewinnen suchen.«[4]

In der reifen Sexualität spielen die Partialtriebe eine Rolle für das, was Freud die »Vorlust« genannt hat. Nachdem sie zunächst einen vorwiegend autoerotischen Charakter gehabt und – unabhängig voneinander – bestimmte Arten von Lust als ihr einziges Sexualziel verfolgt haben, werden sie jetzt dem Primat der Genitalzone untergeordnet. Eine mög-

---

[1] (1950a [1885–1902]) *Aus den Anfängen der Psychoanalyse*, op. cit., S. 151–156.
[2] (1905d) *Drei Abhandlungen zur Sexualtheorie*, Bd. 5, S. 66.
[3] Ibid., S. 61 f.
[4] (1916–17) *Vorlesungen zur Einführung in die Psychoanalyse*, G. W., Bd. 11, S. 327.

liche Gefahr für die Erreichung des normalen Sexualziels liegt darin, daß die durch Erregung der erogenen Zonen ausgelöste »Vorlust« die Stelle dieses normalen Ziels oder der Endlust – der aus dem Sexualakt gewonnenen Lust – einnehmen kann.[5]

Quelle

»Was wir die Partialtriebe der Sexualität genannt haben, leitet sich entweder direkt aus diesen inneren Quellen der Sexualerregung ab [Freud denkt dabei an eine ganze Reihe innerer Prozesse, bei denen, sobald ihre Intensität bestimmte quantitative Grenzen übersteigt, als eine Nebenwirkung sexuelle Erregung entsteht] oder setzt sich aus Beiträgen von solchen Quellen und von erogenen Zonen zusammen.«[6]

»Was die Triebe voneinander unterscheidet und mit spezifischen Eigenschaften ausstattet, ist deren Beziehung zu ihren somatischen Quellen und ihren Zielen ... Eine weitere vorläufige Annahme in der Trieblehre ... besagt, daß von den Körperorganen Erregungen von zweierlei Art geliefert werden ... Die eine dieser Arten von Erregung bezeichnen wir als die spezifisch sexuelle und das betreffende Organ als die ›erogene Zone‹ des von ihm ausgehenden sexuellen Partialtriebes.«[7]

Reihenfolge des Auftretens

Im Hinblick auf die Reihenfolge des Auftretens der Partialtriebe stellt Freud fest:

»Es scheint phylogenetisch festgelegt, in welcher Reihenfolge die einzelnen Triebregungen aktiviert werden, und wie lange sie sich äußern können, bis sie dem Einfluß einer neu auftretenden Triebregung oder einer typischen Verdrängung [d. h. hier: Abwehr] unterliegen. Allein sowohl in dieser zeitlichen Aufeinanderfolge wie in der Zeitdauer derselben scheinen Variationen vorzukommen, die auf das Endergebnis einen bestimmenden Einfluß üben müssen.«[8]

[5] (1905d) *Drei Abhandlungen zur Sexualtheorie*, G. W., Bd. 5, S. 112.
[6] Ibid., S. 106.
[7] Ibid., S. 67 f.
[8] Ibid., S. 143.

Freud vertrat die Ansicht, »daß auch das kindliche Sexualleben bei allem Überwiegen der Herrschaft erogener Zonen, Komponenten zeigt, für welche andere Personen als Sexualobjekte von Anfang an in Betracht kommen. Solcher Art sind die in gewisser Unabhängigkeit von erogenen Zonen auftretenden Triebe der Schau- und Zeigelust und der Grausamkeit, die in ihre innigen Beziehungen zum Genitalleben erst später eintreten, aber schon in den Kinderjahren als zunächst von der erogenen Sexualtätigkeit gesonderte, selbständige Strebungen bemerkbar werden«[9]. In einer späteren Phase modifizierte Freud diese Annahme, teilweise zweifellos aufgrund der inzwischen entwickelten Theorie des *Narzißmus.* Er sagt:

>»Der Schautrieb ist nämlich zu Anfang seiner Betätigung *autoerotisch,* er hat wohl ein Objekt, aber er findet es am eigenen Körper. Erst späterhin wird er dazu geleitet (auf dem Wege der Vergleichung), dies Objekt mit einem analogen des fremden Körpers zu vertauschen.«[10]

Von den Partialtrieben läßt sich »allgemein aussagen, daß sie sich autoerotisch betätigen, d. h., ihr Objekt verschwindet gegen das Organ, das ihre Quelle ist, und fällt in der Regel mit diesem zusammen. Das Objekt des Schautriebes, obwohl auch zuerst ein Teil des eigenen Körpers, ist doch nicht das Auge selbst, und beim Sadismus weist die Organquelle, wahrscheinlich die aktionsfähige Muskulatur, direkt auf ein anderes Objekt, sei es auch am eigenen Körper hin«[11]. Freud wies ferner darauf hin, daß die Partialtriebe häufig als Gegensatzpaare auftreten, wobei der eine den aktiven und der andere den passiven Pol repräsentiert.[12]

Entwicklung vom Autoerotismus zur Objektliebe

Ein wichtiges Stadium, das die Partialtriebe in ihrer Entwicklung vom Autoerotismus zur Objektliebe durchlaufen, ist das des primären Narzißmus.

Der Narzißmus »besteht darin, daß das in der Entwicklung begriffene Individuum, welches seine autoerotisch arbeitenden Sexualtriebe zu einer Einheit zusammenfaßt, um ein Liebesobjekt zu gewinnen, zu-

9 (1905d) Ibid., S. 92.
10 (1915c) ›Triebe und Triebschicksale‹, G. W., Bd. 10, S. 222.
11 Ibid., S. 225.
12 (1905d) *Drei Abhandlungen zur Sexualtheorie,* G. W., Bd. 5, S. 66.

nächst sich selbst, seinen eigenen Körper zum Liebesobjekt nimmt,
ehe es von diesem zur Objektwahl einer fremden Person übergeht«[13].
Eine häufige Ursache der Verwirrung liegt darin, daß nicht in Betracht
gezogen wird, daß »die Beziehungen Liebe und Haß nicht für die Relationen der Triebe zu ihren Objekten verwendbar, sondern für die
Relation des Gesamt-Ichs zu den Objekten reserviert [sind]«.[14]

Partialtriebe und Entwicklungsphasen der Libido

Die einzelnen Partialtriebe lassen sich im Zusammenhang mit den Entwicklungsphasen der Libido betrachten. Freud sagt, »daß jedem Individuum eine Oral-, Anal-, Harnerotik usw. zugesprochen werden
muß, und daß die Konstatierung der diesen entsprechenden seelischen
Komplexe kein Urteil auf Abnormität oder Neurose bedeutet. Die
Unterschiede, die das Normale vom Abnormen trennen, können nur
in der relativen Stärke der einzelnen Komponenten des Sexualtriebes
und in der Verwendung liegen, die sie im Laufe der Entwicklung erfahren«[15].

Konstitution und Partialtriebe

Freud zufolge lassen sich gemäß der angeborenen Dominanz des einen
oder anderen Partialtriebes eine Anzahl von Konstitutionen unterscheiden.[16]
   »Die hereditäre Sexualkonstitution bietet uns eine große Mannigfaltigkeit von Anlagen, je nachdem dieser oder jener Partialtrieb für
sich allein oder im Verein mit anderen in besonderer Stärke angelegt
ist.«[17]

Klinische Anwendungen

Normalität und Neurosen sind eng mit den Schicksalen verknüpft, die
die Partialtriebe im Verlauf ihrer Entwicklung erfahren.
   Unter Hinweis auf die *Drei Abhandlungen* führt Freud aus, »daß
die konstitutionelle sexuelle Anlage des Kindes eine ungleich bun-

---

[13] (1911c) ›Über einen autobiographisch beschriebenen Fall von Paranoia‹, G. W.,
Bd. 8, S. 297.
[14] (1915c) ›Triebe und Triebschicksale‹, G. W., Bd. 10, S. 229.
[15] (1905d) *Drei Abhandlungen zur Sexualtheorie*, G. W., Bd. 5, S. 106 Anm.
[16] Ibid., S. 71.
[17] (1916–17) *Vorlesungen zur Einführung in die Psychoanalyse*, G. W., Bd. 11, S. 376.

tere ist, als man erwarten konnte, daß sie ›polymorph pervers‹ genannt zu werden verdient, und daß aus dieser Anlage durch Verdrängung gewisser Komponenten das sogenannte normale Verhalten der Sexualfunktion hervorgeht . . . Die Norm ergab sich aus der Verdrängung gewisser Partialtriebe und Komponenten der infantilen Anlagen und der Unterordnung der übrigen unter das Primat der Genitalzonen im Dienste der Fortpflanzungsfunktion; die Perversionen entsprachen Störungen dieser Zusammenfassung durch die übermächtige zwangsartige Entwicklung einzelner dieser Partialtriebe, und die Neurose führte sich auf eine zu weitgehende Verdrängung der libidinösen Strebungen zurück«[18].

Und:

»Eine ganz hervorragende Rolle unter den Symptombildnern der Psychoneurosen spielen die zumeist in Gegensatzpaaren auftretenden Partialtriebe . . .«[19]

Schicksale

Freud beschrieb die möglichen Schicksale der Partialtriebe: Ein Trieb kann ins Gegenteil verkehrt werden – z. B. durch den Wechsel von einem aktiven zu einem passiven Ziel oder durch Umkehrung seines Inhalts (Reaktionsbildung); er kann ferner gegen die eigene Person gewendet, verdrängt, sublimiert usw. werden.[20] Freud machte außerdem darauf aufmerksam, daß Charakterzüge wie Ordentlichkeit, Sparsamkeit und Eigensinn aus der Aufzehrung und andersartigen Verwendung der Analerotik hervorgehen und zwischen Ehrgeiz und Urethralerotik eine ähnliche Beziehung besteht. Er nahm an, andere Charaktereigenschaften würden sich in ähnlicher Weise als Niederschläge oder Reaktionsbildungen prägenitaler Libidoformationen herausstellen.[21]

»Ebenso richtet sich die pathogene Bedeutung der konstitutionellen Faktoren danach, wie viel mehr von dem einen Partialtrieb als von einem anderen in der Anlage gegeben ist.«[22]

---

[18] (1906a) ›Meine Ansichten über die Rolle der Sexualität in der Ätiologie der Neurosen‹, G. W., Bd. 5, S. 156 f.
[19] (1905d) *Drei Abhandlungen zur Sexualtheorie*, G. W., Bd. 5, S. 66.
[20] (1915c) ›Triebe und Triebschicksale‹, G. W., Bd. 10, S. 219.
[21] (1933a) *Neue Folge der Vorlesungen zur Einführung in die Psychoanalyse*, G. W., Bd. 15, S. 108.
[22] (1916–17) *Vorlesungen zur Einführung in die Psychoanalyse*, G. W., Bd. 11, S. 389.

12
Erogene Zonen

Definition

Eine erogene Zone »ist eine Haut- oder Schleimhautstelle, an der
Reizungen von gewisser Art eine Lustempfindung von bestimmter
Qualität hervorrufen. Es ist kein Zweifel, daß die lusterzeugenden
Reize an besondere Bedingungen gebunden sind; wir kennen dieselben nicht. Der rhythmische Charakter muß unter ihnen eine Rolle
spielen, die Analogie mit dem Kitzelreiz drängt sich auf . . . Es gibt
prädestinierte erogene Zonen, wie das Beispiel des Ludelns zeigt.
Dasselbe Beispiel lehrt aber auch, daß jede beliebige andere Haut-
und Schleimhautstelle die Dienste einer erogenen Zone auf sich nehmen kann, also eine gewisse Eignung dazu mitbringen muß. Die
Qualität des Reizes hat also mit der Erzeugung der Lustempfindung
mehr zu tun als die Beschaffenheit der Körperstelle . . . Erogene und
hysterogene Zonen zeigen die nämlichen Charaktere.« [In einer
1905 hinzugefügten Fußnote heißt es: »Weitere Überlegungen und
die Verwertung anderer Beobachtungen führen dazu, die Eigenschaft der Erogeneität allen Körperstellen und inneren Organen zuzusprechen.«][1]
Wir nennen alle Körperteile, die für die Erreichung sexueller Lust von
Wichtigkeit sind, »erogene Zonen«.[2]

Geschichte

Die *Drei Abhandlungen zur Sexualtheorie,* 1905, sind die erste Veröffentlichung, in der der Begriff *erogene Zone* vorkommt; die Konzep-
tionalisierung war jedoch schon seit 1896 im Grunde vollständig entwickelt,[3] z. B. in den Briefen 52, 55 und 75 in *Aus den Anfängen der
Psychoanalyse.* Jones bemerkt, daß Freud für den Begriff erogene Zone
»zweifellos den in der Hysterie üblichen Ausdruck hysterogene Zonen
als Vorbild genommen« habe. Freud hatte von den beiden Arten von

---

[1] (1905d) *Drei Abhandlungen zur Sexualtheorie,* G. W., Bd. 5, S. 83–85.
[2] (1950a [1887–1902]) *Aus den Anfängen der Psychoanalyse,* op. cit., S. 155; vgl. a. S. 160
u. 199 f.
[3] (1910a) ›Über Psychoanalyse‹, G. W., Bd. 8, S. 46.

Zonen gesagt, daß sie dieselben Merkmale zeigten.[4] Die Bedeutung der erogenen Zonen scheint sich durch wachsende klinische Erfahrung mit Perversionen, Hysterien sowie die Evidenz der universellen Sexualbetätigung in der Kindheit geklärt zu haben.[5] Das Konzept der erogenen Zone ist ein Grundkonzept, da es eines der Bindeglieder zwischen der Biologie und den Libido- und Triebtheorien der psychoanalytischen Psychologie darstellt.

Prädestinierte erogene Zonen

Bestimmte Körperstellen sind dadurch, daß sie anatomisch an lebenswichtige Organe angrenzen, zur Reizaufnahme besonders prädestiniert. Solche erogenen Zonen sind die orale, anale, urethrale, klitorale und die genitale Zone. Diese zur Erotisierung prädestinierten Zonen sind an die »großen organischen Bedürfnisse« angelehnt, so daß die Befriedigung eines solchen Bedürfnisses die Nebenwirkung hat, die entsprechende erogene Zone zu stimulieren.[6]

Unterscheidungsmerkmale der verschiedenen Zonen

Die deutlichsten Unterschiede zwischen den erogenen Zonen beziehen sich Freud zufolge auf die Art der zur Triebbefriedigung erforderlichen Tätigkeit.

(a) *Die orale Zone.* Für die Lippenzone besteht diese Tätigkeit im Saugen [was hier Lippenzone heißt, wurde später der oralen Entwicklungsphase der Libido subsumiert und weiter in eine Phase des (1) Saugens und eine des (2) Beißens unterteilt. Hier bezieht sich Freud auf die erste dieser beiden Phasen]; je nach Lage und Beschaffenheit der anderen erogenen Zone muß das Saugen durch andere Muskelaktionen ersetzt werden.[7] Die Lippenzone (orale Zone) ist mit der Nahrungsaufnahme verknüpft. Ist, z. B. beim Saugen, das Erlebnis der Lust einmal gemacht worden, bleibt ein Bedürfnis nach Wiederholung des Erlebnisses zurück. Dieses Bedürfnis manifestiert sich in einem eigentlichen Spannungsgefühl, »einer zentral bedingten, in die peripherische erogene Zone projizierten Juck- oder Reizempfindung«.[8] Die frü-

[4] Jones, E., *Das Leben und Werk von Sigmund Freud*, Bd. II, S. 342; s. a. *Drei Abhandlungen zur Sexualtheorie*, G. W., Bd. 5, S. 85.
[5] (1905d) *Drei Abhandlungen zur Sexualtheorie*, G. W., Bd. 5, S. 90.
[6] (1916–17) *Vorlesungen zur Einführung in die Psychoanalyse*, G. W., Bd. 11, S. 325.
[7] (1905d) *Drei Abhandlungen zur Sexualtheorie*, G. W., Bd. 5, S. 86.
[8] Ibid., S. 85.

he Ausbildung des Oralerotismus bereitet dem Säugling den Weg zur Erforschung seines Körpers, wofür das Wonnesaugen am Daumen, durch das eine zweite, wenngleich minderwertige erogene Zone geschaffen wird, ein Beispiel ist.[9] (S. *Narzißmus*)

(b) *Die anale Zone.* Die Analzone ist mit Vorgängen der Ausscheidung und Entleerung verknüpft. »Man muß sich die erogene Bedeutung dieser Körperstelle als ursprünglich sehr groß vorstellen.«[10]

(c) *Die phallische Zone.* Die enge Beziehung von Glans und Klitoris zur Harnentleerung ist evident. Diese Zone spielt »gewiß nicht die erste Rolle [kann] auch nicht die Trägerin der ältesten sexuellen Regungen sein, [ist] aber zu großen Dingen in der Zukunft bestimmt«; denn ihre Betätigung stellt den Beginn des später ›normalen‹ Geschlechtslebens dar.[11]

Der Körper als erogene Zone

Das Studium der Hysterie hatte gezeigt, daß nicht nur die prädestinierten Zonen, sondern »jede beliebige andere Haut- und Schleimhautstelle die Dienste einer erogenen Zone auf sich nehmen kann«[12], wenn sie eine gewisse Eignung dazu mitbringt. 1914 heißt es:
»Wir können uns entschließen, die Erogeneität als allgemeine Eigenschaft aller Organe anzusehen und dürfen dann von der Steigerung oder Herabsetzung derselben an einem bestimmten Körperteile sprechen.«[13]

Die Beziehung zwischen erogenen Zonen und Partialtrieben

Zwischen dem Konzept der erogenen Zonen und dem der Partialtriebe besteht eine enge Beziehung. Freud nahm an, daß ein Partialtrieb in der Regel von einer bestimmten erogenen Zone ausgehe und formulierte die Hypothese, »daß von den Körperorganen Erregungen von zweierlei Art geliefert werden, die in Differenzen chemischer Natur begründet sind. Die eine dieser Arten von Erregung bezeichnen wir als die spezifisch sexuelle und das betreffende Organ als die ›erogene Zone‹ des von ihm ausgehenden sexuellen Partialtriebes«. Freud macht ausdrücklich auf den vorläufigen Charakter dieser Formulierungen

[9] Ibid., S. 83.
[10] Ibid., S. 86.
[11] Ibid., S. 88.
[12] Ibid., S. 84.
[13] (1914c) ›Zur Einführung des Narzißmus‹, G. W., Bd. 10, S. 150.

aufmerksam, weist aber darauf hin, daß es unmöglich werde, »etwas Stichhaltiges über die Triebe auszusagen, wenn man sich die Erwähnung dieser Voraussetzungen erspart«[14]. In der *Neuen Folge der Vorlesungen* bezeichnet Freud die Trieblehre als »unsere Mythologie«[15] und beschreibt diese Art zu denken als »biologische Psychologie«, als Studium der psychischen Begleiterscheinungen biologischer Vorgänge.[16] Schließlich ist festzuhalten, daß nach Freud jeder »Partialtrieb unabänderlich ... durch seine Quelle, nämlich die Körperregion oder Zone, aus welcher er seine Erregung bezieht« charakterisiert ist.[17]
In der frühen Kindheit hat die Betätigung an erogenen Zonen keine psychischen Inhalte und kein anderes »Ziel« als Abfuhr der Erregung.[18] Im Fortgang der Reifung des psychischen Lebens werden die zunächst zu unabhängiger Befriedigung fähigen Partialtriebe in bezug auf ein Objekt in der Außenwelt organisiert, das zur Befriedigung der Triebregung notwendig wird.[19] (S. Quelle, Drang, Ziel und Objekt der sexuellen *Partialtriebe*.)

Quellen der Erregung der erogenen Zonen

Die Erregung erogener Zonen kann von äußeren Quellen ausgehen, unter denen die liebende Pflege der Mutter, die Erregung hervorruft und Befriedigung verschafft, nicht die geringste ist.[20] Doch kann sie ebenso wie durch äußere Reizung durch mit allgemeinen biologischen Vorgängen verbundene innere Reize ausgelöst werden. In beiden Fällen aber bedarf es zur Lösung der Spannung einer weiteren äußeren Reizung oder Erregung, die Lust und Befriedigung verschafft.[21] Mit der Zeit werden die Affekte und Vorstellungen des Kindes zu einer dritten Erregungsquelle. In allen diesen Fällen wird Befriedigung durch Manipulation oder Reizung des Kindes oder anderer Personen an den erogenen Regionen herbeigeführt. Zunächst wird an jeder Zone Befriedigung erreicht, so daß orale, anale oder urethrale Befriedigungen nicht voneinander abhängen. Mit der Pubertät setzen tiefgreifende Veränderungen hinsichtlich der Art der Lustempfindung[22] ein, und die

[14] (1905d [1915]), S. 68.
[15] (1933a) *Neue Folge der Vorlesungen zur Einführung in die Psychoanalyse,* G. W., Bd. 15, S. 101.
[16] Ibid., S. 102.
[17] (1923) »›Psychoanalyse‹ und ›Libidotheorie‹«, G. W., Bd. 13, S. 230.
[18] (1925j) ›Einige psychische Folgen des anatomischen Geschlechtsunterschieds‹, G. W., Bd. 14, S. 23.
[19] (1923a) »›Psychoanalyse‹ und ›Libidotheorie‹«, G. W., Bd. 13, S. 230.
[20] (1905d) *Drei Abhandlungen zur Sexualtheorie,* G. W., Bd. 5, S. 124.
[21] Ibid., S. 85.
[22] Ibid., S. 111 f.

einzelnen Zonen werden dem Primat der Genitalzone untergeordnet.[23] (S. Libidoentwicklung zur Zeit der Pubertät.)

Funktion der erogenen Zonen nach der Adoleszenz

»Die Formel für die neue Funktion der erogenen Zonen lautete nun: Sie werden dazu verwendet, um mittels der von ihnen wie im infantilen Leben zu gewinnenden Vorlust die Herbeiführung der größeren Befriedigungslust zu ermöglichen.«[24]
Eine Gefahr liegt in der möglichen Verselbständigung der Vorlust, die in einem solchen Fall, wie sich in vielen Perversionen zeigt, an die Stelle des Sexualziels und der Befriedigungslust treten kann.[25]

Erogene Zonen und Konstitution

Freud sah die Möglichkeit, »eine Mannigfaltigkeit der angeborenen sexuellen Konstitutionen durch die verschiedenartige Ausbildung der erogenen Zonen zu begründen ... das gleiche können wir nun mit Einbeziehung der indirekten Quellen der Sexualerregung versuchen«[26]. Man müsse folglich jedem Individuum Oral-, Anal-, Urethralerotik usw. zusprechen. Der Unterschied zwischen dem Normalen und dem Abnormen könne nur in der relativen Stärke der einzelnen Komponenten des Sexualtriebes und in der Verwendung, der sie im Laufe der Entwicklung zugeführt werden, begründet sein. Mit anderen Worten: Freud vertrat hier die Ansicht, das Zusammenspiel der angeborenen Sexualkonstitution mit den auf sie einwirkenden Umweltkräften bilde eine »Ergänzungsreihe«.[27]

Schicksale und klinische Anwendungen

Die erogenen Zonen können verschiedene Schicksale erfahren. Der Erotismus einer Zone kann inaktiv werden, weil die Libidobesetzung auf eine andere Zone übertragen wird[28]; aufgrund von Verdrängung und den daraus resultierenden Reaktionsbildungen; oder weil eine Sublimierung durch Verschiebung eine partielle Befriedigung zu-

[23] Ibid., S. 108; s. a. S. 136.
[25] (1905d) Ibid., S. 112.
[25] Ibid., S. 113.
[26] Ibid., S. 106.
[27] Ibid., S. 107.
[28] (1923a) ›»Psychoanalyse« und »Libidotheorie«‹, G. W., Bd. 13, S. 230.

115

läßt.[29] Das Vorherrschen prägenitaler Erregung erogener Zonen ist ein Merkmal der Perversionen. Die klinische Arbeit mit Hysterien hat die bemerkenswerte Plastizität der einzelnen Körperzonen und -organe, die es ermöglicht, daß sie zum »Sitz von neuen Sensationen und Innervationsänderungen« werden,[30] überaus deutlich gezeigt. Freud hat ferner auf die pathogenen Folgen aufmerksam gemacht, die eine Erotisierung der Ichfunktionen *und* der Funktionen der Körperorgane nach sich zieht.[31]

»Nicht nur, daß ein guter Teil der hysterischen Symptomatologie direkt aus den Äußerungen der sexuellen Erregtheit herstammt, nicht nur, daß eine Reihe von erogenen Zonen in der Neurose in Verstärkung infantiler Eigenschaften sich zur Bedeutung von Genitalien erhebt; die kompliziertesten Symptome selbst enthüllen sich als die konvertierten Darstellungen von Phantasien, welche eine sexuelle Situation zum Inhalte haben.«[32]

---

[29] (1908b) ›Charakter und Analerotik‹, G. W., Bd. 7, S. 205.
[30] (1933a) *Neue Folge der Vorlesungen zur Einführung in die Psychoanalyse,* G. W., Bd. 15, S. 103.
[31] (1926d) *Hemmung, Symptom und Angst,* G. W., Bd. 14, S. 114; s. a. (1905d) *Drei Abhandlungen zur Sexualtheorie,* G. W., Bd. 5, S. 106 f.
[32] (1906a) ›Meine Ansichten über die Rolle der Sexualität in der Ätiologie der Neurosen‹, G. W., Bd. 5, S. 157 f.

13
Quelle, Drang, Ziel und Objekt
der sexuellen Partialtriebe

(s. a: *Erogene Zonen, Partialtriebe, Triebe, Aggression, Instinkt und Trieb, Besetzung*)

Quelle, Ziel und Objekt der Sexualtriebe hat Freud zuerst in den *Drei Abhandlungen zur Sexualtheorie* (1905) beschrieben und die dort formulierten Annahmen im Lichte seiner sich entwickelnden Theorie in später hinzugefügten Fußnoten zu dieser Schrift sowie in *Triebe und Triebschicksale* (1915) und in der *Neuen Folge der Vorlesungen* (1933) erweitert.

»Man kann am Trieb Quelle, Objekt und Ziel unterscheiden. Die Quelle ist ein Erregungszustand im Körperlichen, das Ziel die Aufhebung dieser Erregung, auf dem Wege von der Quelle zum Ziel wird der Trieb psychisch wirksam.«[1]
1915 definierte er Trieb als »Grenzbegriff zwischen Seelischem und Somatischem, als psychischer Repräsentant der aus dem Körperinneren stammenden, in die Seele gelangenden Reize, als ein Maß der Arbeitsanforderung, die dem Seelischen infolge seines Zusammenhanges mit dem Körperlichen auferlegt ist«.[2]

Die Quelle

Die Quelle eines Triebes ist ein Erregungsvorgang in einem Organ. Von den Körperorganen gehen zwei – in Unterschieden chemischer Natur begründete – Arten von Erregung aus. Die eine »bezeichnen wir als die spezifisch sexuelle und das betreffende Organ als die *erogene Zone* des von ihm ausgehenden Partialtriebes«.[3] Eine erogene Zone ist eine Haut- oder Schleimhautstelle, an der bestimmte Reizungen eine Lustempfindung von bestimmter Qualität auslösen. »Die erogene Eigenschaft kann einzelnen Körperstellen in ausgezeichneter Weise anhaften . . . obgleich jede beliebige andere Haut- und Schleimhautstelle die Dienste einer erogenen Zone auf sich nehmen kann . . .« Die »Befriedigung muß vorher erlebt worden sein, um ein Bedürfnis

---

1 (1933a) *Neue Folge der Vorlesungen zur Einführung in die Psychoanalyse*, G. W., Bd. 15, S. 103.
2 (1915c) ›Triebe und Triebschicksale‹, G. W., Bd. 10, S. 214.
3 (1905d) *Drei Abhandlungen zur Sexualtheorie*, G. W., Bd. 5, S. 68.

nach ihrer Wiederholung zurückzulassen«. Das Bedürfnis nach Wiederholung der Befriedigung verrät sich »durch ein eigentümliches Spannungsgefühl, welches an sich mehr den Charakter der Unlust hat, und durch eine zentral bedingte, in die peripherische erogene Zone projizierte Juck- oder Reizempfindung«.[4] Die sexuelle Erregung entsteht auf verschiedene Weisen; (a) »als Nachbildung einer im Anschluß an andere organische Vorgänge erlebten Befriedigung« – z. B. Nahrungsaufnahme, Defäkation, Urinieren; (b) »durch geeignete peripherische Reizung erogener Zonen«; ferner durch verschiedene Arten von Reizung, die erogene Wirkungen auf der Haut haben können – mechanische Erschütterungen des Körpers, Muskeltätigkeiten und auch intensive Affektvorgänge.[5]

»Aber überdies sind Veranstaltungen im Organismus vorhanden, welche zur Folge haben, daß die Sexualerregung als Nebenwirkung bei einer großen Reihe innerer Vorgänge entsteht, sobald die Intensität dieser Vorgänge nur gewisse quantitative Grenzen überstiegen hat. Was wir die Partialtriebe der Sexualität genannt haben, leitet sich entweder direkt aus diesen inneren Quellen der Sexualerregung ab oder setzt sich aus Beiträgen von solchen Quellen und von erogenen Zonen zusammen.«

Die individuellen Sexualkonstitutionen variieren gemäß der verschiedenartigen Entwicklung der erogenen Zonen und der inneren Quellen der Sexualerregung.[6]

Freud beschreibt, wie die großen erogenen Zonen, die orale, anale und phallische, nacheinander durch die Organfunktionen, mit denen sie verknüpft sind, stimuliert werden.

»Es scheint phylogenetisch festgelegt, in welcher Reihenfolge die einzelnen Triebregungen aktiviert werden, und wie lange sie sich äußern können, bis sie dem Enfluß einer neu auftretenden Triebregung oder einer typischen Verdrängung unterliegen.«[7]

Freud schlug vor, man könne sich über das »Wesen der Sexualerregung« »etwa folgende Vorstellung machen: Durch die geeignete Reizung erogener Zonen wie unter den anderen Verhältnissen, unter denen sexuelle Miterregung entsteht, werde ein im Organismus allgemein verbreiteter Stoff zersetzt, dessen Zersetzungsprodukt einen spezifischen Reiz für die Reproduktionsorgane oder das mit ihnen verknüpfte spinale Zentrum abgeben . . .«[8]

[4] (1905d) Ibid., S. 84 f.
[5] Ibid., S. 101–105.
[6] (1905d) Ibid., S. 105 f.
[7] (1933a) *Neue Folge der Vorlesungen zur Einführung in die Psychoanalyse*, G. W., Bd. 15, S. 105; vgl. a. (1905d) *Drei Abhandlungen zur Sexualtheorie*, G. W., Bd. 5, S. 143.
[8] (1905d) *Drei Abhandlungen zur Sexualtheorie*, zitiert nach Sigmund Freud, *Studien-*

Der Drang

In ›Triebe und Triebschicksale‹ definiert Freud, was er unter dem Drang eines Triebes versteht: ». . . die Summe von Kraft oder das Maß von Arbeitsanforderung, das er repräsentiert. Der Charakter des Drängenden ist eine allgemeine Eigenschaft der Triebe, ja das Wesen derselben«[9]. Ein Trieb »wirkt wie eine konstante Kraft . . . und die Person [kann] sich ihm nicht durch die Flucht entziehen, wie es beim äußeren Reiz möglich ist«. Jeder Trieb ist ein Stück Aktivität.[10]

Das Ziel

Obwohl man von »aktiven und passiven Trieben« spreche, sollte man, schreibt Freud, »richtiger sagen: aktive und passive Triebziele; auch zur Erreichung eines passiven Zieles bedarf es eines Aufwands von Aktivität. Das Ziel kann am eigenen Körper erreicht werden, in der Regel ist ein äußeres Objekt eingeschoben, an dem der Trieb sein äußeres Ziel erreicht; sein inneres bleibt jedesmal die als Befriedigung empfundene Körperveränderung.«[11] In ›Triebe und Triebschicksale‹ heißt es:

> »Das Ziel eines Triebes ist allemal die Befriedigung, die nur durch Aufhebung des Reizzustandes an der Triebquelle erreicht werden kann. Aber wenn auch dies Endziel für jeden Trieb unveränderlich bleibt, so können doch verschiedene Wege zum gleichen Endziel führen, so daß sich mannigfache nähere oder intermediäre Ziele für einen Trieb ergeben können, die miteinander kombiniert oder gegeneinander vertauscht werden.«[12]

Das *Sexualziel des Kindes* »steht unter der Herrschaft einer erogenen Zone«[13]. Es »besteht darin, die Befriedigung durch die geeignete Reizung der erogenen Zone hervorzurufen . . . [oder darin] die projizierte Reizempfindung an der erogenen Zone durch denjenigen äußeren Reiz zu ersetzen, welcher die Reizempfindung aufhebt, indem er die Empfindung der Befriedigung hervorruft«.[14]

Als normales Sexualziel des Erwachsenen »gilt die Vereinigung der Genitalien in dem als Begattung bezeichneten Akte, der zur Lösung der

ausgabe in zehn Bänden, S. Fischer, Frankfurt/Main, seit 1969, Bd. 5, S. 120 Anm. [Die zitierte Passage ist nur in den drei ersten Auflagen enthalten. Anm. d. Red.]
9 (1915e) ›Triebe und Triebschicksale‹, G. W., Bd. 10, S. 214.
10 (1933a) *Neue Folge der Vorlesungen zur Einführung in die Psychoanalyse*, G. W., Bd. 15, S. 102 f.
11 Ibid., S. 103.
12 (1915e) ›Triebe und Triebschicksale‹, G. W., Bd. 10, S. 215.
13 *Drei Abhandlungen zur Sexualtheorie*, G. W., Bd. 5, S. 83.
14 (1905d) *Drei Abhandlungen zur Sexualtheorie*, G. W., Bd. 5, S. 85.

sexuellen Spannung und zum zeitweiligen Erlöschen des Sexualtriebes führt«[15]. Freud zeichnet die Entwicklung dieses reifen Sexualziels von der Kindheit an nach.

»... wir sehen eine große Anzahl von Partialtrieben, von verschiedenen Körperstellen und Regionen her, die ziemlich unabhängig voneinander nach Befriedigung streben«. Die prägenitalen Phasen des Sexuallebens treten allmählich unter die Herrschaft des Impulses, aus den erogenen Zonen Mund, Anus und Phallus Befriedigung zu ziehen. »Nicht alle dieser nach Lust strebenden Regungen werden in die schließliche Organisation der Sexualfunktion aufgenommen. Manche von ihnen werden als unbrauchbar beseitigt, durch Verdrängung oder anderswie, einige werden ... von ihrem Ziel abgelenkt und zur Verstärkung anderer Regungen verwendet«,[16] deren weiteres Schicksal sie teilen.

In der Pubertät entwickeln sich die Genitalien zu ihrer reifen Form. »Nun wird ein neues Sexualziel gegeben, zu dessen Erreichung alle Partialtriebe zusammenwirken, während die erogenen Zonen sich dem Primat der Genitalzone unterordnen.«

»Das neue Sexualziel besteht beim Manne in der Entladung der Geschlechtsprodukte ... [an diesen Endakt des Sexualvorgangs ist] der höchste Betrag von Lust geknüpft. Der Sexualtrieb stellt sich jetzt in den Dienst der Fortpflanzungsfunktion; er wird sozusagen altruistisch«[17]. Bei der Frau wird die Reizung der erogenen Zone der Vagina zum Sexualziel.[18]

Die zunächst »selbständigen sexuellen Akte (Befriedigung der erogenen Zonen), die mit Lust und Erregung verbunden sind, werden zu vorbereitenden Akten für das neue Sexualziel ...«.[19] Wenn »die Vorlust zu groß, ihr Spannungsanteil zu gering ausfällt ... tritt die vorbereitende Aktion an die Stelle des normalen Sexualziels ... Solcherart ist ... der Mechanismus vieler Perversionen«[20]. Werden in der Entwicklung die Ziele der Partialtriebe verdrängt, so finden sie einen Ausdruck als Symptome. Auch was »wir den ›Charakter‹ eines Menschen heißen, ist zum guten Teil mit dem Material sexueller Erregungen aufgebaut und setzt sich aus seit der Kindheit fixierten Trieben, aus durch Sublimierung gewonnenen und aus solchen Konstruktionen zusammen, die zur wirksamen Niederhaltung perverser, als unverwendbar erkannter Regungen bestimmt sind«[21]. In der Latenz haben die Sexual-

[15] (1905d) Ibid., S. 48.
[16] (1933a) *Neue Folge der Vorlesungen zur Einführung in die Psychoanalyse*, G. W., Bd. 5, S. 104 f.
[17] (1905d) *Drei Abhandlungen zur Sexualtheorie*, G. W., Bd. 5, S. 108 f.
[18] Ibid., S. 122.
[19] Ibid., S. 136.
[20] Ibid., S. 113.
[21] Ibid., S. 139–141.

ziele »eine Milderung erfahren und stellen nun das dar, was wir als die *zärtliche* Strömung des Sexuallebens bezeichnen können . . . Hinter dieser Zärtlichkeit, Verehrung und Hochachtung [verbergen sich] die alten, jetzt unbrauchbar gewordenen Sexualstrebungen der infantilen Partialtriebe«[22]. Im Hinblick auf diesen Vorgang spricht Freud später von »zielgehemmten Trieben«[23].

Aus einem unveröffentlichten Brief Freuds aus dem Jahre 1909 geht eindeutig hervor, daß er schon sehr früh annahm, das Erreichen des Sexualziels setze eine Mischung von Aggression und Sexualtrieb voraus.

In der *Neuen Folge der Vorlesungen* sagt er nach der Formulierung seiner Theorie über die beiden Hauptarten von Trieben, Eros und Aggression, »daß alle Triebregungen, die wir studieren können, aus solchen Mischungen oder Legierungen der beiden Triebarten bestehen. Natürlich in den verschiedenartigsten Mischungsverhältnissen. Dabei würden die erotischen Triebe die Mannigfaltigkeit ihrer Sexualziele in die Mischung einführen, während die anderen nur Milderungen und Abstufungen ihrer eintönigen Tendenz zuließen«[24].

Das Sexualobjekt

Freud gebraucht diesen Begriff sowohl im Sinne desjenigen, »an welchem oder durch welches der Trieb sein Ziel erreichen kann«, als auch im Sinne eines Liebesobjektes als Gesamtperson. Im ersten Sinne ist das Objekt »das variabelste am Triebe, nicht ursprünglich mit ihm verknüpft, sondern ihm nur infolge seiner Eignung zur Ermöglichung der Befriedigung zugeordnet. Es ist nicht notwendig ein fremder Gegenstand, sondern ebensowohl ein Teil des eigenen Körpers. Es kann im Laufe der Lebensschicksale des Triebes beliebig oft gewechselt werden«[25].

»Als die anfänglichste Sexualbefriedigung noch mit der Nahrungsaufnahme verbunden war, hatte der Sexualtrieb ein Sexualobjekt außerhalb des eigenen Körpers in der Mutterbrust. Er verlor es nur später . . . Der Geschlechtstrieb wird dann in der Regel autoerotisch.«[26] Freud nimmt das Lutschen als ein Beispiel dafür, wie die »Sexualtätigkeit, von der Ernährungstätigkeit abgelöst, das fremde Objekt ge-

[22] Ibid., S. 101.
[23] (1915c) ›Triebe und Triebschicksale‹, G. W., Bd. 10, S. 215; s. a. (1933a) *Neue Folge der Vorlesungen zur Einführung in die Psychoanalyse*, G. W., Bd. 15, S. 103.
[25] (1933a) Ibid., S. 111 f.
[25] (1915c) ›Triebe und Triebschicksale‹, G. W., Bd. 10, S. 215.
[26] (1905d) *Drei Abhandlungen zur Sexualtheorie*, G. W., Bd. 5, S. 123.

gen eines am eigenen Körper aufgegeben hat«[27]. Aber »bei allem Überwiegen der Herrschaft erogener Zonen« zeigt das kindliche Sexualleben Komponenten, »für welche andere Personen als Sexualobjekte von Anfang an in Betracht kommen. Solcher Art sind die ... Triebe der Schau- und Zeigelust und der Grausamkeit«[28].

Freud bezieht sich auf Abraham (1924), der dargetan habe, daß auf der zweiten Stufe der Analphase »die Rücksicht auf das Objekt als Vorläufer einer späteren Liebesbesetzung« zum erstenmal auftrete. Die ersten Erscheinungen der Ambivalenz zeigen sich schon auf der zweiten Stufe der oralen Phase (der oralsadistischen), die durch den Beginn der Beißtätigkeit gekennzeichnet ist.[29]

In der Darstellung der Entwicklung der Objektliebe beschreibt Freud, wie die Mutter oder Amme durch ihre Pflege die erogenen Zonen des Kindes stimulieren und dadurch »das Kind lieben lehren« und auf die Objektwahl vorbereiten.[30]

Die »Frühblüte des infantilen Sexuallebens (zwei bis fünf Jahre) [zeitigt] auch eine Objektwahl mit all den reichen, seelischen Leistungen, so daß [diese Phase] trotz der mangelnden Zusammenfassung der einzelnen Triebkomponenten und der Unsicherheit des Sexualzieles als bedeutsamer Vorläufer der späteren endgültigen Sexualorganisation einzuschätzen ist«.[31] Der Fortgang der Sexualentwicklung wird durch die Latenzphase unterbrochen.

In der Pubertät vollendet sich »die Unterordnung aller sonstigen Ursprünge der Sexualerregung unter das Primat der Genitalzonen und den Prozeß der Objektfindung ... Die Objektwahl [ist] geleitet durch die infantilen, zur Pubertät aufgefrischten Andeutungen sexueller Neigung des Kindes zu seinen Eltern ... [die] durch die mittlerweile aufgerichtete Inzestschranke von diesen weg auf ihnen ähnliche Personen gelenkt« wird.[32] Die verdrängten infantilen Strömungen und die neue sinnliche Strömung müssen zusammentreffen, um »die Vereinigung aller Begehrungen in einem Objekt« zu erreichen.[33]

[27] Ibid., S. 99.
[28] Ibid., S. 92.
[29] (1933a) *Neue Folge der Vorlesungen zur Einführung in die Psychoanalyse*, G. W., Bd. 15, S. 106.
[30] (1905d) Ibid., S. 125.
[31] (1905d) [1920] Ibid., S. 135.
[32] Ibid., S. 136.
[33] Ibid., S. 101.

14
Erotik

Vgl. Konzepte: *Erogene Zonen, Partialtriebe, Oral-, Anal-, phallische Genitalerotik*

Freuds Libidotheorie trifft keine konzeptuelle Unterscheidung zwischen Sexualität und Erotik, weil sie genetisch vom selben Sexualtrieb abstammen.[1]

Der Terminus ›Erotik‹ (oder Erotismus) bezieht sich auf die mit Triebtätigkeit verknüpften Erregungen und Befriedigungen, die zuerst an bestimmten *erogenen Zonen* (vgl. dieses Konzept) erlebt werden. Freud und später andere Autoren gebrauchen diesen Begriff gewöhnlich in Verbindung mit einem Adjektiv, das die spezifische Zone bezeichnet, auf die der Blick gerichtet ist – z. B. Oralerotik, Analerotik usw. Diese Begriffe haben mit der Zunahme des klinischen Wissens und der Erweiterung der psychologischen Konzeptualisierung eine weitere Bedeutung erworben, insofern sie nämlich auch gebraucht werden, um alle möglichen Arten von Abkömmlingen, Schicksalen und Entwicklungen, die von diesen ursprünglich zonengebundenen Erfahrungen (Erregungen, Strebungen, Befriedigungen, Tätigkeiten) ausgehen, sowie das Maß der beteiligten psychosexuellen Energie zu bezeichnen; außerdem beziehen sie sich auf die entsprechenden – in der Kindheit von einer »Leitzone« dominierten – Phasen der Sexualorganisation und auf die entsprechenden sexuellen Partialtriebe. (Vgl. Anhang dieses Artikels.)

Geschichte

Das Konzept der Erotik (Freud selbst gebraucht es nicht als Begriff, aber im Index wird »Erotik« aufgeführt) deutet sich bereits in Freuds Briefen an Fließ[2] an, wo er – in den Briefen 54 und 55 – davon spricht, daß Anfälle periodischer Dipsomanie mit »Diarrhoe oder Schnupfen und Heiserkeit (orales Sexualsystem!)« beginnen und weiter sagt: »Die Dipsomanie entsteht durch Verstärkung, besser *Substitution* des einen Impulses für den assoziierten sexuellen«. In Brief 75, 1897[3], führt er

---

1 [1920 (1905d)] *Drei Abhandlungen zur Sexualtheorie,* G. W., Bd. 5, S. 98 ff.
2 (1950a [1887–1902]) *Aus den Anfängen der Psychoanalyse,* London, Imago, S. 197.
3 Ibid., S. 244–249.

Perversionen auf Erregungen und Stimulierungen oraler und analer Natur zurück. In Brief 141, 1901[4], schreibt er von einer »Hysterie mit Tussis nervosa und Aphonie, die sich auf den Charakter der Lutscherin zurückführen lassen ∴.«.

Soweit sich feststellen läßt, hat Freud den Terminus »Erotik« zuerst in ›Zur sexuellen Aufklärung der Kinder‹ gebraucht.

»Man bezeichnet diese Lebenszeit, in welcher durch die Erregung verschiedener Hautstellen *(erogener* Zonen), durch die Betätigung gewisser biologischer Triebe und als Miterregung bei vielen affektiven Zuständen ein gewisser Betrag von sicher sexueller Lust erzeugt wird, mit einem von *Havelock Ellis* eingeführten Ausdrucke als die Periode des *Autoerotismus.* Die Pubertät leistet nichts anderes, als daß sie unter allen lusterzeugenden Zonen und Quellen den Genitalien das Primat verschafft und dadurch die Erotik in den Dienst der Fortpflanzungsfunktion zwingt.«[5]

1908 spricht Freud in ›Charakter und Analerotik‹ bei der Diskussion des Zusammenhanges von Charaktertypen und bestimmten erogenen Zonen von »Beziehungen zwischen der Analerotik und jener Trias von Charaktereigenschaften«[6], und ebenfalls 1908, in ›Über infantile Sexualtheorien‹, sagt Freud, die Vorstellung, daß man ein Kind durch einen Kuß bekommt, verrate die Vorherrschaft der *Oralerotik.* Er gebraucht die Termini »Oralerotik«, »Analerotik« usw., um die von den erogenen Zonen ausgehenden Erregungen zu bezeichnen, d. h. die zu den sexuellen Partialtrieben gehörigen Strebungen, Wünsche und Aktivitäten, die mit Körperregionen und -funktionen sowie mit den von bestimmten erogenen Zonen dominierten prägenitalen Phasen der Sexualentwicklung verknüpft sind.[7] In einem 1920 hinzugefügten Zusatz zu den *Drei Abhandlungen* sagt Freud, daß sich »im kindlichen Sexualleben von allem Anfang an Ansätze zu einer Organisation der sexuellen Triebkomponenten erkennen lassen. In einer ersten, sehr frühen Phase steht die Oralerotik im Vordergrunde; eine zweite dieser ›prägenitalen‹ Organisationen wird durch die Vorherrschaft des Sadismus und der Analerotik charakterisiert«.[8] In einer ebenfalls 1920 hinzugefügten Fußnote auf S. 141 gebraucht Freud die Termini »Analerotik«, »Urethralerotik« synonym mit »bestimmten erogenen Komponenten« und »Anlagen«.[9]

Diese Verwendungsweisen des Begriffs werden so ausführlich zitiert, um die oben gegebene Bedeutung des Begriffs ›Erotik‹ zu rechtfertigen.

[4] Ibid., S. 350.
[5] (1908c) ›Zur sexuellen Aufklärung der Kinder‹, G. W., Bd. 7, S. 22.
[6] (1908b) ›Charakter und Analerotik‹, G. W., Bd. 7, S. 208.
[7] (1908c) ›Über infantile Sexualtheorien‹, G. W., Bd. 7, S. 182–188.
[8] (1905d) *Drei Abhandlungen zur Sexualtheorie,* G. W., Bd. 5, S. 135.
[9] Ibid., S. 141.

Es scheint, daß alle Stellen in den *Drei Abhandlungen,* in denen die Begriffe »Oralerotik«, »Analerotik« usw. vorkommen, spätere Zusätze zum ursprünglichen Text sind, daß diese Begriffe jedoch die gesamte bis dahin gewonnene Erkenntnis über die Merkmale und die Phasen der Sexualentwicklung decken.

Die Erweiterung des Konzeptes, so daß es eine Vielzahl von Triebabkömmlingen umfaßt, geht auf die Evidenz der Plastizität der *erogenen Zonen* (vgl. dieses Konzept) und ihre Fähigkeit, sich hinsichtlich Befriedigung oder Erregung gegenseitig zu ersetzen,[10] sowie auf die Tatsache zurück, daß auch viele andere Körperzonen und -organe sowie Funktionen auf dem Wege über affektive oder Denkprozesse mit starker Triebbesetzung zum Sitz neuer (sexueller) Empfindungen und Innervationsveränderungen werden können. (Vgl. *Erogeneität,* Konzept *erogene Zonen.*)

Anhang

In psychoanalytischen Schriften werden die Termini ›Oralität‹ oder ›Analität‹ manchmal synonym mit ›Oralerotik‹ oder ›Analerotik‹ im erweiterten Sinne gebraucht. Beide Begriffsformen beziehen sich unabhängig von ihrem ursprünglichen Bezug auf bestimmte sexuelle Partialtriebe, heute auf eine Vielzahl von Derivaten. Sie sind zu metapsychologischen Konzepten geworden. Andere Autoren als Freud haben den Begriff ›Erotik‹ auch auf verschiedene andere Körperzonen und -funktionen angewendet; z. B. »Muskelerotik« usw., ferner auditive, Hand-, taktile und visuelle Erotik.[11]

Zu anderen Begriffen, die mit diesem Konzept zusammenhängen, aber von ihm unterschieden werden müssen, gehört der Terminus ›Erogeneität‹, der das Vermögen erogener Zonen (vgl. dieses Konzept) und, allgemeiner, jedes anderen Körperteils oder -organs bezeichnet, Sexualerregungen zum Zentralnervensystem zu senden. Er muß auch von »Phasen der Sexualerregung« und »Erotisierung« unterschieden werden.

[10] Ibid., S. 66.
[11] Sadger, Isidor, zitiert von Karl Abraham in *Psychoanalytische Studien II,* Reihe ›Conditio humana‹, S. Fischer Verlag, Frankfurt am Main 1971, S. 49.

15
Oralerotik

Einführende Bemerkungen

Es ist schwer festzustellen, ob die Priorität für die Formulierung dieses Konzeptes und seiner verschiedenen Anwendungen in klinischer oder charakterologischer Hinsicht sowie hinsichtlich von Manifestationen im Bereich der Normalität Freud oder Abraham zukommt; denn nachdem Freud in den *Drei Abhandlungen zur Sexualtheorie* die These von der zusammengesetzten Natur der Sexualtriebe und ihrer Entwicklungssequenz (1905, mit Zusätzen in 1915 und 1920) aufgestellt hatte, führte der enge Gedankenaustausch zwischen den beiden Autoren zu gegenseitiger Befruchtung in ihren späteren Schriften.

1905 spricht Freud von der beim Saugen erlebten Befriedigung als von einer primären Sexualbefriedigung, die an die orale Zone gebunden und mit der Funktion der Nahrungsaufnahme sowie der Tendenz, derartige Stimulierung und Befriedigung durch autoerotische Aktivität zu wiederholen, verknüpft ist.[1] Für diese biologisch und phylogenetisch determinierte, in ihrer Stärke veränderliche[2] Oralerotik postuliert er einen konstitutionellen Faktor, der auffällige Oralerotik in der frühen Kindheit wie im späteren Leben erkläre: Kinder mit starker infantiler Oralerotik werden als Erwachsene »Kußfeinschmecker werden, zu perversen Küssen neigen . . . oder ein kräftiges Motiv zum Trinken und Rauchen mitbringen«.[3] Sowohl für die normale Entwicklung als auch für spätere pathologische Manifestationen der Oralerotik wird eine ätiologische Reihe von konstitutionellen und Entwicklungsfaktoren postuliert.[4]

Aufgrund der Reversibilität der Prozesse, die von biologischen Funktionen zur Sexualerregung führen, können Störungen der Oralerotik Störungen der Funktion der Nahrungsaufnahme nach sich ziehen.[5] Die Ablösung der Oralerotik von der Nahrungsaufnahme wird »unvermeidlich, wenn die Zähne erscheinen und die Nahrung . . . gekaut wird«[6]. In der Latenzperiode liefert die von oraler (usw.) Erotik produzierte Sexualerregung »einen Vorrat von Energie, der großenteils

---

[1] (1905d) *Drei Abhandlungen zur Sexualtheorie*, G. W., Bd. 5, S. 80.
[2] Ibid., S. 143.
[3] Ibid., S. 83.
[4] [1920] Ibid., S. 106.
[5] Ibid., S. 105.
[6] Ibid., S. 82.

zu anderen als sexuellen Zwecken verwendet« wird: (a) »zur Abgabe der sexuellen Komponenten für soziale Gefühle«, (b) vermittels Verdrängung und Reaktionsbildung zum Aufbau von Schranken gegen rohe infantile Strebungen, d. h. zu einem Erziehungsprozeß, der zur Beschränkung oralerotischer Betätigung im späteren Leben führt, also zu dem, was als normal gilt, auf Kosten der Regungen, die als pervers gelten. Ein anderer Teil der infantilen Sexualregungen scheint sich diesen Verwendungen zu entziehen und sich als Sexualbetätigung zu äußern.[7] In der Pubertät werden alle oralen Erregungsquellen dem Primat der Genitalzone untergeordnet und tragen zur Vorlust im Geschlechtsakt bei.[8] Die in Verbindung mit dem Saugen bei der Nahrungsaufnahme ursprünglich erlebten oralen Befriedigungen bilden das Modell für jede spätere Liebesbeziehung. In einer 1915 hinzugefügten Fußnote wird dieser »anaklitische« (Anlehnungs-)Typus der *Objektwahl* vom narzißtischen Typus unterschieden, der pathologische Folgen habe.[9]

Oralerotik und Identifizierung. In Zusätzen von 1915[10] heißt es, daß das Sexualziel in der ersten, der oralen oder kannibalistischen prägenitalen Phase der Sexualentwicklung, auf der die Sexualtätigkeit noch nicht von der Nahrungsaufnahme getrennt ist, in der Einverleibung des Objekts besteht – das archaische Vorbild des Mechanismus der *Identifizierung.* Ebenfalls 1915, aber etwas später, in ›Triebe und Triebschicksale‹ wird der oralerotischen Vorstufe der Liebe angesichts ihres Zieles, das Objekt zu verschlingen, seine Sonderexistenz aufzuheben, ein ambivalenter Charakter zugeschrieben.[11] Eine weitere Äußerung, die besagt, daß Identifizierung der Objektbesetzung und -konstanz vorausgeht, findet sich in *Massenpsychologie und Ich-Analyse*[12]; die Identifizierung, heißt es hier, sei ein Abkömmling der oral-kannibalistischen Phase. In *Das Ich und das Es*[13] sagt Freud, ein wichtiger indirekter Beitrag der Oralerotik zur Charakter- und Überichbildung sei durch den Mechanismus der Identifizierung oder Introjektion, »die eine Art von Regression zum Mechanismus der oralen Phase ist«, vermittelt. Die Trauerarbeit bedient sich desselben Mechanismus.[14]

Oralerotik und die Mischung sexueller und aggressiver Antriebe: In *Jenseits des Lustprinzips*[15] diskutiert Freud die Polarität zwischen Liebe und Haß als objektgerichtete erotische Tendenzen. Hier heißt es, »im oralen Organisationsstadium der Libido fällt die Liebesbemächti-

[7] Ibid., S. 134.
[8] Ibid., S. 136.
[9] Ibid., S. 123 f.
[10] [1915] Ibid., S. 98.
[11] (1915c) ›Triebe und Triebschicksale‹, G. W., Bd. 10, S. 231.
[12] (1921c) *Massenpsychologie und Ich-Analyse, G. W., Bd. 13, S. 116.
[13] (1923b) *Das Ich und das Es, G. W., Bd. 13, S. 257.
[14] (1917e) ›Trauer und Melancholie‹, G. W., Bd. 10, S. 439.
[15] (1920g) *Jenseits des Lustprinzips, G. W., Bd. 13, S. 58.

gung noch mit der Vernichtung des Objekts zusammen«, während er in seiner späteren Konzeptualisierung der Aggressionstriebe im Rahmen der Hypothese vom Todestrieb die Angst, vom Totemtier (Vater) gefressen zu werden, auf den erogenen Masochismus in seiner Mischung mit den libidinösen Strebungen der oralen Phase zurückführt.[16] Freud sieht die primitive Wurzel der wichtigen Ichfunktionen – der Urteilsfunktion und der Realitätsprüfung – in den oralerotischen Strebungen der Introjektion und der Ejektion[17] (des Von-sich-werfens).

In ›Über infantile Sexualtheorien‹[18] werden der Einfluß der Oralerotik auf Sexualtheorien der Kinder und deren pathogene Potenzen diskutiert. Falsche Vorstellungen über den Bereich der Sexualität entstehen – sagt Freud – aus den »Notwendigkeiten der psychosexuellen Konstitution«[19] der Kinder sowie aufgrund von sich in kindlichen Phantasien ebenso wie in mythologischen Bildern ausdrückenden Vorstellungen, daß der Vater seinen Sohn verschlingt; *Ängste und Phobien* bei Kindern und Erwachsenen (von Tieren verschlungen oder gebissen zu werden) sind Abkömmlinge nicht-oraler Instinktwünsche, die sich regressiv in oralerotischen Formen ausdrücken[20], während die Ängste des kleinen Mädchens, von der Mutter umgebracht oder aufgefressen zu werden, von (präverbalen) oralen und oralsadistischen Strebungen gegen die Mutter abstammen; bei Männern wie bei Frauen erscheinen diese Abkömmlinge früher oralerotischer Wünsche später als auf den Vater übertragen.[21] Die starke Besetzung des Penis auf späteren Stufen der Sexualentwicklung »hat außer der analerotischen eine vielleicht noch mächtigere orale Wurzel, denn nach der Einstellung des Säugens erbt der Penis auch von der Brustwarze des mütterlichen Organs«[22].

Die Rolle der Oralerotik im normalen Erwachsenenverhalten

Freud sieht im *Ekel* eine Folge von Verdrängung (Reaktionsbildung) in der oralen Zone, die von pathologischer Bedeutung sein kann, z. B. dann, wenn Küssen als ekelhaft erlebt wird.[23] Ekel vor oralerotischer Befriedigung in der genitalen Sexualität (Fellatio oder Cunnilingus) dient der Beschränkung des Sexualziels und der Verhinderung von

---

[16] (1924c) ›Das ökonomische Problem des Masochismus‹, G. W., Bd. 13, S. 377.
[17] (1925h) ›Die Verneinung‹, G. W., Bd. 14, S. 13.
[18] (1908c) ›Über infantile Sexualtheorien‹, G. W., Bd. 7, S. 185.
[19] Ibid., S. 177.
[20] (1926d) *Hemmung, Symptom und Angst,* G. W., Bd. 14, S. 133, s. a. S. 134, 137, 154.
[21] (1931b) ›Über die weibliche Sexualität‹, G. W., Bd. 14, S. 519, s. a. S. 531.
[22] (1933a) *Neue Folge der Vorlesungen zur Einführung in die Psychoanalyse,* G. W., Bd. 15, S. 107.
[23] (1905e [1901]) ›Bruchstück einer Hysterie-Analyse‹, G. W., Bd. 5, S. 188.

Perversion, kann aber von der Libido überwunden werden.²⁴ Küssen gilt als legitime und sozial akzeptierte Vorlust.²⁵ Ausdrücke wie »ich könnte dich fressen vor Liebe« deuten auf oralerotische Phantasien in normalen Sexualbeziehungen Erwachsener hin. Ähnlich pflegt ein Erwachsener, der im Spiel mit einem Kind einen Wolf oder einen Hund spielt, so zu tun, als wolle er das Kind auffressen. Dasselbe zeigt sich in dem Sprachgebrauch, in dem ein Liebesobjekt »appetitlich« oder die Geliebte »süß« ist. Liebkosungen oder sexuelle Befriedigungen werden im *Traume* regelmäßig durch Süßigkeiten oder Bonbons repräsentiert. Zur Phase der Oralerotik scheint auch eine Angst zu gehören, die sich später als Lebensangst äußert.²⁶

Oralerotik in klinischen Symptomen

Im Fall Dora war die »frühzeitige ausgiebige Betätigung [der oralerotischen] Zone die Bedingung für das spätere somatische Entgegenkommen von seiten des mit den Lippen beginnenden Schleimhauttraktes« und für die Disposition zu Fellatio-Phantasien.²⁷ Nervöser Husten als hysterisches Symptom ist mit Phantasien über sexuelle Befriedigung durch den Mund verknüpft.²⁸

Viele Patientinnen, die an hysterischen Symptomen wie Eßstörungen, hysterischem Globus, Schnüren im Hals und Erbrechen leiden, hatten in den Kinderjahren kräftig gelutscht, diese Betätigung aber später verdrängt.²⁹ In Psychoneurosen, vor allem in der Hysterie, finden sich im allgemeinen Symptome, in denen die Schleimhaut des Mundes die Rolle von Genitalien spielt.³⁰ Eine derartige Erotisierung führt, da der Mund dem Küssen ebensowohl wie dem Essen und der sprachlichen Mitteilung dient, im allgemeinen zu Symptombildungen und Störungen der Organfunktion³¹, wie z. B. in der Anorexie bei jungen Mädchen.³² Die Eßstörung des Wolfsmannes repräsentiert in seiner Angst, vom Wolf gefressen zu werden, regressiv den Konflikt seiner passiven homosexuellen Strebungen, wobei die Fixierungsstelle in der Phase der Oralerotik mit dem kannibalistischen Ziel des Auffressens liegt.³³

²⁴ (1905d) *Drei Abhandlungen zur Sexualtheorie,* G. W., Bd. 5, S. 51.
²⁵ Ibid., S. 49.
²⁶ (1918b [1914]) ›Aus der Geschichte einer infantilen Neurose‹, G. W., Bd. 12, S. 141.
²⁷ (1905e) ›Bruchstück einer Hysterie-Analyse‹, G. W., Bd. 5, S. 212.
²⁸ Ibid., S. 207.
²⁹ (1905d) *Drei Abhandlungen zur Sexualtheorie,* G. W., Bd. 5, S. 83.
³⁰ Ibid., S. 66; vgl. S. 69.
³¹ (1910i) ›Die psychogene Sehstörung in psychoanalytischer Auffassung‹, G. W., Bd. 8, S. 98 f.
³² (1918b [1914]) ›Aus der Geschichte einer infantilen Neurose‹, G. W., Bd. 12, S. 141.
³³ (1918b) Ibid., S. 94; vgl. S. 141 f.

Perversionen. »Die Verwendung des Mundes als Sexualorgan gilt als Perversion, wenn die Lippen (Zunge) der einen Person mit den Genitalien der anderen in Berührung gebracht werden.«[34]

Bei männlichen Invertierten sind »Einschränkungen des Sexualziels – bis zur bloßen Gefühlsergießung – . . . sogar häufiger als bei der heterosexuellen Liebe. Auch bei Frauen sind die Sexualziele der Invertierten mannigfaltig; darunter scheint die Berührung mit der Mundschleimhaut bevorzugt«[35].

1915 hat Abraham Freud auf den Zusammenhang zwischen Melancholie und Oralerotik aufmerksam gemacht, aber Freud hatte schon vor diesem Zeitpunkt angefangen, Identifizierung und Introjizierung als Mechanismen anzusehen, die sich von der Oralerotik herleiten.[36] Abraham spricht Freud das Verdienst zu, den ersten wichtigen Schritt zur Entdeckung des Mechanismus getan zu haben, der die Melancholie entscheidend bestimmt – die psychische Introjizierung des verlorenen Objekts –, während er die Entdeckung der Regression zur »oralen oder kannibalistischen« Stufe für sich beansprucht. Wenn eine derartige Regression mit einer Zurückziehung der Libido verbunden ist, kann sie zu einem ernsten pathologischen Zustand führen, nämlich einem Zustand narzißtischer Identifizierung, in dem die Aufnahme von Nahrung verweigert wird. Freud spricht in diesem Zusammenhang von der »noch dem Narzißmus angehörigen oralen Libidophase«, auf die sie (die Libido) regrediert.[37]

[34] (1905d) *Drei Abhandlungen zur Sexualtheorie,* G. W., Bd. 5, S. 50.
[35] Ibid., S. 45 f.
[36] (1917e) ›Trauer und Melancholie‹, G. W., Bd. 10, S. 428 ff.
[37] Ibid., S. 436.

16
Analerotik

Definition

Die Analerotik umfaßt die für die Analphase – die Phase der Entwicklung, in der die Analzone die führende ist – charakteristischen Strebungen. Es gibt Erotik in Verbindung mit dem Akt der Defäkation oder in Verbindung mit Aktivitäten wie analer Masturbation und Inversion. Das Interesse richtet sich entweder auf den Akt der Defäkation und die Stimulierung der Afterschleimhaut oder auf das Produkt des Defäkationsaktes. Obwohl die Erotik in Verbindung mit dem Defäkationsakt autoerotisch zu sein scheint, ist die Weise, in der das Individuum mit seiner Sexuallust umgeht, objektbezogen und Umwelt- und kulturelle Faktoren sind sehr signifikant: »... die sadistischen und die analen Impulse [drängen sich] vor, gewiß im Zusammenhang mit dem Auftreten der Zähne, der Erstarkung der Muskulatur und der Beherrschung der Sphinkterfunktionen«[1].

»... an der sadistisch analen Phase [kann man] zwei Stufen unterscheiden. Auf der früheren dieser beiden walten die destruktiven Tendenzen des Vernichtens und Verlierens vor, auf der späteren die objektfreundlichen des Festhaltens und Besitzens. In der Mitte dieser Phase tritt also zuerst die Rücksicht auf das Objekt auf als Vorläufer einer späteren Liebesbesetzung«[2].

Es gibt keine definitiven Äußerungen Freuds darüber, ob er meinte, Urethralerotik sei im Konzept der Analerotik enthalten, oder ob er meinte, für die Urethralerotik müsse eine gesonderte Phase angenommen werden. Eine Äußerung in ›Charakter und Analerotik‹ (1908) (die auf Seite 135 in diesem Artikel zitiert wird) impliziert, daß Urethralerotik im Konzept der Analerotik enthalten ist. In einem 1920 zu den *Drei Abhandlungen* hinzugefügten Zusatz jedoch (der im letzten Abschnitt dieses Artikels zitiert wird) erscheint Urethralerotik als ein gesondertes Phänomen neben Oralerotik, Analerotik usw.

---

[1] (1933a) *Neue Folge der Vorlesungen zur Einführung in die Psychoanalyse*, G. W., Bd. 15, S. 105.
[2] Ibid., S. 106.

Historische Entwicklung

Freuds früheste Überlegung zu dem, was später als Analphase bezeichnet wurde, findet sich im Brief vom 24. 1. 1897 an Fließ. Freud waren Parallelen zwischen mittelalterlichen Praktiken und religiösen Riten und den Assoziationen seiner Patienten und ihrer Störungen aufgefallen.

>Ich las eines Tages, daß das Geld, das der Teufel seinen Opfern gibt, sich regelmäßig in Kot verwandelt; und am nächsten Tag sagt Herr E., der Gelddelirien von seiner Kinderfrau berichtet, plötzlich, daß das Geld der Louise [der Kinderfrau] immer Kot war.«[3]

In einem späteren Brief an Fließ, in dem Freud die Anfänge der Theorie der »Verdrängung« entwickelte (was damals als »Verdrängung« gefaßt wurde, wurde später als »Reaktionsbildung« gefaßt), sprach er von der erotischen Natur der Analzone. Er charakterisierte den Prozeß, in dem einst lustvolle Geruchssensationen widerlich wurden. Er zitierte die Sprachfigur »er trägt die Nase hoch«, die besage, »er hält sich für etwas besonders Edles«. Freud fuhr fort:

>Die Zonen nun, welche beim normalen und reifen Menschen sexuelle Entbindung nicht mehr produzieren, müssen Afterregion und Mund-Rachengegend sein. Das ist zweifach gemeint, erstens daß ihr Anblick und ihre Vorstellung nicht mehr erregend wirkt, zweitens daß die von ihnen ausgehenden Binnensensationen keinen Beitrag zur Libido liefern, wie die von den eigentlichen Sexualorganen. Bei den Tieren bestehen diese Sexualzonen nach beiden Hinsichten in Kraft; wo sich das auch beim Menschen fortsetzt, entsteht Perversion.«[4]

In einem Zusatz zur *Traumdeutung* von 1919 beschreibt Freud, wie seine Patienten ihre analen Geburtstheorien in ihren Träumen offenbarten.

>Eine interessante Beziehung zur infantilen Sexualforschung ergibt sich, wenn der Träumer von zwei Zimmern träumt, die früher eines waren, oder ein ihm bekanntes Zimmer einer Wohnung im Traume in zwei geteilt sieht oder das umgekehrte. In der Kindheit hat man das weibliche Genitale (den Popo) für einen einzigen Raum gehalten.«[5]

Freud beachtete und schrieb sehr ausführlich über die Tatsache, daß Witze sich so häufig mit dem Akt und dem Produkt der Defäkation beschäftigen, und bezog dies in seine Forschung ein, die zeigte, daß dieses Thema bei normalen Menschen, besonders bei Kindern, wie

[3] (1950a [1887–1902]) *Aus den Anfängen der Psychoanalyse,* op. cit., S. 201.
[4] Ibid., S. 246.
[5] [1919] (1900a) *Die Traumdeutung,* G. W., Bd. 2/3, S. 359 f.

auch bei Neurotikern sexuelle Nebenbedeutungen von variierender Intensität hat. Freuds Entdeckungen in diesem Bereich werden heute anerkannt, als sie jedoch zum erstenmal formuliert wurden, wurden sie mit Bestürzung und Unglauben aufgenommen. Freud zitierte eine Reihe von Wortverdrehungen, die alle anales Material berührten. So ist ›Venus »Urinia«‹, obwohl an der Oberfläche auf Urin hindeutend, eine Wortverdrehung von »Urania«, der göttlichen homosexuellen Liebe in Platons Symposion.[6]

In der Ausgabe der *Drei Abhandlungen* von 1905 wurde die Erregung der Analzone genauer beschrieben und verstanden, und wenn man die verschiedenen Anmerkungen und Zusätze zu dieser Arbeit verfolgt, wird deutlich, wie die Erkenntnis dieses Gegenstandes sich entwickelt hat:

»Bei den Perversionsneigungen, die für Mundhöhle und After-*öffnung* sexuelle Bedeutung in Anspruch nehmen, ist die Rolle der erogenen Zone ohneweiters ersichtlich. Dieselbe benimmt sich in jeder Hinsicht wie ein Stück des Geschlechtsapparates. Bei der Hysterie werden diese Körperstellen... der Sitz von neuen Sensationen und Innervationsänderungen... wie die eigentlichen Genitalien unter den Erregungen der normalen Geschlechtsvorgänge.«[7]

Die folgende Stelle aus der Ausgabe von 1905 der *Drei Abhandlungen* beschreibt die Erogeneität der Afterschleimhaut:

»Die Afterzone ist ähnlich wie die Lippenzone durch ihre Lage geeignet, eine Anlehnung der Sexualität an andere Körperfunktionen zu vermitteln. Man muß sich die erogene Bedeutung dieser Körperstelle als ursprünglich sehr groß vorstellen. Durch die Psychoanalyse erfährt man dann nicht ohne Verwunderung, welche Umwandlungen mit den von hier ausgehenden sexuellen Erregungen normalerweise vorgenommen werden, und wie häufig der Zone noch ein beträchtliches Stück genitaler Reizbarkeit fürs Leben verbleibt.«

»Kinder, welche die erogene Reizbarkeit der Afterzone ausnützen, verraten sich dadurch, daß sie die Stuhlmassen zurückhalten, bis dieselben durch ihre Anhäufung heftige Muskelkontraktionen anregen und beim Durchgang durch den After einen starken Reiz auf die Schleimhaut ausüben können. Dabei muß wohl neben der schmerzhaften die Wollustempfindung zustande kommen. Es ist eines der besten Vorzeichen späterer Absonderlichkeit oder Nervosität, wenn ein Säugling sich hartnäckig weigert, den Darm zu entleeren, wenn er auf den Topf gesetzt wird, also wenn es dem Pfleger beliebt, sondern diese Funktion seinem eigenen Belieben vorbehält. Es kommt ihm natürlich nicht darauf an, sein Lager schmutzig zu machen; er

6 (1905c) *Der Witz und seine Beziehung zum Unbewußten*, G. W., Bd. 6, S. 84.
7 (1905d) *Drei Abhandlungen zur Sexualtheorie*, G. W., Bd. 5, S. 68.

sorgt nur, daß ihm der Lustnebengewinn bei der Defäkation nicht entgehe. Die Erzieher ahnen wiederum das Richtige, wenn sie solche Kinder, die sich diese Verrichtungen ›aufheben‹, schlimm nennen.«[8]

Freud diskutiert in diesem Abschnitt ferner die anale Masturbation und die erotische Lust, die Kinder durch »Reizung der Afterzone«[9] erleben.

In der Abhandlung über den kleinen Hans wird die Rolle der Phantasien des Kindes und seiner Identifizierung mit der Mutter sehr deutlich gemacht, ebenso die lustvolle Natur der Analprozesse.

»In der Sexualkonstitution des kleinen Hans ist also die Genitalzone von vornherein die am intensivsten lustbetonte unter den erogenen Zonen. Neben ihr ist nur noch die exkrementelle, an die Orifizien der Harn- und Stuhlentleerung geknüpfte Lust bei ihm bezeugt. Wenn er in seiner letzten Glücksphantasie, mit der sein Kranksein überwunden ist, Kinder hat, die er aufs Klosett führt, sie Wiwi machen läßt und ihnen den Podl auswischt, kurz, ›alles mit ihnen tut, was man mit Kindern tun kann‹, so scheint es unabweisbar anzunehmen, daß diese selben Verrichtungen während seiner Kinderpflege eine Quelle der Lustempfindung für ihn waren. Diese Lust von erogenen Zonen wurde für ihn mit Hilfe der ihn pflegenden Person, der Mutter, gewonnen, führt also bereits zur Objektwahl; es bleibt aber möglich, daß er in noch früheren Zeiten gewohnt war, sich dieselbe autoerotisch zu verschaffen, daß er zu jenen Kindern gehört hat, die die Exkrete zurückzuhalten lieben, bis ihnen deren Entleerung einen Wollustreiz bereiten kann. Ich sage nur, es ist möglich, denn es ist in der Analyse nicht klargestellt worden; das ›Krawallmachen mit den Beinen‹ (Zappeln), vor dem er sich später so sehr fürchtet, deutet nach dieser Richtung.«[10]

Zur sexuellen Verwendung der Analöffnung schrieb Freud:

»Klarer noch als im früheren Falle erkennt man bei der Inanspruchnahme des Afters, daß es der Ekel ist, welcher dieses Sexualziel als Perversion stempelt. Man lege mir aber die Bemerkung nicht als Parteinahme aus, daß die Begründung dieses Ekels, diese Körperpartie diene der Exkretion und komme mit dem Ekelhaften an sich – den Exkrementen – in Berührung, nicht viel stichhältiger ist als etwa die Begründung, welche hysterische Mädchen für ihren Ekel vor dem männlichen Genitale abgeben: es diene der Harnentleerung.

Die sexuelle Rolle der Afterschleimhaut ist keineswegs auf den Verkehr zwischen Männern beschränkt, ihre Bevorzugung hat nichts für

[8] Ibid., S. 86 f.
[9] Ibid., S. 88.
[10] (1909b) ›Analyse der Phobie eines fünfjährigen Knaben‹, G. W., Bd. 7, S. 342 f.

das invertierte Fühlen Charakteristisches. Es scheint im Gegenteil, daß die Pädikatio des Mannes ihre Rolle der Analogie mit dem Akt beim Weibe verdankt, während gegenseitige Masturbation das Sexualziel ist, welches sich beim Verkehr Invertierter am ehesten ergibt.«[11]

In der Abhandlung über ›Charakter und Analerotik‹ (1908) entwickelt Freud seine wachsende Überzeugung vom Zusammenhang zwischen Analerotik und bestimmten Charaktereigenschaften – Ordentlichkeit und Geiz (mit dem Interesse am Produkt der Defäkation verknüpft) und Eigensinn (mit dem Akt der Defäkation und der Weigerung des Kindes, den Wünschen der Mutter zu entsprechen, verknüpft).

»Da nun die Analerotik zu jenen Komponenten des Triebes gehört, die im Laufe der Entwicklung und im Sinne unserer heutigen Kulturerziehung für sexuelle Zwecke unverwendbar werden, läge es nahe, in den bei ehemaligen Analerotikern so häufig hervortretenden Charaktereigenschaften – Ordentlichkeit, Sparsamkeit und Eigensinn – die nächsten und konstantesten Ergebnisse der Sublimierung der Analerotik zu erkennen.«[12]

In dieser Abhandlung werden auch Urethralerotik und Ehrgeiz zum erstenmal in Zusammenhang gebracht. »Ich kenne bis jetzt nur noch den unmäßigen ›brennenden‹ Ehrgeiz der einstigen Enuretiker.«[13]

Die Analyse des Rattenmannes (1909) enthält zahlreiche Beispiele für den Anteil der Analerotik des Patienten an seiner Krankheit. Ratten hatten hier viele anale Bedeutungen. Sie bedeuteten Geld und auch Würmer, die im After wühlen; ferner »ist die Ratte ein schmutziges Tier, das sich von Exkrementen nährt und in Kanälen lebt«. Diese Studien führten zu der in der Abhandlung über ›Charakter und Analerotik‹ formulierten Überzeugung, die bei ihrer Veröffentlichung so viel Entrüstung und Erstaunen hervorrief.[14]

In ›Die Disposition zur Zwangsneurose‹ kam Freud zu dem Schluß, daß es auch eine prägenitale Sexualorganisation gibt; den Terminus »prägenital« gebrauchte er hier zum erstenmal.

»Und nun sehen wir die Notwendigkeit ein, ein weiteres Stadium vor der Endgestaltung [dem Genitalprimat] gelten zu lassen, in dem die Partialtriebe bereits zur Objektwahl zusammengefaßt sind, das Objekt sich der eigenen Person schon als eine fremde gegenüberstellt, aber *der Primat der Genitalzonen noch nicht aufgerichtet ist*. Die Partialtriebe, welche diese prägenitale Organisation des Sexual-

---

[11] (1905d) *Drei Abhandlungen zur Sexualtheorie,* G. W., Bd. 5, S. 51.
[12] (1908b) ›Charakter und Analerotik‹, G. W., Bd. 7, S. 205.
[13] Ibid., S. 209.
[14] (1909d) ›Bemerkungen über einen Fall von Zwangsneurose‹, G. W., Bd. 7, S. 433.

lebens beherrschen, sind vielmehr die analerotischen und die sadistischen.«[15]

Ferner wird hier die besondere Beziehung zwischen Analerotik und Zwangsneurose charakterisiert. Über den Fall einer Patientin heißt es: »Der Inhalt ihrer Zwangsneurose bestand in einem peinlichen Wasch- und Reinlichkeitszwang und in höchst energischen Schutzmaßregeln gegen böse Schädigungen, welche andere von ihr zu befürchten hätten, also in Reaktionsbildungen gegen *analerotische* und *sadistische* Regungen.«[16]

»Gerade auf dem Gebiete der Charakterentwicklung begegnet uns aber eine gute Analogie zu dem von uns beschriebenen Krankheitsfalle, also eine Bekräftigung der prägenitalen sadistisch-analerotischen Sexualorganisation. Es ist bekannt und hat den Menschen viel Stoff zur Klage gegeben, daß die Frauen häufig, nachdem sie ihre Genitalfunktionen aufgegeben haben, ihren Charakter in eigentümlicher Weise verändern. Sie werden zänkisch, quälerisch und rechthaberisch, kleinlich und geizig, zeigen also typische sadistische und analerotische Züge, die ihnen vorher in der Epoche der Weiblichkeit nicht eigen waren ... diese Charakterwandlung entspricht der Regression des Sexuallebens auf die prägenitale sadistisch-analerotische Stufe.«[17]

Das Sexualziel der Analerotik wird hier wie folgt beschrieben: Anstelle des Gegensatzes zwischen männlich und weiblich in der genitalen Phase besteht in der prägenitalen Phase der Gegensatz zwischen »Strebungen mit aktivem und passivem Ziel ... Die Aktivität wird vom gemeinen Bemächtigungstrieb beigestellt, den wir eben Sadismus heißen ... Die passive Strömung wird von der Analerotik gespeist, deren erogene Zone der alten, undifferenzierten Kloake entspricht«.[18]

In einem 1915 den *Drei Abhandlungen* hinzugefügten Abschnitt heißt es:

»Eine zweite prägenitale Phase ist die der *sadistisch-analen* Organisation. Hier ist die Gegensätzlichkeit, welche das Sexualleben durchzieht, bereits ausgebildet; sie kann aber noch nicht *männlich* und *weiblich,* sondern muß *aktiv* und *passiv* benannt werden. Die Aktivität wird durch den Bemächtigungstrieb von seiten der Körpermuskulatur hergestellt, als Organ mit passivem Sexualziel macht sich vor allem die erogene Darmschleimhaut geltend; für beide Strebungen sind Objekte vorhanden, die aber nicht zusammenfallen ... Diese Form der Sexualorganisation kann sich bereits durchs Leben erhal-

[15] (1913i) ›Die Disposition zur Zwangsneurose‹, G. W., Bd. 8, S. 446 f.
[16] Ibid., S. 446.
[17] Ibid., S. 449 f.
[18] Ibid., S. 448.

ten und ein großes Stück der Sexualbetätigung dauernd an sich reißen. Die Vorherrschaft des Sadismus und die Kloakenrolle der analen Zone geben ihr ein exquisit archaisches Gepräge. Als weiterer
Charakter gehört ihr an, daß die Triebgegensatzpaare in annähernd
gleicher Weise ausgebildet sind, welches Verhalten mit dem glück-
lichen, von *Bleuler* eingeführten Namen *Ambivalenz* bezeichnet
wird.«[19]

1917 unterbrach Freud eine Reihe theoretischer Abhandlungen, um
eine stärker klinisch orientierte zu veröffentlichen: ›Über Triebumsetzungen, insbesondere der Analerotik.‹ Freud fragt hier »nach dem
weiteren Verbleib der analerotischen Triebregungen . . . welches wurde ihr Schicksal, nachdem sie durch die Herstellung der endgültigen
Genitalorganisation ihre Bedeutung für das Sexualleben eingebüßt hatten?«[20]

Er untersucht dann die komplexen unbewußten Beziehungen zwischen
den Vorstellungen Kot, Kind und Penis. Diese Vorstellungen werden
hier allerdings nicht zum erstenmal diskutiert; sie wurden bereits in
den Zusätzen von 1915 zu den *Drei Abhandlungen* dargestellt. Einige
Schlußfolgerungen gehen auf die kurz zuvor geschriebene Abhandlung
über den Wolfsmann zurück, in der sich eine Menge Material über diesen Gegenstand findet.

Des Wolfsmanns Bevorzugung der Begattung von rückwärts und der
starke Reiz, den auffällige weibliche Hinterbacken auf ihn ausübten,
gehören – abgesehen von dem besonderen Fall – »in das Gefüge der
analerotischen Veranlagung«.[21]

In einem 1915 zu den *Drei Abhandlungen* hinzugefügten Abschnitt
wird die unbewußte Bedeutung des Kots diskutiert:

»Der Darminhalt, der als Reizkörper für eine sexuell empfindliche
Schleimhautfläche sich wie der Vorläufer eines anderen Organs benimmt, welches erst nach der Kindheitsphase in Aktion treten soll,
hat für den Säugling noch andere wichtige Bedeutungen. Er wird
offenbar wie ein zugehöriger Körperteil behandelt, stellt das erste
›Geschenk‹ dar, durch dessen Entäußerung die Gefügigkeit, durch
dessen Verweigerung die Trotz des kleinen Wesens gegen seine Umgebung ausgedrückt werden kann. Vom ›Geschenk‹ aus gewinnt er
dann später die Bedeutung des ›Kindes‹, das nach einer der infantilen Sexualtheorien durch Essen erworben und durch den Darm geboren wird.«[22]

[19] [1915] (1905d) *Drei Abhandlungen zur Sexualtheorie*, G. W., Bd. 5, S. 99.
[20] (1917c) ›Über Triebumsetzung, insbesondere der Analerotik‹, G. W., Bd. 10, S.
403.
[21] (1918b [1914]) ›Aus der Geschichte einer infantilen Neurose‹, G. W., Bd. 12, S.
68.
[22] [1915] (1905d) *Drei Abhandlungen zur Sexualtheorie*, G. W., Bd. 5, S. 87.

Ähnlich heißt es in der Abhandlung über den Wolfsmann:

»Indem die Kotsäule die erogene Darmschleimhaut reizt, spielt sie die Rolle eines aktiven Organs für dieselbe, benimmt sie sich wie der Penis gegen die Vaginalschleimhaut und wird gleichsam zum Vorläufer desselben in der Epoche der Kloake. Das Hergeben des Kotes zu Gunsten (aus Liebe zu) einer anderen Person wird seinerseits zum Vorbild der Kastration, es ist der erste Fall des Verzichts auf ein Stück des eigenen Körpers, um die Gunst eines geliebten Anderen zu gewinnen. Die sonst narzißtische Liebe zu seinem Penis entbehrt also nicht eines Beitrages von seiten der Analerotik. Der Kot, das Kind, der Penis ergeben also eine Einheit, einen unbewußten Begriff – sit venia verbo –, den des vom Körper abtrennbaren Kleinen. Auf diesen Verbindungswegen können sich Verschiebungen und Verstärkungen der Libidobesetzung vollziehen, die für die Pathologie von Bedeutung sind und von der Analyse aufgedeckt werden.«[23]

In einer etwas späteren Arbeit schreibt Freud:

»Bei der Defäkation ergibt sich für das Kind eine erste Entscheidung zwischen narzißtischer und objektliebender Einstellung. Es gibt entweder den Kot gefügig ab, ›opfert‹ ihn der Liebe, oder hält ihn zur autoerotischen Befriedigung, später zur Behauptung seines eigenen Willens, zurück. Mit letzterer Entscheidung ist der *Trotz* (Eigensinn) konstituiert, der also einem narzißtischen Beharren bei der Analerotik entspringt.

Es ist wahrscheinlich, daß nicht *Gold-Geld,* sondern *Geschenk* die nächste Bedeutung ist, zu welcher das Kotinteresse fortschreitet. Das Kind kennt kein anderes Geld, als was ihm geschenkt wird, kein erworbenes und auch kein eigenes, ererbtes. Da Kot sein erstes Geschenk ist, überträgt es leicht sein Interesse von diesem Stoff auf jenen neuen, der ihm als wichtigstes Geschenk im Leben entgegentritt.«[24]

Freud beschreibt an dieser Stelle weiter, wie aus dem Interesse am Kot der Wunsch nach dem Kind ebenso hervorgeht wie die Gleichsetzung von Kot und Penis. Später wird dies wie folgt dargestellt:

»Triebumsetzungen und ähnliche Vorgänge haben wir besonders an der Analerotik, den Erregungen aus den Quellen der erogenen Analzone, studieren können und waren überrascht, wie vielfältigen Verwendungen diese Triebregungen zugeführt werden. Es ist vielleicht nicht leicht, sich von der Geringschätzung frei zu machen, die

---

[23] (1918b [1914]) ›Aus der Geschichte einer infantilen Neurose‹, G. W., Bd. 12, S. 116 f.
[24] (1917c) ›Über Triebumsetzungen, insbesondere der Analerotik‹, G. W., Bd. 10, S. 406 f.

im Laufe der Entwicklung gerade diese Zone betroffen hat. Lassen wir uns darum von *Abraham* daran mahnen, daß der Anus embryologisch dem Urmund entspricht, welcher bis zum Darmende herabgewandert ist. Wir erfahren dann, daß mit der Entwertung des eigenen Kots, der Exkremente, dieses Triebinteresse aus analer Quelle auf Objekte übergeht, die als Geschenk gegeben werden können. Und dies mit Recht, denn der Kot war das erste Geschenk, das der Säugling machen konnte, dessen er sich aus Liebe zu seiner Pflegerin entäußerte. Im weiteren, durchaus analog dem Bedeutungswandel in der Sprachentwicklung setzt sich dies alte Kotinteresse in die Wertschätzung von *Gold* und *Geld* um, gibt aber auch seinen Beitrag zur affektiven Besetzung von *Kind* und von *Penis*. Nach Überzeugung aller Kinder, die ja lange Zeit an der Kloakentheorie festhalten, wird das Kind wie ein Stück Kot aus dem Darm geboren; die Defäkation ist das Vorbild des Geburtsaktes. Aber auch der Penis hat seinen Vorläufer in der Kotsäule, die das Schleimhautrohr des Darmes ausfüllt und reizt. Wenn das Kind, widerwillig genug, zur Kenntnis genommen hat, daß es menschliche Wesen gibt, die dieses Glied nicht besitzen, erscheint ihm der Penis als etwas vom Körper ablösbares und rückt in unverkennbare Analogie zum Exkrement, das ja das erste Stück Leiblichkeit war, auf das man verzichten mußte. Ein großes Stück Analerotik wird so in Penisbesetzung überführt, aber das Interesse an diesem Körperteil hat außer der analerotischen eine vielleicht mächtigere orale Wurzel, denn nach der Einstellung des Säugens erbt der Penis auch von der Brustwarze des mütterlichen Organs.

Es ist unmöglich, sich in den Phantasien, den vom Unbewußten beeinflußten Einfällen und in der Symptomsprache des Menschen zurechtzufinden, wenn man diese tiefliegenden Beziehungen nicht kennt. Kot-Geld-Geschenk-Kind-Penis werden hier wie gleichbedeutend behandelt, auch durch gemeinsame Symbole vertreten. Vergessen Sie auch nicht, daß ich Ihnen nur sehr unvollständige Mitteilungen machen konnte. Ich kann etwa eilig hinzufügen, daß auch das später erwachende Interesse an der Vagina hauptsächlich analerotischer Herkunft ist. Es ist nicht verwunderlich, denn die Vagina selbst ist nach einem guten Wort von Lou Andreas-Salomé dem Enddarm ›abgemietet‹; im Leben der Homosexuellen, die ein gewisses Stück der Sexualentwicklung nicht mitgemacht haben, wird sie auch wieder durch diesen vertreten. In Träumen kommt häufig eine Lokalität vor, die früher ein einziger Raum war und jetzt durch eine Wand in zwei geteilt ist oder auch umgekehrt. Damit ist immer das Verhältnis der Vagina zum Darm gemeint. Wir können auch schön verfolgen, wie beim Mädchen normalerweise der ganz und gar unweibliche Wunsch nach dem Besitz eines Penis sich in den Wunsch nach einem Kind und dann nach einem Mann als Träger des Penis und Spender des Kindes umwandelt, so daß auch hier sichtbar wird, wie ein Stück ursprünglich analerotischen Interesses die Aufnahme in die spätere Genitalorganisation erwirbt.«[25]

Auf einen anderen wichtigen Aspekt weist Freud in einer Fußnote hin, die er 1920 den *Drei Abhandlungen* hinzufügte:

»In einer Arbeit, welche unser Verständnis für die Bedeutung der Analerotik außerordentlich vertieft (»Anal« und »Sexual«, *Imago* IV, 1916) hat *Lou Andreas-Salomé* ausgeführt, daß die Geschichte des ersten Verbotes, welches an das Kind herantritt, des Verbotes aus der Analtätigkeit und ihren Produkten Lust zu gewinnen, für seine ganze Entwicklung maßgebend wird. Das kleine Wesen muß bei diesem Anlasse zuerst die seinen Triebregungen feindliche Umwelt ahnen, sein eigenes Wesen von diesem Fremden sondern lernen, und dann die erste ›Verdrängung‹ an seinen Lustmöglichkeiten vollziehen. Das ›Anale‹ bleibt von da an das Symbol für alles zu Verwerfende, vom Leben Abzuscheidende. Der später geforderten reinlichen Scheidung von Anal- und Genitalvorgängen widersetzen sich die nahen anatomischen und funktionellen Analogien und Beziehungen zwischen beiden.«[26]

Im Zusammenhang einer Diskussion der Zwangsneurose schreibt Freud:

»Während der Latenzzeit scheint die Abwehr der Onanieversuchung als Hauptaufgabe behandelt zu werden. Dieser Kampf erzeugt eine Reihe von Symptomen, die bei den verschiedensten Personen in typischer Weise wiederkehren und im allgemeinen den Charakter des Zeremoniells tragen. Es ist sehr zu bedauern, daß sie noch nicht gesammelt und systematisch analysiert worden sind; als früheste Leistungen der Neurose würden sie über den hier verwendeten Mechanismus der Symptombildung am ehesten Licht verbreiten. Sie zeigen bereits die Züge, welche in einer späteren schweren Erkrankung so verhängnisvoll hervortreten werden: die Unterbringung an den Verrichtungen, die später wie automatisch ausgeführt werden sollen, am Schlafengehen, Waschen und Ankleiden, an der Lokomotion, die Neigung zur Wiederholung und zum Zeitaufwand. Warum das so geschieht, ist noch keineswegs verständlich; die Sublimierung analerotischer Komponenten spielt dabei eine deutliche Rolle.«[27]

In einer späteren Schrift werden diese Veränderungen wie folgt beschrieben:

[25] (1933a) *Neue Folge der Vorlesungen zur Einführung in die Psychoanalyse,* G. W., Bd. 15, S. 106 f.
[26] [1920] (1905d) *Drei Abhandlungen zur Sexualtheorie,* G. W., Bd. 5, S. 88.
[27] (1926d) *Hemmung, Symptom und Angst,* G. W., Bd. 14, S. 145 f.

»Die Kulturentwicklung erscheint uns als ein eigenartiger Prozeß, der über die Menschheit abläuft, an dem uns manches wie vertraut anmutet. Diesen Prozeß können wir durch die Veränderungen charakterisieren, die er mit den bekannten menschlichen Triebanlagen vornimmt, deren Befriedigung doch die ökonomische Aufgabe unseres Lebens ist. Einige dieser Triebe werden in solcher Weise aufgezehrt, daß an ihrer Stelle etwas auftritt, was wir beim Einzelindividuum als Charaktereigenschaft beschreiben. Das merkwürdigste Beispiel dieses Vorganges haben wir an der Analerotik des jugendlichen Menschen gefunden. Sein ursprüngliches Interesse an der Exkretionsfunktion, ihren Organen und Produkten wandelt sich im Lauf des Wachstums in die Gruppe von Eigenschaften um, die uns als Sparsamkeit, Sinn für Ordnung und Reinlichkeit bekannt sind, die, an und für sich wertvoll und willkommen, sich zu auffälliger Vorherrschaft steigern können und dann das ergeben, was man den Analcharakter heißt. Wie das zugeht, wissen wir nicht, an der Richtigkeit dieser Auffassung ist kein Zweifel.«[28]

». . . In dem Kulturstreben nach Reinlichkeit . . . [ist auch] ein soziales Moment unverkennbar. Der Antrieb zur Reinlichkeit entspricht dem Drang nach Beseitigung der Exkremente, die der Sinneswahrnehmung unangenehm geworden sind. Wir wissen, daß es in der Kinderstube anders ist. Die Exkremente erregen beim Kinde keinen Abscheu, erscheinen ihm als losgelöster Teil seines Körpers wertvoll. Die Erziehung dringt hier besonders energisch auf die Beschleunigung des bevorstehenden Entwicklungsganges, der die Exkremente wertlos, ekelhaft, abscheulich und verwerflich machen soll. Eine solche Umwertung wäre kaum möglich, wenn diese dem Körper entzogenen Stoffe nicht durch ihre starken Gerüche verurteilt wären, an dem Schicksal teilzunehmen, das nach der Aufrichtung des Menschen vom Boden den Geruchsreizen vorbehalten ist. Die Analerotik erliegt also zunächst der ›organischen Verdrängung‹, die den Weg zur Kultur gebahnt hat. Der soziale Faktor, der die weitere Umwandlung der Analerotik besorgt, bezeugt sich durch die Tatsache, daß trotz aller Entwicklungsfortschritte dem Menschen der Geruch der eigenen Exkremente kaum anstößig ist, immer nur der der Ausscheidungen des Anderen. Der Unreinliche, d. h. der, der seine Exkremente nicht verbirgt, beleidigt also den Anderen, zeigt keine Rücksicht für ihn, und dasselbe besagen ja auch die kräftigsten, gebräuchlichsten Beschimpfungen. Es wäre auch unverständlich, daß der Mensch den Namen seines treuesten Freundes in der Tierwelt als Schimpfwort verwendet, wenn der Hund nicht durch

[28] (1930a) *Das Unbehagen in der Kultur*, G. W., Bd. 14, S. 456 f.

zwei Eigenschaften die Verachtung des Menschen auf sich zöge, daß er ein Geruchstier ist, das sich vor Exkrementen nicht scheut, und daß er sich seiner sexuellen Funktionen nicht schämt.«[29]

Zum Schluß:

»Als unabweisbare Folgerung aus den obigen Ausführungen ergibt sich, daß jedem Individuum eine Oral-, Anal-, Harnerotik usw. zugesprochen werden muß, und daß die Konstatierung der diesen entsprechenden seelischen Komplexe kein Urteil auf Abnormität oder Neurose bedeutet. Die Unterschiede, die das Normale vom Abnormen trennen, können nur in der relativen Stärke der einzelnen Komponenten des Sexualtriebes und in der Verwendung liegen, die sie im Laufe der Entwicklung erfahren.«[30]

[29] Ibid., S. 459 Anm.
[30] [1920] (1905d) *Drei Abhandlungen zur Sexualtheorie*, G. W., Bd. 5, S. 106 Anm.

17
Phallische Erotik

Definition

Phallische Erotik bezieht sich im allgemeinen auf die libidinösen Impulse, deren Quelle die erogene Zone des Penis oder der Klitoris ist. Spezifischer: er umfaßt die für die phallische Entwicklungsphase – in welcher der Penis oder die Klitoris die erogene Leitzone ist und die Vagina noch wenig oder keine Bedeutung für das Kind hat – charakteristischen Sexualstrebungen.

Es muß jedoch darauf hingewiesen werden, daß phallische Erregung und Masturbation schon in der frühen Kindheit, d. h. in der Phase des Oralprimats, zu beobachten sind. Freud unterschied zwischen der Phase der Säuglingsonanie und einer zweiten Phase der kindlichen Masturbation, der der phallischen Phase.[1] Die erste ist autoerotisch und scheint Ausdruck eines Überfließens allgemeiner Erregung auf die phallische Zone zu sein; die zweite ist auf die Objekte des Ödipuskomplexes bezogen, wird von Phantasien begleitet, und die Impulse, die sie aussendet, haben bestimmte Ziele – z. B. Eindringen –, die den frühen phallischen Erregungen wahrscheinlich fehlen. Wir müssen festhalten, daß Freuds Gebrauch des Konzepts der phallischen Erotik nach seiner Schrift ›Die infantile Genitalorganisation‹ sich spezifisch auf die Sexualität der phallisch-ödipalen Phase bezieht.

Darüber hinaus muß die phallische Erotik von der Genitalerotik unterschieden werden. Die letztere entsteht erst in oder nach der Pubertät, wenn die biologische Möglichkeit des Samenergusses gegeben ist und der vaginale Orgasmus den klitoralen ersetzt. Die Triebziele der phallischen Erotik unterscheiden sich deshalb etwas von den Zielen der Genitalerotik (z. B. gibt es phallische Impulse einzudringen, aber keinen phallischen Impuls zum Samenerguß) – auch beim Jungen, bei dem dieselbe erogene Zone dominant bleibt.

»Erst mit der Vollendung der Entwicklung zur Zeit der Pubertät fällt die sexuelle Polarität mit *männlich* und *weiblich* zusammen.«[2]

---

[1] [1915] (1905d) *Drei Abhandlungen zur Sexualtheorie,* G. W., Bd. 5, S. 89.
[2] (1923e) ›Die infantile Genitalorganisation‹, G. W., Bd. 13, S. 297 f.

Geschichte des Konzeptes

In Freuds Verständnis der phallischen Erotik lassen sich drei Phasen unterscheiden.

1. 1905, in den *Drei Abhandlungen*, diskutierte Freud die phallische Erotik nur als Manifestation einer der verschiedenen erogenen Zonen der Kindheit.

>»Unter den erogenen Zonen des kindlichen Körpers befindet sich eine, die gewiß nicht die erste Rolle spielt, auch nicht die Trägerin der ältesten sexuellen Regungen sein kann, die aber zu großen Dingen in der Zukunft bestimmt ist.«[3]

>»Durch die anatomische Lage, die Überströmung mit Sekreten, durch die Waschungen und Reibungen der Körperpflege ... wird es unvermeidlich, daß die Lustempfindung, welche diese Körperstelle zu ergeben fähig ist, sich dem Kinde schon im Säuglingsalter bemerkbar mache und ein Bedürfnis nach ihrer Wiederholung erwecke« – das dann zur Säuglingsonanie führt.[4]

Freud bezeichnete zu dieser Zeit auch schon die Klitoris als die weibliche erogene Zone im Kindesalter, die dem Penis des Jungen gleichwertig sei; die genitale Sexualität des kleinen Mädchens sei folglich männlichen Charakters.

>»Die autoerotische Betätigung der erogenen Zonen ist aber bei beiden Geschlechtern die nämliche ... Mit Rücksicht auf die autoerotischen und masturbatorischen Sexualäußerungen könnte man den Satz aufstellen, die Sexualität der kleinen Mädchen habe durchaus männlichen Charakter ... [es] ließe sich auch die Behauptung vertreten, die Libido sei regelmäßig und gesetzmäßig männlicher Natur.«[5]

>»Die Pubertät ... kennzeichnet sich für das Mädchen durch eine neuerliche Verdrängungswelle von der gerade die Klitorissexualität betroffen wird.«[6]

In der Erörterung der kindlichen Sexualtheorien in einem Zusatz von 1915 zu den *Drei Abhandlungen* erklärte Freud ferner, daß Kinder annehmen, alle Menschen besäßen dasselbe (männliche) Genitale. Jungen reagieren auf die Entdeckung des Geschlechtsunterschiedes mit dem Kastrationskomplex, Mädchen mit Penisneid.[7]

2. 1923 schrieb Freud ›Die infantile Genitalorganisation; Eine Einschaltung in die Sexualtheorie‹; er führte hier die phallische Organisa-

---

[3] (1905d) *Drei Abhandlungen zur Sexualtheorie*, G. W., Bd. 5, S. 88.
[4] Ibid., S. 88 f.
[5] Ibid., S. 120.
[6] Ibid., S. 122.
[7] Ibid., S. 96.

tion als eine weitere Phase in der Libidoentwicklung des Kindes ein, als eine Phase, die auf die anale folgt.

>»Wenn es auch nicht zu einer richtigen Zusammenfassung der Partialtriebe unter das Primat der Genitalien kommt, so gewinnt doch auf der Höhe des Entwicklungsganges der infantilen Sexualität das Interesse an den Genitalien und die Genitalbetätigung eine dominierende Bedeutung, die hinter der in der Reifezeit wenig zurücksteht. Der Hauptcharakter dieser *infantilen Genitalorganisation* ist zugleich ihr Unterschied von der endgültigen Genitalorganisation der Erwachsenen. Er liegt darin, daß für beide Geschlechter nur *ein Genitale,* das männliche, eine Rolle spielt. Es besteht also nicht ein Genitalprimat, sondern ein Primat des *Phallus.*«[8]

>». . . [man kann] *die Bedeutung des Kastrationskomplexes erst richtig würdigen, wenn man seine Entstehung in der Phase des Phallusprimats mitberücksichtigt.*«[9]

Im *Abriß* reformuliert Freud, was in der phallischen Phase erreicht wird:

>»In den frühen Phasen gehen die einzelnen Partialtriebe unabhängig von einander auf Lusterwerb aus, in der phallischen Phase beginnen die Anfänge einer Organisation, die die anderen Strebungen dem Primat der Genitalien unterordnet und den Beginn der Einordnung des allgemeinen Luststrebens in die Sexualfunktion bedeutet.«[10]

3. In den folgenden späteren Werken wird das Verständnis der phallischen Erotik noch erweitert: *Über die weibliche Sexualität* (1931), *Der Untergang des Ödipuskomplexes* (1924), *Einige psychische Folgen des anatomischen Geschlechtsunterschieds* (1925).[11]

Phallische Erotik: Ziele

Die phallischen Erregungen der frühen Kindheit charakterisiert Freud nur durch den Hinweis, daß sie durch manuelle Masturbation oder Zusammendrücken der Oberschenkel befriedigt werden.[12]

Die phallischen Ziele in der Phase des Phallusprimats werden als den männlichen Genitalzielen ähnlich charakterisiert, aber diese Ähnlichkeit ist durch die Tatsache eingeschränkt, daß die Vagina keine psychische Bedeutung für das Kind hat.

8 (1923e) *Die infantile Genitalorganisation*, G. W., Bd. 13, S. 294 f.
9 Ibid., S. 296.
10 (1940a [1938]) *Abriß der Psychoanalyse,* G. W., Bd. 17, S. 77.
11 (1931b) *Über die weibliche Sexualität*, G. W., Bd. 14; vgl. a. (1934d) *Der Untergang des Ödipuskomplexes*, G. W., Bd. 13, und (1925j) *Einige psychische Folgen des anatomischen Geschlechtsunterschieds*, G. W., Bd. 14.
12 (1905d) *Drei Abhandlungen zur Sexualtheorie,* G. W., Bd. 5, S. 89.

»Mit dieser Erregung [des Penis] sind Antriebe verbunden, die das Kind sich nicht zu deuten weiß, dunkle Impulse zu gewaltsamem Tun, zum Eindringen, Zerschlagen, irgendwo ein Loch aufreißen.« Aber an dieser Stelle bricht das Kind seine Versuche, sich den Geschlechtsverkehr vorzustellen, ratlos ab, weil es die Vagina nicht kennt.[13]

».. . die Analyse läßt keinen Zweifel darüber, daß die Wünsche des Kindes über ... Zärtlichkeit hinaus alles anstreben, was wir als sinnliche Befriedigung begreifen, soweit eben das Vorstellungsvermögen des Kindes reicht. Es ist leicht zu verstehen, daß das Kind den wirklichen Sachverhalt der Vereinigung der Geschlechter niemals errät, es setzt dafür andere aus seinen Erfahrungen und Empfindungen abgeleitete Vorstellungen ein. Gewöhnlich gipfeln seine Wünsche in der Absicht, ein Kind zu gebären oder – in unbestimmbarer Weise – zu zeugen.«[14]

Nach Freuds Darstellung ist mit phallischen Impulsen also nicht nur der Wunsch verbunden einzudringen, sondern auch der Wunsch, ein Kind zu zeugen – wahrscheinlich aber in noch unvollständigerer Form als der mit genitalen Impulsen verbundene Wunsch zu ejakulieren.

»Andauerndes Bettnässen [ist] der Pollution der Erwachsenen gleichzustellen, ein Ausdruck der nämlichen Genitalerregung, welche das Kind um diese Zeit zur Masturbation gedrängt hat.«[15]

Wie alle Komponenten der Libido kann die phallische Erotik aktive und passive Ziele haben. Wenn die aktiven Ziele sich auf das Eindringen und Zeugen richten, dann sind die passiven Ziele der Wunsch, daß ein anderer in einen eindringt, und der Wunsch, ein Kind zu gebären. Beim Jungen bilden diese passiven Ziele die Basis des negativen Ödipuskomplexes, in dem »kastriert werden« eine Voraussetzung dafür ist, daß ein anderer in einen eindringt[16]; das Eindringen kann auch als Eindringen in den Anus verstanden werden.[17] Als ein weiteres passives phallisches Ziel gilt der Wunsch, daß ein anderer die phallische Zone stimuliert, also die aktive Rolle spielt. Freud diskutiert diesen Punkt im Zusammenhang mit der phallischen Beziehung des Mädchens zur Mutter.[18] Vielleicht muß dieser Wunsch als das passive Gegenstück der frühen Säuglingsonanie aufgefaßt werden.

Diese Charakterisierung der aktiven und passiven Ziele der phallischen

[13] (1908c) ›Über infantile Sexualtheorien‹, G. W., Bd. 7, S. 180.

[14] (1926e) *Die Frage der Laienanalyse,* G. W., Bd. 14, S. 241 f.

[15] (1924d) ›Der Untergang des Ödipuskomplexes‹, G. W., Bd. 13, S. 397.

[16] Ibid., S. 398; vgl. a. (1925j) ›Einige psychische Folgen des anatomischen Geschlechtsunterschiedes‹, G. W., Bd. 14, S. 21.

[17] (1918b [1914]) ›Aus der Geschichte einer infantilen Neurose‹, G. W., Bd. 12, S. 109.

[18] (1931b) ›Über die weibliche Sexualität‹, G. W., Bd. 14, S. 532.

Erotik gilt für Mädchen und Jungen gleichermaßen. Bei Mädchen sind diese Ziele die der phallischen Beziehung zur Mutter, die dem positiven Ödipuskomplex des Mädchens vorausgeht und in der das Mädchen sich die Mutter meist als ein phallisches Objekt, d. h. als mit einem Penis ausgestattet, vorstellt.[19]

Die passiven phallischen Ziele des kleinen Mädchens dürfen nicht mit den passiven Zielen der reifen weiblichen Genitalität verwechselt werden. Mit dem Wechsel von der Mutter zum Vater als ödipales Objekt macht das kleine Mädchen einen weiteren Schritt zur Weiblichkeit, zur Annahme einer weiblichen Rolle. Aber der Wechsel der Leitzone von der Klitoris zur Vagina findet erst in der Pubertät statt. Die Passivität des Mädchens dem Vater gegenüber entwickelt sich jedoch noch im Horizont der phallischen Weltsicht: sie bedeutet, daß das Mädchen seine ›Kastration‹ akzeptiert und sogar wünscht, vom Vater kastriert oder beschädigt zu werden; aber in seinem Bemühen, das Eindringen in die Vagina zu begreifen, bleibt es ebenso ratlos wie der Junge. (Freud erwähnt klinische Berichte über vaginale Sensationen ganz kleiner Mädchen, sagt jedoch, daß auch in solchen Fällen die Klitoris die leitende Zone sei.)[20] Die positive ödipale Entwicklung bedeutet beim Mädchen im Idealfalle, daß der Wunsch nach einem Penis durch den Wunsch nach einem Kind ersetzt wird, während beim Jungen die narzißtische Wertschätzung des Penis dominant werden sollte.

Phallische Erotik und Ödipuskomplex

Die phallische Erotik in der Phase des Phallusprimats ist objektbezogen: ihre Objekte sind die Objekte des Ödipuskomplexes; der Inhalt der phallischen Erotik in dieser Phase läßt sich daher nur vor dem Hintergrund der Ziele, Wünsche und Phantasien des Ödipuskomplexes verstehen. Obwohl Masturbation die charakteristische Form phallischer Befriedigung ist, ist sie nicht ›autoerotisch‹, weil angesichts der sie begleitenden Phantasien die Masturbation des Kindes nur die genitale Abfuhr der zum [Ödipus-]»Komplex gehörigen Sexualerregung ist und dieser Beziehung ihre Bedeutung für alle späteren Zeiten verdanken wird«.[21]

Man kann sagen, daß die phallische Phase gegenüber der relativen Objektkonstanz in der analsadistischen Phase zumindest für die Dauer des positiven Ödipuskomplexes des Jungen eine Weiterentwicklung der Fähigkeit, Objektbeziehungen einzugehen, darstellt; denn in der

[19] Ibid., S. 532.
[20] Ibid., S. 520.
[21] (1924d) ›Der Untergang des Ödipuskomplexes‹, G. W., Bd. 13, S. 398.

phallischen Phase gibt es nicht nur »ein Sexualobjekt und ein Maß von Konvergenz der Sexualstrebungen auf dies Objekt«,[22] sondern auch ein Aufheben der Ambivalenz, »weil es [den Jungen] ermöglicht ist, ihre Ambivalenz gegen die Mutter zu erledigen, indem sie all ihre feindseligen Gefühle beim Vater unterbringen«.[23]

»Diese phallische Phase [ist] gleichzeitig die des Ödipuskomplexes.«[24] In ›Der Untergang des Ödipuskomplexes‹ (1924) diskutiert Freud, wie die Existenz des Phallusprimats zu dieser Zeit den Verlauf der Konflikte des Ödipuskomplexes determiniert.

In der Theorie der infantilen Sexualität von 1905 wurde der Ödipuskomplex als die letzte Form der infantilen Objektwahl aufgefaßt, und alle erogenen Zonen wurden als gleichwertig beteiligt an dieser Bindung angesehen. In ›Der Untergang des Ödipuskomplexes‹ führt Freud die in seiner Schrift über ›Die infantile Genitalorganisation‹ enthaltenen Implikationen für den Ödipuskomplex aus.

»*Die Bedeutung des Kastrationskomplexes* [kann man] *erst richtig würdigen, wenn man seine Entstehung in der Phase des Phallusprimats mitberücksichtigt.*«[25]

Erst in der phallischen Phase, in der der narzißtische Wert des Penis erhöht ist, gewinnt die Kastrationsdrohung eine so starke psychische Wirkung, daß sie den Kastrationskomplex hervorbringt. Freud hat – seit 1905 – oft dargestellt, wie die Kastrationsdrohung durch die Beobachtung verstärkt wird, daß Mädchen keinen Penis haben. Daß die Kastration aber zu einer psychischen Realität wird (für den Jungen als reale Drohung, für das Mädchen als seine Vorstellung von seinem eigenen Genitale), daß in der phallischen Phase der Gegensatz lautet: »*männliches Genitale* oder *kastriert*«[26], ist nur der Ausdruck der kindlichen Phantasien und des kindlichen Denkens über die Natur der phallischen Erotik – daß nämlich die erogene Zone bei beiden Geschlechtern ›männlich‹ ist und spezifisch männliche Ziele hat. Die Vagina existiert für das Kind nicht, nicht nur, weil die Forschungen des Kindes vergeblich bleiben, und nicht nur aus mangelndem Wissen – wie wir bei ›aufgeklärten‹ Kindern oder denjenigen, die Zeuge des Geschlechtsverkehrs geworden sind, beobachten können –, sondern deshalb, weil seine eigene (phallische) Sexualerfahrung keine Basis bildet, auf der es die Bedeutung der Vagina verstehen könnte.[27]

Freuds Verständnis der Existenz einer Phase des Phallusprimats führte ihn dazu, im Kastrationskomplex (d. h. Kastrationsenttäuschung)

[22] [1924] (1905d) *Drei Abhandlungen zur Sexualtheorie,* G. W., Bd. 5, S. 100 Anm.
[23] (1931b) ›Über die weibliche Sexualität‹, G. W., Bd. 14, S. 528 f.
[24] (1924d) ›Der Untergang des Ödipuskomplexes‹, G. W., Bd. 13, S. 396.
[25] (1923e) ›Die infantile Genitalorganisation‹, G. W., Bd. 13, S. 296.
[26] Ibid., S. 297.
[27] (1908c) ›Über infantile Sexualtheorien‹, G. W., Bd. 7, S. 177–187.

das entscheidende Agens für den Untergang des Ödipuskomplexes (des Jungen) und den Eintritt in die Latenzzeit zu sehen; zusätzliche Gründe für den Eintritt in die Latenz sind die unvermeidliche Frustration der ödipalen Wünsche und die mögliche phylogenetische Prägung der Latenzzeit beim Menschen.

»Die Behauptung ist nun, daß die phallische Genitalorganisation des Kindes an dieser Kastrationsdrohung zugrunde geht.«[28]

»Diese phallische Phase ... versinkt und wird von der Latenzzeit abgelöst« – vermittels einer partiellen Verdrängung des Ödipuskomplexes.[29]

Phallische Phase und weibliche Sexualität

In den nach 1920 geschriebenen Abhandlungen über die weibliche Sexualität korrigierte Freud seine frühere Auffassung, daß der Ödipuskomplex des Mädchens nur die Umkehrung des Ödipuskomplexes des Jungen darstelle, und untersuchte die Vorgänge in der phallischen Phase des Mädchens im einzelnen.

»*Während der Ödipus-Komplex des Knaben am Kastrationskomplex zugrunde geht, wird der des Mädchens durch den Kastrationskomplex ermöglicht und eingeleitet.*«[30]

Beim Mädchen nimmt der Kastrationskomplex die Gestalt des Penisneids an; und es ist Penisneid (d. h. daß das Mädchen sich und die Mutter als ›kastrierte‹ Wesen ansieht, daß es von der Mutter enttäuscht und wütend auf sie ist, daß klitorale Masturbation eine narzißtische Erniedrigung bedeutet), der das Mädchen veranlaßt, sich von seinem ersten phallischen Liebesobjekt, der Mutter, abzuwenden.

Mit dieser Abwendung ist »ein starkes Absinken der aktiven und ein Anstieg der passiven Sexualregungen zu beobachten ... Gewiß sind die aktiven Strebungen stärker von der Versagung betroffen worden, sie haben sich als durchaus unausführbar erwiesen und werden darum auch leichter von der Libido verlassen, aber auch auf Seite der passiven Strebungen hat es an Enttäuschungen nicht gefehlt. Häufig wird mit der Abwendung von der Mutter auch die klitoridische Masturbation eingestellt, oft genug wird mit der Verdrängung der bisherigen Männlichkeit des kleinen Mädchens ein gutes Stück ihres Sexualstrebens überhaupt dauernd geschädigt. Der Über-

---

28 (1924d) ›Der Untergang des Ödipuskomplexes‹, G. W., Bd. 13, S. 397.
29 Ibid., S. 396.
30 (1925j) ›Einige psychische Folgen des anatomischen Geschlechtsunterschieds‹, G. W., Bd. 14, S. 28.

gang zum Vaterobjekt wird mit Hilfe der passiven Strebungen vollzogen, soweit diese dem Umsturz entgangen sind.«[31]

Phallische Phase und Partialtriebe

In der phallischen Phase treten die Partialtriebe des Exhibitionismus und der Schaulust besonders stark hervor, denn in dieser Phase dienen sie der vorherrschenden phallischen Erotik und werden von ihr geprägt.

Ein weiteres Merkmal der phallischen Phase ist intensive Sexualneugier. Sie wird vor allem durch die Wirkung erregt, die die Beobachtung des Geschlechtsunterschiedes auf das phallische Kind hat, obwohl die »Sexualforschung des Kindes« auch vor dem Phallusprimat durch die Geburt eines Geschwisters angeregt werden kann. Freud scheint diese Neugier als ein Triebphänomen aufgefaßt zu haben, das sich aus einer Komponente oder einem Aspekt der phallischen Antriebe ableitet:

> »Die treibende Kraft, welche dieser männliche Teil später in der Pubertät entfalten wird, äußert sich um diese Lebenszeit wesentlich als Forschungsdrang, als sexuelle Neugierde.«[32]

Klinische Anwendungen s. *Ödipuskomplex*

[31] (1931b) ›Über die weibliche Sexualität‹, G. W., Bd. 14, S. 533.
[32] (1923e) ›Die infantile Genitalorganisation‹, G. W., Bd. 13, S. 295.

18
Ödipuskomplex

Vgl. Konzepte: *Der Ödipuskomplex des Jungen und*
Der Ödipuskomplex des Mädchens

Freud betrachtet den Ödipuskomplex als einen »Grundpfeiler« der Psychoanalyse.[1] In seinen veröffentlichten Schriften scheint der Begriff zuerst im Jahre 1910 gebraucht worden zu sein[2]. Das Konzept war ihm jedoch schon lange vorher vertraut. Er hatte die Existenz des Ödipuskomplexes bereits im Sommer und Herbst 1897 postuliert und in Briefen an Fließ formuliert.[3] In der *Traumdeutung* (1900) diskutiert Freud das Konzept im Hinblick auf den Zusammenhang zwischen infantiler Sexualität und der Legende von Ödipus, aber den Terminus »Ödipuskomplex« gebraucht er hier noch nicht.[4] Der Begriff »Ödipuskomplex« ist dem Stoff der Tragödie des Sophokles »Ödipus Rex« entnommen. Sie behandelt die Legende des antiken Königs, der, ohne es zu wissen, seinen Vater erschlug und seine Mutter heiratete und sich schließlich zur Strafe selbst blendete. Freud bemerkt, vor Ödipus »schaudern wir zurück mit dem ganzen Betrag der Verdrängung, welche diese Wünsche in unserem Innern seither erlitten haben«[5].

»Schon in den ersten Kinderjahren (etwa von 2 bis 5 Jahren) stellt sich eine Zusammenfassung der Sexualstrebungen her, deren Objekt beim Knaben die Mutter ist. Diese Objektwahl nebst der dazugehörigen Einstellung von Rivalität und Feindseligkeit gegen den Vater ist der Inhalt des sogenannten *Ödipus-Komplexes,* dem bei allen Menschen die größte Bedeutung für die Endgestaltung des Liebeslebens zukommt. Man hat es als charakteristisch für den Normalen hingestellt, daß er den Ödipuskomplex bewältigen lernt, während der Neurotiker an ihm haften bleibt.

Diese Frühperiode des Sexuallebens findet gegen das fünfte Jahr hin normalerweise ein Ende.«[6] »Diese phallische Phase, gleichzeitig die des Ödipuskomplexes, entwickelt sich nicht weiter zur endgültigen Genitalorganisation, sondern sie versinkt und wird von der La-

1 (1923a) ›»Psychoanalyse« und »Libidotheorie«‹, G. W., Bd. 13, S. 223.
2 (1910h) ›Über einen besonderen Typus der Objektwahl beim Manne‹, G. W., Bd. 8, S. 73.
3 (1950a [1897–1902]) *Aus den Anfängen der Psychoanalyse,* op. cit., S. 193 f., 198.
4 (1900a) *Die Traumdeutung,* G. W., Bd. 2/3, S. 267 f.
5 Ibid., S. 269.
6 (1923a) ›»Psychoanalyse« und »Libidotheorie«‹, G. W., Bd. 13, S. 221.

tenzzeit abgelöst.«[7] »In der darauffolgenden Zeit der *Pubertät* erfährt der Ödipus-Komplex eine Neubelebung im Unbewußten ...«[8]

Den Terminus »Elektrakomplex«, den Jung eingeführt hatte, lehnte Freud ab, weil er »die Analogie im Verhalten beider Geschlechter betonen will«.[9] »Ich sehe in der Einführung des Terminus ›Elektrakomplex‹ keinen Fortschritt oder Vorteil und möchte denselben nicht befürworten.«[10]

Freud hob die Bedeutung der Bisexualität für den vollständigeren Ödipuskomplex hervor, »der ein zweifacher ist, ein positiver und ein negativer«. Noch wichtiger ist, daß Freud in der Stärke der männlichen und weiblichen Anlagen die entscheidenden Determinanten für die Lösung der Ödipussituation sah:

> »Der Ausgang der Ödipussituation in Vater- oder in Mutteridentifizierung scheint also bei beiden Geschlechtern von der relativen Stärke der beiden Geschlechtsanlagen abzuhängen. Dies ist eine Art, wie sich die Bisexualität in die Schicksale des Ödipuskomplexes einmengt.«[11] Und: »In der verschieden starken Ausprägung der beiden Identifizierungen wird sich die Ungleichheit der beiden geschlechtlichen Anlagen spiegeln.«[12]

Weil es deshalb für den Jungen und für das Mädchen jeweils eine positive und eine negative Beziehung zu jedem Elternteil gibt, kann die ödipale Beziehung als eine vierfache angesehen werden.[13] Freud hielt es für ratsam, die Existenz einer solchen vierfachen Situation anzunehmen.

> »Die analytische Erfahrung zeigt dann, daß bei einer Anzahl von Fällen der eine oder der andere Bestandteil desselben bis auf kaum merkliche Spuren schwindet, so daß sich eine Reihe ergibt, an deren einem Ende der normale, positive, an deren anderem Ende der umgekehrte negative Ödipuskomplex steht, während die Mittelglieder die vollständige Form mit ungleicher Beteiligung der beiden Komponenten aufzeigen.«[14]

Zunächst hatte Freud angenommen, der Ödipuskomplex verlaufe bei Jungen und Mädchen gleich (mit den notwendigen Wechseln in der Rolle jedes Elternteils, je nach dem Geschlecht des Kindes); später erkannte er die großen Unterschiede zwischen dem Ödipuskomplex des Jungen und dem des Mädchens.

[7] (1924d) ›Der Untergang des Ödipuskomplexes‹, G. W., Bd. 13, S. 396.
[8] (1923a) ›»Psychoanalyse« und »Libidotheorie«‹, G. W., Bd. 13, S. 221.
[9] (1931b) ›Über die weibliche Sexualität‹, G. W., Bd. 14, S. 521.
[10] (1920a) ›Über die Psychogenese eines Falles von weiblicher Homosexualität‹, G. W., Bd. 12, S. 281 Anm.
[11] (1923b) *Das Ich und das Es*, G. W., Bd. 13, S. 261.
[12] Ibid., S. 262.
[13] Ibid., S. 263.
[14] Ibid., S. 262.

19
Der Ödipuskomplex des Mädchens

Einige Zeit lang nahm Freud an, die Sexualentwicklung verlaufe bei Jungen und Mädchen ähnlich. In der *Traumdeutung* sagt er, »daß die erste Neigung des Mädchens dem Vater, die ersten infantilen Begierden des Knaben der Mutter gelten«.[1] In der Abhandlung ›Ein Kind wird geschlagen‹ (1919)[2] revidierte er diese Ansicht, und in den folgenden Jahren konnte er die Unterschiede in der Entwicklung von Jungen und Mädchen immer genauer klären. Doch noch 1924 glaubte er:

> »Der Ödipuskomplex des Mädchens ist weit eindeutiger als der des kleinen Penisträgers, er geht nach meiner Erfahrung nur selten über die Substituierung der Mutter und die feminine Einstellung zum Vater hinaus.«[3]

Spätere Formulierungen zeigen indes, daß Freud dazu kam, den Ödipuskomplex beim Mädchen als einen sehr viel komplizierteren Prozeß anzusehen. So äußerte er sich 1935 zu der Tatsache, daß das kleine Mädchen nicht nur sein Sexualobjekt wechseln muß – von der Frau (Mutter) zum Mann (Vater) –, sondern auch seine leitende Genitalzone – von der Klitoris zur Vagina –, ein scharfer Gegensatz zum kleinen Jungen, dessen Sexualentwicklung viel einfacher verläuft: bei ihm bleibt der Phallus die leitende Genitalzone und sein Sexualobjekt bleibt eine Frau.[4]

Wie Strachey ausführt, »hat Freud erst gegen Ende seines Lebens erklärt (in Abschnitt III seiner Abhandlung ›Über die weibliche Sexualität‹, 1931b), die [Verführungs-]Phantasien seiner Patienten seien in Wirklichkeit ursprünglich nicht auf den Vater gerichtet gewesen, sondern auf die Mutter«.[5] In der gleichen Arbeit schrieb Freud, ihm sei aufgefallen: »wo eine besonders intensive Vaterbindung bestand, da hatte es nach dem Zeugnis der Analyse vorher eine Phase ausschließlicher Mutterbindung gegeben von gleicher Intensität und Leidenschaftlichkeit«[6]. Freud durchschaute die Berichte über Verführung durch den Vater mit der Zeit als typische zur ödipalen Phase gehörige Phantasien,

---

1 (1900a) *Die Traumdeutung,* G. W., Bd. 2/3, S. 264.
2 (1919e) ›Ein Kind wird geschlagen‹, G. W., Bd. 12.
3 (1924d) ›Der Untergang des Ödipuskomplexes‹, G. W., Bd. 13, S. 401.
4 Zusatz von 1935 zu *Selbstdarstellung* (1925d), Fischer Taschenbuch Nr. 6096, Frankfurt am Main 1971, S. 66.
5 (1935a) Postscript (1935) to *An Autobiographical Study,* S. E., Vol. 20, S. 34.
6 (1931b) ›Über die weibliche Sexualität‹, G. W., Bd. 14, S. 518.

die ihre Quelle in der frühen Beziehung des Mädchens zur Mutter haben, nämlich in der Erregung, die die Mutter bei der Körperpflege,
insbesondere der Reinigung der Genitalzone, auslöst.[7]

Freuds Ansicht von 1900 hat sich jetzt in ihr Gegenteil verkehrt. Wir
lesen jetzt:

»Auch beim Weib muß die Mutter das erste Objekt sein. Die Urbedingungen der Objektwahl sind ja für alle Kinder gleich.«[8]

»Auch die Zeitdauer dieser Mutterbindung [hatte man] stark unter-
schätzt ... Sie reichte in mehreren Fällen bis weit ins vierte, in einem
bis ins fünfte Jahr, nahm also den bei weitem längeren Anteil der
sexuellen Frühblüte ein. Ja man mußte die Möglichkeit gelten lassen, daß eine Anzahl von weiblichen Wesen in der ursprünglichen
Mutterbindung stecken bleibt und es niemals zu einer richtigen Wendung zum Manne bringt. Die präödipale Phase des Weibes rückt
hiermit zu einer Bedeutung auf, die wir ihr bisher nicht zugeschrieben haben.«[9]

Freud deutet dann an, diese Phase könne nicht wirklich als präödipale
angesehen werden, sondern bilde ein wesentliches Element der ödipalen Phase selbst, die er hier als den »negativen Komplex« bezeichnet.
Es wird jedoch nicht ganz klar, wie dieser sich von dem »negativen
Komplex« unterscheidet, der ein Element der früheren Formulierungen des Ödipuskomplexes darstellt, denen zufolge der Ödipuskomplex
für Jungen und Mädchen »ein zweifacher ist, ein positiver und ein negativer, abhängig von der ursprünglichen Bisexualität des Kindes«.[10]

»Die Einsicht in die präödipale Vorzeit des Mädchens wirkt als
Überraschung, ähnlich wie auf anderem Gebiet die Aufdeckung der
minoisch-mykenischen Kultur hinter der griechischen. Alles auf dem
Gebiet der ersten Mutterbindung erschien mir so schwer analytisch
zu erfassen.«[11]

Freud formuliert die neue Einsicht wie folgt:

»Da die [präödipale Phase des Weibes] für alle Fixierungen und
Verdrängungen Raum hat, auf die wir die Entstehung der Neurosen
zurückführen, scheint es erforderlich, die Allgemeinheit des Satzes,
der Ödipuskomplex sei der Kern der Neurose, zurückzunehmen.
Aber wer ein Sträuben gegen diese Korrektur verspürt, ist nicht genötigt sie zu machen. Einerseits kann man dem Ödipuskomplex den
weiteren Inhalt geben, daß er alle Beziehungen des Kindes zu beiden
Eltern umfaßt, andererseits kann man den neuen Erfahrungen auch
Rechnung tragen, indem man sagt, das Weib gelange zur normalen

[7] Ibid., S. 532.
[8] Ibid., S. 521.
[9] Ibid., S. 518.
[10] (1923b) *Das Ich und das Es,* G. W., Bd. 13, S. 261.
[11] (1931b) ›Über die weibliche Sexualität‹, G. W., Bd. 14, S. 519.

positiven Ödipussituation erst, nachdem es eine vom negativen Komplex beherrschte Vorzeit überwunden. Wirklich ist während dieser Phase der Vater für das Mädchen nicht viel anderes als ein lästiger Rivale, wenngleich die Feindseligkeit gegen ihn nie die für den Knaben charakteristische Höhe erreicht.«[12]

Es scheint, daß manche Schwierigkeit auf die Tatsache zurückgeht, daß Freud diese Phase in einigen Fällen als präödipal, in anderen als Teil der ödipalen Phase bezeichnet hat. Freud weist auf einen weiteren Unterschied zur Entwicklung des Jungen hin, wenn er zeigt, daß die feindselige Einstellung des Mädchens zur Mutter »nicht eine Folge der Rivalität des Ödipuskomplexes ist, sondern aus der Phase vorher stammt und in der Ödipussituation nur Verstärkung und Verwandlung erfahren hat«. Dies erklärt, warum »wir bei so vielen Frauen den Eindruck bekommen, daß ihre Reifezeit vom Kampf mit dem Ehemann ausgefüllt wird, wie ihre Jugend im Kampf mit der Mutter verbracht wurde«.[13]

Die Entwicklung des Mädchens und des Jungen unterscheidet sich auch im Hinblick auf die erogenen Zonen:

»Der Mann hat doch nur eine leitende Geschlechtszone, ein Geschlechtsorgan, während das Weib deren zwei besitzt: die eigentlich weibliche Vagina und die dem männlichen Glied analoge Klitoris. Wir halten uns für berechtigt anzunehmen, daß die Vagina durch lange Jahre so gut wie nicht vorhanden ist, vielleicht erst zur Zeit der Pubertät Empfindungen liefert. In letzter Zeit mehren sich allerdings die Stimmen der Beobachter, die vaginale Regungen auch in diese frühen Jahre verlegen. Das Wesentliche, was also an Genitalität in der Kindheit vorgeht, muß sich beim Weibe an der Klitoris abspielen. Das Geschlechtsleben des Weibes zerfällt regelmäßig in zwei Phasen, von denen die erste männlichen Charakter hat; erst die zweite ist die spezifisch weibliche. In der weiblichen Entwicklung gibt es so einen Prozeß der Überführung der einen Phase in die andere, dem beim Manne nichts analog ist. Eine weitere Komplikation entsteht daraus, daß sich die Funktion der virilen Klitoris in das spätere weibliche Geschlechtsleben fortsetzt in einer sehr wechselnden und gewiß nicht befriedigend verstandenen Weise.«[14]

Eine etwas spätere Formulierung besagt, daß der Unterschied zwischen klitoraler und vaginaler Sexualität für den deutlichen Unterschied zwischen der phallischen Phase und der genitalen Phase von Bedeutung sein muß. Freud schreibt:

»Als dritte erscheint die *phallische* Phase, in der bei beiden Ge-

---

[12] Ibid., S. 518 f.
[13] Ibid., S. 523 f.
[14] Ibid., S. 520 f.

schlechtern das männliche Glied und, was ihm beim Mädchen entspricht, eine nicht mehr zu übersehende Bedeutung gewinnt. Den Namen der genitalen Phase haben wir der endgültigen Sexualorganisation vorbehalten, die sich nach der Pubertät herstellt, in der erst das weibliche Genitale die Anerkennung findet, die das männliche längst erworben hatte.«[15]

»Parallel dieser ersten großen Differenz läuft die andere auf dem Gebiet der Objektfindung.« Auch beim Mädchen muß die Mutter das erste Objekt sein. »Aber am Ende der Entwicklung soll der Mann-Vater das neue Liebesobjekt geworden sein, d. h. dem Geschlechtswechsel des Weibes muß ein Wechsel im Geschlecht des Objekts entsprechen.«[16] Eine weitere Differenz der Geschlechter bezieht sich auf das Verhältnis zum Ödipuskomplex.

»Die schicksalhafte Beziehung von gleichzeitiger Liebe zu dem einen und Rivalitätshaß gegen den anderen Elternteil stellt sich nur für das männliche Kind her.«[17]

»Während der Ödipuskomplex des Knaben am Kastrationskomplex zugrundegeht, wird der des Mädchens durch den Kastrationskomplex ermöglicht und eingeleitet. Dieser Widerspruch erhält seine Aufklärung, wenn man erwägt, daß der Kastrationskomplex dabei immer im Sinne seines Inhaltes wirkt, hemmend und einschränkend für die Männlichkeit, befördernd auf die Weiblichkeit.«[18]

Der erste Schritt in der phallischen Phase ist die Entdeckung des männlichen Organs. Das kleine Mädchen verfällt dem Penisneid. »Sie hat es gesehen, weiß, daß sie es nicht hat, und will es haben.«[19] Dies ist als »Männlichkeitskomplex« der Frau bezeichnet worden. Das Mädchen pflegt seine Entdeckung zunächst zu leugnen; es hält an der Phantasie vom verborgenen Penis fest oder an der Hoffnung, es werde später einen bekommen. Es entwickelt ein »Minderwertigkeitsgefühl«. Der Penisneid kann verschoben werden und in der Charaktereigenschaft der Eifersucht fortleben. Es beginnt, »die Geringschätzung des Mannes für das in einem entscheidenden Punkt verkürzte Geschlecht zu teilen und hält wenigstens in diesem Urteil an der eigenen Gleichstellung mit dem Manne fest«. Das hat die weitere Folge, daß das Verhältnis des Mädchens zur Mutter (die für den Penismangel verantwortlich gemacht wird) sich lockert.[20] Gleichzeitig führt die narzißtische Wunde der Ent-

---

[15] (1933a) *Neue Folge der Vorlesungen zur Einführung in die Psychoanalyse,* G. W., Bd. 15, S. 105.
[16] (1931b) ›Über die weibliche Sexualität‹, G. W., Bd. 14, S. 521.
[17] Ibid., S. 521.
[18] (1925j) ›Einige psychische Folgen des anatomischen Geschlechtsunterschieds‹, G. W., Bd. 14, S. 28.
[19] Ibid., S. 24.
[20] Ibid., S. 24 ff.

deckung des Penismangels zur Aufgabe der klitoralen Sexualität, um für die Entwicklung der Weiblichkeit Raum zu schaffen. Die Erklärung für den Kampf des kleinen Mädchens gegen die Onanie kann man in seiner »narzißtischen Kränkung« über den Penismangel sehen. Erst an dieser Stelle beginnt der Ödipuskomplex eine Rolle zu spielen. Nun »gleitet die Libido des Mädchens – man kann nur sagen: längs der vorgezeichneten symbolischen Gleichung Penis = Kind – in eine neue Position«. Um ein Kind zu bekommen, nimmt sie den Vater zum Liebesobjekt, während die Mutter zum Objekt der Eifersucht wird. Es wendet sich dem Vater zu, doch gegenüber dem Wunsch, ein Kind von ihm zu erhalten, bleibt diese Zuwendung sekundär.[21] Die Enttäuschung durch den Vater kann das Mädchen veranlassen, zur Mutter zurückzukehren.[22]

»Man erfährt sehr häufig aus der Analyse, daß das kleine Mädchen, nachdem es auf den Vater als Liebesobjekt verzichten mußte, nun seine Männlichkeit hervorholt und sich anstatt mit der Mutter, mit dem Vater, also mit dem verlorenen Objekt, identifiziert.«[23]

Das Ergebnis der Objektwahl hängt zum Teil von der relativen Stärke der männlichen und weiblichen Geschlechtsanlagen ab.[24] Wechselnde Identifizierungen mit jedem der beiden Elternteile sind »bei Mädchen leichter zu beobachten als bei Knaben«[25]. Bei der Frau tritt die Bisexualität viel deutlicher hervor als beim Mann.[26]

Während beim Jungen der Ödipuskomplex »förmlich zerschellt«, entgeht er beim Mädchen diesem Schicksal. ». . . er kann langsam verlassen, durch Verdrängung erledigt werden, seine Wirkungen weit in das für das Weib normale Seelenleben verschieben«.[27]

Freud beschreibt, wie sich aus der Anerkennung seiner Kastration drei Entwicklungsrichtungen für das Mädchen ableiten.

»Der erste führt zur allgemeinen Abwendung von der Sexualität . . . Die zweite Richtung hält in trotziger Selbstbehauptung an der bedrohten Männlichkeit fest; die Hoffnung, noch einmal einen Penis zu bekommen, bleibt bis in unglaublich späte Zeiten aufrecht (Männlichkeitskomplex) . . . Erst eine dritte, recht umwegige Entwicklung mündet in die normal weibliche Endgestaltung aus, die den Vater als Objekt nimmt und so die weibliche Form des Ödipuskomplexes findet. Der Ödipuskomplex ist also beim Weib das Endergebnis einer

[21] Ibid., S. 27 f.
[22] (1931b) ›Über die weibliche Sexualität‹, G. W., Bd. 14, S. 535.
[23] (1923b) *Das Ich und das Es*, G. W., Bd. 13, S. 261.
[24] Ibid., S. 261.
[25] Ibid., S. 261.
[26] (1931b) ›Über die weibliche Sexualität‹, G. W., Bd. 14, S. 520.
[27] (1925j) ›Einige psychische Folgen des anatomischen Geschlechtsunterschieds‹, G. W., Bd. 14, S. 29.

längeren Entwicklung, er wird durch den Einfluß der Kastration nicht zerstört, sondern durch ihn geschaffen, er entgeht den starken feindlichen Einflüssen, die beim Mann zerstörend auf ihn einwirken, ja er wird allzuhäufig vom Weib überhaupt nicht überwunden.«[28] Darin sah Freud den Hauptgrund für die Tatsache, daß Frauen – nach seiner Ansicht – ein weniger starkes Überich entwickeln als Männer.

Ein weiterer Unterschied in der Entwicklung von Jungen und Mädchen, der für das unterschiedliche Schicksal des Ödipuskomplexes bei den beiden Geschlechtern von Bedeutung sein kann: In bezug auf die Entwicklung des Mädchens sagt Freud:

»Die geringere Stärke des sadistischen Beitrages zum Sexualtrieb, die man wohl mit der Verkümmerung des Penis zusammenbringen darf, erleichtert die Verwandlung der direkt sexuellen Strebungen in zielgehemmte zärtliche. Im ganzen muß man aber zugestehen, daß unsere Einsichten in diese Entwicklungsvorgänge beim Mädchen unbefriedigend, lücken- und schattenhaft sind.«[29]

[28] (1931b) ›Über die weibliche Sexualität‹, G. W., Bd. 14, S. 522 f.
[29] (1924d) ›Der Untergang des Ödipuskomplexes‹, G. W., Bd. 13, S. 401.

20
Der Ödipuskomplex des Jungen

Die Entstehung des Ödipuskomplexes beim Jungen beschreibt Freud wie folgt: Das männliche Kind »entwickelt für die Mutter eine Objektbesetzung, die von der Mutterbrust ihren Ausgang nimmt und das vorbildliche Beispiel einer Objektwahl nach dem Anlehnungstypus zeigt; des Vaters bemächtigt sich der Knabe durch Identifizierung«.[1] Der Vater wird zu seinem Ideal.[2] »Die beiden Beziehungen gehen eine Weile nebeneinander her, bis durch die Verstärkung der sexuellen Wünsche nach der Mutter und die Wahrnehmung, daß der Vater diesen Wünschen ein Hindernis ist, der Ödipuskomplex entsteht.«[3]
Es entwickelt sich dann der *einfache, positive* Ödipuskomplex.

> »Die Vateridentifizierung nimmt nun eine feindselige Tönung an, sie wendet sich zum Wunsch, den Vater zu beseitigen, um ihn bei der Mutter zu ersetzen. Von da an ist das Verhältnis zum Vater ambivalent; es scheint, als ob die in der Identifizierung von Anfang an enthaltene Ambivalenz manifest geworden wäre. Die ambivalente Einstellung zum Vater und die nur zärtliche Objektstrebung nach der Mutter beschreiben für den Knaben den Inhalt des einfachen, positiven Ödipuskomplexes.«[4]

Aufgrund der wichtigen Rolle, die die Bisexualität für den Ödipuskomplex spielt, verhält sich der Junge nicht nur nach dem Muster des einfachen, positiven Ödipuskomplexes, »sondern er benimmt sich auch gleichzeitig wie ein Mädchen, er zeigt die zärtliche feminine Einstellung zum Vater und die ihr entsprechende eifersüchtig-feindselige gegen die Mutter«[5].
Die Auflösung des Ödipuskomplexes hat ihren Grund zum Teil in seinem Mißerfolg, in erster Linie aber in der Kastrationsdrohung, die durch den Anblick des weiblichen Genitales verstärkt wird.[6] Freud faßte die Abwendung des Ichs vom Ödipuskomplex zunächst als Verdrängung auf; später (1924) schrieb er jedoch: dieser »Prozeß ist mehr als eine Verdrängung, er kommt, wenn ideal vollzogen, einer Zerstörung und Aufhebung des Komplexes gleich«[7].

[1] (1923b) *Das Ich und das Es*, G. W., Bd. 13, S. 260.
[2] (1921c) *Massenpsychologie und Ich-Analyse*, G. W., Bd. 13, S. 115.
[3] (1923b) *Das Ich und das Es*, G. W., Bd. 13, S. 260.
[4] Ibid., S. 260.
[5] Ibid., S. 261.
[6] (1924d) ›Der Untergang des Ödipuskomplexes‹, G. W., Bd. 13, S. 395–397.
[7] Ibid., S. 399; vgl. a. E. Jones, *Das Leben und Werk von Sigmund Freud*, Huber, Bern u. Stuttgart 1962, Bd. III, S. 308.

Der Ödipuskomplex wird zerstört, weil das Kind entweder das Positive (Aktive) oder das Negative (Passive) als Bedrohung seines Penis erlebt. Im positiven Ödipuskomplex ist der Verlust des Penis eine Strafe, im negativen Ödipuskomplex ist dieser Verlust eine Voraussetzung für den Wunsch, vom Vater zum Sexualobjekt genommen zu werden.

»Wenn die Liebesbefriedigung auf dem Boden des Ödipuskomplexes den Penis kosten soll, so muß es zum Konflikt zwischen dem narzißtischen Interesse an diesem Körperteile und der libidinösen Besetzung der elterlichen Objekte kommen. In diesem Konflikt siegt normalerweise die erstere Macht.«[8]

Die libidinösen Objektbesetzungen werden aufgegeben und durch Identifizierung ersetzt, entweder durch Identifizierung mit der Mutter oder durch Verstärkung der Identifizierung mit dem Vater. Der letztere Ausgang wird als der normalere angesehen, weil er die Männlichkeit im Charakter des Jungen festigt.[9]

»Die dem Ödipuskomplex zugehörigen libidinösen Strebungen werden zum Teil desexualisiert und sublimiert ... zum Teil zielgehemmt und in zärtliche Regungen verwandelt.«[10] Das führt zur Schaffung des Überichs und leitet all die Vorgänge ein, »die auf die Einreihung des Einzelwesens in die Kulturgemeinschaft abzielen«.[11]

»Beim Manne erübrigt vom Einfluß des Kastrationskomplexes auch ein Maß von Geringschätzung für das als kastriert erkannte Weib. Aus dieser entwickelt sich im Extrem eine Hemmung der Objektwahl und bei Unterstützung durch organische Faktoren ausschließliche Homosexualität.«[12]

[8] Ibid., S. 398.
[9] (1923b) *Das Ich und das Es*, G. W., Bd. 13, S. 260.
[10] (1924d) ›Der Untergang des Ödipuskomplexes‹, G. W., Bd. 13, S. 399.
[11] (1931b) ›Über die weibliche Sexualität‹, G. W., Bd. 14, S. 521.
[12] Ibid., S. 522.

21
Der Untergang des Ödipuskomplexes

Vgl. Konzepte: *Ödipuskomplex, Latenz, Pubertät, Phallische Erotik, genitale Phase*

Definition

»Der Untergang des Ödipuskomplexes« bezieht sich auf eine Lösung der ödipalen Konflikte, die Freud ausdrücklich als »Idealmodell« und als für die »normale«, nicht-neurotische Entwicklung charakteristisch bezeichnete. Freuds endgültigen Formulierungen zufolge pflegt sich die Abwendung vom Ödipuskomplex beim männlichen Kind als Teil des Überganges von der phallisch-ödipalen Phase in die Latenzzeit zu vollziehen, d. h. im Alter von etwa fünf Jahren. Der Unterschied zwischen männlicher und weiblicher Entwicklung in dieser Hinsicht wird unten diskutiert. Die mit diesem Prozeß verbundenen psychischen Veränderungen faßt Freud wie folgt zusammen:

»Die Objektbesetzungen werden aufgegeben und durch Identifizierung ersetzt. Die ins Ich introjizierte Vater- oder Elternautorität bildet dort den Kern des Über-Ichs, welches vom Vater die Strenge entlehnt, sein Inzestverbot perpetuiert und so das Ich gegen die Wiederkehr der libidinösen Objektbesetzung versichert. Die dem Ödipuskomplex zugehörigen libidinösen Strebungen werden zum Teil desexualisiert und sublimiert, was wahrscheinlich bei jeder Umsetzung in Identifizierung geschieht, zum Teil zielgehemmt und in zärtliche Regungen verwandelt ... Mit [diesem Prozeß] setzt die Latenzzeit ein.«[1]

Der Kern dieses Konzeptes vom »Untergang« des Ödipuskomplexes liegt in der Vorstellung, daß die Triebziele und Objektbesetzungen des Ödipuskomplexes aufhören zu existieren, selbst im Es.

»Aber der beschriebene Prozeß ist mehr als eine Verdrängung, er kommt, wenn ideal vollzogen, einer Zerstörung und Aufhebung des Komplexes gleich. Es liegt nahe anzunehmen, daß wir hier auf die niemals ganz scharfe Grenzscheide zwischen Normalem und Pathologischem gestoßen sind. Wenn das Ich wirklich nicht viel mehr als eine Verdrängung des Komplexes erreicht hat, dann bleibt dieser im

---

[1] (1924d) ›Der Untergang des Ödipuskomplexes‹, G. W., Bd. 13, S. 399.

Es unbewußt bestehen und wird später seine pathogene Wirkung äußern.«[2]

»Beim Knaben . . . wird der Komplex nicht einfach verdrängt, er zerschellt förmlich unter dem Schock der Kastrationsdrohung. Seine libidinösen Besetzungen werden aufgegeben, desexualisiert und zum Teil sublimiert, seine Objekte dem Ich einverleibt, wo sie den Kern des Über-Ichs bilden . . . Im normalen, besser gesagt: im idealen Falle besteht dann auch im Unbewußten kein Ödipus-Komplex mehr, das Über-Ich ist sein Erbe geworden.«[3]

Geschichte des Konzepts

In der Ausgabe von 1905 der *Drei Abhandlungen* wurde die infantile Sexualität als vorwiegend autoerotisch gesehen und die Entwicklung der »inzestuösen Objektwahl« als ein Merkmal der Pubertät betrachtet. Die Latenz wurde als organisch bedingt und hereditär fixiert[4] aufgefaßt und nicht mit den ödipalen Konflikten in Zusammenhang gebracht. Die Korrekturen von 1915 berücksichtigen zwar die Existenz der »infantilen Objektwahl«, sehen die Pubertät aber noch als die Periode, in der die Ablösung der Libido von den infantilen Objekten stattfindet.

»Die . . . zweizeitige Objektwahl reduziert sich im wesentlichen auf die Wirkung der Latenzzeit . . . Die Ergebnisse der infantilen Objektwahl ragen in die spätere Zeit hinein; sie sind entweder als solche erhalten geblieben oder sie erfahren zur Zeit der Pubertät selbst eine Auffrischung. Infolge der Verdrängungsentwicklung, welche zwischen beiden Phasen liegt, erweisen sie sich aber als unverwendbar. Ihre Sexualziele haben eine Milderung erfahren, und sie stellen nun das dar, was wir als *zärtliche* Strömung des Sexuallebens bezeichnen können . . . Die Objektwahl der Pubertätszeit muß auf die infantilen Objekte verzichten und als *sinnliche* Strömung von neuem beginnen. Das Nichtzusammentreffen der beiden Strömungen hat oft genug die Folge, daß eines der Ideale des Sexuallebens, die Vereinigung aller Begehrungen in einem Objekt, nicht erreicht werden kann.«[5]

Noch in den *Vorlesungen zur Einführung in die Psychoanalyse* sagte Freud,

»daß zur Zeit der Pubertät, wenn der Sexualtrieb zuerst in voller

[2] Ibid., S. 399.
[3] (1925j) ›Einige psychische Folgen des anatomischen Geschlechtsunterschieds‹, G. W., Bd. 14, S. 29.
[4] (1905d) *Drei Abhandlungen zur Sexualtheorie*, G. W., Bd. 5, S. 78.
[5] Ibid., S. 101.

Stärke seine Ansprüche erhebt, die alten familiären und inzestuösen Objekte wieder aufgenommen und von neuem libidinös besetzt werden. Die infantile Objektwahl war nur ein schwächliches, aber Richtung gebendes Vorspiel der Objektwahl in der Pubertät. Hier spielen sich nun sehr intensive Gefühlsvorgänge in der Richtung des Ödipuskomplexes oder in der Reaktion auf ihn ab, die aber, weil ihre Voraussetzungen unerträglich geworden sind, zum größten Teil dem Bewußtsein ferne bleiben müssen. Von dieser Zeit an muß sich das menschliche Individuum der großen Aufgabe der Ablösung von den Eltern widmen ... Es ist beachtenswert, wie selten [die Erledigung dieser Aufgabe] in idealer Weise gelingt ... Den Neurotikern aber gelingt diese Lösung überhaupt nicht.«[6]

Nach 1920 entwickelte Freud die in ›Der Untergang des Ödipuskomplexes‹ endgültig formulierte Ansicht, daß die entscheidenden Anstrengungen bei der Überwindung des Ödipuskomplexes diejenigen sind, die mit dem Eintritt in die Latenzzeit zusammenfallen; er impliziert hier sogar, daß die Bildung des Überichs die Voraussetzung für den Eintritt in die Latenz sei.[7]

In *Das Ich und das Es* bezog sich Freud auf seine Arbeit über die Melancholie – in der er zu dem Schluß gekommen war, daß auf den Verlust eines Liebesobjektes mit einer »Aufrichtung des Objekts im Ich« reagiert werde, mit der ein »Aufgeben der Sexualziele, eine Desexualisierung, eine Art von Sublimierung« einhergehe – um zu zeigen, daß das Überich infolge des Verzichts auf die ödipalen Sexualobjekte vermittels derselben Identifizierungsmechanismen entsteht.

»*So kann man als allgemeinstes Ergebnis der vom Ödipuskomplex beherrschten Sexualphase einen Niederschlag im Ich annehmen, welcher in der Herstellung dieser beiden, irgendwie miteinander vereinbarten Identifizierungen besteht. Diese Ichveränderung ... tritt dem anderen Inhalt des Ichs als Ichideal oder Über-Ich entgegen.*«[8]

Zu dieser Zeit schien Freud die Notwendigkeit, den Ödipuskomplex aufzugeben und zu verdrängen, in erster Linie in dem hereditär bedingten Beginn der Latenzzeit begründet zu sehen: Wir erkennen die Entstehung des Überichs »als das Ergebnis zweier höchst bedeutsamer biologischer Faktoren, der langen kindlichen Hilflosigkeit und Abhängigkeit des Menschen und der Tatsache seines Ödipuskomplexes, den wir ja auf die Unterbrechung der Libidoentwicklung durch die Latenzzeit, somit auf den *zweizeitigen Ansatz* seines Sexuallebens zurückgeführt haben«[9].

[6] (1916–17) *Vorlesungen zur Einführung in die Psychoanalyse,* G. W., Bd. 11, S. 349.
[7] (1924d) ›Der Untergang des Ödipuskomplexes‹, G. W., Bd. 13, S. 401.
[8] (1923b *Das Ich und das Es,* G. W., Bd. 13, S. 262.
[9] Ibid., S. 263.

Die Anerkennung der phallischen Phase in ›Die infantile Genitalorganisation‹ führte zu der Einsicht, »*daß man die Bedeutung des Kastrationskomplexes erst richtig würdigen kann, wenn man seine Entstehung in der Phase des Phallusprimats berücksichtigt*«.[10]

Und diese Einsicht führte zu der endgültigen These weiter, »daß die phallische Genitalorganisation des Kindes an der Kastrationsdrohung zugrunde geht«,[11] daß »der Ödipuskomplex des Knaben am Kastrationskomplex zugrunde geht«.[12]

1926, in ›Die Frage der Laienanalyse‹, machte Freud deutlich, daß der Ödipuskomplex in der Pubertät zwar häufig wiederbelebt werde, dies aber nicht der Idealfall sei.

> »Mit dem Ende der sexuellen Frühzeit soll [der Ödipuskomplex] normalerweise gründlich abgebaut und umgewandelt werden ... Aber es geschieht in der Regel nicht gründlich genug und die Pubertät ruft dann eine Wiederbelebung des Komplexes hervor, die schwere Folgen haben kann.«[13]

Gründe für das Verschwinden des Ödipuskomplexes

In ›Untergang des Ödipuskomplexes‹ diskutiert Freud zwei Auffassungen der Frage, »woran er zugrunde geht«. Die eine Auffassung sagt: an der Kastrationsdrohung und der Erfahrung schmerzlicher Enttäuschungen. »Der Ödipuskomplex ginge so zugrunde an seinem Mißerfolg, dem Ergebnis seiner inneren Unmöglichkeit.«[14]

Die andere betont den Reifungsaspekt:

> »Eine andere Auffassung wird sagen, der Ödipuskomplex muß fallen, weil die Zeit für seine Auflösung gekommen ist, wie die Milchzähne ausfallen, wenn die definitiven nachrücken. Wenn der Ödipuskomplex auch von den meisten Menschenkindern individuell durchlebt wird, so ist er doch ein durch die Heredität bestimmtes, von ihr angelegtes Phänomen, welches programmgemäß vergehen muß, wenn die nächste vorherbestimmte Entwicklungsphase einsetzt.«[15]

> »Beiden Auffassungen kann man ihr Recht nicht abstreiten. Sie vertragen sich aber auch miteinander; es bleibt Raum für die ontogenetische neben der weiter schauenden phylogenetischen. ... Doch bleibt es von Interesse, zu verfolgen, wie dies mitgebrachte Pro-

---

[10] (1923e) ›Die infantile Genitalorganisation‹, G. W., Bd. 13, S. 296.
[11] (1924d) ›Der Untergang des Ödipuskomplexes‹, G. W., Bd. 13, S. 397.
[12] (1925j) ›Einige psychische Folgen des anatomischen Geschlechtsunterschieds‹, G. W., Bd. 14, S. 28.
[13] (1926e) *Die Frage der Laienanalyse*, G. W., Bd. 14, S. 242.
[14] (1924d) ›Der Untergang des Ödipuskomplexes‹, G. W., Bd. 13, S. 395.
[15] Ibid., S. 395 f.

gramm ausgeführt wird, in welcher Weise zufällige Schädlichkeiten die Disposition [des Individuums] ausnützen.«[16]

Freud führt in dieser Arbeit aus, wie der Ausgang des Ödipuskomplexes »sich in typischer Weise und in Anlehnung an regelmäßig wiederkehrende Geschehnisse« vollzieht.[17]

»Die phallische Genitalorganisation des Kindes geht an der Kastrationsdrohung zugrunde.« Der Begriff der Kastrationsdrohung faßt alle Mißbilligungen und Frustrationen der ödipalen Impulse – besonders wie sie sich in der Onanie äußern – zusammen, die von den Elternfiguren ausgehen und, wie wir klinisch beobachten können, von dem Kind vermittels des Mechanismus der Projektion zur Kastrationsdrohung erweitert werden. Freud meinte, daß die Kastrationsdrohung in der Regel »mehr oder minder deutlich« ausgedrückt werde, meist von der Mutter und als Strafe für Onanie. Diese Drohung wird verstärkt, wenn der Junge den Geschlechtsunterschied entdeckt und er erkennt, daß die positiven und die negativen ödipalen Impulse ihn gleichermaßen mit dieser Drohung konfrontieren.

»Wenn die Liebesbefriedigung auf dem Boden des Ödipuskomplexes den Penis kosten soll, so muß es zum Konflikt zwischen dem narzißtischen Interesse an diesem Körperteile und der libidinösen Besetzung der elterlichen Objekte kommen. In diesem Konflikt siegt normalerweise die erstere Macht; das Ich des Kindes wendet sich vom Ödipuskomplex ab.«[18] »Der ganze Prozeß [der Abwendung vom Ödipuskomplex] hat einerseits das Genitale gerettet, die Gefahr des Verlustes von ihm abgewendet, andererseits es lahmgelegt, seine Funktion aufgehoben. Mit ihm setzt die Latenzzeit ein.«[19]

Man sollte in diesem Zusammenhang auch erwähnen, daß Freud der teleologischen Bedeutung der Überwindung des Ödipuskomplexes immer besonderes Gewicht beimaß.

»[Der Ödipuskomplex] verdankt ... seine Bedeutung keineswegs einem uns unverständlichen Zusammentreffen, sondern die biologischen Tatsachen der langen Unselbständigkeit und langsamen Reifung des jungen Menschen, sowie des komplizierten Entwicklungsganges seiner Liebesfähigkeit drücken sich in dieser Betonung des Verhältnisses zu den Eltern aus und haben zur Folge, daß die Überwindung des Ödipuskomplexes mit der zweckmäßigsten Bewältigung der archaischen, animalischen Erbschaft des Menschen zusammenfällt. In dieser sind zwar alle Kräfte enthalten, welche für die spätere Kulturentwicklung des Einzelnen benötigt werden, aber sie müssen erst ausgesondert und verarbeitet werden. So wie es der einzelne

16 Ibid., S. 396.
17 Ibid., S. 396.
18 Ibid., S. 398.
19 Ibid., S. 399.

Mensch mitbringt, ist dieses archaische Erbgut für die Zwecke des sozialen Kulturlebens nicht zu brauchen.«[20]

Metapsychologische Implikationen

Die metapsychologischen Implikationen des Untergangs des Ödipuskomplexes diskutiert Freud am ausführlichsten in Kapitel III von *Das Ich und das Es*; diese Überlegungen sind in dem in unserer Definition gegebenen Zitat noch einmal zusammengefaßt. In *Das Ich und das Es* fragt Freud, warum der Junge, wenn er seine ödipale erotische Besetzung der Mutter aufgibt, sie offensichtlich durch Identifizierung mit dem Vater ersetzt und nicht durch Identifizierung mit dem verlorenen primären Liebesobjekt, der Mutter. Er beantwortet diese Frage mit Hinweisen auf die Bisexualität und den vierfachen Aspekt des vollständigen Ödipuskomplexes, d. h. der Existenz eines positiven und eines negativen Ödipuskomplexes mit jeweils zärtlichen und feindseligen Regungen gegen jeden Elternteil.

»Der Ausgang der Ödipussituation in Vater- oder in Mutteridentifizierung scheint also bei beiden Geschlechtern von der relativen Stärke der beiden Geschlechtsanlagen abzuhängen.«[21] »Beim Untergang des Ödipuskomplexes werden die vier in ihm enthaltenen Strebungen sich derart zusammenlegen, daß aus ihnen eine Vater- und eine Mutteridentifizierung hervorgeht; die Vateridentifizierung wird das Mutterobjekt des positiven Komplexes festhalten und gleichzeitig das Vaterobjekt des umgekehrten Komplexes ersetzen; Analoges wird für die Mutteridentifizierung gelten. In der verschieden starken Ausprägung der beiden Identifizierungen wird sich die Ungleichheit der beiden geschlechtlichen Anlagen spiegeln.«[22]

Mit dem »Aufgeben der Sexualziele« und der Umwandlung von Objektbesetzungen in Identifikationen macht die Libido qualitative Veränderungen durch, denen Freud in diesem Zusammenhang besondere Aufmerksamkeit widmet.

»Die Umsetzung von Objektlibido in narzißtische Libido, die hier vor sich geht, bringt offenbar ein Aufgeben der Sexualziele, eine Desexualisierung mit sich, also eine Art von Sublimierung.«[23]

Freud sagt weiter, daß eine solche Sublimierung immer zu einer Entmischung der libidinösen und aggressiven Komponenten der Objekt-

[20] (1919g) Vorrede zu *Probleme der Religionspsychologie von Dr. Theodor Reik, I. Teil: Das Ritual*, G. W., Bd. 12, S. 328.
[21] (1923b) *Das Ich und das Es*, G. W., Bd. 13, S. 261.
[22] Ibid., S. 262.
[23] Ibid., S. 258.

besetzungen führt; im Prozeß der Auflösung des Ödipuskomplexes wird die freigesetzte aggressive Komponente zum aggressiven Element des Überichs.

> »Das Überich ist ja durch eine Identifizierung mit dem Vatervorbild entstanden. Jede solche Identifizierung hat den Charakter einer Desexualisierung oder selbst Sublimierung. Es scheint nun, daß bei einer solchen Umsetzung auch eine Triebentmischung stattfindet.«[24]

Der Untergang des Ödipuskomplexes beim Mädchen
(Vgl. Konzept: *Der Ödipuskomplex des Mädchens*)

Die Arbeit in den zwanziger Jahren, die zeigte, daß die ödipale Phase beim Mädchen anders verläuft als beim Jungen, und Freuds Erkenntnis, daß das, was den Jungen zur Aufgabe seiner ödipalen Bindungen veranlaßt, die Kastrationsangst ist, führten zu einem Überdenken der früheren Annahme, die Überwindung des Ödipuskomplexes vollziehe sich beim Mädchen und beim Jungen ganz ähnlich.

In ›Der Untergang des Ödipuskomplexes‹ heißt es zu diesem Problem:

> »Mit der Ausschaltung der Kastrationsangst [beim Mädchen] entfällt auch ein mächtiges Motiv zur Aufrichtung des Über-Ichs und zum Abbruch der infantilen Genitalorganisation. Diese Veränderungen scheinen weit eher als beim Knaben Erfolg der Erziehung, der äußeren Einschüchterung zu sein, die mit dem Verlust des Geliebtwerdens droht ... Man hat den Eindruck, daß der Ödipuskomplex dann langsam verlassen wird, weil dieser Wunsch (vom Vater ein Kind zu erhalten) sich nie erfüllt.«[25]

Das Studium der ödipalen Phase beim Mädchen brachte die verlängerte negative ödipale Beziehung zur Mutter, die beim Mädchen dem positiven Ödipuskomplex vorausgeht, ins Blickfeld und zeigte, daß das, was das Mädchen in erster Linie veranlaßt, sich von der Mutter ab- und dem Vater zuzuwenden, sein Kastrationskomplex ist. In ›Einige psychische Folgen des anatomischen Geschlechtsunterschieds‹ zog Freud den Schluß, es sei nicht möglich, daß der Ödipuskomplex beim Mädchen in der gleichen Weise untergehe wie beim Jungen.

> »*Während der Ödipuskomplex des Knaben am Kastrationskomplex zugrunde geht, wird der des Mädchens durch den Kastrationskomplex ermöglicht und eingeleitet.*«[26] »Beim Mädchen entfällt das Mo-

[24] Ibid., S. 284.
[25] (1924d) ›Der Untergang des Ödipuskomplexes‹, G. W., Bd. 13, S. 401.
[26] (1925j) ›Einige psychische Folgen des anatomischen Geschlechtsunterschieds‹, G. W., Bd. 14, S. 28.

tiv für die Zertrümmerung des Ödipuskomplexes ... er kann langsam verlassen, durch Verdrängung erledigt werden, seine Wirkungen weit in das für das Weib normale Seelenleben verschieben.«[27]
Aus diesem Grunde werde das Überich der Frau »niemals so unerbittlich, so unpersönlich, so unabhängig von seinen affektiven Ursprün-
gen, wie wir es vom Manne fordern«.[28]
In ›Über die weibliche Sexualität‹ (1931) drückt Freud diese Ansicht
so aus:

»[Der Ödipuskomplex] wird allzuhäufig vom Weib überhaupt nicht
überwunden. Darum sind auch die kulturellen Ergebnisse seines
Zerfalls geringfügiger und weniger belangreich. Man geht wahrscheinlich nicht fehl, wenn man aussagt, daß dieser Unterschied in
der gegenseitigen Beziehung von Ödipus- und Kastrationskomplex
den Charakter des Weibes als soziales Wesen prägt.«[29]

Im Kapitel über die weibliche Sexualität in der *Neuen Folge der Vorlesungen* finden wir Freuds endgültige Formulierung:

»Das Mädchen verbleibt in ihm [dem Ödipuskomplex] unbestimmt
lange, baut ihn nur spät und dann unvollkommen ab.«[30] »Für das
Mädchen ist die Ödipussituation der Ausgang einer langen und
schwierigen Entwicklung, einer Art vorläufiger Erledigung, eine Ru-
heposition, die man nicht so bald verläßt, besonders da der Beginn
der Latenzzeit nicht fern ist.«[31]

[27] Ibid., S. 29.
[28] Ibid., S. 29.
[29] (1931b) ›Über die weibliche Sexualität‹, G. W., Bd. 14, S. 523.
[30] (1933a) *Neue Folge der Vorlesungen zur Einführung in die Psychoanalyse,* G. W.,
Bd. 15, S. 138.
[31] Ibid., S. 138.

22
Latenzzeit

Vgl. Konzept: *Der Ödipuskomplex*

Einführung

»Latenzzeit«, ein ursprünglich von Fließ gebrauchter Terminus, den Freud später übernahm,[1] bezeichnet eine Periode verminderter sexueller Aktivität in der körperlichen Entwicklung des Menschen.

Sie setzt mit dem Ende des fünften Lebensjahres ein (bis 1924 hatte Freud den Beginn der Latenz auf das Ende des vierten Jahres gelegt) und dauert bis zum Beginn der Pubertät um das elfte Lebensjahr.[2]

Der Beginn dieser Periode ist »durch den Untergang des Ödipuskomplexes, die Schöpfung oder Konsolidierung des Überichs und die Aufrichtung der ethischen und ästhetischen Schranken im Ich gekennzeichnet«.[3] Nach der ödipalen Phase hören die sexuellen Regungen des Kindes nicht auf, unterliegen aber »einer fortschreitenden Unterdrückung«.[4] Ihre Energie wird »– ganz oder zum größten Teil – von der sexuellen Verwendung abgeleitet und anderen Zwecken zugeführt«.[5] Darüber hinaus ist eine relative Wachstumshemmung der äußeren Genitalien zu beobachten.[6] »Während der Latenzzeit scheint die Abwehr der Onanieversuchung als Hauptaufgabe behandelt zu werden.«[7] Das Kind scheint jedoch ein sehr reges Phantasieleben zu haben. »Den Vorgängen auf der Eisenbahn pflegen sie [alle Knaben] ein rätselhaftes Interesse von außerordentlicher Höhe zuzuwenden und dieselben im Alter der Phantasietätigkeit (kurz vor der Pubertät) zum Kern einer exquisit sexuellen Symbolik zu machen.«[8]

Hinsichtlich dessen, was alles in einem Kind von vier bis fünf Jahren vorgeht und wie rege sein Geist ist, schreibt Freud:

»Ich habe den Eindruck, daß [die Kinder] mit dem Eintritt in die Latenzzeit auch geistig gehemmt, dümmer, werden. Viele Kinder verlieren auch von da an ihren körperlichen Reiz.«[9]

---

[1] (1905d) *Drei Abhandlungen zur Sexualtheorie*, G. W., Bd. 5, S. 79, Anm. 1.
[2] (1908b) ›Charakter und Analerotik‹, G. W., Bd. 7, S. 205.
[3] (1926d) *Hemmung, Symptom und Angst*, G. W., Bd. 14, S. 144.
[4] (1905d) *Drei Abhandlungen zur Sexualtheorie*, G. W., Bd. 5, S. 77.
[5] Ibid., S. 79.
[6] Ibid., S. 109.
[7] (1926d) *Hemmung, Symptom und Angst*, G. W., Bd. 14, S. 145.
[8] (1905d) *Drei Abhandlungen zur Sexualtheorie*, G. W., Bd. 5, S. 103.
[9] (1926e) *Die Frage der Laienanalyse*, G. W., Bd. 14, S. 244.

In der Entwicklung von Tieren läßt sich etwas der Latenzperiode beim Menschen Analoges nicht beobachten. Aus diesem Faktum leitete Freud zwei Erklärungen ab: (1) eine biologische und ontogenetische und (2) eine phylogenetische.

>Diese zweizeitige, durch die Latenzzeit unterbrochene Entwicklung der Sexualfunktion scheint eine biologische Besonderheit der menschlichen Art zu sein und die Bedingung für die Entstehung der Neurosen zu enthalten.«[10]

Die Latenzzeit folgt auf die Abwendung vom Ödipuskomplex:

>Der Ödipuskomplex ginge so zugrunde an seinem Mißerfolg, dem Ergebnis seiner inneren Unmöglichkeit.

Eine andere Auffassung wird sagen, der Ödipuskomplex muß fallen, weil die Zeit für seine Auflösung gekommen ist, wie die Milchzähne ausfallen, wenn die definitiven nachrücken. Wenn der Ödipuskomplex auch von den meisten Menschenkindern individuell durchlebt wird, so ist er doch ein durch die Heredität bestimmtes, von ihr angelegtes Phänomen, welches programmgemäß vergehen muß, wenn die nächste vorherbestimmte Entwicklungsphase einsetzt. Es ist dann ziemlich gleichgültig, auf welche Anlässe hin das geschieht, oder ob solche überhaupt nicht ausfindig zu machen sind.

Beiden Auffassungen kann man ihr Recht nicht abstreiten. Sie vertragen sich aber auch miteinander; es bleibt Raum für die ontogenetische neben der weiter schauenden phylogenetischen.«[11]

Über die mögliche Rolle der Erziehung bei der Konsolidierung der Latenzperiode schreibt Freud:

>Man gewinnt beim Kulturkinde den Eindruck, daß der Aufbau dieser Dämme ein Werk der Erziehung ist, und sicherlich tut die Erziehung viel dazu. In Wirklichkeit ist diese Entwicklung eine organisch bedingte, hereditär fixierte und kann sich gelegentlich ganz ohne die Mithilfe der Erziehung herstellen. Die Erziehung verbleibt durchaus in dem ihr angewiesenen Machtbereich, wenn sie sich darauf einschränkt, das organisch Vorgezeichnete nachzuziehen und es etwas sauberer und tiefer auszuprägen.«[12]

1935 macht er den Zusatz:

>Die Latenzzeit ist ein physiologisches Phänomen. Eine völlige Unterbrechung des Sexuallebens kann sie aber nur in jenen kulturellen Organisationen hervorrufen, die eine Unterdrückung der infantilen

[10] (1923a) ›Psychoanalyse und Libidotheorie‹, G. W., Bd. 13, S. 222.
[11] (1924d) ›Der Untergang des Ödipuskomplexes‹, G. W., Bd. 13, S. 395 f.
[12] (1905d) *Drei Abhandlungen zur Sexualtheorie*, G. W., Bd. 5, S. 78.

Sexualität in ihren Plan aufgenommen haben. Dies ist bei den meisten Primitiven nicht der Fall.«[13]

Freud wies aber auch darauf hin, daß die Latenzzeit durch äußere Einflüsse nicht nur gefestigt, sondern durch Verführungen u. U. sogar aufgehoben werden kann. So heißt es in den *Drei Abhandlungen:*

»Wir stellten ferner durch Erfahrungen fest, daß die äußeren Einflüsse der Verführung vorzeitige Durchbrüche der Latenzzeit bis zur Aufhebung derselben hervorrufen können, und daß sich dabei der Geschlechtstriebs des Kindes in der Tat als polymorph pervers bewährt; ferner, daß jede solche frühzeitige Sexualtätigkeit die Erziehbarkeit des Kindes beeinträchtigt.«[14]

Bei diesem Zitat muß man sich jedoch vergegenwärtigen, daß Freud zu der Zeit, da er diese Stelle schrieb, noch keine klare Unterscheidung zwischen wirklicher Verführung in der Kindheit und Verführungsphantasien getroffen hatte, die auf dem Wunsch, verführt worden zu sein, beruhten.

Obwohl er sich der Lücken im Wissen über diese Periode bewußt war, hat Freud sie bereits in den *Drei Abhandlungen zur Sexualtheorie* von 1905 beschrieben, und abgesehen von dem oben erwähnten zitierten Zusatz von 1935 hat er seine ursprüngliche These nicht mehr verändert oder erweitert.

»Ohne uns über die hypothetische Natur und die mangelhafte Klarheit unserer Einsichten in die Vorgänge der kindlichen Latenz- oder Aufschubperiode zu täuschen, wollen wir zur Wirklichkeit zurückkehren, um anzugeben, daß solche Verwendung der infantilen Sexualität ein Erziehungsideal darstellt, von dem die Entwicklung der Einzelnen meist an irgendeiner Stelle und oft in erheblichem Maße abweicht.«[15]

Wahrscheinlich hatte Freud Abweichungen dieser Art im Sinn, als er 1926 in einem Brief an Pfister schrieb:

Zur »Latenzperiode ist zu sagen, daß die Beiseiteschiebung der Sexualität ja oft nur eine partielle ist, so daß ein gewisses Maß von Betätigung festgehalten wird. Dies ist sehr häufig, es gibt aber auch genug Personen, bei denen man nicht zur Aufstellung einer Latenzzeit gekommen wäre.«[16]

Normaler Ausgang der Latenz

Das auffälligste Merkmal der Latenzperiode ist die Verdrängung der infantilen Sexualwünsche:

---

[13] [1935] (1925d [1924]) *Selbstdarstellung*, G. W., Bd. 14, S. 64, Anm. 2.
[14] (1905d) *Drei Abhandlungen zur Sexualtheorie*, G. W., Bd. 5, S. 136.
[15] Ibid., S. 79.
[16] [1926] S. Freud – O. Pfister, *Briefe*, S. Fischer Verlag, Frankfurt/Main 1963, S. 111.

»Keine dieser inzestuösen Verliebtheiten kann dem Verhängnis der Verdrängung entgehen ... Am wahrscheinlichsten ist es, daß sie vergehen, weil ihre Zeit um ist, weil die Kinder in eine neue Entwicklungsphase eintreten, in welcher sie genötigt sind, die Verdrängung der inzestuösen Objektwahl aus der Menschheitsgeschichte zu wiederholen, wie sie vorher gedrängt waren, solche Objektwahl vorzunehmen. Was als psychisches Schicksal der inzestuösen Liebesregungen unbewußt vorhanden ist, wird vom Bewußtsein der neuen Phase nicht mehr übernommen, was davon bereits bewußt geworden war, wieder herausgedrängt. Gleichzeitig mit diesem Verdrängungsvorgang erscheint ein Schuldbewußtsein, auch dieses unbekannter Herkunft, aber ganz unzweifelhaft an jene Inzestwünsche geknüpft und durch deren Fortdauer im Unbewußten gerechtfertigt.«[17]

Mit dem Verschwinden des Ödipuskomplexes werden die libidinösen Impulse verdrängt; sie »werden zum Teil desexualisiert und sublimiert, was wahrscheinlich bei jeder Umsetzung in Identifizierung geschieht, zum Teil zielgehemmt und in zärtliche Regungen verwandelt«.[18] Freud erkennt darin die Anfänge sozialen Empfindens, von Religion und Moral.[19] Mythen, Dichtungen und Kunst werden ebenfalls als Sublimierungen und Ersatzbefriedigungen für die verdrängten Kindheitswünsche aufgefaßt.[20]

Ferner treten Reaktionsbildungen auf:

»Die bisher lebhaften Sexualstrebungen verfallen der Verdrängung und es tritt die bis zur Pubertät dauernde *Latenzzeit* ein, während welcher die Reaktionsbildungen der Moral, der Scham, des Ekels aufgerichtet werden.«[21]

In dieser Periode festigt sich auch die Trennung zwischen Ich und Überich. »Die ins Ich introjizierte Vater- oder Elternautorität bildet dort den Kern des Überichs, welches vom Vater die Strenge entlehnt.«[22]

Auch die Festigung des Charakters einer Person sowie der Weisen, in denen sie inneren und äußeren Forderungen begegnet, vollzieht sich in dieser Zeit.

»Ich zweifle nicht daran, daß die hier beschriebenen zeitlichen und kausalen Beziehungen zwischen Ödipuskomplex, Sexualeinschüchterung (Kastrationsdrohung), Überichbildung und Eintritt der Latenzzeit von typischer Art sind; ich will aber nicht behaupten, daß dieser Typus der einzig mögliche ist. Abänderungen in der Zeitfolge

---

17 (1919e) ›Ein Kind wird geschlagen‹, G. W., Bd. 12, S. 207 f.
18 (1924d) ›Der Untergang des Ödipuskomplexes‹, G. W., Bd. 13, S. 399.
19 (1923b) *Das Ich und das Es,* G. W., Bd. 13, S. 265.
20 (1924f) ›Kurzer Abriß der Psychoanalyse‹, G. W., Bd. 13, S. 425.
21 (1924d) ›Der Untergang des Ödipuskomplexes‹, G. W., Bd. 13, S. 399.
22 (1925d [1924]) *Selbstdarstellung,* G. W., Bd. 14, S. 62.

und in der Verkettung dieser Vorgänge müssen für die Entwicklung des Individuums sehr bedeutungsvoll werden.«[23]

Doch absolute Latenz hielt Freud für unmöglich:

»Es bricht zeitweise ein Stück Sexualäußerung durch, das sich der Sublimierung entzogen hat, oder es erhält sich eine sexuelle Betätigung durch die ganze Dauer der Latenzperiode bis zum verstärkten Hervorbrechen des Sexualtriebes in der Pubertät.«[24]

Klinische Bedeutung

Symptome bestimmter klinischer Zustände treten zuerst in der Latenzzeit auf. Dies trifft insbesondere im Falle der Zwangsneurosen zu:

». . . die Zwangsneurose offenbart ihre ersten Symptome gewöhnlich in der zweiten Periode der Kindheit (von sechs bis acht Jahren an)«.[25]

»Zeremoniell in der Latenzzeit ist ein ungemein häufiges Vorkommnis, nur ein sehr geringer Prozentsatz dieser Fälle entwickelt sich später zur vollen Zwangsneurose.«[26]

[23] Ibid., S. 401.
[24] (1905d) *Drei Abhandlungen zur Sexualtheorie*, G. W., Bd. 5, S. 79 f.
[25] (1913i) ›Die Disposition zur Zwangsneurose‹, G. W., Bd. 8, S. 443 f.
[26] (1926d) *Hemmung, Symptom und Angst*, G. W., Bd. 14, S. 179.

23
Genitalerotik

>Den Namen der *genitalen* Phase haben wir der endgültigen Sexual-
organisation vorbehalten, die sich nach der Pubertät herstellt, in der
erst das weibliche Genitale die Anerkennung findet, die das männliche längst erworben hatte.«[1]

Im *Abriß* bezeichnet Freud die genitale Phase als die vierte Phase der
Libidoentwicklung, die auf die orale, die anale und phallische folgt. Er
sagt:

>Die volle Organisation der Sexualfunktion wird erst durch die Pu-
bertät in einer vierten, genitalen, Phase erreicht. Dann hat sich ein
Zustand hergestellt, in dem (1) manche frühere Libidobesetzungen
erhalten geblieben sind, (2) andere in die Sexualfunktion aufgenommen werden als vorbereitende, unterstützende Akte, deren Befriedigung die sogenannte Vorlust ergibt, (3) andere Strebungen von der
Organisation ausgeschlossen werden, entweder überhaupt unterdrückt (verdrängt) werden oder eine andere Verwendung im Ich erfahren, Charakterzüge bilden, Sublimierungen mit Zielverschiebungen erleiden.«[2]

Dies sind Freuds endgültige Formulierungen über die genitale Phase.
Ihnen sind erhebliche Veränderungen seiner Ansichten über die libidinöse Entwicklung vorausgegangen. Hinsichtlich der genitalen Phase sind es vor allem drei Aspekte, die für die Entwicklung der Freudschen Theorie von Bedeutung sind; alle drei sind in den fünf Vorlesungen ›Über Psychoanalyse‹ enthalten:

1. Daß »das ganze Sexualleben [in der Pubertät] in den Dienst der
Fortpflanzung tritt und die Befriedigung ersterer [einzelner Triebe]
nur noch als Vorbereitung und Begünstigung des eigentlichen Sexualaktes von Bedeutung bleibt«,[3] wird auf die körperlichen Veränderungen in der Pubertät zurückgeführt. Dieser Aspekt des Freudschen Konzepts der Genitalität ist im Kern nicht verändert worden.

2. In den fünf Vorlesungen ›Über Psychoanalyse‹ sieht Freud die
Kindheit als eine im wesentlichen autoerotische Phase und vertritt die
Ansicht, daß Objektwahl erst nach der Pubertät stattfinde. Mit der

---

[1] (1933a) *Neue Folge der Vorlesungen zur Einführung in die Psychoanalyse,* G. W.,
Bd. 15, S. 105.
[2] (1940a [1938]) *Abriß der Psychoanalyse,* G. W., Bd. 17, S. 77.
[3] (1910a [1909]) ›Über Psychoanalyse‹, G. W., Bd. 8, S. 47.

Entdeckung der prägenitalen Phasen wurde diese Ansicht erheblich modifiziert, wie wir unten darstellen werden.

3. Mit der Entdeckung der phallischen Phase der Entwicklung vor der Latenzzeit führte Freud eine Phase ein, die manchmal als eine erste Phase der Genitalität beschrieben wird. Wie wir sehen werden, ist sie in gewissem Sinne tatsächlich eine genitale Phase, aber eine, die nur das männliche Genitale kennt.

Die Bedeutung dieses Konzepts im psychoanalytischen Denken ist im folgenden Zitat angedeutet, in dem es zu den prägenitalen Phasen der Kindheit, die zunächst als autoerotisch angesehen worden waren, in Gegensatz gestellt wird:

»Die Psychoanalyse steht und fällt mit der Anerkennung der sexuellen Partialtriebe, der erogenen Zonen und der so gewonnenen Ausdehnung des Begriffes ›Sexualfunktion‹ im Gegensatz zur engeren ›Genitalfunktion‹.«[4]

Im folgenden Zitat wird das bisher Gesagte entfaltet; es zeigt, daß Freud Grad und Art eines Mißlingens, den Genitalprimat zu errichten, als Indikator für die Disposition zu Pathologien betrachtete.

»Dieses zerfahrene, reichhaltige, aber dissozierte Sexualleben des Kindes, in welchem der einzelne Trieb unabhängig von jedem anderen dem Lusterwerbe nachgeht, erfährt nun eine Zusammenfassung und Organisation nach zwei Hauptrichtungen, so daß mit Abschluß der Pubertätszeit der definitive Sexualcharakter des Individuums meist fertig ausgebildet ist. Einerseits unterordnen sich die einzelnen Triebe der Oberherrschaft der Genitalzone, wodurch das ganze Sexualleben in den Dienst der Fortpflanzung tritt und die Befriedigung ersterer nur noch als Vorbereitung und Begünstigung des eigentlichen Sexualaktes von Bedeutung bleibt. Anderseits drängt die Objektwahl den Autoerotismus zurück, so daß nun im Liebesleben alle Komponenten des Sexualtriebes an der geliebten Person befriedigt werden wollen. Aber nicht alle ursprünglichen Triebkomponenten werden zu einem Anteil an dieser endgültigen Feststellung des Sexuallebens zugelassen. Noch vor der Pubertätszeit sind unter dem Einfluß der Erziehung äußerst energische Verdrängungen gewisser Triebe durchgesetzt und seelische Mächte, wie Scham, Ekel, Moral, hergestellt worden, welche diese Verdrängungen wie Wächter unterhalten. Kommt dann im Pubertätsalter die Hochflut der sexuellen Bedürftigkeit, so findet sie an den genannten seelischen Reaktions- oder Widerstandsbildungen Dämme, welche ihr den Ablauf in die sogenannten normalen Wege vorschreiben und es ihr unmöglich machen, die der Verdrängung unterlegenen Teile neu zu beleben.

[4] (1913i) ›Die Disposition zur Zwangsneurose‹, G. W., Bd. 8, S. 449.

... jeder Entwicklungsvorgang bringt die Keime der pathologischen Disposition mit sich, insofern er gehemmt, verzögert werden oder unvollkommen ablaufen kann ... die Sexualfunktion ... wird nicht bei allen Individuen glatt durchgemacht ... Es kann geschehen, daß nicht alle Partialtriebe sich der Herrschaft der Genitalzone unterwerfen.« [Freud beschreibt dann, wie Perversionen oder Neurosen entstehen können.][5]

In einem 1915 in die *Drei Abhandlungen* eingefügten Zusatz schrieb Freud:

»Den Ausgang der sexuellen Entwicklung bildet das sogenannte normale Sexualleben des Erwachsenen, in welchem der Lusterwerb in den Dienst der Fortpflanzungsfunktion getreten ist, und die Partialtriebe unter dem Primat einer einzigen erogenen Zone eine feste Organisation zur Erreichung des Sexualzieles an einem fremden Sexualobjekt gebildet haben.«[6]

Die körperlichen Veränderungen in der Pubertät

Freud beschreibt unter physiologischen und psychologischen Gesichtspunkten, wie sich in der Pubertät die Fortpflanzungsfunktion entwickelt. Schließlich ist »ein höchst komplizierter Apparat fertig geworden, der seiner Inanspruchnahme harrt«; er produziert »sexuelle Erregtheit«, die »sich durch zweierlei Zeichen kundgibt, seelische und somatische«.[7]

Später schrieb er über die Latenzzeit:

»Die Genitalzonen benehmen sich in diesen Jahren bereits in ähnlicher Weise wie zur Zeit der Reife, sie werden der Sitz von Erregungssensationen und Bereitschaftsveränderungen, wenn irgendwelche Lust durch Befriedigung anderer erogener Zonen empfunden wird, obwohl dieser Effekt noch zwecklos bleibt, das heißt, nichts dazu beiträgt, den Sexualvorgang fortzusetzen. Es entsteht also bereits in den Kinderjahren neben der Befriedigungslust ein gewisser Betrag von Sexualspannung, obwohl minder konstant und weniger ausgiebig.«[8]

Der Zeitpunkt der Objektwahl

Die frühen Formulierungen, die Kindheit sei eine wesentlich autoerotische Phase, stammen aus der Zeit vor der Entdeckung der prägeni-

[5] (1910a [1909]) ›Über Psychoanalyse‹, G. W., Bd. 8, S. 47 f.
[6] [1915] (1905d) *Drei Abhandlungen zur Sexualtheorie*, G. W., Bd. 5, S. 98.
[7] Ibid., S. 109 f.
[8] Ibid., S. 113.

talen Entwicklungsphasen. Später nahm Freud an, daß die ersten Zeichen (oder Vorläufer) der Objektliebe (in der das Objekt als eigenständige Person geliebt wird) sich in der Analphase beobachten lassen. Auch die phallische Phase, die durch eine andere Art der Objektwahl gekennzeichnet ist, wurde erst später entdeckt.

In Abschnitten, die im Jahre 1915 in die *Drei Abhandlungen* eingefügt wurden, werden diese früheren Ansichten wie folgt modifiziert:

»Um das Bild des infantilen Sexuallebens zu vervollständigen, muß man hinzunehmen, daß häufig oder regelmäßig bereits in den Kinderjahren eine Objektwahl vollzogen wird, wie wir sie als charakteristisch für die Entwicklungsphase der Pubertät hingestellt haben, in der Weise, daß sämtliche Sexualbestrebungen die Richtung auf eine einzige Person nehmen, an der sie ihre Ziele erreichen wollen. Dies ist dann die größte Annäherung an die definitive Gestaltung des Sexuallebens nach der Pubertät, die in den Kinderjahren möglich ist.«[9]

In einem anderen Zusatz spricht Freud von der »Zweizeitigkeit« der Objektwahl:

»Man kann es als ein typisches Vorkommnis ansprechen, daß die Objektwahl zweizeitig, in zwei Schüben erfolgt. Der erste Schub nimmt in den Jahren zwischen zwei und fünf seinen Anfang und wird durch die Latenzzeit zum Stillstand oder zur Rückbildung gebracht; er ist durch die infantile Natur seiner Sexualziele ausgezeichnet. Der zweite setzt mit der Pubertät ein und bestimmt die definitive Gestaltung des Sexuallebens.«[10]

Der folgende Abschnitt wurde 1920 eingefügt: »Wir haben dann als eine der überraschendsten Ermittlungen feststellen müssen, daß diese Frühblüte des infantilen Sexuallebens (zwei bis fünf Jahre) auch eine Objektwahl mit all den reichen, seelischen Leistungen zeitigt«, die an diesem Prozeß beteiligt sind.[11]

Die Entdeckung der phallischen Phase

1924 wurde die folgende Fußnote hinzugefügt:

»Diese Darstellung habe ich später (1923) selbst dahin verändert, daß ich nach den beiden prägenitalen Organisationen in die Kindheitsentwicklung eine dritte Phase einschaltete, welche bereits den Namen einer genitalen verdient, ein Sexualobjekt und ein Maß von Konvergenz der Sexualstrebungen auf dies Objekt zeigt, sich aber in

[9] Ibid., S. 100.
[10] Ibid., S. 100.
[11] Ibid., S. 135.

einem wesentlichen Punkt von der definitiven Organisation der Geschlechtsreife unterscheidet. Sie kennt nämlich nur eine Art von Genitale, das männliche. Ich habe sie darum die *phallische* Organisationstufe genannt (Die infantile Genitalorganisation, G. W., Bd. 13). Ihr biologisches Vorbild ist nach *Abraham* die indifferente für beide Geschlechter gleichartige Genitalanlage des Embryos.«[12]

Später schrieb er über die phallische Phase der infantilen Sexualität:

»... dies Genitale ist allein das männliche, genauer bezeichnet der Penis, das weibliche ist unentdeckt geblieben. [Die] phallische Phase, gleichzeitig die des Ödipuskomplexes, entwickelt sich nicht weiter zur endgültigen Genitalorganisation, sondern sie versinkt und wird von der Latenzzeit abgelöst. Ihr Ausgang vollzieht sich aber in typischer Weise und in Anlehnung an regelmäßig wiederkehrende Geschehnisse.«[13]

Es folgt eine Darstellung der Kastrationsdrohung und der Rolle, die sie bei der Zerstörung der phallischen Sexualorganisation spielt.

Ähnlich heißt es in einer anderen Schrift:

»Im Sexualleben der Pubertät ringen miteinander die Anregungen der Frühzeit und die Hemmungen der Latenzperiode. Noch auf der Höhe der infantilen Sexualentwicklung hatte sich eine Art von genitaler Organisation hergestellt, in der aber nur das männliche Genitale eine Rolle spielte, das weibliche unentdeckt geblieben war (der sogenannte phallische Primat). Der Gegensatz der Geschlechter hieß damals noch nicht *männlich* oder *weiblich,* sondern: *im Besitze eines Penis* oder *kastriert.*«[14]

Die Entdeckung des weiblichen Genitales

»Es ist nicht unwichtig, sich vorzuhalten, welche Wandlungen die uns geläufige geschlechtliche Polarität während der kindlichen Sexualentwicklung durchmacht. Ein erster Gegensatz wird mit der Objektwahl, die ja Subjekt und Objekt voraussetzt, eingeführt. Auf der Stufe der prägenitalen sadistisch-analen Organisation ist von männlich und weiblich noch nicht zu reden, der Gegensatz von *aktiv* und *passiv* ist der herrschende. Auf der nun folgenden Stufe der infantilen Genitalorganisation gibt es zwar ein *männlich,* aber kein *weiblich;* der Gegensatz lautet hier: *männliches Genitale* oder *kastriert.* Erst mit der Vollendung der Entwicklung zur Zeit der Pubertät fällt die sexuelle Polarität mit *männlich* und *weiblich* zusammen. Das

[12] Ibid., S. 100, Anm.
[13] (1924d) ›Der Untergang des Ödipuskomplexes‹, G. W., Bd. 13, S. 396.
[14] (1925d) *Selbstdarstellung,* G. W., Bd. 14, S. 62 f.

178

Männliche faßt das Subjekt, die Aktivität und den Besitz des Penis zusammen, das Weibliche setzt das Objekt und die Passivität fort. Die Vagina wird nun als Herberge des Penis geschätzt, sie tritt das Erbe des Mutterleibes an.«[15]

Freud macht hier zwei implizite Annahmen. Die eine besagt, daß erst in der genitalen Phase Objektwahlen auf der Basis des Geschlechtsunterschiedes statt, wie in der phallischen Phase, auf der von Konkurrenz, Exhibitionismus usw. getroffen werden können.

Die andere Annahme besagt, daß die genitale Phase für beide Geschlechter einen letzten – und in vielen Hinsichten ähnlichen – Entwicklungsschritt darstellt, obwohl Freud glaubt, »daß die Entwicklung des kleinen Mädchens zum normalen Weib die schwierigere und kompliziertere ist«,[16] und zwar aufgrund der komplizierten Veränderungen hinsichtlich der erogenen Zone – Wechsel der leitenden Zone von der Klitoris zur Vagina – sowie hinsichtlich der Objektwahl – Übergang vom weiblichen zum männlichen Objekt.[17] Die Gefahren, diese Phase nicht zu erreichen, sind im wesentlichen für beide Geschlechter gleich. Über die Schwierigkeit des Mädchens, seinen Kastrationskomplex zu überwinden, schreibt Freud:

> »Das heißt also, daß durch die Entdeckung der Penislosigkeit das Weib dem Mädchen ebenso entwertet wird wie dem Knaben und später vielleicht dem Manne.«[18]

Über die beim Mädchen notwendige Veränderung hinsichtlich seiner erogenen Zone sagt Freud:

> »Die Sexualität des weiblichen Kindes steht, wie wir wissen, unter der Herrschaft eines männlichen Leitorgans (der Klitoris) und benimmt sich vielfach wie die des Knaben. Ein letzter Entwicklungsschub zur Zeit der Pubertät muß diese männliche Sexualität wegschaffen und die von der Kloake abgeleitete Vagina zur herrschenden erogenen Zone erheben.«[19]

Triebmischung

Die Mischung sexueller und aggressiver Triebe ist ein wesentliches Merkmal der genitalen Entwicklungsphase.

---

[15] (1923e) ›Die infantile Genitalorganisation‹, G. W., Bd. 13, S. 297 f.
[16] (1933a) *Neue Folge der Vorlesungen zur Einführung in die Psychoanalyse*, G. W., Bd. 15, S. 124.
[17] (1925j) ›Einige psychische Folgen des anatomischen Geschlechtsunterschieds‹, G. W., Bd. 14, S. 22.
[18] (1933a) *Neue Folge der Vorlesungen zur Einführung in die Psychoanalyse*, G. W., Bd. 15, S. 136.
[19] (1913i) ›Die Disposition zur Zwangsneurose‹, G. W., Bd. 8, S. 452.

»Auf der höheren Stufe der prägenitalen sadistisch-analen Organisation tritt das Streben nach dem Objekt in der Form des Bemächti-
gungsdranges auf, dem die Schädigung oder Vernichtung des Objekts gleichgültig ist. Diese Form und Vorstufe der Liebe ist in ihrem
Verhalten gegen das Objekt vom Haß kaum zu unterscheiden. Erst
mit der Herstellung der Genitalorganisation ist die Liebe zum Gegensatz vom Haß geworden . . .
Wenn die Ichtriebe die Sexualfunktion beherrschen wie auf der Stufe der sadistisch-analen Organisation, so leihen sie auch dem Triebziel die Charaktere des Hasses.«[20]
An anderer Stelle heißt es:
»Der erogene Masochismus macht alle Entwicklungsphasen der Libido mit und entnimmt ihnen seine wechselnden psychischen Umkleidungen. Die Angst, vom Totemtier (Vater) gefressen zu werden,
stammt aus der primitiven oralen Organisation, der Wunsch, vom
Vater geschlagen zu werden, aus der darauffolgenden sadistisch-analen Phase; als Niederschlag der phallischen Organisationsstufe tritt
die Kastration, obwohl später verleugnet, in den Inhalt der masochistischen Phantasien ein, von der endgültigen Genitalorganisation
leiten sich natürlich die für die Weiblichkeit charakteristischen Situationen des Koitiertwerdens und des Gebärens ab.«[21]
Der sadistische Trieb trennt sich »ab und endlich übernimmt er auf
der Stufe des Genitalprimats zum Zwecke der Fortpflanzung die Funktion, das Sexualobjekt soweit zu bewältigen, als es die Ausführung des
Geschlechtsaktes erfordert«.[22]

Die genitale Phase in Beziehung zur Persönlichkeit,
Charakterentwicklung und zu sozialen Zielen

Im folgenden Zitat wird auf die Beziehung zwischen der Zusammenfassung aller Sexualtriebe unter dem Primat der Genitalorganisation und
der Integration der Persönlichkeit aufmerksam gemacht.
»Beim kleinen Kinde bestehen ambivalente Gefühlseinstellungen gegen die ihm nächsten Personen lange Zeit nebeneinander, ohne daß
die eine die ihr entgegengesetzte in ihrem Ausdruck stört. Kommt
es dann endlich zum Konflikt zwischen den beiden, so wird er oft
dadurch erledigt, daß das Kind das Objekt wechselt, die eine der
ambivalenten Regungen auf ein Ersatzobjekt verschiebt . . . Im Fortschritt der Entwicklung vom Kinde zum reifen Erwachsenen kommt

[20] (1915c) ›Triebe und Triebschicksale‹, G. W., Bd. 10, S. 231.
[21] (1924c) ›Das ökonomische Problem des Masochismus‹, G. W., Bd. 13, S. 377.
[22] (1920g) *Jenseits des Lustprinzips*, G. W., Bd. 13, S. 58.

es überhaupt zu einer immer weiter greifenden *Integration* der Persönlichkeit, zu einer Zusammenfassung der einzelnen, unabhängig voneinander in ihr gewachsenen Triebregungen und Zielstrebungen. Der analoge Vorgang auf dem Gebiet des Sexuallebens ist uns als Zusammenfassung aller Sexualtriebe zur definitiven Sexualorganisation lange bekannt.«[23]

»Die Normalität des Geschlechtslebens wird nur durch das exakte Zusammentreffen der beiden auf Sexualobjekt und Sexualziel gerichteten Strömungen, der zärtlichen und der sinnlichen, gewährleistet ... Es ist wie der Durchschlag eines Tunnels von beiden Seiten her.

Das neue Sexualziel besteht beim Manne in der Entladung der Geschlechtsprodukte; es ist dem früheren, der Erreichung von Lust keineswegs fremd, vielmehr ist der höchste Betrag von Lust an diesen Endakt des Sexualvorganges geknüpft. Der Sexualtrieb stellt sich jetzt in den Dienst der Fortpflanzungsfunktion; er wird sozusagen altruistisch. Soll diese Umwandlung gelingen, so muß beim Vorgang derselben mit den ursprünglichen Anlagen und allen Eigentümlichkeiten der Triebe gerechnet werden.«[24]

Sublimierung

Viele Formulierungen Freuds scheinen zu implizieren, daß Individuen mit einem genitalen (d. h. sozialen) Charakter leichter zu Sublimierungen fähig sind als Individuen, deren Charakterstruktur auf prägenitalen Fixierungen beruht und die deshalb im allgemeinen recht selbstsüchtige Ziele haben. Im folgenden Zitat aus den *Vorlesungen zur Einführung in die Psychoanalyse* spielt Freud hierauf an:

»Es gibt im allgemeinen sehr viele Wege, die Entbehrung der libidinösen Befriedigung zu vertragen, ohne an ihr zu erkranken. Vor allem kennen wir Menschen, die imstande sind, eine solche Entbehrung ohne Schaden auf sich zu nehmen; sie sind dann nicht glücklich, sie leiden an Sehnsucht, aber sie werden nicht krank. Sodann müssen wir in Betracht ziehen, daß gerade die sexuellen Triebregungen außerordentlich *plastisch* sind, wenn ich so sagen darf. Sie können die eine für die andere eintreten, eine kann die Intensität der anderen auf sich nehmen; wenn die Befriedigung der einen durch die Realität versagt ist, kann die Befriedigung einer anderen volle Entschädigung bieten. Sie verhalten sich zueinander wie ein Netz von kommunizierenden, mit Flüssigkeit gefüllten Kanälen, und dies

[23] (1921c) *Massenpsychologie und Ich-Analyse*, G. W., Bd. 13, S. 84 f. Anm.
[24] (1905d) *Drei Abhandlungen zur Sexualtheorie*, G. W., Bd. 5, S. 108 f.

trotz ihrer Unterwerfung unter den Genitalprimat, was gar nicht so bequem in einer Vorstellung zu vereinen ist. Ferner zeigen die Partialtriebe der Sexualität, ebenso wie die aus ihnen zusammengefaßte Sexualstrebung, eine große Fähigkeit, ihr Objekt zu wechseln, es gegen ein anderes, also auch gegen ein bequemer erreichbares, zu vertauschen; diese Verschiebbarkeit und Bereitwilligkeit, Surrogate anzunehmen, müssen der pathogenen Wirkung, seiner Versagung mächtig entgegenarbeiten. Unter diesen gegen die Erkrankung durch Entbehrung schützenden Prozessen hat einer eine besondere kulturelle Bedeutung gewonnen. Er besteht darin, daß die Sexualbestrebung ihr auf Partiallust oder Fortpflanzungslust gerichtetes Ziel aufgibt und ein anderes annimmt, welches genetisch mit dem aufgegebenen zusammenhängt, aber selbst nicht mehr sexuell, sondern sozial genannt werden muß. Wir heißen den Prozeß ›Sublimierung‹, wobei wir uns der allgemeinen Schätzung fügen, welche soziale Ziele höher stellt als die im Grunde selbstsüchtigen sexuellen.«[25]

[25] (1916–17) *Vorlesungen zur Einführung in die Psychoanalyse*, G. W., Bd. 11, S. 357 f.

24
Die Libidoentwicklung in der Pubertät

Vgl. Konzepte: *Phallische Erotik, Genitalerotik, Ödipuskomplex, Untergang des Ödipuskomplexes.*

Freud ist in allen Phasen seines Werkes auf die Pubertätszeit eingegangen, doch die Grundlage für die Untersuchung der sich in dieser Periode vollziehenden Veränderungen wurde bereits in den *Drei Abhandlungen zur Sexualtheorie*[1] gelegt. Er hat diese Schrift mehrfach – insbesondere, nachdem er die Abhandlung ›Zur Einführung des Narzißmus‹ (1914)[2] geschrieben hatte – um wichtige Zusätze erweitert, in denen er die Veränderungen zur Zeit der Pubertät diskutiert.

Definition

Die Pubertät ist die Phase im Leben, in welcher der körperliche Primat der Genitalzone erreicht wird. (Im heutigen Sprachgebrauch kann ein Mensch im körperlichen Sinne die Pubertät erreicht haben, ohne deshalb schon ein Jugendlicher zu sein, d. h., es kann sein, daß er noch nicht die psychischen Entwicklungsschritte getan hat, die für die Adoleszenz kennzeichnend sind.)

»Die volle Organisation [die die anderen Strebungen dem Primat der Genitalien unterordnet und den Beginn der Einordnung des allgemeinen Luststrebens in die Sexualfunktion bedeutet] wird erst durch die Pubertät in einer vierten genitalen Phase erreicht. Dann hat sich ein Zustand hergestellt, in dem 1) manche frühere Libidobesetzungen erhalten geblieben sind, 2) andere in die Sexualfunktion aufgenommen werden als vorbereitende, unterstützende Akte, deren Befriedigung die sogenannte Vorlust ergibt, 3) andere Strebungen von der Organisation ausgeschlossen werden, entweder überhaupt unterdrückt (verdrängt) werden oder eine andere Verwendung im Ich erfahren, Charakterzüge bilden, Sublimierungen mit Zielverschiebungen erleiden.«[3]
Ein wesentliches Merkmal der in der Pubertät stattfindenden Prozesse

---

[1] (1905d) *Drei Abhandlungen zur Sexualtheorie*, G. W., Bd. 5.
[2] (1914c) ›Zur Einführung des Narzißmus‹, G. W., Bd. 10.
[3] (1940a [1938]) *Abriß der Psychoanalyse*, G. W., Bd. 17, S. 77.

ist, daß »die am Verdrängten haftenden Triebanteile eine besondere Verstärkung erfahren«.[4] An anderer Stelle heißt es:

> »Zweimal im Laufe der individuellen Entwicklung treten erhebliche Verstärkungen gewisser Triebe auf, zur Pubertät und um die Menopause bei Frauen.«[5] So werde die Neurose, die in der Phase der frühen Kindheit begann, gewöhnlich »abgelöst von einer Zeit anscheinend ungestörter Entwicklung, ein Vorgang, der durch das Dazwischentreten der physiologischen Latenzperiode unterstützt oder ermöglicht wird. Erst später tritt die Wandlung ein, mit der die endgültige Neurose als verspätete Wirkung des Traumas manifest wird. Dies geschieht entweder mit dem Einbruch der Pubertät oder eine Weile später. Im ersteren Falle, indem die durch die physische Reifung verstärkten Triebe nun den Kampf wiederaufnehmen können, in dem sie anfänglich der Abwehr unterlegen sind«.[6]

Freud nahm an, daß die Homosexualität sich psychisch erst nach der Pubertät manifestiere[7], und in der Masturbation sah er eine charakteristische Pubertätseigenschaft.[8]

Geschichte des Konzepts

Freuds erste ausführliche Diskussion der Libidoentwicklung zur Zeit der Pubertät findet sich in den *Drei Abhandlungen*. In seinen späteren Schriften hat er die hier gegebene Darstellung erweitert, wobei das Schwergewicht sich von der zur Zeit der Pubertät stattfindenden größeren Neuordnung auf die entscheidenden Veränderungen in der psychosexuellen Entwicklung und in den Objektbeziehungen verlagerte, die in der phallisch-ödipalen Phase, d. h. zwischen dem Alter von drei und fünf Jahren, stattfinden.

> »Mit dem Eintritt der Pubertät setzen die Wandlungen ein, welche das infantile Sexualleben in seine endgültige normale Gestaltung überführen sollen. Der Sexualtrieb war bisher vorwiegend autoerotisch, er findet nun das Sexualobjekt. Er betätigte sich bisher von einzelnen Trieben und erogenen Zonen aus, die unabhängig voneinander eine gewisse Lust als einziges Sexualziel suchten. Nun wird ein neues Sexualziel gegeben, zu dessen Erreichung alle Partialtriebe

[4] (1939a) *Der Mann Moses und die monotheistische Religion*, G. W., Bd. 16, S. 202.
[5] (1937c) ›Die endliche und die unendliche Analyse‹, G. W., Bd. 16, S. 70.
[6] (1939a) *Der Mann Moses und die monotheistische Religion*, G. W., Bd. 16, S. 182. Vgl. (1909a) ›Allgemeines über den hysterischen Anfall‹, G. W., Bd. 7, S. 240, und (1926d) *Hemmung, Symptom und Angst*, G. W., Bd. 14, S. 146.
[7] (1922b) ›Über einige neurotische Mechanismen bei Eifersucht, Paranoia und Homosexualität‹, G. W., Bd. 13, S. 204.
[8] (1905d) *Drei Abhandlungen zur Sexualtheorie*, G. W., Bd. 5, S. 90.

zusammenwirken, während die erogenen Zonen sich dem Primat der Genitalzone unterordnen.«[9]

In den *Drei Abhandlungen* macht Freud auch auf den Zusammenhang der körperlichen Veränderungen in der Pubertät mit der körperlichen Beziehung zu Objekten aufmerksam.

»Man hat das Auffälligste an den Pubertätsvorgängen zum Wesentlichsten derselben gewählt, das manifeste Wachstum der äußeren Genitalien, an denen sich die Latenzperiode der Kindheit durch relative Wachstumshemmung geäußert hatte. Gleichzeitig ist die Entwicklung der inneren Genitalien so weit vorgeschritten, daß sie Geschlechtsprodukte zu liefern, respektive zur Gestaltung eines neuen Lebewesens aufzunehmen vermögen. Ein höchst komplizierter Apparat ist so fertig geworden, der seiner Inanspruchnahme harrt.«[10]

Unter dem Zwischentitel ›Die Objektfindung‹ heißt es an späterer Stelle dieser Abhandlung:

»Während durch die Pubertätsvorgänge das Primat der Genitalzonen festgelegt wird und das Vordrängen des erigiert gewordenen Gliedes beim Manne gebieterisch auf das neue Sexualziel hinweist, auf das Eindringen in eine die Genitalzone erregende Körperhöhle, vollzieht sich von psychischer Seite her die Objektfindung, für welche von der frühesten Kindheit an vorgearbeitet worden ist.«[11]

In der Abhandlung über ›Die infantile Genitalorganisation‹ (1923), in welcher Freud die Modifizierungen seiner Ansichten seit den *Drei Abhandlungen* festhält, schreibt er:

»Mit dem Satz, das Primat der Genitalien sei in der frühinfantilen Periode nicht oder nur sehr unvollkommen durchgeführt, würde ich mich heute nicht mehr zufrieden geben. Die Annäherung des kindlichen Sexuallebens an das der Erwachsenen geht viel weiter und bezieht sich nicht nur auf das Zustandekommen einer Objektwahl. Wenn es auch nicht zu einer richtigen Zusammenfassung der Partialtriebe unter das Primat der Genitalien kommt, so gewinnt doch auf der Höhe des Entwicklungsganges der infantilen Sexualität das Interesse an den Genitalien und die Genitalbetätigung eine dominierende Bedeutung, die hinter der in der Reifezeit wenig zurücksteht. Der Hauptcharakter dieser ›*infantilen Genitalorganisation*‹ ist zugleich ihr Unterschied von der endgültigen Genitalorganisation der Erwachsenen. Er liegt darin, daß für beide Geschlechter nur ein *Genitale,* das männliche, eine Rolle spielt. Es besteht also nicht ein Genitalprimat, sondern ein Primat des *Phallus.*«[12]

---

[9] (1905d) *Drei Abhandlungen zur Sexualtheorie,* G. W., Bd. 5, S. 108; vgl. a. (1908d) ›Die »kulturelle« Sexualmoral und die moderne Nervosität‹, G. W., Bd. 7, S. 151 f.
[10] Ibid., S. 109.
[11] Ibid., S. 123.
[12] (1923e) ›Die infantile Genitalorganisation‹, G. W., Bd. 13, S. 294 f.

Die wichtige Unterscheidung, die Freud zwischen phallischer und Genitalerotik trifft, ist in der in der Pubertät erreichten körperlichen Fähigkeit zum Samenerguß begründet. Freud betont jetzt auch den bedeutsamen Unterschied in der weiteren Sexualentwicklung von Mann und Frau.

»Die leitende erogene Zone ist auch beim weiblichen Kinde an der Klitoris gelegen, der männlichen Genitalzone an der Eichel also homolog. Alles, was ich über Masturbation bei kleinen Mädchen in Erfahrung bringen konnte, betraf die Klitoris und nicht die für die späteren Geschlechtsfunktionen bedeutsamen Partien des äußeren Genitales ... Will man das Weibwerden des kleinen Mädchens verstehen, so muß man die weiteren Schicksale dieser Klitoriserregbarkeit verfolgen. Die Pubertät, welche dem Knaben jenen großen Vorstoß der Libido bringt, kennzeichnet sich für das Mädchen durch eine neuerliche Verdrängungswelle, von der gerade die Klitorissexualität betroffen wird. Es ist ein Stück männlichen Sexuallebens, was dabei der Verdrängung verfällt. Die bei dieser Pubertätsverdrängung des Weibes geschaffene Verstärkung der Sexualhemmnisse ergibt dann einen Reiz für die Libido des Mannes und nötigt dieselbe zur Steigerung ihrer Leistungen ... Ist die Übertragung der erogenen Reizbarkeit von der Klitoris auf den Scheideneingang gelungen, so hat damit das Weib seine für die spätere Sexualbetätigung leitende Zone gewechselt, während der Mann die seinige von der Kindheit an beibehalten hat.«[13]

In ›»Psychoanalyse« und »Libidotheorie«‹ (1923) schreibt Freud:

»In der darauffolgenden Zeit der *Pubertät* erfährt der Ödipuskomplex eine Neubelebung im Unbewußten und geht seinen weiteren Umbildungen entgegen. Erst die Pubertätszeit entwickelt die Sexualtriebe zu ihrer vollen Intensität; die Richtung dieser Entwicklung und alle daran haftenden Dispositionen sind aber bereits durch die vorher abgelaufene infantile Frühblüte der Sexualität bestimmt. Diese zweizeitige, durch die Latenzzeit unterbrochene Entwicklung der Sexualfunktion scheint eine biologische Besonderheit der menschlichen Art zu sein und die Bedingung für die Entstehung der Neurosen zu enthalten.«[14]

Vor allem nach seiner Abhandlung ›Zur Einführung des Narzißmus‹ (1914) hat Freud den Zusammenhang zwischen früher Sexualentwicklung, der Weise, in der der Ödipuskonflikt gelöst wurde, und der Objektwahl nach der Pubertät in mehreren Schriften genauer untersucht.

[13] (1905d) *Drei Abhandlungen zur Sexualtheorie*, G. W., Bd. 2, S. 121–123.
[14] (1923a) ›»Psychoanalyse« und »Libidotheorie«‹, G. W., Bd. 13, S. 221 f. Vgl. a. (1926f) ›Psychoanalysis‹, G. W., Bd. 14, S. 304.

In einer 1930 zu den *Drei Abhandlungen* hinzugefügten Fußnote heißt es:

»Die Phantasien der Pubertätszeit knüpfen an die in der Kindheit verlassene infantile Sexualforschung an, reichen wohl auch ein Stück in die Latenzzeit zurück. Sie können ganz oder zum großen Teil unbewußt gehalten werden, entziehen sich darum häufig einer genauen Datierung.«[15]

In einer früheren Ausgabe dieses Werkes hatte Freud geschrieben:

»Gleichzeitig mit der Überwindung und Verwerfung dieser deutlich inzestuösen Phantasien wird eine der bedeutsamsten, aber auch schmerzhaftesten, psychischen Leistungen der Pubertätszeit vollzogen, die Ablösung von der Autorität der Eltern, durch welche erst der für den Kulturfortschritt so wichtige Gegensatz der neuen Generation zur alten geschaffen wird.«[16]

Freud wies auf charakteristische Unterschiede im Typus der Objektwahl von Mann und Frau hin:

»Die Vergleichung von Mann und Weib zeigt dann, daß sich in deren Verhältnis zum Typus der Objektwahl fundamentale, wenn auch natürlich nicht regelmäßige Unterschiede ergeben. Die volle Objektliebe nach dem Anlehnungstypus ist eigentlich für den Mann charakteristisch. Sie zeigt die auffällige Sexualüberschätzung, welche wohl dem ursprünglichen Narzißmus des Kindes entstammt und somit einer Übertragung desselben auf das Sexualobjekt entspricht ... Anders gestaltet sich die Entwicklung bei dem häufigsten, wahrscheinlich reinsten und echtesten Typus des Weibes. Hier scheint mit der Pubertätsentwicklung durch die Ausbildung der bis dahin latenten weiblichen Sexualorgane eine Steigerung des ursprünglichen Narzißmus aufzutreten, welche der Gestaltung einer ordentlichen, mit Sexualüberschätzung ausgestatteten Objektliebe ungünstig ist.«[17]

In der Abhandlung ›Über die weibliche Sexualität‹ (1931) nahm Freud noch einmal die Frage der Objektfindung auf. Obwohl seine Bemerkungen sich hier in erster Linie auf das Kind beziehen, sind sie für das Verständnis der Objektwahl nach der Pubertät wichtig.

»Beim Manne wird die Mutter zum ersten Liebesobjekt infolge des Einflusses von Nahrungszufuhr und Körperpflege, und sie bleibt es, bis sie durch ein ihr wesensähnliches oder von ihr abgeleitetes ersetzt wird. Auch beim Weib muß die Mutter das erste Objekt sein. Die Urbedingungen der Objektwahl sind ja für alle Kinder gleich.

15 [1920] (1950d) *Drei Abhandlungen zur Sexualtheorie*, G. W., Bd. 5, S. 127 Anm.
16 Ibid., S. 128.
17 (1914c) ›Zur Einführung des Narzißmus‹, G. W., Bd. 10, S. 154 f.

Aber am Ende der Entwicklung soll der Mann = Vater das neue Liebesobjekt geworden sein, d. h. dem Geschlechtswechsel des Weibes muß ein Wechsel im Geschlecht des Objekts entsprechen. Als neue Aufgaben der Forschung entstehen hier die Fragen, auf welchen Wegen diese Wandlung vor sich geht, wie gründlich oder unvollkommen sie vollzogen wird, welche verschiedenen Möglichkeiten sich bei dieser Entwicklung ergeben.«[18]

[18] (1931b) ›Über die weibliche Sexualität‹, G. W., Bd. 14, S. 521.

25
Autoerotismus

Vgl. Konzepte: *Erogene Zonen, Narzißmus*

»Autoerotismus« bezeichnet im Sprachgebrauch Freuds eine Phase in der Libidoentwicklung, »autoerotisch« eine spezifische Form sexueller Betätigung und Befriedigung, nämlich diejenige, die für die Phase des Autoerotismus charakteristisch ist. Autoerotische Formen der Befriedigung herrschen allerdings auch in der nächsten Phase der Libidoentwicklung, der des (primären) Narzißmus, noch vor. Manchmal finden sie sich auch noch neben den für die fortgeschrittenere libidinöse Phase der Objektliebe charakteristischen Formen sexueller Befriedigung.

Autoerotische Betätigungen lassen sich in der frühen Sexualentwicklung an allen erogenen Zonen beobachten, vor allem an Mund, Anus und den Genitalien.

Freud gebraucht den Begriff des Autoerotismus zum erstenmal in einem Brief an Fließ (9. Dezember 1899):

> »Das unterste in der Sexualschichtung ist der Autoerotismus, der auf ein psychosexuelles Ziel verzichtet und nur die lokal befriedigende Empfindung verlangt. Er wird dann vom Allo- (Homo- und Hetero-)erotismus abgelöst, besteht aber gewiß als besondere Strömung fort.«[1]

Freud hat den Begriff von Havelock Ellis entliehen, der ihn 1898 eingeführt hatte, gebraucht ihn aber in einem anderen Sinne:

> »H. Ellis hat den Terminus ›autoerotisch‹ allerdings etwas anders bestimmt, im Sinne einer Erregung, die nicht von außen hervorgerufen wird, sondern im Innern selbst entspringt. Für die Psychoanalyse ist nicht die Genese, sondern die Beziehung zu einem Objekt das Wesentliche.«[2]

Man kann sagen, eine autoerotische Betätigung sei eine objektlose Tätigkeit, die nach einer besonderen Form von Lust oder Befriedigung sucht, die durch bestimmte Manipulationen bewirkt wird, welche die Erregung an der entsprechenden erogenen Zone oder des besonderen Partialtriebs, der sich an der entsprechenden erogenen Zone ausdrückt, beruhigt.

Freud hat durchgängig betont, daß Autoerotismus und autoerotische

[1] (1950a [1887–1902]) *Aus den Anfängen der Psychoanalyse,* op. cit., S. 324 f.
[2] [1920] (1905d) *Drei Abhandlungen zur Sexualtheorie,* G. W., Bd. 5, S. 82 Anm.

Betätigungen objektlose Zustände seien. Die infantile Sexualäußerung »kennt noch kein Sexualobjekt, ist autoerotisch«[3].

Es ist nicht immer leicht zu entscheiden, wie weit diese »Objektlosigkeit«, das Hauptmerkmal autoerotischer Betätigung, in Freuds Formulierungen beibehalten wird. Es scheint, daß es sich weder in Fällen einer körperlichen biologischen Abhängigkeit von einem Partialtrieb oder einem äußeren Objekt noch in Fällen einer durch das Ich vermittelten Objektwahl – wenngleich diese sich hauptsächlich in der Phantasie abspielt – um autoerotische Äußerungen im strengen Sinne des Begriffs handelt. Das scheint der Grund für Formulierungen wie die folgende zu sein.

»Als die anfänglichste Sexualbefriedigung noch mit Nahrungsaufnahme verbunden war, hatte der Sexualtrieb ein Sexualobjekt außerhalb des eigenen Körpers in der Mutterbrust. Er verlor es nur später ... Der Geschlechtstrieb wird dann in der Regel autoerotisch.«[4]

Das in diesem Zitat gemeinte Objekt ist eindeutig das biologische Objekt des oralen Partialtriebes: »Der Sexualtrieb hatte ein Sexualobjekt außerhalb des eigenen Körpers.« Dies heißt eindeutig, daß der Sexualtrieb erst später, *wenn der Trieb das Objekt verliert,* autoerotisch wird.

Ähnlich kann auch die Masturbation, die von sich auf ein Objekt beziehenden Phantasien im Ich begleitet ist, nicht als eine rein autoerotische Betätigung angesehen werden, sondern muß als höchst komplexe Zusammensetzung erkannt werden.

»Ursprünglich war die Aktion eine rein autoerotische Vornahme zur Lustgewinnung von einer bestimmten, erogen zu nennenden Körperstelle. Später verschmolz diese Aktion mit einer Wunschvorstellung aus dem Kreise der Objektliebe und diente zur teilweisen Realisierung der Situation, in welcher diese Phantasie gipfelte.«[5]

Obwohl die physische Gegenwart des Objekts für die Entladung nicht notwendig ist – und in diesem Sinne ist die Aktivität autoerotisch, da ein Objekt nur in der Phantasie vorhanden ist –, stellt sie, wie Freud bemerkt, eine höchst komplexe Zusammensetzung dar, die sich von den primitiveren Äußerungen des Autoerotismus stark unterscheidet. Diese Phase scheint eine Zwischenphase zu sein, in der die körperliche Gegenwart des Sexualpartners noch nicht erforderlich ist, um zu der notwendigen Entladung zu kommen, aber Phantasien vom Objekt eine wichtige Rolle spielen und sich mit der rein autoerotischen Betätigung vermischen.

[3] Ibid., S. 83.
[4] Ibid., S. 123.
[5] (1908a) ›Hysterische Phantasien und ihre Beziehung zur Bisexualität‹, G. W., Bd. 7, S. 193.

Um 1909 hat Freud eine Zwischenstufe auf dem Wege vom Autoerotismus zur Objektliebe eingeführt:

>»Untersuchungen in der letzten Zeit haben uns auf ein Stadium der Entwicklungsgeschichte der Libido aufmerksam gemacht, welches auf dem Wege vom Autoerotismus zur Objektliebe durchschritten wird. Man hat es als Narzissismus bezeichnet; ich ziehe den vielleicht minder korrekten, aber kürzeren und weniger übelklingenden Namen Narzißmus vor. Es besteht darin, daß das in der Entwicklung begriffene Individuum, welches seine autoerotisch arbeitenden Sexualtriebe zu einer Einheit zusammenfaßt, um ein Liebesobjekt zu gewinnen, zunächst sich selbst, seinen eigenen Körper zum Liebesobjekt nimmt, ehe es von diesem zur Objektwahl einer fremden Person übergeht.«[6]

In der Phase des Autoerotismus drängt jeder erregte Partialtrieb oder jede erregte Zone unabhängig von den anderen nach Befriedigung. Auf der nächsten Stufe der Libidoentwicklung (Narzißmus) werden die verschiedenen Partialtriebe Freud zufolge irgendwie zusammengefaßt und nehmen das Selbst als Liebesobjekt. Daher ist die Form der Sexualbefriedigung in der Phase des primären Narzißmus ebenfalls autoerotisch, denn das Objekt ist der eigene Körper, nicht ein anderer, wie in der folgenden Phase der Objektliebe. Der Unterschied zwischen den autoerotischen Betätigungen der Phase des primären Narzißmus und denjenigen der Phase des Autoerotismus scheint darin zu bestehen, daß die dem primären Narzißmus entsprechenden Betätigungen der biologischen Ebene der Ereignisse weniger nahe sind als die zur Phase des Autoerotismus gehörenden, in welcher es anders als im primären Narzißmus noch kein Bewußtsein des Selbst gibt. Wie Freud sagt:

>»Es ist eine notwendige Annahme, daß eine dem Ich vergleichbare Einheit nicht von Anfang an im Individuum vorhanden ist; das Ich muß entwickelt werden. Die autoerotischen Triebe sind aber uranfänglich; es muß also irgend etwas zum Autoerotismus hinzukommen, eine neue psychische Aktion, um den Narzißmus zu gestalten.«[7]

Schließlich hält Freud es für klinisch bedeutsam, daß die Regression in der Dementia praecox nicht nur, wie in der Paranoia, bis zum Narzißmus zurückgeht, sondern bis zur vollständigen Aufgabe der Objektliebe und zum infantilen Autoerotismus.

---

[6] (1911c) ›Über einen autobiographisch beschriebenen Fall von Paranoia‹, G. W., Bd. 8, S. 296 f. Vgl. auch [1909 (1905d)] *Drei Abhandlungen zur Sexualtheorie*, G. W., Bd. 5, S. 44 f.; (1910c) *Eine Kindheitserinnerung des Leonardo da Vinci*, G. W., Bd. 8, S. 170.

[7] (1914c) ›Zur Einführung des Narzißmus‹, G. W., Bd. 10, S. 142.

»Die disponierende Fixierung muß also weiter zurückliegen als die der Paranoia, im Beginn der Entwicklung, die vom Autoerotismus zur Objektliebe strebt, enthalten sein.«[8]

[8] (1911c) ›Über einen autobiographisch beschriebenen Fall von Paranoia‹, G. W., Bd. 8, S. 314.

26
Narzißmus

Vgl. Konzept: *Autoerotismus*

Der Terminus ›Narzißmus‹ bezeichnet eine zwischen Autoerotismus und Alloerotismus liegende libidinöse Einstellung.

Er entstammt der klinischen Deskription und ist, worauf Freud hinweist, 1898 von Havelock Ellis als Beschreibung einer psychischen Einstellung und 1899 von Paul Näcke zur Bezeichnung einer sexuellen Perversion eingeführt worden.[1]

E. Jones schreibt, daß Freud am 10. November 1909 »in der Wiener Vereinigung gesagt hatte, der Narzißmus sei ein notwendiges Übergangsstadium zwischen der Stufe des Autoerotismus und der des Alloerotismus«[2].

Die ersten schriftlichen Äußerungen über den Narzißmus erscheinen in einer im Dezember 1909 zur zweiten Auflage der *Drei Abhandlungen* hinzugefügten Fußnote[3] und in Freuds Arbeit über *Leonardo* (1910).[4] Beide Stellen beziehen sich auf das Finden eines Liebesobjekts auf dem Wege des Narzißmus.

Die ausführlichste Darstellung dieser frühen Erklärungen der Theorie des Narzißmus findet sich in der Abhandlung über den Fall Schreber. Dort heißt es:

»Untersuchungen der letzten Zeit [I. Sadger, Ein Fall von multipler Perversion mit hysterischen Absenzen. Jahrbuch f. psychoanalyt. Forschungen, II. B. 1910 – Freud, Eine Kindheitserinnerung des Leonardo da Vinci, 1910] haben uns auf ein Stadium der Entwicklungsgeschichte der Libido aufmerksam gemacht, welches auf dem Wege vom Autoerotismus zur Objektliebe durchschritten wird. Man hat es als Narzissismus bezeichnet; ich ziehe den vielleicht minder korrekten, aber kürzeren und weniger übelklingenden Namen Narzißmus vor. Es besteht darin, daß das in der Entwicklung begriffene Individuum, welches seine autoerotisch arbeitenden Sexualtriebe zu einer Einheit zusammenfaßt, um ein Liebesobjekt zu gewinnen, zunächst sich selbst, seinen eigenen Körper zum Liebesobjekt nimmt,

---

[1] [1915, 1920] (1905d) *Drei Abhandlungen zur Sexualtheorie*, G. W., Bd. 5, S. 119 Anm. Vgl. auch (1914c) ›Zur Einführung des Narzißmus‹, G. W., Bd. 10, S. 138.

[2] Jones, E. *Das Leben und Werk von Sigmund Freud*, Huber, Bern u. Stuttgart 1962, Bd. II, S. 322.

[3] (1905d) *Drei Abhandlungen zur Sexualtheorie*, G. W., Bd. 5, S. 45.

[4] (1910c) *Eine Kindheitserinnerung des Leonardo da Vinci*, G. W., Bd. 8, S. 170.

ehe es von diesem zur Objektwahl einer fremden Person übergeht. Eine solche zwischen Autoerotismus und Objektwahl vermittelnde Phase ist vielleicht normalerweise unerläßlich; es scheint, daß viele Personen ungewöhnlich lange in ihr aufgehalten werden, und daß von diesem Zustande viel für spätere Entwicklungsstufen erübrigt. An diesem zum Liebesobjekt genommenen Selbst können bereits die Genitalien die Hauptsache sein. Der weitere Weg führt zur Wahl eines Objekts mit ähnlichen Genitalien, also über die homosexuelle Objektwahl, zur Heterosexualität.«[5]

Später, in *Totem und Tabu* (1913), schreibt Freud:

»Die Äußerungen der sexuellen Triebe sind von Anfang an zu erkennen, aber sie richten sich zuerst noch auf kein äußeres Objekt. Die einzelnen Triebkomponenten finden ihre Befriedigung am eigenen Körper. Dies Stadium heißt das des Autoerotismus, es wird von dem der Objektwahl abgelöst.

Es hat sich bei weiterem Studium als zweckmäßig, ja als unabweisbar gezeigt, zwischen diesen beiden Stadien ein drittes einzuschieben, oder, wenn man so will, das erste Stadium des Autoerotismus in zwei zu zerlegen. In diesem Zwischenstadium, dessen Bedeutsamkeit sich der Forschung immer mehr aufdrängt, haben die vorher vereinzelten Sexualtriebe sich bereits zu einer Einheit zusammengesetzt und auch ein Objekt gefunden; dies Objekt ist aber kein äußeres, dem Individuum fremdes, sondern es ist das eigene, um diese Zeit konstituierte Ich.«

Einige Zeilen später charakterisiert er das narzißtische Stadium als eines, »in welchem die bisher dissoziierten Sexualtriebe zu einer Einheit zusammentreten und das Ich als Objekt besetzen«; aus diesem Grunde »ahnen wir (doch) bereits, daß die narzißtische Organisation nie mehr völlig aufgegeben wird. Der Mensch bleibt in gewissem Maße narzißtisch, auch nachdem er äußere Objekte für seine Libido gefunden hat«[6].

In ›Die Disposition zur Zwangsneurose‹ (1913) geht Freud in einem ganz ähnlichen Zusammenhang auf die Frage des Narzißmus ein und erklärt erneut, daß in der Übergangsphase vom Autoerotismus zum Narzißmus bereits eine Objektwahl erfolgt, »aber das Objekt noch mit dem eigenen Ich zusammenfällt«[7].

Nachdem Freud die Phase des Narzißmus einmal eingeführt hatte, finden sich überall in seinem Werk Bemerkungen zu ihr. Die nächste wirklich wichtige Erklärung erscheint in ›Zur Einführung des Narziß-

---

[5] (1911c) ›Über einen autobiographisch beschriebenen Fall von Paranoia‹, G. W., Bd. 8, S. 296 f.
[6] (1912–13) *Totem und Tabu*, G. W., Bd. 9, S. 109 f.
[7] (1913i) ›Die Disposition zur Zwangsneurose‹, G. W., Bd. 8, S. 446.

mus‹ (1914). Freud insistiert hier wieder auf der Universalität des Narzißmus als einer libidinösen Einstellung: er könne »eine Stelle in der regulären Sexualentwicklung des Menschen beanspruchen«. (Freud verweist hier auf eine 1911 geschriebene Arbeit von Otto Rank.)[8] Narzißmus im Sinne einer libidinösen Einstellung »wäre keine Perversion, sondern die libidinöse Ergänzung zum Egoismus des Selbsterhaltungstriebes, von dem jedem Lebewesen mit Recht ein Stück zugeschrieben wird«.[9] Andererseits könne er sich bis zu einem Maße entwickeln, wo er die Bedeutung einer Perversion gewinne, die das gesamte Sexualleben einer Person aufsaugt.[10]

In dieser Abhandlung unterscheidet Freud zum erstenmal zwischen primärem und sekundärem Narzißmus. Er kommt zu dieser Unterscheidung bei der Beantwortung der Frage, was mit der in schizophrenen Zuständen den Objekten entzogenen Libido geschehe. Diese Libido führe zu dem bei solchen Zuständen beobachtbaren Größenwahn, der keine Neuschöpfung sei, sondern die Manifestation eines Zustandes, der schon vorher bestanden hatte:

»Somit werden wir dazu geführt, den Narzißmus, der durch Einbeziehung der Objektbesetzungen entsteht, als einen sekundären aufzufassen, welcher sich über einen primären, durch mannigfache Einflüsse verdunkelten, aufbaut.«[11]

Es läßt sich die folgende Linie der Entwicklungsprogression und möglicher Regression (in manchen Fällen unter normalen Bedingungen wie Schlaf usw., in anderen unter anomalen Bedingungen) zeichnen: Autoerotismus–primärer Narzißmus–Objektliebe (homosexuelle und heterosexuelle). Zurückziehung der Besetzungen von den Objekten bereitet den Weg für den sekundären Narzißmus.

Ein in der Literatur über den Narzißmus häufig übersehener Punkt ist Freuds Versuch, die Unterschiede zwischen dem Narzißmus und der vorhergehenden Stufe der Libidoorganisation klarzumachen: »Wie verhält sich der Narzißmus, von dem wir jetzt handeln, zum Autoerotismus, den wir als einen Frühzustand der Libido beschrieben haben?«[12] Freuds Antwort auf diese Frage:

»Es ist eine notwendige Annahme, daß eine dem Ich vergleichbare Einheit nicht von Anfang an im Individuum vorhanden ist; das Ich muß entwickelt werden. Die autoerotischen Triebe sind aber uranfänglich; es muß also irgend etwas zum Autoerotismus hinzukommen, eine neue psychische Aktion, um den Narzißmus zu gestalten.«[13]

---

8 (1914c) ›Zur Einführung des Narzißmus‹, G. W., Bd. 10, S. 138.
9 Ibid., S. 138 f.
10 Ibid., S. 138.
11 Ibid., S. 140.
12 Ibid., S. 141.
13 Ibid., S. 142.

Die klinische Bedeutung der Unterscheidung zwischen Autoerotismus und Narzißmus läßt sich wie folgt zusammenfassen.

Freud ordnet den disponierenden Fixierungspunkt der Paranoia der Phase des primären Narzißmus zu und denjenigen der Schizophrenie der noch früheren Phase des Autoerotismus.[14] In der Abhandlung über den Fall Schreber heißt es (im Hinblick auf Schizophrenie):

>Die Regression geht nicht nur bis zum Narzißmus, der sich in Größenwahn äußert, sondern bis zur vollen Auflassung der Objektliebe und Rückkehr zum infantilen Autoerotismus. Die disponierende Fixierung muß also weiter zurückliegen als die der Paranoia, im Beginn der Entwicklung, die vom Autoerotismus zur Objektliebe strebt, enthalten sein.«[15]

Einige Seiten vorher:

»Daraus wollen wir schließen, daß die frei gewordene Libido bei der Paranoia zum Ich geschlagen, zur Ichvergrößerung verwendet wird. Damit ist das aus der Entwicklung der Libido bekannte Stadium des Narzißmus wieder erreicht, in welchem das eigene Ich das einzige Sexualobjekt war.«[16]

In den *Vorlesungen zur Einführung* spricht Freud darüber, wie die Theorie des Narzißmus es ermöglichte, die psychoanalytischen Anschauungen auf weitere Krankheitsformen auszudehnen (z. B. Dementia praecox, Größenwahn). Er schreibt Abraham das Verdienst zu, schon 1908 (d. h. vor Freuds zitierter Bemerkung in der Wiener Vereinigung) gesagt zu haben, »es sei der Hauptcharakter der Dementia praecox, daß ihr die Libidobesetzung der Objekte abgehe«. Freud fährt fort:

»Abraham zögerte nicht, die Antwort zu geben: sie [die Libido] wird auf das Ich zurückgewandt, und diese *reflexive Rückwendung ist die Quelle des Größenwahns de*r Dementia praecox.«[17]

Die Einführung der Theorie des Narzißmus verlangte eine bedeutsame Modifizierung der Triebtheorie. Da die Selbsterhaltungstriebe mit den Sexualtrieben identifiziert wurden, mußte der Gegensatz zwischen >Ichtrieben< (Selbsterhaltungstrieben) und >Sexualtrieben< aufgegeben werden.

Ähnlich wurde der Konflikt, der bis dahin als einer zwischen den >Sexual-< und >Ichtrieben< dargestellt worden war, jetzt zu einem Konflikt zwischen >Ichlibido< und >Objektlibido<:

[14] (1913i) >Die Disposition zur Zwangsneurose<, G. W., Bd. 8, S. 444.
[15] (1911c) >Über einen autobiographisch beschriebenen Fall von Paranoia<, G. W., Bd. 8, S. 314.
[16] Ibid., S. 309.
[17] (1916–17) *Vorlesungen zur Einführung in die Psychoanalyse*, G. W., Bd. 11, S. 430.

»Der Gegensatz zwischen Ich- und Sexualtrieben wandelte sich in den zwischen Ich- und Objekttrieben, beide libidinöser Natur.«[18]

Die Theorie des Narzißmus trug ferner zur Klärung anderer Prozesse und Phänomene bei, z. B.: Hypochondrie, Verteilung der Libido bei organischen Krankheiten, Zustände intensiver Verliebtheit, und sie warf neues Licht auf die Fragen der Objektwahl (anaklitisch und narzißtisch) sowie bestimmte Formen der Homosexualität usw.

Angesichts der Komplexität des Problems des Narzißmus ist diesem Kapitel eine schematische Übersicht beigefügt, welche die Beziehungen zwischen Einheiten wie Autoerotismus, primärem und sekundärem Narzißmus, Objektlibido usw. klären soll. (S. nächste Seite.)

---

[18] (1920g) *Jenseits des Lustprinzips*, G. W., Bd. 13, S. 66.

PHASEN DER LIBIDOENTWICKLUNG	TRIEBQUALITÄT	SCHICKSAL DER PARTIALTRIEBE
AUTOEROTISMUS	Nach autoerotischer Befriedigung strebende Triebe sind ursprünglich, d. h. von Anfang an da. Narzißmus entsteht erst durch das Hinzukommen einer »neuen psychischen Aktion«.	Jede Komponente des Sexualtriebes strebt selbständig nach Befriedigung. Die sexuelle Befriedigung der Partialtriebe ist autoerotisch.[19]
PRIMÄRER NARZISSMUS	Die libidinöse Besetzung bezieht sich auf den eigenen Körper. Der funktionale Aspekt des primären Narzißmus ist derjenige der primären Identifizierung.	Die einzelnen Komponenten des Sexualtriebes werden vereinigt; das Individuum nimmt sich selbst zum ersten »Liebesobjekt«. Die Befriedigung ist noch autoerotisch, der Unterschied zur vorhergehenden Stufe besteht darin, daß die Komponenten des Sexualtriebes jetzt zu einer Einheit zusammengefaßt sind.[20] In dieser Phase können die eigenen Genitalien des Individuums bereits von größter Bedeutung für es sein.[21]
OBJEKTLIEBE	Ein Teil der libidinösen Besetzung des Selbst wird auf äußere Objekte übertragen. Die weitere Entwicklung führt zunächst zur Wahl eines äußeren Objekts mit ähnlichen Genitalien, d. h. zu einer homosexuellen Objektwahl.[22] Der nächste Schritt besteht dann in der Wahl eines heterosexuellen Objekts.	
SEKUNDÄRER NARZISSMUS	Infolge der Identifizierung mit aufgegebenen Objekten fließt in dieser Phase Libido ins Ich (Selbst) zurück. Das setzt die Zurückziehung der Libidobesetzung von diesen Objekten voraus.	

[19] (1912–13) *Totem und Tabu*, G. W., Bd. 9, S. 109 f.; vgl. a. (1911c) ›Bemerkungen über einen autobiographisch beschriebenen Fall von Paranoia (Dementia paranoides)‹, G. W., Bd. 8, S. 296 f.

[20] Ibid.

[21] (1916–17) *Vorlesungen zur Einführung in die Psychoanalyse*, G. W., Bd. 11, S. 325.

[22] (1911c) ›Bemerkungen über einen autobiographisch beschriebenen Fall von Paranoia (Dementia paranoides)‹, G. W., Bd. 8, S. 297.

27
Schaulust

Vgl. *Partialtriebe, Exhibitionismus*

Definition

Der Schautrieb ist einer der vielen Partialtriebe, die, wenn sie unter dem Primat der Genitalzone integriert sind, den Sexualtrieb der reifen erwachsenen Sexualität konstituieren.

Er ist ein Trieb mit einem aktiven Sexualziel – dem zu schauen. Er tritt stets zusammen mit dem *Exhibitionismus* auf und geht diesem voraus; d. h. die aktive Komponente des Schauens geht der *passiven* Komponente des Angeschautwerdens immer voraus.[1]

Manifestationen der Schaulust

Schaulust ist ein Element des normalen Sexuallebens. Unter bestimmten Bedingungen spielt sie auch in Perversionen wie Voyeurismus, Fetischismus und Homosexualität eine Rolle. Wie unten dargestellt werden wird, ist sie außerdem ein bedeutsamer Faktor in den Zwangsneurosen.

Historischer Überblick

1905. Freud sagt, die normale Lust am Schauen werde zu einer Perversion, wenn sie sich ausschließlich auf die Genitalien einschränke, wenn sie sich (wie im Falle des Voyeurs) mit der Überwindung des Ekels verbinde und wenn sie das normale Sexualziel verdränge, anstatt es vorzubereiten. Die Macht, die der Schaulust entgegenstehe, aber durch sie aufgehoben werden könne, sei die Scham.[2]

In derselben Abhandlung heißt es:

> »Wo ein solcher Trieb im Unbewußten aufgefunden wird, welcher der Paarung mit einem Gegensatze fähig ist, da läßt sich regelmäßig auch dieser letztere als wirksam nachweisen. Jede ›aktive‹ Perversion

1 (1905d) *Drei Abhandlungen zur Sexualtheorie,* G. W., Bd. 5, S. 66.
2 Ibid., S. 56.

wird also hier von ihrem passiven Widerpart begleitet; wer im Unbewußten Exhibitionist ist, der ist auch gleichzeitig Voyeur.«[3]
1909. Freud veranschaulicht die Rolle der Schaulust in der Analyse des
kleinen Hans.[4] In der Analyse des Rattenmannes lenkt er die Aufmerksamkeit auf die Tatsache, daß bestimme Symptome der Zwangsneurose auf einen Verdrängungs- und Verschiebungsprozeß, welchem
der Schautrieb unterworfen wurde, zurückgehen.[5]
In derselben Analyse zeigt er, daß die Geschichten der Zwangskranken
regelmäßig durch »das frühzeitige Auftreten und die vorzeitige Verdrängung des sexuellen Schau- und Wißtriebes« charakterisiert sind.[6]
Schaulust ist das wichtigste Element der kindlichen Sexualneugier, das
oft die Qualität eines instinkthaften Dranges hat. Sie kann zu einem
echten Interesse an Forschung sublimiert werden; ihre Verdrängung
kann jedes intellektuelle Interesse hemmen, je nachdem, welche Erfahrungen mit dieser triebhaften Neugier verbunden sind.[7]
1910. In ›Die psychogene Sehstörung in psychoanalytischer Auffassung‹ beschreibt Freud die Folgen einer Verdrängung der Schaulust:
es treten Sehstörungen auf. Der sexuelle Partialtrieb der Schaulust ist
ebenso wie sein passives Gegenstück, der Exhibitionismus, mannigfa-
chen Beschränkungen und Umwandlungen unterworfen. Unter normalen Umständen werden beide Triebe, die sich in der frühen Kindheit
frei ausdrücken dürfen, später in erheblichem Maße verdrängt und sublimiert. In manchen Fällen werden sie gehemmt und in noch viel stärkerem Maße umgewandelt, während sie gleichzeitig ständig im Kampf
gegen die Kräfte der Verdrängung liegen. Fünf Jahre zuvor, in den
Drei Abhandlungen,[8] hatte Freud noch geschrieben, bei der Schau-
und Exhibitionslust entspreche das Auge einer erogenen Zone; in die
Arbeit von 1910, die wir jetzt betrachten, sind die früheren Ansichten
über die Rolle des Auges in der Schaulust und über die Folgen der
Verdrängung dieses sexuellen Partialtriebes erweitert.
Freud sagt jetzt: ». . . die Augen nehmen nicht nur die für die Lebenserhaltung wichtigen Veränderungen der Außenwelt wahr, sondern auch die Eigenschaften der Objekte, durch welche diese zu Objekten der Liebeswahl erhoben werden, ihre ›Reize‹. Es bewahrhei-
tet sich nun, daß es für niemand leicht wird, zweien Herren zugleich
zu dienen. In je innigere Beziehung ein Organ mit solch doppelseitiger Funktion zu dem einen der großen Triebe tritt, desto mehr ver-

---

[3] Ibid., S. 66.
[4] (1909b) ›Analyse der Phobie eines fünfjährigen Knaben‹, G. W., Bd. 7, S. 341 f. u.
360.
[5] (1909d) ›Bemerkungen über einen Fall von Zwangsneurose‹, G. W., Bd. 7, S. 388.
[6] Ibid., S. 459–462.
[7] (1907c) ›Zur sexuellen Aufklärung der Kinder‹, G. W., Bd. 7, S. 19–27.
[8] (1905d) *Drei Abhandlungen zur Sexualtheorie,* G. W., Bd. 5, S. 68.

weigert es sich dem anderen. Dies Prinzip muß zu pathologischen Konsequenzen führen, wenn sich die beiden Grundtriebe entzweit haben, wenn von seiten des Ichs eine Verdrängung gegen den betreffenden sexuellen Partialtrieb unterhalten wird.«[9]

Wenn der Schautrieb zu stark wird (oder sich auf verbotene Objekte richtet), entsteht im Triebleben des Individuums ein Konflikt.

»Wenn der sexuelle Partialtrieb, der sich des Schauens bedient, die sexuelle Schaulust, wegen seiner übergroßen Ansprüche die Gegenwehr der Ichtriebe auf sich gezogen hat, so daß die Vorstellungen, in denen sich sein Streben ausdrückt, der Verdrängung verfallen und vom Bewußtwerden abgehalten werden, so ist damit die Beziehung des Auges und des Sehens zum Ich und zum Bewußtsein überhaupt gestört. Das Ich hat seine Herrschaft über das Organ verloren, welches sich nun ganz dem verdrängten sexuellen Trieb zur Verfügung stellt ... Der Verlust der bewußten Herrschaft über das Organ ist die schädliche Ersatzbildung für die mißglückte Verdrängung, die nur um diesen Preis ermöglicht war.«[10]

Freud schließt hier die Vorstellung einer Talionstrafe ein:

»Weil du dein Sehorgan zu böser Sinneslust mißbrauchen wolltest, geschieht es dir ganz recht, wenn du überhaupt nicht mehr siehst.«[11]

In den *Drei Abhandlungen* hatte Freud angenommen, daß bestimmte Partialtriebe wie Schaulust, Exhibitionismus und Grausamkeit andere Personen als Sexualobjekte voraussetzen. In gewissem Sinne träten sie unabhängig von erogenen Zonen auf und gingen erst später eine innige Beziehung zum Genitalleben ein (in den Ausgaben von 1905 und 1910 hieß es an dieser Stelle »Sexualleben«), ließen sich aber schon in den Kinderjahren als zunächst von der erogenen Sexualtätigkeit unabhängige, selbständige Strebungen beobachten.[12]

Nach der Einführung des Konzepts des Narzißmus (1914) wurde diese Formulierung 1915 in ›Triebe und Triebschicksale‹ modifiziert:

»Der Schautrieb ist nämlich zu Anfang seiner Betätigung autoerotisch, er hat wohl ein Objekt, aber er findet es am eigenen Körper. Erst späterhin wird er dazu geleitet (auf dem Wege der Vergleichung), dies Objekt mit einem analogen des fremden Körpers zu vertauschen.«[13]

Freud vertritt in dieser Abhandlung die These: alle Triebe haben eine Quelle, einen Drang, ein Ziel und ein Objekt. Ein Trieb kann die folgenden Schicksale erfahren: (a) Verkehrung ins Gegenteil, (b) Wen-

9 (1910i) ›Die psychogene Sehstörung in psychoanalytischer Auffassung‹, G. W., Bd. 8, S. 99.
10 Ibid., S. 99.
11 Ibid., S. 100.
12 (1905d) *Drei Abhandlungen zur Sexualtheorie*, G. W., Bd. 5, S. 92.
13 (1915e) ›Triebe und Triebschicksale‹, G. W., Bd. 10, S. 222.

dung gegen die eigene Person, (c) Verdrängung, (d) Sublimierung.

(a) *Verkehrung ins Gegenteil:* Schaulust und Exhibitionismus sind ein Gegensatzpaar. Die Verkehrung ins Gegenteil betrifft die Ziele jedes dieser beiden Triebe. Das aktive Ziel – beschauen – wird durch das passive Ziel – beschaut werden – ersetzt. Eine inhaltliche Verkehrung findet *nur* bei der Verwandlung von Liebe in Haß statt.

(b) *Wendung gegen die eigene Person:* Am Anfang seiner Betätigung ist der Schautrieb autoerotisch. Er muß früher auftreten als der Exhibitionismus, weil das Kleinkind zunächst gleichzeitig Subjekt und Objekt ist. Es ist Subjekt, insofern es beschaut, und Objekt, insofern es beschaut wird.

Erst später wird das »Schauen als Aktivität gegen ein fremdes Objekt gerichtet«. Dieses Objekt wird dann aufgegeben und der Schautrieb gegen einen Teil des eigenen Körpers gewendet. Dadurch wird ein neues, passives Ziel aufgerichtet – das Ziel, beschaut zu werden. Schließlich wird ein neues Subjekt eingesetzt (»dem man sich zeigt, um von ihm beschaut zu werden«).[14]

Der Exhibitionist genießt das Entblößen seines Körpers mit. Obwohl das Objekt hier gewechselt wird, bleibt das Ziel dasselbe: die Wendung gegen die eigene Person und die Wendung von der Aktivität zur Passivität fallen zusammen.[15]

(c) *Verdrängung:* Die Verdrängung des Schaubetriebes kann zu Symptombildungen führen. 1905 schreibt Freud:

> »... aus meinen Erforschungen der Kinderjahre Gesunder wie neurotisch Kranker [muß ich] den Schluß ziehen, daß der Schautrieb beim Kinde als spontane Sexualäußerung aufzutreten vermag. Kleine Kinder, deren Aufmerksamkeit einmal auf die eigenen Genitalien – meist masturbatorisch – gelenkt ist, pflegen den weiteren Fortschritt ohne fremdes Dazutun zu treffen und lebhaftes Interesse für die Genitalien ihrer Gespielen zu entwickeln. Da sich die Gelegenheit, solche Neugierde zu befriedigen, meist nur bei der Befriedigung der beiden exkrementellen Bedürfnisse ergibt, werden solche Kinder zu Voyeurs, eifrigen Zuschauern bei der Harn- und Kotentleerung anderer. Nach eingetretener Verdrängung dieser Neigungen bleibt die Neugierde, fremde Genitalien (des eigenen oder des anderen Geschlechtes) zu sehen, als quälender Drang bestehen, der bei manchen neurotischen Fällen dann die stärkste Triebkraft für die Symptombildung abgibt.«[16]

(d) *Sublimierung:* Sehen, schreibt Freud 1905, sei in letzter Linie vom Tasten abgeleitet, und er fährt fort:

[14] Ibid., S. 222.
[15] Ibid., S. 220.
[16] (1905d) *Drei Abhandlungen zur Sexualtheorie*, G. W., Bd. 5, S. 93.

»Der optische Eindruck bleibt der Weg, auf dem die libidinöse Erregung am häufigsten geweckt wird, und auf dessen Gangbarkeit die Zuchtwahl rechnet, indem sie das Sexualobjekt sich zur Schönheit entwickeln läßt. Die mit der Kultur fortschreitende Verhüllung des Körpers hält die sexuelle Neugierde wach, welche danach strebt, sich das Sexualobjekt durch Enthüllung der verborgenen Teile zu ergänzen, die aber ins Künstlerische abgelenkt (›sublimiert‹) werden kann, wenn man ihr Interesse von den Genitalien weg auf die Körperbildung im ganzen zu lenken vermag. Ein Verweilen bei diesem intermediären Sexualziel des sexuell betonten Schauens kommt in gewissem Grade den meisten Normalen zu, ja es gibt ihnen die Möglichkeit, einen gewissen Betrag ihrer Libido auf höhere künstlerische Ziele zu richten. Zur Perversion wird die Schaulust im Gegenteil . . .«[17]

In seiner Abhandlung über *Leonardo da Vinci* bemerkt Freud:

»Aus dunkler Knabenzeit taucht Leonardo als Künstler, Maler und Plastiker vor uns auf, dank einer spezifischen Begabung, die der frühzeitigen Erweckung des Schautriebes in den ersten Kinderjahren eine Verstärkung schulden mag.«[18]

Klinische Anwendungen

In derselben Abhandlung lenkt Freud die Aufmerksamkeit auf die klinische Bedeutung des Schautriebes:

»Ehe das Kind unter die Herrschaft des Kastrationskomplexes geriet, zur Zeit, als ihm das Weib noch als vollwertig galt, begann eine intensive Schaulust als erotische Triebbetätigung sich bei ihm zu äußern. Er wollte die Genitalien anderer Personen sehen, ursprünglich wahrscheinlich, um sie mit den eigenen zu vergleichen. Die erotische Anziehung, die von der Person der Mutter ausging, gipfelte bald in der Sehnsucht nach ihrem für einen Penis gehaltenen Genitale. Mit der erst spät erworbenen Erkenntnis, daß das Weib keinen Penis besitzt, schlägt diese Sehnsucht oft in ihr Gegenteil um, macht einem Abscheu Platz, der in den Jahren der Pubertät zur Ursache der psychischen Impotenz, der Misogynie, der dauernden Homosexualität werden kann. Aber die Fixierung an das einst heißbegehrte Objekt, den Penis des Weibes, hinterläßt unauslöschliche Spuren im Seelenleben des Kindes, welches jenes Stück infantiler Sexualforschung mit besonderer Vertiefung durchgemacht hat. Die fetischartige Verehrung des weiblichen Fußes und Schuhes scheint

---

[17] Ibid., S. 55 f.
[18] (1910c) *Eine Kindheitserinnerung des Leonardo da Vinci*, G. W., Bd. 8, S. 205.

den Fuß nur als Ersatzsymbol für das einst verehrte, seither vermißte Glied des Weibes zu nehmen; die ›Zopfabschneider‹ spielen, ohne es zu wissen, die Rolle von Personen, die am weiblichen Genitale den Akt der Kastration ausführen.«[19]

Fetischismus: Über die Bedeutung des Fetischismus hat Freud zum erstenmal in den *Drei Abhandlungen* geschrieben. Der Fetisch sei ein Ersatz für ein infantiles Sexualobjekt und die Wahl des Fetischs werde durch die *koprophile* Riechlust beeinflußt. Später betonte er, der Fetisch symbolisiere den Penis und mildere die Kastrationsangst des Mannes, die durch den Anblick des weiblichen Genitales erregt werde.

»Der Kastrationsschreck beim Anblick des weiblichen Genitales bleibt wahrscheinlich keinem männlichen Wesen erspart.«[20]

Im Hinblick auf spezifische Manifestationen heißt es:

»In manchen Fällen von Fußfetischismus ließ sich zeigen, daß der ursprünglich auf das Genitale gerichtete Schautrieb, der, seinem Objekt von unten her nahe kommen wollte, durch Verbot und Verdrängung auf dem Wege aufgehalten wurde, und darum Fuß oder Schuh als Fetisch festhielt. Das weibliche Genitale wurde dabei, der infantilen Erwartung entsprechend, als ein männliches vorgestellt.«[21]

Voyeurs und Exhibitionisten: Bei Voyeurs und Exhibitionisten wird ein normaler Vorbereitungsakt zum anomalen Sexualziel. Sie suchen Befriedigung durch Beschauen und Betasten einer anderen Person oder durch Zuschauen bei intimen Verrichtungen dieser Person. Manchmal entblößen sie Teile ihres Körpers in der vagen Hoffnung, der andere werde das gleiche tun.[22]

Diese Gruppe von Perversen hält zwar noch am Genitale fest, »aber nicht wegen seiner sexuellen, sondern wegen anderer Funktionen, an denen es aus anatomischen Gründen und Anlässen der Nachbarschaft beteiligt ist. Wir erkennen an ihnen, daß die Ausscheidungsfunktionen, die in der Erziehung des Kindes als unanständig abseits geschafft worden sind, imstande bleiben, das volle sexuelle Interesse an sich zu reißen.«[23]

Neurose: 1905 weist Freud darauf hin, daß bei der Bildung psychoneurotischer Symptome die Partialtriebe neue Sexualziele einführen. »Die Neurose ist sozusagen das Negativ der Perversion.«[24]

Später macht er deutlich, daß exzessive Selbstquälerei und exzessives

[19] Ibid., S. 165 f.
[20] (1927e) ›Fetischismus‹, G. W., Bd. 14, S. 314.
[21] (1905d) *Drei Abhandlungen zur Sexualtheorie*, G. W., Bd. 5, S. 54 Anm.
[22] (1916–17) *Vorlesungen zur Einführung in die Psychoanalyse*, G. W., Bd. 11, S. 316.
[23] Ibid., S. 315.
[24] (1905d) *Drei Abhandlungen zur Sexualtheorie*, G. W., Bd. 5, S. 65.

Grübeln bei *Zwangsneurotikern* Ausdruck einer »übermäßigen Sexualisierung von Akten [sei], die sich sonst als Vorbereitungen in den Weg zur normalen Sexualbefriedigung einfügen, vom Sehen-, Berührenwollen und Forschen«.[25]

Analytische Technik: In ›Zur Einleitung der Behandlung‹ bemerkt Freud, daß vor allem der Patient, in dessen Neurose der Schautrieb eine bedeutende Rolle spielt, zu Beginn der Analyse das Liegen auf der Couch als Entbehrung auffasse und sich dagegen sträube.[26]

---

[25] (1916–17) *Vorlesungen zur Einführung in die Psychoanalyse,* G. W., Bd. 11, S. 320.
[26] (1913c) ›Zur Einleitung der Behandlung‹, G. W., Bd. 8, S. 467.

28
Exhibitionismus

Vgl. Konzepte: *Schaulust, Partialtriebe*

Definition

Mit dem Terminus ›Exhibitionismus‹ bezeichnet Freud einen der sexuellen Partialtriebe, den er als einen mit einem passiven Ziel charakterisiert, nämlich dem, beschaut zu werden. In diesem Sinne ist der Exhibitionismus das Gegenstück der Schaulust, deren Ziel das Beschauen ist.[1] Freud sagt:

> »Wo ein solcher Trieb ... aufgefunden wird, welcher der Paarung mit einem Gegensatze fähig ist, da läßt sich regelmäßig auch dieser letztere als wirksam nachweisen ... wer im Unbewußten Exhibitionist ist, der ist auch gleichzeitig Voyeur.«[2]

Exhibitionismus spielt in jedem normalen Sexualverhalten eine gewisse Rolle. Unter bestimmten Bedingungen kann er zu einer Perversion werden.[3]

Historischer Überblick

Freuds Ansichten über die Rolle des Exhibitionismus haben sich seit dem ersten Hinweis auf seine Bedeutung in 1900 nur relativ geringfügig verändert. Seine wichtigsten Äußerungen über dieses Thema finden sich in *Die Traumdeutung* (1900), in den *Drei Abhandlungen zur Sexualtheorie* (1905), in ›Die psychogene Sehstörung in psychoanalytischer Sicht‹ (1910) und in ›Triebe und Triebschicksale‹ (1915).
1900: Freud bemerkt, daß Nacktheit bei Kindern nicht das Gefühl von Scham hervorrufe – vielmehr zögen die meisten Lust aus ihrer Entkleidung.

> »Diese der Scham entbehrende Kindheit erscheint unserer Rückschau später als ein Paradies, und das Paradies selbst ist nichts anderes als die Massenphantasie von der Kindheit des einzelnen. Darum sind auch im Paradies die Menschen nackt und schämen sich nicht vor einander, bis ein Moment kommt, in dem die Scham und

---

[1] ›Triebe und Triebschicksale‹, G. W., Bd. 10, S. 220.
[2] (1905d) *Drei Abhandlungen zur Sexualtheorie*, G. W., Bd. 5, S. 66.
[3] Ibid., S. 56.

die Angst erwachen, die Vertreibung erfolgt, das Geschlechtsleben und die Kulturarbeit beginnt. In dieses Paradies kann uns nun der Traum allnächtlich zurückführen.«

Man dürfe vermuten, daß diese Eindrücke aus der ersten Kindheit nach Reproduktion verlangten, daß ihre Wiederholung eine Wunscherfüllung sei. »Die Nacktheitsträume sind also *Exhibitionsträume*.«[4]

Im typischen Exhibitionstraum – so Freud – bleiben verschiedene Faktoren konstant. Der Träumer erscheint im Traum nicht als Kind, sondern in seiner gegenwärtigen Gestalt und in unzulänglicher Kleidung. Es sind regelmäßig Zuschauer da, aber nicht diejenigen, die bei den infantilen Exhibitionsszenen anwesend waren, sondern es handelt sich immer um Fremde mit unbestimmten Gesichtern. Der Verlegenheit bereitende Mangel an Kleidung (der die Wunscherfüllung darstellt), wird von den Zuschauern weder beanstandet noch auch nur bemerkt. Trotzdem überfällt den Träumer intensive Scham und Verlegenheit, und eine mächtige Hemmung läßt nicht zu, daß er der peinlichen Situation der Nacktheit entflieht oder sie verändert. Das Gefühl der Peinlichkeit ist eine Reaktion auf den Akt der Exhibition, die seinerseits der ›Zensur‹ getrotzt hat.[5]

1905: In den Drei Abhandlungen sagt Freud, Sehen sei in letzter Linie vom Tasten abgeleitet, und der »optische Eindruck bleibt der Weg, auf dem die libidinöse Erregung am häufigsten geweckt wird ... Ein Verweilen bei diesem intermediären Sexualziel des sexuell betonten Schauens kommt in gewissem Grade den meisten Normalen zu«. Unter den folgenden drei Bedingungen werde die Schaulust (bzw. der Exhibitionismus) zur Perversion:

(a) wenn sie sich ausschließlich auf die Genitalien einschränkt;

(b) wenn sie sich mit der Überwindung des Ekels verbindet (Voyeurs: Zuschauer bei den Exkretionsfunktionen);

(c) wenn sie das normale Sexualziel, anstatt es vorzubereiten, verdrängt.

Die Exhibitionisten zeigten ihre Genitalien, um als Gegenleistung die Genitalien einer anderen Person zu Gesicht zu bekommen.

»Die Macht, welche der Schaulust entgegensteht und eventuell durch sie aufgehoben wird, ist die Scham.«[6]

Wenn Scham die ursprüngliche Befriedigung, die ein Kind aus seiner Entblößung ziehe, verhindere, entstehe die Neugier, die Genitalien anderer Personen zu sehen. Da Kinder diese Neugier durch Beobachtung der Miktion und Defäkation anderer befriedigten, könnten sie sich zu Voyeurs entwickeln.

---

4 (1900) *Die Traumdeutung,* G. W., Bd. 2/3, S. 250.
5 Ibid., S. 247–251.
6 (1905d) *Drei Abhandlungen zur Sexualtheorie,* G. W., Bd. 5, S. 55 f.

1910: In ›Die psychogene Sehstörung in psychoanalytischer Auffassung‹ erweitert Freud seine früheren Thesen über die Bedeutung des Auges bei der Schaulust und beim Exhibitionismus und über die Folgen der Verdrängung dieser sexuellen Partialtriebe. Fünf Jahre zuvor hatte er geschrieben, das Auge entspreche einer erogenen Zone.[7] Jetzt heißt es:

»... die Augen nehmen nicht nur die für die Lebenserhaltung wichtigen Veränderungen der Außenwelt wahr, sondern auch die Eigenschaften der Objekte, durch welche diese zu Objekten der Liebeswahl erhoben werden, ihre ›Reize‹. Es bewahrheitet sich nun, daß es für niemand leicht wird, zweien Herren zugleich zu dienen. In je innigere Beziehung ein Organ mit solch doppelseitiger Funktion zu dem einen der großen Triebe tritt, desto mehr verweigert es sich dem anderen. Dies Prinzip muß zu pathologischen Konsequenzen führen, wenn sich die beiden Grundtriebe entzweit haben, wenn von seiten des Ichs eine Verdrängung gegen den betreffenden sexuellen Partialtrieb unterhalten wird.«

Wenn der Schautrieb zu stark wird oder sich auf verbotene Objekte richtet, entsteht ein Konflikt im Triebleben des Individuums.

»Wenn der sexuelle Partialtrieb, der sich des Schauens bedient, die sexuelle Schaulust, wegen seiner übergroßen Ansprüche die Gegenwehr der Ichtriebe auf sich gezogen hat, so daß die Vorstellungen, in denen sich sein Streben ausdrückt, der Verdrängung verfallen und vom Bewußtwerden abgehalten werden, so ist damit die Beziehung des Auges und des Sehens zum Ich und zum Bewußtsein überhaupt gestört. Das Ich hat seine Herrschaft über das Organ verloren, welches sich nun ganz dem verdrängten sexuellen Trieb zur Verfügung stellt ... Der Verlust der bewußten Herrschaft über das Organ ist die schädliche Ersatzbildung für die mißglückte Verdrängung, die nur um diesen Preis ermöglicht war.«[8]

1915: Freuds Theorie zufolge haben alle Triebe eine Quelle, einen Drang, ein Ziel und ein Objekt, und sie können die folgenden Schicksale erfahren: (a) Verkehrung ins Gegenteil, (b) Wendung gegen die eigene Person, (c) Verdrängung und (d) Sublimierung.

(a) *Verkehrung ins Gegenteil:* Exhibitionismus und Schaulust sind ein Gegensatzpaar. Die Verkehrung ins Gegenteil betrifft nur die Ziele jedes dieser beiden Partialtriebe. Das aktive Ziel – beschauen – wird durch das passive Ziel – beschaut werden – ersetzt.

(b) *Wendung gegen die eigene Person:* Der Exhibitionist genießt seine Entblößung mit. Das Objekt wird gewechselt, aber das Ziel bleibt

[7] Ibid., S. 68.
[8] (1910i) ›Die psychogene Sehstörung in psychoanalytischer Auffassung‹, G. W., Bd. 8, S. 99.

dasselbe. Die Wendung gegen die eigene Person und die Wendung von der Aktivität zur Passivität fallen zusammen.[9]

Der Schautrieb (der dem Exhibitionismus vorausgeht) ist zunächst autoerotisch. »Er hat wohl ein Objekt, aber er findet es am eigenen Körper. Erst späterhin wird er dazu geleitet (auf dem Wege der Vergleichung), dies Objekt mit einem analogen des fremden Körpers zu vertauschen.« Schaulust und Exhibitionismus haben deshalb im Sexualziel des Sich-selbst-Beschauens einen gemeinsamen Vorläufer.

Im Hinblick auf dieses Gegensatzpaar postuliert Freud drei Stufen der Veränderung des Objekts:

(I) Das Schauen als Aktivität gegen ein fremdes Objekt gerichtet;

(II) das Aufgeben des Objektes, die Wendung des Schautriebes gegen einen Teil des eigenen Körpers, damit die Verkehrung in Passivität und die Aufstellung des neuen Zieles: beschaut zu werden;

(III) die Einsetzung eines neues Subjektes, dem man sich zeigt, um von ihm beschaut zu werden.[10]

Der aktive Schautrieb (ein fremdes Objekt beschauen) verläßt den Narzißmus, der Exhibitionismus hält am narzißtischen Objekt fest. Aufgrund ihres Ursprungs ist die erotische Lust im Exhibitionismus immer mit einem Zuwachs an Selbstachtung verbunden, die erwartet oder – dadurch, daß andere den Exhibitionisten betrachten – tatsächlich gewonnen wird.[11]

(c) *Verdrängung:*

»... wenn im Laufe der Entwicklung einzelne der überstark angelegten Komponenten den Prozeß der Verdrängung erfahren [werden sie] durch psychische Verhinderung von der Erreichung ihres Zieles abgehalten und auf mannigfache andere Wege gedrängt, bis sie sich als Symptome zum Ausdruck gebracht haben«[12].

(d) *Sublimierung:* Wenn der Exhibitionismus sublimiert wird, kann sich ein »Drang zur künstlerischen und schauspielerischen Schaustellung«[13] entwickeln. In einer 1920 den *Drei Abhandlungen* hinzugefügten Fußnote weist Freud auf die Rolle hin, die der Exhibitionismus im Kastrationskomplex spielt. Der Exhibitionszwang »betont immer wieder die Integrität des eigenen (männlichen) Genitales und wiederholt die infantile Befriedigung über das Fehlen des Gliedes im weiblichen«[14].

Das erigierte männliche Glied hat auch eine apotropäische Wirkung.

9 (1915c) ›Triebe und Triebschicksale‹, G. W., Bd. 10, S. 215–220.
10 Ibid., S. 222.
11 Ibid., S. 224.
12 (1905d) *Drei Abhandlungen zur Sexualtheorie,* G. W., Bd. 5, S. 139.
13 (1910a) ›Über Psychoanalyse‹, G. W., Bd. 8, S. 46.
14 (1905d) *Drei Abhandlungen zur Sexualtheorie,* G. W., Bd. 5, S. 56.

Das Zeigen des Penis bedeutet: »Ich fürchte mich nicht vor dir, ich trotze dir, ich habe einen Penis.«[15]

Normale Manifestationen

Die Schaulibido »ist bei jedermann in zweifacher Art, aktiv und passiv, männlich und weiblich vorhanden, und bildet sich je nach dem Überwiegen des Geschlechtscharakters nach der einen oder der anderen Richtung überwiegend aus«.[16]
Die ›normalste‹ Äußerung von Exhibitionismus ist die lustvolle Selbstentblößung kleiner Kinder. Bei Erwachsenen kann der Exhibitionismus andere Formen annehmen, die von der Aufmerksamkeit erregenden Kleidung einer Frau bis zu dem ständigen Witzeerzählen des Spaßvogels reichen, der dadurch seine Schlagfertigkeit beweisen möchte.[17] Jede dieser Äußerungen könnte mit Exhibitionismus im Bereich der Sexualität gleichgesetzt werden. In gleicher Weise setzt Freud die Neigung einer Person, Zoten zu reißen, mit der Neigung zu sexueller Entblößung gleich. Das an eine Frau gerichtete werbende Reden soll sie in Erregung versetzen und in ihr die Neigung zur passiven Exhibition erwecken.[18]

Klinische Manifestationen

»In der Jugendgeschichte von Neurotikern spielt die Entblößung vor Kindern des anderen Geschlechts eine große Rolle; in der Paranoia ist der Wahn, beim An- und Auskleiden beobachtet zu werden, auf diese Erlebnisse zurückzuführen; unter den pervers Gebliebenen ist eine Klasse, bei denen der infantile Impuls zum Symptom erhoben worden ist, die der *Exhibitionisten.*«[19]

---

[15] (1940c [1922]) ›Das Medusenhaupt‹, G. W., Bd. 17, S. 48.
[16] (1905c) *Der Witz und seine Beziehung zum Unbewußten*, G. W., Bd. 6, S. 107.
[17] Ibid., S. 107–110 u. 160.
[18] Ibid., S. 107 f.
[19] (1900a) *Die Traumdeutung*, G. W., Bd. 2/3, S. 250.

29
Perversion

Definition

Eine Perversion ist eine Form erwachsener Sexualbetätigung, die vom
normalen Sexualverhalten darin abweicht, daß sie Befriedigung ausschließlich an unangemessenen Objekten erreicht und/oder Befriedigung ausschließlich aus dem Erreichen anderer Triebziele als dem normalen im Dienste der Fortpflanzungsfunktion stehenden Ziel der geschlechtlichen Vereinigung zieht. Freuds metapsychologische Formulierungen dieser abweichenden Verhaltensnormen besagen, daß sich in
der Hinnahme der Regression auf prägenitale Formen der Befriedigung durch das Ich in vielen Fällen eine Abwehr der großen, von der
genitalen Sexualität ausgehenden Angst ausdrücke.

Kurze Geschichte

Freuds veröffentlichte Äußerungen zur Natur der Perversion gehen bis
in das Jahr 1895 zurück. Von da an bis 1905 findet sich eine Reihe von
Stellungnahmen zur Frage der Perversion; die einzelnen Bemerkungen
stehen in keinem systematischen Zusammenhang, enthalten jedoch die
Keime seiner späteren Annahmen über die Natur und Ätiologie dieser
sexuellen Abweichungen. Seine ausführlichste Analyse der Perversionen gibt Freud 1905 in den *Drei Abhandlungen zur Sexualtheorie;* die
hier entwickelten Formulierungen bleiben das Kernstück seiner Theorie der Perversionen. Diese Analyse steht im Rahmen einer systematischen Untersuchung der Natur des Sexualtriebes und seiner Bestandteile – der Natur der menschlichen Sexualität schlechthin. Obwohl viele seiner Formulierungen über Perversionen in erster Linie dem Nachweis dienen sollten, daß deren Wurzeln in der kindlichen Sexualität
liegen, scheint es, daß diese Formulierungen in reziproker Abhängigkeit von den Formulierungen über den Sexualtrieb stehen. Die Einsichten in das Thema der Perversionen erweiterten und vertieften sich
mit Freuds späteren Formulierungen über die Phasen der Libidoentwicklung – insbesondere über die phallische Phase, über die Fragen
der Kastrationsangst und des Ödipuskomplexes, über die libidinöse
Position des Narzißmus, über Ich- und Überichentwicklung sowie über
den Todestrieb.

Vor 1905: In den Schriften vor 1901 finden sich nur wenige Definitionen der Perversion. In einem Brief an Fließ heißt es einmal:

»Die Zonen nun, welche beim normalen und reifen Menschen sexuelle Entbindung nicht mehr produzieren, müssen Afterregion und Mund-Rachengegend sein . . . Bei den Tieren bestehen diese Sexualzonen nach beiden Hinsichten in Kraft; wo sich das auch beim Menschen fortsetzt, entsteht Perversion.«[1]

Schon früh fragte Freud, »wie es denn komme, daß unter analogen Bedingungen anstatt Neurose Perversität oder einfach Immoralität entsteht«[2], eine Frage, die ihn sein ganzes Leben lang beschäftigen sollte. An der Stelle, aus der das letzte Zitat stammt, sprach Freud weiter von den notwendigen Voraussetzungen für die Entwicklung einer Neurose, deren Fehlen zur Perversion disponiere:

»Scham und Moral sind die verdrängenden Kräfte . . . Wo keine Scham besteht (wie beim männlichen Individuum), keine Moral zustande kommt (wie bei den niederen Volksklassen) . . . da wird auch keine Verdrängung somit keine Neurose die Folge der infantilen Sexualreizung sein.«[3]

Diese Formulierung impliziert die Vorstellung, daß die frühe Kindheit durch »perverse Strebungen« (prägenitale Sexualität) charakterisiert ist, die im Normalfall später durch die Wirkung der Erziehung und verdrängender Kräfte aufgegeben werden.

Eine seiner frühen Hypothesen in bezug auf die Frage, ob ein verführtes Kind eine Neurose oder eine Perversion entwickeln werde, gründete Freud auf die Annahme der Bisexualität.

»Für die Entscheidung ob Perversion oder Neurose, helfe ich mir mit der Bisexualität aller Menschen. Bei einem rein männlichen Wesen würde auch zu den beiden sexuellen Schranken ein Überschuß von männlicher Entbindung, also Lust entstehen, somit Perversion, bei einem rein weiblichen ein Überschuß von Unlustsubstanz zu diesen Zeiten. In den ersten Phasen wären beide Entbindungen parallel, d. h. ergäben einen normalen Lustüberschuß. Darauf ist die Bevorzugung der echten Weiber für Abwehrneurosen zurückzuführen.«[4]

Auf diese in hohem Maße ›organische‹ und unter dem Einfluß der Fliess'schen Theorie der Bisexualität aufgestellte Hypothese ist Freud später nie wieder zurückgekommen, obwohl ein stärker psychologisches Konzept der Bisexualität eine Grundannahme seiner Theorie blieb; die Frage der unterschiedlichen Anfälligkeit für Neurose oder Perversion von Mann oder Frau beschäftigte ihn noch 1905. (Es ist

[1] (1950a [1887–1902]) *Aus den Anfängen der Psychoanalyse,* op. cit., S. 199 f.
[2] Ibid., S. 130.
[3] Ibid., S. 130.
[4] Ibid., S. 155.

nicht ganz klar, was Freud mit »sexuellen Entbindungen« meinte. Wahrscheinlich ist es ein Konstrukt, das Freud in Verbindung mit der Hypothese der »Sexualsubstanzen« gebrauchte, in deren Wirkung – d. h. ihrem Fluß, ihrer Entladung, ihrer Ansammlung usw. – er die Ursache von Störungen wie Angstneurose oder Neurasthenie sah.)

Manche seiner früheren Formulierungen über die Beziehung von Hysterie und Perversion behielt Freud in seinen späteren Schriften bei. Der Kern dieser Formulierungen war die Annahme, daß die Hysterie eine Abwehr gegen die Äußerung heftiger perverser Strebungen darstelle. Im Brief 52 (6. 12. 1896) schrieb er: ».. . Hysterie ist eigentlich also nicht abgelehnte Sexualität, sondern besser abgelehnte Perversion«.[5] 1897 schrieb er: »Ich bin einer Idee nahe, als hätte man in den Perversionen, deren Negativ die Hysterie ist, einen Rest eines uralten Sexualkultus vor sich . . .«[6] Am ersten Teil dieser Formulierung hielt Freud fest, den zweiten ließ er fallen.

In ›Bruchstück einer Hysterie-Analyse‹ (geschrieben und veröffentlicht in 1905) überbrückte Freud die Kluft zwischen Perversion und ›normaler‹ Sexualität.

> »[Die Perversionen] sind Entwicklungen von Keimen, die sämtlich in der indifferenzierten sexuellen Anlage des Kindes enthalten sind, deren Unterdrückung oder Wendung auf höhere, asexuelle Ziele – deren Sublimierung –, die Kräfte für eine gute Anzahl unserer Kulturleistungen abzugeben bestimmt ist.«[7]

Statt in den Perversionen fremdartige und degenerierte Formen sexuellen Verhaltens zu sehen – das war die allgemein akzeptierte Vorstellung –, sagte Freud:

> »Wo also jemand grob und manifest pervers geworden ist, da kann man richtiger sagen, er sei es geblieben, er stellt ein Stadium einer *Entwicklungshemmung* dar.«[8]

Zu dieser Zeit deutet sich auch schon eine Klassifikation der Perversionen an, ein Versuch, der später zur Klassifikation der Perversionen nach Ziel und Objekt ausgearbeitet wurde. Er sprach von den sexuellen Perversionen als von »Überschreitungen der Sexualfunktion nach Körpergebiet und Sexualobjekt«.[9] Freud wiederholte hier seine Vorstellungen über die Beziehung zwischen Perversionen und Psychoneurosen:

> »Die Psychoneurotiker sind sämtlich Personen mit stark ausgebildeten, aber im Laufe der Entwicklung verdrängt und unbewußt gewordenen perversen Neigungen. Ihre unbewußten Phantasien wei-

[5] Ibid., S. 191.
[6] Ibid., S. 201.
[7] (1905e [1901]) ›Bruchstück einer Hysterie-Analyse‹, G. W., Bd. 5, S. 210.
[8] Ibid., S. 210.
[9] Ibid., S. 210.

sen daher genau den nämlichen Inhalt auf wie die aktenmäßig fest-
gestellten Handlungen der Perversen ... Die Psychoneurosen sind
sozusagen das *Negativ* der Perversionen.«[10]

1905: In den *Drei Abhandlungen* sprach Freud im Rahmen der Diskussion der sexuellen Partialtriebe sehr ausführlich über die Natur der
Perversionen und teilte sie folgendermaßen ein:

»Die Perversionen sind entweder a) anatomische *Überschreitungen*
der für die geschlechtliche Vereinigung bestimmten Körpergebiete
oder b) *Verweilungen* bei den intermediären Relationen zum Sexualobjekt, die normalerweise auf dem Wege zum endgültigen Sexualziel rasch durchschritten werden sollen.«[11]

Er faßte diese Verhaltensformen als »Fixierungen« auf – als Fixierungen an prägenitale erogene Zonen oder an einen oder mehrere Partialtriebe. Solche Fixierungen galten ihm jedoch erst dann als wirklich
pathologisch, wenn sie das entscheidende Kriterium der Perversionen
erfüllten, nämlich das der »Ausschließlichkeit«.

»In der Mehrzahl der Fälle können wir den Charakter des Krankhaften bei der Perversion nicht im Inhalt des neuen Sexualzieles,
sondern in dessen Verhältnis zum Normalen finden. Wenn die Perversion nicht *neben* dem Normalen (Sexualziel und Objekt) auftritt,
wo günstige Umstände dieselbe fördern und ungünstige das Normale
verhindern, sondern wenn sie das Normale unter allen Umständen
verdrängt und ersetzt hat; – in der *Ausschließlichkeit* und in der
Fixierung also der Perversion sehen wir zu allermeist die Berechtigung, sie als ein krankhaftes Symptom zu beurteilen.«[12]

Freud versuchte jedoch zu zeigen, daß (a) die sexuelle Entwicklung
selten ohne individuelle Variationen in der Stärke eines bestimmten
Partialtriebes oder einer prägenitalen Zone verläuft und (b) daß beim
»normalen« Erwachsenen Formen »perversen« Sexualverhaltens als
Akte der »Vorlust« dienen, die das Ziel der genitalen Vereinigung
vorbereiten:

»Die alltägliche Erfahrung hat gezeigt, daß die meisten dieser Überschreitungen, wenigstens die minder argen unter ihnen, einen selten
fehlenden Bestandteil des Sexuallebens der Gesunden bilden.«[13]

Verhaltensformen wie Küssen, Betasten, Beschauen usw. bezeichnete
er als normale, den Geschlechtsverkehr einleitende Akte; doch könnten
diese Verhaltensformen von diesem Endziel unabhängig und selbst zu
Zielen werden und zu voller Sexualbefriedigung führen.

Bei der Diskussion der Frage, ob Perversionen angeboren seien, wies

[10] Ibid., S. 210.
[11] (1905d) *Drei Abhandlungen zur Sexualtheorie,* G. W., Bd. 5, S. 49.
[12] Ibid., S. 60 f.
[13] Ibid., S. 59.

Freud auf die Sexualität im Kindesalter hin, die darauf hindeute, daß die Disposition zur Perversion etwas sei, »was allen Menschen angeboren ist, als Anlage in seiner Intensität schwanken mag und der Hervorhebung durch Lebenseinflüsse wartet«.[14] Außerdem sagte er:

> ». . . durch die außerordentliche Verbreitung der Perversionen [werden wir] zu der Annahme gedrängt, daß auch die Anlage zu den Perversionen keine seltene Besonderheit, sondern ein Stück der für normal geltenden Konstitution sein müsse«[15]. Und: ». . . unter dem Einfluß der Verführung [kann das Kind] polymorph pervers werden, zu allen möglichen Überschreitungen verleitet werden. Dies zeigt, daß es die Eignung dazu in seiner Anlage mitbringt«.[16]

Im Zusammenhang der Diskussion der Faktoren, die bedingen, daß Akte der Vorlust selbst zu Zielen werden, heißt es:

> »Dieser schädliche Fall [daß die vorbereitende Aktion an die Stelle des normalen Sexualzieles tritt] hat erfahrungsgemäß zur Bedingung, daß die betreffende erogene Zone oder der entsprechende Partialtrieb schon im infantilen Leben in ungewöhnlichem Maße zur Lustgewinnung beigetragen hatte. Kommen noch Momente hinzu, welche auf die Fixierung hinwirken, so entsteht leicht fürs spätere Leben ein Zwang, welcher sich der Einordnung dieser einen Vorlust in einen neuen Zusammenhang widersetzt. Solcherart ist in der Tat der Mechanismus vieler Perversionen, die ein Verweilen bei vorbereitenden Akten des Sexualvorganges darstellen.«[17]

Freud wies in dieser Abhandlung auch wieder auf bestimmte als Widerstände (»psychische Hemmungen«) wirkende seelische Kräfte hin – wie Scham und Ekel –, die sich im Verlauf der Entwicklung normalerweise durchsetzen und die Äußerung perverser Strebungen bei normalen Erwachsenen verhindern. Die Erkenntnis, daß in der frühen Kindheit und in den Perversionen solche hemmenden inneren Kräfte fehlen, ermöglichte eine klarere Sicht der eigentlichen Natur des Sexualtriebes:

> »Wenn sie [solche Perversionen] eine Analyse – Zersetzung – zulassen, müssen sie zusammengesetzter Natur sein. Hieraus können wir einen Wink entnehmen, daß vielleicht der Sexualtrieb selbst nichts Einfaches, sondern aus Komponenten zusammengesetzt ist, die sich in den Perversionen wieder von ihm ablösen.«[18]

Angesichts dieser offenkundigen Dissoziationen kam Freud zu der Formulierung:

---

14 Ibid., S. 71.
15 Ibid., S. 71.
16 Ibid., S. 91.
17 Ibid., S. 113.
18 Ibid., S. 61 f.

»Somit erwiesen sich die Perversionen einerseits als Hemmungen, andererseits als Dissoziationen der normalen Entwicklung.«[19]

Freud hielt an der zuerst 1897 formulierten These fest, daß »die Neurose das Negativ der Perversion ist«. Insofern sich in den neurotischen Symptomen die Abwehr (»Verdrängung«) heftiger perverser Strebungen ausdrücke, sei die Psychoneurose eine »negative Perversion«. Bei der Erörterung der Frage einer konstitutionellen Disposition zur Neurose heißt es:

> »Somit kann auch die scheinbar so große (allerdings negative) Perversionsneigung der Psychoneurotiker eine kollateral bedingte, muß jedenfalls eine kollateral erhöhte sein. Die Tatsache ist eben, daß man die Sexualverdrängung als inneres Moment jenen äußeren anreihen muß, welche wie Freiheitseinschränkung, Unzugänglichkeit des normalen Sexualobjektes, Gefahren des normalen Sexualaktes usw. Perversionen bei Individuen entstehen lassen, welche sonst vielleicht normal geblieben wären.«[20]

Freud legt in diesem Zusammenhang besonderes Gewicht auf das Zusammenwirken konstitutioneller und akzidenteller Faktoren in der Entwicklung einer »Neigung zu Perversionen« bei Psychoneurotikern.[21] (Den Terminus »Konstitution« gebraucht Freud hier in erster Linie, um die Stärke oder Schwäche bestimmter Partialtriebe zu bezeichnen.) Freud stützte seine These von den »Wesensbeziehungen« zwischen Psychoneurose und Perversion durch den Hinweis auf seine empirische Beobachtung über die Auftretenshäufigkeit dieser Störungen in bestimmten Familien. Nicht selten finde man, »daß die männlichen Mitglieder positiv pervers, die weiblichen aber der Verdrängungsneigung ihres Geschlechts entsprechend negativ pervers« seien.[22] Freud hob ferner hervor, daß die Entwicklung von Perversionen durch eine konstitutionelle Schwäche der Genitalzone begünstigt werden könnte. Denn wenn diese Zone schwach sei, müsse die in der Pubertät geforderte Zusammenfassung der einzelnen Sexualbetätigungen mißlingen »und die stärkste der anderen Sexualitätskomponenten [werde] ihre Betätigung als Perversion durchsetzen«[23]. Mit dieser Annahme einer genitalen Schwäche erklärte Freud auch die Entstehung des Fetischismus.[24]

Bei den Perversionen, bei denen Schauen und Beschautwerden die Hauptrolle spielen, sowie beim Sadismus und Masochismus sei, wie Freud besonders akzentuierte, das Sexualziel in zweifacher Form vor-

[19] Ibid., S. 133.
[20] Ibid., S. 70.
[21] Ibid., S. 70.
[22] Ibid., S. 138.
[23] Ibid., S. 139.
[24] (1905e [1901]) ›Bruchstück einer Hysterie-Analyse‹, G. W., Bd. 5, S. 213.

handen, nämlich in aktiver und passiver Form. In bezug auf Sadismus und Masochismus, die er als die »häufigsten und bedeutsamsten aller Perversionen«[25] bezeichnete, sagte er:

> »Wir sehen gewisse der Perversionsneigungen regelmäßig als *Gegensatzpaare* auftreten ... [Man wäre] versucht, solche gleichzeitig vorhandene Gegensätze mit dem in der Bisexualität vereinten Gegensatz von männlich und weiblich in Beziehung zu setzen.«[26]

Im Unbewußten seien sowohl die aktiven als auch die passiven Formen der Perversion wirksam. »Im Krankheitsbilde spielt aber die eine oder die andere der gegensätzlichen Neigungen die überwiegende Rolle.«[27]

Zusätze und Modifizierungen nach 1905

Beginnend mit der Veröffentlichung von ›Die kulturelle Sexualmoral und die moderne Nervosität‹ (1908) zeugen Freuds Schriften von einer wachsenden Aufmerksamkeit auf die *Objekte* des Sexualtriebes in den Perversionen. Er sprach zu dieser Zeit von zwei Gattungen abweichenden Sexualverhaltens, von den »Perversen, bei denen eine infantile Fixierung auf ein vorläufiges Sexualziel das Primat der Fortpflanzungsfunktion aufgehalten hat, und [den] Homosexuellen oder Invertierten, bei denen auf noch nicht ganz aufgeklärte Weise das Sexualziel vom entgegengesetzten Geschlecht abgelenkt worden ist«.[28] 1909, in der ›Analyse der Phobie eines fünfjährigen Knaben‹ charakterisierte Freud Homosexuelle als »Personen, welche durch die erogene Bedeutung des eigenen Genitales gehindert worden sind, bei ihrem Sexualobjekt auf diese Übereinstimmung mit der eigenen Person zu verzichten. Sie sind in der Entwicklung vom Autoerotismus zur Objektliebe an einer Stelle, dem Autoerotismus näher, fixiert geblieben«.[29] In ›Zur Einführung des Narzißmus‹ (1914) entfaltete und erweiterte er diese Erklärung, ohne an der scharfen Trennung zwischen Perversion und Homosexualität festzuhalten. Es heißt hier:

> »Wir haben, besonders deutlich bei Personen, deren Libidoentwicklung eine Störung erfahren hat, wie bei Perversen und Homosexuellen, gefunden, daß sie ihr späteres Liebesobjekt nicht nach dem Vorbild der Mutter wählen, sondern dem ihrer eigenen Person. Sie su-

---

25 (1905d) *Drei Abhandlungen zur Sexualtheorie*, G. W., Bd. 5, S. 56.
26 Ibid., S. 59.
27 Ibid., S. 67.
28 (1908d) ›Die kulturelle Sexualmoral und die moderne Nervosität‹, G. W., Bd. 7, S. 152.
29 (1909b) ›Analyse der Phobie eines fünfjährigen Knaben‹, G. W., Bd. 7, S. 344.

chen offenkundigerweise sich selbst als Liebesobjekt, zeigen den *narzißtisch* zu nennenden Typus der Objektwahl.«[30]

In einem Zusatz von 1915 zu den *Drei Abhandlungen* heißt es im Zusammenhang der Diskussion des Kastrationskomplexes in bezug auf Jungen:

»Die Ersatzbildungen dieses verloren gegangenen Penis des Weibes spielen in der Gestaltung mannigfacher Perversionen eine große Rolle.«[31]

In der Ausgabe von 1915 der *Drei Abhandlungen* erklärte Freud, daß den Perversionen nicht nur Fixierungen, sondern auch Verdrängungen zugrunde lägen, d. h.: Die Perversen wären zu höheren Stufen der Libidoentwicklung fortgeschritten, konnten sich aber nicht auf ihnen halten. In bezug auf die Verdrängung bei Psychoneurotikern sagte er:

»Dies gilt nicht nur für die in der Neurose ›negativ‹ auftretenden Perversionsneigungen, sondern ebenso für die positiven, eigentlich so benannten Perversionen. Diese letzteren sind also nicht bloß auf die Fixierung der infantilen Neigungen zurückzuführen, sondern auch auf die Regression zu denselben infolge der Verlegung anderer Bahnen der Sexualströmung.«[32]

Diese Annahme, daß Verdrängung zu den Regression auslösenden Faktoren gehöre, stellte eine wichtige Erweiterung seiner Theorie dar, denn vorher hatte Freud die Entwicklung von Perversionen durch das Fehlen verdrängender Mächte erklärt. In der ein Jahr vorher (1914) erschienenen Schrift ›Zur Einführung des Narzißmus‹ findet sich diese Annahme, Verdrängung führe zur Regression, noch nicht. Dort sprach er statt von Scham, Ekel usw. von einer verdrängenden Funktion des »Ichideals«:

»Das Ichideal hat die Libidobefriedigung an den Objekten unter schwierige Bedingungen gebracht, indem es einen Teil derselben durch seinen Zensor als unverträglich abweisen läßt. Wo sich ein solches Ideal nicht entwickelt hat, da tritt die betreffende sexuelle Strebung unverändert als Perversion in die Persönlichkeit ein.«[33]

In einem Zusatz von 1915 zu den *Drei Abhandlungen* führte er neben der Verdrängung auch wieder die »genitale Schwäche« als Faktor an, der die Regression zu prägenitaler Sexualität begünstige:

»Man sieht dabei häufig, daß in der Pubertätszeit zunächst eine normale Sexualströmung einsetzt, welche aber infolge ihrer inneren Schwäche vor den ersten äußeren Hindernissen zusammenbricht und

[30] (1914c) ›Zur Einführung des Narzißmus‹, G. W., Bd. 10, S. 154.
[31] (1905d) *Drei Abhandlungen zur Sexualtheorie*, G. W., Bd. 5, S. 96.
[32] Ibid., S. 133 Anm.
[33] (1914c) ›Zur Einführung des Narzißmus‹, G. W., Bd. 10, S. 168.

dann von der Regression auf die perverse Fixierung abgelöst wird.«[34]

In den *Vorlesungen zur Einführung in die Psychoanalyse* (1916–17) faßte Freud seine Theoreme über die Perversion in einer ausführlichen Darstellung zusammen. Er wiederholte die zwei Hauptkriterien, die eine sexuelle Perversion kennzeichnen:

»Das Wesentliche der Perversionen besteht... allein in der Ausschließlichkeit, mit welcher sich diese Abweichungen vollziehen, und durch welche der der Fortpflanzung dienende Sexualakt beiseite geschoben wird.«[35]

Diese Abweichungen beträfen entweder das Sexualziel oder das Sexualobjekt. (Homosexualität galt jetzt nicht mehr als unabhängige Störung, sondern wurde den Perversionen zugerechnet.) Freud traf noch eine weitere Unterscheidung:

»... neben den einen, die ihre Sexualbefriedigung in der Realität suchen [gibt es noch andere], die sich damit begnügen, sich solche Befriedigung bloß vorzustellen, die überhaupt kein wirkliches Objekt brauchen, sondern es sich durch die Phantasie ersetzen können.«[36]

Er wiederholte, »daß dem Sexualleben der Normalen nur selten der eine oder andere perverse Zug abgeht«.[37] Der Unterschied zwischen diesen Zügen und den Verhaltensweisen Perverser liegt darin, daß sie beim normalen Erwachsenen nicht zum Orgasmus und Erguß führen. Ein anderes Merkmal, das mit der »Ausschließlichkeit« zusammenhängt:

»Die perverse Sexualität ist in der Regel ausgezeichnet zentriert, alles Tun drängt zu einem – meist einem einzigen – Ziel, ein Partialtrieb hat bei ihr die Oberhand.«

Durch dieses Merkmal unterscheiden sich Perversionen von der infantilen Sexualität; in ihr »sind die einzelnen Partialtriebe gleichberechtigt, ein jeder geht auf eigene Faust dem Lusterwerb nach«[38]. Zwar ist auch die normale Erwachsenensexualität durch die Dominanz und Organisation eines herrschenden Partialtriebes gekennzeichnet, jedoch eines, der die genitale Sexualäußerung anstrebt. Im Unterschied zu der zentrierten Sexualäußerung der Perversionen gibt es »auch Fälle von perverser Sexualität, die weit mehr Ähnlichkeit mit der infantilen haben, indem sich zahlreiche Partialtriebe unabhängig voneinander mit ihren Zielen durchgesetzt oder besser: fortgesetzt haben. Man spricht in die-

[34] (1905d) *Drei Abhandlungen zur Sexualtheorie*, G. W., Bd. 5, S. 139 Anm.
[35] (1916–17) *Vorlesungen zur Einführung in die Psychoanalyse*, G. W., Bd. 11, S. 334.
[36] Ibid., S. 316.
[37] Ibid., S. 333.
[38] Ibid., S. 334.

sen Fällen richtiger von Infantilismus des Sexuallebens als von Perversion«[39].

In der »Klebrigkeit der Libido« (der »Zähigkeit, mit welcher die Libido an bestimmten Richtungen und Objekten haftet«) sah Freud einen »bestimmenden«, aber keinen zureichenden Faktor für die Entwicklung einer Perversion. (Solche Fixierungen kämen auch bei Neurotikern und Normalen vor.) Der Ursprung solcher Fixierungen sei unbekannt, allerdings werde »in der Anamnese der Perversion recht häufig ein sehr frühzeitiger Eindruck von abnormer Triebrichtung oder Objektwahl aufgedeckt, an dem nun die Libido dieser Person fürs Leben haften geblieben ist«[40]. Bei der Bildung solcher Fixierungen wirkten akzidentelle Faktoren und konstitutionelle Disposition zusammen; oft hätten akzidentelle Faktoren die Funktion, die »angeborene Disposition« bestimmter Partialtriebe auszulösen und dadurch zur Erscheinung zu bringen. Hinsichtlich der sexuellen Konstitution nahm er einen Einfluß des phylogenetischen Erbes an, versuchte jedoch nicht, diesen Faktor mit der Entwicklung der Perversionen in Beziehung zu setzen.

Bei einer Regression zu diesen Fixierungsstellen habe das Ich zwei Möglichkeiten: die Regression hinzuzunehmen oder sie abzulehnen.

»Erwecken diese Regressionen nicht den Widerspruch des Ichs, so kommt es auch nicht zur Neurose, und die Libido gelangt zu irgendeiner realen, wenn auch nicht mehr normalen Befriedigung. Wenn aber das Ich ... mit diesen Regressionen nicht einverstanden ist, dann ist der Konflikt gegeben.«[41] Und: »Regression der Libido ohne Verdrängung würde nie eine Neurose ergeben, sondern in eine Perversion auslaufen.«[42]

Freud nimmt hier seine These von 1915, in der Perversion spiele Verdrängung eine Rolle, nicht zurück. Verdrängung *bewirke* die Regression zur perversen Fixierung; doch anders als bei den Psychoneurotikern unterdrücke sie, wenn die Regression einmal eingetreten sei, bei den Perversen nicht die Äußerung prägenitaler Impulse.

1919 sah Freud den Ödipuskomplex als einen entscheidenden Faktor in der Entwicklung von Perversionen an. In ›Ein Kind wird geschlagen‹ heißt es:

»An der Auffassung, die bei [den Perversionen] die konstitutionelle Verstärkung oder Voreiligkeit einer Sexualkomponente in den Vordergrund rückt, wird zwar nicht gerüttelt, aber damit ist nicht alles gesagt. Die Perversion ... tritt auf dem Boden dieses Komplexes [Ödipus] zuerst hervor, nachdem er zusammengebrochen ist, bleibt

[39] Ibid., S. 334 f.
[40] Ibid., S. 361.
[41] Ibid., S. 373.
[42] (1919e) ›Ein Kind wird geschlagen‹, G. W., Bd. 12, S. 212.

sie, oft allein, von ihm übrig, als Erbe seiner libidinösen Ladung und belastet mit dem an ihm haftenden Schuldbewußtsein.«[43]

Auch hier behauptet er eine konstitutionelle Dispositoin für diese besondere Reaktion:

»Die abnorme Sexualkonstitution hat . . . ihre Stärke darin gezeigt, daß sie den Ödipuskomplex in eine besondere Richtung gedrängt und ihn zu einer ungewöhnlichen Resterscheinung gezwungen hat.«[44]

Die kindliche Perversion könne sich ins Erwachsenenalter fortsetzen oder im Hintergrund bleiben. In bezug auf den ersteren Fall heißt es weiter:

»Man findet nämlich häufig genug bei diesen Perversen, daß auch sie, gewöhnlich in der Pubertätszeit, einen Ansatz zur normalen Sexualtätigkeit gebildet haben. Aber der war nicht kräftig genug, wurde vor den ersten, nie ausbleibenden Hindernisses aufgegeben, und dann griff die Person endgültig auf die infantile Fixierung zurück.«[45]

In einer 1920 zu den *Drei Abhandlungen* hinzugefügten Fußnote führte Freud erneut die Verdrängung als einen Faktor in dieser Regression an:

»Die analytische Untersuchung hat bisher in einzelnen Fällen zeigen können, daß auch die Perversion ein Rückstand einer Entwicklung zum Ödipuskomplex ist, nach dessen Verdrängung die der Anlage nach stärkste Komponente des Sexualtriebes wieder hervorgetreten ist.«[46]

1923, bei der Betrachtung der unterschiedlichen Reaktionen des Ichs in Konfliktsituationen – hier unter der Fragestellung, ob Neurosen oder Psychosen entstünden –, bemerkte Freud: »Der Ausgang aller solchen Situationen wird unzweifelhaft von ökonomischen Verhältnissen, von den relativen Größen der miteinander ringenden Strebungen abhängen.« (Diese Betonung der ökonomischen Verhältnisse findet sich schon sehr viel früher, insbesondere in seiner Diskussion der Ergänzungsreihen in der Ausgabe von 1915 der *Drei Abhandlungen* und in den *Vorlesungen zur Einführung in die Psychoanalyse*.) In der Fortsetzung dieser Überlegungen führte er die Annahme ein, das mit seinen »herrschenden Instanzen« im Konflikt liegende Ich könnte die Äußerung von Perversionen zulassen, um sich selbst zu erhalten:

». . . es wird dem Ich möglich sein, den Bruch nach irgendeiner Seite dadurch zu vermeiden, daß es sich selbst deformiert, sich Einbußen

[43] Ibid., S. 212.
[44] Ibid., S. 212.
[45] Ibid., S. 213.
[46] (1905d) *Drei Abhandlungen zur Sexualtheorie*, G. W., Bd. 5, S. 62 Anm.

an seiner Einheitlichkeit gefallen läßt, eventuell sogar sich zerklüftet oder zerteilt. Damit rückten die Inkonsequenzen, Verschrobenheiten und Narrheiten der Menschen in ein ähnliches Licht wie ihre sexuellen Perversionen, durch deren Annahme sie sich ja Verdrängungen ersparen.«[47]

Freud bezeichnete eine solche Entwicklung als »Ichspaltung«.

Ein wichtiger Mechanismus in diesem Prozeß ist der der »Verleugnung«. Freud hat ihn zuerst im Jahre 1910 charakterisiert, als er in seiner Studie über *Leonardo da Vinci* davon sprach, daß bestimmte Fetische symbolische Entsprechungen des bei der Frau »fehlenden Penis« seien. In ›Fetischismus‹ (1927) hat er ihn ausführlicher erörtert. »Verleugnung« bedeute die Abwehr eines unannehmbaren Aspektes der Realität, in diesem Falle die einer penislosen Frau. Freud unterschied zwischen Verleugnung und Verdrängung; jene wehre Vorstellungen ab, diese Affekte. Der Fetisch selbst stelle den »fehlenden Penis« dar, der einerseits als real anerkannt und andererseits verleugnet werde. Im *Abriß der Psychoanalyse* (1938) kam Freud auf die Konzepte der »Ichspaltung« und der »Verleugnung« zurück:

»... das Ich kommt oft genug in die Lage, sich einer peinlich empfundenen Zumutung der Außenwelt zu erwehren, was durch die *Verleugnung* der Wahrnehmungen geschieht ... Diese Ablehnung wird jedesmal durch eine Anerkennung ergänzt, es stellen sich immer zwei gegensätzliche von einander unabhängige Einstellungen her, die den Tatbestand einer Ichspaltung ergeben«[48].

Nach seinem Hinweis darauf, daß dieses Phänomen bei Erwachsenen nicht auf Psychosen beschränkt sei, sondern sich auch »bei anderen Zuständen, die den Neurosen ähnlicher sind«, finde, sprach er vom Fetischisten als von einem, der »die Penislosigkeit des Weibes nicht anerkennt, die ihm als Beweis für die Möglichkeit der eigenen Kastration höchst unerwünscht ist«[49]. (Man wird hier daran erinnert, daß Freud früher von Homosexuellen gesagt hatte, sie hätten auf die »Erkenntnis«, daß Frauen keinen Penis haben, heftig reagiert; er hatte diese Reaktion seinerzeit im Zusammenhang des Kastrationskomplexes und der von dieser Erkenntnis ausgehenden narzißtischen Bedrohung analysiert.)

Eine weitere Hypothese zur Entwicklung von Perversionen, eine in bezug auf Sadismus und Masochismus, ist die der *Entmischung* von Eros und Todestrieb. In *Das Ich und das Es* (1923) heißt es:

»In der sadistischen Komponente des Sexualtriebes hätten wir ein klassisches Beispiel einer zweckdienlichen Triebmischung vor uns,

[47] (1924b) ›Neurose und Psychose‹, G. W., Bd. 13, S. 391.
[48] (1940a [1938]) *Abriß der Psychoanalyse*, G. W., Bd. 17, S. 134 f.
[49] Ibid., S. 133.

im selbständig gewordenen *Sadismus* als Perversion das Vorbild einer, allerdings nicht bis zum äußersten getriebenen Entmischung.«[50] (Man sollte Freuds Äußerung von 1905 – Perversionen seien möglicherweise die Folge einer Dissoziation des Sexualtriebes, eines Auseinandertretens der Partialtriebe – nicht in zu engen Zusammenhang mit dieser Formulierung der Entmischung bringen, die sich auf Sexual- *und* Aggressionstriebe bezieht; vgl. G. W., Bd. 5, S. 61 u. 133.)

Zur Hypothese, Triebentmischung führe zu sexuellen Perversionen, gibt es keine weiteren Äußerungen Freuds. Man muß sich in diesem Zusammenhang vergegenwärtigen, daß Freud Sadismus und Masochismus weitgehend unabhängig von den anderen Perversionen betrachtet hat. So hat er in der Ausgabe von 1905 der *Drei Abhandlungen* Sadismus und Masochismus als die »häufigsten und bedeutsamsten aller Perversionen« bezeichnet.[51] In der Ausgabe von 1905 heißt es:

»Sadismus und Masochismus nehmen unter den Perversionen eine besondere Stellung ein, da der ihnen zugrunde liegende Gegensatz von Aktivität und Passivität zu den allgemeinen Charakteren des Sexuallebens gehört.«[52] 1924 fügt er hinzu: »[Aus neueren Untersuchungen] leitet sich für das Gegensatzpaar Sadismus–Masochismus eine auf den Trieburprung begründete Sonderstellung ab, durch welche es aus der Reihe der anderen ›Perversionen‹ herausgehoben wird«[53].

Einige klinische Überlegungen

An verschiedenen Stellen hat sich Freud zur sozialen Anpassung und Behandlungsfähigkeit Perverser geäußert. 1905 sagte er, manche Invertierten nähmen die Inversion als selbstverständlich hin, während andere sich gegen sie auflehnten und als krankhaften Zwang empfänden. »Ein solches Sträuben gegen den Zwang zur Inversion könnte die Bedingung der Beeinflußbarkeit durch Suggestivbehandlung oder Psychoanalyse abgeben.«[54] Es sei schwierig, die »hereditären Verhältnisse« der Perversen zu erkennen, weil sie es verstünden, »sich der Erkundung zu entziehen«[55]. 1905 bemerkte er ferner, daß viele Homosexuelle »sich durch besonders hohe intellektuelle Entwicklung und ethische Kultur auszeichnen«[56]. 1908 wiederholte er, daß Homosexuel-

[50] (1923b) *Das Ich und das Es,* G. W., Bd. 13, S. 270.
[51] (1905d) Drei Abhandlungen zur Sexualtheorie, G. W., Bd. 5, S. 56.
[52] Ibid., S. 58.
[53] Ibid., S. 58 Anm. 2.
[54] Ibid., S. 35 Anm. 1.
[55] Ibid., S. 138.
[56] Ibid., S. 37.

le sich »durch eine besondere Eignung zur kulturellen Sublimierung« auszeichneten, fuhr jedoch fort:

> »Stärkere und zumal exklusive Ausbildungen der Perversionen und der Homosexualität machen allerdings deren Träger sozial unbrauchbar und unglücklich, so daß die Kulturanforderungen als eine Quelle des Leidens für einen gewissen Anteil der Menschheit anerkannt werden müssen.«[57]

Denjenigen, deren Sexualtrieb schwach sei, gelinge es, ihre Neigungen zu unterdrücken, aber diese Unterdrückung mache sie »in sich gehemmt und nach außen gelähmt«[58]. In den *Vorlesungen zur Einführung in die Psychoanalyse* sprach Freud erneut von der hohen intellektuellen und ethischen Entwicklung vieler Homosexueller, fügte hier aber die eher ernüchternde Bemerkung hinzu, »sie enthalten mindestens ebensoviel minderwertige und nichtsnutzige Individuen wie die in sexueller Hinsicht anders Gearteten«[59]. 1923, in einer seiner letzten Äußerungen zur Behandlungsfähigkeit, zählte er die Perversionen zu den psychoanalytischer Behandlung zugänglichen Störungen.[60] 1915 hatte er angemerkt, die Perversionen seien der psychoanalytischen Therapie zugänglich, weil sie wie die Neurosen Merkmale von Fixierung, Verdrängung und Regression zeigten.[61]

---

[57] (1908d) ›Die kulturelle Sexualmoral und die moderne Nervosität‹, G. W., Bd. 7, S. 153.
[58] Ibid., S. 153.
[59] (1916–17) *Vorlesungen zur Einführung in die Psychoanalyse*, Bd. 11, S. 315.
[60] (1923a) ›»Psychoanalyse« und »Libidotheorie«‹, G. W., Bd. 13, S. 226.
[61] (1915) (1905d) *Drei Abhandlungen zur Sexualtheorie*, G. W., Bd. 5, S. 133 Anm.

30
Der Kastrationskomplex

Vgl. Konzepte: *Phallische Phase, Ödipuskomplex, Untergang des Ödipuskomplexes, Aktivität – Passivität, Männlichkeit – Weiblichkeit*

Einleitung

Freud hat den »Kastrationskomplex« als »die Reaktion auf die dem Vater zugeschriebene Sexualeinschüchterung oder Eindämmung der frühinfantilen Sexualität«[1] definiert. Nach seiner Auffassung hat die Kastrationsangst eine phylogenetische Grundlage:

> »Wir vermuten, in den Urzeiten wurde die Kastration vom eifersüchtigen und grausamen Vater wirklich an den heranwachsenden Knaben vollzogen, und die Beschneidung ... sei ein gut kenntlicher Rest von ihr.«[2]

> »... die Bedeutung des Kastrationskomplexes [kann man] erst richtig würdigen, wenn man seine Entstehung in der Phase des Phallusprimats mitberücksichtigt«[3].

Der Kastrationskomplex ist für Mädchen wie für Jungen von Bedeutung:

> »Man hat das Recht, auch von einem Kastrationskomplex bei Frauen zu sprechen. Männliche wie weibliche Kinder bilden die Theorie, daß auch das Weib ursprünglich einen Penis hatte, der durch Kastration verloren gegangen ist.«[4] Und: »Mit dem Eintritt in die phallische Phase treten die Unterschiede der Geschlechter vollends gegen die Übereinstimmungen zurück.«[5]

Frühgeschichte des Begriffs

In der *Traumdeutung* findet sich, wie Strachey in der Einleitung zur englischen Ausgabe sagt, eine »einzige obskure« Andeutung der Kastrationsdrohung: Einem vierzehnjährigen Jungen, der an hysterischem

---

[1] (1916–17) *Vorlesungen zur Einführung in die Psychoanalyse*, G. W., Bd. 11, S. 212.

[2] (1933a) *Neue Folge der Vorlesungen zur Einführung in die Psychoanalyse*, G. W., Bd. 15, S. 93.

[3] (1923e) ›Die infantile Genitalorganisation‹, G. W., Bd. 13, S. 296.

[4] [1920] (1905d) *Drei Abhandlungen zur Sexualtheorie*, G. W., Bd. 5, S. 96 Anm. 1.

[5] (1933a) *Neue Folge der Vorlesungen zur Einführung in die Psychoanalyse*, G. W., Bd. 15, S. 125.

Erbrechen, Kopfschmerzen u. dgl. leidet, sagt Freud, er solle die Augen schließen und die Bilder, die er dann sehen werde, beschreiben. Er sieht eine Sichel, deren Auftauchen in Beziehung zur Familiensituation und zur kürzlich erfolgten Wiederheirat seines Vaters steht. Der Vater wird als hart und jähzornig beschrieben; die Mutter des Jungen hat ihn verlassen.

»Die Sichel ist die, mit der Zeus den Vater entmannte ... Die Heirat des Vaters war eine Gelegenheit, ihm die Vorwürfe und Drohungen zurückzugeben, die das Kind früher einmal von ihm gehört hatte, weil es mit den Genitalien spielte.«[6]

In ›Über infantile Sexualtheorien‹ (1908) spricht Freud zum erstenmal von der kindlichen Vorstellung, beide Geschlechter besäßen einen Penis. Auch Penisneid und Kastrationsdrohung werden hier zum erstenmal ausdrücklich erwähnt und diskutiert.[7]

Die erste Andeutung der Tatsache des »Penisneides« des Mädchens findet sich in einem Brief an Fliess vom 14. November 1897:

»Der Hauptunterschied zwischen beiden Geschlechtern stellt sich aber um die Zeit der Pubertät her, wo eine *nicht* neurotische *Sexual*abneigung das Mädchen, Libido den Mann erfaßt. Um diese Zeit geht nämlich beim Weib eine weitere Sexualzone (ganz oder teilweise) unter, die beim Mann bestehen bleibt. Ich meine die männliche Genitalzone, die Region der Klitoris, in der sich während der Kindheit die sexuelle Empfindlichkeit auch des Mädchens konzentriert zeigt.«[8]

In einem anderen Zusammenhang heißt es:

»Die beiden einander entsprechenden Themen sind für das Weib der Penisneid – das positive Streben nach dem Besitz eines männlichen Genitales –, für den Mann das Sträuben gegen seine passive oder feminine Einstellung zum anderen Mann. Das Gemeinsame hat die psychoanalytische Nomenklatur frühzeitig als Verhalten zum Kastrationskomplex herausgehoben.«[9]

In der Analyse des »kleinen Hans« tritt der Begriff als solcher zum erstenmal auf, nachdem der Patient

»ein ganz besonders lebhaftes Interesse für den Teil seines Körpers [äußerte], den er als ›Wiwimacher‹ zu bezeichnen gewohnt war. So richtete er einmal an seine Mutter die Frage:
Hans: ›Mama hast du auch einen Wiwimacher?‹ ...
Sein Interesse für den Wiwimacher ist indes kein bloß theoretisches; wie zu vermuten stand, reizt es ihn auch zu Berührungen des Glie-

---

6 (1900a) *Die Traumdeutung*, G. W., Bd. 2/3, S. 624.
7 (1908c) ›Über infantile Sexualtheorien‹, G. W., Bd. 7, S. 177.
8 (1950a [1887–1902]) *Aus den Anfängen der Psychoanalyse*, op. cit., S. 201.
9 (1937c) ›Die endliche und die unendliche Analyse‹, G. W., Bd. 16, S. 97.

des. Im Alter von 3½ Jahren wird er von der Mutter, die Hand am Penis, betroffen. Diese droht: ›Wenn du das machst, laß' ich den Dr. A. kommen, der schneidet dir den Wiwimacher ab. Womit wirst du dann Wiwi machen?‹

Hans: ›Mit dem Popo.‹

Er antwortet noch ohne Schuldbewußtsein, aber er erwirbt bei diesem Anlasse den ›Kastrationskomplex‹, den man in den Analysen der Neurotiker so oft erschließen muß, während sie sich sämtlich gegen die Anerkennung desselben heftig sträuben. Über die Bedeutung dieses Elements der Kindergeschichte wäre viel Wichtiges zu sagen. Der ›Kastrationskomplex‹ hat im Mythus (und zwar nicht nur im griechischen) auffällige Spuren hinterlassen; ich habe seine Rolle in einer Stelle der ›Traumdeutung‹ und noch anderwärts gestreift.«

In einem Zusatz von 1923 schreibt Freud:

»Die Lehre vom Kastrationskomplex hat seither durch die Beiträge von Lou Andreas, A. Stärcke, F. Alexander u. a. einen weiteren Ausbau erfahren. Man hat geltend gemacht, daß der Säugling schon das jedesmalige Zurückziehen der Mutterbrust als Kastration d. h. als Verlust eines bedeutsamen, zu seinem Besitz gerechneten Körperteils empfinden mußte, daß er die regelmäßige Abgabe des Stuhlgangs nicht anders werten kann, ja daß der Geburtsakt als Trennung von der Mutter, mit der man bis dahin eins war, das Urbild der Kastration ist. Unter Anerkennung all dieser Wurzeln des Komplexes habe ich doch die Forderung aufgestellt, daß der Name Kastrationskomplex auf die Erregungen und Wirkungen zu beschränken sei, die mit dem Verlust des Penis verknüpft sind. Wer sich in den Analysen Erwachsener von der Unausbleiblichkeit des Kastrationskomplexes überzeugt hat, wird es natürlich schwierig finden, ihn auf eine zufällige und doch nicht so allgemein vorkommende Androhung zurückzuführen, und wird annehmen müssen, daß das Kind sich diese Gefahr auf die leisesten Andeutungen hin, an denen es ja niemals fehlt, konstruiert.«[10]

Der Kastrationskomplex ist eng mit dem Ödipuskomplex verknüpft und gilt Freud als einer der wichtigsten »Eckpfeiler der Psychoanalyse«. Das folgende Zitat verbindet die beiden Komplexe – zumindest beim männlichen Geschlecht – und unterstellt eine symbolische Gleichheit von Kastration und Blendung:

»Im Ödipus- wie im Kastrations-Komplex spielt der Vater die nämliche Rolle, die des gefürchteten Gegners der infantilen Sexualinteressen. Die Kastration und ihr Ersatz durch die Blendung ist die von ihm drohende Strafe.«[11]

[10] (1909b) ›Analyse der Phobie eines fünfjährigen Knaben‹, G. W., Bd. 7, S. 245 f.
[11] (1912–13) Totem und Tabu, G. W., Bd. 9, S. 158.

Entwicklung des Kastrationskomplexes beim Jungen

»Ehe das Kind unter die Herrschaft des Kastrationskomplexes geriet ... begann eine intensive Schaulust als erotische Triebbetätigung sich bei ihm zu äußern. Es wollte die Genitalien anderer Personen sehen, ursprünglich wahrscheinlich, um sie mit den eigenen zu vergleichen. Die erotische Anziehung, die von der Person der Mutter ausging, gipfelte bald in der Sehnsucht nach ihrem für einen Penis gehaltenen Genitale. Mit der erst spät erworbenen Erkenntnis, daß das Weib keinen Penis besitzt, schlägt diese Sehnsucht oft in ihr Gegenteil um, macht einem Abscheu Platz.«[12]

»Der Schreck der Meduse ist also Kastrationsschreck, der an einen Anblick geknüpft ist ... er ergibt sich, wenn der Knabe, der bisher nicht an die Drohung glauben wollte, ein weibliches Genitale erblickt. Wahrscheinlich ein erwachsenes, von Haaren umsäumtes, im Grunde das der Mutter.«[13]

Der kleine Junge nimmt an, »das Glied sei auch beim Mädchen vorhanden, aber es sei noch sehr klein; es werde später wachsen«, oder er glaubt, es sei abgeschnitten worden.

»Unter dem Einfluß dieser Kastrationsandrohung deutet er jetzt seine Auffassung des weiblichen Genitales um; er wird von nun an für seine Männlichkeit zittern.«[14]

Mit dem Kastrationskomplex erleidet er »das stärkste Trauma seines jungen Lebens«[15]. Das »narzißtische Interesse«[16] am Penis läßt das männliche Kind »diesen Teil seines Körpers zu wertvoll und zu wichtig [finden] als daß es glauben könnte, er würde anderen Personen fehlen, denen es sich so ähnlich fühlt«[17].

»Der Knabe tritt in die Ödipusphase ein, er beginnt die manuelle Betätigung am Penis mit gleichzeitigen Phantasien von irgendeiner sexuellen Betätigung desselben an der Mutter, bis er durch Zusammenwirkung einer Kastrationsdrohung und dem Anblick der weiblichen Penislosigkeit das größte Trauma seines Lebens erfährt, das die Latenzzeit mit allen ihren Folgen einleitet.«[18]

Die Wirkung der »Kastrationsdrohung« auf das Kind wird größer, wenn es die phallische Phase erreicht, in welcher der Penis eine besondere Besetzung erfährt. Derartige Drohungen gewinnen jetzt erhöhte Bedeutung:

[12] (1910c) *Eine Kindheitserinnerung des Leonardo da Vinci*, G. W., Bd. 8, S. 165.
[13] (1940c [1922]) ›Das Medusenhaupt‹, G. W., Bd. 17, S. 47.
[14] (1910c) *Eine Kindheitserinnerung des Leonardo da Vinci*, G. W., Bd. 8, S. 165.
[15] (1940a [1938]) *Abriß der Psychoanalyse*, G. W., Bd. 17, S. 117.
[16] (1925j) ›Einige psychische Folgen des anatomischen Geschlechtsunterschieds‹, G. W., Bd. 14, S. 21.
[17] (1910c) *Eine Kindheitserinnerung des Leonardo da Vinci*, G. W., Bd. 8, S. 164.
[18] (1940a) *Abriß der Psychoanalyse*, G. W., Bd. 17, S. 77.

»Das hauptsächlich von der Peniserregung beherrschte Kind hat sich gewöhnlich durch Reizung desselben mit der Hand Lust verschafft, ist von den Eltern oder Wartepersonen dabei ertappt und mit der Drohung, man werde ihm das Glied abschneiden, geschreckt worden. Die Wirkung dieser ›Kastrationsdrohung‹ ist im richtigen Verhältnisse zur Schätzung dieses Körperteiles eine ganz außerordentlich tiefgreifende und nachhaltige. Sagen und Mythen zeugen von dem Aufruhr des kindlichen Gefühlslebens, von dem Entsetzen, das sich an den Kastrationskomplex knüpft.«[19]

Freud bringt diese Besetzung des Penis mit den Versuchen des Kindes in Zusammenhang, die Erwachsenensexualität zu verstehen, wenn er sagt:

»Andererseits hat der Penis gewiß auch seinen Anteil an diesen nicht zu erratenden Vorgängen, er bezeugt es durch seine Miterregung bei all dieser Gedankenarbeit. Mit dieser Erregung [des Penis] sind Antriebe verbunden, die das Kind sich nicht zu deuten weiß, dunkle Impulse zu gewaltsamem Tun, zum Eindringen, Zerschlagen, irgendwo ein Loch aufreißen.«[20]

An anderer Stelle heißt es, die Besetzung des Penis führe zum Untergang des Ödipuskomplexes.

»Die Annahme der Kastrationsmöglichkeit, die Einsicht, daß das Weib kastriert sei, machte nun beiden Möglichkeiten der Befriedigung aus dem Ödipuskomplex ein Ende. Beide brachten ja den Verlust des Penis mit sich, die eine, männliche, als Straffolge, die andere, weibliche, als Voraussetzung. Wenn die Liebesbefriedigung auf dem Boden des Ödipuskomplexes den Penis kosten soll, so muß es zum Konflikt zwischen dem narzißtischen Interesse an diesem Körperteile und der libidinösen Besetzung der elterlichen Objekte kommen. In diesem Konflikt siegt normalerweise die erstere Macht: das Ich des Kindes wendet sich vom Ödipuskomplex ab.«[21]

Freud sieht also im Kastrationskomplex des Jungen die Kraft, die seinen Ödipuskomplex auflöst. Zur Vorgeschichte des Ödipuskomplexes beim Jungen sagt er, an ihr sei

»uns noch lange nicht alles klar. Wir kennen aus ihr eine Identifizierung mit dem Vater zärtlicher Natur, welcher der Sinn der Rivalität bei der Mutter noch abgeht. Ein anderes Element dieser Vorzeit ist die, wie ich meine, nie ausbleibende masturbatorische Betätigung am Genitale, die frühkindliche Onanie, deren mehr oder minder gewalttätige Unterdrückung von seiten der Pflegepersonen den Kastrationskomplex aktiviert«[22].

[19] (1908c) ›Über infantile Sexualtheorien‹, G. W., Bd. 7, S. 178 f.
[20] Ibid., S. 180.
[21] (1924d) ›Der Untergang des Ödipuskomplexes‹, G. W., Bd. 13, S. 398.
[22] (1925j) ›Einige psychische Folgen des anatomischen Geschlechtsunterschieds‹, G. W., Bd. 14, S. 21.

Im Hinblick auf die Zeit vor dem Kastrationskomplex schreibt Freud:

».. . wenn der kleine Knabe die Genitalgegend des Mädchens zuerst erblickt, benimmt er sich unschlüssig, zunächst wenig interessiert; er sieht nichts, oder er verleugnet seine Wahrnehmung, schwächt sie ab, sucht nach Auskünften, um sie mit seiner Erwartung in Einklang zu bringen. Erst später, wenn eine Kastrationsdrohung auf ihn Einfluß gewonnen hat, wird diese Beobachtung für ihn bedeutungsvoll werden; ihre Erinnerung oder Erneuerung regt einen fürchterlichen Affektsturm in ihm an und unterwirft ihn dem Glauben an die Wirklichkeit der bisher verlachten Androhung. Zwei Reaktionen werden aus diesem Zusammentreffen hervorgehen, die sich fixieren können und dann jede einzeln oder beide vereint oder zusammen mit anderen Momenten sein Verhältnis zum Weib dauernd bestimmen werden: Abscheu vor dem verstümmelten Geschöpf oder triumphierende Geringschätzung desselben.«[23]

An anderer Stelle:

»Später erschrickt er über die ihm eröffnete Möglichkeit, und etwaige frühere Drohungen wegen zu intensiver Beschäftigung mit seinem kleinen Glied gelangen nachträglich zur Wirkung. Er gelangt unter die Herrschaft des Kastrationskomplexes, dessen Gestaltung an seiner Charakterbildung, wenn er gesund bleibt, an seiner Neurose, wenn er erkrankt, und an seinen Widerständen, wenn er in analytische Behandlung gerät, großen Anteil hat.«[24]

Und:

»Die Wirkungen der Kastrationsdrohung sind mannigfaltig und unübersehbar, sie betreffen alle Beziehungen des Knaben zu Vater und Mutter, späterhin zu Mann und Weib überhaupt. Meist hält die Männlichkeit des Kindes dieser ersten Erschütterung nicht stand. Um sein Geschlechtsglied zu retten, verzichtet er mehr oder weniger vollständig auf den Besitz der Mutter, häufig bleibt sein Geschlechtsleben für alle Zeit von dem Verbot belastet. Wenn eine starke feminine Komponente, wie wir es ausdrücken, bei ihm vorhanden ist, gewinnt sie durch die Einschüchterung der Männlichkeit an Stärke. Er gerät in eine passive Einstellung zum Vater, wie er sie der Mutter zuschreibt. Er hat zwar infolge der Drohung die Masturbation aufgegeben, aber nicht die sie begleitende Phantasietätigkeit. Diese wird vielmehr, da sie jetzt die einzige ihm verbliebene Form der sexuellen Befriedigung ist, mehr als vorhin gepflegt werden und in solchen Phantasien wird er sich zwar noch immer mit dem Vater, aber auch gleichzeitig und vielleicht vorwiegend mit der Mutter identifizieren. Abkömmlinge und Umwandlungsprodukte dieser frühen

[23] Ibid., S. 23 f.
[24] (1916–17) *Vorlesungen zur Einführung in die Psychoanalyse*, G. W., Bd. 11, S. 328.

Onaniephantasien pflegen sich den Einlaß in sein späteres Ich zu verschaffen und werden Anteil an seiner Charakterbildung bekommen. Unabhängig von solcher Förderung seiner Weiblichkeit werden Angst vor dem Vater und Haß gegen ihn eine große Steigerung erfahren. Die Männlichkeit des Knaben zieht sich gleichsam in eine Trotzeinstellung zum Vater zurück, die sein späteres Verhalten in der menschlichen Gemeinschaft zwangsmäßig beherrschen wird. Als Rest der erotischen Fixierung an die Mutter stellt sich oft eine übergroße Abhängigkeit von ihr her, die sich später als Hörigkeit gegen das Weib fortsetzen wird. Er getraut sich nicht mehr die Mutter zu lieben, aber er kann es nicht riskieren, nicht von ihr geliebt zu werden, denn dann ist er in Gefahr, von ihr an den Vater verraten und der Kastration ausgeliefert zu werden.«[25]

Im Zusammenhang von Überlegungen zur Frage der Angst bezieht sich Freud auf die Pferdephobie des kleinen Hans und die Wolfsphobie des Wolfsmannes und sagt, sie hätten ihre Ursache in der Angst, vom Vater kastriert zu werden.

»Aus Kastrationsangst gibt der kleine Hans die Aggression gegen den Vater auf; seine Angst, das Pferd werde ihn beißen, kann zwanglos vervollständigt werden, das Pferd werde ihm das Genitale abbeißen, ihn kastrieren. Aber aus Kastrationsangst verzichtet auch der kleine Russe auf den Wunsch, vom Vater als Sexualobjekt geliebt zu werden, denn er hat verstanden, eine solche Beziehung hätte zur Voraussetzung, daß er sein Genitale aufopfert, das, was ihn vom Weib unterscheidet. Beide Gestaltungen des Ödipuskomplexes, die normale, aktive, wie die invertierte, scheitern ja am Kastrationskomplex. Die Angstidee des Russen, vom Wolf gefressen zu werden, enthält zwar keine Andeutung der Kastration, sie hat sich durch orale Regression zu weit von der phallischen Phase entfernt, aber die Analyse seines Traumes macht jeden anderen Beweis überflüssig. Es ist auch ein voller Triumph der Verdrängung, daß im Wortlaut der Phobie nichts mehr auf die Kastration hindeutet.

Hier nun das unerwartete Ergebnis: In beiden Fällen ist der Motor der Verdrängung die Kastrationsangst; die Angstinhalte, vom Pferd gebissen und vom Wolf gefressen zu werden, sind Entstellungsersatz für den Inhalt, vom Vater kastriert zu werden. Dieser Inhalt ist es eigentlich, der die Verdrängung an sich erfahren hat. Beim Russen war es Ausdruck eines Wunsches, der gegen die Auflehnung der Männlichkeit nicht bestehen konnte, bei Hans Ausdruck einer Reaktion, welche die Aggression in ihr Gegenteil umwandelte. Aber der Angstaffekt der Phobie, der ihr Wesen ausmacht, stammt nicht aus

[25] (1940a) *Abriß der Psychoanalyse*, G. W., Bd. 17, S. 117 f.

dem Verdrängungsvorgang, nicht aus den libidinösen Besetzungen der verdrängten Regungen, sondern aus dem Verdrängenden selbst; die Angst in der Tierphobie ist die unverwandelte Kastrationsangst, also eine Realangst, Angst vor einer wirklich drohenden oder als real beurteilten Gefahr. Hier macht die Angst die Verdrängung, nicht, wie ich früher gemeint habe, die Verdrängung die Angst.

Es ist nicht angenehm, daran zu denken, aber es hilft nichts, es zu verleugnen, ich habe oftmals den Satz vertreten, durch die Verdrängung werde die Triebrepräsentanz entstellt, verschoben u. dgl., die Libido der Triebregung aber in Angst verwandelt. Die Untersuchung der Phobien, die vor allem berufen sein sollte, diesen Satz zu erweisen, bestätigt ihn also nicht, sie scheint ihm vielmehr direkt zu widersprechen. Die Angst der Tierphobien ist die Kastrationsangst des Ichs, die der weniger gründlich studierten Agoraphobie scheint Versuchungsangst zu sein, die ja genetisch mit der Kastrationsangst zusammenhängen muß. Die meisten Phobien gehen, soweit wir es heute übersehen, auf eine solche Angst des Ichs vor den Ansprüchen der Libido zurück. Immer ist dabei die Angsteinstellung des Ichs das Primäre und der Antrieb zur Verdrängung. Niemals geht die Angst aus der verdrängten Libido hervor. Wenn ich mich früher begnügt hätte zu sagen, nach der Verdrängung erscheint an Stelle der zu erwartenden Äußerung von Libido ein Maß von Angst, so hätte ich heute nichts zurückzunehmen. Die Beschreibung ist richtig und zwischen der Stärke der zu verdrängenden Regung und der Intensität der resultierenden Angst besteht wohl die behauptete Entsprechung. Aber ich gestehe, ich glaubte mehr als eine bloße Beschreibung zu geben, ich nahm an, daß ich den metapsychologischen Vorgang einer direkten Umsetzung der Libido in Angst erkannt hatte; das kann ich also heute nicht mehr festhalten. Ich konnte auch früher nicht angeben, wie sich eine solche Umwandlung vollzieht.«[26]

Im Zusammenhang einer Diskussion des Exhibitionismus heißt es:
»Der Exhibitionszwang zum Beispiel ist auch stark abhängig vom Kastrationskomplex; er betont immer wieder die Integrität des eigenen (männlichen) Genitales und wiederholt die infantile Befriedigung über das Fehlen des Gliedes im weiblichen.«[27]

In bezug auf eine bestimmte Form des Fetischismus schreibt Freud:
»Der Fuß ersetzt den schwer vermißten Penis des Weibes.«[28]

[26] (1926d) *Hemmung, Symptom und Angst*, G. W., Bd. 14, S. 136–138.
[27] (1905d) *Drei Abhandlungen zur Sexualtheorie*, G. W., Bd. 5, S. 56 Anm.
[28] [1910] (1905d) Ibid., S. 54 Anm.

Entwicklung des Kastrationskomplexes beim Mädchen

>»*Während der Ödipuskomplex des Knaben am Kastrationskomplex zugrunde geht, wird der des Mädchens durch den Kastrationskomplex ermöglicht und eingeleitet.*«[29]

An den hier wiedergegebenen Stellen, von denen einige zu einer späteren Periode seines Werkes gehören, spricht Freud vom Ödipuskomplex des Mädchens so, als ob es sich bei ihm um das gerade Gegenteil desjenigen des Jungen handelte, eine Vorstellung, die er in einer früheren Periode aufgegeben hatte. Es ist wichtig, dies zu bemerken, weil Freud aus diesem Grunde in dieser Periode die Bindung an die Mutter als eine präödipale auffaßt, obwohl er gleichzeitig auch davon spricht, das kleine Mädchen habe die phallisch-ödipale Phase erreicht, in der es ein »männliches Wesen«, ein »kleiner Mann« sei. Er charakterisiert die erste Phase des Ödipuskomplexes des Mädchens deshalb nicht als eine, in der die Mutter sein Objekt ist – ebenso wie sie das Objekt des Jungen ist.

Unter Verweis auf das mangelhafte Verständnis und die fehlenden Kenntnisse über diese Phase der ödipalen Bindung des Mädchens an die Mutter bezieht sich Freud auf die Arbeit anderer Autoren.

»In die eigentlich noch unübertroffene Schilderung *Abrahams* der ›Äußerungsformen des weiblichen Kastrationskomplexes‹ (1921) möchte man gerne das Moment der anfänglich ausschließlichen Mutterbindung eingefügt wissen. Der wichtigen Arbeit von Jeanne *Lampl-de Groot* (1927) muß ich in den wesentlichen Punkten zustimmen. Hier wird die volle Identität der präödipalen Phase bei Knaben und Mädchen erkannt, die sexuelle (phallische) Aktivität des Mädchens gegen die Mutter behauptet und durch Beobachtungen erwiesen. Die Abwendung von der Mutter wird auf den Einfluß der zur Kenntnis genommenen Kastration zurückgeführt, die das Kind dazu nötigt, das Sexualobjekt und damit auch oft die Onanie aufzugeben, für die ganze Entwicklung die Formel geprägt, daß das Mädchen eine Phase des ›negativen‹ Ödipuskomplexes durchmacht, ehe sie in den positiven eintreten kann. Eine Unzulänglichkeit dieser Arbeit finde ich darin, daß sie die Abwendung von der Mutter als bloßen Objektwechsel darstellt und nicht darauf eingeht, daß sie sich unter den deutlichsten Zeichen von Feindseligkeit vollzieht. Diese Feindseligkeit findet volle Würdigung in der letzten Arbeit von Helene *Deutsch* (Der feminine Masochismus und seine Beziehung zur Frigidität, 1930), woselbst auch die phallische Aktivität des Mäd-

---

[29] (1925j) ›Einige psychische Folgen des anatomischen Geschlechtsunterschieds‹, G. W., Bd. 14, S. 28; vgl. (1933a) *Neue Folge der Vorlesungen zur Einführung in die Psychoanalyse*, G. W., Bd. 15, S. 138.

chens und die Intensität seiner Mutterbindung anerkannt werden. *H. Deutsch* gibt auch an, daß die Wendung zum Vater auf dem Weg der passiven Strebungen geschieht.«[30]

Wenn das Mädchen die phallische Phase erreicht, wird es sich phallischer (klitoridischer) Erregungen und seiner Minderwertigkeit hinsichtlich dieses männlichen Organs bewußt, und es entsteht der Kastrationskomplex. »Sie ist im Nu fertig mit ihrem Urteil und ihrem Entschluß. Sie hat es gesehen, weiß, daß sie es nicht hat, und will es haben.«[31]

»Das kleine Mädchen verfällt nicht in ähnliche Abweisungen [wie der Knabe], wenn es das anders gestaltete Genitale des Knaben erblickt. Es ist sofort bereit, es anzuerkennen, und es unterliegt dem Penisneide, der in dem für die Folge wichtigen Wunsch, auch ein Bub zu sein, gipfelt.«[32]

»Wir wissen aus der Analyse vieler neurotischer Frauen, daß sie ein frühes Stadium durchmachen, in dem sie den Bruder um das Zeichen der Männlichkeit beneiden und sich wegen seines Fehlens (eigentlich seiner Verkleinerung) benachteiligt und zurückgesetzt fühlen. Wir ordnen diesen ›Penisneid‹ dem ›Kastrationskomplex‹ ein.«[33]

Oder: »Die Anatomie ist das Schicksal, um ein Wort Napoleons zu variieren. Die Klitoris des Mädchens benimmt sich zunächst ganz wie ein Penis, aber das Kind nimmt durch die Vergleichung mit einem männlichen Gespielen wahr, daß es ›zu kurz gekommen‹ ist, und empfindet diese Tatsache als Benachteiligung und Grund zur Minderwertigkeit . . . Seinen aktuellen Mangel versteht das weibliche Kind aber nicht als Geschlechtscharakter, sondern erklärt ihn durch die Annahme, daß es früher einmal ein ebenso großes Glied besessen und dann durch Kastration verloren hat . . . Es ergibt sich also der wesentliche Unterschied, daß das Mädchen die Kastration als vollzogene Tatsache akzeptiert, während sich der Knabe vor der Möglichkeit ihrer Vollziehung fürchtet.«[34]

»An dieser Stelle zweigt sich der sogenannte Männlichkeitskomplex des Weibes ab.« Der Wunsch, ein Junge zu werden, »kann sich bis in unwahrscheinlich späte Zeiten erhalten . . . Oder es tritt der Vorgang ein, den ich als *Verleugnung* bezeichnen möchte«, ein Prozeß, der dem entsprechenden beim Jungen vor dem Eintritt in den Kastrationskomplex sehr ähnlich ist.

»Das Mädchen verweigert es, die Tatsache ihrer Kastration anzunehmen, versteift sich in der Überzeugung, daß sie doch einen Penis

[30] (1931b) ›Über die weibliche Sexualität‹, G. W., Bd. 14, S. 535.
[31] (1925j) ›Einige psychische Folgen des anatomischen Geschlechtsunterschieds‹, G. W., Bd. 14, S. 24.
[32] [1915] (1905d) *Drei Abhandlungen zur Sexualtheorie*, G. W., Bd. 5, S. 96.
[33] (1918a) ›Das Tabu der Virginität‹, G. W., Bd. 12, S. 175.
[34] (1924d) ›Der Untergang des Ödipuskomplexes‹, G. W., Bd. 13, S. 400.

besitzt, und ist gezwungen, sich in der Folge so zu benehmen, als ob sie ein Mann wäre ... [es beginnt], die Geringschätzung des Mannes für das in einem entscheidenden Punkt verkürzte Geschlecht zu teilen und hält wenigstens in diesem Urteil an der eigenen Gleichstellung mit dem Manne fest.«[35]

Der nächste Schritt:

»Auch wenn der Penisneid auf sein eigentliches Objekt verzichtet hat, hört er nicht auf zu existieren, er lebt in der Charaktereigenschaft der *Eifersucht* mit leichter Verschiebung fort. Gewiß ist die Eifersucht nicht allein einem Geschlecht eigen und begründet sich auf einer breiteren Basis, aber ich meine, daß sie doch im Seelenleben des Weibes eine weitaus größere Rolle spielt, weil sie aus der Quelle des abgelenkten Penisneides eine ungeheure Verstärkung bezieht.«

Freud erinnert in diesem Zusammenhang an die Phantasie »Ein Kind wird geschlagen«:

»Das Kind, das da geschlagen – geliebkost wird, mag im Grunde nichts anderes sein, als die Klitoris selbst, so daß die Aussage zu allertiefst das Eingeständnis der Masturbation enthält, die sich vom Anfang in der phallischen Phase bis in späte Zeiten an den Inhalt der Formel knüpft. Eine dritte Abfolge des Penisneides scheint die Lockerung des zärtlichen Verhältnisses zum Mutterobjekt. Man versteht den Zusammenhang nicht sehr gut, überzeugt sich aber, daß am Ende fast immer die Mutter für den Penismangel verantwortlich gemacht wird, die das Kind mit so ungenügender Ausrüstung in die Welt geschickt hat ... Eine andere überraschende Wirkung des Penisneides – oder der Entdeckung der Minderwertigkeit der Klitoris – ist gewiß die wichtigste von allen. Ich hatte oftmals vorher den Eindruck gewonnen, daß das Weib im allgemeinen die Masturbation schlechter verträgt als der Mann, sich öfter gegen sie sträubt und außerstande ist, sich ihrer zu bedienen, wo der Mann unter gleichen Verhältnissen unbedenklich zu diesem Auskunftsmittel gegriffen hätte ... [Der Grund für diese Ablehnung der phallischen Onanie] müßte die mit dem Penisneid verknüpfte narzißtische Kränkung sein, die Mahnung, daß man es in diesem Punkte doch nicht mit dem Knaben aufnehmen kann und darum die Konkurrenz mit ihm am besten unterläßt. In solcher Weise drängt die Erkenntnis des anatomischen Geschlechtsunterschieds das kleine Mädchen von der Männlichkeit und von der männlichen Onanie weg in neue Bahnen, die zur Entfaltung der Weiblichkeit führen.

Vom Ödipus-Komplex war bisher nicht die Rede, er hatte auch so-

[35] (1925j) ›Einige psychische Folgen des anatomischen Geschlechtsunterschieds‹, G. W., Bd. 14, S. 24 f.

weit keine Rolle gespielt. Nun aber gleitet die Libido des Mädchens – man kann nur sagen: längs der vorgezeichneten symbolischen Gleichung Penis = Kind – in eine neue Position. Es gibt den Wunsch nach dem Penis auf, um den Wunsch nach einem Kinde an die Stelle zu setzen, und nimmt in dieser Absicht den Vater zum Liebesobjekt. Die Mutter wird zum Objekt der Eifersucht, aus dem Mädchen ist ein kleines Weib geworden ... Beim Mädchen ist der Ödispuskomplex eine sekundäre Bildung. Die Auswirkungen des Kastrationskomplexes gehen ihm vorher und bereiten ihn vor ... Der Kastrationskomplex [wirkt immer] im Sinne seines Inhaltes, hemmend und einschränkend für die Männlichkeit, befördernd auf die Weiblichkeit.«[36]

Zum Unterschied in der Überichbildung beim Jungen und beim Mädchen schreibt Freud:

»Mit der Ausschaltung der Kastrationsangst [beim Mädchen] entfällt auch ein mächtiges Motiv zur Aufrichtung des Über-Ichs und zum Abbruch der infantilen Genitalorganisation. Diese Veränderungen scheinen weit eher als beim Knaben Erfolg der Erziehung, der äußeren Einschüchterung zu sein, die mit dem Verlust des Geliebtwerdens droht. Der Ödipuskomplex des Mädchens ist weit eindeutiger als der des kleinen Penisträgers, er geht nach meiner Erfahrung nur selten über die Substituierung der Mutter und die feminine Einstellung zum Vater hinaus.«[37]

»Für das Weib bringt es geringen Schaden, wenn es in seiner femininen Ödipuseinstellung ... verbleibt. Sie wird dann ihren Mann nach väterlichen Eigenschaften wählen und bereit sein, seine Autorität anzuerkennen. Ihre eigentlich unstillbare Sehnsucht nach dem Besitz eines Penis kann zur Befriedigung kommen, wenn es ihr gelingt, die Liebe zum Organ zur Liebe für den Träger desselben zu vervollständigen, wie es seinerzeit beim Fortschritt von der Mutterbrust zur Mutterperson geschah.«[38]

»Wir können angeben, welches Schicksal der infantile Wunsch nach dem Penis erfährt, wenn die Bedingungen der Neurose im späteren Leben ausbleiben. Er verwandelt sich dann in den Wunsch nach dem *Mann*, er läßt sich also den Mann als Anhängsel an den Penis gefallen. Durch diese Wandlung wird eine gegen die weibliche Sexualforschung gerichtete Regung zu einer ihr günstigen. Diesen Frauen wird hiemit ein Liebesleben nach dem männlichen Typus der Objektliebe ermöglicht, welches sich neben dem eigentlich weiblichen, vom Narzißmus abgeleiteten, behaupten kann. Wir haben schon ge-

[36] Ibid., S. 25–28.
[37] (1924d) ›Der Untergang des Ödipuskomplexes‹, G. W., Bd. 13, S. 401.
[38] (1940a [1938]) *Abriß der Psychoanalyse*, G. W., Bd. 17, S. 121.

hört, daß es in anderen Fällen erst das Kind ist, welches den Übergang von der narzißtischen Selbstliebe zur Objektliebe herbeiführt. Es kann also auch in diesem Punkte das Kind durch den Penis vertreten werden.«[39]

Gelegentlich führt Freud Beispiele für den Männlichkeitskomplex der Frau an. So beschreibt er einen Fall weiblicher Frigidität, in dem eine Frau nach dem Geschlechtsverkehr »ihre Feindseligkeit gegen den Mann unverhohlen zum Ausdruck bringt, indem sie ihn beschimpft, die Hand gegen ihn erhebt oder ihn tatsächlich schlägt«[40].

Unter Verweis auf diesen Fall schreibt er einige Seiten später:

».. . ich konnte feststellen, daß diese Phase [des Kastrationskomplexes und des Penisneides] vor der Objektwahl bestanden hatte. Erst später wandte sich die Libido des kleinen Mädchens dem Vater zu, und dann wünschte sie sich anstatt des Penis – ein Kind. Ich würde nicht überrascht sein, wenn sich in anderen Fällen die Zeitfolge dieser Regungen umgekehrt fände und dies Stück des Kastrationskomplexes erst nach erfolgter Objektwahl zur Wirkung käme. Aber die männliche Phase des Weibes, in der es den Knaben um den Penis beneidet, ist jedenfalls die entwicklungsgeschichtlich frühere und steht dem ursprünglichen Narzißmus näher als der Objektliebe. Vor einiger Zeit gab mir ein Zufall Gelegenheit, den Traum einer Neuvermählten zu erfassen, der sich als Reaktion auf ihre Entjungferung erkennen ließ. Er verriet ohne Zwang den Wunsch des Weibes, den jungen Ehemann zu kastrieren und seinen Penis bei sich zu behalten. Es war gewiß auch Raum für die harmlosere Deutung, es sei die Verlängerung und Wiederholung des Aktes gewünscht worden, allein manche Einzelheiten des Traumes gingen über diesen Sinn hinaus, und der Charakter wie das spätere Benehmen der Träumerin legten Zeugnis für die ernstere Auffassung ab. Hinter diesem Penisneid kommt nun die feindselige Erbitterung des Weibes gegen den Mann zum Vorschein, die in den Beziehungen der Geschlechter niemals ganz zu verkennen ist, und von der in den Bestrebungen und literarischen Produktionen der ›Emanzipierten‹ die deutlichsten Anzeichen vorliegen.«[41]

In ›Über die Psychogenese eines Falles von weiblicher Homosexualität‹ stellt Freud den Fall einer homosexuellen Patientin dar, »die aus ihren Kinderjahren einen stark betonten ›Männlichkeitskomplex‹ mitgebracht hatte«. Im Hinblick auf die Bedeutung, die konstitutionelle bzw. erworbene Faktoren für diesen Komplex haben, sagt er:

[39] (1917c) ›Über Triebumsetzungen, insbesondere der Analerotik‹, G. W., Bd. 10, S. 405.
[40] (1918a) ›Das Tabu der Virginität‹, G. W., Bd. 12, S. 172.
[41] Ibid., S. 176.

»Lebhaft, rauflustig, durchaus nicht gewillt, hinter dem wenig älteren Bruder zurückzustehen, hatte sie seit jener Inspektion der Genitalien einen mächtigen Penisneid entwickelt, dessen Abkömmlinge immer noch ihr Denken erfüllten. Sie war eigentlich eine Frauenrechtlerin, fand es ungerecht, daß die Mädchen nicht dieselben Freiheiten genießen sollten wie die Burschen, und sträubte sich überhaupt gegen das Los der Frau. Zur Zeit der Analyse waren ihr Schwangerschaft und Kindergebären unliebsame Vorstellungen, wie ich vermute, auch wegen der damit verbundenen körperlichen Entstellung. Auf diese Abwehr hatte sich ihr mädchenhafter Narzißmus zurückgezogen, der sich nicht mehr als Stolz auf ihre Schönheit äußerte. Verschiedene Anzeichen wiesen auf eine ehemals sehr starke Schau- und Exhibitionslust hin. Wer das Recht der Erwerbung in der Ätiologie nicht verkürzt sehen will, wird aufmerksam machen, daß das geschilderte Verhalten des Mädchens gerade so war, wie es durch die vereinte Wirkung der mütterlichen Zurücksetzung und der Vergleichung ihrer Genitalien mit denen des Bruders bei starker Mutterfixierung bestimmt werden mußte. Auch hier besteht eine Möglichkeit, etwas auf Prägung durch frühzeitig wirksamen äußeren Einfluß zurückzuführen, was man gern als konstitutionelle Eigenart aufgefaßt hätte. Und auch von dieser Erwerbung – wenn sie wirklich stattgefunden hat – wird ein Anteil auf Rechnung der mitgebrachten Konstitution zu setzen sein. So vermengt und vereinigt sich in der Beobachtung beständig, was wir in der Theorie zu einem Paar von Gegensätzen – Vererbung und Erwerbung – auseinanderlegen möchten.«[42]

[42] (1920a) ›Über die Psychogenese eines Falles von weiblicher Homosexualität‹, G. W., Bd. 12, S. 298 f.

II. Teil
Traumtheorie

1
Das Konzept des Traums

Definition

»*Der Traum ist die (verkleidete) Erfüllung eines (unterdrückten, verdrängten) Wunsches.*«[1] Diese Formulierung darf man als Freuds präziseste Definition des Traums ansehen. Eine umfassende Definition des Traums, wie Freud ihn auffaßt, müßte das Gesamtphänomen umschließen, dessen einzelne Elemente der latente Trauminhalt, die Traumarbeit und der manifeste Traum sind. »Das Wesentliche am Traum [ist] der Prozeß der Traumarbeit.«[2] Nur durch das Verständnis ihrer Gesetze und Bedingungen können wir den latenten Trauminhalt aufdecken, der den eigentlichen, verborgenen Wunsch enthält.[3] Träume sind Wunscherfüllungen im Dienste der Behütung des Schlafs.[4] Später wurde dies näher bestimmt: »Der Traum ist der *Versuch* einer Wunscherfüllung.«[5]

»Wir haben die Aufklärung entgegengenommen, daß der Traum darum jedesmal eine Wunscherfüllung ist, weil er eine Leistung des Systems *Ubw* ist, welches kein anderes Ziel seiner Arbeit als Wunscherfüllung kennt und über keine anderen Kräfte als die Wunschregungen verfügt.«[6] Deshalb: »*Die Traumdeutung aber ist die Via regia zur Kenntnis des Unbewußten im Seelenleben.*«[7]

Der Traum wird auch »*als der durch Übertragung auf Rezentes veränderte Ersatz der infantilen Szene*«[8] und als »*ein Stück des überwundenen Kinderseelenlebens*«[9] beschrieben.

Obwohl Freud Träume als vorübergehende Psychosen[10] und neurotische Symptome[11] bezeichnete und sie mit psychopathologischen Strukturen wie *idées fixes*, Zwangsvorstellungen und Wahnvorstellungen

---

1 (1900a) *Die Traumdeutung*, G. W., Bd. 2/3, S. 166; vgl. a. (1901a) *Über den Traum*, G. W., Bd. 2/3, S. 687 u. (1925d) *Selbstdarstellung*, G. W., Bd. 14, S. 71.
2 (1933a) *Neue Folge der Vorlesungen zur Einführung in die Psychoanalyse*, G. W., Bd. 15, S. 7.
3 (1900a) *Die Traumdeutung*, G. W., Bd. 2/3, S. 140.
4 (1916–17) *Vorlesungen zur Einführung in die Psychoanalyse*, G. W., Bd. 11, S. 127 f.
5 (1933a) *Neue Folge der Vorlesungen zur Einführung in die Psychoanalyse*, G. W., Bd. 15, S. 30.
6 (1900a) *Die Traumdeutung*, G. W., Bd. 2/3, S. 574; (1933a) *Neue Folge der Vorlesungen zur Einführung in die Psychoanalyse*, G. W., Bd. 15, S. 18.
7 (1900a) *Die Traumdeutung*, G. W., Bd. 2/3, S. 613.
8 Ibid., S. 552.
9 Ibid., S. 573.
10 (1917d) ›Metapsychologische Ergänzung zur Traumlehre‹, G. W., Bd. 10, S. 420.
11 (1916–17) *Vorlesungen zur Einführung in die Psychoanalyse*, G. W., Bd. 11, S. 79. (1925d) *Selbstdarstellung*, G. W., Bd. 14, S. 71.

verglich[12], hat er sie zweifellos nicht als pathologische Phänomene aufgefaßt.

»Der Traum ist eben kein pathologisches Phänomen mehr; er kann bei allen Gesunden unter den Bedingungen des Schlafzustandes auftreten.«[13]

Die Verbindung mit der Psychose zeigt sich in dem gemeinsamen Element der halluzinatorischen Wunscherfüllung,[14] die Verbindung mit der Neurose darin, »daß der Traum gebaut ist wie ein neurotisches Symptom; er ist eine Kompromißbildung zwischen dem Anspruch einer verdrängten Triebregung und dem Widerstand einer zensurierenden Macht im Ich«[15].

Freuds Konzeptualisierung des Traums muß im Gegensatz zu älteren und zu seiner Zeit geläufigen medizinischen Traumtheorien gesehen werden. Unter Verweis auf diese Theorien schrieb er:

»Die Beschäftigung mit dem Traum ist aber nicht bloß unpraktisch und überflüssig, sondern direkt schimpflich; sie bringt das Odium der Unwissenschaftlichkeit mit sich, weckt den Verdacht einer persönlichen Hinneigung zum Mystizismus ... Wir werden darum fragen, woher kommt eigentlich die Verachtung der wissenschaftlichen Kreise für den Traum? Ich meine, sie ist die Reaktion auf die Überschätzung früherer Zeiten ... [Das] Interesse am Traum [sank] allmählich zum Aberglauben herab ... Dagegen hat die exakte Wissenschaft der Jetztzeit sich wiederholt mit dem Traume beschäftigt, aber immer nur in der Absicht, ihre physiologischen Theorien auf ihn anzuwenden. Den Ärzten galt der Traum natürlich als ein nicht psychischer Akt, als die Äußerung somatischer Reize im Seelenleben ... Können Sie sich nun denken, was die exakte Wissenschaft dazu sagen würde, wenn sie erführe, daß wir den Versuch machen sollen, den *Sinn* der Träume zu finden? Vielleicht, daß sie es sogar schon gesagt hat. Aber wir wollen uns nicht abschrecken lassen. Wenn die Fehlleistungen Sinn haben konnten, kann es der Traum auch, und die Fehlleistungen haben in sehr vielen Fällen einen Sinn, der der exakten Forschung entgangen ist. Bekennen wir uns nur zum Vorurteil der Alten und des Volkes und treten wir in die Fußstapfen der antiken Traumdeuter.«[16]

Unter diesem Aspekt müssen die folgenden Merkmale und Funktionen als besonders wichtig hervorgehoben werden:

---

[12] (1900a) *Die Traumdeutung*, G. W., Bd. 2/3.
[13] (1916–17) *Vorlesungen zur Einführung in die Psychoanalyse*, G. W., Bd. 11, S. 307.
[14] (1917d) ›Metapsychologische Ergänzung zur Traumlehre‹, G. W., Bd. 10, S. 420 bis 422.
[15] (1925d) *Selbstdarstellung*, G. W., Bd. 14, S. 71.
[16] (1916–17) *Vorlesungen zur Einführung in die Psychoanalyse*, G. W., Bd. 11, S. 80 bis 83.

»Der Traum ist nicht vergleichbar dem unregelmäßigen Ertönen eines musikalischen Instruments, das anstatt von der Hand des Spielers, von dem Stoß einer äußeren Gewalt getroffen wird, er ist nicht sinnlos, nicht absurd, setzt nicht voraus, daß ein Teil unseres Vorstellungsschatzes schläft, während ein anderer zu erwachen beginnt. Er ist ein vollgültiges psychisches Phänomen, und zwar eine Wunscherfüllung; er ist einzureihen in den Zusammenhang der uns verständlichen seelischen Aktionen des Wachens; eine hoch komplizierte geistige Tätigkeit hat ihn aufgebaut.«[17]

Gleichwohl »erscheint uns der fertige Traum als etwas Fremdes«[18]. Zu diesem Eindruck tragen zwei wesentliche Merkmale des Traumlebens bei: »die Unfähigkeit zu solcher Vorstellungsarbeit, die wir als absichtlich gewollte empfinden, und . . . das Hervortreten von Bildern«[19]. Ferner: »Träumen ist ja auch ein Erinnern, wenn auch unter den Bedingungen der Nachtzeit und der Traumbildung.«[20] Der Traum ist »ein Rest von seelischer Tätigkeit, dadurch ermöglicht, daß sich der narzißtische Schlafzustand nicht ausnahmslos durchsetzen ließ«[21]. »Der Traum ist also die Art, wie die Seele auf die im Schlafzustand einwirkenden Reize reagiert.«[22]

Träumen ist eine Form des Denkens

»Der Traum ist im Grunde nichts anderes als eine besondere *Form* des Denkens, die durch die Bedingungen des Schlafzustandes ermöglicht«[23] und durch die Traumarbeit geschaffen wird.

»Der Traum ist nicht das ›Unbewußte‹, er ist die Form, in welche ein aus dem Vorbewußten oder selbst aus dem Bewußten des Wachlebens erübrigter Gedanke dank der Begünstigungen des Schlafzustandes umgegossen werden konnte. Im Schlafzustand hat er die Unterstützung unbewußter Wunschregungen gewonnen und dabei die Entstellung durch die ›Traumarbeit‹ erfahren, welche durch die fürs Unbewußte geltenden Mechanismen bestimmt wird.«[24]

[17] (1900a) *Die Traumdeutung,* G. W., Bd. 2/3, S. 127.
[18] Ibid., S. 50 u. 127. Vgl. a. (1916–17) *Vorlesungen zur Einführung in die Psychoanalyse,* G. W., Bd. 11, S. 84.
[19] Ibid., S. 51 f. (1916–17) *Vorlesungen zur Einführung in die Psychoanalyse,* G. W., Bd. 11, S. 86.
[20] (1918b) ›Aus der Geschichte einer infantilen Neurose‹, G. W., Bd. 12, S. 80.
[21] (1917d) ›Metapsychologische Ergänzung zur Traumlehre‹, G. W., Bd. 10, S. 426.
[22] (1916–17) *Vorlesungen zur Einführung in die Psychoanalyse,* G. W., Bd. 11, S. 86.
[23] [1925] (1900a) *Die Traumdeutung,* G. W., Bd. 2/3, S. 510 Anm.
[24] (1920a) ›Über die Psychogenese eines Falles von weiblicher Homosexualität‹, G. W., Bd. 12, S. 294.

Träumen ist eine besondere Form unseres Denkens, in der man »nicht zu denken, sondern zu erleben vermeint, die Halluzinationen also mit vollem Glauben aufnimmt«[25].

Träume behüten den Schlaf

> »Der Traum ist nicht der Schlafstörer ... sondern der Schlafhüter.«[26] »Die Träume sind Beseitigungen schlafstörender (psychischer) Reize auf dem Wege der halluzinierten Befriedigung.«[27]

Der Traum ist eine Kompromißbildung

> »Der Traum ... ist bereits eine Kompromißbildung; er hat eine doppelte Funktion, er ist einerseits ichgerecht, indem er durch die Erledigung der schlafstörenden Reize dem Schlafwunsch dient, anderseits gestattet er einer verdrängten Triebregung die unter diesen Verhältnissen mögliche Befriedigung in der Form einer halluzinierten Wunscherfüllung.«[28]

[25] (1900a) Die Traumdeutung, G. W., Bd. 2/3, S. 53.
[26] (1916–17) Vorlesungen zur Einführung in die Psychoanalyse, G. W., Bd. 11, S. 127.
[27] Ibid., S. 136.
[28] (1933a) Neue Folge der Vorlesungen zur Einführung in die Psychoanalyse, G. W., Bd. 15, S. 19.

2
Traumquellen

Traumerreger

An verschiedenen Stellen verwendet Freud die Termini »Erregungsquellen«, »Erreger« oder »Quellen« des Traumes synonym. Gleichwohl haben diese Konzepte manchmal eine etwas unterschiedliche Bedeutung. »Traumquellen« bezieht sich hauptsächlich auf die Quellen,
aus denen das Material (im Sinne von Inhalt) zum Aufbau des Traumes entnommen wird, während »Traumerreger« mehr den Charakter
eines energetischen Konzepts hat, das sich auf »Brennpunkte« von
Energie bezieht, die im Schlaf aktiv bleibt oder wird und den Ichwunsch zu schlafen gefährdet. Manchmal sind diese beiden Faktoren
mit vorbewußten Gedanken oder Vorstellungen verbunden, die dem
Ichwunsch zu schlafen nicht gehorchen und deren Besetzung nicht völlig von ihnen abgezogen werden kann. Sie sind also gleichzeitig eine
»Quelle« des Trauminhalts (der Gedanke oder die Vorstellung als solche) und ein »Brennpunkt« von Energie (die Besetzung, die an den
Gedanken geheftet bleibt). Es ist natürlich klar, daß ein Großteil des
in einem Traum verwandten Materials den Traum nicht »erregt« hat.
Der Terminus »Quelle« hat andererseits die Nebenbedeutung »Ursprung«, und in dieser Hinsicht läßt sich die »Quelle« von Traumin-
halten am besten unter den Aspekten des verdrängten Unbewußten,
der Erinnerungssysteme und des Systems *Vbw* charakterisieren. Diese
Aspekte werden im einzelnen in den Kapiteln über die Konzepte *Tagesreste, Latente Traumgedanken, Der Traumwunsch* usw. dargestellt.

»Die meisten Autoren scheinen anzunehmen, daß die Ursachen der
Schlafstörung, also die Quellen des Träumens, mannigfaltiger Art
sein können, und daß Leibreize ebenso wie seelische Erregungen zur
Rolle von Traumerregern gelangen. In der Bevorzugung der einen
oder der anderen unter den Traumquellen, in der Herstellung einer
Rangordnung unter ihnen je nach ihrer Bedeutsamkeit für die Entstehung des Traumes gehen die Ansichten weit auseinander.«[1]

In einem abschließenden Vergleich seiner Schlußfolgerungen mit denjenigen älterer und zeitgenössischer Wissenschaftler stellt Freud fest,
daß in seiner auf Deutung aufgebauten Traumtheorie die meisten der
widersprüchlichen Ansichten dieser Autoren Raum gefunden hätten.

[1] (1900a) *Die Traumdeutung*, G. W., Bd. 2/3, S. 23.

»Nur zweien der geäußerten Ansichten, daß ein Traum ein sinnloser und ein somatischer Vorgang sei, mußten wir entschieden widersprechen.«[2]

Wo immer er eine von anderen Autoren angeführte Quelle vollständig zurückweist, z. B. subjektive Erregungszustände in Sinnesorganen während des Schlafes, erklärt er sie auf dem Boden psychischer Vorgänge. Das Resultat ist eine Neubewertung der früher angenommenen Traumquelle und die Hinzufügung der wichtigsten Triebkräfte, die das Träumen zu einer höchst bedeutungsvollen und zielgerechten psychischen Tätigkeit im Zustand des Schlafes machen.[3]

»Wo die Aufzählung der Traumquellen vollständig ist, da ergeben sich schließlich vier Arten derselben, die auch zur Einteilung der Träume verwendet worden sind: 1) *Äußere (objektive) Sinneserregung. 2) Innere (subjektive) Sinneserregung. 3) Innerer (organischer) Leibreiz. 4) Rein psychische Reizquellen.*«[4]

Was Punkt (2) in dieser Klassifikation angeht, nämlich die innere (subjektive) Sinneserregung, ist Freud der Ansicht, daß es nicht notwendig sei, einen inneren Erregungszustand anzunehmen, der sich nicht objektiv beweisen lasse; einen solchen Erregungszustand »lassen wir . . nicht als besondere Traumquelle gelten, aber wir wissen ihn durch regrediente Belebung der hinter dem Traum wirkenden Erinnerungen zu erklären« – z. B. einer visuellen Erregung, die ursprünglich eine direkte war.[5]

In Kapitel V der *Traumdeutung* unterscheidet Freud drei Quellen des Traummaterials:

(A) Rezentes und indifferentes Traummaterial.

(B) Infantiles Material als Traumquelle.

(C) Die somatischen Traumquellen.

(Zu den Kategorien A und B vgl. die Konzepte: *Tagesreste, Latente Traumgedanken, Affekte* usw.).

Es ist wichtig festzuhalten, daß nach Freuds Ansicht zwar Material aus allen Quellen zum Bestandteil des Trauminhalts werden kann, die zur Bildung eines Traums drängende Kraft aber stets ein verdrängter infantiler Wunsch, eine verdrängte Strebung oder ein verdrängtes Erlebnis ist.[6] (Vgl. *Latenter Trauminhalt, Der Traumwunsch.*)

In bezug auf (C), die somatischen Traumquellen, führt Freud aus, daß die Quelle eines Teils des Materials des manifesten Trauminhalts in den somatischen Reizen während des Schlafes liege, allerdings nicht so

[2] Ibid., S. 594.
[3] Ibid., S. 595–597.
[4] Ibid., S. 23.
[5] Ibid., S. 550 und 595.
[6] Ibid., S. 90 f., 197, 199, 210 f., 559, 567. Vgl. a. (1925d [1924]) *Selbstdarstellung*, G. W., Bd. 14, S. 70.

häufig, wie man geglaubt habe, und gewöhnlich sei diese Quelle nicht die einzige. Da – nach Freuds Definition – der Traum »als Reaktion auf alles, was in der schlafenden Psyche gleichzeitig als aktuell vorhanden ist«[7], gilt, wirken somatische Reize neben den psychischen als zusätzliche Quellen[8] und werden zusammen mit den *Tagesresten* zu einer Wunscherfüllung verarbeitet.[9] Bei diesen Reizen kann es sich um äußere oder innere Wahrnehmungen handeln, d. h. um auditive oder taktile Reize, um Schmerz, Hunger, Durst oder sexuelle Reize. Wenn solche äußeren oder inneren Nervenreize »intensiv genug sind, um sich psychische Beachtung zu erzwingen, so stellen sie ... einen festen Punkt für die Traumbildung dar«, und wenn gleichzeitig ein Wunsch, der nicht unbedingt gerade aktuell sein muß, verstärkende Energie bereitstellt, wirken beide zusammen als Erregungsquellen. Von somatischen Quellen während des Schlafes ausgehende Unlustempfindungen, können ebenfalls der verkleideten Erfüllung eines verdrängten Wunsches dienstbar gemacht werden.[10]

Innere somatische Reize können nur gelegentlich, wenn sie sehr stark sind und die Aufrechterhaltung des Schlafzustandes stark gefährden, ohne Verknüpfung mit psychisch bedeutsamen Quellen als effektive Traumerreger wirken. Derartige »Bequemlichkeitsträume« können in ihrem manifesten Inhalt das Bedürfnis oder den Wunsch als erfüllt zeigen – entweder offen oder unter einer durchsichtigen symbolischen Verkleidung.[11] Dies gilt insbesondere für Kinderträume.[12] Bei Erwachsenen unterbrechen derartige Träume in der Regel den Schlaf.[13]

Insgesamt nimmt Freud an, daß angesichts der Vielzahl möglicher Traumreaktionen auf somatische Reizquellen[14] solche Quellen als Erregungsquellen eine ähnliche Rolle spielen wie rezente, aber indifferente vorbewußte Tagesreste: sie werden benutzt, wenn sie sich in die psychisch bedeutsamen Erregungsquellen einfügen.[15] Im allgemeinen sind Elemente im manifesten Traum, die auf sensorische Reize während des Schlafes zurückgehen, nicht intensiver als die von Erinnerungen herrührenden.

Eine beginnende körperliche Krankheit kann im Traum oft früher ent-

[7] Ibid., S. 185, 233.
[8] Ibid., S. 233 f.
[9] (1933a) *Neue Folge der Vorlesungen zur Einführung in die Psychoanalyse*, G. W., Bd. 15, S. 30; vgl. a. (1940a [1938]) *Abriß der Psychoanalyse*, G. W., Bd. 17, S. 88, 92.
[10] (1900a) *Die Traumdeutung*, G. W., Bd. 2/3, S. 241, 262, 273.
[11] Ibid., S. 321, 401, 408 Anm.
[12] (1901a) ›Über den Traum‹, G. W., Bd. 2/3, S. 657–659; vgl. a. (1925d [1924]) *Selbstdarstellung*, G. W., Bd. 14, S. 72.
[13] (1900a) *Die Traumdeutung*, G. W., Bd. 2/3, S. 407.
[14] Ibid., S. 229–232.
[15] Ibid., S. 242 f; vgl. a. (1907a) *Der Wahn und die Träume in W. Jensens ›Gradiva‹*, G. W., Bd. 7, S. 83.

deckt werden als im Wachleben; alle aktuellen Körperempfindungen nehmen gigantische Ausmaße an (eine durch den narzißtischen Charakter des Schlafes bedingte hypochondrische Vergrößerung). Der diagnostische Wert derartiger Träume ist allgemein anerkannt.[16] Im manifesten Trauminhalt können auch während des Schlafes somatisch bedingte Angstgefühle auftreten; sie weisen auf einen ungenügend verkleideten, tief verdrängten Wunsch hin.[17] (Vgl. *Angstträume*.)

1938[18] reformulierte Freud die Traumtheorie im Rahmen seiner Strukturtheorie: traumerregende Quellen sind entweder eine Erstrebung (ein unbewußter Wunsch, der verdrängt war oder aus einer aktuellen somatischen Erregung entsteht), die sich dem Ich aufdrängt, oder ein »vorbewußter Gedankengang mit allen ihm anhängenden Konfliktregungen«, ein Ichwunsch (Tagesrest), der durch ein unbewußtes Element verstärkt wird. In beiden Fällen wird ein Anspruch an das schlafende Ich gestellt, das den Schlaf festhalten will; es versucht, den störenden Anspruch durch die Bildung eines Traumes zu beseitigen, dessen manifester Inhalt – in verkleideter und entstellter Form – den Wunsch erfüllt.

[16] Ibid., S. 76; vgl. a. ›Metapsychologische Ergänzung zur Traumlehre‹, G. W., Bd. 10, S. 414.
[17] Ibid., S. 36, 241, 274.
[18] (1940a [1938]) *Abriß der Psychoanalyse*, G. W., Bd. 17, S. 87–94.

3
Der Traumwunsch

Freud gebraucht den Terminus »Traumwunsch« in zwei Bedeutungen: (a) um einen aus dem Unbewußten entspringenden Wunsch zu bezeichnen, (b) um einen Kompromißwunsch zu bezeichnen, den die Traumarbeit aus dem unbewußten Wunsch und den vorbewußten Traumgedanken hergestellt hat (1. *Die Traumarbeit.*) Träume oder der Prozeß des Traumes können auch eine Anzahl anderer Wünsche erfüllen (S. *Andere Wünsche im Traum.*) Doch das für die Bildung des Traumwunsches unerläßliche Element ist allein der unbewußte Wunsch.

In *Die Traumdeutung* legte Freud besonderes Gewicht auf die Rolle des unbewußten Wunsches und gebraucht den Terminus »Traumwunsch« hauptsächlich in der erstgenannten Bedeutung. Die Triebkraft für den Aufbau eines Traumes sei stets ein Wunsch aus dem Unbewußten.[1]

»... der Traum [ist] darum jedesmal eine Wunscherfüllung, weil er eine Leistung des Systems *Ubw* ist, welches kein anderes Ziel seiner Arbeit als Wunscherfüllung kennt und über keine anderen Kräfte als die der Wunschregungen verfügt.«[2]

Freud findet vier Möglichkeiten für die Herkunft eines sich im Traum verwirklichenden Wunsches: (1) am Tage aufgetauchte Wünsche, die unerfüllt bleiben und im Vorbewußten fortbestehen; (2) am Tage aufgetauchte Wünsche, die verworfen und verdrängt wurden, d. h. aus dem Vorbewußten in das Unbewußte gedrängt wurden; (3) Wünsche im System *Ubw,* die unfähig sind, dieses System zu überschreiten; (4) in der Nacht auftretende Wünsche, die durch Körperbedürfnisse erregt werden. Obwohl die Kategorien (1), (2) und (3) zur Erregung eines Traumes beitragen können, kann, wie Freud betont, der Traum nicht ohne den Wunsch aus dem Unbewußten gebildet werden.[3]

»Ich stelle mir vor, daß der bewußte Wunsch nur dann zum Traumerreger wird, wenn es ihm gelingt, einen gleichlautenden unbewußten zu wecken, durch den er sich verstärkt. Diese unbewußten Wünsche betrachte ich, nach den Andeutungen aus der Psychoanalyse der Neurosen, als immer rege, jederzeit bereit, sich Ausdruck zu ver-

1 (1900a) *Die Traumdeutung,* G. W., Bd. 2/3, S. 566.
2 Ibid., S. 574.
3 Ibid., S. 556 f.

schaffen, wenn sich ihnen Gelegenheit bietet, sich mit einer Regung aus dem Bewußten zu alliieren, ihre große Intensität auf deren geringere zu übertragen. Es muß dann zum Anschein kommen, als hätte allein der bewußte Wunsch sich im Traume realisiert; allein eine kleine Auffälligkeit in der Gestaltung dieses Traums wird uns ein Fingerzeig werden, dem mächtigen Helfer aus dem Unbewußten auf die Spur zu kommen ... – diese in der Verdrängung befindlichen Wünsche sind aber selbst infantiler Herkunft, wie wir durch die psychologische Erforschung der Neurose erfahren. Ich möchte also den früher ausgesprochenen Satz, die Herkunft des Traumwunsches sei gleichgültig, beseitigen und durch einen anderen ersetzen, der lautet: *Der Wunsch, welcher sich im Traume darstellt, muß ein infantiler sein.* Er stammt dann beim Erwachsenen aus dem *Ubw*; beim Kind, wo es die Sonderung und Zensur zwischen *Vbw* und *Ubw* noch nicht gibt, oder wo sie sich erst allmählich herstellt, ist es ein unerfüllter, unverdrängter Wunsch des Wachlebens. Ich weiß, diese Anschauung ist nicht allgemein zu erweisen; aber ich behaupte, sie ist häufig zu erweisen, auch wo man es nicht vermutet hätte, und ist nicht allgemein zu widerlegen.«[4]

In der *Traumdeutung* diskutiert Freud die Bedeutung der Tagesreste, nicht nur bewußte Wünsche, sondern auch Vorstellungen und gleichgültige oder unbedeutende Eindrücke.[5] Sie sind wesentliche Zutaten zu einem Traum, weil unbewußte Wünsche nicht in das Vorbewußte eintreten können und deshalb eine Verbindung mit einer vorbewußten Vorstellung herstellen müssen, auf welche sie ihre Intensität übertragen können.[6] Diese rezenten und indifferenten Elemente können sehr viel leichter der Zensur entgehen als der unbewußte Wunsch.[7]

»Wir sehen so, daß die Tagesreste, denen wir die indifferenten Eindrücke jetzt zurechnen dürfen, nicht nur vom *Ubw* etwas entlehnen, wenn sie an der Traumbildung Anteil gewinnen, nämlich die Triebkraft, über die der verdrängte Wunsch verfügt, sondern daß sie auch dem Unbewußten etwas Unentbehrliches bieten, die notwendige Anheftung zur Übertragung.«[8]

In ›Metapsychologische Ergänzung zur Traumlehre‹ gebraucht Freud den Terminus »Traumwunsch« in der zweiten der oben genannten Bedeutungen, im Sinne einer Kompromißbildung. In dieser Arbeit diskutiert er den Prozeß der Traumbildung und die Wechselwirkung zwischen den Tagesresten und dem unbewußten Wunsch. Im Schlaf sind

[4] Ibid., S. 558 f.
[5] Ibid., S. 568–570.
[6] Ibid., S. 568.
[7] Ibid., S. 569.
[8] Ibid., S. 569.

die Systeme *Ubw* und *Vbw* nicht völlig von Besetzung entleert, obwohl der Schlafwunsch eine völlige Zurückziehung der Besetzung verlangt; das Unbewußte widerstrebt dieser Forderung.[9] Freud beschreibt die ersten zwei Phasen der Traumbildung.

»Die Resistenz der Tagesreste mag sich auf die bereits im Wachleben bestehende Verknüpfung mit unbewußten Regungen zurückführen, oder es geht etwas weniger einfach zu, und die nicht ganz entleerten Tagesreste setzen sich erst im Schlafzustand, dank der erleichterten Kommunikation zwischen *Vbw* und *Ubw,* mit dem Verdrängten in Beziehung. In beiden Fällen erfolgt nun der nämliche entscheidende Fortschritt der Traumbildung. Es wird der vorbewußte Traumwunsch geformt, welcher *der unbewußten Regung Ausdruck gibt in dem Material der vorbewußten Tagesreste.* Diesen Traumwunsch sollte man von den Tagesresten scharf unterscheiden; er muß im Wachleben nicht bestanden haben, er kann bereits den irrationellen Charakter zeigen, den alles Unbewußte an sich trägt, wenn man es ins Bewußte übersetzt. Der Traumwunsch darf auch nicht mit den Wunschregungen verwechselt werden, die sich möglicherweise, aber gewiß nicht notwendigerweise, unter den vorbewußten (latenten) Traumgedanken befunden haben. Hat es aber solche vorbewußte Wünsche gegeben, so gesellt sich ihnen der Traumwunsch als wirksamste Verstärkung hinzu.«[10]

Die dritte Phase der Traumbildung ist die Regression zur Wahrnehmung.[11] »Wir sagen, der Traumwunsch wird *halluziniert* und findet als Halluzination den Glauben an die Realität seiner Erfüllung.«[12]

[9] (1917d) ›Metapsychologische Ergänzung zur Traumlehre‹, G. W., Bd. 10, S. 416.
[10] Ibid., S. 416 f.
[11] Ibid., S. 418.
[12] Ibid., S. 420.

4
Andere Wünsche im Traum

1. Träumen ist ein Vorgang, der dem Schlafwunsch dient, indem er mit störenden psychischen und sensorischen Reizen so umgeht, daß der Schlaf fortgesetzt werden kann. »*Der Traum ist der Wächter des Schlafes, nicht sein Störer.*«[1] In topischer Terminologie gehört der Schlafwunsch zum Vorbewußten[2], in struktureller zum Ich.[3] Der Schlaf kann durch innere oder äußere Sinnesreize gestört werden, durch Präokkupationen, Ängste und vorbewußte Wünsche aus dem Wachleben sowie durch unbewußte Wünsche, die zum Bewußtsein drängen.[4] Die Traumarbeit sichert die Fortsetzung des Schlafes, indem sie vorbewußte psychische Erregungen und somatische Erregungen mit einem unbewußten Wunsch verknüpft und sie zu einem Traumwunsch verarbeitet, der im Traum als erfüllt dargestellt wird. Wenn es der Traumarbeit nicht gelingt, mit diesen Störungen befriedigend fertig zu werden, erwacht der Träumende.[5,6]

2. Im Traum selbst können andere Wünsche in unterschiedlich starker Verkleidung Ausdruck finden, oder sie können – neben dem unbewußten Wunsch, der das unbedingt notwendige Element für die Bildung des eigentlichen Traumwunsches ist – im Aufbau des manifesten Traumes verwendet werden.
(a) Es können vorbewußte Wünsche aus dem Wachleben verwendet werden, aber nur dann, wenn sie eine Vorbedingung mit einem unbewußten Wunsch eingehen können. Infolge der Traumarbeit mag es so aussehen, als ob nur vorbewußte Wünsche im Traum Ausdruck fänden. Diese vorbewußten Wünsche können Wünsche sein, die im Wachleben aufgetreten sind, aber verworfen und verdrängt wurden, oder es können Wünsche sein, die unerfüllt geblieben sind, ohne verdrängt zu werden.[7]
(b) Wünsche der Zensur oder des Überichs können sich in Unlust-

---

[1] (1900a) *Die Traumdeutung*, G. W., Bd. 2/3, S. 239.
[2] Ibid., S. 576.
[3] (1933a) *Neue Folge der Vorlesungen zur Einführung in die Psychoanalyse*, G. W., Bd. 15, S. 19.
[4] (1900a) *Die Traumdeutung*, G. W., Bd. 2/3, S. 128–130, 233 f., 238–240, 560.
[5] Ibid., S. 583–585.
[6] (1910a) *Über den Traum*, G. W., Bd. 2/3, S. 691–695.
[7] (1900a) *Die Traumdeutung*, G. W., Bd. 2/3, S. 557–560.

träumen, z. B. in Strafträumen, ausdrücken. In einem solchen Falle ist der Wunsch des Überichs allerdings nicht der einzige Wunsch, der im latenten Trauminhalt ausgedrückt wird. Wie gewöhnlich ist auch hier der Traumwunsch vorhanden; aber er ist nicht ausreichend verkleidet worden, so daß er der Zensur nicht entgeht. Daher entsteht der Wunsch, daß der Träumer für verdrängte und verbotene Triebwünsche bestraft werde – und dieser Bestrafungswunsch taucht im manifesten Trauminhalt auf.[8, 9]

(c) In der Nacht auftretende Körperbedürfnisse können Wünsche entstehen lassen, die im Traum als erfüllt dargestellt werden oder in den manifesten Trauminhalt verwoben werden. Doch solche Wünsche allein reichen nicht aus, um einen Traum zu bilden.[10]

[8] [1919] Ibid., S. 562–569.
[9] (1933a) Neue Folge der Vorlesungen zur Einführung in die Psychoanalyse, G. W., Bd. 15, S. 28 f.
[10] (1900a) Die Traumdeutung, G. W., Bd. 2/3, S. 557–559.

5

Freuds Verwendung der Termini
Latenter Trauminhalt
und Latente Traumgedanken

Freuds Verwendung der Termini »latenter Trauminhalt« und »latente Traumgedanken« kann eine gewisse Verwirrung stiften. Strenggenommen bezieht sich der Terminus »latenter Trauminhalt« auf alle die Elemente eines Traumes, die nicht manifest sind, sondern erst durch die Arbeit der Deutung aufgedeckt werden; dazu gehören dynamisch unbewußte Wünsche, vorbewußtes Material und Sinnes- oder Körperreize. Der Terminus »latente Traumgedanken« ist weniger umfassend; er bezieht sich nur auf die vorbewußten Elemente des latenten Inhalts. Vor allem in der *Traumdeutung* hat Freud diese beiden Termini manchmal als austauschbare verwendet, sie manchmal sogar ausdrücklich gleichgesetzt:

> »Für uns schiebt sich zwischen den Trauminhalt und die Resultate unserer Betrachtung ein neues psychisches Material ein: der durch unser Verfahren gewonnene *latente* Trauminhalt oder die Traumgedanken.«[1]

An anderen Stellen hingegen hat er klar hervorgehoben, daß er den Terminus »latente Traumgedanken« in einem engeren Sinne verwende:

> »Diese Tagesreste lernen wir in der Analyse als latente Traumgedanken kennen und müssen sie nach ihrer Natur wie zufolge der ganzen Situation als vorbewußte Vorstellungen, als Angehörige des Systems *Vbw* gelten lassen . . . Diese Tagesreste [müssen] eine Verstärkung aus den Quellen unbewußter Triebregungen bekommen, wenn sie als Traumbildner auftreten sollen.«[2]

Wo Freud die beiden Termini gleichwertig gebraucht, handelt es sich allerdings nur um eine rein terminologische Inkonsistenz und nicht um ein Zeichen von Unklarheit in der Auffassung der verschiedenen latenten Elemente, die durch die Deutung des manifesten Traumes aufgedeckt werden müssen.

Die Deutungsarbeit führt zu aktuellen Präokkupationen (Wünschen, Ängsten, ungelösten Problemen usw.) des Wachlebens, die – obwohl sie deskriptiv unbewußt sein können – dynamisch vorbewußt sind. Zwar nicht durchgängig, aber doch in den meisten Fällen, verwendet

---

[1] (1900a) *Die Traumdeutung*, G. W., Bd. 2/3, S. 283.
[2] (1917d) ›Metapsychologische Ergänzung zur Traumlehre‹, G. W., Bd. 10, S. 414 f.

Freud den Terminus »latente Traumgedanken« zur Bezeichnung solchen vorbewußten Materials. Die Deutungsarbeit muß dann weitergehen und den dynamisch unbewußten Wunsch (oder Wünsche) aufdecken, der die Triebkraft für die Traumbildung darstellt und, durch die Traumarbeit entstellt und verkleidet, nur im vorbewußten Material Ausdruck finden kann.

> »Diese Tagesreste deckt man auf, indem man den manifesten Traum auf die latenten Traumgedanken zurückführt; sie sind Stücke dieser letzteren, gehören also den – bewußt oder unbewußt gebliebenen – Tätigkeiten des Wachens an, die sich in die Zeit des Schlafens fortsetzen mögen ... Aber diese Tagesreste sind noch nicht der Traum, vielmehr fehlt ihnen das Wesentliche, was den Traum ausmacht. Sie sind für sich allein nicht imstande, einen Traum zu bilden. Streng genommen, sind sie nur psychisches Material für die Traumarbeit, wie die zufällig vorhandenen Sinnes- und Leibreize oder eingeführte experimentelle Bindungen deren somatisches Material bilden ... Soweit wir den Sachverhalt durchschaut haben, müssen wir sagen, der wesentliche Faktor der Traumbildung ist ein unbewußter Wunsch, in der Regel ein infantiler, jetzt verdrängter, welcher sich in jenem somatischen oder psychischen Material (also auch in den Tagesresten) zum Ausdruck bringen kann ... *Dieses* unbewußten Wunsches Erfüllung ist jedesmal der Traum, mag er sonst was immer enthalten ... Der Psychoanalytiker kann den Traum nur charakterisieren als Ergebnis der Traumarbeit; die latenten Traumgedanken kann er nicht dem Traume zurechnen, sondern dem vorbewußten Nachdenken, wenngleich er diese Gedanken erst aus der Deutung des Traumes erfahren hat.«[3]

Dieses Zitat zeigt, daß der weitere Terminus »latenter Inhalt« sowohl den dynamisch unbewußten Wunsch und das vorbewußte Material als auch alle Sinnes- oder Körperreize, die in den Inhalt eingehen, umfaßt – obwohl Freud den Terminus »latente Traumgedanken« noch 1933 auch in diesem weiteren Sinne von »latenter Trauminhalt« gebraucht hat:

> »Nochmals zurück zu den latenten Traumgedanken! Ihr stärkstes Element ist die verdrängte Triebregung, die sich in ihnen in Anlehnung an zufällig vorhandene Reize und in Übertragung an die Tagesreste einen wenngleich gemilderten und verkleideten Ausdruck geschaffen hat.«[4]

Gewöhnlich geht aus dem Kontext eindeutig hervor, in welchem Sinne Freud die Termini gebraucht.

[3] (1913a) ›Ein Traum als Beweismittel‹, G. W., Bd. 10, S. 17–19.
[4] (1933a) *Neue Folge der Vorlesungen zur Einführung in die Psychoanalyse*, G. W., Bd. 15, S. 20.

6
Latenter Trauminhalt

Der latente Trauminhalt von Träumen besteht aus:

1. *Dynamisch unbewußten Wünschen* (Strebungen des Es), die von der Zensur (Abwehr des Ichs) daran gehindert werden, im Wachleben ins Bewußtsein oder auch nur ins Vorbewußtsein zu gelangen. In einem Traum können mehrere solcher Wünsche enthalten sein:

> »Der Traum erscheint häufig *mehrdeutig*; es können nicht nur, wie Beispiele zeigen, mehrere Wunscherfüllungen nebeneinander in ihm vereinigt sein; es kann auch ein Sinn, eine Wunscherfüllung die andere decken, bis man zu unterst auf die Erfüllung eines Wunsches aus der ersten Kindheit stößt, und auch hier wieder die Erwägung, ob in diesem Satze das ›häufig‹ nicht richtiger durch ›regelmäßig‹ zu ersetzen ist.«[1]

Die meisten dieser Strebungen sind sexueller Natur[2] und stammen aus der frühesten Lebensperiode:

> »Nach dieser Auffassung ließe sich der Traum auch beschreiben *als der durch Übertragung auf Rezentes veränderte Ersatz der infantilen Szene*. Die Infantilszene kann ihre Erneuerung nicht durchsetzen; sie muß sich mit der Wiederkehr als Traum begnügen.«[3]

2. *Latente Traumgedanken.* Diese umfassen:

(a) aktuelle vorbewußte Neigungen und Wünsche oder indifferente Eindrücke des Wachlebens, deren Besetzung sich im Schlaf zum Teil erhalten hat (Tagesreste).

> »Die Störung [des Schlafes] kann von innerer Erregung oder von äußerem Reiz ausgehen ... Die Erfahrung zeigt uns als Erreger des Traumes Tagesreste, Denkbesetzungen, welche sich der allgemeinen Abziehung der Besetzungen nicht gefügt und ihr zum Trotz ein gewisses Maß von libidinösem oder anderem Interesse behalten haben ... Diese Tagesreste [müssen] eine Verstärkung aus den Quellen unbewußter Triebregungen bekommen, wenn sie als Traumbildner auftreten sollen.«[4]

---

[1] (1900a) *Die Traumdeutung*, G. W., Bd. 2/3, S. 224.
[2] Ibid., S. 401.
[3] Ibid., S. 552.
[4] (1917d [1915]) ›Metapsychologische Ergänzung zur Traumlehre‹, G. W., Bd. 10, S. 414 f.

(b) mit früheren Erlebnissen verknüpfte vorbewußte Gedanken:

»Wenn man sich nun erinnert, welche Rolle in den Traumgedanken den infantilen Erlebnissen oder den auf sie gegründeten Phantasien zufällt, wie häufig Stücke derselben im Trauminhalt wieder auftauchen, wie die Traumwünsche selbst häufig aus ihnen abgeleitet sind, so wird man auch für den Traum die Wahrscheinlichkeit nicht abweisen, daß die Verwandlung von Gedanken in visuelle Bilder mit die Folge der *Anziehung* sein möge, welche die nach Neubelebung strebende, visuell dargestellte Erinnerung auf den nach Ausdruck ringenden, vom Bewußtsein abgeschnittenen Gedanken ausübt.«[5]

3. *Körpererregungen.* Somatische Reizquellen während des Schlafes (z. B. Durst oder sexuelle Erregungen) »werden zur Traumbildung herangezogen, wenn sie sich zur Vereinigung mit dem Vorstellungsinhalt der psychischen Traumquellen eignen, im anderen Falle aber nicht«[6]. Wenn solche somatischen Reize nicht ignoriert oder verleugnet werden können, bilden sie einen Teil des latenten Trauminhalts; sie gehen dann als Elemente in die im Traum repräsentierte Wunschreaktion ein. Andernfalls gehen sie nicht in den latenten Inhalt ein, sondern wirken bloß als Traumquellen (vgl. Konzept *Traumquellen*).[7]

Von diesen drei Elementen des latenten Trauminhalts sind die dynamisch unbewußten Wünsche das wichtigste. Ohne einen dynamisch unbewußten (verdrängten) Wunsch kann es nicht zu einem Traum kommen. Aktuelle Neigungen und Körpererregungen können einen Traum erregen, aber nur dann, wenn sie – durch Assoziation – mit einem dynamisch unbewußten Wunsch verknüpft und von diesem verstärkt werden:

»Die aus dem bewußten Wachleben erübrigten Wunschregungen lasse ich also für die Traumbildung in den Hintergrund treten. Ich will ihnen keine andere Rolle zugestehen, als etwa dem Material an aktuellen Sensationen während des Schlafes für den Trauminhalt.«[8]

Alle diese Komponenten des latenten Trauminhalts vereinigen sich im Traum:

Die Traumarbeit steht unter dem Zwang, »alle gleichzeitig vorhandenen Traumanregungen zu einer Einheit zu verarbeiten ... Der Traum erscheint somit als Reaktion auf alles, was in der schlafenden Psyche gleichzeitig als aktuell vorhanden ist. Soweit wir also das

[5] (1900a) *Die Traumdeutung,* G. W., Bd. 2/3, S. 551.
[6] Ibid., S. 243.
[7] Ibid., S. 233 u. 239.
[8] Ibid., S. 559; vgl. a. ibid., S. 241; (1933a) *Neue Folge der Vorlesungen zur Einführung in die Psychoanalyse,* G. W., Bd. 15, S. 19 f.

Traummaterial bisher analysiert haben, erkannten wir es als eine Sammlung von psychischen Resten, Erinnerungsspuren, denen wir (wegen der Bevorzugung des rezenten und des infantilen Materials) einen psychologisch derzeit unbestimmbaren Charakter von Aktualität zusprechen mußten ... Wenn zu diesen Erinnerungsaktualitäten neues Material an Sensationen während des Schlafzustandes hinzutritt ... werden [sie] mit den anderen psychischen Aktualitäten vereinigt, um das Material für die Traumbildung abzugeben.«[9]

Im latenten Inhalt eines jeden Traumes zeigt sich eine Wunscherfüllung, eine allgemeine Regel, die auch für den latenten Inhalt derjenigen Träume gilt, deren manifester Inhalt unlustvoll oder angsterregend ist:

»Man wolle bloß beachten, daß unsere Lehre nicht auf der Würdigung des manifesten Trauminhalts beruht, sondern sich auf den Gedankeninhalt bezieht, welcher durch die Deutungsarbeit hinter dem Traume erkannt wird. Stellen wir *manifesten* und *latenten Trauminhalt* einander gegenüber ... es bleibt immerhin möglich, daß auch peinliche und Angstträume sich nach der Deutung als Wunscherfüllung enthüllen.«[10]

Die einzelnen Elemente des latenten Trauminhalts werden durch die verschiedenen Wirkungsweisen der Traumarbeit entstellt und verwandelt, so daß sie im manifesten Trauminhalt in verkleideter Form erscheinen.

»Nun da sich wenigstens die Analytiker damit befreundet haben, für den manifesten Traum seinen durch Deutung gefundenen Sinn einzusetzen, machen sich viele von ihnen einer anderen Verwechslung schuldig, an der sie ebenso hartnäckig festhalten. Sie suchen das Wesen des Traums in diesem latenten Inhalt und übersehen dabei den Unterschied zwischen latenten Traumgedanken und Traumarbeit. Der Traum ist im Grunde nichts anderes als eine besondere *Form* unseres Denkens, die durch die Bedingungen des Schlafzustandes ermöglicht wird. Die *Traumarbeit* ist es, die diese Form herstellt, und sie allein ist das Wesentliche am Traum, die Erklärung seiner Besonderheit.«[11]

Daher können verdrängte Wünsche nur dann ins Bewußtsein gelangen, wenn sie sich vorbewußtes Material und/oder nächtliche Körpererregungen zunutze machen, um der Zensur zu entgehen:

»Wir dürfen also als Urheber der Traumgestaltung zwei psychische Mächte (Strömungen, Systeme) im Einzelmenschen annehmen, von denen die eine den durch den Traum zum Ausdruck gebrachten

9 Ibid., S. 233 f.
10 Ibid., S. 140.
11 Ibid., [1925], S. 510, Anm. 2 (s. a. S. 149, 511).

Wunsch bildet, während die andere eine Zensur an diesem Traumwunsch übt und durch diese Zensur eine Entstellung seiner Äußerung erzwingt.«[12]

Die Bedeutung des Traumes ist folglich im latenten – *nicht* im manifesten – Inhalt enthalten. Es können sich mehrere latente Elemente in
einem manifesten Element des Traumes ausdrücken und umgekehrt.
Wie Freud sagt:

>»Nicht nur die Elemente des Traums sind durch die Traumgedanken
>*mehrfach* determiniert, sondern die einzelnen Traumgedanken sind
>auch im Traum durch mehrere Elemente vertreten.«[13]

Affekte im Traum gehören zum latenten Inhalt, nicht zum manifesten.[14] (Zu den Schicksalen von Affekten in Träumen s. Konzept: *Affekte im Traum.*)

[12] Ibid., S. 149; vgl. a. (1917d [1915]) ›Metapsychologische Ergänzung zur Traumlehre‹,
G. W., Bd. 10, S. 415 u. (1933a) *Neue Folge der Vorlesungen zur Einführung in die
Psychoanalyse,* G. W., Bd. 15, S. 19.
[13] Ibid., S. 290.
[14] Ibid., S. 470.

7
Latente Traumgedanken

Mit dem Terminus »latente Traumgedanken« bezeichnet Freud vorbewußte Gedanken, derer sich der Traum als Material für seinen Aufbau bedient.

> »Die Traumgedanken sind völlig korrekt und mit allem psychischen
> Aufwand, dessen wir fähig sind, gebildet; sie gehören unserem nicht
> bewußt gewordenen Denken an, aus dem durch eine gewisse Um
> setzung auch die bewußten Gedanken hervorgehen.«[1] Und: »Die
> Traumgedanken, welche wir durch die Analyse erfahren, zeigen sich
> uns als ein psychischer Komplex von allerverwickeltstem Aufbau. Die
> Stücke desselben stehen in den mannigfaltigsten logischen Relatio
> nen zu einander; sie bilden Vorder- und Hintergrund, Bedingungen,
> Abschweifungen, Erläuterungen, Beweisgänge und Einsprüche.«[2]

Von der Vielfalt der vorbewußten Gedanken, die jeder Mensch hat,
unterscheiden sie sich allein dadurch, daß sie sich für die Traumbildung eignen. Im übrigen unterscheiden sie sich in keiner Hinsicht von
anderen vorbewußten Gedanken. Die latenten Traumgedanken als solche dürfen nicht dem manifesten Traum zugerechnet werden; sie gehören zum vorbewußten Nachdenken.[3]

> »Es besteht aber keine Nötigung anzunehmen, daß diese Gedanken
> arbeit während des Schlafes vollzogen wurde, was unsere bisher fest
> gehaltene Vorstellung vom psychischen Schlafzustand arg beirren
> würde. Diese Gedanken können vielmehr sehr wohl vom Tage stam
> men, sich von ihrem Anstoß an, unserem Bewußtsein unbemerkt,
> fortgesetzt haben und fanden sich dann mit dem Einschlafen als
> fertig vor.«[4] Und: »Die latenten Traumgedanken heißen wir wegen
> ihrer Beziehung zum Wachleben auch Tagesreste.«[5]

Aufgrund ihrer Beziehung zu den vorbewußten und bewußten psychi-

---

[1] Ibid., S. 510.
[2] (1901a) *Über den Traum*, G. W., Bd. 2/3, S. 672f. Vgl. auch (1900a) *Die Traumdeutung*, G. W., Bd. 2/3, S. 589, ferner 128, 316, 317, 471, 594; (1905c) *Der Witz und
seine Beziehung zum Unbewußten*, G. W., Bd. 6, S. 28, 182; (1913j) ›Das Interesse
an der Psychoanalyse‹, G. W., Bd. 8, S. 396, und (1923a) ›»Psychoanalyse« und »Libidotheorie«‹, G. W., Bd. 13, S. 217.
[3] (1913a) ›Ein Traum als Beweismittel‹, G. W., Bd. 10, S. 19.
[4] (1900a) *Die Traumdeutung*, G. W., Bd. 2/3, S. 598.
[5] (1923a) ›»Psychoanalyse« und »Libidotheorie«‹, G. W., Bd. 13, S. 217; vgl. a. (1907a)
Der Wahn und die Träume in W. Jensens ›Gradiva‹, G. W., Bd. 7, S. 121, und (1925d
[1924]) *Selbstdarstellung*, G. W., Bd. 14, S. 70.

schen Tätigkeiten des vergangenen Tages oder der vergangenen Tage können die latenten Traumgedanken vom Analytiker beeinflußt oder suggeriert werden.[6] Freud macht deutlich, daß die »latenten Traumgedanken« vom »manifesten Trauminhalt« unterschieden werden müssen. Er sagt, »daß die latenten Traumgedanken vor der Analyse nicht bewußt sind, der von ihnen ausgehende manifeste Trauminhalt aber als bewußt erinnert wird.«[7]

Unter topischem Gesichtspunkt gehören die latenten Traumgedanken zum System Vorbewußtes: »Die Traumbildung [ist] genötigt, an Traumgedanken anzuknüpfen, die dem System des Vorbewußten angehören.«[8] Kurz: deskriptiv sind die latenten Traumgedanken unbewußt, in topischer Betrachtung sind sie vorbewußt.

Im Gegensatz zum manifesten Inhalt haben die latenten Traumgedanken keinen bildhaften Charakter; sie erlangen ihn erst durch die Traumarbeit, auf dem »Weg von den Gedanken zu den Wahrnehmungsbildern, oder . . . von der Gegend der Denkbildungen zu der der sinnlichen Wahrnehmungen. Auf diesem Wege . . . gewinnen die Traumgedanken Anschaulichkeit; es stellt sich schließlich eine plastische Situation heraus als Kern des manifesten ›Traumbildes‹.«[9]

Die latenten Traumgedanken sind um andere Elemente zentriert als der manifeste Inhalt:

». . . die Elemente, welche im Trauminhalt sich als die wesentlichen Bestandteile hervordrängen [spielen] in den Traumgedanken keineswegs die gleiche Rolle. Als Korrelat dazu kann man auch die Umkehrung dieses Satzes aussprechen. Was in den Traumgedanken offenbar der wesentliche Inhalt ist, braucht im Traum gar nicht vertreten zu sein. Der Traum ist gleichsam *anders zentriert,* sein Inhalt um andere Elemente als Mittelpunkt geordnet als die Traumgedanken.«[10] Und: »Das Wesentliche am Traum sind die Traumgedanken, die allerdings sinnreich, zusammenhängend und geordnet sind. Aber deren Ordnung ist eine ganz andere als die von uns am manifesten Trauminhalt erinnerte. Der Zusammenhang der Traumgedanken ist aufgegeben worden und kann dann entweder überhaupt verloren bleiben oder durch den neuen Zusammenhang des Trauminhalts ersetzt werden.«[11]

[6] (1923c) ›Bemerkungen zur Theorie und Praxis der Traumdeutung‹, G. W., Bd. 13, S. 307.
[7] (1900a) *Die Traumdeutung,* G. W., Bd. 2/3, S. 149; vgl. a. (1910a [1909]) ›Über Psychoanalyse‹, G. W., Bd. 8, S. 35, und (1913j) ›Das Interesse an der Psychoanalyse‹, G. W., Bd. 8, S. 396.
[8] (1900a) *Die Traumdeutung,* G. W., Bd. 2/3, S. 546.
[9] (1905c) *Der Witz und seine Beziehung zum Unbewußten,* G. W., Bd. 6, S. 185.
[10] (1900a) *Die Traumdeutung,* G. W., Bd. 2/3, S. 310.
[11] (1912–13) *Totem und Tabu,* G. W., Bd. 9, S. 116.

Darüber hinaus wird ein einzelner latenter Traumgedanke gewöhnlich durch mehrere Elemente des manifesten Inhalts repräsentiert; das Umgekehrte ist ebenso möglich.

»Ich sehe also, welcher Art die Beziehung zwischen Trauminhalt und Traumgedanken ist: Nicht nur die Elemente des Traums sind durch die Traumgedanken *mehrfach* determiniert, sondern die einzelnen Traumgedanken sind auch im Traum durch mehrere Elemente vertreten. Von einem Element des Traums führt der Assoziationsweg zu mehreren Traumgedanken, von einem Traumgedanken zu mehreren Traumelementen. Die Traumbildung erfolgt also nicht so, daß der einzelne Traumgedanke oder eine Gruppe von solchen eine Abkürzung für den Trauminhalt liefert . . . sondern die ganze Masse der Traumgedanken unterliegt einer gewissen Bearbeitung, nach welcher die meist- und bestunterstützten Elemente sich für den Eintritt in den Trauminhalt herausheben.«[12]

Dies erklärt, warum ein Traum viele Bedeutungen haben kann, die bereits den latenten Traumgedanken anhaften.

». . . man muß sich mit der Tatsache einer solchen Vieldeutigkeit der Träume befreunden. Diese ist übrigens nicht jedesmal einer Unvollkommenheit der Deutungsarbeit zur Last zu legen, sie kann ebensowohl an den latenten Traumgedanken selbst haften.«[13]

Während die Vorstellungsinhalte der latenten Traumgedanken beträchtliche Veränderungen gemäß den Gesetzen der *Traumarbeit* erfahren, bleiben die mit ihnen verknüpften Affekte entweder unverändert, oder sie werden zum Nullpunkt herabgedrückt oder in ihr Gegenteil verkehrt.[14]

Im manifesten Inhalt erscheinende intellektuelle Operationen (Urteilen, Schlußfolgern usw.) sind von den latenten Traumgedanken übernommen worden.

»*Alles, was sich als scheinbare Betätigung der Urteilsfunktion in den Träumen vorfindet, ist nicht etwa als Denkleistung der Traumarbeit aufzufassen, sondern gehört dem Material der Traumgedanken an und ist von dorther als fertiges Gebilde in den manifesten Trauminhalt gelangt.* Ich kann meinen Satz zunächst noch überbieten. Auch von den Urteilen, die man *nach dem Erwachen* über den erinnerten Traum fällt, den Empfindungen, die die Reproduktion dieses Traumes in uns hervorruft, gehört ein guter Teil dem latenten Trauminhalt an und ist in die Deutung des Traumes einzufügen.«[15]

[12] (1900a) *Die Traumdeutung,* G. W., Bd. 2/3, S. 290; vgl. a. (1901a) *Über den Traum,* G. W., Bd. 2/3, S. 666.
[13] (1925i) ›Einige Nachträge zum Ganzen der Traumdeutung‹, G. W., Bd. 1, S. 564.
[14] (1900a) *Die Traumdeutung,* G. W., Bd. 2/3, S. 463, 474.
[15] Ibid., S. 447 f.; vgl. a. (1901a) *Über den Traum,* G. W., Bd. 2/3, S. 680 f.

Die latenten Traumgedanken stellen eine Klasse psychischen Materials zwischen dem manifesten Inhalt und der Bedeutung des Traums dar. Sie sind von besonderer Bedeutung, weil sich aus ihnen die Bedeutung des Traumes (der Ausdruck einer Wunscherfüllung) erschließen läßt. »Aus [diesen Traumgedanken] entwickelten wir die Lösung des Traumes.«[16] Die Deutung der latenten Traumgedanken enthüllt zuerst den vorbewußten *Traumwunsch,* der auf die Besetzung vorbewußter Gedanken zurückgeht oder in dem sich ein unbewußter (verdrängter) Wunsch hat Ausdruck verschaffen können. Die Traumbildung wird in Gang gesetzt, indem ein solcher unbewußter Wunsch auf das bewußte Material der latenten Traumgedanken einwirkt, es in eine Wunscherfüllung verwandelt. (S. Konzept: *Der Traumwunsch.*) Solange die Tagesreste der Traumgedanken nicht derart von unbewußten Triebstrebungen verstärkt werden, können sie nicht als Traumbildner fungieren. Für alle Konstellationen der Traumbildung gilt, »daß ein Gedankenzug im Vorbewußten zustandekommt, der von der vorbewußten Besetzung verlassen, vom unbewußten Wunsch her Besetzung gefunden hat«[17], was zur Bildung des Traumwunsches führt, der im Traum als erfüllt dargestellt wird.

> »Damit aber aus ihnen [den latenten Traumgedanken] ein Traum entstehe, wird die Mitwirkung eines – meist unbewußten Wunsches erfordert; dieser stellt die Triebkraft für die Traumbildung her, die Tagesreste geben das Material dazu.«[18]

Der mit Hilfe der latenten Traumgedanken aufgedeckte verdrängte Wunsch stammt aus der frühen Kindheit. Er geht entweder auf tatsächliche infantile Erlebnisse zurück oder auf an sie anknüpfende Wunschphantasien (Traumphantasien), die sich in den Traumgedanken wiederfinden. Die Deutung eines Traumes führt zunächst nur zum Inhalt der latenten Traumgedanken; sie vermag nicht unmittelbar zu sagen, ob dieser Inhalt auf wirklichen oder phantasierten Ereignissen beruht. Dies bleibt zunächst offen:

> »[Die Traumdeutung] liefert uns nur einen Gedankeninhalt und überläßt es uns, dessen Realitätswert festzustellen. Wirkliche und phantasierte Begebenheiten erscheinen hier ... zunächst als gleichwertig.«[19]

[16] Ibid., S. 283; vgl. a. (1925d [1924]) *Selbstdarstellung,* G. W., Bd. 14, S. 69.
[17] Ibid., S. 600.
[18] (1907a) *Der Wahn und die Träume in W. Jensens ›Gradiva‹,* G. W., Bd. 7, S. 121; vgl. a. (1917d [1915]) ›Metapsychologische Ergänzung zur Traumlehre‹, G. W., Bd. 10, S. 417, und (1900a) *Die Traumdeutung,* G. W., Bd. 2/3, S. 599 f.
[19] (1900a) *Die Traumdeutung,* G. W., Bd. 2/3, S. 294.

8
Tagesreste

Die Tagesreste sind affektbesetzte Denkvorgänge des Traumtages, die der allgemeinen Energieverminderung durch den Schlaf widerstanden haben und daher die Rolle von Traumerregern spielen. »Diese Tagesreste deckt man auf, indem man den manifesten Traum auf die latenten Traumgedanken zurückführt; sie sind Stücke dieser letzteren«[1], unterscheiden sich von ihnen aber durch ihren Widerstand gegen die Entziehung der Besetzung während des Schlafes. Sie haben die vielfachsten und verschiedenartigsten Bedeutungen, es können unerledigte Wünsche oder Befürchtungen sein, ebenso Vorsätze, Überlegungen, Warnungen, Anpassungsversuche an bestehende Aufgaben usw.

»Doch sind sie für sich allein nicht imstande, einen Traum zu bilden. Streng genommen sind sie nur psychisches Material für die Traumarbeit, wie die zufällig vorhandenen Sinnes- und Leibreize . . . deren somatisches Material bilden.«[2]

Tagesreste sind »ein notwendiges Ingrediens der Traumbildung«[3].

». . . die Erfahrung hat uns gelehrt, daß in fast jeden Traum ein Erinnerungsrest oder eine Anspielung an eine Begebenheit des Traumtags, oft an mehrere, eingegangen ist, und wenn wir diesen Anknüpfungen folgen, haben wir oft mit einem Schlag den Übergang von der scheinbar weit entrückten Traumwelt zum realen Leben des Patienten gefunden«[4].

Tagesreste sind nicht die Triebkraft des Traumes; diese wird vom unbewußten Wunsch geliefert.

»Um es in einem Gleichnis zu sagen: Es ist sehr wohl möglich, daß ein Tagesgedanke die Rolle des *Unternehmers* für den Traum spielt; aber der Unternehmer, der, wie man sagt, die Idee hat und den Drang, sie in Tat umzusetzen, kann doch ohne Kapital nichts machen; er braucht einen *Kapitalisten,* der den Aufwand bestreitet, und dieser Kapitalist, der den psychischen Aufwand für den Traum bereitstellt, ist alle Male und unweigerlich, was immer auch der Tagesgedanke sein mag, *ein Wunsch aus dem Unbewußten.*«[5]

---

[1] (1913a) ›Ein Traum als Beweismittel‹, G. W., Bd. 10, S. 17.
[2] Ibid., S. 18.
[3] (1900a) *Die Traumdeutung,* G. W., Bd. 2/3, S. 568.
[4] (1933a) *Neue Folge der Vorlesungen zur Einführung in die Psychoanalyse,* G. W., Bd. 15, S. 11.
[5] (1900a) *Die Traumdeutung,* G. W., Bd. 2/3, S. 566.

Um die Frage zu beantworten, warum jeder Traum an rezenten, oft höchst gleichgültigen Eindrücken anknüpft, greift Freud auf die Neurosenpsychologie zurück, aus der wir wissen, »daß die unbewußte Vorstellung als solche überhaupt unfähig ist, ins Vorbewußte einzutreten, und daß sie dort nur eine Wirkung zu äußern vermag, indem sie sich mit einer harmlosen, dem Vorbewußten bereits angehörigen Vorstellung in Verbindung setzt, auf sie ihre Intensität überträgt und sich durch sie decken läßt«. Freud nennt diesen Vorgang eine »Übertragung«, ein Terminus, der später zur Bezeichnung für einen etwas anderen Prozeß wurde. Den ersteren Vorgang würde man heute wahrscheinlich als ›Verschiebung‹ bezeichnen.

»Das Unbewußte umspinnt mit seinen Verbindungen vorzugsweise jene Eindrücke und Vorstellungen des Vorbewußten, die entweder als indifferent außer Beachtung geblieben sind, oder denen diese Beachtung durch Verwerfung alsbald wieder entzogen wurde.«[6]
Rezente und indifferente Elemente gelangen darum so häufig in den Trauminhalt,

»weil sie gleichzeitig von der Widerstandszensur am wenigsten zu befürchten haben. Während aber die Zensurfreiheit uns nur die Bevorzugung der trivialen Elemente aufklärt, läßt die Konstanz der rezenten Elemente auf die Nötigung zur Übertragung durchblicken. Dem Anspruch des Verdrängten auf noch assoziationsfreies Material genügen beide Gruppen von Eindrücken, die indifferenten, weil sie zu ausgiebigen Verbindungen keinen Anlaß geboten haben, die rezenten, weil dazu noch die Zeit gefehlt hat.«[7]
Wenn der Eindruck des Traumtages, der den Traum erregt hat, bedeutsam ist, sagen wir mit Recht, der Traum »setze die wichtigen Interessen des Wachlebens fort«. Gewöhnlich aber ist dieser Eindruck »so geringfügig, bedeutungslos und des Vergessens würdig, daß wir uns an ihn selbst nicht ohne einige Mühe besinnen können«[8]. Die Analyse weist indes »regelmäßig das bedeutsame, mit Recht aufregende Erlebnis nach, welches sich durch das gleichgültige ersetzt, mit dem es ausgiebige assoziative Verbindungen eingegangen ist«. Solche Verschiebungen sind entweder Teil der Traumarbeit oder sie werden bereits im Wachleben, vor der Bildung des Traums, vollzogen.

»*Der Traum beschäftigt sich niemals mit Dingen, die uns nicht auch bei Tag zu beschäftigen würdig sind, und Kleinigkeiten, die uns bei Tag nicht anfechten, vermögen es auch nicht, uns in den Schlaf zu verfolgen.*«[9]

6 Ibid., S. 568.
7 Ibid., S. 569.
8 (1901a) *Über den Traum*, G. W., Bd. 2/3, S. 669.
9 Ibid., S. 669 f.

Später hat Freud in Termini der Strukturtheorie formuliert, welche Rolle die Tagesreste und die Triebwünsche spielen: Träume gehen vom Es oder vom Ich aus, d. h. sie werden entweder durch eine unterdrückte Triebregung (unbewußter Wunsch) ausgelöst oder durch eine vom Wachleben erübrigte Strebung, einen vorbewußten Gedankengang, der durch ein unbewußtes Element verstärkt wird.[10]

»Besonders in den Träumen, die von unerledigten Tagesresten ausgehen und sich im Schlafzustand nur eine unbewußte Verstärkung geholt haben, ist es oft nicht leicht, die unbewußte Triebkraft aufzudecken und deren Wunscherfüllung nachzuweisen, aber man darf annehmen, daß sie immer vorhanden ist.«[11]

[10] (1940a [1938]) *Abriß der Psychoanalyse,* G. W., Bd. 17, S. 88.
[11] Ibid., S. 93.

9
Affekte im Traum

Freuds Thesen über die Schicksale von Affekten im Traum beruhen auf einem Vergleich der im manifesten Inhalt vorhandenen Affekte mit den an die latenten Traumgedanken geknüpften Affekten. In den Affekten im Traum sah er eines der zuverlässigsten Hilfsmittel für das Verständnis der Bedeutung des Traums, da sie weniger Veränderung erfahren als der Vorstellungsinhalt der Traumgedanken und von der Zensur weniger beeinflußt werden.

»An einem psychischen Komplex, welcher die Beeinflussung der Widerstandszensur erfahren hat, sind die Affekte der resistente Anteil, der uns allein den Fingerzeig zur richtigen Ergänzung geben kann ... Voraussetzung ist dabei, daß Affektentbindung und Vorstellungsinhalt nicht diejenige unauflösbar organische Einheit bilden, als welche wir sie zu behandeln gewöhnt sind, sondern daß beide Stücke aneinander gelötet sein können.«[1]

»Die Ablösung der Affekte von den Vorstellungsmassen, die ihre Entbindung hervorgerufen haben, ist das Auffälligste, was ihnen bei der Traumbildung widerfährt, aber weder die einzige noch die wesentliche Veränderung, die sie auf dem Wege von den Traumgedanken zum manifesten Traum erleiden.«[2]

Um der Klarheit willen betrachten wir hier die qualitativen und quantitativen Veränderungen von Affekten im Traum gesondert. In Wirklichkeit unterliegt ein Affekt in einem Traum natürlich sowohl quantitativen als auch qualitativen Veränderungen.

Quantitative Veränderungen

Unter dem Gesichtspunkt der Quantität reichen die Möglichkeiten von vollständiger Unterdrückung – meist im Falle unlustvoller Affekte – bis zu einer Intensität, die größer ist, als man aufgrund des Vorstellungsinhaltes erwarten würde. Im allgemeinen jedoch sind Träume affektärmer als das psychische Material, aus dem sie gebildet wurden.

»Es gelingt der Traumarbeit, alle peinlichen Vorstellungen durch gegenteilige zu ersetzen und die dazugehörigen unlustigen Affekte zu

[1] (1900a) *Die Traumdeutung*, G. W., Bd. 2/3, S. 464.
[2] Ibid., S. 469 f.

unterdrücken. Das ergibt dann einen reinen Befriedigungstraum, eine greifbare ›Wunscherfüllung‹.«[3]

»Vergleicht man die Affekte in den Traumgedanken mit denen im Traume, so wird eines sofort klar: Wo sich im Traume ein Affekt findet, da findet er sich auch in den Traumgedanken, aber nicht umgekehrt. Der Traum ist im allgemeinen affektärmer als das psychische Material, aus dessen Bearbeitung er hervorgegangen ist ... Es ist durch die Traumarbeit nicht bloß der Inhalt, sondern auch oft der Gefühlston meines Denkens auf das Niveau des Indifferenten gebracht. Ich könnte sagen, durch die Traumarbeit wird eine *Unterdrückung der Affekte* zustande gebracht ... Es kann auch anders ausfallen, in den Traum selbst können lebhafte Affektäußerungen eingehen.«[4]

Die quantitative Affektminderung schreibt Freud drei möglichen Ursachen zu: (a) dem Schlafzustand als solchem; (b) der Zensur; (c) dem Hemmungseffekt gegensätzlicher Affekte.

»Die Affektentbindung bin ich ... genötigt, mit als einen zentrifugalen, gegen das Körperinnere gerichteten Vorgang vorzustellen, analog den motorischen und sekretorischen Innervationsvorgängen. Wie nun im Schlafzustande die Aussendung motorischer Impulse gegen die Außenwelt aufgehoben erscheint, so könnte auch die zentrifugale Erweckung von Affekten durch das unbewußte Denken während des Schlafes erschwert sein. Die Affektregungen, die während des Ablaufs der Traumgedanken zustande kommen, wären also an und für sich schwache Regungen, und darum die in den Traum gelangenden auch nicht stärker ... Wir müssen auch daran denken, daß jeder zusammengesetztere Traum sich auch als das Kompromißergebnis eines Widerstreits psychischer Mächte enthüllt hat. Einerseits haben die wunschbildenden Gedanken gegen den Widerspruch einer zensurierenden Instanz anzukämpfen, anderseits haben wir oft gesehen, daß im unbewußten Denken selbst ein jeder Gedankenzug mit seinem kontradiktorischen Gegenteil zusammengespannt war. Da alle diese Gedankenzüge affektfähig sind, so werden wir im ganzen und großen kaum irre gehen, wenn wir die Affektunterdrückung auffassen als Folge der Hemmung, welche die Gegensätze gegeneinander und die Zensur gegen die von ihr unterdrückten Strebungen übt. *Die Affekthemmung wäre dann der zweite Erfolg der Traumzensur, wie die Traumentstellung deren erster war.*«[5]

Das entgegengesetzte Ergebnis – eine Erhöhung der Intensität des Affekts – kommt zustande, wenn Affekte im Traum von einem Zusam-

[3] [1919] Ibid., S. 562.
[4] Ibid., S. 470.
[5] Ibid., S. 471.

menfluß mehrerer Quellen gespeist werden und in bezug auf das Material der Traumgedanken überdeterminiert sind. Affekte aus Quellen, an denen die Zensur Anstoß nimmt, können dieser entgehen, wenn sie sich mit Affekten aus unanstößigen Quellen verbinden, welche sie decken können. Auch Gedankenzüge, gegen welche die Zensur keine Einwände hat, können Affekte decken, deren wirkliche Quelle ein verbotener infantiler Wunsch ist, wenngleich in solchen Fällen keine Intensivierung des Affekts damit einhergehen muß.[6]

»Die der Zensur nicht unterliegende Befriedigung [erhält] einen Zuzug aus einer Quelle ... welche die Zensur zu fürchten hat, und deren Affekt sicherlich Widerspruch erregen würde, wenn er sich nicht durch den gleichartigen, gerne zugelassenen Befriedigungsaffekt aus der erlaubten Quelle decken, sich gleichsam hinter ihm einschleichen würde.«[7]

»In solchen Fällen ist der Affekt seiner Qualität nach zwar berechtigt, aber nicht sein Ausmaß, und die in dem einen Punkt beruhigte Selbstkritik vernachlässigt nur zu leicht die Prüfung des zweiten Punktes.«[8]

»Eine Befriedigung, die sich im Traume kundgibt, und die natürlich alsbald an ihrer Stelle in den Traumgedanken aufzufinden ist, ist durch diesen Nachweis allein nicht immer vollständig aufgeklärt. In der Regel wird man für sie eine zweite Quelle in den Traumgedanken aufzusuchen haben, auf welcher der Druck der Zensur lastet, und die unter diesem Drucke nicht Befriedigung, sondern den gegenteiligen Affekt ergeben hätte, die aber durch die Anwesenheit der ersten Traumquelle in den Stand gesetzt wird, ihren Befriedigungsaffekt der Verdrängung zu entziehen und als Verstärkung zu der Befriedigung aus anderer Quelle stoßen zu lassen. So erscheinen die Affekte im Traume als zusammengefaßt aus mehreren Zuflüssen und als überdeterminiert in bezug auf das Material der Traumgedanken; *Affektquellen, die den nämlichen Affekt liefern können, treten bei der Traumarbeit zur Bildung desselben zusammen.*«[9]

Bei der Diskussion eines Traumes, in dem ein egoistischer Gedankenzug nicht zensiert und die Befriedigung nicht in Unlust verwandelt worden war[10], antwortet Freud auf die Frage, wo hier die Traumzensur bleibe:

»Ich meine, weil andere einwurfsfreie Gedankenzüge über die näm-

[6] Ibid., S. 482–488.
[7] Ibid., S. 482.
[8] Ibid., S. 483.
[9] Ibid., S. 483 f.
[10] Ibid., S. 484–489.

lichen Personen gleichfalls in Befriedigung ausgehen und mit ihrem Affekt jenen aus der verbotenen infantilen Quelle decken.«[11]
Starke Affekte peinlicher Natur, die die Zensur zu überwältigen drohen, können unter Angstentwicklung zum Erwachen führen.[12]

Qualitative Veränderungen

Unter dem Gesichtspunkt der Qualität von Affekten in bezug auf die Vorstellungsinhalte, mit denen sie im Traum verknüpft sind, begegnen uns – abgesehen von den Fällen, in denen die Affektqualität unseren Erwartungen entspricht – zwei Möglichkeiten:
(a) Der Vorstellungsinhalt des Traumes ist nicht mit den Affekten verbunden, die wir aufgrund des Wachlebens erwarten würden;
(b) Affekte erscheinen in Verbindung mit Material, das keine Möglichkeit zum Ausdruck von Affekten zu bieten scheint.
»An den Träumen hat immer Verwunderung erregt, daß Vorstellungsinhalte nicht die Affektwirkung mit sich bringen, die wir als notwendig im wachen Denken erwarten würden ... Es fehlt im Traume aber auch nicht am gegenteiligen Vorkommen, daß intensive Affektäußerung bei einem Inhalte auftritt, der zur Entbindung von Affekt keinen Anlaß zu bieten scheint ...
Dieses Rätsel des Traumes verschwindet uns so plötzlich und so vollständig wie vielleicht kein anderes der Traumrätsel, wenn wir vom manifesten Trauminhalt zum latenten übergehen. Wir werden mit seiner Erklärung nichts zu schaffen haben, denn es besteht nicht mehr. Die Analyse lehrt uns, *daß die Vorstellungsinhalte Verschiebungen und Ersetzungen erfahren haben, während die Affekte unverrückt geblieben sind.*«[13]
Weil Affekte ein geringeres Maß an Entstellung erfahren als der Vorstellungsinhalt, mit dem sie verknüpft waren, bleibt der Affekt oft mit dem im Traum ausgedrückten Wunsch in Einklang, nicht mit dessen Verhüllung.[14]
»In einer Anzahl von Träumen bleibt der Affekt wenigstens noch in Verbindung mit jenem Vorstellungsinhalte, welcher den zu ihm passenden ersetzt hat. In anderen geht die Auflockerung des Komplexes weiter. Der Affekt erscheint völlig gelöst von seiner zugehörigen Vorstellung, und findet sich irgendwo anders im Traume unterge-

11 Ibid., S. 490.
12 [1919] Ibid., S. 562.
13 Ibid., S. 463.
14 Ibid., S. 466.

bracht, wo er in die neue Anordnung der Traumelemente hinein-
paßt.«[15]

»Ebenso wie die Dingvorstellungen können also auch die Affekte
der Traumgedanken im Traume ins Gegenteil verkehrt erscheinen,
und es ist wahrscheinlich, daß diese Affektverkehrung zumeist von
der Traumzensur bewerkstelligt wird . . . Es ist auch hier nicht nötig
anzunehmen, daß die Traumarbeit einen derartigen Gegenaffekt
ganz von neuem schafft; sie findet ihn gewöhnlich im Materiale der
Traumgedanken bereitliegend und erhöht ihn bloß mit der psychischen Kraft der Abwehrmotive, bis er für die Traumbildung überwiegen kann.«[16]

[15] Ibid., S. 466.
[16] Ibid., S. 474 f.

10
Das Gedächtnis im Traum

Freud betrachtete es als unbestrittene Erkenntnis, »daß alles Material, das den Trauminhalt zusammensetzt, auf irgendeine Weise vom Erlebten abstammt, also im Traum reproduziert, *erinnert* wird«.[1] An anderer Stelle schreibt er: »Träumen ist ja auch ein Erinnern, wenn auch unter den Bedingungen der Nachtzeit und der Traumbildung.«[2] Von überragender Bedeutung für die Weise, in der Erinnerungen im Traum verwendet werden, ist die verminderte Schärfe der Zensur im Schlafzustand, die ein erheblich höheres Maß an wechselseitigem Einfluß zwischen den unbewußten und vorbewußten Inhalten zuläßt.

Während die Verfügbarkeit von Erinnerungen im Wachleben von der Zensur abhängt und durch diese beträchtlich eingeschränkt ist (Verdrängung und Abwehr), so daß eine riesige Menge von Erinnerungen unter normalen Bedingungen unseren wachen Gedanken nicht mehr zur Verfügung steht, machen der Schlaf und seine besonderen Bedingungen den ganzen Vorrat an Erinnerungen potentiell der Verwendung im Traume zugänglich. Dies gilt insbesondere für verdrängte Erinnerungen. Solche Erinnerungen unterliegen natürlich den Entstellungen der Traumarbeit (s. Konzept: *Traumarbeit)* und erscheinen im manifesten Inhalt in verkleideter Form. Doch verweist Freud auch auf die Träume, deren manifester Inhalt darauf hindeutet, »daß man im Traum etwas gewußt und erinnert hatte, was der Erinnerungsfähigkeit im Wachen entzogen war«[3]. Freud meint, »jeder, der sich mit Träumen beschäftigt, wird es als ein sehr gewöhnliches Phänomen anerkennen müssen, daß der Traum Zeugnis für Kenntnisse und Erinnerungen ablegt, welche der Wachende nicht zu besitzen vermeint«[4]. Träume, die solche Erinnerungen enthalten, werden als »hypermnestische« Träume bezeichnet.[5]

Die Traumdeutung offenbart, daß die Auswahl der in Träumen verwendeten Erinnerungen drei Hauptmerkmale aufweist:

»1. Daß der Traum die Eindrücke der letzten Tage deutlich bevorzugt ...

---

[1] Ibid., S. 10 f.
[2] (1918b [1914]) ›Aus der Geschichte einer infantilen Neurose‹, G. W., Bd. 12, S. 80.
[3] (1900a) *Die Traumdeutung*, G. W., Bd. 2/3, S. 11.
[4] Ibid., S. 14.
[5] Ibid., S. 13.

2. daß er eine Auswahl nach anderen Prinzipien als unser Wach-
gedächtnis trifft, indem er nicht das Wesentliche und Wichtige, sondern das Nebensächliche und Unbeachtete erinnert.

3. daß er die Verfügung über unsere frühesten Kindheitsein-
drücke besitzt und selbst Einzelheiten aus dieser Lebenszeit hervorholt, die uns wiederum als trivial erscheinen und im Wachen für
längst vergessen gehalten worden sind.«[6]

In bezug auf das erste Merkmal stellt Freud die Behauptung auf, »daß
in jedem Traum eine Anknüpfung an die Erlebnisse des *letztabgelau-
fenen Tages aufzufinden ist*«[7]. (S. Konzept: *Tagesreste.)*

Das zweite Merkmal betrachtete Freud als die »merkwürdigste und
unverständlichste Eigentümlichkeit des Gedächtnisses im Traum«[8]. Er
führt aus,

> »wie die sonderbare Vorliebe des Traumgedächtnisses für das
> Gleichgültige und darum das Unbeachtete an den Tageserlebnissen
> zumeist dazu führen mußte, die Abhängigkeit des Traumes vom
> Tagesleben überhaupt zu verkennen und dann wenigstens den Nach-
> weis derselben in jedem einzelnen Falle zu erschweren«[9].

An späterer Stelle diskutiert er die für diese Eigentümlichkeit des Gedächtnisses im Traum verantwortlichen Faktoren:

> »Wir deuten somit die Tatsache, daß der Trauminhalt Reste von
> nebensächlichen Erlebnissen aufnimmt, als eine Äußerung der
> *Traumentstellung* (durch Verschiebung) und erinnern daran, daß
> wir in der Traumentstellung eine Folge der zwischen zwei psychi-
> schen Instanzen bestehenden Durchgangszensur erkannt haben. Wir
> erwarten dabei, daß die Traumanalyse uns regelmäßig die wirkliche,
> psychisch bedeutsame Traumquelle aus dem Tagesleben aufdecken
> wird, deren Erinnerung ihren Akzent auf die gleichgültige Erinne-
> rung verschoben hat.«[10]

In einer später hinzugefügten Fußnote heißt es, »daß gar nicht so selten harmlose und unwichtige Beschäftigungen des Tages vom Traume
wiederholt werden . . . Bei solchen Träumen betont der Träumer selbst
aber nicht den Charakter der Erinnerung, sondern den der ›Wirklichkeit‹.«[11]

Im Hinblick auf die Verwendung von Erinnerungen aus der frühesten
Kindheit im Traum – das dritte der oben aufgeführten Merkmale –
sagt Freud:

> »Eine der Quellen, aus welcher der Traum Material zur Reproduk-

[6] Ibid., S. 170.
[7] Ibid., S. 170.
[8] Ibid., S. 19.
[9] Ibid., S. 20.
[10] Ibid., S. 183 f.
[11] [1909] Ibid., S. 22, Anm. 1.

tion bezieht, zum Teil solches, das in der Denktätigkeit des Wachens nicht erinnert und nicht verwendet wird, ist das Kindheitsleben.«[12] Und: »Die Hypermnesie des Traums und die Verfügung über das Kindheitsmaterial sind zu Grundpfeilern unserer Lehre geworden; in unserer Traumtheorie haben wir dem aus dem Infantilen stammenden Wunsch die Rolle des unentbehrlichen Motors für die Traumbildung zugeschrieben.«[13]

Erinnerungen im Traum lassen sich also nach drei Arten unterscheiden: rezente Erinnerungen (Tagesreste), nicht verdrängte Erinnerungen an die Vergangenheit (die sich in hypermnestischen Träumen zeigen) und verdrängte Erinnerungen an die Vergangenheit (die sich im manifesten Trauminhalt in entstellter Form äußern).

Die Entstellung von Erinnerungen im Traum geht auf die Zensur zurück, die zwischen den Systemen des Vorbewußten und des Unbewußten tätig bleibt und Veränderungen gemäß den Gesetzen der Traumarbeit erzwingt: Erinnerungen werden zunächst einer topischen Regression unterworfen und dann durch die Primärprozesse der Verschiebung und Verdichtung entstellt. Erinnerungen werden also in genau derselben Weise behandelt wie jeder andere unbewußte oder vorbewußte psychische Inhalt, der im Schlaf ein gewisses Maß an Besetzung behalten und an der Traumbildung mitgewirkt hat.

Die Traumarbeit hat noch eine weitere Konsequenz hinsichtlich der Reproduktion von Erinnerungen im Traum, nämlich die, daß eine Erinnerung oft nur in Form von Bruchstücken erscheint. Freud stimmt einem anderen Autor zu, der ausgeführt hatte:

»daß Wiederholungen von Erlebnissen im Traume nicht vorkommen. Der Traum macht wohl einen Ansatz dazu, aber das folgende Glied bleibt aus; es tritt verändert auf oder an seiner Stelle erscheint ein ganz fremdes. Der Traum bringt nur Bruchstücke von Reproduktionen. Dies ist sicherlich so weit die Regel, daß es eine theoretische Verwertung gestattet. Indes kommen Ausnahmen vor, in denen ein Traum ein Erlebnis ebenso vollständig wiederholt, wie unsere Erinnerung im Wachen es vermag.«[14]

[12] Ibid., S. 16.
[13] Ibid., S. 594.
[14] Ibid., S. 21 f.

11
Traumphantasien

Mit dem Terminus »Traumphantasien« bezeichnete Freud eine Art von Träumen, die uns durch ihren besonders klaren und deutlichen Aufbau beeindruckt. Bei manchen Träumen sei die Klarheit oder Undeutlichkeit des Traumes nicht auf den Aufbau des Traumes (Traumarbeit) zurückzuführen, sondern auf die Klarheit oder Undeutlichkeit der latenten Traumgedanken. Deshalb glaubte er, eine Kategorie von Träumen einführen zu sollen, die dem Mechanismus der Verdichtung und Verschiebung nicht unterliegt: »Phantasien während des Schlafens«.

»Nähere Prüfung ergab, daß dieser rare Traum dieselben Risse und Sprünge in seinem Gefüge zeigte wie jeder andere; ich ließ darum die Kategorie der Traumphantasien auch wieder fallen.« 1930 fügte er die Fußnote hinzu: »Ich weiß heute nicht, ob mit Recht.«[1]

Der *sekundären Bearbeitung* schreibt Freud die Fähigkeit zu, beim Versuch, eine logischere und zusammenhängendere Traumfassade herzustellen, neue Traumelemente zu schaffen; doch wie die anderen Faktoren der *Traumarbeit* zieht sie es vor, aus in den *latenten Traumgedanken* bereits geformtem psychischem Material auszuwählen. In manchen Fällen wird ihr die Arbeit des Aufbaus einer Fassade jedoch erspart, weil unter den Elementen der latenten Traumgedanken bereits eine Bildung dieser Art vorhanden ist, d. h. eine Phantasie (ein Tagtraum des Wachlebens), von der die sekundäre Bearbeitung Besitz ergreifen und die sie, um dem Traum eine passende *Fassade* zu geben, in den Trauminhalt einfügen kann.[2]

Die Tatsache, daß die sekundäre Bearbeitung »sich gerne einer fertig vorgefundenen Phantasie bedient, anstatt eine solche erst aus dem Material der Traumgedanken zusammenzusetzen, [löst] vielleicht eines der interessantesten Rätsel des Traumes«. Beschleunigt der Traum unsere Denkarbeit bis zu einem Grade, den wir für das Wachleben nicht annehmen können? Freud erklärt dieses Beschleunigungsphänomen am Beispiel von Maurys Guillotinentraum. Er nimmt an, »daß der Traum Maurys eine Phantasie darstellt, die in seinem Gedächtnis seit Jahren fertig aufbewahrt war und in dem Momente geweckt – ich

[1] (1900a) Die Traumdeutung, G. W., Bd. 2/3, S. 336; vgl. a. (1922a) ›Traum und Telepathie‹, G. W., Bd. 13, S. 178.
[2] Ibid., S. 496.

möchte sagen: *angespielt* – wurde, da er den Weckreiz erkannte«. Eine so lange Geschichte war bereits früher komponiert worden und wurde nicht erst in dem extrem kurzen Zeitraum, der dem Träumer zur Verfügung stand, zusammengesetzt.[3]

Es ist auch nicht notwendig, daß die ganze Phantasie während des Schlafes durchgemacht wird. Es genügt, wenn sie an einer Stelle berührt wird. Diese Stelle ist das Eingangstor, von dem aus die ganze Phantasie in Erregung versetzt wird. (Im unbewußten Denken ist es wahrscheinlich nicht anders.) Die Phantasie wird nicht im Schlaf durchlaufen, »sondern erst in der Erinnerung des Erwachten. Erwacht, erinnert man jetzt in ihren Einzelheiten die Phantasie, an die als Ganzes im Traum gerührt wurde. Man hat dabei kein Mittel zur Versicherung, daß man wirklich etwas Geträumtes erinnert.«[4] (S. Konzepte: *Sekundäre Bearbeitung* und *Tagträume (Phantasien) und Träume.*)

[3] Ibid., S. 499 f.
[4] Ibid., S. 502.

12
Manifester Inhalt

Der manifeste Inhalt des Traumes umfaßt alle Aspekte dessen, woran der Träumer sich nach dem Erwachen bewußt erinnert und das ihm in jeder beliebigen Form im Gedächtnis haften bleibt, in Form von Bildern, widersinnigen Situationen, gegensätzlichen Gefühlen usw. Alles nach dem Erwachen erinnerte Material, das, wie unzusammenhängend, verwirrt und bedeutungslos es auch immer erscheinen mag, den manifesten Trauminhalt ausmacht, ist in irgendeiner Weise vom Erleben abgeleitet – von infantilen Erlebnissen oder an diesen anknüpfenden Phantasien, die im manifesten Trauminhalt in verhüllter Form wiederauftauchen. Freud betonte, daß seine Traumtheorie »nicht auf der Würdigung des manifesten Trauminhalts beruht, sondern sich auf den Gedankeninhalt bezieht, welcher durch die Deutungsarbeit hinter dem Traum erkannt wird«. *Manifester* und *latenter* Trauminhalt müssen einander gegenübergestellt werden.[1] Die hier referierten Annahmen bilden zusammen mit denjenigen über die Traumarbeit (s. dieses Konzept) die zentralen Aspekte seiner Theorie.

> »Gegen die Vorgänge, die wir bei [der Traumarbeit] kennengelernt haben, mußte das Interesse am manifesten Traum weit zurücktreten.«[2]

Die Bedeutung des Traumes entwickeln wir aus den Traumgedanken, nicht aus dem manifesten Trauminhalt.[3] An den Analytiker tritt daher die Aufgabe heran,

> »die Beziehungen des manifesten Trauminhalts zu den latenten Traumgedanken zu untersuchen und nachzuspüren, durch welche Vorgänge aus den letzteren der erstere geworden ist«[4].

Freud vergleicht den manifesten Trauminhalt mit einem Bilderrätsel, das für andere auch dann, wenn die einzelnen Stücke richtig angeordnet sind, sinnlos wirken kann. Dieses sinnlose Rätsel hat die Traumarbeit gewoben; es muß entwirrt oder in eine andere Ausdrucksweise übersetzt werden. »Der [manifeste] Trauminhalt ist gleichsam in einer Bilderschrift gegeben, deren Zeichen einzeln in die Sprache der

[1] (1900a) *Die Traumdeutung*, G. W., Bd. 2/3, S. 140, und (1901a) *Über den Traum*, G. W., Bd. 2/3, S. 656.
[2] (1916–17) *Vorlesungen zur Einführung in die Psychoanalyse*, G. W., Bd. 11, S. 184.
[3] (1900a) *Die Traumdeutung*, G. W., Bd. 2/3, S. 283.
[4] Ibid., S. 283.

Traumgedanken zu übertragen sind«, die uns ohne weiteres verständlich ist.[5]

Die *latenten Traumgedanken* sind nicht bewußt, während der manifeste Trauminhalt bewußt erinnert wird. Diese bewußte Erinnerung ist ein Ersatz für die latenten Gedanken und Strebungen, die in entstellter und unerkennbarer Form von der Zensur zum Bewußtsein zugelassen worden sind.[6]

Freud hat eine Kategorie von Träumen diskutiert, »in denen manifester und latenter Inhalt zusammenfallen, die Traumarbeit also erspart scheint«. Dies ist z. B. in Kinderträumen der Fall, die »einfache und unverhüllte Wunscherfüllungen« sind.[7]

»Auch bei Erwachsenen kann man zahlreiche Beispiele solcher Träume von infantilem Typus sammeln, die aber ... meist knapp an Inhalt sind.« Freud verweist hier auf die »Bequemlichkeitsträume« (ein nächtlicher Durstreiz wird mit dem Traume zu trinken beantwortet usw.).[8]

Das endgültige Aussehen des manifesten Inhalts, seine Fassade, ist gleichgültig; wichtig ist die Traumentstellung, durch die sie entstanden ist.

»Andere Male hat auch die Fassade des Traumes ihre Bedeutung, indem sie einen wichtigen Bestandteil der latenten Traumgedanken wenig oder gar nicht entstellt wiederbringt. Aber wir können das nicht wissen, ehe wir den Traum der Deutung unterzogen und dadurch ein Urteil gewonnen haben, welches Maß von Entstellung Platz gegriffen hat.«[9]

In einem Zusatz von 1914 zur *Traumdeutung* schreibt Freud:

»Silberer hat an guten Beispielen gezeigt, daß die Endstücke des manifesten Inhalts vieler Träume, an die das Erwachen unmittelbar anschließt, nichts anderes darstellen als den Vorsatz oder den Vorgang des Erwachens selbst.«[10] »Das sehr interessante funktionale Phänomen Silberers hat ohne Verschulden seines Entdeckers viel Mißbrauch herbeigeführt, indem die alte Neigung zur abstrakt-symbolischen Deutung der Träume eine Anlehnung an dasselbe gefunden hat.«[11]

[5] Ibid., S. 283 f.
[6] Ibid., S. 149, und (1901a) *Über den Traum*, G. W., Bd. 2/3, S. 654.
[7] (1901a) *Über den Traum*, G. W., Bd. 2/3, S. 656, 658.
[8] Ibid., S. 659.
[9] (1916–17) *Vorlesungen zur Einführung in die Psychoanalyse*, G. W., Bd. 11, S. 184.
[10] [1914] (1900a) *Die Traumdeutung*, G. W., Bd. 2/3, S. 508.
[11] Ibid., S. 509.

13
Traumzensur

Charakter der Zensur

Die Traumzensur ist die Funktion, die die Äußerung unbewußter Wünsche kontrolliert, die zum Bewußtsein drängen und dadurch den Schläfer zu wecken drohen. Sie ist ein Aspekt der auch im Wachleben wirksamen Zensur.

»Die Tendenzen, welche die Zensur ausüben, sind solche, welche vom wachen Urteilen des Träumers anerkannt werden, mit denen er sich einig fühlt ... Die Tendenzen aber, gegen welche sich die Traumzensur richtet, muß man zunächst vom Standpunkt dieser Instanz selbst beschreiben. Dann kann man nur sagen, sie seien durchaus verwerflicher Natur, anstößig in ethischer, ästhetischer, sozialer Hinsicht, Dinge, an die man gar nicht zu denken wagt oder nur mit Abscheu denkt.«[1]

In seiner Theorie des Konflikts zwischen verdrängten und verdrängenden Mächten betrachtete Freud die Zensur als die Funktion der verdrängenden Macht, welche die Verdrängung bewirkt; im Laufe der Entwicklung seiner Theorie ordnete er die Funktion der Zensur daher verschiedenen Instanzen, Systemen oder Strukturen zu. In den wichtigsten Modellen des psychischen Apparates, dem topischen und dem strukturellen, wird die Zensur als eine Funktion des Systems des Vorbewußten bzw. des Ichs-Überichs aufgefaßt. Auf seine Annahmen zurückblickend sagte Freud 1914:

»Unter dieser Zensur stellten wir uns aber keine besondere Macht vor, sondern wählten diesen Ausdruck für die den Traumgedanken zugewandte Seite der das Ich beherrschenden, verdrängenden Tendenzen. Gehen wir in die Struktur des Ichs weiter ein, so dürfen wir im Ichideal und den dynamischen Äußerungen des Gewissens auch den *Traumzensor* erkennen.«[2]

»Es liegt nahe, anzunehmen, daß die ›Traumzensur‹, welche wir in erster Linie für die Entstellung der Traumgedanken zum manifesten Traum verantwortlich machen, eine Äußerung derselben seelischen Kräfte ist, welche tagsüber die unbewußte Wunschregung hintangehalten, *verdrängt* hatten.«[3]

---

[1] (1916–17) *Vorlesungen zur Einführung in die Psychoanalyse*, G. W., Bd. 11, S. 142.
[2] (1914c) ›Zur Einführung des Narzißmus‹, G. W., Bd. 10, S. 165.
[3] (1923a) ›»Psychoanalyse« und »Libidotheorie«‹, G. W., Bd. 13, S. 218.

Der Schlafzustand ermöglicht eine teilweise Lockerung der Zensur, da unbewußte Wünsche sich nicht mehr in Aktionen, sondern nur in Halluzinationen ausdrücken können.

»*Der Schlafzustand ermöglicht die Traumbildung, indem er die endopsychische Zensur herabsetzt.*«[4]

»Während sich nun die Instanz, in welcher wir unser normales Ich erkennen, auf den Wunsch zu schlafen einstellt, scheint sie durch die psychophysiologischen Bedingungen des Schlafes genötigt, an der Energie nachzulassen, mit welcher sie bei Tag das Verdrängte niederzuhalten pflegte. Dieser Nachlaß selbst ist zwar harmlos; die Erregungen der unterdrückten Kinderseele mögen sich immerhin tummeln; infolge des nämlichen Schlafzustandes finden sie doch den Zugang zum Bewußtsein erschwert und den zur Motilität versperrt. Die Gefahr, daß der Schlaf durch sie gestört werde, muß aber abgewehrt werden.«[5]

»Der Schlafwunsch versucht alle vom Ich ausgeschickten Besetzungen einzuziehen und einen absoluten Narzißmus herzustellen. Das kann nur teilweise gelingen, denn das Verdrängte des Systems *Ubw* folgt dem Schlafwunsche nicht. Es muß also auch ein Teil der Gegenbesetzungen aufrecht erhalten werden und die Zensur zwischen *Ubw* und *Vbw,* wenngleich nicht in voller Stärke, verbleiben. Soweit die Herrschaft des Ichs reicht, sind alle Systeme von Besetzungen entleert. Je stärker die *ubw* Triebbesetzungen sind, desto labiler ist der Schlaf.«[6]

Die Funktion der Zensur

Die Traumzensur dient der Erhaltung des Schlafes, indem sie die Äußerung unbewußter Wünsche unterdrückt und die Entstehung unangenehmer Affekte vermeidet. »Die Affekthemmung wäre ... der zweite Erfolg der Traumzensur, wie die Traumentstellung deren erster war.«[7] Wir müssen beachten, daß die Zensur die Traumentstellung zwar erzwingt, sie aber nicht selbst bewerkstelligt. Dies tut die Traumarbeit. Die Arbeit der Zensur besteht nur darin, unbewußten Wünschen den Zugang zum Vorbewußten oder die Verknüpfung mit vorbewußten Wünschen zu verwehren. Die Kompromißbildung, die uns

[4] (1900a) *Die Traumdeutung*, G. W., Bd. 2/3, S. 531.
[5] (1901a) *Über den Traum*, G. W., Bd. 2/3, S. 693.
[6] (1917d) ›Metapsychologische Ergänzung zur Traumlehre‹, G. W., Bd. 10, S. 416.
[7] (1900a) *Die Traumdeutung*, G. W., Bd. 2/3, S. 471.

im Traum entgegentritt, wird von der Zensur nur dann zugelassen, wenn die Traumarbeit die unbewußten Wünsche ausreichend verkleiden kann.

»Diesen nächtlichen Nachlaß der Verdrängung macht sich die unbewußte Regung zunutze, um mit dem Traum zum Bewußtsein vorzudringen. Der Verdrängungswiderstand des Ichs ist aber auch im Schlafe nicht aufgehoben, sondern bloß herabgesetzt worden. Ein Rest von ihm ist als *Traumzensur* verblieben und verbietet nun der unbewußten Wunschregung, sich in den Formen zu äußern, die ihr eigentlich angemessen wären. Infolge der Strenge der Traumzensur müssen sich die latenten Traumgedanken Abänderungen und Abschwächungen gefallen lassen, die den verpönten Sinn des Traumes unkenntlich machen. Dies ist die Erklärung der *Traumentstellung,* welcher der manifeste Traum seine auffälligsten Charaktere verdankt. Daher die Berechtigung des Satzes: *Der Traum sei die (verkappte) Erfüllung eines (verdrängten) Wunsches.* Wir erkennen schon jetzt, daß der Traum gebaut ist wie ein neurotisches Symptom, er ist eine Kompromißbildung zwischen dem Anspruch einer verdrängten Triebregung und dem Widerstand einer zensurierenden Macht im Ich ... Den Prozeß, welcher unter Mitwirkung der Traumzensur die latenten Gedanken in den manifesten Trauminhalt überführt, habe ich die *Traumarbeit* genannt.«[8]

Die Zensur kann direkt auf den Trauminhalt einwirken, indem sie einen Teil des Inhalts verdrängt, was Lücken im Traum zur Folge hat. Häufiger zeigt sich die Zensur jedoch nur in den von der Traumarbeit bewerkstelligten Entstellungen.

»Überall, wo Lücken im manifesten Traum sind, hat die Traumzensur sie verschuldet. Wir sollten auch weitergehen und eine Äußerung der Zensur jedesmal dort erkennen, wo ein Traumelement besonders schwach, unbestimmt und zweifelhaft, unter anderen deutlicher ausgebildeten erinnert wird. Aber nur selten äußert sich diese Zensur so unverhohlen ... Weit öfter bringt sich die Zensur nach dem zweiten Typus zur Geltung, durch die Produktion von Abschwächungen, Annäherungen, Anspielungen an Stelle des Eigentlichen ... [Eine dritte Wirkungsweise der Traumzensur besteht in der Akzentverschiebung] ... Durch diese Verschiebung des Akzents, diese Umgruppierung der Inhaltselemente, wird der manifeste Traum den latenten Traumgedanken so unähnlich, daß niemand diese letzteren hinter dem ersteren vermuten würde.«[9]

Die Ablehnung der nach dem Erwachen getroffenen Deutung des Traumes ist ebenfalls das Werk der Zensur.

[8] (1925d) *Selbstdarstellung,* G. W., Bd. 14, S. 70 f.
[9] (1916–17) *Vorlesungen zur Einführung in die Psychoanalyse,* G. W., Bd. 11, S. 140.

»Was uns bei der Deutungsarbeit als Widerstand entgegentritt, das müssen wir nun als Traumzensur in die Traumarbeit eintragen. Der Deutungswiderstand ist nur die Objektivierung der Traumzensur. Er beweist uns auch, daß die Kraft der Zensur sich nicht damit erschöpft hat, die Traumentstellung herbeizuführen, und seither erloschen ist, sondern daß diese Zensur als dauernde Institution mit der Absicht, die Entstellung aufrecht zu halten, fortbesteht. Übrigens wie der Widerstand bei der Deutung für jedes Element in seiner Stärke wechselte, so ist auch die durch Zensur herbeigeführte Entstellung in demselben Traume für jedes Element verschieden groß ausgefallen.«[10]

Das Maß an Enstellung in einem bestimmten Traum hängt von dem Wunsch ab, der zensiert werden muß, sowie von der Strenge der Zensurforderungen.

»Auch halten Sie sich vor, daß die Traumentstellung zwei Faktoren proportional ist. Einerseits wird sie um so größer, je ärger der zu zensurierende Wunsch ist, andererseits aber auch, je strenger derzeit die Anforderungen der Zensur auftreten.«[11]

Versagen und scheinbares Versagen der Funktion der Traumzensur

Bei Angstträumen versagt die Zensur in ihrer Funktion, das Entstehen unangenehmer Affekte zu verhindern und den Schlaf zu erhalten.

»... den inneren Reiz des Triebanspruchs läßt der Schläfer gewähren und gestattet ihm die Befriedigung durch die Traumbildung, solange sich die latenten Traumgedanken der Bändigung durch die Zensur nicht entziehen. Droht aber diese Gefahr und wird der Traum allzu deutlich, so bricht der Schläfer den Traum ab und wacht erschreckt auf *(Angsttraum)*.«[12]

»... der Angsttraum [kommt] nur zustande, wenn die Zensur ganz oder teilweise überwältigt wird, und anderseits erleichtert es die Überwältigung der Zensur, wenn Angst als aktuelle Sensation aus somatischen Quellen bereits gegeben ist. Es wird so handgreiflich, in welcher Tendenz die Zensur ihres Amtes waltet, die Traumentstellung ausübt; es geschieht, *um die Entwicklung von Angst oder anderen Formen peinlichen Affekts zu verhüten.*«[13]

Manchmal kann ein angsterregender Traum dadurch geduldet und der Schlaf fortgesetzt werden, daß die Zensur den Gedanken »Es ist ja nur ein Traum« in den Traum einführt.

[10] Ibid., S. 141 f.
[11] Ibid., S. 144.
[12] (1925d) *Selbstdarstellung*, G. W., Bd. 14, S. 71.
[13] (1900a) *Die Traumdeutung*, G. W., Bd. 2/3, S. 274.

»Ich stelle mir vor, daß die verächtliche Kritik: Es ist ja nur ein Traum, dann im Traum auftritt, wenn die niemals ganz schlafende Zensur sich durch den bereits zugelassenen Traum überrumpelt fühlt. Es ist zu spät, ihn zu unterdrücken, somit begegnet sie mit jener Bemerkung der Angst, oder der peinlichen Empfindung, welche sich auf den Traum hin erhebt.«[14]

Manche manifest ›unsittlichen‹ Träume führen nicht zur Erregung von Angst und der Unterbrechung des Schlafes, weil der manifeste ›unsittliche‹ Inhalt bloß einen ganz anderen latenten Inhalt maskiert, weil der unbewußte Wunsch als fernliegend erlebt wird oder sich mit einem entsprechenden Element des Wachlebens verbindet.

»Man wird zunächst diese Träume der Deutung unterziehen und dann finden, daß einige von ihnen der Zensur keinen Anstoß geboten haben, weil sie im Grunde nichts Böses bedeuten. Es sind harmlose Prahlereien, Identifikationen, die eine Maske vortäuschen wollen; sie wurden nicht zensuriert, weil sie die Wahrheit sagten.«[15]

»Diese Träume [vom Tode teurer Verwandter] zeigen uns den recht ungewöhnlichen Fall verwirklicht, daß der durch den verdrängten Wunsch gebildete Traumgedanke jeder Zensur entgeht und unverändert in den Traum übertritt. Es müssen besondere Verhältnisse sein, die solches Schicksal ermöglichen. Ich finde die Begünstigung für diese Träume in folgenden zwei Momenten: Erstens gibt es keinen Wunsch, von dem wir uns ferner glauben; wir meinen, das zu wünschen könnte ›uns auch im Traume nicht einfallen‹, und darum ist die Traumzensur gegen dieses Ungeheuerliche nicht gerüstet, ähnlich etwa wie die Gesetzgebung *Solons* keine Strafe für den Vatermord aufzustellen wußte. Zweitens aber kommt dem verdrängten und nicht geahnten Wunsch gerade hier besonders häufig ein Tagesrest entgegen in Gestalt einer *Sorge* um das Leben der teuren Person. Diese Sorge kann sich nicht anders in den Traum eintragen, als indem sie sich des gleichlautenden Wunsches bedient; der Wunsch aber kann sich mit der am Tage rege gewordenen Sorge maskieren.«[16]

Strafträume

Als Strafträume bezeichnete Freud die Kategorie von Träumen, bei denen die Zensur nicht nur die Entstellung der verbotenen unbewußten Wünsche herbeiführt, sondern darüber hinaus einen Traum bildet, der

---

[14] Ibid., S. 493.
[15] (1925i) ›Einige Nachträge zum Ganzen der Traumdeutung‹, G. W., Bd. 1, S. 566.
[16] (1900a) *Die Traumdeutung*, G. W., Bd. 2/3, S. 273.

den Wunsch enthält, der Träumer möge für seine verbotenen Regungen bestraft werden.

»Auch die Strafträume sind Wunscherfüllungen, aber nicht solche der Triebregungen, sondern der kritisierenden, zensurierenden und strafenden Instanz im Seelenleben. Wenn wir einen reinen Straftraum vor uns haben, so gestattet uns eine leichte Gedankenoperation, den Wunschtraum wieder herzustellen, auf den der Straftraum die richtige Entgegnung ist, der für den manifesten Traum durch diese Zurückweisung ersetzt wurde.«[17]

[17] (1933a) *Neue Folge der Vorlesungen zur Einführung in die Psychoanalyse,* G. W., Bd. 15, S. 28 f.

14
Traumarbeit

Die Traumarbeit ist die psychische Tätigkeit, die den latenten Trauminhalt in den manifesten Inhalt verwandelt. Diese Verwandlung besteht in der Verdichtung des Materials, der Verschiebung seiner Besetzungen und seiner Veränderung in Bilder und dramatische Situationen. In der Regel, aber nicht immer, endet die Traumarbeit mit der sekundären Bearbeitung, d. h. mit der Formung der Traumelemente zu einem verständlichen und zusammenhängenden Ganzen: der Traumfassade. Erst nach 1923 betrachtete Freud die sekundäre Bearbeitung nicht mehr als ein im strengen Sinne konstitutives Moment der Traumarbeit (s. Konzept: *Sekundäre Bearbeitung*).
Die Merkmale der Traumarbeit sind ganz andere als die des wachen Denkens:

>»Sie [die Traumarbeit] ist nicht etwa nachlässiger, inkorrekter, vergeßlicher, unvollständiger als das wache Denken; sie ist etwas davon qualitativ völlig Verschiedenes und darum zunächst nicht mit ihm vergleichbar. Sie denkt, rechnet, urteilt überhaupt nicht, sondern sie beschränkt sich darauf umzuformen. Sie läßt sich erschöpfend beschreiben, wenn man die Bedingungen ins Auge faßt, denen ihr Erzeugnis zu genügen hat. Dieses Produkt, der Traum, soll vor allem der *Zensur* entzogen werden und zu diesem Zwecke bedient sich die Traumarbeit der *Verschiebung der psychischen Intensitäten* bis zur Umwertung aller psychischen Werte; es sollen Gedanken ausschließlich oder vorwiegend in dem Material visueller und akustischer Erinnerungsspuren wiedergegeben werden, und aus dieser Anforderung erwächst für die Traumarbeit die *Rücksicht auf Darstellbarkeit,* der sie durch neue Verschiebungen entspricht. Es sollen (wahrscheinlich) größere Intensitäten hergestellt werden, als in den Traumgedanken nächtlich zur Verfügung stehen, und diesem Zwecke dient die ausgiebige *Verdichtung,* die mit den Bestandteilen der Traumgedanken vorgenommen wird ... Nur ein Stück der Traumarbeit, die in ihrem Ausmaß inkonstante Überarbeitung durch das zum Teil geweckte Wachdenken, fügt sich etwa der Auffassung, welche [andere] Autoren für die gesamte Tätigkeit der Traumbildung geltend machen wollten.«[1]

Die Funktion der Traumarbeit ist: (a) aus den latenten Traumgedanken den vorbewußten Traumwunsch zu formen, welcher der *unbewuß-*

[1] (1900a) *Die Traumdeutung,* G. W., Bd. 2/3, S. 511 f.

ten Regung Ausdruck gibt in dem Material der vorbewußten Tagesreste;[2] und (b) diesen Wunsch zum Bewußtsein zu bringen und ihn als erfüllt darzustellen:

>»Die halluzinatorische Wunschpsychose – im Traume oder anderwärts – [vollzieht] zwei keineswegs ineinander fallende Leistungen. Sie bringt nicht nur verborgene oder verdrängte Wünsche zum Bewußtsein, sondern stellt sie auch unter vollem Glauben als erfüllt dar.«[3]

Die Funktionen der Traumarbeit werden so ausgeführt, daß das, was bewußt wird, ein *Kompromiß* ist, der die verdrängten, dynamisch unbewußten und Befriedigung suchenden Strebungen (durch die Darstellung des erfüllten Wunsches) ebenso zufriedenstellt wie die Zensur (durch die Verhüllung des in diesem Wunsch enthaltenen verdrängten Materials). Auf diese Weise bleibt die Hauptfunktion des Traumes als Hüter des Schlafes erhalten:

>»*Verdrängung – Nachlaß der Zensur – Kompromißbildung,* dies ist aber das Grundschema für die Entstehung sehr vieler anderer psychopathischer Bildungen in gleicher Weise wie für den Traum, und bei der Kompromißbildung werden hier wie dort die Vorgänge der Verdichtung und Verschiebung und die Inanspruchnahme oberflächlicher Assoziationen beobachtet, welche wir bei der Traumarbeit kennen gelernt haben.«[4]

Die Bildung des Traumwunsches durch die Instanz der Traumarbeit erzwingt eine Umkehrung des progredienten Ablaufs der Erregung, so daß sie einen rückläufigen Weg vom Vorbewußten »durch das Unbewußte zu der dem Bewußtsein sich aufdrängenden Wahrnehmung« nimmt. Diese topische Regression bedeutet gleichzeitig eine Rückkehr zur frühen Stufe der halluzinatorischen Wunscherfüllung:

>»Was bei der Traumbildung wirklich geschieht, ist eine sehr merkwürdige und ganz unvorhergesehene Entscheidung. Der im *Vbw* angesponnene und durch das *Ubw* verstärkte Vorgang nimmt einen rückläufigen Weg durch das *Ubw* zu der dem Bewußtsein sich aufdrängenden Wahrnehmung. Diese *Regression* ist die dritte Phase der Traumbildung. Wir wiederholen hier zur Übersicht die früheren: Verstärkung der *vbw* Tagesreste durch das *Ubw* – Herstellung des Traumwunsches ... Die Rückwendung des Ablaufes der Erregung vom *Vbw* durch das *Ubw* zur Wahrnehmung ist gleichzeitig die Rückkehr zu der frühen Stufe der halluzinatorischen Wunscherfüllung.«

Bei dieser Regression werden Gedanken in – vorwiegend visuelle –

---

2 (1917 [1915]) ›Metapsychologische Ergänzung zur Traumlehre‹, G. W., Bd. 10, S. 417.
3 Ibid., S. 421.
4 (1901a) *Über den Traum,* G. W., Bd. 2/3, S. 690.

Bilder verwandelt, d. h. »Wortvorstellungen [werden] auf die ihnen entsprechenden Sachvorstellungen zurückgeführt, im ganzen so, als ob eine Rücksicht auf *Darstellbarkeit* den Prozeß beherrschen würde«[5].

»Ist erst der abstrakt ausgedrückt unbrauchbare Traumgedanke in eine bildliche Sprache umgeformt, so ergeben sich zwischen diesem neuen Ausdruck und dem übrigen Traummaterial leichter als vorher die Berührungen und Identitäten, welcher die Traumarbeit bedarf, und die sie schafft, wo sie nicht vorhanden sind, denn die konkreten Termini sind in jeder Sprache ihrer Entwicklung zufolge anknüpfungsreicher als die begrifflichen.«[6]

»Nach vollzogener Regression erübrigt eine Reihe von Besetzungen im System *Ubw,* Besetzungen von Sacherinnerungen, auf welche der psychische Primärvorgang einwirkt, bis er durch deren Verdichtung und Verschiebung der Besetzungen zwischen ihnen den manifesten Trauminhalt gestaltet hat.«[7]

Die Traumarbeit ist abgeschlossen, wenn der Gedankeninhalt (die durch die Regression verwandelten und zu einem Wunsch umgearbeiteten Traumgedanken) als sinnliche Wahrnehmung ins Bewußtsein eintritt und dabei die sekundäre Bearbeitung erfährt, der jeder Wahrnehmungsinhalt unterliegt: Lücken füllen, Verbindungsglieder einfügen usw.

»Die Vollendung des Traumvorganges liegt darin, daß der regressiv verwandelte, zu einer Wunschphantasie umgearbeitete Gedankeninhalt als sinnliche Wahrnehmung bewußt wird, wobei er die sekundäre Bearbeitung erfährt, welcher jeder Wahrnehmungsinhalt unterliegt. Wir sagen, der Traumwunsch wird *halluziniert* und findet als Halluzination den Glauben an die Realität seiner Erfüllung ... Die Bildung der Wunschphantasie und deren Regression zur Halluzination sind die wesentlichsten Stücke der Traumarbeit.«[8]

Wenn die sekundäre Bearbeitung fehlt oder unvollständig ist, ermangelt der manifeste Traum einer glatten Fassade, und er weist Lücken und innere Widersprüche auf.

Die Verhüllung des verdrängten Materials, das andernfalls nicht zum Bewußtsein zugelassen würde, geschieht also durch die Traumarbeit, für deren Tätigkeit die Regression zur Wahrnehmung – kein eigentlich konstitutives Element der Traumarbeit selbst – eine wesentliche Voraussetzung bildet. Der eigentlichen Traumarbeit zuzuschreiben sind:

5 (1917d [1915]) ›Metapsychologische Ergänzung zur Traumlehre‹, G. W., Bd. 10, S. 418.
6 (1900a) *Die Traumdeutung,* G. W., Bd. 2/3, S. 345.
7 (1917d [1915]) ›Metapsychologische Ergänzung zur Traumlehre‹, G. W., Bd. 10, S. 418.
8 Ibid., S. 420; vgl. a. (1933a) *Neue Folge der Vorlesungen zur Einführung in die Psychoanalyse,* G. W., Bd. 15, S. 20.

Verdichtung, Verschiebung, anschauliche Darstellung und – in geringerem Maße – sekundäre Bearbeitung:

»Andere als die vier erwähnten Tätigkeiten sind bei der Traumarbeit nicht zu entdecken. Halten wir an der Begriffsbestimmung fest, daß ›Traumarbeit‹ die Überführung der Traumgedanken in den Trauminhalt bezeichnet, so müssen wir uns sagen, die Traumarbeit sei nicht schöpferisch, sie entwickle keine ihr eigentümliche Phantasie, sie urteilt nicht, schließt nicht, sie leistet überhaupt nichts anderes als das Material zu verdichten, verschieben und auf Anschaulichkeit umzuarbeiten, wozu noch das inkonstante letzte Stückchen deutender Bearbeitung hinzukommt [sekundäre Bearbeitung].«[9]

Urteile, Kritik, logisches Schließen, mathematische Berechnungen, Unterhaltungen usw. sind entweder Ausdruck späteren Nachdenkens über den Traum oder – häufiger – Bruchstücke, die in den latenten Traumgedanken bereits vorhanden waren.

Die Traumarbeit wirkt nicht immer auf alle Elemente der latenten Traumgedanken mit gleicher Kraft ein; während manche extrem entstellt werden, können andere praktisch unverändert in den manifesten Trauminhalt eingehen.

Freud diskutierte auch die Frage der zeitlichen Ordnung der einzelnen Aspekte der Traumarbeit (Verschiebung, Verdichtung, Darstellungsfähigkeit) in der Traumbildung:

»[Man müßte] zu bestimmen versuchen, an welchen Stationen der Regression die verschiedenen Umwandlungen der Traumgedanken vor sich gehen. Dieser Versuch ist noch nicht ernsthaft unternommen worden; es läßt sich aber wenigstens von der Verschiebung mit Sicherheit angeben, daß sie an dem Gedankenmaterial erfolgen muß, während es sich auf der Stufe der unbewußten Vorgänge befindet. Die Verdichtung wird man sich wahrscheinlich als einen über den ganzen Verlauf sich erstreckenden Vorgang bis zum Anlangen in der Wahrnehmungsregion vorzustellen haben, im allgemeinen aber sich mit der Annahme einer gleichzeitig erfolgenden Wirkung aller bei der Traumbildung beteiligten Kräfte begnügen ... [Ich] möchte mich der Aufstellung getrauen, daß der den Traum vorbereitende Vorgang der Traumarbeit in die Region des Unbewußten zu verlegen ist. Im ganzen wären also bei der Traumbildung, grob genommen, drei Stadien zu unterscheiden: erstens die Versetzung der vorbewußten Tagesreste ins Unbewußte, woran die Bedingungen des Schlafzustandes mitbeteiligt sein müßten, sodann die eigentliche Traumarbeit im Unbewußten, und drittens die Regression des so

[9] (1901a) *Über den Traum*, G. W., Bd. 2/3, S. 680 f.

bearbeiteten Traummaterials auf die Wahrnehmung, als welche der Traum bewußt wird.«[10]

An anderer Stelle beschäftigt sich Freud mit demselben Problem und sagt, die Annahme einer strengen zeitlichen Folge im Prozeß der Traumbildung entspreche nicht den Tatsachen; sie sei nur aus Gründen der Darstellung gemacht worden. Er schreibt:

>Ich glaube aber nicht, daß es notwendig ist, anzunehmen, die Traumvorgänge hielten bis zum Bewußtwerden wirklich die zeitliche Folge ein, die wir beschrieben haben; es sei zuerst der übertragene Traumwunsch vorhanden, dann gehe die Entstellung durch die Zensur vor sich, darauf folge die Richtungsänderung der Regression usw. Wir haben eine solche Sukzession bei der Beschreibung herstellen müssen; in Wirklichkeit handelt es sich wohl vielmehr um gleichzeitiges Erproben dieser und jener Wege, um ein Hin- und Herwogen der Erregung, bis endlich durch deren zweckmäßigste Anhäufung gerade die eine Gruppierung die bleibende wird ... [Ich glaube], daß die Traumarbeit oft mehr als einen Tag und eine Nacht braucht, um ihr Ergebnis zu liefern, wobei dann die außerordentliche Kunst im Aufbau des Traums alles Wunderbare verliert ... Es ist wie mit einem Feuerwerk, das stundenlang hergerichtet und dann in einem Moment entzündet wird.«[11]

[10] (1905c) *Der Witz und seine Beziehung zum Unbewußten*, G. W., Bd. 6, S. 187 f.
[11] (1900a) *Die Traumdeutung*, G. W., Bd. 2/3, S. 581 f.

15
Entstellung im Traum

Mit dem Terminus »Entstellung« bezeichnet Freud den Vorgang der Verhüllung oder Verstellung, der sich vollziehen muß, ehe unbewußtes und vorbewußtes Material *(der latente Trauminhalt)* in der Form eines *manifesten Traums* Zugang zum Bewußtsein erlangen kann: »Die Traumentstellung ist dasjenige, was uns den Traum fremdartig und unverständlich erscheinen läßt.«[1] Und:

> »Das Studium der Traumarbeit lehrt uns an einem ausgezeichneten Beispiel, wie unbewußtes Material aus dem Es, ursprüngliches und verdrängtes, sich dem Ich aufdrängt, vorbewußt wird und durch das Sträuben des Ichs jene Veränderungen erfährt, die wir als die *Traumentstellung* kennen.«[2]

Die Entstellung »ist zu einem Teil die Folge der Überführung der Traumgedanken in eine andere, als *archaisch* zu bezeichnende Ausdrucksweise« (Symbolbildung eingeschlossen), die – infolge der Regression – von den Gesetzen des Primärprozesses beherrscht ist. Entstellung ist also das Werk der *Traumarbeit,*[3] das durch die Vorgänge der Verdichtung, der Verschiebung von Besetzung, der Darstellung in bildhafter Form und der sekundären Bearbeitung – die bei dem Versuch, dem Traum eine oberflächlich verständliche und widerspruchsfreie Fassade zu geben, den latenten Inhalt weiter verhüllt – zustande gebracht wird.[4] (S. Konzept: *Traumarbeit.)* Zum anderen Teil ist die Entstellung das Resultat der einschränkenden und kritischen Wirkungen der an den unbewußten Wünschen und deren Abkömmlingen geübten Zensur.[5]

Traumentstellung ist notwendig, weil es eine Funktion der Zensur ist, *»die Entwicklung von Angst oder anderen Formen peinlichen Affekts zu verhüten«*[6]. Wenn der verdrängte Wunsch ungenügend verhüllt ist, entsteht regelmäßig ein Angsttraum, der den Schlaf unterbricht. »Die Angst ist hier der Ersatz für die Traumentstellung.«[7] Wird die Angst

---

[1] (1916–17) *Vorlesungen zur Einführung in die Psychoanalyse,* G. W., Bd. 11, S. 136.
[2] (1940a [1938]) *Abriß der Psychoanalyse,* G. W., Bd. 17, S. 88.
[3] (1923a) »Psychoanalyse« und »Libidotheorie«, G. W., Bd. 13, S. 218.
[4] (1900a) *Die Traumdeutung,* G. W., Bd. 2/3, S. 492 ff.
[5] (1923a) »Psychoanalyse« und »Libidotheorie«, G. W., Bd. 13, S. 218; vgl. a. (1901a) *Über den Traum,* G. W., Bd. 2/3, S. 690.
[6] (1900a) *Die Traumdeutung,* G. W., Bd. 2/3, S. 274.
[7] (1901a) *Über den Traum,* G. W., Bd. 2/3, S. 688.

jedoch durch erfolgreiche Entstellung des anstößigen Inhalts vermieden, kann der Schlaf ungestört fortgesetzt werden.

».. . die durch die Zensur herbeigeführte Entstellung in demselben Traume [fällt] für jedes Element verschieden groß aus«[8]. Sie ist zwei Faktoren proportional. »Einerseits wird sie um so größer, je ärger der zu zensurierende Wunsch ist, andererseits aber auch, je strenger derzeit die Anforderungen der Zensur auftreten.«[9] In Träumen von Erwachsenen, die von drängenden körperlichen Bedürfnissen erregt worden sind, kann die Entstellung gering sein oder ganz fehlen.[10]

In Kinderträumen ist die Entstellung ebenfalls minimal; sie sind in der Regel »einfache und unverhüllte Wunscherfüllungen«.[11] Doch auch in diesen Träumen findet sich ein gewisses Maß an Entstellung, das darin besteht, daß der in den *latenten Traumgedanken* enthaltene Wunsch als erfüllt dargestellt wird.[12]

Affekte werden im Traum in einer Weise behandelt, die die in ihm beobachtete Entstellung verstärkt. Freud führte aus, »daß Vorstellungsinhalte [im Traum] nicht die Affektwirkung mit sich bringen, die wir als notwendig im wachen Denken erwarten würden«, obwohl es andererseits Fälle gebe, in denen eine »intensive Affektäußerung bei einem Inhalte auftritt, der zur Entbindung von Affekt keinen Anlaß zu bieten scheint«. Zur Erklärung dieser Situation sagte er:

»Dieses Rätsel des Traumes verschwindet ... wenn wir vom manifesten Trauminhalt zum latenten übergehen ... Die Analyse lehrt uns, *daß die Vorstellungsinhalte Verschiebungen und Ersetzungen erfahren haben, während die Affekte unverrückt geblieben sind.*«[13]

Die Entstellung kann in allen Phasen der Traumbildung stattfinden, sogar noch beim Versuch, den manifesten Traum nach dem Erwachen zu erinnern:

»Daß der Traum von der Erinnerung entstellt und verstümmelt wird ... [ist] nur das letzte manifeste Stück einer von Anfang der Traumbildung an wirksamen Entstellungsarbeit.«[14]

Das Vergessen von Träumen geht ebenso wie die Schwierigkeiten bei der Deutung auf den andauernden Widerstand der für die Entstellung verantwortlichen Zensur zurück.[15]

[8] (1916–17) *Vorlesungen zur Einführung in die Psychoanalyse*, G. W., Bd. 11, S. 142.
[9] Ibid., S. 144.
[10] (1901a) *Über den Traum*, G. W., Bd. 2/3, S. 659.
[11] Ibid., S. 658; s. a. (1900a) *Die Traumdeutung*, G. W., Bd. 2/3, S. 132–136.
[12] (1916–17 *Vorlesungen zur Einführung in die Psychoanalyse*, G. W., Bd. 11, S. 128.
[13] (1900a) *Die Traumdeutung*, G. W., Bd. 2/3, S. 463.
[14] Ibid., S. 595.
[15] Ibid., S. 529.

16
Rücksicht auf Darstellbarkeit

Plastische Darstellung

»Darstellbarkeit« bezieht sich auf einen Aspekt der Traumarbeit. Sie dient der Funktion, Gedanken und Impulse so zu verändern, daß sie (meist in visueller Form) als Teil des manifesten Traums dargestellt werden können; gleichzeitig dient sie auch den Interessen der Zensur und der Verdichtung.

> »Der Vorteil, und somit die Absicht dieses Ersatzes liegt auf der Hand. Das Bildliche ist für den Traum *darstellungsfähig*, läßt sich in eine Situation einfügen, wo der abstrakte Ausdruck der Traumdarstellung ähnliche Schwierigkeiten bereiten würde wie etwa ein politischer Leitartikel einer Zeitung der Illustration. Aber nicht nur die Darstellbarkeit, auch die Interessen der Verdichtung und der Zensur können bei diesem Tausche gewinnen. Ist erst der abstrakt ausgedrückt unbrauchbare Traumgedanke in eine bildliche Sprache umgeformt, so ergeben sich zwischen diesem neuen Ausdruck und dem übrigen Traummaterial leichter als vorher die Berührungen und Identitäten, welcher die Traumarbeit bedarf, und die sie schafft, wo sie nicht vorhanden sind.«[1]

Während die Hauptfunktion der Verdichtung und Verschiebung darin besteht, den Inhalt der latenten Traumgedanken und die Beziehungen zwischen ihnen zu entstellen, sorgt die Darstellbarkeit in erster Linie dafür, daß die entstellten latenten Traumgedanken »zur Darstellung in visuellen Bildern hergerichtet« werden.[2] Das psychische Material, dessen sich der Traum bedient, wird aus Gründen der Darstellbarkeit auf einen möglichst knappen und einheitlichen Ausdruck reduziert.

Freud betrachtet (neben der Verdichtung und der Verschiebung) die Rücksicht auf Darstellbarkeit als den dritten wichtigen Faktor der Traumarbeit, der für die Entstellung der Traumgedanken und ihre Überführung in den manifesten Trauminhalt verantwortlich ist. Dieser dritte Aspekt der Traumarbeit bemüht sich vorwiegend um die Darstellbarkeit in visuellen Bildern.

> »Unter den verschiedenen Nebenanknüpfungen an die wesentlichen Traumgedanken wird diejenige bevorzugt werden, welche eine visuelle Darstellung erlaubt, und die Traumarbeit scheut nicht die

---

[1] (1900a) *Die Traumdeutung*, G. W., Bd. 2/3, S. 345.
[2] (1923a) ›»Psychoanalyse« und »Libidotheorie«‹, G. W., Bd. 13, S. 217.

Mühe, den spröden Gedanken etwa zuerst in eine andere sprachliche Form umzugießen, sei diese auch die ungewöhnlichere, wenn sie nur die Darstellung ermöglicht und so der psychologischen Bedrängnis des eingeklemmten Denkens ein Ende macht. Diese Umleerung des Gedankeninhalts in eine andere Form kann sich aber gleichzeitig in den Dienst der Verdichtungsarbeit stellen und Beziehungen zu einem anderen Gedanken schaffen, die sonst nicht vorhanden wären.«[3]

Die bildhafte Darstellung im Traum ist eng mit der Regression zur Wahrnehmung verknüpft, die vom Schlafzustand herbeigeführt wird. Weil der in den latenten Traumgedanken enthaltenen Triebregung der Weg zur Motilität versperrt ist, »[ist sie] genötigt, die rückläufige Richtung zur Wahrnehmung einzuschlagen und sich mit einer halluzinierten Befriedigung zu begnügen. Die latenten Traumgedanken werden also in eine Summe von Sinnesbildern und visuellen Szenen umgesetzt. Auf diesem Wege geschieht das mit ihnen, was uns so neuartig und befremdend erscheint.«[4]

Eine der Hauptursachen für diesen Eindruck des Neuen und Befremdenden ist die Verwendung archaischer Symbole im Traum:

»Es entspricht sowohl der archaischen Regression im seelischen Apparat wie den Anforderungen der Zensur, wenn die Darstellung von gewissen Objekten und Vorgängen durch Symbole, die dem bewußten Denken fremd geworden sind, in reichem Ausmaß verwendet wird.«[5]

Die Verfügbarkeit archaischer Symbole macht es möglich, daß mehrere Vorstellungen oder Gedanken durch ein einziges Bild oder Wort dargestellt werden. In diesem Kontext kommt Freud auch zu dem Schluß, »daß man keine besondere symbolisierende Tätigkeit der Seele bei der Traumarbeit anzunehmen braucht, sondern daß der Traum sich solcher Symbolisierungen, welche im unbewußten Denken bereits fertig enthalten sind, bedient, weil sie wegen ihrer Darstellbarkeit, zumeist auch wegen ihrer Zensurfreiheit, den Anforderungen der Traumbildung besser genügen«[6].

Durch die »Rücksicht auf Darstellbarkeit« wird auch die Verschiebung erleichtert, da eine Vorstellung (oder ein Bild) eine andere ersetzen kann, wenn sie assoziativ mit ihr verknüpft ist. Das heißt, wenn die Traumgedanken in plastischer Form dargestellt sind, können die Besetzungen leichter verschoben oder bewegt werden; der manifeste

---

[3] (1900a) *Die Traumdeutung,* G. W., Bd. 2/3, S. 349.
[4] (1933a) *Neue Folge der Vorlesungen zur Einführung in die Psychoanalyse,* G. W., Bd. 15, S. 20.
[5] Ibid., S. 20.
[6] (1900a) *Die Traumdeutung,* G. W., Bd. 2/3, S. 354.

Traum erscheint dann folglich als eine verdichtete Version der entstellten Traumgedanken, Empfindungen und Wünsche, die den latenten Trauminhalt ausmachen[7], »denn die konkreten Termini sind in jeder Sprache ihrer Entwicklung zufolge anknüpfungsreicher als die begrifflichen«[8].

Die Verwandlung von Gedanken oder Vorstellungen in Bilder folgt einem regredienten Weg: Wortvorstellungen werden auf die ihnen entsprechenden ursprünglichen – infantilen – Sachvorstellungen zurückgeführt. In bezug auf die Regression der vorbewußten Tagesreste, die sich bei der Traumbildung vollzieht, sagt Freud:

> »Gedanken werden dabei in – vorwiegend visuelle – Bilder umgesetzt, also Wortvorstellungen auf die ihnen entsprechenden Sachvorstellungen zurückgeführt, im ganzen so, als ob eine Rücksicht auf *Darstellbarkeit* den Prozeß beherrschen würde.«[9]

Die Rücksicht auf Darstellbarkeit verlangt, daß die Traumarbeit genügend flexibel ist, Wortvorstellungen so lange auszutauschen, bis eine für die plastische Darstellung geeignete gefunden ist.

> »Es ist sehr bemerkenswert, wie wenig die Traumarbeit an den Wortvorstellungen festhält; sie ist jederzeit bereit, die Worte miteinander zu vertauschen, bis sie jenen Ausdruck findet, welcher der plastischen Darstellung die günstigste Handhabe bietet.«[10] Und:
> »Worte werden vom Traum überhaupt häufig wie Dinge behandelt und erfahren dann dieselben Zusammensetzungen wie die Dingvorstellungen.«[11]

Im Prozeß der topischen Regression, der sich bei der Traumbildung vollzieht, wird das Gefüge der latenten Traumgedanken in sein Rohmaterial aufgelöst:

> »Wir heißen es Regression, wenn sich im Traum die Vorstellung in das sinnliche Bild rückverwandelt, aus dem sie irgendeinmal hervorgegangen ist … Wenn wir den Traumvorgang als eine Regression innerhalb des von uns angenommenen seelischen Apparats ansehen, so erklärt sich uns ohne weiteres die empirisch festgestellte Tatsache, daß alle Denkrelationen der Traumgedanken bei der Traumarbeit verlorengehen oder nur mühseligen Ausdruck finden. Diese Denkrelationen sind nach unserem Schema nicht in den ersten *Er*-Systemen [Erinnerungssystemen], sondern in weiter nach vorn liegenden enthalten und müssen bei der Regression bis auf die Wahrneh-

---

[7] Ibid., S. 666 f.
[8] Ibid., S. 345.
[9] (1917d [1915]) ›Metapsychologische Ergänzung zur Traumlehre‹, G. W., Bd. 10, S. 418.
[10] Ibid., S. 419.
[11] (1900a) *Die Traumdeutung*, G. W., Bd. 2/3, S. 301 f.

mungsbilder ihren Ausdruck einbüßen. *Das Gefüge der Traumge-danken wird bei der Regression in sein Rohmaterial aufgelöst.*«[12] Freud sagt weiter, »daß nur solche Gedanken diese Verwandlung erfahren, welche mit unterdrückten oder unbewußt gebliebenen Erinnerungen in intimem Zusammenhange stehen«[13]. Schließlich macht Freud darauf aufmerksam, daß die im Traum stattfindenden Regressionen und Verwandlungen von Gedanken in Bilder zumindest teilweise von der Rücksicht auf Darstellbarkeit geleitet werden:

»Wir wollen auch nicht vergessen, uns zu merken, daß bei diesen pathologischen Fällen von Regression wie im Traume der Vorgang der Energieübertragung ein anderer sein dürfte als bei den Regressionen des normalen seelischen Lebens, da durch ihn eine volle halluzinatorische Besetzung der Wahrnehmungssysteme ermöglicht wird. Was wir bei der Analyse der Traumarbeit als die ›Rücksicht auf Darstellbarkeit‹ beschrieben haben, dürfte auf die *auswählende Anziehung* der von den Traumgedanken berührten, visuell erinnerten Szenen zu beziehen sein.«[14]

---

[12] Ibid., S. 548 f.
[13] Ibid., S. 549.
[14] Ibid., S. 553.

17
Regression im Traum

Der Regressionsprozeß, den Freud in Kapitel VII der *Traumdeutung* beschreibt, bezieht sich auf die Umkehrung der normalen Bewegungsrichtung der Denkvorgänge, durch welche die Traumgedanken eine halluzinatorische Darstellung erhalten. Diese Regression hat drei Aspekte, den topischen, den zeitlichen und den formalen, und sie ist von der Regression der Libido zu unterscheiden, die sich in der Wiederbelebung infantiler Wünsche im Traum zeigt. Freud stellt den psychischen Apparat hier nach dem Modell eines Reflexapparates dar. Ankommende Reize (innere oder äußere) werden am einen Ende empfangen (in Freuds Modell vom System Wahrnehmung), und der Erregungsprozeß verläuft im allgemeinen von diesem sensiblen Ende des Apparates zu seinem motorischen Ende, wo eine bewußte Abwehr stattfindet (vom Unbewußten über das Vorbewußte zum Bewußten). Das System Wahrnehmung kann Reize nur empfangen, aber keine Erinnerungsspuren von ihnen bewahren. Dies geschieht in der Reihe der hinter der Wahrnehmung liegenden (Erinnerungs-)Systeme. Im Laufe der Entwicklung eines Individuums und der Speicherung von Wahrnehmungsinhalten werden assoziative Verbindungen zwischen einzelnen Wahrnehmungen hergestellt. Diese assoziativen Verbindungen gehören den späteren Systemen an, die das sekundärprozeßhafte Denken ermöglichen. Die früheren Erinnerungssysteme enthalten keine derartigen Verbindungen, sondern nur einfache Erinnerungsbilder (Dingbesetzungen eher als Wortbesetzungen).[1]
Die im Traum stattfindende Regression ist eine Folge des Widerstandes der Zensur, die den Zugang eines Gedankens zum Bewußtsein auf dem normalen Wege (über das Vorbewußte) verhindert, und des gleichzeitig von den unbewußten Erinnerungen auf diesen Gedanken ausgeübten Zugs nach rückwärts.[2]

»Was im halluzinatorischen Traum vor sich geht, können wir nicht anders beschreiben, als indem wir sagen: Die Erregung nimmt einen *rückläufigen* Weg. Anstatt gegen das motorische Ende des Apparats pflanzt sie sich gegen das sensible fort und langt schließlich beim System Wahrnehmungen an. Heißen wir die Richtung, nach welcher sich der psychische Vorgang aus dem Unbewußten im Wachen fort-

---

[1] (1900a) *Die Traumdeutung*, G. W., Bd. 2/3, S. 541–548.
[2] Ibid., S. 549, 553, 579.

setzt, die *progrediente,* so dürfen wir vom Traum aussagen, er habe *regredienten* Charakter.

Diese Regression ist dann sicherlich eine der psychologischen Eigentümlichkeiten des Traumvorganges; aber wir dürfen nicht vergessen, daß sie dem Träumen nicht allein zukommt ... Während des Wachens aber reicht dieses Zurückgreifen niemals über die Erinnerungsbilder hinaus; es vermag die halluzinatorische Belebung der Wahrnehmungsbilder nicht zu erzeugen. Warum ist dies im Traume anders? Als wir von der Verdichtungsarbeit des Traumes sprachen, konnten wir der Annahme nicht ausweichen, daß durch die Traumarbeit die an den Vorstellungen haftenden Intensitäten von einer zur anderen voll übertragen werden. Wahrscheinlich ist es diese Abänderung des sonstigen psychischen Vorgangs, welche es ermöglicht, das System der *W* bis zur vollen sinnlichen Lebhaftigkeit in umgekehrte Richtung, von den Gedanken her, zu besetzen.«[3]

Und weiter:

»Wenn wir den Traumvorgang als eine Regression innerhalb des von uns angenommenen seelischen Apparats ansehen, so erklärt sich uns ohne weiteres die empirisch festgestellte Tatsache, daß alle Denkrelationen der Traumgedanken bei der Traumarbeit verlorengehen oder nur mühseligen Ausdruck finden. Diese Denkrelationen sind nach unserem Schema nicht in den ersten *Es*-Systemen [Erinnerungssystemen], sondern in weiter nach vorn liegenden enthalten und müssen bei der Regression bis auf die Wahrnehmungsbilder ihren Ausdruck einbüßen. *Das Gefüge der Traumgedanken wird bei der Regression in sein Rohmaterial aufgelöst.*«[4]

Zusammenfassung:

»Wir haben gemeint, diese Regression sei wohl überall, wo sie vorkommt, eine Wirkung des Widerstands, der sich dem Vordringen des Gedankens zum Bewußtsein auf dem normalen Wege entgegensetzt, sowie der gleichzeitigen Anziehung, welche als sinnesstark vorhandene Erinnerungen auf ihn ausüben. Beim Traume käme vielleicht zur Erleichterung der Regression hiezu das Aufhören der progredienten Tagesströmung von den Sinnesorganen ... Über die Regression wollen wir noch bemerken, daß sie in der Theorie der neurotischen Symptombildung eine nicht minder wichtige Rolle wie in der des Traumes spielt. Wir unterscheiden dann eine dreifache Art der Regression: a) eine *topische* im Sinne des hier entwickelten Schemas der [psychischen] Systeme, b) eine *zeitliche,* insofern es sich um ein Rückgreifen auf ältere psychische Bildungen handelt, und c) eine *formale,* wenn primitive Ausdrucks- und Darstellungsweisen die

[3] Ibid., S. 547 f.
[4] Ibid., S. 548 f.

gewohnten ersetzen. Alle drei Arten von Regression sind aber im Grunde eines und treffen in den meisten Fällen zusammen, denn das zeitlich ältere ist zugleich das formal primitive und in der psychischen Topik dem Wahrnehmungsende nähere.«[5]

In der Ausgabe der *Traumdeutung* von 1919 fügte Freud hinzu:

»Wir können auch das Thema der Regression im Traume nicht verlassen, ohne einem Eindruck Worte zu leihen, der sich uns bereits wiederholt aufgedrängt hat, und der nach einer Vertiefung in das Studium der Psychoneurosen neuerdings verstärkt zurückkehren wird: Das Träumen sei im ganzen ein Stück Regression zu den frühesten Verhältnissen des Träumers, ein Wiederbeleben seiner Kindheit, der in ihr herrschend gewesenen Triebregungen und verfügbar gewesenen Ausdrucksweisen.«[6]

Dem Wunsch, der ins Bewußtsein zu gelangen sucht, wird der Weg von der Zensur versperrt; er wird entstellt, nun aber durch den Schlafzustand des Vorbewußten am weiteren Vordringen gehindert.

»Der Traumvorgang schlägt also den Weg der Regression ein, der gerade durch die Eigentümlichkeit des Schlafzustandes eröffnet ist, und folgt dabei der Anziehung, welche Erinnerungsgruppen auf ihn ausüben, die zum Teil selbst nur als visuelle Besetzungen, nicht als Übersetzung in die Zeichen der späteren Systeme vorhanden sind. Auf dem Wege zur Regression erwirbt er Darstellbarkeit ... Er hat jetzt das zweite Stück seines mehrmals geknickten Verlaufes zurückgelegt. Das erste Stück spannt sich progredient von den unbewußten Szenen oder Phantasien zum Vorbewußten; das zweite Stück strebt von der Zensurgrenze an wieder zu den Wahrnehmungen hin.«[7]

Freud vergleicht die Regression im Traum mit verschiedenen normalen und pathologischen Regressionsvorgängen. Bewußtes Erinnern und andere Vorgänge oder normales Denken implizieren eine regrediente Bewegung zurück zu dem Rohmaterial der Erinnerungsspuren, die dem komplexen Vorstellungsakt zugrunde liegen. Doch in diesen Fällen geht die Rückwärtsbewegung nicht über die Erinnerungsbilder hinaus, weil beim normalen Denken *nicht wie im Traum die Realitätsprüfung aufgehoben ist*. Die Bildung einer Wunschphantasie und deren Regression zur Halluzination finden sich auch in bestimmten psychotischen Zuständen, in denen die Funktion der Realitätsprüfung aufgehoben ist.[8]

Die bisher erwähnten Aspekte der Regression lassen sich als eine vor-

[5] [1914] (1900a) Ibid., S. 553 f.
[6] [1919] (1900a) Ibid., S. 554.
[7] (1900a) Ibid., S. 579.
[8] Ibid., S. 234–239.

übergehende Ichregression auffassen, da es sich darum handelt, daß auf frühe Ausdrucksweisen für Gedanken regrediert wird, die Realitätsprüfung zu funktionieren aufhört und Befriedigung auf primitivem Wege – durch Halluzinationen – gesucht wird. Diese Aspekte der Regression hat Freud sehr ausführlich diskutiert. Die libidinösen Aspekte der Regression im Traum werden zusammen mit den *Traumwünschen* behandelt. Die geäußerten Wünsche sind hauptsächlich einer früheren Phase der Libidoentwicklung angehörende infantile Wünsche, und Träume kehren zu infantilen Wünschen und Situationen zurück und drücken sie in infantiler Weise aus. Der Traum ist sowohl inhaltlich als auch formal regressiv; den schlafstörenden psychischen Reizen kann ohne eine solche Regression der psychischen Tätigkeit nicht begegnet werden.[9]

[9] (1916–17) *Vorlesungen zur Einführung in die Psychoanalyse*, G. W., Bd. 11, S. 183 bis 186.

18
Verdichtung im Traum

Verdichtung ist einer der wichtigsten Mechanismen der Traumarbeit[1] und zusammen mit der Verschiebung ein charakteristisches Merkmal der im System Unbewußtes wirksamen psychischen Primärprozesse:

»Durch den Prozeß der *Verschiebung* kann eine Vorstellung den ganzen Betrag ihrer Besetzung an eine andere abgeben, durch den der *Verdichtung* die ganze Besetzung mehrerer anderer an sich nehmen.«[2]

Dieses Zitat besagt, daß Verschiebung und Verdichtung zwei Aspekte ähnlicher Prozesse bezeichnen. Eine Vorstellung (Inhalt) verliert die Fähigkeit, Aufmerksamkeit auf sich zu ziehen, wenn Energie (Besetzung) von ihr abgezogen wird. Verdichtung bezeichnet den entgegengesetzten Prozeß, der – als Folge der Verschiebung – mehrere Besetzungsintensitäten (die ursprünglich an verschiedene Vorstellungen gebunden waren) hinter einem einzigen psychischen Inhalt (Vorstellung, Bild) zusammenzieht und dadurch seine Intensität und Wirksamkeit erhöht. Eine der klarsten Formulierungen dessen, was Freud mit dem Konzept der Verdichtung in bezug auf den Traum meint, findet sich in den *Vorlesungen zur Einführung:*

»Die erste Leistung der Traumarbeit ist die *Verdichtung*. Wir verstehen darunter die Tatsache, daß der manifeste Traum weniger Inhalt hat als der latente, also eine Art von abgekürzter Übersetzung des letzteren ist. Die Verdichtung kann eventuell einmal fehlen, sie ist in der Regel vorhanden, sehr häufig enorm. Sie schlägt niemals ins Gegenteil um, d. h. es kommt nicht vor, daß der manifeste Traum umfangund inhaltsreicher ist als der latente. Die Verdichtung kommt dadurch zustande, daß 1. gewisse latente Elemente überhaupt ausgelassen werden, 2. daß von manchen Komplexen des latenten Traumes nur ein Brocken in den manifesten übergeht, 3. daß latente Elemente, die etwas Gemeinsames haben, für den manifesten Traum zusammengelegt, zu einer Einheit verschmolzen werden.«[3]

Die Funktion der Verdichtung als eines Teils der Traumarbeit ist es, die Intensität bestimmter Vorstellungen unter den latenten Traumgedanken zu erhöhen.

---

[1] (1901a) *Über den Traum*, G. W., Bd. 2/3, S. 666.
[2] (1915e) ›Das Unbewußte‹, G. W., Bd. 10, S. 285 f.; vgl. a. ibid., S. 297 f.
[3] (1916–17) *Vorlesungen zur Einführung in die Psychoanalyse*, G. W., Bd. 11, S. 174; vgl. a. (1900a) *Die Traumdeutung*, G. W., Bd. 2/3, S. 285.

»Indem sich dieser Vorgang mehrmals wiederholt, kann die Intensität eines ganzen Gedankenzugs schließlich in einem einzigen Vorstellungselement gesammelt sein. Dies ist die Tatsache der *Kompression* oder *Verdichtung,* die wir während der Traumarbeit kennen gelernt haben.«[4]

»Die Richtung, nach welcher die Verdichtungen des Traumes fortschreiten, ist einerseits durch die korrekten vorbewußten Relationen der Traumgedanken, anderseits durch die Anziehung der visuellen Erinnerungen im Unbewußten vorgeschrieben. Der Erfolg der Verdichtungsarbeit erzielt jene Intensitäten, die zum Durchbruch gegen die Wahrnehmungssysteme erfordert werden.«[5]

Die Verbindung mit visuellen Erinnerungen und die Erzeugung von Wahrnehmungsintensitäten sind Merkmale, durch die sich Verdichtungsvorgänge und die Traumarbeit im ganzen vom wachen Denken unterscheiden:

»Wir haben auch [im normalen Seelenleben] Vorstellungen, die als Knotenpunkte oder als Endergebnisse ganzer Gedankenketten eine große psychische Bedeutung besitzen, aber diese Wertigkeit äußert sich in keinem für die innere Wahrnehmung *sinnfälligen* Charakter; das in ihr Vorgestellte wird darum in keiner Weise intensiver.«[6]

Die Verdichtung wirkt längs der »rückläufigen Richtung zur Wahrnehmung«, die einzuschlagen jede Triebregung und jeder latente Traumgedanke vom Schlafzustand gezwungen wird.

»Die latenten Traumgedanken werden also in eine Summe von Sinnesbildern und visuellen Szenen umgesetzt. Auf diesem Wege geschieht das mit ihnen, was uns so neuartig und befremdend erscheint . . . Solche von ihnen, die irgend einen Berührungspunkt auffinden lassen, werden zu neuen Einheiten *verdichtet.* Bei der Umsetzung der Gedanken in Bilder werden diejenigen unzweideutig bevorzugt, die eine derartige Zusammenlegung, Verdichtung, gestatten; als ob eine Kraft wirksam wäre, die das Material einer Pressung, Zusammendrängung, aussetzt.«[7]

Eine andere Stelle macht deutlich, daß Verdichtung auf den psychischen Inhalt einwirkt, bevor er die Wahrnehmungssysteme erreicht hat:

»Nach vollzogener Regression erübrigt eine Reihe von Besetzungen im System *Ubw,* Besetzungen von Sacherinnerungen, auf welche der

4 (1900a) *Die Traumdeutung,* G. W., Bd. 2/3, S. 600.
5 Ibid., S. 601.
6 Ibid., S. 600 f.
7 (1933a) *Neue Folge der Vorlesungen zur Einführung in die Psychoanalyse,* G. W., Bd. 15, S. 20.

psychische Primärvorgang einwirkt, bis er durch deren Verdichtung und Verschiebung der Besetzungen zwischen ihnen den manifesten Trauminhalt gestaltet hat.«[8]

Erst als Folge solcher Verdichtung des Inhalts und des Erwerbs zusätzlicher Besetzungsenergie von anderen Inhalten durch die Verschiebung werden jene Intensitäten erzielt, »die zum Durchbruch gegen die Wahrnehmungssysteme erfordert werden«[9].

»Infolge der Verdichtung kann dann ein Element im manifesten Traum zahlreichen Elementen in den latenten Traumgedanken entsprechen; umgekehrt kann aber auch ein Element der Traumgedanken durch mehrere Bilder im Traum vertreten werden.«[10]

In bezug auf Verdichtung und Verschiebung zeigt die Analyse von Träumen:

»Die Vorstellungen, die einander ihre Intensitäten übertragen, stehen in den *lockersten Beziehungen* zueinander, und sind durch solche Arten von Assoziationen verknüpft, welche von unserem Denken verschmäht und nur dem witzigen Effekt zur Ausnützung überlassen werden.«[11] Und: »Einander widersprechende Gedanken streben nicht danach, einander aufzuheben, sondern bestehen nebeneinander, setzen sich oft, *als ob kein Widerspruch* bestünde, zu Verdichtungspunkten zusammen.«[12]

Die einzigen logischen Beziehungen, denen die Verdichtung zugute kommt, sind Ähnlichkeit, Gemeinsamkeit, Übereinstimmung.

»Die Traumarbeit bedient sich dieser Fälle als Stützpunkte für die Traumverdichtung, indem sie alles, was solche Übereinstimmung zeigt, zu einer *neuen Einheit* zusammenzieht.«[13]

Dies gilt insbesondere für solche Wörter, »die ursprünglich bildlich und konkret gemeint waren und gegenwärtig im abgeblaßten, abstrakten Sinne gebraucht werden«[14]. Ein weiteres Merkmal der Verdichtung ist die Bildung von Kompromißvorstellungen aus ähnlichen Elementen:

»Irgend eine Ähnlichkeit der Dinge oder der Wortvorstellungen zwischen zwei Elementen des unbewußten Materials wird da zum Anlaß genommen, um ein Drittes, eine Misch- oder Kompromißvorstellung zu schaffen, welche im Trauminhalt ihre beiden Komponen-

[8] (1917d [1915]) ›Metapsychologische Ergänzung zur Traumlehre‹, G. W., Bd. 10, S. 418.
[9] (1900a) *Die Traumdeutung*, G. W., Bd. 2/3, S. 601.
[10] (1933a) *Neue Folge der Vorlesungen zur Einführung in die Psychoanalyse,* G. W., Bd. 15, S. 20 f.; vgl. a. (1901a) *Über den Traum,* G. W., Bd. 2/3, S. 665 f.
[11] (1900a) *Die Traumdeutung,* G. W., Bd. 2/3, S. 602.
[12] Ibid., S. 602.
[13] (1901a) *Über den Traum,* G. W., Bd. 2/3, S. 675.
[14] (1900a) *Die Traumdeutung,* G. W., Bd. 2/3, S. 412.

ten vertritt, und die infolge dieses Ursprungs so häufig mit widersprechenden Einzelbestimmungen ausgestattet ist.«[15]
Schließlich führt die Verdichtung zu Mischbildungen im manifesten
Inhalt, d. h. zu neuen Einheiten, die Züge enthalten,»die den Personen [die im Traum durch eine Person gedeckt werden] eigentümlich,
aber nicht gemeinsam sind«. Dies bezieht sich auf Namen, visuelle
Züge, Gebärden usw. Um die Zensur zu umgehen, vermeidet es der
Traum gewöhnlich, die gemeinsamen Elemente, die die Mischbildung
ermöglichen, darzustellen; die Mischbildung wird aus indifferenten Zügen der in ihr repräsentierten Personen aufgebaut.[16]

»Eine . . . Mischperson sieht etwa aus wie A, ist aber gekleidet wie
B, tut eine Verrichtung, wie man sie von C erinnert, und dabei ist
noch ein Wissen, daß es die Person D ist. Durch diese Mischbildung
wird natürlich etwas den vier Personen Gemeinsames besonders
hervorgehoben . . . Es ist das wie eine neue und flüchtige Begriffsbildung mit diesem Gemeinsamen als Kern. Durch das Übereinan-
derfallen der miteinander verdichteten Einzelnen entsteht in der Regel ein unscharfes, verschwommenes Bild, so ähnlich, wie wenn Sie
mehrere Aufnahmen auf die nämliche Platte bringen.«[17]

[15] (1901b) *Zur Psychopathologie des Alltagslebens*, G. W., Bd. 4, S. 67.
[16] (1900a) *Die Traumdeutung*, G. W., Bd. 2/3, S. 325–327.
[17] (1916–17) *Vorlesungen zur Einführung in die Psychoanalyse*, G. W., Bd. 11, S. 175.

19
Verschiebung im Traum

Verschiebung im Traum ist einer der beiden Hauptmechanismen der Traumarbeit.

>»*Traumverschiebung und Traumverdichtung* sind die beiden Werkmeister, deren Tätigkeit wir die Gestaltung des Traumes hauptsächlich zuschreiben dürfen.«[1]

Als solche ist die Verschiebung bei der im Traum stattfindenden Regression zur Wahrnehmung wirksam. Das Konzept der Verschiebung diente später auch zur Bezeichnung eines der Hauptabwehrmechanismen des Ichs; sofern es sich jedoch auf den Traum bezieht, bezeichnet es nur einen Aspekt des für das System Unbewußtes charakteristischen Primärprozesses, der auf das Traummaterial einwirkt. Dabei arbeitet die Verschiebung in der Regel mit der Verdichtung zusammen.

Als ein Aspekt des Primärprozesses hat die Verschiebung mit dem Schicksal von Besetzungsenergie zu tun. Im Unbewußten

>»herrscht eine weit größere Beweglichkeit der Besetzungsintensitäten. Durch den Prozeß der *Verschiebung* kann eine Vorstellung den ganzen Betrag ihrer Besetzung an eine andere abgeben, durch der *Verdichtung* die ganze Besetzung mehrerer anderer an sich nehmen.«[2]

Neben der Verdichtung ist die Verschiebung »die zweite Leistung der Traumarbeit«[3]. Sie – wir können hinzufügen: die Traumarbeit insgesamt – wird durch die Wirkung der »Traumzensur« erforderlich gemacht. Die Verschiebung im Traum äußert sich auf zweierlei Weise:

>»Ihre beiden Äußerungen sind erstens, daß ein latentes Element nicht durch einen eigenen Bestandteil, sondern durch etwas Entferntes, also durch eine Anspielung ersetzt wird, und zweitens, daß der psychische Akzent von einem wichtigen Element auf ein anderes, unwichtiges übergeht, so daß der Traum anders zentriert und fremdartig erscheint.«[4]

Freud entfaltet diese beiden Merkmale der Verschiebung und führt aus, daß die für eine Ersetzung im Traum verwendete Anspielung »durch die äußerlichsten und entlegensten Beziehungen mit dem Element, das sie ersetzt«, zusammenhängt und dadurch unverständlich ist.

[1] (1900a) *Die Traumdeutung*, G. W., Bd. 2/3, S. 313.
[2] (1915e) ›Das Unbewußte‹, G. W., Bd. 10, S. 285.
[3] (1916–17) *Vorlesungen zur Einführung in die Psychoanalyse*, G. W., Bd. 11, S. 177.
[4] Ibid., S. 177.

»Die Traumzensur hat eben nur dann ihr Ziel erreicht, wenn es ihr gelungen ist, den Rückweg von der Anspielung zum Eigentlichen unauffindbar zu machen.«[5]

Da die Anspielung sich auf mehrere Elemente der latenten Traumgedanken beziehen kann, begünstigt diese Form der Verschiebung auch die Verdichtung. Freud denkt an diese Möglichkeit, wenn er sagt, daß Verschiebungen »der Verdichtung dienstbar gemacht« wurden, indem »anstatt zweier Elemente ein mittleres Gemeinsames zwischen ihnen zur Aufnahme in den Traum gelangte«[6]. Die Akzentverschiebung ist ein für den Traum spezifisches Merkmal und »als Mittel des Gedankenausdrucks unerhört«, außer, um einen komischen Effekt zu erzielen.[7]

Verschiebungsvorgänge werden im allgemeinen durch die Rücksicht auf Darstellbarkeit bestimmt. »Die Verschiebung erfolgt in der Regel nach der Richtung, daß ein farbloser und abstrakter Ausdruck des Traumgedankens gegen einen bildlichen und konkreten eingetauscht wird«, damit er »darstellungsfähig« wird.[8]

»Daß durch die Traumarbeit die an den Vorstellungen haftenden Intensitäten von einer zur anderen voll übertragen [verschoben] werden«, ist wahrscheinlich die »Abänderung des sonstigen psychischen Vorgangs, welche es ermöglicht, das System der W[ahrnehmungen] bis zur vollen sinnlichen Lebhaftigkeit in umgekehrter Richtung, von den Gedanken her, zu besetzen«[9].

Die Verschiebung als Teil der Traumarbeit ermöglicht

»die Auswahl von Vorstellungen, welche weit genug entfernt von den beanstandeten sind, um Durchlaß bei der Zensur zu finden, und doch Abkömmlinge dieser sind, deren psychische Besetzung sie durch volle Übertragung auf sich übernommen haben. Die Verschiebungen fehlen darum bei keinem Traum.«[10]

In der *Traumdeutung* führt Freud aus, daß die Verschiebung sich auf eine Veränderung der »psychischen Wertigkeit«, »psychischer Intensitäten« oder des »Grades von Interesse« bezieht. Im Wachleben vorherrschende Vorstellungen haben »für das Bewußtsein besondere Lebhaftigkeit erlangt«; ihnen kommt »eine besonders hohe psychische Wertigkeit (ein gewisser Grad von Interesse)« zu. Indes:

»Wir machen nun die Erfahrung, daß diese Wertigkeit der einzelnen Elemente in den Traumgedanken für die Traumbildung nicht erhalten bleibt oder nicht in Betracht kommt ... Bei der Traumbil-

[5] Ibid., S. 177 f.
[6] (1900a) *Die Traumdeutung*, G. W., Bd. 2/3, S. 344.
[7] (1916–17) *Vorlesungen zur Einführung in die Psychoanalyse*, G. W., Bd. 11, S. 178.
[8] (1900a) *Die Traumdeutung*, G. W., Bd. 2/3, S. 345.
[9] Ibid., S. 548; vgl. a. ibid., S. 183.
[10] (1905c) *Der Witz und seine Beziehung zum Unbewußten*, G. W., Bd. 6, S. 195.

dung können diese wesentlichen, mit intensivem Interesse betonten Elemente nun so behandelt werden, als ob sie minderwertig wären, und an ihre Stelle treten im Traum andere Elemente, die in den Traumgedanken sicherlich minderwertig waren . . . Es liegt der Einfall nahe, daß bei der Traumarbeit eine psychische Macht sich äußert, die einerseits die psychisch hochwertigen Elemente ihrer Intensität entkleidet, und anderseits auf dem Wege *der Überdeterminierung* aus minderwertigen, neue Wertigkeiten schafft, die dann in den Trauminhalt gelangen. Wenn das so zugeht, so hat bei der Traumbildung eine *Übertragung und Verschiebung der psychischen Intensitäten* der einzelnen Elemente stattgefunden, als deren Folge die Textverschiedenheit von Trauminhalt und Traumgedanken erscheint.«[11]

Eine Stelle aus der *Neuen Folge der Vorlesungen* macht noch deutlicher, daß die psychischen Intensitäten, die bei der Traumbildung verschoben werden, von den Vorstellungsinhalten der latenten Traumgedanken, an die sie ursprünglich geheftet waren, getrennte Affekte sind:

»Die einzelnen Vorstellungen der Traumgedanken sind ja nicht gleichwertig, sie sind mit verschieden großen Affektbeträgen besetzt und dementsprechend vom Urteil als mehr oder minder wichtig, des Interesses würdig eingeschätzt. In der Traumarbeit werden diese Vorstellungen von den an ihnen haftenden Affekten getrennt; die Affekte werden für sich erledigt . . . so daß im Traum als Hauptsache in den Vordergrund gerückt scheint, was in den Traumgedanken nur eine Nebenrolle spielte, und umgekehrt das Wesentliche der Traumgedanken im Traum nur eine beiläufige, wenig deutliche Darstellung findet. Kein anderes Stück der Traumarbeit trägt soviel dazu bei, den Traum für den Träumer fremdartig und unbegreiflich zu machen. Die Verschiebung ist das Hauptmittel der *Traumentstellung,* welche sich die Traumgedanken unter dem Einfluß der Zensur gefallen lassen müssen.«[12]

An anderer Stelle:

»Der Erfolg dieser Verschiebung ist, daß der Trauminhalt dem Kern der Traumgedanken nicht mehr gleich sieht, daß der Traum nur eine Entstellung des Traumwunsches im Unbewußten wiedergibt.«[13]

Verschiebungen (und Verdichtungen) werden bei der Traumbildung häufig wirksam, nachdem eine topische Regression stattgefunden hat, bei der Gedanken

»in – vorwiegend visuelle – Bilder umgesetzt, also Wortvorstellungen auf die ihnen entsprechenden Sachvorstellungen zurückgeführt

[11] (1900a) *Die Traumdeutung,* G. W., Bd. 2/3, S. 311–313.
[12] (1933a) *Neue Folge der Vorlesungen zur Einführung in die Psychoanalyse,* G. W., Bd. 15, S. 21.
[13] (1900a) *Die Traumdeutung,* G. W., Bd. 2/3, S. 313.

[werden] ... Nach vollzogener Regression erübrigt eine Reihe von Besetzungen im System *Ubw,* Besetzungen von Sacherinnerungen, auf welche der psychische Primärvorgang einwirkt, bis er durch deren Verdichtung und Verschiebung der Besetzungen zwischen ihnen den manifesten Trauminhalt gestaltet hat.«[14]

Bei der Betrachtung der Wirkungen, zu der Verschiebung und Verdichtung bei getrennter oder bei gemeinsamer Arbeit im Traum führen, weist Freud darauf hin, daß bei getrennter Arbeit dieser beiden Funktionen im Trauminhalt eine »Mischvorstellung« entsteht, die gemeinsame Aspekte der ursprünglich getrennten Traumgedanken enthält. Er veranschaulicht dieses Phänomen durch eine Reihe von Beispielen[15], u. a. durch dieses:

»In einem von Ferenczi mitgeteilten Traume kam ein Mischgebilde vor, das aus der Person eines *Arztes* und aus einem *Pferde* zusammengesetzt war und überdies ein *Nachthemd* anhatte. Das Gemeinsame dieser drei Bestandteile ergab sich aus der Analyse, nachdem das Nachthemd als Anspielung auf den Vater der Träumerin in einer Kindheitsszene erkannt war. Es handelte sich in allen drei Fällen um Objekte ihrer geschlechtlichen Neugierde.«[16]

Wenn jedoch »Verdichtung und Verschiebung zum Effekt zusammenwirken«, entsteht keine Mischvorstellung, sondern etwas, was Freud ein »mittleres Gemeinsames« nennt. Er führt aus:

»Tritt zu dieser Verdichtung eine Verschiebung hinzu, so kommt es nicht zur Bildung einer Mischvorstellung, sondern eines *mittleren Gemeinsamen,* das sich ähnlich zu den einzelnen Elementen verhält wie die Resultierende im Kräfteparallelogramm zu ihren Komponenten. Im Inhalt eines meiner Träume ist z. B. von einer Injektion mit *Propylen* die Rede. In der Analyse gelange ich zunächst nur zu einem indifferenten, als Traumerreger wirksamen Erlebnis, bei welchem *Amylen* eine Rolle spielt. Die Vertauschung von Amylen und Propylen kann ich noch nicht rechtfertigen. Zu dem Gedankenkreis desselben Traumes gehört aber auch die Erinnerung an einen ersten Besuch in München, wo mir die *Propyläen* auffielen. Die näheren Umstände der Analyse legen es nahe anzunehmen, daß die Einwirkungen dieses zweiten Vorstellungskreises auf den ersten die Verschiebung von Amylen auf Propylen verschuldet hat. *Propylen* ist sozusagen die Mittelvorstellung zwischen *Amylen* und *Propyläen* und ist darum nach Art eines Kompromisses durch gleichzeitige Verdichtung und Verschiebung in den Trauminhalt gelangt.«[17]

[14] (1917d [1915]) ›Metapsychologische Ergänzung der Traumlehre‹, G. W., Bd. 10, S. 418.
[15] (1900a) *Die Traumdeutung*, G. W., Bd. 2/3, S. 325–331.
[16] [1911] Ibid., S. 331.
[17] (1901a) *Über den Traum*, G. W., Bd. 2/3, S. 670 f.

20
Sekundäre Bearbeitung

Die sekundäre Bearbeitung ist der psychische Mechanismus, der die inneren und äußeren Wahrnehmungen apperzeptiv strukturiert. Diese sekundäre Bearbeitung ist ein automatischer Prozeß im Dienste der Herstellung logischer Beziehungen und Verbindungen zwischen unzusammenhängenden oder nur locker verbundenen Erinnerungen, Vorstellungen, Wahrnehmungen usw. Sie dient also der Verständlichkeit und ist deshalb im Hinblick auf den Traum – wo die sekundäre Bearbeitung die Traumelemente neu herrichtet, so daß der manifeste Inhalt logisch und kohärent erscheint, eine Fassade hat – von besonderer Bedeutung:

»Im allgemeinen muß man sich dessen enthalten, einen Teil des manifesten Traumes aus einem anderen erklären zu wollen, als ob der Traum kohärent konzipiert und eine pragmatische Darstellung wäre. Er ist vielmehr zumeist einem Brecciagestein vergleichbar, aus verschiedenen Gesteinsbrocken mit Hilfe eines Bindemittels hergestellt, so daß die Zeichnungen, die sich dabei ergeben, nicht den ursprünglichen Gesteinseinschlüssen angehören. Es gibt wirklich ein Stück der Traumarbeit, die sogenannte *sekundäre Bearbeitung*, dem daran gelegen ist, aus den nächsten Ergebnissen der Traumarbeit etwas Ganzes, ungefähr Zusammenpassendes herzustellen. Dabei wird das Material nach einem oft ganz mißverständlichen Sinn angeordnet und, wo es nötig scheint, Einschübe vorgenommen.«[1]

Obwohl die sekundäre Bearbeitung im Hinblick auf den Traum von besonderer Bedeutung ist und von Freud meist im Kontext der Traumbildung diskutiert wird, macht er sehr deutlich, daß alle Wahrnehmungsphänomene der sekundären Bearbeitung unterliegen.

»Die Vollendung des Traumvorgangs liegt darin, daß der ... Gedankeninhalt als sinnliche Wahrnehmung bewußt wird, wobei er die sekundäre Bearbeitung erfährt, welcher jeder Wahrnehmungsinhalt unterliegt.«[2]

Eine andere Stelle betont erneut die Entsprechung zwischen der sekundären Bearbeitung im Traum und im Wachleben und gibt außerdem eine klare Darstellung einer der Funktionen dieses Mechanismus:

[1] (1916–17) *Vorlesungen zur Einführung in die Psychoanalyse*, G. W., Bd. 11, S. 184 f.
[2] (1917d [1915]) ›Metapsychologische Ergänzung zur Traumlehre‹, G. W., Bd. 10, S. 420.

»Es ist die *Rücksicht auf Verständlichkeit*, welche die letzte Über-
arbeitung des Traumes veranlaßt; hiedurch ist aber auch die Herkunft dieser Tätigkeit verraten. Sie benimmt sich gegen den ihr vorliegenden Trauminhalt, wie unsere normale psychische Tätigkeit
überhaupt gegen einen beliebigen ihr dargebotenen Wahrnehmungsinhalt. Sie erfaßt ihn unter Verwendung gewisser Erwartungsvorstellungen, ordnet ihn schon bei der Wahrnehmung unter der Voraussetzung seiner Verständlichkeit, läuft dabei Gefahr, ihn zu fäl-
schen, und verfällt in der Tat, wenn er sich an nichts Bekanntes an-
reihen läßt, zunächst in die seltsamsten Mißverständnisse. Es ist bekannt, daß wir nicht imstande sind, eine Reihe von fremdartigen
Zeichen anzusehen oder ein Gefolge von unbekannten Worten an-
zuhören, ohne zunächst deren Wahrnehmung nach der *Rücksicht auf
Verständlichkeit* nach der Anlehnung an etwas uns Bekanntes zu
verfälschen.

Träume, welche diese Bearbeitung von seiten einer dem wachen
Denken völlig analogen psychischen Tätigkeit erfahren haben, kann
man *gut komponierte* heißen.«[3]

Freud machte ferner klar, daß die sekundäre Bearbeitung, obwohl sie
einerseits – auf der Ebene des Bewußtseins – der Rücksicht auf Verständlichkeit dient, andererseits gleichzeitig im Dienste der Entstellung
des eigentlichen, unbewußten Sinnes eines Traums steht. Freud spricht
von dieser letzteren Funktion der sekundären Bearbeitung, wenn er
sagt, daß

»deren Absicht offenbar dahingeht, die aus der Traumarbeit resultierende Zusammenhanglosigkeit und Unverständlichkeit zugunsten
eines neuen ›Sinnes‹ zu beseitigen. Dieser neue, durch die sekundäre
Bearbeitung erzielte Sinn ist nicht mehr der Sinn der Traumgedanken.«[4]

An anderer Stelle sagt Freud, daß die sekundäre Bearbeitung einen
»Beitrag zur Traumbildung von Seite des Wachdenkens« darstellt.[5]

Die enge Verknüpfung der sekundären Bearbeitung mit dem wachen
Denken hat wichtige Implikationen für das Verständnis und die Deutung von Träumen. Darauf macht Freud aufmerksam, wenn er sagt:

»Es ist also wohl keine andere psychische Instanz als unser normales
Denken, welche an den Trauminhalt mit dem Anspruch herantritt,
er müsse verständlich sein, ihn einer ersten Deutung unterzieht und
dadurch das volle Mißverständnis desselben herbeiführt. Für unsere
Deutung bleibt es Vorschrift, den scheinbaren Zusammenhang im
Traum, als seiner Herkunft nach verdächtig, in allen Fällen unbeach-

[3] (1901a) *Über den Traum*, G. W., Bd. 2/3, S. 679 f.
[4] (1912–13) *Totem und Tabu*, G. W., Bd. 9, S. 116.
[5] (1900a) *Die Traumdeutung*, G. W., Bd. 2/3, S. 509; vgl. a. ibid., S. 239.

tet zu lassen und vom Klaren wie vom Verworrenen den gleichen Weg des Rückgangs zum Traummaterial einzuschlagen.«[6]

In der Abhandlung *Über den Traum* formuliert Freud dasselbe Argument: Vom Wesen der sekundären Bearbeitung verschafft man sich »am ehesten eine Vorstellung«, wenn man annimmt, daß sie

> *auf den bereits vorgebildeten Trauminhalt erst nachträglich einwirke.* [Ihre] Leistung besteht dann darin, die Traumbestandteile so anzuordnen, daß sie sich ungefähr zu einem Zusammenhang, zu einer Traumkomposition zusammenfügen.«[7]

> »Man würde aber irre gehen, wenn man in diesen Traumfassaden nichts anderes sehen wollte, als solche eigentlich mißverständliche und ziemlich willkürliche Bearbeitungen des Trauminhaltes durch die bewußte Instanz unseres Seelenlebens. Zur Herstellung der Traumfassade werden nicht selten Wunschphantasien verwendet, die sich in den Traumgedanken vorgebildet finden, und die von derselben Art sind wie die uns aus dem wachen Leben bekannten, mit Recht so genannten ›Tagträume‹.«[8] (Vgl. Konzept: *Traumphantasien.*)

Stellen wie diese deuten an, was in der folgenden Äußerung expliziert ist:

> »So muß man also zugeben, daß der Traum jedesmal *weckt,* einen Teil der ruhenden Kraft des *Vbw* in Tätigkeit versetzt. Er erfährt nun von dieser jene Beeinflussung, die wir als sekundäre Bearbeitung mit Rücksicht auf Zusammenhang und Verständlichkeit bezeichnet haben.«[9]

Doch bereits wenige Abschnitte später zeigt sich Freuds Ungewißheit in der Beantwortung der Frage, wann die sekundäre Bearbeitung im Traumvorgang wirksam wird:

> »Selbst die Rücksicht auf die Verständlichkeit als Wahrnehmungsereignis [die Funktion der sekundären Bearbeitung] kann meiner Meinung nach zur Wirkung kommen, ehe der Traum das Bewußtsein an sich zieht.«[10]

Viele Jahre später bringt Freud dasselbe Argument vor, wenn er – diesmal jedoch nachdrücklicher und bestimmter – feststellt, daß der Traum der sekundären Bearbeitung unterliegt, »ehe es zur Gestaltung des manifesten Traumes kommt«[11].

Ursprünglich hatte Freud den Prozeß der sekundären Bearbeitung als einen integralen Bestandteil der Traumarbeit aufgefaßt. Neben der

---

[6] Ibid., S. 504 f.
[7] (1901a) *Über den Traum,* G. W., Bd. 2/3, S. 679.
[8] Ibid., S. 680.
[9] (1900a) *Die Traumdeutung,* G. W., Bd. 2/3, S. 580 f.
[10] Ibid., S. 582.
[11] (1923a) ›»Psychoanalyse« und »Libidotheorie«‹, G. W., Bd. 13, S. 217.

Verdichtung, der Verschiebung und der Darstellbarkeit hatte er in der sekundären Bearbeitung das »vierte der bei der Traumbildung beteiligten Momente«[12] gesehen. 1913 fragte er jedoch, ob die sekundäre Bearbeitung wirklich als ein konstitutives Element der Traumbildung aufgefaßt werden sollte. In ›Ein Traum als Beweismittel‹ sagt er in Parenthese:

> »Die sekundäre Bearbeitung durch die bewußte Instanz ist hiebei der Traumarbeit zugezählt; es wird an dieser Auffassung nichts geändert, wenn man sie absondert. Man müßte dann sagen: der Traum im psychoanalytischen Sinne umfaßt die eigentliche Traumarbeit und die sekundäre Bearbeitung ihres Ergebnisses.«[13]

Zehn Jahre später stellt er in bezug auf die sekundäre Bearbeitung sehr bestimmt fest: »Dieser letzte Vorgang gehört eigentlich nicht mehr der Traumarbeit an.«[14] Freud hat nirgendwo die Gründe diskutiert, die ihn bewogen haben, seine ursprüngliche Ansicht über die sekundäre Bearbeitung zu ändern. Vergleicht man jedoch seine Äußerungen zu den Prozessen, die sich als Teil der eigentlichen Traumarbeit vollziehen, mit denjenigen, die für die sekundäre Bearbeitung charakteristisch sind, kann man folgern, daß einer der entscheidenden Gründe – wenn nicht der Hauptgrund – für die Unterscheidung der sekundären Bearbeitung von der eigentlichen Traumarbeit der ist, daß die letztere gemäß den Gesetzen des Primärprozesses abläuft, während die sekundäre Bearbeitung eher wie der Sekundärprozeß funktioniert. Ein anderer, jedoch weniger wichtiger Faktor, der dazu beigetragen haben mag, daß Freud die sekundäre Bearbeitung schließlich von der Traumarbeit unterschieden hat, dürfte darin zu sehen sein, daß nicht in allen Träumen eine sekundäre Bearbeitung stattfindet. Äußerungen in dieser Richtung finden sich bereits in seinen frühesten Werken. So heißt es z. B. in der *Traumdeutung:* bei der Traumbildung hat unter anderem »– wenn auch nicht regelmäßig – eine Rücksicht auf ein rationelles und intelligibles Äußere des Traumgebildes« mitgewirkt.[15] An anderer Stelle sagt Freud:

> »Wir sehen uns genötigt, ihr [der Traumarbeit] außer der Verdichtung, Verschiebung und anschaulichen Zurichtung des psychischen Materials noch eine andere Tätigkeit [die sekundäre Bearbeitung] zuzuschreiben, deren Beitrag allerdings nicht an allen Träumen zu erkennen ist.«[16]

In einer sehr viel späteren Arbeit bezeichnet Freud die sekundäre Be-

---

[12] (1900a) *Die Traumdeutung,* G. W., Bd. 2/3, S. 412, 494.
[13] (1913a) ›Ein Traum als Beweismittel‹, G. W., Bd. 10, S. 19.
[14] (1923a) »›Psychoanalyse‹ und »Libidotheorie««, G. W., Bd. 13, S. 217.
[15] (1900a) *Die Traumdeutung,* G. W., Bd. 2/3, S. 538.
[16] (1901a) *Über den Traum,* G. W., Bd. 2/3, S. 678 f.

arbeitung als ein zu den übrigen Einwirkungen auf die Traumgedanken hinzutretendes »ziemlich inkonstantes Moment«.[17] Doch obwohl Freud – das hervorzuheben ist wichtig – in seinen späteren Werken dazu tendierte, die sekundäre Bearbeitung nicht mehr als Element der eigentlichen Traumarbeit anzusehen, ist seine Grundauffassung des Prozesses und der Funktion der sekundären Bearbeitung unverändert geblieben; geändert hat sich nur die deskriptive Verwendung des Terminus – wie aus einer oben zitierten Stelle deutlich wird.[18]

[17] (1933a) *Neue Folge der Vorlesungen zur Einführung in die Psychoanalyse*, G. W., Bd. 15, S. 21.
[18] S. Anm. 9 auf S. 310.

21
Symbolik

Der Terminus »Symbolik« bezieht sich auf die Verwendung von Symbolen, um unbewußte psychische Inhalte, denen als solchen der Zugang zum Bewußtsein verwehrt wird, doch im Bewußtsein zu repräsentieren. Ganz allgemein gesagt ist ein Symbol etwas, das als Ersatz für etwas Anderes steht. Symbolisierung ist ein wichtiges Ausdrucksmittel für verdrängtes Material. Sie ist eine besondere Form indirekter Darstellung, die, obwohl verwandt mit ihnen, von den anderen Formen bildlicher Darstellung von Gedankenmaterial – Gleichnis, Metapher, Anspielung usw. – unterschieden ist. Das Symbol »ist ein stellvertretender anschaulicher Ersatzausdruck für etwas Verborgenes, mit dem es sinnfällige Merkmale gemeinsam hat oder durch innere Zusammenhänge assoziativ verbunden ist. Sein Wesen liegt in der Zwei- oder Mehrdeutigkeit.«[1]

Aufgrund »seiner besonderen Eignung zur Verhüllung des Unbewußten« bietet es sich zum allgemeinen Gebrauch an; seine »Tendenz vom Begrifflichen zum Anschaulichen stellt es in die Nähe des primitiven Denkens«[2].

Unsere Kenntnis der Symbolisierung stammt aus sehr verschiedenen Quellen: »aus den Märchen und Mythen, Schwänken und Witzen, aus dem Folklore, d. i. der Kunde von den Sitten, Gebräuchen, Sprüchen und Liedern der Völker, aus den poetischen und dem gemeinen Sprachgebrauch«[3].

Der Traum bedient sich der »Symbolisierungen, welche im unbewußten Denken bereits fertig enthalten sind . . . weil sie wegen ihrer Darstellbarkeit, zumeist auch wegen ihrer Zensurfreiheit, den Anforderungen der Traumbildung besser genügen«[4].

Freud sprach von der Symbolik als der vierten Beziehung »zwischen Traumelementen und ihrem Eigentlichen«.[5] Und:

> ». . . auch wenn es keine Traumzensur gäbe, würde der Traum uns doch nicht leicht verständlich sein, denn dann fänden wir uns vor der Aufgabe, die Symbolsprache des Traumes in die unseres wachen Denkens zu übersetzen. Die Symbolik ist also ein zweites und unab-

---

[1] Rank und Sachs, zitiert von Ernest Jones in ›Die Theorie der Symbolik‹, in: *Int. Z. f. ärztl. Psa.*, V, 1919, S. 253.
[2] Ibid.
[3] (1916–17) *Vorlesungen zur Einführung in die Psychoanalyse*, G. W., Bd. 11, S. 160 f.
[4] (1900a) *Die Traumdeutung*, G. W., Bd. 2/3, S. 354.
[5] (1916–17) *Vorlesungen zur Einführung in die Psychoanalyse*, G. W., Bd. 11, S. 152.

hängiges Moment der Traumentstellung neben der Traumzensur. Es liegt nahe anzunehmen, daß es der Traumzensur bequem ist, sich der Symbolik zu bedienen, da diese zu demselben Ende, zur Fremdartigkeit und Unverständlichkeit des Traumes führt.«[6]

Die Symbolbeziehung ist ein Vergleich von besonderer Art. Im Traum werden für einzelne Elemente der latenten Traumgedanken Symbole verwendet. Bemerkenswert ist, daß ein solcher Vergleich im Prozeß der freien Assoziation nicht aufgedeckt wird. Der Träumer weiß nichts von ihm, sondern verwendet ihn unwissentlich; und wird er ihm zur Kenntnis gebracht, so streitet er ihn ab.

»Das Wesen der Symbolbeziehung ist ein Vergleich, aber nicht ein beliebiger. Man ahnt für diesen Vergleich eine besondere Bedingtheit, kann aber nicht sagen, worin diese besteht. Nicht alles, womit wir einen Gegenstand oder einen Vorgang vergleichen können, tritt auch im Traum als Symbol dafür auf. Anderseits symbolisiert der Traum auch nicht alles Beliebige, sondern nur bestimmte Elemente der latenten Traumgedanken. Es gibt also hier Beschränkungen nach beiden Seiten hin. Man muß auch zugeben, daß der Begriff des Symbols derzeit nicht scharf abzugrenzen ist, er verschwimmt gegen die Ersetzung, Darstellung u. dgl., nähert sich selbst der Anspielung. Bei einer Reihe von Symbolen ist der zu Grunde liegende Vergleich sinnfällig. Daneben gibt es andere Symbole, bei denen wir uns die Frage stellen müssen, wo denn das Gemeinsame, das Tertium comparationis dieses vermutlichen Vergleichs zu suchen sei. Dann mögen wir es bei näherer Überlegung auffinden, oder es kann uns wirklich verborgen bleiben. Es ist ferner sonderbar, wenn das Symbol eine Vergleichung ist, daß dieser Vergleich sich nicht durch die Assoziation bloßlegen läßt, auch daß der Träumer den Vergleich nicht kennt, sich seiner bedient, ohne um ihn zu wissen. Ja noch mehr, daß der Träumer nicht einmal Lust hat, diesen Vergleich anzuerkennen, nachdem er ihm vorgeführt worden ist. Sie sehen also, eine Symbolbeziehung ist eine Vergleichung von ganz besonderer Art, deren Begründung von uns noch nicht klar erfaßt wird. Vielleicht lassen sich später Hinweise auf dieses Unbekannte finden.«[7]

Symbolisierung ist das Verfahren, vermittels dessen ein erotische Wünsche ausdrückender Traum in seinem manifesten Inhalt harmlos asexuell erscheinen kann.[8] Sie kann als Verschiebung aufgefaßt werden, insofern sie in der Ersetzung eines wichtigen, aber anstößigen Elementes durch ein indifferentes besteht, das der Zensur so harmlos erscheint wie eine sehr entfernte Anspielung auf den latenten Inhalt.[9]

[6] Ibid., S. 171.
[7] Ibid., S. 153 f.
[8] *Über den Traum*, G. W., Bd. 2/3, S. 696.
[9] (1905c) *Der Witz und seine Beziehung zum Unbewußten*, G. W., Bd. 6, S. 95 f.

Der symbolisierte Inhalt kann bewußt sein oder nicht, der Affekt, mit dem er besetzt ist, ist verdrängt und somit unbewußt. Der Prozeß der Symbolisierung verläuft unbewußt, das Symbol wird für real gehalten.[10]

Die Sprache der Symbolik kennt keine Grammatik. Sie ist der Extremfall einer Sprache, die nur aus Infinitiven besteht; selbst Aktiv und Passiv werden durch ein und dasselbe Bild dargestellt.[11] Ein Symbol kann zwei oder mehr Bedeutungen haben, die von den Assoziationen des Patienten abhängen; andererseits können sich mehrere Bedeutungen in ihm verdichten. Von individuellen Bedingungen ist es weitgehend unabhängig. Ein Individuum kann einem regelmäßig gebrauchten Symbol keine neue Bedeutung verleihen; es kann nur aus den verschiedenen Bedeutungen eines Symbols die für seine Zwecke passende auswählen. Für eine andere Bedeutung muß es ein anderes Symbol wählen.[12]

»Der Traum bedient sich nun dieser Symbolik zur verkleideten Darstellung seiner latenten Gedanken.« Viele Symbole bedeuten fast immer dasselbe.

»Ein Symbol kann oft genug im Trauminhalt nicht symbolisch, sondern in seinem eigentlichen Sinne zu deuten sein; andere Male kann ein Träumer sich aus speziellem Erinnerungsmaterial das Recht schaffen, alles mögliche als Sexualsymbol zu verwenden, was nicht allgemein so verwendet wird. Wo ihm zur Darstellung eines Inhalts mehrere Symbole zur Auswahl bereit stehen, wird er sich für jenes Symbol entscheiden, das überdies noch Sachbeziehungen zu seinem sonstigen Gedankenmaterial aufweist ... [Die Traumdeutung wird] durch die Existenz der Symbole im Traume nicht nur erleichtert, sondern auch erschwert.«[13]

Die Deutung von Symbolen ist, »streng genommen, eine zweite, *auxiliäre*, Methode der Traumdeutung«[14].

»Die Symbolik ist vielleicht das merkwürdigste Kapitel der Traumlehre. Vor allem: Indem die Symbole feststehende Übersetzungen sind, realisieren sie im gewissen Ausmaße das Ideal der antiken wie der populären Traumdeutung, von dem wir uns durch unsere Technik weit entfernt hatten. Sie gestatten uns unter Umständen, einen Traum zu deuten, ohne den Träumer zu befragen, der ja zum Symbol ohnedies nichts zu sagen weiß. Kennt man die gebräuchlichen Traumsymbole und dazu die Person des Träumers, die Verhältnisse, unter denen er lebt, und die Eindrücke, nach welchen der Traum

---

10 Jones, E., ›Die Theorie der Symbolik‹, in: *Int. Z. f. ärztl. Psa.*, V, 1919, S. 254.
11 (1905c) *Der Witz und seine Beziehung zum Unbewußten*, G. W., Bd. 6.
12 Jones, E., ›Die Theorie der Symbolik‹, in: *Int. Z. f. ärztl. Psa.*, V, 1919, S. 255.
13 (1900a) *Die Traumdeutung*, G. W., Bd. 2/3, S. 357 f.
14 Ibid., S. 246 Anm.

vorgefallen ist, so ist man oft in der Lage, einen Traum ohne weiteres zu deuten, ihn gleichsam vom Blatt weg zu übersetzen. Ein solches Kunststück schmeichelt dem Traumdeuter und imponiert dem Träumer; es sticht wohltuend von der mühseligen Arbeit beim Ausfragen des Träumers ab. Lassen Sie sich aber hierdurch nicht verführen. Es ist nicht unsere Aufgabe, Kunststücke zu machen. Die auf Symbolkenntnis beruhende Deutung ist keine Technik, welche die assoziative ersetzen oder sich mit ihr messen kann. Sie ist eine Ergänzung zu ihr und liefert nur in sie eingefügt brauchbare Resultate.«[15]

Dem Träumer steht eine symbolische Ausdrucksweise zu Gebote, von der er nichts weiß.

»Das ist so verwunderlich, wie wenn Sie Entdeckung machen würden, daß Ihr Stubenmädchen Sanskrit versteht, obwohl sie wissen, daß sie . . . es nie gelernt hat.«[16]

Freud glaubte, dies sei durch eine unbewußte Kenntnis des phylogenetischen oder ontogenetischen Ursprungs der Beziehung zwischen Symbol und Symbolisiertem zu erklären. In einer Reihe von Fällen liegt das dem Symbol und dem durch es Repräsentierten gemeinsame Element klar zutage. In anderen ist es verborgen, und die Wahl des Symbols erscheint rätselhaft. Von diesen letzteren Fällen aus muß es möglich sein, Licht auf die eigentliche Bedeutung der Symbolbeziehung zu werfen. Sie deuten darauf hin, daß sie genetischen Charakters ist. Dinge, die heute in einer Symbolbeziehung verknüpft werden, sind in vorhistorischen Zeiten wahrscheinlich inhaltlich und sprachlich identisch gewesen. Der schwedische Sprachforscher Sperber vertrat die Ansicht, daß die ersten Wörter sich ursprünglich auf sexuelle Tätigkeiten bezogen, diese Bedeutung jedoch verloren, indem sie auch auf andere Tätigkeiten angewandt wurden. Die Symbolbeziehung wäre danach ein Rest und ein Zeichen früherer Identität.[17] Dies hilft zum Teil erklären, warum im Traum fast ausschließlich sexuelle Symbole vorkommen, während auf anderen Gebieten auch andere Gegenstände symbolisch repräsentiert werden. Der These Sperbers zufolge hat sich der Urmensch »die Arbeit annehmbar gemacht, indem er sie als Äquivalent und Ersatz der Geschlechtstätigkeit behandelte. Das bei der gemeinsamen Arbeit hervorgestoßene Wort [hat] zwei Bedeutungen gehabt, den Geschlechtsakt bezeichnet, wie die ihm gleichgesetzte Arbeitstätigkeit. Mit der Zeit [hat] sich das Wort von der sexuellen Bedeutung losgelöst und an diese Arbeit fixiert.«[18] Dies mag mit erklären, warum

[15] (1916–17) *Vorlesungen zur Einführung in die Psychoanalyse*, G. W., Bd. 11, S. 152.
[16] Ibid., S. 168.
[17] (1913j) ›Das Interesse an der Psychoanalyse‹, G. W., Bd. 8, S. 404.
[18] (1916–17) *Vorlesung zur Einführung in die Psychoanalyse*, G. W., Bd. 11, S. 170.

Waffen und Werkzeuge im allgemeinen das männliche Genitale repräsentieren, während Stoffe und Bearbeitetes an Stelle des weiblichen Genitales stehen.[19]

In primitiven Kulturen war »den Geschlechtsorganen und -funktionen eine für unsere Begriffe ganz ungeheure Wichtigkeit beigelegt«.[20]

Obwohl die Anzahl der Symbole außerordentlich groß ist, finden nur relativ wenige Inhalte im Traum symbolische Darstellung: der menschliche Leib als Ganzes, die Eltern, Kinder, Geschwister, Geburt, Tod, Nacktheit. Sie repräsentieren die frühesten Vorstellungen und Interessen. »Die übergroße Mehrzahl der Symbole im Traum sind Sexualsymbole.«[21] Besonders viele Symbole gibt es für das männliche Genitale.[22] Freud hat eine große Anzahl von in Träumen vorkommenden Symbolen untersucht.[23]

Die Traumsymbolik ist nur ein kleiner Ausschnitt aus dem Gebiet der Symbolik; nicht nur der Traum bedient sich ihrer, sondern auch Märchen und Mythen, Volkslieder, die Umgangssprache, die dichterische Phantasie usw.[24]

Zum Thema der Symbolik haben mehrere Analytiker wichtige Beiträge geleistet. Freud verwies in diesem Zusammenhang u. a. auf Stekel.

»Zur vollen Würdigung ihres [der Symbolik im Traume] Umfangs und ihrer Bedeutung gelangte ich aber erst unter dem Einfluß der Arbeiten W. Stekels.«[25]

[19] Jones, E., ›Die Theorie der Symbolik‹, in: *Int. Z. f. ärztl. Psa.*, V, 1919, S. 267.
[20] Ibid., S. 261.
[21] (1916–17) *Vorlesungen zur Einführung in die Psychoanalyse*, G. W., Bd. 11, S. 154 f.
[22] Ibid., S. 155, 166.
[23] (1900a) *Die Traumdeutung*, G. W., Bd. 2/3, S. 358–365.
[24] (1916–17) *Vorlesungen zur Einführung in die Psychoanalyse*, G. W., Bd. 11, S. 168.
[25] [1925] (1900a) *Die Traumdeutung*, G. W., Bd. 2/3, S. 355.

22
Erinnern und Vergessen von Träumen

Vergessen und Erinnern hat immer zwei allgemeine Aspekte:

1. Die Zurückziehung der Aufmerksamkeitsbesetzung von aktuellen Gedanken und Wahrnehmungen, so daß an ihrer Stelle andere Gedanken und Wahrnehmungen ins Bewußtsein treten können.[1] Die ursprünglichen Gedanken und Wahrnehmungen hinterlassen Erinnerungsspuren, aus denen später durch Verdichtung und Verschiebung der Besetzungen Bilder (Erinnerungen an Wahrnehmungen) und Begriffe (Erinnerungen an Gedanken) aufgebaut werden, die ihrerseits durch assoziative Verknüpfungen mit anderen Erinnerungen und früheren Sach- und Worterinnerungen zu komplexen Erinnerungen organisiert werden. Die Erinnerungsspuren selbst bleiben unverändert und unorganisiert.[2, 3]

2. Der zweite Aspekt hängt mit dem Lustprinzip zusammen, d. h. hier mit der Unfähigkeit, bestimmte Erinnerungen willentlich ins Bewußtsein zu rufen, weil ihr Inhalt als solcher Angst oder Unlust hervorrufen würde oder weil sie unbewußt mit anderen Erinnerungen assoziiert sind, die aus denselben Gründen vom Bewußtsein ausgeschlossen sind.

Geltung dieser Aspekte in bezug auf den Traum

Diese beiden Aspekte des Erinnerns und Vergessens gelten auch in bezug auf Träume.

Das Erinnern von Träumen

1. Zum Bewußtsein zugelassene Trauminhalte bilden die Erinnerungen an den Traum; nur diese Erinnerungen können ins Bewußtsein zurückgerufen werden – das Träumen selbst ist eine neue Erfahrung und keine Erinnerung.
2. Gleichgültig, ob die Trauminhalte beim Erwachen oder irgendwann später erinnert werden, sie müssen die Schranken der endopsychischen

[1] (1900a) *Die Traumdeutung*, G. W., Bd. 2/3, S. 621 f.
[2] [1904] (1901b) *Zur Psychopathologie des Alltagslebens*, G. W., Bd. 4, S. 148 f.
[3] [1907] Ibid., S. 305.

Zensur passieren. Geschieht dies nicht, so können sie nicht erinnert werden.

Manchmal kann man sich nur daran erinnern, daß man geträumt hat, aber alle Einzelheiten des Traums hat man vergessen; oder man erinnert sich an einige Einzelheiten, während man andere vergessen hat; oder man erinnert sich nur undeutlich an bestimmte Einzelheiten und zweifelt, ob diese Erinnerungen richtig sind. Freud beschreibt dies wie folgt:

»Es ist uns ... vorgehalten worden, daß wir den Traum, den wir deuten wollen eigentlich gar nicht kennen ... Was wir vom Traum erinnern ... das ist erstens verstümmelt durch die Untreue unseres Gedächtnisses ... [Oft erinnern wir uns nur an ein einziges Bruchstück], dessen Erinnerung selbst uns eigentümlich unsicher vorkommt. Zweitens aber spricht alles dafür, daß unsere Erinnerung den Traum nicht nur lückenhaft, sondern auch ungetreu und verfälscht wiedergibt. So wie man einerseits daran zweifeln kann, ob das Geträumte wirklich so unzusammenhängend und verschwommen war, wie wir es im Gedächtnis haben, so läßt sich andererseits in Zweifel ziehen, ob ein Traum so zusammenhängend gewesen ist, wie wir ihn erzählen, ob wir bei dem Versuch der Reproduktion nicht vorhandene oder durch Vergessen geschaffene Lücken mit willkürlich gewähltem, neuem Material ausfüllen, den Traum ausschmücken, abrunden, zurichten, so daß jedes Urteil unmöglich wird, was der wirkliche Inhalt unseres Traumes war.«[4]

Die Gründe dafür sind im folgenden Zitat angedeutet:

»Es ist richtig, daß wir den Traum beim Versuch der Reproduktion entstellen; wir finden darin wieder, was wir als die sekundäre und oft mißverständliche Bearbeitung des Traumes durch die Instanz des normalen Denkens bezeichnet haben. Aber diese Entstellung ist selbst nichts anderes als ein Stück der Bearbeitung, welcher die Traumgedanken gesetzmäßig infolge der Traumzensur unterliegen ... Die Autoren [die früher über Traumdeutung geschrieben haben] irren nur darin, daß sie die Modifikation des Traums bei seinem Erinnern und In-Worte-Fassen für willkürlich, also für nicht weiter auflösbar und demnach für geeignet halten, uns in der Erkenntnis des Traumes irre zu leiten. Sie unterschätzen die Determinierung im Psychischen. Es gibt da nichts Willkürliches. Es läßt sich ganz allgemein zeigen, daß ein zweiter Gedankenzug sofort die Bestimmung des Elements übernimmt, welches vom ersten unbestimmt gelassen wurde.«[5]

Manche Träume werden das ganze Leben lang erinnert.

[4] (1900a) *Die Traumdeutung,* G. W., Bd. 2/3, S. 516 f.
[5] Ibid., S. 518 f.

»Träume, die in den ersten Kindheitsjahren vorgefallen sind und sich nicht selten in voller sinnlicher Frische durch Dezennien im Gedächtnis erhalten haben, gelangen fast immer zu einer großen Bedeutung für das Verständnis der Entwicklung und der Neurose des Träumers.«[6]

Das Vergessen von Träumen

»Auch das Vergessen der Träume bleibt so lange unergründlich, als man nicht die Macht der psychischen Zensur zu seiner Erklärung mitheranzieht.«[7] »Das Vergessen des Traums [ist] zum großen Teil Widerstandsleistung.«[8]
Träume werden ebensowenig vergessen wie andere seelische Akte, und auch in bezug auf ihr Haften im Gedächtnis sind sie den anderen seelischen Leistungen ungeschmälert gleichzustellen.[9]

»Wenn das Wachleben die unverkennbare Absicht zeigt, den Traum, der bei Nacht gebildet worden ist, zu vergessen, entweder als Ganzes unmittelbar nach dem Erwachen oder stückweise im Laufe des Tages, und wenn wir als den Hauptbeteiligten bei diesem Vergessen den seelischen Widerstand gegen den Traum erkennen, der doch schon in der Nacht das Seinige gegen den Traum getan hat, so liegt die Frage nahe, was eigentlich gegen diesen Widerstand die Traumbildung überhaupt ermöglicht hat ... *der Schlafzustand ermöglicht die Traumbildung, indem er die endopsychische Zensur herabsetzt.*«[10]
Die Zensur des Wachlebens bewirkt nicht nur die Unfähigkeit, einen Traum teilweise oder ganz zu erinnern, oder die Unfähigkeit, ihn mit Gewißheit zu erinnern; sie ist bereits bei der Bildung der Traumerinnerungen wirksam und kann sie – durch Verdichtung und Verschiebung – zu entstellten Gebilden des ursprünglichen Traummaterials machen. Die analytische Arbeit versucht nicht, diese Traumerinnerungen genau zu rekonstruieren, sondern vielmehr, auf dem Wege der Assoziation von ihnen aus zur Erinnerung an die latenten Traumgedanken zu führen, aus denen sich der latente Trauminhalt ableiten und deuten läßt. Dabei spielt der Widerstand eine nicht unbedeutende Rolle:

»Alles, was das Vergessen am Trauminhalt gekostet hat, kann man oft durch die Analyse wieder hereinbringen; wenigstens in einer gan-

---

[6] [1919] S. 527 Anm.
[7] Ibid., S. 521.
[8] Ibid., S. 524.
[9] Ibid., S. 526.
[10] Ibid., S. 530 f.

zen Anzahl von Fällen kann man von einem einzelnen stehen gebliebenen Brocken aus zwar nicht den Traum – aber an dem liegt
ja auch nichts – doch die Traumgedanken alle auffinden ... [Das
zeigt an], daß beim Vergessen des Traums eine feindselige Absicht
[d. h. ein Widerstand] nicht gefehlt hat.«[11]

Die Tatsache, daß ein Patient, der einen Traum zum zweitenmal er-
zählt, in der Regel andere Bruchstücke erinnert als in seinem ersten
Bericht, gibt dem Analytiker wichtige Hinweise.

»Dieser Widerstand hat sich mit den von ihm durchgesetzten Verschiebungen und Ersetzungen nicht immer erschöpft, er heftet sich
dann noch an das Durchgelassene als Zweifel. Wir verkennen diesen
Zweifel um so leichter, als er die Vorsicht gebraucht, niemals intensive Elemente des Traums anzugreifen, sondern bloß schwache und
undeutliche. Wir wissen aber jetzt bereits, daß zwischen Traumgedanken und Traum eine völlige Umwertung aller psychischen Werte
stattgefunden hat; die Entstellung war nur möglich durch Wertent-
ziehung, sie äußert sich regelmäßig darin und begnügt sich gelegentlich damit.«[12]

[11] Ibid., S. 522.
[12] Ibid., S. 520.

23
Scheinbares Versagen der Wunscherfüllungsfunktion von Träumen

Strafträume, Gegenwunschträume, Angstträume, Träume bei traumatischen Neurosen

Freud diskutierte eine Anzahl von scheinbaren Ausnahmen von der Regel, daß alle Träume Wunscherfüllungen sind: Strafträume, Gegenwunschträume, Angstträume und Träume bei traumatischen Neurosen. Es fiel ihm nicht schwer, den verborgenen Wunsch im Straftraum und im Gegenwunschtraum nachzuweisen. Auch beim Angsttraum konnte er, wenn auch nicht ganz so einfach, das Vorhandensein eines unbewußten Wunsches aufzeigen. Eine Zeitlang glaubte er, die bei den traumatischen Neurosen auftretenden Träume könnten sich als die Ausnahme von der Regel erweisen, doch schließlich kam er zu dem Schluß, daß auch bei diesen Träumen ein Versuch zur Wunscherfüllung am Werke ist. Immerhin haben ihn diese bei den traumatischen Neurosen auftretenden Träume veranlaßt, seine Formulierung *»Der Traum ist die (verkleidete) Erfüllung eines (unterdrückten, verdrängten) Wunsches«*[1] in die »... der Traum ist der Versuch einer Wunscherfüllung«[2] zu verändern.

Strafträume

In einem Zusatz von 1919 zur *Traumdeutung* erklärte Freud, daß der im Straftraum erfüllte unbewußte Wunsch »der nach einer Bestrafung des Träumers für eine verdrängte unerlaubte Wunschregung« ist.[3] Strafträume unterscheiden sich also von anderen Wunschträumen.

»Der wesentliche Charakter der Strafträume bliebe also, daß bei ihnen nicht der unbewußte Wunsch aus dem Verdrängten (dem System *Ubw*) zum Traumbildner wird, sondern der gegen ihn regierende, dem Ich angehörige, wenn auch unbewußte (d. h. vorbewußte) Strafwunsch.«[4]

---

[1] (1900a) *Die Traumdeutung*, G. W., Bd. 2/3, S. 166.
[2] (1933a) *Neue Folge der Vorlesungen zur Einführung in die Psychoanalyse*, G. W., Bd. 15, S. 30.
[3] [1919] (1900a) *Die Traumdeutung*, G. W., Bd. 2/3, S. 563.
[4] [1919] Ibid., S. 564.

»Auch die Strafträume sind Wunscherfüllungen, aber nicht solche der Triebregungen, sondern der kritisierenden, zensurierenden und strafenden Instanz im Seelenleben. Wenn wir einen reinen Straftraum vor uns haben, so gestattet uns eine leichte Gedankenoperation, den Wunschtraum wieder herzustellen, auf den der Straftraum die richtige Entgegnung ist, der für den manifesten Traum durch diese Zurückweisung ersetzt wurde.«[5]

Gegenwunschträume

In einem Zusatz von 1909 zur *Traumdeutung*[6] diskutierte Freud Träume, die der Theorie, alle Träume seien Wunscherfüllungen, zu widersprechen scheinen, weil ihr Inhalt in der Versagung eines Wunsches besteht. Dies gilt indes nur für den manifesten Inhalt. Die Deutung eines solchen Traumes bringt einen zugrunde liegenden Wunsch zutage, nämlich einen masochistischen, der durch die im manifesten Inhalt erscheinende Versagung befriedigt wird.

»In der Sexualkonstitution so vieler Menschen gibt es eine masochistische Komponente, die durch die Verkehrung ins Gegenteil der aggressiven, sadistischen entstanden ist. Man heißt solche Menschen ›ideelle‹ Masochisten, wenn sie die Lust nicht in dem ihnen zugefügten körperlichen Schmerz, sondern in der Demütigung und seelischen Peinigung suchen. Es leuchtet ohne weiteres ein, daß diese Personen Gegenwunsch- und Unlustträume haben können, die für sie doch nichts anderes als Wunscherfüllungen sind, Befriedigung ihrer masochistischen Neigungen.«[7] (In einer späteren Phase seiner Theorie revidierte Freud seine Ansichten über die Entstehung des Masochismus; er faßte ihn später als ein primäres Phänomen auf.)

Freud bemerkte ferner, daß Gegenwunschträume sich regelmäßig dann ereignen, »wenn sich der Patient im Widerstand gegen mich befindet, und ich kann mit großer Sicherheit darauf rechnen, einen solchen Traum hervorzurufen, nachdem ich dem Kranken die Lehre, der Traum sei eine Wunscherfüllung, zuerst vorgetragen habe«. Das Beispiel, das er gibt, zeigt, daß dieser (wahrscheinlich vorbewußte) Wunsch, die Theorie Freuds zu widerlegen, einen anderen, unbewußten Wunsch deckt und durch diesen verstärkt wird.[8]

---

[5] (1933a) *Neue Folge der Vorlesungen zur Einführung in die Psychoanalyse*, G. W., Bd. 15, S. 28 f.
[6] [1909] (1900a) *Die Traumdeutung*, G. W., Bd. 2/3, S. 163–165.
[7] Ibid., S. 165.
[8] Ibid., S. 163 f.

Angstträume – von Angst begleitete Träume, die zum Erwachen des Träumers führen – hat Freud ausführlich diskutiert, weil sie den stärksten scheinbaren Widerspruch zur Wunscherfüllungstheorie darstellen. Er hat das Verständnis dieser Träume in der Zeit seiner Beschäftigung mit dem Problem des Traumes ständig weiterentwickelt. 1900 führte er aus, daß in den meisten Träumen verbotene unbewußte Wünsche nur deshalb als erfüllt dargestellt werden können, weil die Traumarbeit sie so weit entstellt und verkleidet hat, daß sie der Zensur nicht mehr anstößig erscheinen. Im Falle eines Angsttraumes verkleide die Traumarbeit den verbotenen Wunsch jedoch nur ungenügend; deshalb versage der Traum in seiner Funktion, einen Kompromiß zwischen dem nach Erfüllung drängenden unbewußten Wunsch und dem Schlafwunsch des Vorbewußten, der die Unterdrückung der Erregung im Unbewußten verlangt, herzustellen.

»Der Traumvorgang wird zunächst als Wunscherfüllung des Unbewußten zugelassen; wenn diese versuchte Wunscherfüllung am Vorbewußten so intensiv rüttelt, daß dies seine Ruhe nicht mehr bewahren kann, so hat der Traum den Kompromiß gebrochen, das andere Stück seiner Aufgabe nicht mehr erfüllt. Er wird dann sofort abgebrochen und durch das volle Erwachen ersetzt ... Ich habe natürlich den Fall des Angsttraumes im Auge, und um nicht dem Anscheine recht zu geben, daß ich diesem Zeugen gegen die Theorie der Wunscherfüllung ausweiche, wo immer ich auf ihn stoße, will ich der Erklärung des Angsttraumes wenigstens mit Andeutungen näher treten. Daß ein psychischer Vorgang, der Angst entwickelt, darum doch eine Wunscherfüllung sein kann, enthält für uns längst keinen Widerspruch mehr. Wir wissen uns das Vorkommnis so zu erklären, daß der Wunsch dem einen System, dem *Ubw* angehört, während das System des *Vbw* diesen Wunsch verworfen und unterdrückt hat.«[9]

Diese Äußerung gehört der Phase der ersten Angsttheorie Freuds an, in der er glaubte, Angst entstehe aufgrund einer direkten Umwandlung verdrängter Libido. Angstträume betrachtete Freud zu dieser Zeit als Teil des Problems der Neurose, d. h. als Teil des Problems der Angst und Verdrängung im allgemeinen. 1900 diskutierte er die Angstträume »als besondere Unterart der Träume mit peinlichem Inhalt«.[10] (S. auch: *Affekte im Traum.)*

Er verglich damals die Angst im Traum mit der in einer Phobie: »Die Angst ist beide Male an die sie begleitende Vorstellung nur *angelötet*

9 Ibid., S. 586.
10 Ibid., S. 167.

und stammt aus anderer Quelle.« Diese Quelle sah Freud in »einer von ihrer Bestimmung abgelenkten, nicht zur Verwendung gelangten Libido«. Daraus leitete er den Schluß ab, »daß die Angstträume Träume sexuellen Inhalts sind, deren zugehörige Libido eine Verwandlung in Angst erfahren hat«.[11]

Freud fragte, wie die Traumarbeit somatische Angstquellen benutzt und unterschied zwei Arten von Angstträumen: diejenigen, in denen die mit verdrängten Wünschen verbundene Angst verdrängter Libido entspricht, und diejenigen, in denen »die Angstempfindung somatisch gegeben [ist] (etwa wie bei Lungen- und Herzkranken bei zufälliger Atembehinderung) und dann ... dazu benützt [wird], solchen energisch unterdrückten Wünschen zur Erfüllung als Traum zu verhelfen, deren Träumen aus psychischen Motiven die gleiche Angstentbindung zur Folge gehabt hätte«.

»Von dem einen Fall kann man sagen, daß ein somatisch gegebener Affekt psychisch gedeutet wird; im anderen Falle ist alles psychisch gegeben, aber der unterdrückt gewesene Inhalt ersetzt sich leicht durch eine zur Angst passende somatische Deutung. Die Schwierigkeiten, die sich hier für das Verständnis ergeben, haben mit dem Traum nur wenig zu tun; sie rühren daher, daß wir mit diesen Erörterungen die Probleme der Angstentwicklung und der Verdrängung streifen.«[12]

Weiter sagt er:

»Ebenso kommt der Angsttraum nur zustande, wenn die Zensur ganz oder teilweise überwältigt wird, und andererseits erleichtert es die Überwältigung der Zensur, wenn Angst als aktuelle Sensation aus somatischen Quellen bereits gegeben ist. Es wird so handgreiflich, in welcher Tendenz die Zensur ihres Amtes waltet, die Traumentstellung ausübt; es geschieht, *um die Entwicklung von Angst oder anderen Formen peinlichen Affekts zu verhüten.*«[13]

1916 diskutierte Freud die Tatsache, daß im Angsttraum die Erfüllung des Wunsches dem Träumer keine Lust bringt, sondern das Gegenteil – Angst.

»Die Beobachtung ist, daß die Angstträume häufig einen Inhalt haben, welcher der Entstellung völlig entbehrt, sozusagen der Zensur entgangen ist. Der Angsttraum ist oft eine unverhüllte Wunscherfüllung, natürlich nicht die eines genehmen, sondern eines verworfenen Wunsches. An Stelle der Zensur ist die Angstentwicklung getreten. Während man vom infantilen Traum aussagen kann, er sei die offene Erfüllung eines zugelassenen Wunsches, vom gemeinen

---

[11] Ibid., S. 167.
[12] Ibid., S. 242 f.
[13] Ibid., S. 274.

entstellten Traum, er sei die verkappte Erfüllung eines verdrängten Wunsches, taugt für den Angsttraum nur die Formel, daß er die offene Erfüllung eines verdrängten Wunsches sei. Die Angst ist das Anzeichen dafür, daß der verdrängte Wunsch sich stärker gezeigt hat als die Zensur, daß er seine Wunscherfüllung gegen dieselbe durchgesetzt hat oder durchzusetzen im Begriffe war.«[14]

Als Freud 1926[15] seine Angsttheorie revidierte, hat er seine Theorie der Angstträume nicht reformuliert – wahrscheinlich deshalb nicht, weil hinsichtlich der Wunscherfüllungstheorie keine wesentlichen Veränderungen notwendig waren. Das Konzept des Konflikts – unter topischem Gesichtspunkt: zwischen einem unbewußten verdrängten Wunsch und der vorbewußten verdrängenden Macht (der Zensur); unter strukturellem Gesichtspunkt: zwischen einer Es-Strebung und dem Ich – blieb unverändert. Nur der Ursprung der Angst, die der Träumer erlebt, bedurfte einer Reformulierung. Die Angst wurde jetzt nicht mehr als *Umwandlung* verbotener unbewußter libidinöser Strebungen, sondern als *Reaktion des Ichs* auf eine libidinöse Strebung, die zum Bewußtsein durchzubrechen droht, aufgefaßt. Viele seiner früheren Diskussionen (z. B. S. 324 f.) lassen sich mit jeder der beiden Theorien gleich gut verstehen.

Wahrscheinlich war Freud schon vor der Formulierung der Strukturtheorie (1923) und der neuen Angsttheorie (1926) zu der Ansicht gekommen, die Angst entstehe im Ich. In einem 1919 zur *Traumdeutung* hinzugefügten Abschnitt heißt es:

»... es kann geschehen, daß das schlafende Ich einen noch ausgiebigeren Anteil an der Traumbildung nimmt, daß es auf die zustande gekommene Befriedigung des verdrängten Wunsches mit einer heftigen Empörung reagiert und selbst dem Traume unter Angst ein Ende macht«[16].

Träume bei traumatischen Neurosen

Die einzige Traumart, die Freud Grund gab einzuräumen, daß nicht alle Träume Wunscherfüllungen sind, waren die bei traumatischen Neurosen auftretenden Träume, die er in *Jenseits des Lustprinzips* zusammen mit im Verlauf der Analyse auftretenden Träumen, die traumatische Erlebnisse aus der frühen Kindheit wiederbeleben, diskutierte. Er kam zu dem Schluß, daß diese Träume anders als alle anderen nicht unter der Herrschaft des Lustprinzips, sondern im Dienste einer anderen Aufgabe stehen.

14 (1916–17) *Vorlesungen zur Einführung in die Psychoanalyse*, G. W., Bd. 11, S. 222.
15 (1926d) *Hemmung, Symptom und Angst*, G. W., Bd. 14.
16 [1919] (1900a) *Die Traumdeutung*, G. W., Bd. 2/3, S. 563.

»Diese Träume suchen die Reizbewältigung unter Angstentwicklung nachzuholen, deren Unterlassung die Ursache der traumatischen Neurose geworden ist.«

Er fragte, ob die Wunscherfüllung vielleicht doch nicht der primäre Zweck des Traumes sei und zog die Möglichkeit in Erwägung, seine ursprüngliche Funktion sei die Erfüllung des Wiederholungszwanges gewesen.

»Hier wäre also die Stelle, zuerst eine Ausnahme von dem Satze, der Traum ist eine Wunscherfüllung, zuzugestehen. Die Angstträume sind keine solche Ausnahme, wie ich wiederholt und eingehend gezeigt habe, auch die ›Strafträume‹ nicht ... Aber die obenerwähnten Träume der Unfallsneurotiker lassen sich nicht mehr unter den Gesichtspunkt der Wunscherfüllung bringen, und ebensowenig die in den Psychoanalysen vorfallenden Träume, die uns die Erinnerung der psychischen Traumen der Kindheit wiederbringen. Sie gehorchen vielmehr dem Wiederholungszwang, der in der Analyse allerdings durch den von der ›Suggestion‹ geförderten Wunsch, das Vergessene und Verdrängte heraufzubeschwören, unterstützt wird. So wäre also auch die Funktion des Traumes, Motive zur Unterbrechung des Schlafes durch Wunscherfüllung der störenden Regungen zu beseitigen, nicht seine ursprüngliche; er konnte sich ihrer erst bemächtigen, nachdem das gesamte Seelenleben die Herrschaft des Lustprinzips angenommen hatte. Gibt es ein ›Jenseits des Lustprinzips‹, so ist es folgerichtig, auch für die wunscherfüllende Tendenz des Traumes eine Vorzeit zuzulassen. Damit wird seiner späteren Funktion nicht widersprochen.«[17]

1923: »So weit ich bis jetzt sehe, ergeben die Träume bei traumatischer Neurose die einzige wirkliche ... Ausnahme von der wunscherfüllenden Tendenz des Traumes.«[18] Zehn Jahre später schien Freud geneigt, diese Ansicht umzukehren und anzunehmen, daß auch die Träume bei traumatischen Neurosen keiner anderen Funktion als der Wuncherfüllung dienen; allerdings seien sie Beispiele für Träume, bei denen der Versuch der Wunscherfüllung mißlingt. In der *Neuen Folge der Vorlesungen* diskutiert er die Wiederbelebung schmerzlicher Kindheitserlebnisse in Träumen während der Analyse und erkennt auch in diesen Fällen den Versuch der Traumarbeit, die ursprünglich enttäuschenden, ängstigenden oder schmerzlichen Erlebnisse in Erfüllungen der mit den schmerzlichen Erlebnissen verknüpften Triebwünsche zu verwandeln.[19]

[17] (1920g) *Jenseits des Lustprinzips*, G. W., Bd. 13, S. 32 f.
[18] (1923c) ›Bemerkungen zur Theorie und Praxis der Traumdeutung‹, G. W., Bd. 13, S. 311.
[19] (1933a) *Neue Folge der Vorlesungen zur Einführung in die Psychoanalyse*, G. W., Bd. 15, S. 29 f.

Er fährt fort:

»Bei traumatischen Neurosen ist es anders, hier laufen die Träume regelmäßig in Angstentwicklung aus. Ich meine, wir sollen uns nicht scheuen zuzugestehen, daß in diesem Falle die Funktion des Traumes versagt. Ich will mich nicht auf den Satz berufen, daß die Ausnahme die Regel bestätigt; seine Weisheit erscheint mir recht zweifelhaft. Aber wohl hebt die Ausnahme die Regel nicht auf. Wenn man eine einzelne psychische Leistung wie das Träumen zum Zweck des Studiums aus dem ganzen Getriebe isoliert, hat man es sich möglich gemacht, die ihr eigenen Gesetzmäßigkeiten aufzudecken; wenn man sie wiederum ins Gefüge einsetzt, muß man gefaßt sein zu finden, daß diese Ergebnisse durch den Zusammenstoß mit anderen Mächten verdunkelt oder beeinträchtigt werden. Wir sagen, der Traum ist eine Wunscherfüllung; wenn Sie den letzten Einwänden Rechnung tragen wollen, so sagen Sie immerhin, der Traum ist der *Versuch* einer Wunscherfüllung. Für keinen, der sich in die psychische Dynamik hineinversetzen kann, haben Sie dann etwas anderes gesagt. Unter bestimmten Verhältnissen kann der Traum seine Absicht nur sehr unvollkommen durchsetzen oder muß sie überhaupt aufgeben; die unbewußte Fixierung an ein Trauma scheint unter diesen Verhinderungen der Traumfunktion obenan zu stehen. Während der Schläfer träumen muß, weil der nächtliche Nachlaß der Verdrängung den Auftrieb der traumatischen Fixierung aktiv werden läßt, versagt die Leistung seiner Traumarbeit, die die Erinnerungsspuren der traumatischen Begebenheit in eine Wunschvorstellung umwandeln möchte. Unter diesen Verhältnissen ereignet es sich, daß man schlaflos wird, aus Angst vor dem Mißglücken der Traumfunktion auf den Schlaf verzichtet. Die traumatische Neurose zeigt uns da einen extremen Fall, aber man muß auch den Kindheitserlebnissen den traumatischen Charakter zugestehen und braucht sich nicht zu verwundern, wenn sich geringfügigere Störungen der Traumleistung auch unter anderen Bedingungen ergeben.«[20]

Es scheint also, daß Freud schließlich zu der Ansicht zurückkehrte, es gebe keine wirkliche Ausnahme von der Regel: die Funktion des Traumes ist die Erfüllung von Wünschen. Die scheinbaren Ausnahmen sind nur Beispiele für Fälle, in denen dem Traum die Erfüllung seiner Funktion mißlingt.

[20] Ibid., S. 30 f.

24
Traumdeutung

Traumdeutung ist der Prozeß, durch den man vom manifesten Inhalt des Traums zu seiner latenten Bedeutung gelangt. Dieser Prozeß verlangt vom Patienten vor allem, zu den Traumelementen (wie er sie erinnert) frei zu assoziieren, was einschließt, die im Traum enthaltenen Tagesreste wiederzuerkennen.[1] Die assoziativen Gedankenketten führen zu bestimmten zentralen Vorstellungen, die wiederholt vorkommen.[2] Aus diesen zentralen Vorstellungen kann der Analytiker mit Hilfe seiner Kenntnis der Psychopathologie des Patienten und der Traumsymbole den verdrängten unbewußten Wunsch – in der Regel aus dem Bereich der infantilen Sexualität (zuweilen handelt es sich auch um den Wunsch, Aggression zu äußern) – ableiten,[3] der die Triebkraft des Traumes bildete und seine latente Bedeutung darstellt.[4]

Freud sagt

»daß wir nicht alle Einfälle der Deutungsarbeit auch in die nächtliche Traumarbeit zu versetzen brauchen. Wir machen ja beim Deuten im Wachen einen Weg, der von den Traumelementen zu den Traumgedanken rückläuft. Die Traumarbeit hat den umgekehrten Weg genommen, und es ist gar nicht wahrscheinlich, daß diese Wege in umgekehrter Richtung gangbar sind. Es erweist sich vielmehr, daß wir bei Tag über neue Gedankenverbindungen Schachte führen, welche die Zwischengedanken und die Traumgedanken bald an dieser, bald an jener Stelle treffen. Wir können sehen, wie sich das frische Gedankenmaterial des Tages in die Deutungsreihen einschiebt, und wahrscheinlich nötigt auch die Widerstandssteigerung, die seit der Nachtzeit eingetreten ist, zu neuen und ferneren Umwegen.«[5]

Zur Traumsymbolik sagt Freud: Sie »wird für die Technik der Traumdeutung bedeutsam, denn mit Hilfe einer Kenntnis der Traumsymbolik ist es möglich, den Sinn einzelner Elemente des Trauminhaltes ... zu verstehen, ohne den Träumer nach seinen Einfällen befragen zu müssen«. Doch er fügt hinzu:

[1] (1900a) *Die Traumdeutung*, G. W., Bd. 2/3, S. 170 f., 532.
[2] (1901a) *Über den Traum*, G. W., Bd. 2/3, S. 653.
[3] (1900a) *Die Traumdeutung*, G. W., Bd. 2/3, S. 255 f.
[4] (1901a) *Über den Traum*, G. W., Bd. 2/3, S. 696.
[5] (1900a) *Die Traumdeutung*, G. W., Bd. 2/3, S. 537; s. a. S. 316.

»Abgesehen von den individuellen Symbolen und den Schwankungen im Gebrauch der universellen, weiß man nie, ob ein Element des Trauminhalts symbolisch oder im eigentlichen Sinne zu deuten ist, und weiß man mit Sicherheit, daß nicht aller Inhalt des Traumes symbolisch zu deuten ist. Die Kenntnis der Traumsymbolik wird uns immer nur die Übersetzung einzelner Bestandteile des Trauminhalts vermitteln und wird die Anwendung der früher gegebenen technischen Regeln nicht überflüssig machen. Sie wird aber als das wertvollste Hilfsmittel zur Deutung gerade dort eintreten, wo die Einfälle des Träumers versagen oder ungenügend werden.«[6]

Außerdem spricht er die Warnung aus:

». . . eine Rückkehr zur Willkür des Traumdeuters, wie sie im Altertum geübt wurde und in den verwilderten Deutungen von Stekel wieder aufzuleben scheint, ist aus Motiven wissenschaftlicher Kritik ausgeschlossen. Somit nötigen uns die im Trauminhalt vorhandenen, symbolisch aufzufassenden Elemente zu einer kombinierten Technik, welche sich einerseits auf die Assoziationen des Träumers sützt, anderseits das Fehlende aus dem Symbolverständnis des Deuters einsetzt. Kritische Vorsicht in der Auflösung der Symbole und sorgfältiges Studium derselben an besonders durchsichtigen Traumbeispielen müssen zusammentreffen, um den Vorwurf der Willkürlichkeit in der Traumdeutung zu entkräften.«[7]

Der Wert der Traumdeutung liegt in der Information, die sie über die unbewußten Tätigkeiten der Seele vermittelt.

»Das Unbewußte ist das eigentlich reale Psychische, *uns nach seiner inneren Natur so unbekannt wie das Reale der Außenwelt, und uns durch die Daten des Bewußtseins ebenso unvollständig gegeben wie die Außenwelt durch die Angaben unserer Sinnesorgane.*«[8]

». . . der Traum beweist uns, *daß das Unterdrückte auch beim normalen Menschen fortbesteht und psychischer Leistungen fähig bleibt.* Der Traum ist selbst eine der Äußerungen dieses Unterdrückten . . . Die Traumdeutung aber ist die Via regia zur Kenntnis des Unbewußten im Seelenleben.*«[9]

---

[6] (1901a) *Über den Traum,* G. W., Bd. 2/3, S. 697; s. a. (1900a) *Die Traumdeutung,* G. W., Bd. 2/3, S. 357 f.
[7] (1900a) *Die Traumdeutung,* G. W., Bd. 2/3, S. 358.
[8] Ibid., S. 617 f.
[9] Ibid., S. 613.

25
Tagträume (Phantasien) und Träume

Freud hat in vielen seiner Schriften auf die Ähnlichkeiten zwischen Tagträumen und Träumen hingewiesen. Tagträume haben nach seiner Ansicht eine große Zahl von Eigenschaften mit Nachtträumen gemeinsam, und ihre Untersuchung hätte, wie Freud weiter meinte, als der kürzeste und beste Weg zum Verständnis der Nachtträume dienen können.[1] Wie Träume sind sie Wunscherfüllungen und beruhen zu einem großen Teil auf Kindheitserlebnissen. Wie Träume machen sie sich ein gewisses Nachlassen der Zensur zunutze usw. Gleichwohl gibt es grundlegende Unterschiede zwischen Tagträumen und Nachtträumen. Beim Träumen nimmt man die Halluzinationen mit vollem Glauben auf. »Dieser Charakter scheidet den echten Schlaftraum von der Tagträumerei, die niemals mit der Realität verwechselt wird.«[2]
Der Tagtraum ist eine Form des Denkens im Wachleben, die im Bewußtsein oder im Vorbewußtsein stattfindet, die ihren eigenen Gesetzen gehorcht und ihre spezifischen Merkmale hat. Den Nachttraum hat Freud bloß als eine »Form des Denkens« bezeichnet, »eine Umformung des vorbewußten Denkstoffes durch die Traumarbeit und ihre Bedingungen«, die im Schlafzustand stattfindet.[3]
Abgesehen von den Ähnlichkeiten und Unterschieden zwischen diesen beiden Arten psychischer Phänomene können Phantasien eine wichtige Rolle in Träumen spielen, die wir im folgenden kurz darstellen wollen.
Wenn wir nach der Rolle von Phantasien bei der Traumbildung fragen, dürfen wir nicht vergessen, daß Freud von unbewußten Phantasien manchmal in deskriptivem Sinne spricht und vorbewußte Phantasien meint, d. h. Phantasien, die im Augenblick nicht bewußt sind, aber jederzeit bewußt werden können. Diese vorbewußten Phantasien – von denen Freud als von unbewußten Phantasien spricht – sind (im Gegensatz zu den verdrängten unbewußten Phantasien) im topischen Sinne nicht unbewußt. Um bewußt zu werden, bedürfen sie nur der Aufmerksamkeitsbesetzung, denn an ihnen hängt kein Konflikt, und keine Macht versucht, ihnen den Zugang zum Bewußtsein zu verwehren. Konfusion in diesen Hinsichten kann leicht zu Mißverständnissen

[1] (1900a) *Die Traumdeutung*, G. W., Bd. 2/3, S. 495 f.
[2] Ibid., S. 53.
[3] (1922b) ›Über einige neurotische Mechanismen bei Eifersucht, Paranoia und Homosexualität‹, G. W., Bd. 13, S. 203.

der Rolle führen, die Phantasien bei der Traumbildung spielen; sie können auf der Seite der verdrängten unbewußten Strebungen stehen oder ein Element des latenten Traumgedankens bilden (vorbewußte und bewußte Komponenten).

Manche (topisch gesprochen) »unbewußten Phantasien« könnten der an verdrängten Regungen haftende Vorstellungsinhalt sein. Solche verdrängten unbewußten Regungen können das für den Aufbau eines besonderen Traumes wesentliche Element sein, den eigentlichen Kern des Traumes bilden. Wie jede andere verdrängte unbewußte Regung versuchen sie, sich durch die Verbindung mit latenten Traumgedanken und Tagesresten Ausdruck im Bewußtsein zu verschaffen. Dabei erfahren sie neben der Entstellung durch die Rücksicht auf Darstellbarkeit, durch Verdichtung und Verschiebung wahrscheinlich auch all die von der Zensur ausgehenden Entstellungen, ehe sie ins Bewußtsein gelangen können. Was dann, nachdem die Traumarbeit das verfügbare Traummaterial umgestaltet hat, im manifesten Inhalt erscheint, ist ein Abkömmling der ursprünglichen Phantasie. Wie weit dieser Abkömmling von der ursprünglichen Phantasie und dem ursprünglichen Wunsch entfernt ist, hängt von den dynamischen, ökonomischen usw. Bedingungen ab, die zur Zeit des Traumes im psychischen Apparat herrschen. Diese Bedingungen können von Traum zu Traum variieren; sie werden sehr stark vom jeweiligen Zustand des Ichs bestimmt (Icherschöpfung usw.).

Phantasien können jedoch auch ein Element der vorbewußten und bewußten latenten Traumgedanken bilden, und es scheint, daß sie in diesem Falle ganz oder teilweise von der sekundären Bearbeitung für ihre Zwecke – den Aufbau einer Traumfassade – benutzt werden können. (Vgl. Traumphantasien.) Verdrängte unbewußte Phantasien lassen sich nicht in dieser Weise nutzen.

Es gibt daher Träume, die nur in der Wiederholung einer Tagesphantasie – die vielleicht im deskriptiven Sinne unbewußt geblieben ist – bestehen. Häufiger kommt es jedoch vor, daß die fertige Phantasie nur ein Stück des Traumes bildet oder nur ein Stück der Phantasie in den Traum eingeht.

> »Im ganzen wird dann die Phantasie behandelt wie jeder andere Bestandteil des latenten Materials; sie ist aber oft im Traume noch als Ganzes kenntlich.«[4]

Freud hat darauf verzichtet, Träume zu erklären, in denen unbewußte Phantasien eine große Rolle spielen, weil die Einführung unbewußter Phantasien eine ausführliche Diskussion der Psychologie des unbewußten Denkens vorausgesetzt hätte.[5]

[4] (1900a) Die Traumdeutung, G. W., Bd. 2/3, S. 496 f.
[5] Ibid., S. 515 f.

Für das Verständnis der Rolle von Phantasien im Traum ist es wichtig zu berücksichtigen, an welcher Stelle die *sekundäre Bearbeitung* wirksam wird und welchen Gebrauch sie von den Phantasien macht. (Vgl. *Traumphantasien* und *Sekundäre Bearbeitung*.)

III. Teil
Metapsychologie und andere Konzepte

1
Metapsychologie

Metapsychologie wird von Freud als eine Betrachtungsweise definiert, »in der jeder seelische Vorgang nach den drei Koordinaten der *Dynamik, Topik* und *Ökonomie* gewürdigt wird«[1]. Freud sah in ihr »die Vollendung der psychoanalytischen Forschung«[2] und das höchste Ziel, das die Psychologie erreichen könne. Absicht der metapsychologischen Betrachtung ist »die Klärung und Vertiefung der theoretischen Annahmen, die man einem psychoanalytischen System zu Grunde legen könnte«[3]. Und: »Gesundheit läßt sich eben nicht anders denn metapsychologisch beschreiben.«[4]

Was den *genetischen Gesichtspunkt* angeht, kann man mit ziemlicher Gewißheit sagen, daß er niemals explizit als ein metapsychologisches Kriterium formuliert worden ist, weil fast alle psychoanalytischen Formulierungen genetische Annahmen und Aussagen implizieren. Das wird in der folgenden Passage sehr deutlich.

»Nicht jede Analyse psychologischer Phänomene wird den Namen einer Psychoanalyse verdienen. Die letztere bedeutet mehr als die Zerlegung zusammengesetzter Erscheinungen in einfachere; sie besteht in einer Zurückführung einer psychischen Bildung auf andere, welche ihr zeitlich vorhergegangen sind, aus denen sie sich entwickelt hat. Das ärztliche psychoanalytische Verfahren konnte kein Leidenssymptom beseitigen, wenn es nicht seiner Entstehung und Entwicklung nachspürte: so ist die Psychoanalyse von allem Anfang an auf die Verfolgung von Entwicklungsvorgängen gewiesen worden. Sie hat zuerst die Genese neurotischer Symptome aufgedeckt; im weiteren Fortschritt mußte sie andere psychische Bildungen in Angriff nehmen und die Arbeit einer genetischen Psychologie an ihnen leisten.«[5]

Dynamische, ökonomische, genetische und auch topische Überlegungen und Annahmen finden sich bereits in den frühesten Stadien des Freudschen Werkes. Es erscheint daher wichtig hervorzuheben, daß das Wesentliche der metapsychologischen Betrachtung, die Freud 1915 vorschlägt, darin liegt, daß die seelischen Ereignisse *gleichzeitig* unter allen

---

[1] (1925d) *Eine autobiographische Studie*, G. W., Bd. 14, S. 85.
[2] (1915e) ›Das Unbewußte‹, G. W., Bd. 10, S. 280.
[3] (1917d) ›Metapsychologische Ergänzung zur Traumlehre‹, G. W., Bd. 10, S. 412 Anm.
[4] (1937c) ›Die endliche und die unendliche Analyse‹, G. W., Bd. 16, S. 70 Anm.
[5] (1913j) ›Das Interesse an der Psychoanalyse‹, G. W., Bd. 8, S. 411.

diesen verschiedenen Gesichtspunkten (dynamisch, ökonomisch, genetisch und topisch) untersucht und dargestellt werden.
In dem Artikel ›Psycho-Analysis‹ findet sich eine ausführliche Erklärung der drei wichtigsten metapsychologischen Gesichtspunkte. Dort
lesen wir:
»Die Psychoanalyse als Tiefenpsychologie betrachtet das Seelenleben von drei Gesichtspunkten, vom dynamischen, ökonomischen
und topischen. In ersterer Hinsicht führt sie alle psychischen Vorgänge – von der Aufnahme äußerer Reize abgesehen – auf das
Spiel von Kräften zurück, die einander fördern oder hemmen, sich
miteinander verbinden, zu *Kompromissen* zusammentreten usw.
Diese Kräfte sind ursprünglich alle von der Natur der Triebe, also
organischer Herkunft, durch ein großartiges (somatisches) Vermögen (Wiederholungszwang) ausgezeichnet, finden in affektiv besetzten Vorstellungen ihre psychische Vertretung . . .
Die ökonomische Betrachtung nimmt an, daß die psychischen Vertretungen der Triebe mit bestimmten Quantitäten Energie besetzt
sind *(Cathexis)* und daß der psychische Apparat die Tendenz hat,
eine Stauung dieser Energien zu verhüten und die Gesamtsumme
der Erregungen, die ihn belastet, möglichst niedrig zu halten. Der
Ablauf der seelischen Vorgänge wird automatisch durch das Lust-
Unlust-Prinzip reguliert, wobei Unlust irgendwie mit einem Zuwachs, Lust mit einer Abnahme der Erregung zusammenhängt.
Das ursprüngliche Lustprinzip erfährt im Laufe der Entwicklung
eine Modifikation durch die Rücksicht auf die Außenwelt (Realitätsprinzip), wobei der psychische Apparat erlernt, Lustbefriedigungen
aufzuschieben und Unlustempfindungen für eine Weile zu ertragen.
Die topische Betrachtung faßt den seelischen Apparat als ein zusammengesetztes Instrument auf und sucht festzustellen, an welchen
Stellen desselben sich die verschiedenen seelischen Vorgänge voll-
ziehen. Nach unseren heutigen Einsichten gliedert sich der seelische
Apparat in ein ›Es‹, das der Träger der Triebregungen ist, in ein
›Ich‹, das den oberflächlichsten durch den Einfluß der Außenwelt
modifizierten Anteil des ›Es‹ darstellt, und in ein ›Über-Ich‹, das,
aus dem ›Es‹ hervorgegangen, das Ich beherrscht und die für den
Menschen charakteristischen Triebhemmungen vertritt.
Auch die Qualität des Bewußtseins hat ihre topische Beziehung, die
Vorgänge im Es sind durchwegs unbewußt, das Bewußtsein ist die
Funktion der äußersten für die Wahrnehmung der Außenwelt be-
stimmten Schichte des Ichs.«[6]
Freuds Antwort (1915) auf Abrahams Bemerkungen über die Abhand-

[6] (1926f) ›Psycho-Analysis‹, G. W., Bd. 14, S. 301 ff.

lung ›Trauer und Melancholie‹ enthält einen wichtigen Hinweis auf die Bedeutung der Metapsychologie:

»Nur zweierlei will ich hervorheben: daß Sie das Wesentliche der Annahme nicht genug auszeichnen, d. i. das Topische daran, die Regression der Libido und die Auflassung der ubw Besetzung, u. daß Sie dafür Sadismus u. Analerotik als Erklärungsmotive in den Vordergrund drängen. Obwohl Sie damit Recht haben, gehen Sie doch an der eigentlichen Erklärung vorbei. Analerotik, Kastrationskomplex, usw. sind ubiquitäre Quellen der Erregung, die an *jedem* Krankheitsbild ihren Anteil haben müssen. Einmal wird dies daraus gemacht, anderswo etwas anderes; es ist natürlich auch eine Aufgabe herauszufinden, was woraus geworden ist, aber die Erklärung der Affektion kann einzig durch den Mechanismus gegeben werden, *dynamisch, topisch,* u. *ökonomisch* betrachtet.«[7]

Eine der klarsten und präzisesten Aussagen über seine Vorstellungen von einer Metapsychologie finden wir in ›Das Unbewußte‹. Freud schlägt in dieser Abhandlung vor, »daß es eine *metapsychologische* Darstellung genannt werden soll, wenn es uns gelingt, einen psychischen Vorgang nach seinen dynamischen, topischen und ökonomischen Beziehungen zu beschreiben. Es ist vorherzusagen, daß es an vereinzelten Stellen gelingen wird.«[8] Er fährt an dieser Stelle fort: »Machen wir einen zaghaften Versuch, eine metapsychologische Beschreibung des Verdrängungsvorganges bei den drei bekannten Übertragungsneurosen zu geben«, d. h. bei der Angsthysterie, der Konversionshysterie und der Zwangsneurose. Wir beschränken uns hier auf Freuds Darstellung der ersten Phase einer Phobie und einige Bemerkungen zu dem, was sie impliziert: »Sie besteht darin, daß Angst auftritt, ohne daß wahrgenommen würde, wovor.« Diese Aussage setzt die Existenz von Kräften voraus, die in einem Konflikt liegen (dynamischer Gesichtspunkt), der – vielleicht, weil diese Kräfte stärker geworden sind – zur Entwicklung von Angst führt (ökonomischer Gesichtspunkt).

Freud fährt fort: »Es ist anzunehmen, daß im *Ubw* eine Liebesregung vorhanden war, die nach der Umsetzung ins System *Vbw* verlangte.« Dieser Satz enthält den dynamischen und den topischen Gesichtspunkt. Die Annahme einer unbewußten Liebesregung setzt die Existenz einer dynamischen Kraft und eine Gerichtetheit dieser Kraft, d. h. die Forderung nach Umsetzung in ein anderes System, voraus. Unter dem topischen Gesichtspunkt erkennen wir, daß die Systeme *Ubw* und *Vbw* in den Konflikt verwickelt sind.

In Freuds metapsychologischer Darstellung heißt es weiter: »aber die

---

[7] Jones, E., *Das Leben und Werk von Sigmund Freud,* Huber, Bern u. Stuttgart. Bd. 2, S. 388 f.
[8] (1915e) ›Das Unbewußte‹, G. W., Bd. 10, S. 281.

von diesem System her ihr zugewendete Besetzung zog sich nach Art eines Fluchtversuchs von ihr zurück, und die unbewußte Libidobesetzung der zurückgewiesenen Vorstellung wurde als Angst abgeführt«.[9] Dieser Satz bezieht sich in erster Linie auf den ökonomischen Gesichtspunkt; am Rückzug der vorbewußten Besetzung, die den Übergang der unbewußten Liebesregung zum Vorbewußtsein und möglicherweise zum Bewußtsein und zur Motilität versperrt, ist ein ökonomisches Prinzip beteiligt. Statt der Liebesregung erscheint der Affekt der Angst, der ebenfalls einer ökonomischen Funktion dient.

Diese Illustration zeigt nicht nur die Anwendung der metapsychologischen Betrachtungsweise auf klinische Phänomene, sondern erhellt auch die Grundannahme, daß zwischen den verschiedenen seelischen Kräften ein Konflikt besteht der sich durch diese Art der Betrachtung besser verstehen läßt.

Das Konzept »Metapsychologie« erscheint bereits 1896 in Freuds Briefwechsel mit Fliess[10]; es erscheint dort noch mehrfach und wird einfach »als hinter das Bewußtsein führende Psychologie«[11] definiert. In von Freud veröffentlichten Schriften erscheint der Terminus zum erstenmal 1901 in *Zur Psychopathologie des Alltagslebens,* wo Freud ihn gebraucht, um den Versuch der Psychoanalyse, »die *Metaphysik* in *Metapsychologie* umzusetzen«[12], zu erläutern.

Mit der metapsychologischen Betrachtung seelischer Vorgänge

»hat sich die Psychoanalyse einen Schritt weiter von der deskriptiven Bewußtseinspsychologie entfernt, sich eine neue Fragestellung und einen neuen Inhalt beigelegt. Sie unterschied sich von der Psychologie bisher hauptsächlich durch die *dynamische* Auffassung der seelischen Vorgänge; nun kommt hinzu, daß sie auch die psychische *Topik* berücksichtigen und von einem beliebigen seelischen Akt angeben will, innerhalb welchen Systems oder zwischen welchen Systemen er sich abspielt. Wegen dieses Bestrebens hat sie auch den Namen einer *Tiefenpsychologie* erhalten. Wir werden hören, daß sie auch noch um einen anderen Gesichtspunkt bereichert werden kann.«[13]

Der Hinweis im letzten Satz bezieht sich offensichtlich auf den ökonomischen Gesichtspunkt, den Freud – historisch – als letzten der Gesichtspunkte explizit eingeführt hat, die für eine vollständige metapsychologische Darstellung, insbesondere von Konfliktsituationen, notwendig sind.

[9] Ibid., S. 281.
[10] (1950a [1887–1902]) *Aus den Anfängen der Psychoanalyse,* op. cit., S. 138, Brief 41 v. 13. 2. 1896; vgl. a. S. 142, 211, 224 u. 247.
[11] Ibid., S. 211, Brief 84 v. 10. 3. 1898.
[12] (1910b) *Die Psychopathologie des Alltagslebens,* G. W., Bd. 4, S. 288.
[13] (1915e) ›Das Unbewußte‹, G. W., Bd. 10, S. 272.

In allen expliziten Definitionen der Metapsychologie spricht Freud immer nur vom dynamischen, vom topischen und vom ökonomischen Gesichtspunkt. Der strukturelle und der genetische Gesichtspunkt sind in keiner seiner Definitionen explizit enthalten. Im Hinblick auf den strukturellen Gesichtspunkt ist klar, daß die Strukturtheorie an die Stelle der topischen Theorie getreten ist. Gleichwohl hat Freud auch noch nach der Einführung der Strukturtheorie vom »topischen Gesichtspunkt« gesprochen.

Aus einem Abschnitt in *Das Ich und das Es* (1923) – die Abhandlung, in der die Strukturkonzepte eingeführt werden – geht hervor, daß topische Beschreibungen durch strukturelle ersetzt werden mußten, weil erstere klinische Phänomene nur unzulänglich erklärten:

»Wir haben im Ich selbst etwas gefunden, was auch unbewußt ist . . . Die Folge dieser Erfahrung für die analytische Praxis ist, daß wir in unendlich viele Undeutlichkeiten und Schwierigkeiten geraten, wenn wir an unserer gewohnten Ausdrucksweise festhalten und zum Beispiel die Neurose auf einen Konflikt zwischen dem Bewußten und dem Unbewußten zurückführen wollen. Wir müssen für diesen Gegensatz aus unserer Einsicht in die strukturellen Verhältnisse des Seelenlebens einen anderen einsetzen: den zwischen dem zusammenhängenden Ich und dem von ihm abgespaltenen Verdrängten.«[14]

Wir haben bereits darauf hingewiesen, daß Freud erst 1915 zu der Formulierung kam, eine vollständige metapsychologische Darstellung müsse gleichzeitig den dynamischen, den topischen und den ökonomischen Gesichtspunkt berücksichtigen,[15] daß er diese Gesichtspunkte aber schon früher bei vielen Gelegenheiten gesondert angewandt hatte. Daß die Metapsychologie in den Jahren vor 1915 noch nicht klar im Sinne von nach 1915 konzeptualisiert war, erklärt, warum manche der früheren Formulierungen noch nicht die spätere konzeptuelle Klarheit besitzen und häufig nur den einen oder anderen Aspekt des Konflikts in Betracht ziehen. In der *Selbstdarstellung* macht Freud selbst darauf aufmerksam, daß seine Formulierungen in den *Studien über Hysterie* auf dynamischen und ökonomischen Überlegungen gründeten:

»[Die in den *Studien* vorgetragene Theorie] führt einen dynamischen Faktor ein, indem sie das Symptom durch die Aufstauung eines Affekts entstehen läßt, und einen ökonomischen, indem sie dasselbe Symptom als das Ergebnis der Umsetzung einer sonst anderswie verwendeten Energiemenge betrachtet.«[16]

Dort hatte er geschrieben:

»An das Ich des Kranken war eine Vorstellung herangetreten, die

14 (1923b) *Das Ich und das Es*, G. W., Bd. 13, S. 244.
15 (1915e) ›Das Unbewußte‹, G. W., Bd. 10, S. 281.
16 (1925d [1924]) *Selbstdarstellung*, G. W., Bd. 14, S. 46.

sich als unverträglich erwies, die eine Kraft der Abstoßung von seiten des Ich wachrief, deren Zweck die *Abwehr* dieser unverträglichen Vorstellung war. Diese Abwehr gelang tatsächlich, die betreffende Vorstellung war aus dem Bewußtsein und aus der Erinnerung gedrängt.« Einige Zeilen später heißt es weiter: »Also eine psychische Kraft, die Abneigung des Ich, hatte ursprünglich die pathogene Vorstellung aus der Assoziation gedrängt und widersetzte sich ihrer Wiederkehr in der Erinnerung.«[17]

In früheren Schriften hat Freud den Begriff »dynamisch« gelegentlich in mehr als einem Sinne gebraucht, und zwar nicht unbedingt in dem, der seinen metapsychologischen Gebrauch am besten charakterisiert.

Ähnlich haben auch Begriffe wie »das Unbewußte« mehr als nur topische Konnotationen, und sie werden häufig deskriptiv zur Bezeichnung einer Qualität gebraucht.

Auch »topische« Aussagen finden sich natürlich vor 1915, obwohl sie nicht unbedingt zu einer systematischen metapsychologischen Betrachtung seelischer Vorgänge gehören.

Bereits das frühe Modell der Seele, das in Kapitel VII der *Traumdeutung* konstruiert wird, beruht auf räumlichen und topischen Aussagen. Der seelische Apparat wird dort mit einem »zusammengesetzten Mikroskop« oder einem »photographischen Apparat« verglichen:

»Die psychische Lokalität entspricht dann einem Orte innerhalb eines Apparats, an dem eine der Vorstufen des Bildes zustande kommt.«

Diese Bilder erscheinen »zum Teil an ideellen Örtlichkeiten, Gegenden, in denen kein greifbarer Bestandteil des Apparats gelegen ist«. »Psychische Lokalität« hat also nichts mit »anatomischer Lokalität« zu tun.[18] Der seelische Apparat wird weiter »als ein zusammengesetztes Instrument« vorgestellt, dessen Bestandteile »Systeme« genannt werden.

»Bei gewissen psychischen Vorgängen [werden] die Systeme in einer bestimmten zeitlichen Folge von der Erregung durchlaufen.«[19]

An späterer Stelle unterscheidet Freud zwischen dem System *Ubw,* dessen Erregungen »bewußtseinsunfähig« sind, und dem System *Vbw,* »dessen Erregungen ... zum Bewußtsein gelangen können ... Wir beschrieben die Beziehungen der beiden Systeme zueinander und zum Bewußtsein, indem wir sagten, das System *Vbw* stehe wie ein Schirm zwischen dem System *Ubw* und dem Bewußtsein.«[20]

[17] (1895d) *Studien über Hysterie,* G. W., Bd. 1, S. 269.
[18] (1900a) *Die Traumdeutung,* G. W., Bd. 2/3, S. 541.
[19] Ibid., S. 542.
[20] Ibid., S. 619 f.; vgl. a. (1912g) ›Einige Bemerkungen über den Begriff des Unbewußten in der Psychoanalyse‹, G. W., Bd. 8, S. 434.

Wie oben bereits gesagt, war der ökonomische Gesichtspunkt derjenige, den Freud zuletzt als notwendigen Bestandteil jeder metapsychologischen Formulierung eingeführt hat. Doch hat er schon lange vor der Formulierung des metapsychologischen Gesichtspunktes im Jahre 1915 ökonomische Überlegungen angestellt. So ist ein ökonomisches Prinzip impliziert, wenn Freud in der *Traumdeutung* von der Notwendigkeit spricht, »eine zweckmäßige Verwendung der psychischen Kraft zu erreichen«[21]. An späterer Stelle heißt es:

>»Der Zweckmäßigkeit zu Liebe postuliere ich also, daß es dem zweiten System gelingt, die Energiebesetzungen zum größeren Anteil in Ruhe zu erhalten, und nur einen kleineren Teil zur Verschiebung zu verwenden.«[22]

Auch in diesem Satz geht es um die Ökonomie der seelischen Energie.

Im ganzen Werk *Der Witz und seine Beziehung zum Unbewußten*[23] spielen Fragen der Ökonomie in bezug auf Witze, Lachen, Humor und Komik im allgemeinen eine große Rolle. Alle diese Phänomene sind durch eine bestimmte Ökonomie in der Verwendung seelischer Energie charakterisiert, entweder durch ein Aufsparen oder durch eine Abfuhr von Energie.

Wir sehen also, daß die Grundlagen der drei Aspekte, die 1915 zum metapsychologischen Gesichtspunkt zusammengefaßt wurden, schon lange vorher gelegt waren, so daß Freud schließlich in der Lage war, die Elemente zu formulieren, die in eine metapsychologische Darstellung eingehen mußten.

[21] Ibid., S. 572.
[22] Ibid., S. 605; vgl. a. ibid., S. 571 u. 621.
[23] (1905c) *Der Witz und seine Beziehung zum Unbewußten*, G. W., Bd. 6.

2
Der dynamische Gesichtspunkt

Der Terminus »dynamisch« hat im Freudschen Werk nicht immer eine metapsychologische Bedeutung. Dies gilt nicht nur für seine Verwendung vor der Formulierung des metapsychologischen Gesichtspunkts im Jahre 1915, sondern auch für Formulierungen in späteren Werken, wie das folgende Zitat aus dem *Abriß der Psychoanalyse* zeigt:

»Seine [des Ichs] psychologische Leistung besteht darin, daß es die Abläufe im Es auf ein höheres dynamisches Niveau hebt (etwa frei bewegliche Energie in gebundene verwandelt, wie sie dem vorbewußten Zustand entspricht).«[1]

Diese Mehrdeutigkeit führt häufig zu Konfusionen und falschen Interpretationen; es ist in der Tat manchmal schwierig, zwischen Freuds Gebrauch des Konzepts »dynamisch« in einem metapsychologischen und in einem rein physikalischen Sinne zu unterscheiden.

Aussagen über dynamische Verhältnisse finden sich im ganzen Werk Freuds.

Bereits in den *Studien über Hysterie* (1895) nimmt er die Existenz von in einen Konflikt verwickelten Kräften an und gibt eine dynamische Formulierung:

»Also eine psychische Kraft, die Abneigung des Ich, hatte ursprünglich die pathogene Vorstellung aus der Assoziation gedrängt und widersetzte sich ihrer Wiederkehr in der Erinnerung.«[2]

In einem Brief an Fließ schreibt er: »*Konflikt* deckt sich mit meinem Gesichtspunkt der Abwehr . . .«.[3]

Diese Annahme bleibt ein Grundpfeiler der Psychoanalyse; die ganze Theorie der Neurose beruht auf der Annahme der Existenz von in Konflikt miteinander liegenden seelischen Kräften. Im folgenden wird nur eine kleine Auswahl von Beispielen für Formulierungen unter dem dynamischen Gesichtspunkt gegeben.

Unter dem dynamischen Gesichtspunkt führt die psychoanalytische Metapsychologie »alle psychischen Vorgänge – von der Aufnahme äußerer Reize abgesehen – auf das Spiel von Kräften zurück, die einander fördern oder hemmen, sich miteinander verbinden, zu Kompromissen zusammentreten usw. Diese Kräfte sind ursprünglich alle von der Natur der Triebe, also organischer Herkunft, durch ein groß-

---

[1] (1940a [1938]) *Abriß der Psychoanalyse*, G. W., Bd. 17, S. 129.
[2] (1895d) *Studien über Hysterie*, G. W., Bd. 1, S. 269.
[3] (1950a [1887–1902]) *Aus den Anfängen der Psychoanalyse*, op. cit., S. 78.

artiges (somatisches) Vermögen (Wiederholungszwang) ausgezeichnet, finden in affektiv besetzten Vorstellungen ihre psychische Vertretung.«[4] Daß wir die seelischen Kräfte studieren und Annahmen über sie formulieren können ist möglich, weil sie psychisch repräsentiert werden. Affekte müssen, wie das Zitat besagt, als eine Form der Repräsentation der innerhalb und zwischen den psychischen Strukturen wirksamen dynamischen Kräfte aufgefaßt werden.

Es ist sehr wichtig festzuhalten, daß Freud in dieser Definition des dynamischen Gesichtspunktes der Metapsychologie das »Spiel von Kräften« betont und weiter darauf hinweist, daß diese Kräfte in der gleichen Richtung wirken können, d. h. »einander fördern« oder »sich miteinander verbinden«. Doch kann kein Zweifel daran bestehen, daß die Metapsychologie in erster Linie in der Absicht entwickelt wurde, die miteinander in Konflikt liegenden Kräfte zu verstehen und zu erklären, jene Kräfte, die »einander hemmen« oder »zu Kompromissen zusammentreten«. An anderer Stelle sagt Freud, daß Konflikte zweifellos immer vorhanden seien und die Frage sei, »durch welche Mittel es dem Ich gelingt, aus solchen gewiß immer vorhandenen Konflikten ohne Erkrankung zu entkommen ... Der Ausgang aller solcher Situationen wird unzweifelhaft von ökonomischen Verhältnissen, von den relativen Größen der miteinander ringenden Strebungen abhängen«.[5] Mit anderen Worten, Konflikte werden nur dann pathogen, wenn die einander widerstreitenden dynamischen Kräfte im Ungleichgewicht sind und das seelische Gleichgewicht zerstören. Im *Abriß der Psychoanalyse* fragt Freud im Hinblick auf die Neurotiker: »Warum also leben sie um soviel schlechter und schwieriger und leiden dabei an mehr Unlustempfindungen, Angst und Schmerzen?« Und er antwortet: »Es sind quantitative *Disharmonien,* die für die Unzulänglichkeit und für die Leiden der Neurotiker verantwortlich zu machen sind.«[6] Freud äußert sich recht ausführlich über die Tatsache, daß die dynamischen Kräfte auf beiden Seiten eines Konflikts letztlich auf ein und dieselbe Quelle zurückgehen, nämlich die Triebenergie.

»Wir nehmen an, daß die Kräfte, welche den seelischen Apparat zur Tätigkeit treiben, in den Organen des Körpers erzeugt werden als Ausdruck der großen Körperbedürfnisse ... Wir heißen diese Körperbedürfnisse, insofern sie Anreize für seelische Tätigkeit darstellen, *Triebe* ... Diese Triebe erfüllen nun das Es; alle Energie im Es ... stammt von ihnen. Die Kräfte im Ich haben auch keine andere Herkunft, sie sind von denen im Es abgeleitet.«[7]

[4] (1926f) ›Psycho-Analysis‹, G. W., Bd. 14, S. 301.
[5] (1924b) ›Neurose und Psychose‹, G. W., Bd. 13, S. 391.
[6] (1940a [1938]) *Abriß der Psychoanalyse,* G. W., Bd. 17, S. 109 f.
[7] (1926e) *Die Frage der Laienanalyse,* G. W., Bd. 14, S. 227.

Aber trotz ihres gemeinsamen Ursprungs können sie in Konflikt geraten und einander widerstreiten, was gewöhnlich die Folge einer Gleichgewichtsstörung in der psychischen Ökonomie ist, insbesondere im
Falle interstruktureller Konflikte. Dynamische Konflikte, gleichgültig,
ob sie im Konflikt einander widerstreiten oder sich verbinden und ihre
Strebungen auf ein gemeinsames Ziel richten, sind durch zwei Hauptqualitäten gekennzeichnet: ihre Größe und ihre Richtung. Ihre Größe
ist durch ein »großartiges (somatisches) Vermögen ausgezeichnet«, und
»unter dem Drange eines Triebes versteht man dessen motorisches Moment, die Summe von Kraft oder das Maß von Arbeitsanforderung,
das er repräsentiert. Der Charakter des Drängenden ist eine allgemeine
Eigenschaft der Triebe, ja das Wesen derselben.«[8]
Die zweite Hauptqualität der dynamischen Kräfte – daß sie immer
eine Richtung haben – wird deutlich, wenn er sie als »Äußerung von
zielstrebigen Tendenzen«[9] bezeichnet. Im allgemeinen läßt sich das
»Endziel der seelischen Tätigkeit ... qualitativ als Streben nach Lustgewinn und Unlustvermeidung beschreiben«.[10] In *Das Ich und das Es*
spricht Freud in spezifischen dynamischen Begriffen über dieses Prinzip:

> »Die Empfindungen mit Lustcharakter haben nichts Drängendes an
> sich, dagegen im höchsten Grad die Unlustempfindungen. Diese
> drängen auf Veränderung, auf Abfuhr und darum deuten wir die
> Unlust auf eine Erhöhung, die Lust auf eine Erniedrigung der Ener
> giebesetzung.«[11]

In dieser Formulierung ist auch ein ökonomisches Prinzip impliziert,
das wir im Artikel über den ökonomischen Gesichtspunkt ausführlich
behandeln werden.
Aus einem Abschnitt in den *Vorlesungen zur Einführung* geht deutlich hervor, daß sowohl der dynamische als auch der ökonomische
Gesichtspunkt quantitative Überlegungen verlangen:

> »Ich [habe] in den letzten Erörterungen einen neuen Faktor in das
> Gefüge der ätiologischen Verkettung eingeführt, nämlich die Quan
> tität, die Größe der in Betracht kommenden Energien; diesen Fak
> tor müssen wir überall noch in Rechnung bringen. Mit rein quali
> tativer Analyse der ätiologischen Bedingungen reichen wir nicht
> aus. Oder um es anders zu sagen, eine bloß *dynamische* Auffassung
> dieser seelischen Vorgänge ist ungenügend, es bedarf noch des *öko
> nomischen* Gesichtspunktes. Wir müssen uns sagen, daß der Konflikt
> zwischen zwei Strebungen nicht losbricht, ehe nicht gewisse Beset-

8 (1915c) ›Triebe und Triebschicksale‹, G. W., Bd. 10, S. 214.
9 (1916–17) *Vorlesungen zur Einführung in die Psychoanalyse*, G. W., Bd. 11, S. 62.
10 Ibid., S. 389 f.
11 (1923b) *Das Ich und das Es*, G. W., Bd. 13, S. 249.

zungsintensitäten erreicht sind, mögen auch die inhaltlichen Bedingungen längst vorhanden sein.«[12]

Wie eng Freud den dynamischen und den ökonomischen Gesichtspunkt zusammensah, wird im folgenden Abschnitt aus *Das Ich und das Es* deutlich:

»Wir sind aber zum Terminus oder Begriff des Unbewußten auf einem anderen Weg gekommen, durch Verarbeitung von Erfahrungen, in denen die seelische *Dynamik* eine Rolle spielt. Wir haben erfahren ..., daß es sehr starke seelische Vorgänge oder Vorstellungen gibt, – hier kommt zuerst ein quantitatives, also ökonomisches Moment in Betracht – die alle Folgen für das Seelenleben haben können wie sonstige Vorstellungen ... nur werden sie selbst nicht bewußt.«[13]

In viele Formulierungen über die Verdrängung, über Abwehr oder Konflikt im allgemeinen sind dynamische Überlegungen eingegangen. Die Konzepte der verdrängten oder verdrängenden Kräfte implizieren die Annahme einander widerstreitender dynamischer Kräfte, und Freud spricht von »Verdrängung im dynamischen Sinne, wenn ein psychischer Akt auf der niedrigeren Stufe des Unbewußten festgehalten wird. Verdrängung ist eben ein topisch-dynamischer Begriff.«[14]

Ebenfalls in den *Vorlesungen zur Einführung* heißt es über die an der Symptombildung beteiligte Dynamik: »... diese unsere Erfahrung mit dem Widerstande der Neurotiker gegen die Beseitigung ihrer Symptome [ist] die Grundlage unserer dynamischen Auffassung der Neurosen geworden«. Solange die Hypnose angewandt worden sei, sei diese Dynamik verborgen geblieben. Aus dem Kampf des Patienten gegen die Befreiung von seinen Symptomen könne man schließen,

»daß starke Kräfte sich einer Veränderung des Zustandes widersetzen ... die Existenz des Symptoms hat zur Voraussetzung, daß irgendein seelischer Vorgang nicht in normaler Weise zu Ende geführt wurde, so daß er bewußt werden konnte. Das Symptom ist ein Ersatz für das, was da unterblieben ist.«[15]

Wenn Freud in dem Artikel ›Psycho-Analysis‹ von der Möglichkeit spricht, daß das »Spiel von Kräften« dazu führen kann, daß sie »zu Kompromissen zusammentreten«, hat er dabei sehr wahrscheinlich an Symptombildung gedacht.[16]

[12] (1916–17) *Vorlesungen zur Einführung in die Psychoanalyse*, G. W., Bd. 11, S. 389.
[13] (1923b) *Das Ich und das Es*, G. W., Bd. 13, S. 240.
[14] (1916–17) *Vorlesungen zur Einführung in die Psychoanalyse*, G. W., Bd. 11, S. 355.
[15] Ibid., S. 301–304.
[16] (1926f) ›Psycho-Analysis‹, G. W., Bd. 14, S. 301.

3
Der ökonomische Gesichtspunkt

Der ökonomische Gesichtspunkt versucht, »die Schicksale der Erregungsgrößen zu verfolgen und eine wenigstens relative Schätzung derselben zu gewinnen«.[1] In dem Artikel ›Psycho-Analysis‹ findet sich eine ausführlichere Erklärung des ökonomischen Gesichtspunkts:
> »Die ökonomische Betrachtung nimmt an, daß die psychischen Vertretungen der Triebe mit bestimmten Quantitäten Energie besetzt sind (Cathexis) und daß der psychische Apparat die Tendenz hat, eine Stauung dieser Energien zu verhüten und die Gesamtsumme der Erregungen, die ihn belastet, möglichst niedrig zu halten. Der Ablauf der seelischen Vorgänge wird automatisch durch das Lust-Unlust-Prinzip reguliert ... Das ursprüngliche Lustprinzip erfährt im Laufe der Entwicklung eine Modifikation durch die Rücksicht auf die Außenwelt (Realitätsprinzip), wobei der psychische Apparat erlernt, Lustbefriedigungen aufzuschieben und Unlustempfindungen für eine Weile zu ertragen.«[2]

Unter strukturellem Gesichtspunkt ist es die Aufgabe des Ichs, bei einem Konflikt zwischen den verschiedenen seelischen Strukturen und der Außenwelt die angemessenste ökonomische Lösung zu finden.
> »So vom Es getrieben, vom Über-Ich eingeengt, von der Realität zurückgestoßen, ringt das Ich um die Bewältigung seiner ökonomischen Aufgabe, die Harmonie unter den Kräften und Einflüssen herzustellen, die in ihm und auf es wirken.«[3]

Während die Ökonomie des Ichs vom Realitätsprinzip geleitet wird – oder werden sollte –, heißt es in bezug auf das Es:
> »Das ökonomische oder ... quantitative Moment, mit dem Lustprinzip innig verknüpft, beherrscht alle Vorgänge, Triebbesetzungen, die nach Abfuhr verlangen, das, meinen wir, sei alles im Es.«[4]

Seelische Gesundheit oder Krankheit hängt weitgehend von der Fähigkeit des Ichs ab, mit den Konflikten »mit seinen verschiedenen herrschenden Instanzen« fertig zu werden. Ob und wie es dem Ich gelingt, »aus solchen gewiß immer vorhandenen Konflikten ohne Erkrankung zu entkommen ... wird unzweifelhaft von ökonomischen Verhält-

---

[1] (1915e) ›Das Unbewußte‹, G. W., Bd. 10, S. 280.
[2] (1926f) ›Psycho-Analysis‹, G. W., Bd. 14, S. 302; vgl. a. (1916–17) *Vorlesungen zur Einführung in die Psychoanalyse* G. W., Bd. 11, S. 370.
[3] (1933a) *Neue Folge der Vorlesungen zur Einführung in die Psychoanalyse*, G. W., Bd. 15, S. 84 f.
[4] Ibid., S. 81.

nissen, von den relativen Größen der miteinander ringenden Strebungen abhängen«.[5] Unter ökonomischem Gesichtspunkt hat die seelische Tätigkeit also die Aufgabe, »die im seelischen Apparat wirkenden Erregungsgrößen (Reizungen) zu bewältigen und deren Unlust schaffende Stauung hintanzuhalten«.[6] Im *Abriß der Psychoanalyse* beschreibt Freud die ökonomischen Konflikte, die aus Disharmonien zwischen den einzelnen Strukturen resultieren:

> »Die schwerste Anforderung an das Ich ist wahrscheinlich die Niederhaltung der Triebansprüche des Es, wofür es große Aufwände an Gegenbesetzungen zu unterhalten hat. Es kann aber auch der Anspruch des Überichs so stark und so unerbittlich werden, daß das Ich seinen anderen Aufgaben gelähmt gegenüber steht. Wir ahnen, in den ökonomischen Konflikten, die sich hier ergeben, machen Es und Überich oft gemeinsame Sache gegen das bedrängte Ich, das sich zur Erhaltung seiner Norm an die Realität anklammern will. Werden die beiden ersteren zu stark, so gelingt es ihnen, die Organisation des Ichs aufzulockern und zu verändern, so daß seine richtige Beziehung zur Realität gestört oder selbst aufgehoben wird.«[7]

In *Das Ich und das Es* sagt Freud, daß von der inneren Wahrnehmung hervorgerufene Empfindungen und Gefühle »ursprünglicher, elementarer als die von außen stammenden« sind und eine »größere ökonomische Bedeutung« haben.[8] In *Jenseits des Lustprinzips* hatte er diese Auffassung begründet:

> »Gegen außen gibt es [für den seelischen Apparat] einen Reizschutz, die ankommenden Erregungsgrößen werden nur in verkleinertem Maßstab wirken; nach innen zu ist der Reizschutz unmöglich, die Erregungen der tieferen Schichten setzen sich direkt und in unverringertem Maße auf das System [*W-Bw*] fort, indem gewisse Charaktere ihres Ablaufes die Reihe der Lust-Unlustempfindungen erzeugen.«[9]

Ein Verständnis der Verdrängung setzt ökonomische Überlegungen voraus. Bereits 1900 betont Freud, daß eine vorbewußte (oder bewußte) Besetzung einer Unlusterinnerung »gleichzeitig eine Hemmung für den Abfluß der Erregung darstellt« und daß es »der Schlüssel zur Verdrängungslehre« ist, daß das System Vorbewußtes »*nur dann eine Vorstellung besetzen kann, wenn es imstande ist, die von ihr ausgehende Unlustentwicklung zu hemmen*«.[10] In ›Die Verdrängung‹ drückt er denselben Gesichtspunkt ganz ähnlich aus:

[5] (1924b) ›Neurose und Psychose‹, G. W., Bd. 13, S. 391.
[6] (1916–17) *Vorlesungen zur Einführung in die Psychoanalyse*, G. W., Bd. 11, S. 390.
[7] (1940a [1938]) *Abriß der Psychoanalyse*, G. W., Bd. 17, S. 97 f.
[8] (1923b) *Das Ich und das Es*, G. W., Bd. 13, S. 249.
[9] (1920g) *Jenseits des Lustprinzips*, G. W., Bd. 13, S. 28.
[10] (1900a) *Die Traumdeutung*, G. W., Bd. 2/3, S. 607.

»Zur Bedingung der Verdrängung ist dann geworden, daß das Unlustmotiv eine stärkere Macht gewinnt als die Befriedigungslust.«[11]

Unter ökonomischem Gesichtspunkt ist Verdrängung keine sehr effiziente Lösung, weil sie »einen anhaltenden Kraftaufwand« erfordert.

»Wir dürfen uns vorstellen, daß das Verdrängte einen kontinuierlichen Druck in der Richtung zum Bewußten hin ausübt, dem durch unausgesetzten Gegendruck das Gleichgewicht gehalten werden muß. Die Erhaltung einer Verdrängung setzt also eine beständige Kraftausgabe voraus und ihre Aufhebung bedeutet ökonomisch eine Ersparung.«[12]

In den *Vorlesungen zur Einführung* gibt Freud eine ökonomische Definition des Terminus »traumatisch«:

»... der Ausdruck traumatisch hat keinen anderen als einen solchen ökonomischen Sinn. Wir nennen so ein Erlebnis, welches dem Seelenleben innerhalb kurzer Zeit einen so starken Reizzuwachs bringt, daß die Erledigung oder Aufarbeitung desselben in normalgewohnter Weise mißglückt, woraus dauernde Störungen im Energiebetrieb resultieren müssen.«[13]

In *Hemmung, Symptom und Angst* führt Freud aus, daß der Mechanismus der Signalangst aus ökonomischen Gründen entstanden ist. Das Geburtserlebnis und Situationen in der Kindheit, in denen übermäßige Reizung psychisch nicht bewältigt wird, führen zu einer »ökonomischen Störung, [die] durch das Anwachsen der Erledigung heischenden Reizgrößen« bedingt ist. Es tritt eine Angstreaktion auf, und erst wenn das Kind gelernt hat, daß ein äußeres Objekt die gefährliche Situation beenden kann, vermag es, den »Inhalt der Gefahr von der ökonomischen Situation auf seine Bedingung, den Objektverlust [zu verschieben]. Das Vermissen der Mutter wird nun die Gefahr, bei deren Eintritt der Säugling das Angstsignal gibt, noch ehe die gefürchtete ökonomische Situation eingetreten ist.«[14] Diese Tatsache hatte eine Wandlung in Freuds Annahmen über die in der Angst wirksame Ökonomie zur Folge. Hatte er früher geglaubt, »Angst [sei] in jedem Falle durch einen ökonomischen Vorgang automatisch entstanden«, nahm er nun an, daß die »Auffassung der Angst als eines vom Ich beabsichtigten Signals zum Zweck der Beeinflussung der Lust-Unlustinstanz uns von diesem ökonomischen Zwange unabhängig macht«.[15] Die frühere These, daß eine Form der Angst im späteren Leben sich »ungewollt, automatisch, jedesmal ökonomisch gerechtfertigt [einstellt], wenn sich

11 (1915d) ›Die Verdrängung‹, G. W., Bd. 10, S. 249.
12 Ibid., S. 253 f.; vgl. (1916–17) *Vorlesungen zur Einführung in die Psychoanalyse*, G. W., Bd. 11, S. 370.
13 (1916–17) *Vorlesungen zur Einführung in die Psychoanalyse*, G. W., Bd. 11, S. 284.
14 (1926d) *Hemmung, Symptom und Angst*, G. W., Bd. 14, S. 168.
15 Ibid., S. 170 f.; vgl. ibid. S. 194.

eine Gefahrsituation analog jener der Geburt herstellt«,[16] gibt Freud indes nicht auf:

»Man kann doch die Idee nicht abweisen, daß es mit dem Wesen der Gefahr zusammenhängt, wenn sich der Angstaffekt eine Ausnahmestellung in der seelischen Ökonomie erzwingen kann.«[17]

Klinische Erfahrung führte zur Formulierung der an neurotischen Erkrankungen beteiligten ökonomischen Faktoren. Im folgenden Zitat, das sich auf Träume, Neurosen und Kriegsneurosen bezieht, wird das Lustprinzip als determinierender Faktor hervorgehoben:

»Genesungsträume z. B. [ereignen sich] recht häufig, wenn der Patient in eine neue, ihm peinliche Phase der Übertragung eintreten soll. Er benimmt sich dann ganz ähnlich wie manche Neurotiker, die sich nach wenigen Stunden Analyse für geheilt erklären, weil sie allem Unangenehmen entgehen wollen, das in der Analyse noch zur Sprache kommen soll. Auch die Kriegsneurotiker, die auf ihre Symptome verzichteten, weil ihnen die Therapie der Militärärzte das Kranksein noch unbehaglicher zu machen verstand, als sie den Dienst an der Front gefunden hatten, sind denselben ökonomischen Bedingungen gefolgt.«[18]

Das folgende Zitat erhellt die Perversionen unter einem ökonomischen Gesichtspunkt:

»Das Glücksgefühl bei Befriedigung einer wilden, vom Ich ungebändigten Triebregung ist unvergleichlich intensiver, als bei der Sättigung eines gezähmten Triebes. Die Unwiderstehlichkeit perverser Impulse, vielleicht der Anreiz des Verbotenen überhaupt, findet hierin eine ökonomische Erklärung.«[19]

Freud hat noch zahlreiche andere Phänomene unter ökonomischem Gesichtspunkt untersucht: Träume, Witze, Glück, Arbeit usw. Wir können hier nur einige beispielhafte Zitate anführen. In ›Trauer und Melancholie‹ diskutiert er einige ökonomische Aspekte dieser beiden Zustände. Er fragt z. B., warum im Falle der Trauer sich »die ökonomische Bedingung für eine Phase des Triumphes nach ihrem Ablaufe auch nicht andeutungsweise« herstelle. Nach der Feststellung, »daß wir nicht einmal sagen können, durch welche ökonomischen Mittel die Trauer ihre Aufgabe löst«, äußert er die Vermutung:

»An jede einzelne der Erinnerungen und Erwartungssituationen, welche die Libido an das verlorene Objekt geknüpft zeigen, bringt die Realität ihr Verdikt heran, daß das Objekt nicht mehr existiere, und das Ich, gleichsam vor die Frage gestellt, ob es dieses Schicksal

[16] Ibid., S. 195.
[17] Ibid., S. 181.
[18] (1923c) ›Bemerkungen zur Theorie und Praxis der Traumdeutung‹, G. W., Bd. 13, S. 305.
[19] (1930a) *Das Unbehagen in der Kultur*, G. W., Bd. 14, S. 437.

teilen will, läßt sich durch die Summe der narzißtischen Befriedigungen, am Leben zu sein, bestimmen, seine Bindung an das vernichtete Objekt zu lösen. Man kann sich etwa vorstellen, diese Lösung gehe so langsam und schrittweise vor sich, daß mit der Beendigung der Arbeit auch der für sie erforderliche Aufwand zerstreut ist.«[20]

In bezug auf »die ökonomische Bedingung für das Zustandekommen der Manie nach abgelaufener Melancholie« sagt Freud, daß für diesen Ausgang weder der Verlust des Objekts noch die Ambivalenz entscheidend sei, da diese beiden Faktoren auch bei der Trauer zu finden seien. »Das einzig wirksame« sei daher ein »drittes Moment«, die »Regression der Libido ins Ich«.[21]

Mit der Einführung des strukturellen Gesichtspunkts sah Freud einige ökonomische Phänomene in einer neuen Perspektive. Er erkannte z. B., daß bei einer großen Anzahl von Neurosen ein »unbewußtes Schuldgefühl . . . eine ökonomisch entscheidende Rolle spielt und der Heilung die stärksten Hindernisse in den Weg legt«.[22] Dieses unbewußte Schuldgefühl ist eine Folge der im Überich wirkenden Moral. Freud sagt dazu:

> »Wenn das Ich unter der Aggression des Über-Ichs leidet oder selbst erliegt, so ist sein Schicksal ein Gegenstück zu dem der Protisten, die an den Zersetzungsprodukten zugrunde gehen, die sie selbst geschaffen haben. Als solches Zersetzungsprodukt im ökonomischen Sinne erscheint uns die im Über-Ich wirkende Moral.«[23]

Die Erkenntnis, daß psychische Energie verwandelt werden kann, brachte Freud dazu, das Vorhandensein neutralisierter Energie anzunehmen. Er kam zur Formulierung dieser These – die für das Verständnis der ökonomischen Funktion des seelischen Apparates wesentlich ist –, als er sich mit dem Problem der Verwandlung von Liebe in Haß auseinandersetzte.[24]

In *Das Unbehagen in der Kultur* handelt Freud ausführlich über verschiedene Aspekte menschlichen Glücks, das nach seiner Ansicht weitgehend eine Frage der Libidoökonomie des Individuums ist, d. h. eng mit dem Lustprinzip zusammenhängt. Wenn wir auch niemals vollkommenes Glück erreichen können, dürfen wir doch unsere auf dieses Ziel gerichteten Bemühungen nicht aufgeben.

> »Man kann sehr verschiedene Wege dahin einschlagen, entweder den positiven Inhalt des Ziels, den Lustgewinn, oder den negativen, die Unlustvermeidung, voranstellen. Auf keinem dieser Wege können wir

[20] (1917e) ›Trauer und Melancholie‹, G. W., Bd. 10, S. 442 f. vgl. (1926d) *Hemmung, Symptom und Angst,* G. W., Bd. 14, S. 205.
[21] Ibid., S. 445 f.
[22] (1923b) *Das Ich und das Es,* G. W., Bd. 13, S. 254 f.
[23] Ibid., S. 287.
[24] (1923b) Ibid., S. 272.

alles, was wir begehren, erreichen. Das Glück in jenem ermäßigten Sinn, in dem es als möglich erkannt wird, ist ein Problem der individuellen Libidoökonomie.«[25]

In einer ein Jahr später hinzugefügten Fußnote fährt Freud fort:

>»Eine Betrachtung der menschlichen Glücksmöglichkeiten sollte es nicht unterlassen, das relative Verhältnis des Narzißmus zur Objektlibido in Rechnung zu bringen. Man verlangt zu wissen, was es für die Libidoökonomie bedeutet, im wesentlichen auf sich selbst gestellt zu sein.«[26]

In diesem Lichte sieht Freud auch die Funktion der Rauschmittel.

>»Die Leistung der Rauschmittel im Kampf um das Glück und zur Fernhaltung des Elends wird so sehr als Wohltat geschätzt, daß Individuen wie Völker ihnen eine feste Stellung in ihrer Libidoökonomie eingeräumt haben. Man dankt ihnen nicht nur den unmittelbaren Lustgewinn, sondern auch ein heiß ersehntes Stück Unabhängigkeit von der Außenwelt.«[27]

Führt – unter dem Aspekt der Libidoökonomie – Intoxikation zur Unabhängigkeit von der Außenwelt, so hat Arbeit das entgegengesetzte Ziel.

>»Keine andere Technik der Lebensführung bindet den Einzelnen so fest an die Realität als die Betonung der Arbeit, die ihn wenigstens in ein Stück der Realität, in die menschliche Gemeinschaft sicher einfügt. Die Möglichkeit, ein starkes Ausmaß libidinöser Komponenten, narzißtische, aggressive und selbst erotische, auf die Berufsarbeit und auf die mit ihr verknüpften menschlichen Beziehungen zu verschieben, leiht ihr einen Wert, der hinter ihrer Unerläßlichkeit zur Behauptung und Rechtfertigung der Existenz in der Gesellschaft nicht zurücksteht.«[28]

Freuds Feststellungen über die Möglichkeit, Komponenten der Libido wieder auf die Arbeit zu verschieben, implizieren die Annahme neutraler oder neutralisierter Energie. Dies gilt gleichermaßen für Freuds Bemerkungen über den Zusammenhang von Kultur und Libidoökonomie.

>»Die Kultur [folgt] dem Zwang der ökonomischen Notwendigkeit, da sie der Sexualität einen großen Betrag der psychischen Energie entziehen muß, die sie selbst verbraucht.«[29]

In einem späteren Abschnitt macht Freud ganz deutlich:

>»Dieser Kampf zwischen Individuum und Gesellschaft ist nicht ein

[25] (1930a) *Das Unbehagen in der Kultur*, G. W., Bd. 14, S. 442.
[26] Ibid., S. 443 Anm.
[27] Ibid., S. 436.
[28] Ibid., S. 438 Anm.
[29] Ibid., S. 464.

Abkömmling des Gegensatzes der Urtriebe, Eros und Tod, er bedeutet einen Zwist im Haushalt der Libido, vergleichbar dem Streit
um die Aufteilung der Libido zwischen dem Ich und den Objekten,
und er läßt einen endlichen Ausgleich zu beim Individuum, wie
hoffentlich auch in der Zukunft der Kultur.«[30]

[30] Ibid., S. 501.

4
Der topische Gesichtspunkt

Der topische Gesichtspunkt der Metapsychologie will »von einem beliebigen seelischen Akt angeben, innerhalb welchen Systems oder zwischen welchen Systemen er sich abspielt. Wegen dieses Bestrebens hat sie [die Psychoanalyse] auch den Namen einer *Tiefenpsychologie* erhalten.«[1] Im *Abriß der Psychoanalyse* führt Freud aus, daß die Unterteilung der Seele in drei Systeme *(Ubw, Vbw, Bw)* »eigentlich keine Theorie ist, sondern ein erster Rechenschaftsbericht über die Tatsachen unserer Beobachtungen, daß sie sich so nahe wie möglich an diese Tatsachen hält und sie nicht zu erklären versucht«.[2]

Während der genetische, der dynamische und der ökonomische Gesichtspunkt der Metapsychologie in der Entwicklung des Freudschen Werkes keine wesentliche Veränderung erfahren, werden die Topik und der topische Gesichtspunkt schließlich durch die Strukturtheorie ersetzt, wenngleich topische Beschreibungen nicht vollständig aufgegeben werden. Von den Strukturen Ich, Es und Überich hat Freud oft in topischen Begriffen gesprochen.

An dieser Stelle ist es gut, sich ins Gedächtnis zu rufen, daß, obwohl die topische Theorie erst 1915 in der Abhandlung über ›Das Unbewußte‹ explizit formuliert wurde, bereits dem Modell der Seele, das Freud in Kapitel VII der *Traumdeutung* vorgeschlagen hatte, topische Annahmen zugrunde lagen. Mit der topischen Annahme »ist die einer topischen Trennung der Systeme *Ubw* und *Bw* und die Möglichkeit verknüpft, daß eine Vorstellung gleichzeitig an zwei Stellen des psychischen Apparats vorhanden sei, ja, daß sie, wenn durch die Zensur ungehemmt, regelmäßig von dem einen Ort an den anderen vorrücke, eventuell ohne ihre erste Niederlassung oder Niederschrift zu verlieren«.[3]

In den *Vorlesungen zur Einführung* charakterisiert Freud die beiden Systeme *Ubw* und *Bw* durch eine räumliche Analogie.

> »Wir setzen also das System des Unbewußten einem großen Vorraum gleich, in dem sich die seelischen Regungen wie Einzelwesen tummeln. An diesen Vorraum schließe sich ein zweiter, engerer, eine Art Salon, in welchem auch das Bewußtsein verweilt. Aber an der Schwelle zwischen beiden Räumlichkeiten walte ein Wächter seines

1 (1915e) ›Das Unbewußte‹, G. W., Bd. 10, S. 272.
2 (1940a [1938]) *Abriß der Psychoanalyse*, G. W., Bd. 17, S. 83.
3 (1915e) ›Das Unbewußte‹, G. W., Bd. 10, S. 274.

Amtes, der die einzelnen Seelenregungen mustert, zensuriert und sie nicht in den Salon einläßt, wenn sie sein Mißfallen erregen.«[4]

In der Abhandlung über ›Das Unbewußte‹ heißt es zur Charakterisierung der Systeme weiter, »daß das System *Vbw* die Eigenschaften des Systems *Bw* teilt, und daß die strenge Zensur am Übergang vom *Ubw* zum *Vbw* (oder *Bw*) ihres Amtes waltet«.[5]

In ›Metapsychologische Ergänzung zur Traumlehre‹ schreibt Freud dem System *Bw* die Funktion der *bewußten Wahrnehmung* zu; das Bewußtwerden hänge in der Regel an der Arbeit dieses Systems. Doch er fügt hinzu – und darin deutet sich bereits die Unzufriedenheit mit den topischen Formulierungen an:

> »Noch immer aber deckt sich die Tatsache des Bewußtwerdens nicht völlig mit der Systemzugehörigkeit, denn wir haben ja erfahren, daß sinnliche Erinnerungsbilder bemerkt werden können, denen wir unmöglich einen psychischen Ort im System *Bw* oder *W* zugestehen können.«[6]

Vor der Einführung der strukturellen Einteilung der Seele konnte Freud mit Hilfe des topischen Gesichtspunktes bestimmte klinische Phänomene besser verstehen als die »Normalpsychologie«.

> »Das befremdende Verhalten der Kranken, die ein bewußtes Wissen mit dem Nichtwissen zu vereinigen verstehen, bleibt für die sogenannte *Normalpsychologie* unerklärlich. Der Psychoanalyse bereitet es auf Grund ihrer Anerkennung des Unbewußten keine Schwierigkeit; das beschriebene Phänomen gehört aber zu den besten Stützen einer Auffassung, welche sich die seelischen Vorgänge topisch differenziert näher bringt. Die Kranken wissen nun von dem verdrängten Erlebnis in ihrem Denken, aber diesem fehlt die Verbindung mit jener Stelle, an welcher die verdrängte Erinnerung in irgend einer Art enthalten ist. Eine Veränderung kann erst eintreten, wenn der bewußte Denkprozeß bis zu dieser Stelle vorgedrungen ist und dort die Verdrängungswiderstände überwunden hat.«[7]

Das topische Verständnis des Verdrängungsvorganges vermittelte außerdem »Einsicht in den Mechanismus der seelischen Störungen«.

> »Beim Traum betrifft die Entziehung der Besetzung (Libido, Interesse) alle Systeme gleichmäßig, bei den Übertragungsneurosen wird die *Vbw* Besetzung zurückgezogen, bei der Schizophrenie die des *Ubw,* bei der Amentia die des *Bw.*«[8]

4 (1916–17) *Vorlesungen zur Einführung in die Psychoanalyse,* G. W., Bd. 11, S. 305; vgl. a. (1940a [1938]) *Abriß der Psychoanalyse,* G. W., Bd. 17, S. 67 f.

5 (1915c) ›Das Unbewußte‹, G. W., Bd. 10, S. 272.

6 (1917d [1915]) ›Metapsychologische Ergänzung zur Traumlehre‹, G. W., Bd. 10, S. 423.

7 (1913c) ›Zur Einleitung der Behandlung‹, G. W., Bd. 8, S. 476 f.

8 (1917d) ›Metapsychologische Ergänzung zur Traumlehre‹, G. W., Bd. 10, S. 426.

Ferner ließ sich durch eine topische Beschreibung auch die Verdrängung als solche angemessen charakterisieren:

»Die Verdrängung stört wirklich nur die Beziehung zu einem psychischen System, dem des Bewußten.«[9] Oder: »Unser Wissen um das Unbewußte ist nicht gleichwertig mit seinem [des Patienten] Wissen; wenn wir ihm unser Wissen mitteilen, so hat er es nicht an *Stelle* seines Unbewußten, sondern *neben* demselben, und es ist sehr wenig geändert. Wir müssen uns vielmehr dieses Unbewußte *topisch* vorstellen, müssen es in seiner Erinnerung dort aufsuchen, wo es durch eine Verdrängung zustandegekommen ist.«[10]

Die Einsicht in die Unzulänglichkeit der Unterteilung der Seele in das Unbewußte, das Vorbewußte und das Bewußte bahnte den Weg für die Einteilung der Seele in die Strukturen Ich, Es und Überich. In *Das Ich und das Es* führt Freud aus, daß die Entdeckung eines unbewußten Teils im Ich die Folge hat,

»daß wir in unendlich viele Undeutlichkeiten und Schwierigkeiten geraten, wenn wir an unserer gewohnten Ausdrucksweise festhalten und zum Beispiel die Neurose auf einen Konflikt zwischen dem Bewußten und dem Unbewußten zurückführen wollen. Wir müssen für diesen Gegensatz aus unserer Einsicht in die strukturellen Verhältnisse des Seelenlebens einen anderen einsetzen: den zwischen dem zusammenhängenden Ich und dem von ihm abgespaltenen Verdrängten.«[11]

Strukturelle Überlegungen führen zu der Erkenntnis,

»daß das *Ubw* nicht mit dem Verdrängten zusammenfällt; es bleibt richtig, daß alles Verdrängte *ubw* ist, aber nicht alles *Ubw* ist auch verdrängt. Auch ein Teil des Ichs ... kann *ubw* sein, ist sicherlich *ubw*. Und dies *Ubw* des Ichs ist nicht latent im Sinne des *Vbw*, sonst dürfte es nicht aktiviert werden, ohne *bw* zu werden, und seine Bewußtmachung dürfte nicht so große Schwierigkeiten bereiten.«[12]

An vielen Stellen läßt sich zeigen, daß Freud den strukturellen Gesichtspunkt als eine Erweiterung des topischen betrachtete. Im *Abriß der Psychoanalyse* setzt er die Termini »topisch« und »strukturell« gleich.[13] In dem Artikel ›Psycho-Analysis‹ verbindet er die beiden Gesichtspunkte in der Definition des topischen Gesichtspunkts der Metapsychologie:

»Die topische Betrachtung faßt den seelischen Apparat als ein zusammengesetztes Instrument auf und sucht festzustellen, an welchen

[9] (1915d) ›Die Verdrängung‹, G. W., Bd. 10, S. 251.
[10] (1916–17) *Vorlesungen zur Einführung in die Psychoanalyse,* G. W., Bd. 11, S. 453; vgl. ibid., S. 354.
[11] (1923b) *Das Ich und das Es,* G. W., Bd. 13, S. 244.
[12] Ibid., S. 244.
[13] (1940a [1938]) *Abriß der Psychoanalyse,* G. W., Bd. 17, S. 135.

Stellen desselben sich die verschiedenen seelischen Vorgänge vollziehen. Nach unseren heutigen Einsichten gliedert sich der seelische Apparat in ein ›Es‹... in ein ›Ich‹... und in ein ›Über-Ich‹.«[14]

»Wenn wir uns aber zur topischen Zerlegung des psychischen Apparates in Ich und Es, mit der die Unterscheidung der Qualität vorbewußt und unbewußt parallel läuft, entschlossen haben ...«[15]

Als die topische Theorie durch die strukturelle ersetzt worden war, konnte die Psychoanalyse den genetischen, dynamischen und ökonomischen Gesichtspunkt der Metapsychologie besser ergänzen. Der bestimmten pathologischen Prozessen zugrunde liegende Konflikt ließ sich in manchen Fällen am besten als ein Konflikt innerhalb eines Systems auffassen, in anderen Fällen am besten als ein Konflikt zwischen den verschiedenen Systemen.

»Die Übertragungsneurose entspricht dem Konflikt zwischen Ich und Es, die narzißtische Neurose dem zwischen Ich und Über-Ich, die Psychose dem zwischen Ich und Außenwelt.«[16]

Das »Wesen einer Neurose« ließ sich jetzt strukturell beschreiben: es liegt darin, daß das Ich »nicht imstande ist, seine Funktion der Vermittlung zwischen Es und Realität zu erfüllen, daß es sich in seiner Schwäche von Triebanteilen des Es zurückzieht, und sich dafür die Folgen dieses Verzichts in Form von Einschränkungen, Symptomen und erfolglosen Reaktionsbildungen gefallen lassen muß«. Unser Ich nimmt seine »Zuflucht zu Verdrängungen und setzt sich einer Kinderneurose aus«, und wenn »der Vorgang der Verdrängung« im späteren Leben wiederholt wird, »reißen sich [die Triebe] von der Herrschaft des Ichs los, schaffen sich auf den Wegen der Regression ihre Ersatzbefriedigungen und das arme Ich ist hilflos neurotisch geworden«.[17] Auch die Beziehungen zwischen den drei Strukturen sowie das Potential für neurotische Konflikte ließen sich jetzt sehr klar beschreiben:

»Nach unserer Voraussetzung hat das Ich die Aufgabe, den Ansprüchen seiner drei Abhängigkeiten von der Realität, dem Es und dem Überich zu genügen und dabei doch seine Organisation aufrecht zu halten, seine Selbständigkeit zu behaupten. Die Bedingung der ... Krankheitszustände kann nur eine relative oder absolute Schwächung des Ichs sein, die ihm die Erfüllung seiner Aufgaben unmöglich macht. Die schwerste Anforderung an das Ich ist wahrscheinlich die Niederhaltung der Triebansprüche des Es, wofür es große Aufwände an Gegenbesetzungen zu unterhalten hat. Es kann aber auch der Anspruch des Überichs so stark und so unerbittlich

[14] (1926f) ›Psycho-Analysis‹, G. W., Bd. 14, S. 302.
[15] (1940a [1938]) *Abriß der Psychoanalyse*, G. W., Bd. 17, S. 85.
[16] (1924b) ›Neurose und Psychose‹, G. W., Bd. 13, S. 390.
[17] (1926e) *Die Frage der Laienanalyse*, G. W., Bd. 14, S. 275 f.

werden, daß das Ich seinen anderen Aufgaben wie gelähmt gegenübersteht. Wir ahnen, in den ökonomischen Konflikten, die sich hier ergeben, machen Es und Überich oft gemeinsame Sache gegen das bedrängte Ich, das sich zur Erhaltung seiner Norm an die Realität anklammern will. Werden die beiden ersteren zu stark, so gelingt es ihnen, die Organisation des Ichs aufzulockern und zu verdrängen, so daß seine richtige Beziehung zur Realität gestört oder selbst aufgehoben wird.«[18]

---

[18] (1940a [1938]) *Abriß der Psychoanalyse,* G. W., Bd. 17, S. 97 f.

5
Der genetische Gesichtspunkt

Da allen psychoanalytischen Formulierungen eine genetische Betrachtungsweise zugrunde liegt, ist es schwierig, in Freuds Werken präzise Formulierungen dieses Gesichtspunktes zu finden. In seine Definition der Metapsychologie hat er den genetischen Gesichtspunkt niemals explizit aufgenommen. Indes, die ganze Theorie der infantilen Sexualität, die Postulierung spezifischer Phasen der Libidoentwicklung, die Annahme von Fixierungsstellen und der Möglichkeit der Regression auf diese Stellen sowie viele andere analytische Konzepte betonen die genetischen Wurzeln der jeweils ins Auge gefaßten Störung. Dies wird aus dem folgenden Zitat deutlich:

»Wenn man dann einmal einen erwachsenen Neurotiker in psychoanalytische Behandlung nimmt, der, nehmen wir an, erst in reifen Jahren manifest erkrankt ist, so erfährt man regelmäßig, daß seine Neurose an jene Kinderangst anknüpft, die Fortsetzung derselben darstellt, und daß also eine unausgesetzte, aber auch ungestörte psychische Arbeit sich von jenen Kinderkonflikten an durchs Leben fortgesponnen hat.«[1]

Ähnlich heißt es in einer späteren Arbeit, daß »trotz aller späteren Entwicklung beim Erwachsenen nichts untergeht. Alle Wünsche, Triebregungen, Reaktionsweisen, Einstellungen des Kindes sind beim gereiften Menschen nachweisbar noch vorhanden und können unter geeigneten Konstellationen wieder zum Vorschein kommen. Sie sind nicht zerstört, sondern bloß überlagert, wie die psychoanalytische Psychologie in ihrer räumlichen Darstellungsweise sagen muß.«[2]

In derselben Arbeit macht Freud auf die Phänomene der Regression und Fixierung aufmerksam, Prozesse, an denen deutlich wird, wie wichtig die genetische Betrachtung für ein Verständnis der Neurosen Erwachsener ist:

»Aus der infantilen Sexualität geht die normale des Erwachsenen hervor durch eine Reihe von Entwicklungsvorgängen, Zusammensetzungen, Abspaltungen und Unterdrückungen, welche fast niemals in idealer Vollkommenheit erfolgen und darum die Disposition zur Rückbildung der Funktion in Krankheitszuständen hinterlassen.«[3]

[1] (1909b) ›Analyse der Phobie eines fünfjährigen Knaben‹, G. W., Bd. 7, S. 373.
[2] (1913j) ›Das Interesse an der Psychoanalyse‹, G. W., Bd. 8, S. 412 f.
[3] Ibid., S. 409.

In den *Drei Abhandlungen zur Sexualtheorie* geht er ausführlicher auf diese prädisponierenden Faktoren ein:

»Die Bedeutung aller frühzeitigen Sexualäußerungen wird durch einen psychischen Faktor unbekannter Herkunft gesteigert... Ich meine die erhöhte *Haftbarkeit* oder *Fixierbarkeit* dieser Eindrücke des Sexuallebens, die man bei späteren Neurotikern wie bei Perversen zur Ergänzung des Tatbestandes hinzunehmen muß... Vielleicht liegt ein Stück der Aufklärung für diese Haftbarkeit in einem anderen psychischen Moment, welches wir in der Verursachung der Neurosen nicht missen können, nämlich in dem Übergewicht, welches im Seelenleben den Erinnerungsspuren im Vergleich mit den rezenten Eindrücken zufällt... Ein guter Teil der später beobachteten Abweichungen vom normalen Sexualleben ist so bei Neurotikern wie bei Perversen durch die Eindrücke der angeblich sexualfreien Kindheitsperiode von Anfang an festgelegt.«[4]

Die Analyse des kleinen Hans bestätigte Thesen, die Freud aus der Behandlung erwachsener Neurotiker abgeleitet hatte:

»Da die Neurosen dieser anderen Kranken jedesmal auf die nämlichen infantilen Komplexe zurückzuführen waren, die sich hinter der Phobie Hansens aufdecken ließen, bin ich versucht, für diese Kinderneurose eine typische und vorbildliche Bedeutung in Anspruch zu nehmen, als ob die Mannigfaltigkeit der neurotischen Verdrängungserscheinungen und die Reichhaltigkeit des pathogenen Materials einer Ableitung von sehr wenigen Prozessen an den nämlichen Vorstellungskomplexen nicht im Wege stünden.«[5]

Es gibt viele Stellen, an denen Freud ausführlich darüber spricht, warum die genetischen Grundlagen späterer neurotischer Erkrankungen in der Kindheit und durch die Erfahrungen in dieser Zeit gelegt werden. Eine der klarsten dieser Stellen findet sich in *Die Frage der Laienanalyse*, wo Freud schreibt, daß das »Wesen einer Neurose« darin liegt, daß das Ich

»nicht imstande ist, seine Funktion der Vermittlung zwischen Es und Realität zu erfüllen... Eine solche Schwäche des Ichs hat bei uns allen regelmäßig in der Kindheit statt, darum bekommen die Erlebnisse der frühesten Kinderjahre eine so große Bedeutung für das spätere Leben. Unter der außerordentlichen Belastung dieser Kinderzeit... nimmt unser Ich seine Zuflucht zu Verdrängungen und setzt sich einer Kinderneurose aus, deren Niederschlag es als Disposition zur späteren nervösen Erkrankung in die Reife des Lebens mitbringt.«[6]

---

[4] (1905d) *Drei Abhandlungen zur Sexualtheorie*, G. W., Bd. 5, S. 144 f.

[5] (1909b) ›Analyse der Phobie eines fünfjährigen Knaben‹, G. W., Bd. 7, S. 377.

[6] (1926e) *Die Frage der Laienanalyse*, G. W., Bd. 14, S. 275.

Im selben Zusammenhang argumentiert Freud:

>>Wenn aber die relative Schwäche des Ichs das für die Entstehung der Neurose entscheidende Moment ist, so muß es auch möglich sein, daß eine spätere körperliche Erkrankung eine Neurose erzeugt, wenn sie nur eine Schwächung des Ichs herbeiführen kann.<<[7]

Im *Abriß der Psychoanalyse* wird derselbe Sachverhalt in einer etwas anderen Perspektive formuliert:

>>Die biologische Betrachtung [erklärt], das Ich scheitere an der Aufgabe, die Erregungen der sexuellen Frühzeit zu bewältigen, während seine Unfertigkeit es nicht dazu befähigt. In diesem Zurückbleiben der Ichentwicklung gegen die Libidoentwicklung erkennen wir die wesentliche Bedingung der Neurose und können dem Schluß nicht ausweichen, daß sich die Neurose vermeiden ließe, wenn man dem kindlichen Ich diese Aufgabe ersparte, also das kindliche Sexualleben frei gewähren ließe wie es bei vielen Primitiven geschieht. Möglicherweise ist die Ätiologie der neurotischen Erkrankungen komplizierter als hier ausgeführt wurde; wir haben dann wenigstens ein wesentliches Stück der ätiologischen Verknotung herausgegriffen.<<[8]

Ein anderer Faktor in der genetischen Determinierung einer Neurose, der nicht vergessen werden darf, ist die Möglichkeit früher Traumata. In *Der Mann Moses und die monotheistische Religion* führt Freud aus:

>>Erst später – nach einer Zeit anscheinend ungestörter Entwicklung, ein Vorgang, der durch das Dazwischentreten der psychologischen Latenzperiode unterstützt oder ermöglicht wird – tritt die Wandlung ein, mit der die endgültige Neurose als verspätete Wirkung des Traumas manifest wird ... Das Phänomen einer Latenz der Neurose zwischen den ersten Reaktionen auf das Trauma und dem späteren Ausbruch der Erkrankung muß als typisch anerkannt werden.<<[9]

In allen Phasen seines Werkes betont Freud die Bedeutung der frühen Kindheit, insbesondere der infantilen Sexualität, für ein Verständnis späterer Neurosen. Im *Abriß der Psychoanalyse* wiederholt er, daß >>unsere Anschauungen über die Ätiologie der Neurosen und unsere Technik der analytischen Therapie<< auf >>die Tatsache eines *zweizeitigen Ansatzes* des Sexuallebens<< und die weitere Tatsache, >>daß die Ereignisse dieser Frühzeit der Sexualität der *infantilen Amnesie* zum Opfer fallen<< zurückgehen.[10] Das Studium der Sexualfunktionen führte Freud zu der Überzeugung, >>daß die Ätiologie der Störungen, die

[7] Ibid., S. 276.
[8] (1940a [1938]) *Abriß der Psychoanalyse*, G. W., Bd. 17, S. 131.
[9] (1939a) *Der Mann Moses und die monotheistische Religion*, G. W., Bd. 16, S. 182.
[10] (1940a [1938]) *Abriß der Psychoanalyse*, G. W., Bd. 17, S. 75.

wir studieren, in der Entwicklungsgeschichte, also in der Frühzeit des Individuums, zu finden ist«,[11] und »daß Neurosen nur in der ersten Kindheit erworben werden, wenn auch ihre Symptome erst viel später zum Vorschein kommen mögen ... Die spätere neurotische Erkrankung knüpft in allen Fällen an das Vorspiel in der Kindheit an.«[12]

In derselben Abhandlung sagt Freud, man dürfe nicht vergessen, »auch den Kultureinfluß unter die Bedingungen der Neurose aufzunehmen: ... Der kleine Primitive soll in wenigen Jahren ein zivilisiertes Menschenkind geworden sein, ein ungeheuer langes Stück der menschlichen Kulturentwicklung in fast unheimlicher Verkürzung durchgemacht haben. Dies wird durch hereditäre Disposition ermöglicht, kann aber fast niemals die Nachhilfe der Erziehung, des Elterneinflusses, entbehren.«

Deshalb »müssen wir auch dieses biologischen Charakters der Menschenart, der verlängerten Periode kindlicher Abhängigkeit, in der Ätiologie der Neurosen gedenken«.[13] Hier wird die wichtige Feststellung getroffen, daß der genetische Gesichtspunkt zwei grundlegende Faktoren berücksichtigen muß, nämlich einerseits die Erfahrungen der frühen Kindheit als mögliche prädisponierende Einflüsse und andererseits die Qualität der Erbdisposition und ihres pathogenen Potentials.

Auch die Wechselbeziehung zwischen bestimmten neurotischen Störungen (z. B. Hysterie, Zwangsneurose usw.) und bestimmten Fixierungsstellen wird genetisch betrachtet. Freud sieht die Genese von Neurosen jedoch noch unter einem weiteren Gesichtspunkt, nämlich unter dem von Konflikten zwischen den verschiedenen Strukturen der Seele oder zwischen einer dieser Strukturen und der Außenwelt:

»Dann merken wir aber, daß wir unsere einfache genetische Formel vervollständigen konnten, ohne sie fallen zu lassen. Die Übertragungsneurose entspricht dem Konflikt zwischen Ich und Es, die narzißtische Neurose dem zwischen Ich und Über-Ich, die Psychose dem zwischen Ich und Außenwelt.«[14]

Wir sehen hier erneut, welches Gewicht Freud dem Faktor Konflikt für ein metapsychologisches Verständnis pathologischer Phänomene beimißt.

---

[11] Ibid., S. 78.
[12] Ibid., S. 111.
[13] Ibid., S. 111 f.
[14] (1924b) ›Neurose und Psychose‹, G. W., Bd. 13, S. 390.

6
Prinzipien des psychischen Geschehens

Freud stellte gleich zu Beginn seiner klinischen Arbeit ein System von Prinzipien der seelischen Funktion auf:
(1) das Lust-Unlustprinzip mit seinen Variationen, den Prinzipien der Konstanz, der Neuronen-Trägheit und des Nirwanas; (2) seine Modifikation, das Realitätsprinzip und (3) das Prinzip des Wiederholungszwanges. Das Maß, in welchem diese Prinzipien zur Geltung kommen, hing nach seiner Ansicht vom Grad der von äußeren oder inneren Reizen ausgelösten Spannung im seelischen Apparat ab; Ziel der Funktion des Apparates ist es, die Erregung loszuwerden oder sie auf ein möglichst niedriges Niveau zu bringen oder, wenn möglich, einen Zustand der Nichterregtheit aufrechtzuerhalten, denn Steigerung der Erregung bedeutet Unlust, während Lust umgekehrt eine Verminderung (oder Abfuhr) der Erregung voraussetzt. Der Apparat erreicht sein Ziel, indem er sich freie und gebundene Besetzungsenergie zunutze macht, vermittels welcher er die psychischen Triebrepräsentanzen verdrängen oder hemmen kann oder ihnen teilweise oder volle Befriedigung gestatten kann. Da der Wiederholungszwang die Manifestation des vom Ich ausgestoßenen Verdrängten ist, kann seine Besetzungsenergie nicht gebunden werden, und er steht nicht unter der Herrschaft des Lustprinzips.

1. Konstanzprinzip

Der seelische Apparat strebt danach, die Erregungsquantität möglichst niedrig oder zumindest konstant zu halten.[1] Dies setzt voraus, daß der Apparat über einen aus den Triebbedürfnissen herstammenden Vorrat von Energie verfügt, der in Quantität und Qualität variiert.
Dieses ursprünglich 1892 aufgestellte Prinzip wurde im ›Entwurf einer Psychologie‹ neu als das »Prinzip der Neuronen-Trägheit« definiert. In neurologischer Terminologie: »Es besagt, daß Neuronen sich der Quantität [d. h. Erregungsmengen] zu entledigen trachten.«
Doch beim Versuch, dieses Prinzip im Rahmen einer psychologischen Theorie zu formulieren, kehrte Freud zur früheren Terminologie zu-

---

[1] (1920g) *Jenseits des Lustprinzips*, G. W., Bd. 13, S. 5.

rück: Konstanzprinzip. Er entwickelte es nun in Gestalt des »Lustprinzips«.

»Das Lustprinzip leitet sich aus dem Konstanzprinzip ab; in Wirklichkeit wurde das Konstanzprinzip aus den Tatsachen erschlossen, die uns die Annahme des Lustprinzips aufnötigten.«[2] (In der *Traumdeutung* hieß es das »Unlustprinzip«.)

Es nötigt dem Individuum als sein Hauptziel das Programm auf, nach Glück zu streben. Dieses Programm kann positiven Charakter haben – starke Lustgefühle erleben – oder negativen Charakter – Schmerz und Unlust vermeiden. Lust und Unlust hängen von der im seelischen Apparat vorhandenen, aber nicht gebundenen Erregungsmenge ab; Unlust entspricht einer Steigerung der Erregungsmenge, Lust einer Verminderung – jeweils in einer bestimmten Zeitspanne.

»Die Empfindungen mit Lustcharakter haben nichts Drängendes an sich, dagegen im höchsten Grad die Unlustempfindungen. Diese drängen auf Veränderung, auf Abfuhr und darum deuten wir die Unlust auf eine Erhöhung, die Lust auf eine Erniedrigung der Energiebesetzung. Nennen wir das, was als Lust und Unlust bewußt wird, ein quantitativ-qualitativ Anderes im seelischen Ablauf.«[3]

Das Lustprinzip sorgt also dafür, daß die Arbeit des seelischen Apparates darauf zielt, Unlust zu vermeiden, was nichts anderes heißt als die Erregungsquantität niedrig und konstant zu halten.

Bis zur Formulierung der beiden Urtriebe in 1920g hatte Freud das »Nirwanaprinzip« mit dem Lustprinzip identifiziert. Danach definierte er das »Nirwanaprinzip« als die Tendenz des seelischen Apparates, seine Reizspannung auf Null zu reduzieren (= Ausdruck des Todestriebes) und das Lustprinzip als die Tendenz, die Reizspannung möglichst niedrig und konstant zu halten (= Ausdruck des Lebenstriebes).

2. Das Realitätsprinzip

»Unter dem Einflusse der Selbsterhaltungstriebe des Ichs wird es vom *Realitätsprinzip* abgelöst, welches, ohne die Absicht endlicher Lustgewinnung aufzugeben, doch den Aufschub der Befriedigung, den Verzicht auf mancherlei Möglichkeiten einer solchen und die zeitweilige Duldung der Unlust auf dem langen Umwege zur Lust fordert und durchsetzt.«[4]

Diese Modifikation des Lustprinzips hält am Ziel der Befriedigung

[2] Ibid., S. 5.
[3] (1923b) *Das Ich und das Es,* G. W., Bd. 13, S. 249.
[4] (1920g) *Jenseits des Lustprinzips,* G. W., Bd. 13, S. 6.

fest; ein gewisser Schutz gegen Leiden (das die Folge einer uneinge-
schränkten Durchsetzung des Lustprinzips wäre) »wird dadurch erreicht, daß die Unbefriedigung der in Abhängigkeit [von den höheren
seelischen Instanzen] gehaltenen Triebe nicht so schmerzlich empfunden wird wie die der ungehemmten«, die ganz unter der Herrschaft
des Lustprinzips stehen.[5]

3. Das Prinzip des Wiederholungszwanges

Freud definierte dieses Prinzip als die Manifestation der Macht des
Verdrängten; als die Anziehungskraft, welche die unbewußten Vorbil-
der auf die verdrängten Triebregungen ausüben, eine Kraft, die die
Stärke einer Triebstrebung besitzt.

Historischer Überblick

Zwischen 1893 und 1900 wandte sich Freud dem Thema zu, das ihn
sein Leben lang beschäftigte: er begann mit der Erforschung des psychischen Apparates und der Prinzipien, nach denen er – insbesondere
im Hinblick auf Pathologien – funktioniert. Am 11. Januar 1893 sagte
er in einem Vortrag:
> »Wenn ein Mensch einen psychischen Eindruck erfährt, so wird et-
> was in seinem Nervensystem gesteigert, was wir momentan die Er-
> regungssumme nennen wollen. Nun besteht in jedem Individuum,
> um seine Gesundheit zu erhalten, das Bestreben, diese Erregungs-
> summe wieder zu verkleinern.«
Und er führte diese Formulierung, die er später als das Konstanzprinzip bezeichnete (ein Prinzip, das er noch in seiner Theorie von 1920 als
grundlegend ansah), weiter aus:
> »Die Steigerung der Erregungssumme geschieht auf sensiblen Bah-
> nen, die Verkleinerung auf motorischen Bahnen. Man kann also sa-
> gen, wenn jemandem etwas zustößt, so reagiert er darauf motorisch.
> Man kann nun ruhig behaupten, daß es von dieser Reaktion ab-
> hängt, wieviel von dem anfänglichen psychischen Eindruck zurück-
> bleibt.«[6]
Die *Studien über Hysterie* (1895d) versuchen, diese allgemeine Ten-

---

[5] (1930a) *Das Unbehagen in der Kultur*, G. W., Bd. 14, S. 437.
[6] Sigmund Freud, *Studienausgabe in zehn Bänden*, S. Fischer, Frankfurt am Main
1971, Bd. 6, S. 21.

denz der seelischen Funktion (das Konstanzprinzip) theoretisch mit der Ätiologie der Hysterie zu verbinden. Von der Hysterie produzierte Erregungsquantitäten können nicht auf normalem Wege abgeführt werden, die Erregungssumme kann nicht auf die normale Weise herabgesetzt werden. Um das Gleichgewicht wiederherzustellen, besteht deshalb die klinische Notwendigkeit, den Affekt abzureagieren.

»Bei unseren Kranken finden wir nebeneinander den großen Komplex bewußtseinsfähiger und einen kleineren bewußtseinsunfähiger Vorstellungen. Das Gebiet der vorstellenden psychischen Tätigkeit fällt bei ihnen also nicht zusammen mit dem potentiellen Bewußtsein; sondern dieses ist beschränkter als jenes. Die psychisch vorstellende Tätigkeit zerfällt hier in eine bewußte und unbewußte, die Vorstellungen in bewußtseinsfähige und nicht bewußtseinsfähige.«[7]

Ob etwas zum Bewußtsein zugelassen wird oder nicht, hing nach Freuds Ansicht vom Gefühl der Lust oder Unlust ab. Breuer verknüpfte diese Auffassung mit der Theorie von der gebundenen und beweglichen Besetzungsenergie, die Freud zu einem Grundpfeiler all seiner späteren Formulierungen machte. In ›Die Abwehr-Neuropsychosen‹ (1894) sprach er von der

»Vorstellung, daß an den psychischen Funktionen etwas zu unterscheiden ist (Affektbetrag, Erregungssumme), das alle Eigenschaften einer Quantität hat – wenngleich wir kein Mittel besitzen, dieselbe zu messen – etwas, das der Vergrößerung, Verminderung, der Verschiebung und der Abfuhr fähig ist und sich über die Gedächtnisspuren der Vorstellungen verbreitet«.

Er bemerkte zu dieser Hypothese: »Gerechtfertigt ist sie vorläufig durch ihre Brauchbarkeit zur Zusammenfassung und Erklärung mannigfacher psychischer Zustände.«[8]

In dem posthum veröffentlichten ›Entwurf einer Psychologie‹ (geschrieben 1895) hat Freud versucht, diese Theorie des psychischen Geschehens weiter auszuarbeiten und sie als eine physiologische Theorie zu formulieren. Viele seiner späteren psychologischen Konzepte wurden hier – auf der Basis neurologischer Beobachtungen – entworfen. 1915 stellte er fest:

»Es ist ein unerschütterliches Resultat der Forschung, daß die seelische Tätigkeit an die Funktion des Gehirns gebunden ist wie an kein anderes Organ . . . Aber alle Versuche, von da aus eine Lokalisation der seelischen Vorgänge zu erraten, alle Bemühungen, die Vorstellungen

[7] (1895d) und Breuer, J., *Studien über Hysterie*, Fischer Taschenbuch Nr. 6001, Frankfurt am Main 1970, S. 182. (Die Beiträge v. Breuer sind in G. W., Bd. 1, S. 75, nicht enthalten.)
[8] (1894a) ›Die Abwehr-Neuropsychose‹, G. W., Bd. 1, S. 74.

in Nervenzellen aufgespeichert zu denken und die Erregungen auf Nervenfasern wandern zu lassen sind gründlich gescheitert.«[9]

Da viele seiner späteren Formulierungen sich direkt auf die im ›Entwurf einer Psychologie‹ entwickelten Vorstellungen beziehen und von daher verständlicher werden, ist es sinnvoll, eine Übersicht über diese Vorstellungen zu geben.

Freud hat im ›Entwurf‹ versucht, das Konstanzprinzip unter dem neuen Namen »Prinzip der Neuronen-Trägheit« im einzelnen zu erklären. Er faßte die Neuronenerregung als fließende Quantitäten auf, die einen Zustand der Trägheit anstreben (d. h. versuchen, den Spannungsgrad auf Null zu reduzieren); andererseits muß das Neuronensystem sich aber auch einen

> »Vorrat von Quantität gefallen lassen, um den Anforderungen zur spezifischen Aktion zu genügen. In der Art, wie es dies macht, zeigt sich indes die Fortdauer derselben Tendenz modifiziert zum Bestreben, die Quantität wenigstens möglichst niedrig zu halten und sich gegen Steigerung zu wehren [d. h. den Grad der Spannung konstant zu halten]. Alle Leistungen des Neuronensystems sind entweder unter den Gesichtspunkt der Primärfunktion [Abfuhr erworbener Erregungsquantitäten durch den Muskelmechanismus] oder unter den der Sekundärfunktion, die durch die Not des Lebens aufgedrungen ist, zu bringen.«[10]

(Diese Unterscheidung ist der Vorläufer der in *Jenseits des Lustprinzips* [1920g] und in ›Das ökonomische Problem des Masochismus‹ [1924c] getroffenen Unterscheidung zwischen dem mit dem Todestrieb zusammenhängenden Nirwanaprinzip – das die Spannung auf Null reduzieren will – und dem mit dem Lebenstrieb zusammenhängenden Lustprinzip – das die Spannung möglichst niedrig halten will.) Die Aufgabe der *Struktur* des Neuronensystems sah Freud darin, Quantität (Besetzungsenergie) von den Neuronen fernzuhalten, seine *Funktion* darin, der Abfuhr von Quantität zu dienen. Weiter nahm er an, daß das System durch Einrichtungen geschützt wird, die eine leichte Strömung der Besetzungsenergie erlauben. Diese Annahme wird mit der »Tendenz des psychischen Lebens, Unlust zu vermeiden«, in Zusammenhang gebracht, einer Tendenz, die ihrerseits mit der »primären Trägheitstendenz« identifiziert wird.[11] Unlust entspricht also einer Erhöhung des Qualitätsniveaus oder einer Steigerung der Quantität, Lust der Empfindung der Abfuhr von Spannung.

Das System ist inneren und äußeren Reizen und der Wechselwirkung zwischen ihnen ausgesetzt. Um sich seiner inneren Spannung zu entle-

9 (1915e) ›Das Unbewußte‹, G. W., Bd. 10, S. 273.
10 (1950a [1887–1902]) *Aus den Anfängen der Psychoanalyse,* op. cit., S. 306 f.
11 Ibid., S. 320.

digen, ist das Kleinkind auf eine Veränderung in der Außenwelt angewiesen (z. B. auf Nahrungszufuhr, die in der Terminologie des ›Ent-
wurfs‹ eine »spezifische Aktion« ist).

»Der menschliche Organismus ist zunächst unfähig, die spezifische
Aktion herbeizuführen. Sie erfolgt durch *fremde Hilfe*, indem durch
die Abfuhr auf dem Wege der inneren Veränderung [z. B. durch
Schreien] ein erfahrenes Individuum auf den Zustand des Kindes
aufmerksam gemacht wird. Diese Abfuhrbahn gewinnt so die höchst
wichtige Sekundärfunktion der *Verständigung* und die anfängliche
Hilflosigkeit des Menschen ist die *Urquelle* aller moralischen Motive.«[12]

Das Befriedigungserlebnis führt zur Herstellung einer Verbindung zwischen zwei Erinnerungsbildern (dem Wunschobjekt und der Reflexbe-
wegung) und den besetzten Neuronen, so daß bei Wiederauftreten
eines ähnlichen Drangzustandes – z. B. Hunger – die Besetzung auf
die beiden Erinnerungen übergehen und das Befriedigungserlebnis
wiederbeleben (Wunschbelebung) kann. Da diese Halluzination unerfüllt bleibt, erlebt das Kind statt Befriedigung Enttäuschung und Unlust, die im Körperinnern ausgelöst wird. Um dies zu vermeiden, wird
die Organisation des Ichs gebildet, deren Vorhandensein Abläufe stört,
die zu Unlust und zur Verdrängung des Wunsches führen würden.

»Während es das Bestreben dieses Ich sein muß, seine Besetzungen
auf dem Wege der Befriedigung abzugeben, kann es nicht anders geschehen, als daß es die Wiederholung von Schmerzerlebnissen und
Affekten beeinflußt und zwar auf folgendem Wege, der allgemein
als der der *Hemmung* bezeichnet wird.«[13]

Es ist diese »*Ichhemmung, welche ein Kriterium zur Unterscheidung
zwischen Wahrnehmung und Erinnerung*«[14] – d. h. zur Realitätsprüfung – ermöglicht. Freud betont, daß die richtige Verwertung der
Realitätszeichen die Bedingung eines psychischen Sekundärprozesses
ist, der eine Modifikation der ursprünglichen Primärprozesse darstellt.
(Diese Theorie wurde in der *Traumdeutung* beträchtlich erweitert,
doch die genaue Charakterisierung der Ichorganisation war erst mit
der Entwicklung der Strukturtheorie in *Das Ich und das Es* (1923b)
möglich.)

Urteilen, Denken und Wahrnehmung – alles Sekundärprozeßaspekte
des Ichs – ermöglichen es dem Subjekt, auf »das erste Befriedigungsob-
jekt« (das auch das erste feindliche Objekt ist) zurückzugehen[15], um
eine »*Identität*« zu erreichen.[16] (In der *Traumdeutung* erklärte Freud

[12] Ibid., S. 326.
[13] Ibid., S. 330.
[14] Ibid., S. 333.
[15] Ibid., S. 337.
[16] Ibid., S. 361 u. 384.

dies als eine »Wahrnehmungsidentität« – d. h. als eine Wiederholung der Wahrnehmung, die durch die Besetzung mit der Befriedigung des Bedürfnisses verknüpft ist.) Da jedoch »eine Wahrnehmungsbesetzung als Erbe eines Schmerzerlebnisses [ursprünglich] Unlust entbunden« hat, muß das Ich diesen Affekt soweit es kann einschränken, indem es Erinnerungsspuren als Signal benutzt.[17] (Später, in *Hemmung, Symptom und Angst* [1926d] wird diese Vorstellung auf das Problem der Angst angewandt.) Das grundlegende Konzept gebundener und freier Besetzungsenergie läßt uns verstehen, wie das Ich den Affekt steuern und somit Unlust von sich fernhalten kann.[18]

Mit dem »Prinzip der Unerregbarkeit unbesetzter Systeme« hatte Freud behauptet, daß eine Quantität leichter von einem Neuron auf ein besetztes Neuron übergeht als auf ein unbesetztes. (In ›Metapsychologische Ergänzung zur Traumlehre‹ (1917d [1915]), in *Jenseits des Lustprinzips* (1920g) und in der ›Notiz über den »Wunderblock«‹ (1925a) kam er kurz auf dieses Konzept zurück.) Die primäre Abwehr von Unlust durch das Ich besteht deshalb darin, daß es keine Neuronen besetzt, die Unlust auslösen würden. Wenn diese Abwehr fehlschlägt, d. h., wenn ein Realitätszeichen erscheint, muß die gleichzeitig vorhandene Wahrnehmungsbesetzung überbesetzt werden. Dies ist die zweite biologische Abwehrregel.[19] Es bedarf besonders großer und wiederholter Bindung vom Ich aus, um die starke Besetzung unlustvoller, schmerzlicher Erfahrungen auszugleichen.[20]

1900:

Freud übersetzte seine Prinzipien des psychischen Geschehens ohne weitere Bezugnahme auf anatomische und physiologische Konzepte in psychologische Termini zurück; das Konstanzprinzip *(Studien über Hysterie)* und das Prinzip der Neuronen-Trägheit (›Entwurf einer Psychologie‹) wurden direkt auf den psychischen Apparat bezogen und in Kapitel VII der *Traumdeutung* nicht als solche bezeichnet; doch wurde ihre Funktionsweise mit derjenigen des Unlust-Lustprinzips verknüpft, welches als das den psychischen Apparat in seinen primären wie in seinen sekundären Systemen beherrschende Gesetz angesehen wurde. Der sich entwickelnde psychische Apparat verlangte eine Differenzierung der relativ groben Automatik der Regulation durch das Unlust-Lustprinzip. Freud entsprach dieser Notwendigkeit durch eine versuchsweise Formulierung des Realitätsprinzips als einer notwendigen Entwicklung des beherrschenden Prinzips. Die feineren

---

[17] Ibid., S. 357 f.
[18] Ibid., S. 378 f.

[19] Ibid., S. 380.
[20] Ibid., S. 378.

Bedürfnisse der Seele wurden in der Formulierung des Prinzips des kleinsten Innervationsaufwandes und der angemessenen Erregung des psychischen Apparates – d. h. in der für die Vermeidung von Unlust und das Erreichen von Lust ökonomischsten Weise – berücksichtigt. Die Prinzipien wurden im einzelnen folgendermaßen erklärt.

Konstanzprinzip

Freud nahm an, daß die Arbeit des primitiven psychischen Apparats durch das Bestreben geregelt wird, »Anhäufung von Erregung zu vermeiden und sich möglichst erregungslos [reizlos] zu erhalten«.[21] Er brachte hier das Prinzip der Neuronen-Trägheit, durch welches der Apparat versucht, sich aller Spannung (Quantität) zu entledigen und zu einem Nullzustand zurückzukehren, mit dem Konstanzprinzip zusammen, durch welches der Apparat, nachdem er ein gewisses Maß an Erregungen (Reizen) als lebensnotwendig anerkannt hat, danach strebt, die Erregungssumme möglichst niedrig und konstant zu halten, um so Unlust zu vermeiden und Lust zu erreichen.

Das Unlustprinzip

Die Erregungssumme möglichst niedrig zu halten wird durch Anwendung des Unlustprinzips erreicht (in späteren Werken Freuds heißt es: das Lustprinzip), das die Verschiebung von Besetzung, die die Unlust mindert, zunächst automatisch regelt.[22] Lust- und Unlusterregungen ergeben sich »als fast einzige psychische Qualität bei den Energieumsetzungen im Innern des Apparats«. Wir müssen deshalb annehmen, »daß diese Lust- und Unlustbindungen automatisch den Ablauf der Besetzungsvorgänge regulieren«.[23] Der primitive Apparat nahm »in seinem ersten Aufbau das Schema des Reflexapparates an, das ihm gestattete, eine von außen an ihn anlangende sensible Erregung alsbald auf motorischem Wege abzuführen«.[24] Da aber die inneren Reize in der Form der großen Körperbedürfnisse nicht durch die Motilität befriedigt werden können – das hungrige Baby schreit oder zappelt, bleibt aber hungrig und empfindet die vom Hunger ausgehenden Erregungen als Unlust, die das Unlustprinzip nicht duldet –, kann eine Veränderung der Situation erst eintreten,

»wenn auf irgendeinem Wege, beim Kinde durch fremde Hilfeleistung, die Erfahrung des *Befriedigungserlebnisses* gemacht wird, das

[21] (1900a) *Die Traumdeutung,* G. W., Bd. 2/3, S. 604.
[22] Ibid., S. 621.
[23] Ibid., S. 580.
[24] Ibid., S. 570.

den inneren Reiz aufhebt. Ein wesentlicher Bestandteil dieses Erlebnisses ist das Erscheinen einer gewissen Wahrnehmung (der Nahrung im Beispiel), deren Erinnerungsbild von jetzt an mit der Gedächtnisspur der Bedürfniserregung assoziiert bleibt.«[25]
Das Befriedigungserlebnis setzt die Erregung herab und wird als Lust empfunden.

»Eine solche, von der Unlust [von der Anhäufung von Erregung] ausgehende, auf die Lust zielende Strömung im Apparat heißen wir einen Wunsch; wir haben gesagt, nichts anderes als ein Wunsch sei imstande, den Apparat in Bewegung zu bringen, und der Ablauf der Erregung in ihm werde automatisch durch die Wahrnehmungen von Lust und Unlust geregelt.«[26]

Wenn die Wahrnehmung des Befriedigungserlebnisses wiedererscheint, so ist das

»die Wunscherfüllung, und die volle Besetzung der Wahrnehmung von der Bedürfniserregung her [ist] der kürzeste Weg zur Wunscherfüllung ... Diese erste psychische Tätigkeit zielt also auf eine *Wahrnehmungsidentität,* nämlich auf die Wiederholung jener Wahrnehmung, welche mit der Befriedigung des Bedürfnisses verknüpft ist.«[27]

Aber diese halluzinatorische Besetzung der Erinnerung an die Befriedigung entspricht nicht dem Unlust-Lustprinzip; es setzt dem Bedürfnis kein Ende, schafft also keine Befriedigung. Der durch das Prinzip automatisch geregelte Apparat muß deshalb eine zweite Tätigkeit finden. Mit anderen Worten: es wird ein zweites System notwendig, dessen Tätigkeit nicht gestattet, »daß die Erinnerungsbesetzung zur Wahrnehmung vordringe und von dort aus die psychischen Kräfte binde, sondern die vom Bedürfnisreiz ausgehende Erregung auf einen Umweg leite, der endlich über die willkürliche Motilität der Außenwelt so verändert, daß die reale Wahrnehmung des Befriedigungsobjekts eintreten kann«,[28] also dem Unlust-Lustprinzip entspricht.

Prinzip des kleinsten Innervationsaufwands

Freud hob hervor, wie wichtig es sei, daß das zweite System einen Weg finde, das Befriedigungserlebnis in der Außenwelt zu erreichen, statt die psychische Energie bei der Suche nach diesem Erlebnis an unbefriedigende halluzinatorische Erinnerungsbilder zu verschwenden.

[25] Ibid., S. 571.
[26] Ibid., S. 604.
[27] Ibid., S. 571.
[28] Ibid., S. 604.

»Die vielfach tastende, Besetzungen aussendende und wieder ein-
ziehende Tätigkeit des zweiten Systems bedarf einerseits der freien
Verfügung über alles Erinnerungsmaterial; andererseits wäre es
überflüssiger Aufwand, wenn sie große Besetzungsquantitäten auf
die einzelnen Denkwege schickte, die dann unzweckmäßig abströ-
men und die für die Veränderung der Außenwelt notwendige Quantität verringern würden. Der Zweckmäßigkeit zu Liebe postuliere ich
also, daß es dem zweiten System gelingt, die Energiebesetzungen
zum größeren Anteil in Ruhe zu erhalten, und nur einen kleineren
Teil zur Verschiebung zu verwenden.«[29]

Das zweite System im Dienste des Unlust-Lustprinzips berücksichtigt
also das Prinzip des kleinsten Innervationsaufwands, indem es diejenigen Vorstellungen besetzt, die Unlust beenden und Lust bringen.

Diese Entwicklung ist notwendig, weil das erste, auf die Sicherung der
freien Abfuhr der Erregungsquantitäten ausgerichtete System infolge
der Herrschaft des Unlustprinzips völlig unfähig ist, etwas Unangeneh-
mes in den Denkzusammenhang aufzunehmen. Wichtige Erinnerungen, die, wenn sie besetzt würden, Unlust hervorrufen würden, werden deshalb ausgeschlossen, und es ist Aufgabe des zweiten Systems,
sie gemäß dem Unlustprinzip in solcher Weise zu besetzen, daß eine
Abfuhr in Richtung der Entwicklung von Unlust gehemmt wird.
Freud nahm an, daß eine solche Besetzung einer Vorstellung durch das
zweite System, die gleichzeitig die Abfuhr Unlust auslösender Erregung hemme, der Schlüssel zur Theorie der Verdrängung sein könnte,
die durch diese Hemmung der beweglichen Besetzung des ersten Systems zustande komme.

Prinzip der Erregung des psychischen Apparats

Bei der Herrschaft des zweiten Systems steht, so wird in der *Traumdeutung* angenommen, die Erregungsabfuhr unter ganz anderen me-
chanischen Bedingungen als unter denjenigen, die im ersten System bei
der automatischen Herrschaft des primären Unlustprinzips in Kraft
sind. Diese »Herrschaft des primären Unlustprinzips und die damit
verbundene Einschränkung der Leistungsfähigkeit wird durch die sensiblen Regulierungen, die selbst wieder Automatismen sind, gebrochen«,[30] und ein Fortschritt ist erreicht, wenn die Wahrnehmung durch
die psychischen Sinnesorgane *W* und *Bw* »die Folge hat, eine Aufmerksamkeitsbesetzung auf die Wege zu leiten, nach denen die ankommende Sinneserregung sich verbreitet; die qualitative Erregung des

[29] Ibid., S. 605.
[30] Ibid., S. 622.

W-Systems dient der mobilen Quantität im psychischen Apparat als Regulator ihres Ablaufs«.[31]

Um feinere Leistungen zu ermöglichen, wird der Vorstellungsablauf vom Vorhandensein oder Nichtvorhandensein von Unlust unabhängiger. Das System *Vbw* erwirbt – durch Verknüpfung mit dem Erinnerungssystem der Sprachzeichen – eigene Qualitäten, die das Bewußtsein anziehen.

> »Durch die Qualitäten dieses Systems wird jetzt das Bewußtsein, das vorher nur Sinnesorgan für die Wahrnehmungen war, auch zum Sinnesorgan für einen Teil unserer Denkvorgänge.«[32]

Es hat indes noch kein Gedächtnis. Das psychische Geschehen differenziert sich weiter, wenn das Bewußtsein eine weitere Überbesetzung zustande bringt, deren Wert

> »durch nichts besser dargetan [ist], als durch die Schöpfung einer neuen Qualitätenreihe und somit einer neuen Regulierung, welche das Vorrecht des Menschen vor den Tieren ausmacht. . . . Um ihnen eine Qualität zu verleihen, werden sie beim Menschen mit Worterinnerungen assoziiert, deren Qualitätsreste genügen, um die Aufmerksamkeit des Bewußtseins auf sich zu ziehen und von ihm aus dem Denken eine neue mobile Besetzung zuzuwenden.«[33]

> »Das Material an Erregungen fließt dem *Bw*-Sinnesorgan von zwei Seiten her zu, von dem *W*-System her, dessen durch Qualitäten bedingte Erregung wahrscheinlich eine neue Verarbeitung durchmacht, bis sie zur bewußten Empfindung wird, und aus dem Innern des Apparats selbst, dessen quantitative Vorgänge als Qualitätenreihe der Lust und Unlust empfunden werden, wenn sie bei gewissen Veränderungen angelangt sind.«[34]

Indem das *Bw*-System neue Qualitäten wahrnimmt, »leistet es einen neuen Beitrag zur Lenkung und zweckmäßigen Verteilung der mobilen Besetzungsquantitäten. Mittels der Lust- und Unlustwahrnehmung beeinflußt es den Verlauf der Besetzungen innerhalb des sonst unbewußt und durch Quantitätsverschiebungen arbeitenden psychischen Apparats.«[35] Dies führt dann zu einer feineren Regulierung als der durch das Unlustprinzip, zu einer Regulierung, »die sich sogar der ersteren widersetzen kann und die Leistungsfähigkeit des Apparats vervollkommnet, indem sie ihn gegen seine ursprüngliche Anlage in den Stand setzt, auch was mit Unlustentbindung verknüpft ist, der Besetzung und Bearbeitung zu unterziehen«.[36] (Diesen Sachverhalt bezeichnete Freud später, in den ›Formulierungen über die zwei Prinzipien des psychischen Geschehens‹ [1911], als das Realitätsprinzip.) Freud macht jedoch darauf aufmerksam, daß dieses letzte Ziel selbst im nor-

31 Ibid., S. 621.
32 Ibid., S. 580.
33 Ibid., S. 622.
34 Ibid., S. 621.
35 Ibid., S. 621.
36 Ibid., S. 621 f.

malen Seelenleben selten erreicht wird, »und daß unser Denken der Fälschung durch die Einmengung des Unlustprinzips immer zugänglich bleibt«.[37]

In der *Traumdeutung* hat Freud seine Prinzipien des psychischen Geschehens also auf die theoretische Fiktion eines primitiven psychischen Apparates projiziert, dessen Arbeit von dem Bestreben geleitet ist, eine Anhäufung von Erregung zu vermeiden und sich möglichst reizlos zu erhalten. Wenn differenziertere Anforderungen an den Apparat gestellt werden, entsteht ein zweites System. Der Primärprozeß ist darauf gerichtet, sich von Spannung und Unlust zu befreien, indem er für eine freie Abfuhr der Erregungsquantitäten sorgt. Der ebenfalls noch unter der Herrschaft des Unlustprinzips stehende Sekundärprozeß hemmt die Abfuhr und verwandelt die Besetzung in eine ruhende – bis sichergestellt ist, daß keine Unlust auftreten wird.[38] Das gelingt ihm, indem er sich der ausschließlichen Regulierung durch das Unlustprinzip entzieht und sich, indem er sich die Verdrängung voll zunutze macht, unter die Herrschaft des Realitätsprinzips stellt.[39]

1901–1916:

In der auf *Die Traumdeutung* folgenden Periode hat Freud diese Annahmen weiter ausgearbeitet. Seine Ansichten über die Prinzipien des psychischen Geschehens haben bei der Anwendung auf das topische Modell der Seele, mit dem er zwischen 1901 und 1916 arbeitete, keine entscheidende Veränderung erfahren. Die fundamentalen Gesetze, die er im ›Entwurf einer Psychologie‹ und in Kapitel VII der *Traumdeutung* umrissen hatte, sind in der Bestandsaufnahme in den *Vorlesungen zur Einführung in die Psychoanalyse* (1916–17) leicht wiederzuerkennen.

»Es scheint, daß unsere gesamte Seelentätigkeit darauf gerichtet ist, Lust zu erwerben und Unlust zu vermeiden, daß sie automatisch durch das *Lustprinzip* reguliert wird ... Lust [ist] irgendwie an die Verringerung ... der im Seelenapparat waltenden Reizmenge gebunden, die Unlust aber an eine Erhöhung derselben [Prinzipien der Konstanz und der physikalischen Trägheit] ... [Die Ichtriebe lernen bald], das Lustprinzip durch eine Modifikation zu ersetzen. Die Aufgabe, Unlust zu verhüten, stellt sich für sie fast gleichwertig neben die des Lustgewinns ... [Das Ich] läßt sich nicht mehr vom Lustprinzip beherrschen, sondern folgt dem *Realitätsprinzip,* das im Grunde auch Lust erzielen will, aber durch die Rücksicht auf die

[37] Ibid., S. 608.
[38] Ibid., S. 605.
[39] Ibid., S. 610.

Realität gesicherte, wenn auch aufgeschobene und verringerte Lust.«[40]

Versuchsweise wird das Prinzip des Wiederholungszwangs eingeführt; eine mögliche Unterscheidung des Lustprinzips und des Konstanzprinzips weist einerseits auf die beiden Prinzipien der Konstanz und der physikalischen Trägheit aus den *Studien über Hysterie* und dem ›Entwurf einer Psychologie‹ zurück und andererseits auf das Lust- und das Nirwanaprinzip, die in *Jenseits des Lustprinzips* (1920g) und ›Das ökonomische Problem des Masochismus‹ (1924c) unterschieden werden, voraus.

Im Teil über die allgemeine Neurosenlehre in den *Vorlesungen zur Einführung* (1916–17) deutet sich eine Vorwegnahme der späteren Formulierung (1920) des Nirwana- und des Lustprinzips im Zusammenhang mit den Lebens- und Todestrieben an:

> »Von den Sexualtrieben ist es ohne weiteres evident, daß sie zu Anfang wie zu Ende ihrer Entwicklung auf Lustgewinn arbeiten; sie behalten diese ursprüngliche Funktion ohne Abänderung bei. Das nämliche streben auch die anderen, die Ichtriebe, anfänglich an. Aber unter dem Einfluß der Lehrmeisterin Not lernen die Ichtriebe bald, das Lustprinzip durch eine Modifikation zu ersetzen.«[41]

Später, 1924, ordnete Freud das Nirwanaprinzip (ursprünglich das Prinzip der Trägheit) dem Todestrieb zu und das Lustprinzip, das das Konstanzprinzip und das Realitätsprinzip umfaßt, dem Lebenstrieb.

In dieser Periode verlagert sich die Akzentuierung der Bedeutung, die dem Lustprinzip und dem Realitätsprinzip für die Entwicklung des psychischen Lebens gegeben wird. Darin spiegelt sich wahrscheinlich Freuds zu dieser Zeit wachsende Beschäftigung mit der Rolle der Triebe. In den ›Formulierungen über die zwei Prinzipien des psychischen Geschehens‹ (1911) weist er auf die Aufgabe hin, »die Beziehung des Neurotikers und des Menschen überhaupt zur Realität auf ihre Entwicklung zu untersuchen und so die psychologische Bedeutung der realen Außenwelt in das Gefüge unserer Lehren aufzunehmen«. Er nahm an, daß der psychische Apparat sich entschließen mußte, »die realen Verhältnisse der Außenwelt vorzustellen und die reale Veränderung anzustreben«,[42] was dann zur Entwicklung des Denkens, Urteilens und zielgerichteten Handelns führte. Doch 1915, in ›Triebe und Triebschicksale‹, hob er hervor:

> »Die äußeren Reize stellen nur die eine Aufgabe, sich ihnen zu entziehen, dies geschieht dann durch Muskelbewegungen . . . Die im In-

---

[40] (1916–17) *Vorlesungen zur Einführung in die Psychoanalyse,* G. W., Bd. 11, S. 369 f.
[41] Ibid., S. 370.
[42] (1911b) ›Formulierungen über zwei Prinzipien des psychischen Geschehens‹, G. W., Bd. 8, S. 231.

nern des Organismus entstehenden Triebreize sind durch diesen Mechanismus nicht zu erledigen. Sie stellen also weit höhere Anforderungen an das Nervensystem, veranlassen es zu verwickelten, ineinander greifenden Tätigkeiten ... Wir dürfen also wohl schließen, daß sie, die Triebe, und nicht die äußeren Reize, die eigentlichen Motoren der Fortschritte sind, welche das so unendlich leistungsfähige Nervensystem auf seine gegenwärtige Entwicklungshöhe gebracht haben.«[43]

In seiner Diskussion der Triebschicksale, die von den drei großen, das psychische Leben beherrschenden Gegensätzen – nämlich: Subjekt-Objekt, Lust-Unlust und Aktivität-Passivität – abhängen, wird indes die Stärke des relativen Einflusses der inneren und äußeren Realität aufeinander deutlich.

Konstanzprinzip

Freud hat dieses Prinzip nicht explizit als ein sein topisches Modell regulierendes Prinzip bezeichnet; es ist jedoch in seiner Beschreibung der Funktion des seelischen Apparates impliziert. Eine der wichtigsten Voraussetzungen der Untersuchung psychischer Phänomene

»ist *biologischer* Natur, arbeitet mit dem Begriff der Tendenz (eventuell der Zweckmäßigkeit) und lautet: Das Nervensystem ist ein Apparat, dem die Funktion erteilt ist, die anlangenden Reize wieder zu beseitigen, auf möglichst niedriges Niveau herabzusetzen, oder der, wenn es nur möglich wäre, sich überhaupt reizlos erhalten wollte.«[44]

Diese Formulierung bringt das Konstanzprinzip – die Tendenz, die Erregungsquantität möglichst niedrig und konstant zu halten (1893) – mit dem Prinzip der physikalischen Trägheit (1893) – der Tendenz, die Spannung auf Null zu reduzieren – in eine Wechselbeziehung. Doch schon in dieser Arbeit wie auch im Teil über die ›Allgemeine Neurosenlehre‹ in den *Vorlesungen zur Einführung* (1916–17) deuten sich Zweifel an dieser Beziehung an. Freud bemerkte, daß diese Reizbewältigung vom Lustprinzip verlangt werde, da Unlustgefühle die Spannung erhöhen, Lustgefühle die Spannung senken. Nun sei aber hinsichtlich der Sexualtriebe eine Erhöhung der Spannung lustvoll. Deshalb nahm er an, daß es zwischen Lust und Unlust und den auf das psychische Leben einwirkenden Reizströmen viele verschiedenartige Beziehungen gebe, die erst unvollständig erkannt seien.[45] Seine späte-

---

[43] (1915c) ›Triebe und Triebschicksale‹, G. W., Bd. 10, S. 213 f.
[44] Ibid., S. 213.
[45] (1916–17) *Vorlesungen zur Einführung in die Psychoanalyse*, G. W., Bd. 11, S. 369.

ren Untersuchungen im Zusammenhang mit der Entwicklung der Triebtheorie führten – in *Jenseits des Lustprinzips* (1920g) – zu genaueren Definitionen dieser Prinzipien.

Das Lustprinzip

Freud hat in allen Phasen seines Werkes das Lustprinzip als den Hauptregulator des psychischen Apparates angesehen. Den Namen »Lustprinzip« führte er 1911 ein; vorher (in der *Traumdeutung*) hieß es das »Unlustprinzip«. Diese Umbenennung hatte keinerlei inhaltliche Implikationen. In der Ersetzung des Lustprinzips durch das Realitätsprinzip sah er »keine Absetzung des Lustprinzips, sondern eine Sicherung desselben«; und noch 1915 war er der Auffassung, daß das Lustprinzip auch den am höchsten entwickelten psychischen Apparat automatisch reguliere. Wie im vorangegangenen Abschnitt angedeutet, hat Freud in dieser Periode – abgesehen von dem in ›Triebe und Triebschicksale‹ (1915c) ausgedrückten Zweifel – eine Wechselbeziehung zwischen Lustprinzip und Konstanzprinzip angenommen.

Die enge Verbindung zwischen dem System *Ubw* und dem Lustprinzip wird in der Neuformulierung dieser Theorie in metapsychologischen Termini deutlicher. In den ›Formulierungen über die zwei Prinzipien des psychischen Geschehens‹ erklärt Freud im einzelnen, wie die Primärprozesse vollständig unter der Herrschaft des Lustprinzips stehen.

> »Der befremdendste Charakter der unbewußten (verdrängten) Vorgänge ergibt sich daraus, daß bei ihnen die Realitätsprüfung nichts gilt, die Denkrealität gleichgesetzt wird der äußeren Wirklichkeit, der Wunsch der Erfüllung, dem Ereignis, wie es sich aus der Herrschaft des alten Lustprinzips ohneweiters ableitet.«[46]

Das Schicksal der unbewußten Prozesse hängt allein davon ab, wie stark sie sind und ob sie die Forderungen der Lust-Unlust-Regulation erfüllen (›Das Unbewußte‹, 1915).

Welche Stärke und Kraft das Lustprinzip besitze, machte Freud am Beispiel der Beziehung zwischen Lust (Liebe) und Haß deutlich; die folgende Formulierung aus ›Triebe und Triebschicksale‹ kann als eine Verbindung zur liebenden und hassenden (Destruktivität) Macht in der von den Urkräften Eros und Thanatos bestimmten Triebtheorie aufgefaßt werden.

> »Die Unlustrelation [scheint] die einzig entscheidende [zu sein]. Das Ich [hier: Selbst] haßt, verabscheut, verfolgt mit Zerstörungsabsichten alle Objekte, die ihm zur Quelle von Unlustempfindungen wer-

[46] (1911b) ›Formulierungen über zwei Prinzipien des psychischen Geschehens‹, G. W., Bd. 8, S. 237.

den, gleichgültig, ob sie ihm eine Versagung sexueller Befriedigung oder der Befriedigung von Erhaltungsbedürfnissen bedeuten. Ja, man kann behaupten, daß die richtigen Vorbilder für die Haßrelation nicht aus dem Sexualleben, sondern aus dem Ringen des Ichs um seine Erhaltung und Behauptung stammen.«[47]

Freuds ursprüngliche Annahmen über die Beziehung zwischen Lust-(Unlust-)Gefühlen und den Quantitäten seelischer Erregung und Energie, die aus inneren und äußeren Reizen stammen, blieben in dieser Periode unverändert. Das Bedürfnis des Apparates, den Erregungsstrom (Besetzung) so zu regulieren, daß die Lust erhöht und Unlust vermindert wird, führte ihn in 1911b zu einer genaueren Klärung des Realitätsprinzips und in 1915c zu einem weiteren Versuch, das Verhältnis von Lust- und Realitätsprinzip zu inneren und äußeren Reizen zu bestimmen.

»Wie das Lust-Ich nichts anderes kann als *wünschen*, nach Lustgewinn arbeiten und der Unlust ausweichen, so braucht das Real-Ich nichts anderes zu tun als nach *Nutzen* zu streben und sich gegen Schaden zu sichern.«[48]

Ein Individuum habe das Stadium der Reife erreicht, wenn es auf das Lustprinzip verzichten und sich an die Realität anpassen könne und das Objekt seiner Wünsche in der Außenwelt suche.[49]

Das Realitätsprinzip

Freuds Aussagen über die Primär- und Sekundärprozesse und die mit ihnen verknüpften unterschiedlichen Systeme beweglicher und gebundener Besetzungsenergie, die automatisch vom Lustprinzip reguliert werden, setzen das Vorhandensein eines Realitätsprinzips voraus. Im ›Entwurf einer Psychologie‹ und in *Die Traumdeutung* ist dies angedeutet, in der zusammenfassenden Übersicht über die den psychischen Apparat regulierenden Prinzipien in 1911b ausführlicher erklärt. Das Realitätsprinzip ist eine notwendige Instanz, die aus Versagungssituationen entsteht, in denen der innere Reiz zunächst nicht befriedigt, die Spannung nicht verringert und Unlust nur durch einen Eingriff von außen beseitigt werden kann.

»Anstatt seiner [des Versuchs der Befriedigung auf halluzinatorischem Wege] mußte sich der psychische Apparat entschließen, die realen Verhältnisse der Außenwelt vorzustellen und die reale Ver-

---

[47] (1915c) ›Triebe und Triebschicksale‹, G. W., Bd. 10, S. 230.
[48] (1911b) ›Formulierungen über zwei Prinzipien des psychischen Geschehens‹, G. W., Bd. 8, S. 235.
[49] (1912–13) *Totem und Tabu*, G. W., Bd. 9.

änderung anzustreben. Damit war ein neues Prinzip der seelischen Tätigkeit eingeführt, es wurde nicht mehr vorgestellt, was angenehm, sondern was real war, auch wenn es unangenehm sein sollte.«[50]

Das durch den Verzicht auf direkte Triebbefriedigung – durch die Ersetzung des Lustprinzips durch das Realitätsprinzip – hervorgerufene Unbefriedigtsein wird zum Bestandteil der Realität.

»In Wirklichkeit bedeutet die Ersetzung des Lustprinzips durch das Realitätsprinzip keine Absetzung des Lustprinzips, sondern nur eine Sicherung desselben. Eine momentane, in ihren Folgen unsichere Lust wird aufgegeben, aber nur darum, um auf dem neuen Wege eine später kommende, gesicherte zu gewinnen.«[51]

Freud sah im Übergang vom Lustprinzip zum Realitätsprinzip einen der wichtigsten und folgenreichsten Schritte in der Ich-Entwicklung. In den vom Lustprinzip beherrschten psychischen Primärprozessen unterscheidet der Apparat nicht zwischen einer Vorstellung oder einem Wunsch und einer Wahrnehmung; würde der nicht zwischen Wunsch und Wirklichkeit unterscheidende Primärprozeß sich seiner beweglichen, freien Energie entledigen, könnte Unlust die Folge sein. Dieser Prozeß muß deshalb gehemmt werden, seine Besetzungsenergie muß zumindest zeitweise von einem psychischen Sekundärprozeß gebunden werden, damit Realitätszeichen vom Wahrnehmungsapparat aus weitergegeben werden können und das Ich seine Aufmerksamkeitsbesetzung auf die Außenwelt richten und diese Zeichen beurteilen kann. Diese Verzögerung erlaubt es, die Folgen in der Realität einzuschätzen und die Besetzung dann je nach den Umständen in der Außenwelt entweder vonstatten gehen zu lassen oder sie zu blockieren (zu verdrängen).

Freud beschrieb diese Realitätsprüfung, das Instrument des Realitätsprinzips, als die Funktion, mit deren Hilfe das Individuum sich in der Welt orientiert, indem es zwischen Innen und Außen unterscheidet, und er sah sie stets als eine Funktion des sekundären Systems an.

»Die erhöhte Bedeutung der äußeren Realität hob auch die Bedeutung der jener Außenwelt zugewendeten Sinnesorgane und des an sie geknüpften *Bewußtseins,* welches außer den bisher allein interessanten Lust- und Unlustqualitäten die Sinnesqualitäten auffassen lernte.«[52]

In der Abhandlung über ›Das Unbewußte‹ (1915e) schrieb er, daß die Realitätsprüfung in den Bereich des Systems *Vbw* falle, in welchem bewußte Prozesse oder solche, die bewußt werden können, ablaufen.[53]

[50] (1911b) ›Formulierungen über die zwei Prinzipien des psychischen Geschehens‹, G. W., Bd. 8, S. 231 f.
[51] Ibid., S. 235 f.
[52] Ibid., S. 232.
[53] (1915e) ›Das Unbewußte‹, G. W., Bd. 10, S. 287.

In der Schrift ›Metapsychologische Ergänzung zur Traumlehre‹ (1917d [1915]) präzisierte er diesen Punkt: die Realitätsprüfung wird hier dem dritten psychischen System, dem System *Bw* zugeordnet, das Freud jetzt mit dem in der *Traumdeutung* (1900a) beschriebenen System *W* zusammenfallen ließ. Freud begann damit, sich in Richtung auf seine Strukturtheorie zu bewegen, der zufolge die Realitätsprüfung eine Funktion des Ichs ist.

»*Bw* muß über eine motorische Innervation verfügen, durch welche festgestellt wird, ob die Wahrnehmung zum Verschwinden zu bringen ist oder sich resistent verhält. Nichts anderes als diese Einrichtung braucht die *Realitätsprüfung* zu sein.«[54]

Mit der Entwicklung der Erkenntnis einer veränderbaren Außenwelt entwickelt das System *Bw* besondere Funktionen.

»Es wurde eine besondere Funktion eingerichtet, welche die Außenwelt periodisch abzusuchen hatte, damit die Daten derselben im vorhinein bekannt wären, wenn sich ein unaufschiebbares inneres Bedürfnis einstellte, die *Aufmerksamkeit*. Diese Tätigkeit geht den Sinneseindrücken entgegen, anstatt ihr Auftreten abzuwarten. Wahrscheinlich wurde gleichzeitig damit ein System von *Merken* eingesetzt, welches die Ergebnisse dieser periodischen Bewußtseinstätigkeit zu deponieren hatte, ein Teil von dem, was wir *Gedächtnis* heißen«[55] – eine Erleichterung der Realitätsprüfung.

»Die motorische Abfuhr, die während der Herrschaft des Lustprinzips zur Entlastung des seelischen Apparats von Reizzuwächsen gedient hatte und dieser Aufgabe durch ins Innere des Körpers gesandte Innervationen (Mimik, Affektäußerungen) nachgekommen war, erhielt jetzt eine neue Funktion, indem sie zur zweckmäßigen Veränderung der Realität verwendet wurde. Sie wandelte sich zum *Handeln*. Die notwendig gewordene Aufhaltung der motorischen Abfuhr (des Handelns) wurde durch den *Denkprozeß* besorgt«,[56]

was dadurch möglich wurde, daß der Sekundärprozeß freie Besetzungsenergie band. Gleichzeitig wurde die »Urteilsfällung« zu einem Element des Systems, das es ermöglichte, Wirklichkeiten von Vorstellungen und Wünschen – wie intensiv diese auch sein mochten – zu unterscheiden und dadurch Unlust in der Außenwelt zu vermeiden.

Zwei Aspekte des Apparates, die Sexualtriebe und die Phantasie, bleiben der Regulierung durch das Realitätsprinzip zunächst entzogen, d. h., sie gewinnen Lust, ohne sich um die Zustimmung der Realität zu kümmern. Freud sah in ihnen daher die zwei Gefahrenbereiche für die

[54] (1917d [1915]) ›Metapsychologische Ergänzung zur Traumlehre‹, G. W., Bd. 10, S. 424.
[55] (1911b) ›Formulierungen über zwei Prinzipien des psychischen Geschehens‹, G. W., Bd. 8, S. 232 f.
[56] Ibid., S. 233.

seelische Gesundheit. Weil die Sexualtriebe auf autoerotischem Wege Befriedigung erreichen können, »gelangen sie nicht in die Situation der Versagung, welche die Einsetzung des Realitätsprinzips erzwungen hat«. Sie bleiben weit länger unter der Herrschaft des Lustprinzips, welcher sie sich bei vielen Personen überhaupt niemals zu entziehen vermögen.

»Lustverzicht ist dem Menschen immer schwer gefallen; er bringt ihn nicht ohne eine Art von Entschädigung zustande. Er hat sich daher eine seelische Tätigkeit vorbehalten, in welcher all diesen aufgegebenen Lustquellen und verlassenen Wegen der Lustgewinnung eine weitere Existenz zugestanden ist, eine Form der Existenz, in welcher sie von dem Realitätsanspruch und dem, was wir Realitätsprüfung nennen, frei gelassen sind ... In der Phantasietätigkeit genießt also der Mensch die Freiheit vom äußeren Zwang weiter, auf die er in Wirklichkeit längst verzichtet hat. Er hat es zustande gebracht, abwechselnd noch Lusttier zu sein und dann wieder ein verständiges Wesen.«[57]

In der *Traumdeutung* (1900a) hatte Freud die allmähliche Entwicklung des Realitätsprinzips so charakterisiert: sie ergibt sich aus der Unfähigkeit des Kleinkindes, sich der Unlustgefühle, die von unbefriedigten inneren Reizen (Bedürfnissen) hervorgerufen werden, ohne Hilfe der Außenwelt, deren Aufmerksamkeit es durch irgendeine Form motorischer Abfuhr erregt, zu entledigen. 1911 charakterisierte er diese Entwicklung als eine allmähliche Transformation eines Lust-Ichs in ein Real-Ich; das Lust-Ich verfolge nur Wünsche und Lustgewinn, während das Real-Ich nach Nutzen strebe und sich gegen Schaden sichere.

In ›Triebe und Triebschicksale‹ (1915c) postulierte er dann ein ursprüngliches »Real-Ich«, das kraft seiner Wahrnehmungen – entsprechend der Wirksamkeit der Muskeltätigkeit, deren Aufgabe es ist, äußere Reize zu beseitigen – zwischen einem Innen und einem Außen unterscheide.[58] Diese Formulierung scheint mit der in ›Metapsychologische Ergänzung zur Traumlehre‹ (1917d [1915]) identisch zu sein: das Lust-Ich wird durch das Real-Ich ersetzt, und nach der Aufgabe halluzinatorischer Wunscherfüllung wird eine Art Realitätsprüfung eingerichtet, die in nichts anderem zu bestehen braucht als darin, daß das System *Bw (W)* über eine motorische Innervation verfügt, »durch welche festgestellt wird, ob die Wahrnehmung zum Verschwinden zu bringen ist oder sich resistent verhält«.[59] Ob seine Wahrnehmungen

[57] (1916–17) *Vorlesungen zur Einführung in die Psychoanalyse*, G. W., Bd. 11, S. 386 f.
[58] (1915c) ›Triebe und Triebschicksale‹, G. W., Bd. 10, S. 212.
[59] (1917d [1915]) ›Metapsychologische Ergänzung zur Traumlehre‹, G. W., Bd. 10, S. 424.

sich auf Inneres oder Äußeres beziehen, findet der noch hilflose Organismus mit Hilfe der Fortbewegung heraus – wenn er sich von etwas wegbewegen kann, weiß er, daß es außerhalb seiner selbst und real ist; wo eine solche Aktion nichts ändert, stammen die Wahrnehmungen aus seinem Innern und sind nicht real. Aufgrund der Stärke der autoerotischen libidinösen Triebe wirkt eine Ablenkung auf dieses ursprüngliche Real-Ich, die es in ein allein vom Lustprinzip beherrschtes Lust-Ich wandelt, das nicht zu prüfen braucht, was innen und was außen ist. Wird diese Ablenkung durch entsprechende elterliche Pflege des hilflosen Kindes verstärkt, dann wird dieses Stadium des Narzißmus verlängert, und die nicht erotischen Selbsterhaltungstriebe, die das ursprüngliche Real-Ich bewahren, werden zeitweilig unterdrückt.

Nachdem das ursprüngliche »Real-Ich« entdeckt hat, daß Muskeltätigkeit kein geeignetes Mittel ist, es von der auf die inneren Triebansprüche zurückgehenden Spannung zu befreien, bedient es sich des Mittels der Projektion.

»Die Außenwelt zerfällt ihm in einen Lustanteil, den es sich einverleibt hat, und einen Rest, der ihm fremd ist. Aus dem eigenen Ich hat es einen Bestandteil ausgesondert, den es in die Außenwelt wirft und als feindlich empfindet. Nach dieser Umordnung ist die Deckung der beiden Polaritäten

Ich-Subjekt – mit Lust

Außenwelt – mit Unlust (von früher her Indifferenz) wieder hergestellt.«[60]

Wenn aufgrund der Notwendigkeit der Spannungsminderung die rein narzißtische Stufe durch die Objektstufe abgelöst worden ist, stellt das Ich eine reine Lustbeziehung zum befriedigenden Objekt her, während es »alle Objekte, die ihm zur Quelle von Unlustempfindungen werden«, mit Zerstörungsabsichten verfolgt.[61] Es stellt jedoch fest, daß ein solches Verhalten weitere Unlust erzeugt und ein sekundäres Real-Ich entwickelt werden muß. Dieses Ich macht sich die Verdrängung zunutze, deren Motiv und Absicht das Vermeiden von Unlust ist, die Minderung von Spannung, die entsteht, wenn die Triebe ein Ziel nicht erreichen, dessen Erreichen in anderen Teilen des Apparates größere Unlust verursachen würde.[62] Das Maß an Lust, das die Selbsterhaltungstriebe zulassen können, hängt deshalb entscheidend von angemessenen äußeren Objekten ab.

[60] (1915c) ›Triebe und Triebschicksale‹, G. W., Bd. 10, S. 228.
[61] Ibid., S. 230.
[62] (1915d) ›Die Verdrängung‹, G. W., Bd. 10, S. 248–251.

Im ›Entwurf einer Psychologie‹ hatte Freud gesagt, daß die Neuronen des Nervensystems danach streben, sich der Quantität zu entledigen, um einen Zustand der Trägheit zu erreichen. Im topischen Modell hat er dieses Konzept präziser gefaßt – so, daß es sich als Vorwegnahme seiner Todestriebtheorie ansehen läßt. Er betrachtete die Trägheit als die allgemeinste Eigenschaft belebter wie unbelebter Körper.[63] Die Theorie Jungs, eine »psychische Trägheit«, die jeglichem Wandel und Fortschritt widerstehe, sei eine entscheidende Voraussetzung der Neurose, lehnte er ab; er hielt es für richtiger, diese besondere Trägheit als eine Fixierung, »als die Äußerung von sehr frühzeitig erfolgten, sehr schwer lösbaren Verknüpfungen von Trieben mit Eindrücken und den ihnen gegebenen Objekten«, zu charakterisieren.[64] Später, 1926, führte er diesen Widerstand gegen die Genesung auf den Wiederholungszwang zurück, auf das Prinzip, das als Beweismittel für die Postulierung eines Todestriebes – des Bedürfnisses jeglicher Materie, zu einem Zustand der Trägheit zurückzukehren – diente.

Prinzip des Wiederholungszwangs

Die Formulierung dieses Prinzips als Äußerung der Macht des Verdrängten begann 1914. In ›Erinnern, Wiederholen und Durcharbeiten‹ (1914g) schrieb Freud über die klinische Bedeutung des Zwangs der Patienten, das Verdrängte in der Aktion zu wiederholen, und stellte ihn mit »dem ›Abreagieren‹ der durch die Verdrängung eingeklemmten Affektbeträge« gleich.[65] In der metapsychologischen Arbeit ›Die Verdrängung‹ versuchte er, die Stärke des Zwanges zu erklären. »Die Triebrepräsentanz [entwickelt sich] ungestörter und reichhaltiger, wenn sie durch die Verdrängung dem bewußten Einfluß entzogen ist.« Die Verdrängung hindert die Triebrepräsentanz nicht daran, »im Unbewußten fortzubestehen, sich weiter zu organisieren, Abkömmlinge zu bilden und Verbindungen anzuknüpfen«.[66] Der Neurotiker fürchtet deshalb die anscheinend außerordentliche und gefährliche Macht des Triebes, der, wie Freud später erklärte, der hemmenden Kontrolle des Ichs entzogen bleibt, weil das Ich seine Repräsentanzen zuvor aus dem Bewußtsein ausgeschlossen hat.

---

[63] (1914d) ›Zur Geschichte der psychoanalytischen Bewegung‹, G. W., Bd. 10, S. 108.
[64] (1915f) ›Mitteilung eines der psychoanalytischen Theorie widersprechenden Falles von Paranoia‹, G. W., Bd. 10, S. 246.
[65] (1914g) ›Erinnern, Wiederholen und Durcharbeiten‹, G. W., Bd. 10, S. 136.
[66] (1915d) ›Die Verdrängung‹, G. W., Bd. 10, S. 251.

Freud hatte dieses Prinzip in der *Traumdeutung* aufgestellt, als er in Beziehung auf das zweite System postulierte, daß bei einem Tätigsein dieses System jeweils nur ein möglichst kleiner Anteil seiner Gesamtenergie verwandt wird. In den ›Formulierungen über die zwei Prinzipien des psychischen Geschehens‹ (1911b) bezog Freud das Prinzip auf das Sekundärsystem sowie auf die Herrschaft des Lustprinzips über den gesamten Apparat.

Er charakterisierte die Wirkungen der Annahme des Realitätsprinzips auf den psychischen Apparat unter dem Gesichtspunkt der Funktionen, die sich aus der Fähigkeit des Sekundärsystems, die Abfuhr zu hemmen, ergeben. Darunter ist das *Denken,* das sich aus dem Vorstellen herausbildete. »Es ist im wesentlichen ein Probehandeln mit Verschiebung kleinerer Besetzungsquantitäten, unter geringer Verausgabung (Abfuhr) derselben.«[67] 1915 wird der ökonomische Aspekt des Prinzips explizit auf das System *Vbw* bezogen:

»Die Vorgänge des Systems *Vbw* zeigen – und zwar gleichgültig, ob sie bereits bewußt oder nur bewußtseinsfähig sind – eine Hemmung der Abfuhrneigung von den besetzten Vorstellungen. Wenn der Vorgang von einer Vorstellung auf eine andere übergeht, so hält die erstere einen Teil ihrer Besetzung fest und nur ein kleiner Anteil erfährt die Verschiebung.«[68]

Daß das Phantasieren nicht dem Realitätsprinzip unterliegt, führte Freud auf das ökonomische Prinzip der Aufwandersparnis zurück:

»Eine allgemeine Tendenz unseres seelischen Apparats, die man auf das ökonomische Prinzip der Aufwandersparnis zurückführen kann, scheint sich in der Zähigkeit des Festhaltens an den zur Verfügung stehenden Lustquellen und in der Schwierigkeit des Verzichts auf dieselben zu äußern. Mit der Einsetzung des Realitätsprinzips wurde eine Art Denktätigkeit abgespalten, die von der Realitätsprüfung frei gehalten und allein dem Lustprinzip unterworfen blieb. Es ist dies das *Phantasieren.*«[69]

Das Prinzip der Unerregbarkeit unbesetzter Systeme

Dieses Prinzip hatte in der physiologisch orientierten Erklärung des psychischen Apparates im ›Entwurf‹ (1895) eine wichtige Rolle gespielt. Freud hatte dort festgestellt, daß eine Erregungsquantität leich-

[67] (1911b) ›Formulierungen über die zwei Prinzipien des psychischen Geschehens‹, G. W., Bd. 8, S. 233.
[68] (1915e) ›Das Unbewußte‹, G. W., Bd. 10, S. 287.
[69] (1911b) ›Formulierungen über die zwei Prinzipien des psychischen Geschehens‹, G. W., Bd. 8, S. 234.

ter auf ein besetztes Neuron übergeht als auf ein unbesetztes; als Beispiel hatte er angeführt, daß Träumen motorische Elemente fehlen. In ›Metapsychologische Ergänzung zur Traumlehre‹ (1917d [1915]) formulierte Freud dieses Prinzip in psychologischen Termini und bezog es auf die psychischen Prozesse im allgemeinen, fragte jedoch, in welchem Grade es für das System *Bw (W)* gelte. Die völlige Entleerung des Systems *Bw* (von seiner Besetzung) mache es für Anregungen wenig ansprechbar und verhindere dadurch, daß ein Traumwunsch (wunscherfüllende Phantasie) zu einer Wahnidee werde oder direkte motorische Abfuhr finde. Der Schlafzustand zieht »die Besetzung vom System *Bw* ab, wie von den anderen Systemen, dem *Vbw* und dem *Ubw*, soweit die in ihnen vorhandenen Positionen dem Schlafwunsch gehorchen. Mit dieser Unbesetztheit des Systems *Bw* ist die Möglichkeit einer Realitätsprüfung aufgegeben, und die Erregungen, welche vom Schlafzustand unabhängig den Weg der Regression eingeschlagen haben, werden ihn frei finden bis zum System *Bw,* in welchem sie als unbestrittene Realität gelten werden«. In einer Fußnote erklärte Freud:
»Das Prinzip der Unerregbarkeit unbesetzter Systeme erscheint hier für das *Bw (W)* außer Kraft gesetzt. Aber es kann sich um nur teilweise Aufhebung der Besetzung handeln, und gerade für das Wahrnehmungssystem werden wir eine Anzahl von Erregungsbedingungen annehmen müssen, die von denen anderer Systeme weit abweichen.«[70]

1920–1935:

Die Erweiterung der Prinzipien des psychischen Geschehens in *Jenseits des Lustprinzips* (1920) und ›Das ökonomische Problem des Masochismus‹ (1924) ergab sich aus der Weiterentwicklung der Triebtheorie und der Notwendigkeit, diese mit der Grundannahme von der Herrschaft des Lustprinzips und seiner Modifikation – dem Realitätsprinzip – in Einklang zu bringen. Freud hielt an den früheren Annahmen über die Funktionsweise des unter der Einwirkung äußerer und innerer Reize stehenden psychischen Apparates fest: seine Arbeit ziele in erster Linie darauf ab, Spannung zu beseitigen oder zu vermindern und konstant zu halten. Die erweiterte Formulierung umfaßte alle bereits bekannten Methoden des Ichs, durch den Einsatz gebundener Besetzung den Strom der Erregungsquantitäten zu regulieren und Hemmungen aufzurichten sowie vermittels des Mechanismus der Verdrängung Triebstrebungen zum Verbleiben im Unbewußten zu zwingen. Die bedeutsamen Veränderungen, die in die Prinzipien des

[70] (1917d [1915]) ›Metapsychologische Ergänzung zur Traumlehre‹, G. W., Bd. 10, S. 425 u. Anm.

psychischen Geschehens eingeführt wurden, waren, erstens, der Ein-
schluß des allgemeinen Prinzips des Wiederholungszwangs und, zweitens, die Unterscheidung zwischen dem Lustprinzip und dem Nirwanaprinzip; beide Veränderungen ergaben sich aus der Formulierung
des Lebens-(Eros) und der Todestriebe.

Prinzip des Wiederholungszwangs

Freud hatte bereits in der technischen Schrift über ›Erinnern, Wiederholen und Durcharbeiten‹ (1914g) einen Wiederholungszwang beschrieben, hatte ihn dort aber nicht als etwas Neues aufgefaßt, sondern nur als eine umfassendere Formulierung des Vorgangs, wie das
Verdrängte sich in zwanghaftem Agieren äußert. In ›Das Unheimliche‹
– ein Jahr vor *Jenseits des Lustprinzips* (1920g) geschrieben – erkannte
er, daß ein solcher Zwang von Triebstrebungen ausging und wahrscheinlich in der ursprünglichen Natur der Triebe so machtvoll angelegt war, daß er das Lustprinzip überwältigen konnte. Unter Verweis
auf die Tatsache, daß viele Patienten in der Übertragung infantile
sexuelle Triebwünsche wiederholen, die, weil es unmöglich war, niemals befriedigt worden waren und Lust verschafft hatten, postulierte
Freud, daß im psychischen Geschehen eine Tendenz wirksam sein müsse, die noch primitiver als das Lustprinzip und unabhängig von diesem sei. Er betrachtete diese Tendenz als eine Äußerung der Macht
des Verdrängten, die sich selten ohne weitere Motive beobachten lasse
und ihre zwanghafte, unlustvolle Natur häufig verberge. Bei der Untersuchung ihrer Beziehung zum Lustprinzip und der Bedingungen, unter
denen sie auftritt, sah er den entscheidenden Faktor darin, ob die verdrängten Erinnerungsspuren der ursprünglichen Unlusterfahrungen in
genügendem Maße gebunden sind, um als Schutz gegen den Reiz des
starken Aufwärtsdrängens der verdrängten Triebregung zu wirken.
Die Herrschaft des Lustprinzips könne erst dann ungehindert vonstatten gehen, wenn die Bindung durch die höheren Schichten des psychischen Apparates vollendet sei.
   »Wir haben es als eine der frühesten und wichtigsten Funktionen
des seelischen Apparates erkannt, die anlangenden Triebregungen
zu ›binden‹, den in ihnen herrschenden Primärvorgang durch den
Sekundärvorgang zu ersetzen, ihre frei bewegliche Besetzungsenergie in vorwiegend ruhende (tonische) Besetzung umzuwandeln.
Während dieser Umsetzung kann auf die Entwicklung von Unlust
nicht Rücksicht genommen werden, allein das Lustprinzip wird dadurch nicht aufgegeben. Die Umsetzung geschieht vielmehr im Dienste des Lustprinzips; die Bindung ist ein vorbereitender Akt, der die
Herrschaft des Lustprinzips einleitet und sichert.«[71]

[71] (1920g) *Jenseits des Lustprinzips,* G. W., Bd. 13, S. 67.

Lust- und Unlustempfindungen können von den ungebundenen (Primär-) ebenso wie von den gebundenen (Sekundär-)Vorgängen erzeugt werden; alle diese Vorgänge müssen jedoch auf die Funktion des Lustprinzips bezogen werden, »den seelischen Apparat überhaupt erregungslos zu machen, oder den Betrag der Erregung in ihm konstant oder möglichst niedrig zu erhalten«. Die so bestimmte Funktion hätte Anteil »an dem allgemeinsten Streben alles Lebenden, zur Ruhe der anorganischen Welt zurückzukehren«[72]. – Der Wiederholungszwang stützt die Hypothese des Todestriebes.

Nirwana- und Lustprinzip

In ›Triebe und Triebschicksale‹ (1915) hatte Freud vermutet, das Lustprinzip könne zwei Abteilungen haben: (1) das Bedürfnis, jegliche Spannung zu beseitigen, und (2) das Bedürfnis, die Spannung so weit wie möglich herabzusetzen und möglichst konstant zu halten. In *Jenseits des Lustprinzips* (1920) deutete er an, daß er mit der Gleichsetzung des Nirwanaprinzips mit dem Lustprinzip nicht mehr zufrieden sei. 1924, in ›Das ökonomische Problem des Masochismus‹, formulierte er das Prinzip neu: er unterschied jetzt zwischen dem Nirwanaprinzip, das er dem Todestrieb zuordnete, und dem Lustprinzip, das er jetzt als eine auf den Einfluß des Lebenstriebes zurückgehende Modifikation des Nirwanaprinzips auffaßte. Würde man die beiden Prinzipien einfach identifizieren, müßte jede Unlust

»mit einer Erhöhung, jede Lust mit einer Erniedrigung der im Seelischen vorhandenen Reizspannung zusammenfallen, das Nirwana- (und das mit ihm angeblich identische Lust-)Prinzip würde ganz im Dienst der Todestriebe stehen, deren Ziel die Überführung des unsteten Lebens in die Stabilität des anorganischen Zustandes ist, und würde die Funktion haben, vor den Ansprüchen der Lebenstriebe, der Libido, zu warnen, welche den angestrebten Ablauf des Lebens zu stören versuchen. Allein diese Auffassung kann nicht richtig sein. Es scheint, daß wir Zunahme und Abnahme der Reizgrößen direkt in der Reihe der Spannungsgefühle empfinden, und es ist nicht zu bezweifeln, daß es lustvolle Spannungen und unlustige Entspannungen gibt. Der Zustand der Sexualerregung ist das aufdringlichste Beispiel einer solchen lustvollen Reizvergrößerung, aber gewiß nicht das einzige.«[73]

»Auf jeden Fall müssen wir inne werden, daß das dem Todestrieb zugehörige Nirwanaprinzip im Lebewesen eine Modifikation erfah-

[72] Ibid., S. 68.
[73] (1924c) ›Das ökonomische Problem des Masochismus‹, G. W., Bd. 13, S. 372.

ren hat, durch die es zum Lustprinzip wurde, und werden es von nun an vermeiden, die beiden Prinzipien für eines zu halten. Von welcher Macht diese Modifikation ausging, ist, wenn man dieser Überlegung überhaupt folgen will, nicht schwer zu erraten. Es kann nur der Lebenstrieb, die Libido, sein, der sich in solcher Weise seinen Anteil an der Regulierung der Lebensvorgänge neben dem Todestrieb erzwungen hat. Wir erhalten so eine kleine, aber interessante Beziehungsreihe: das *Nirwana*prinzip drückt die Tendenz des Todestriebes aus, das *Lust*prinzip vertritt den Anspruch der Libido und dessen Modifikation, das *Realitäts*prinzip, den Einfluß der Außenwelt. Keines dieser drei Prinzipien wird eigentlich vom anderen außer Kraft gesetzt. Sie wissen sich in der Regel miteinander zu vertragen, wenngleich es gelegentlich zu Konflikten führen muß, daß von einer Seite die quantitative Herabminderung der Reizbelastung, von der anderen ein qualitativer Charakter derselben, und endlich ein zeitlicher Aufschub der Reizabfuhr und ein zeitweiliges Gewährenlassen der Unlustspannung zum Ziel gesetzt ist.«[74]

In den späteren Schriften Freuds erfuhr diese Theorie keine bedeutsamen Änderungen mehr; die Entwicklung der Strukturkonzepte half, die verschiedenen Funktionen des Lust- und des Realitätsprinzips zu klären, ohne sie nennenswert zu modifizieren. Bei der Frage, ob sich nicht »aufschlußreiche Beziehungen« zwischen den Strukturen Ich, Es und Überich, den beiden Triebarten und dem die seelischen Vorgänge beherrschenden Lustprinzip (d. h. der Wahrnehmung von Unlust) auffinden lassen[75], betrachtete er das Ich als den Teil des Es, der von der Außenwelt modifiziert worden ist und – beim Versuch, seine Funktion als Vermittlungsinstanz zwischen Es und Außenwelt zu erfüllen – Besetzungsenergie bindet, damit er das Lustprinzip durch das Realitätsprinzip ersetzen kann. Dieser Teil, das Ich, ist daher in der Lage, das Es – das völlig von dem Drang beherrscht ist, in Übereinstimmung mit dem Lustprinzip seine Triebbedürfnisse zu befriedigen, und unfähig ist, die Macht der Außenwelt in Betracht zu ziehen – davor zu bewahren, daß es durch die ungerichtete und unmodifizierte Äußerung seiner Triebstrebungen zerstört wird. Das Es hat unter der Herrschaft des Bedürfnisses, Spannung – Unlustempfindungen – zu vermeiden, keinen einheitlichen Willen zustande gebracht. Den Kampf der beiden Triebarten gegeneinander könnten wir »so darstellen, als ob das Es unter der Herrschaft der stummen, aber mächtigen Todestriebe stünde, die Ruhe haben und den Störenfried Eros nach den Winken des Lustprinzips zur Ruhe bringen wollen«.[76] Das Ich, das Erregungen von außen und von

[74] Ibid., S. 372 f.
[75] (1923b) *Das Ich und das Es,* G. W., Bd. 13, S. 270.
[76] Ibid., S. 289.

innen her empfängt, versucht, mittels der Lust-Unlustempfindungen, die es von daher erreichen, »alle Abläufe des seelischen Geschehens im Sinne des Lustprinzips zu lenken. Wir stellen uns das Ich so gerne als ohnmächtig gegen das Es vor, aber wenn es sich gegen einen Triebvorgang im Es sträubt, so braucht es bloß ein *Unlustsignal* zu geben, um seine Absicht durch die Hilfe der beinahe allmächtigen Instanz des Lustprinzips zu erreichen.«[77]

Verhältnis des Lustprinzips zum Prinzip des Wiederholungszwangs

Mit dieser Hilfe durch das Lustprinzip ist das Ich fähig, sich selbst (und als Folge davon auch das Es) zu schützen, indem es die Erregungen bindet und die gefährlichen Triebstrebungen verdrängt. Eine solche Verdrängung bedeutet jedoch gleichzeitig, daß das Ich

»auf ein Stück seiner eigenen Souveränität verzichtet. Das folgt aus der Natur der Verdrängung, die im Grunde ein Fluchtversuch ist. Das Verdrängte ist nun ›vogelfrei‹, ausgeschlossen aus der großen Organisation des Ichs, nur den Gesetzen unterworfen, die im Bereich des Unbewußten herrschen. Ändert sich nun die Gefahrensituation, so daß das Ich kein Motiv zur Abwehr einer neuerlichen, der verdrängten analogen Triebregung hat, so werden die Folgen der Icheinschränkung manifest. Der neuerliche Triebablauf vollzieht sich unter dem Einfluß des Automatismus, – ich zöge vor zu sagen: des Wiederholungszwanges – er wandelt dieselben Wege wie der früher verdrängte, als ob die überwundene Gefahrsituation noch bestünde.«[78]

Und er macht sich das große (somatische) Vermögen (den Wiederholungszwang) zunutze, das nicht vom Ich gebunden ist.[79] Dadurch wird der hohe Grad an Organisation, dessen das Ich für seine höchsten Leistungen bedarf, eingeschränkt; durch die Verdrängung »ausgestoßene« Triebrepräsentanzen finden in der kohärenten Einheit, die das Ich zu erreichen strebt, keinen Platz und unterstehen deshalb nicht dem Realitätsprinzip, der Modifikation des Lustprinzips.[80] Freud sah damit noch nicht die Fragen gelöst, die er in *Das Ich und das Es* (1923b) zum Verhältnis zwischen den Trieben und dem Lustprinzip gestellt hatte. In ›Die endliche und die unendliche Analyse‹ war er der Ansicht, daß die beiden Urtriebe nicht auf eine einzige Provinz des seelischen Apparates beschränkt sind und daß eine Kraft am Werke sei, die den Glauben,

[77] (1926d) *Hemmung, Symptom und Angst,* G. W., Bd. 14, S. 119.
[78] Ibid., S. 185.
[79] (1926f) ›Psycho-Analysis‹, G. W., Bd. 14, S. 301.
[80] (1933a) *Neue Folge der Vorlesungen zur Einführung in die Psychoanalyse,* G. W., Bd. 15, S. 104.

das seelische Geschehen werde ausschließlich vom Luststreben beherrscht, nicht mehr zulasse.

> »Diese Phänomene sind unverkennbare Hinweise auf das Vorhandensein einer Macht im Seelenleben, die wir nach ihren Zielen Aggressions- oder Destruktionstrieb heißen und von dem ursprünglichen Todestrieb der belebten Materie ableiten.«[81]

Diesem Destruktionstrieb arbeitet Eros, der Lebenstrieb, ständig entgegen. Aber:

> »Wie Anteile der beiden Triebarten zur Durchsetzung der einzelnen Lebensfunktionen miteinander zusammentreten, unter welchen Bedingungen diese Vereinigungen sich lockern oder zerfallen, welche Störungen diesen Veränderungen entsprechen und mit welchen Empfindungen die Wahrnehmungsskala des Lustprinzips auf sie antwortet, das klarzustellen wäre die lohnendste Aufgabe der psychologischen Forschung. Vorläufig beugen wir uns vor der Übermacht der Gewalten, an der wir unsere Bemühungen scheitern sehen.«[82]

Im *Abriß der Psychoanalyse* (1940a [1938]) schien es Freud, daß das Es und die anderen psychischen Instanzen dem »unerbittlichen Lustprinzip« gehorchen.

> »Es scheint, daß auch die Tätigkeit der anderen psychischen Instanzen das Lustprinzip nur zu modifizieren, aber nicht aufzuheben vermag, und es bleibt eine theoretisch höchst bedeutsame, gegenwärtig noch nicht beantwortete Frage, wann und wie die Überwindung des Lustprinzips überhaupt gelingt. Die Erwägung, daß das Lustprinzip eine Herabsetzung, im Grunde vielleicht ein Erlöschen der Bedürfnisspannungen (Nirwana) verlangt, führt zu noch nicht gewürdigten Beziehungen des Lustprinzips zu den beiden Urkräften, Eros und Todestrieb.«[83]

Klinische Implikationen

Die Bestimmung der Prinzipien des seelischen Geschehens ergab sich aus der klinischen Arbeit Freuds und Breuers; die Konzepte des Konflikts und der Verdrängung unlustvoller Vorstellungen waren in ihren *Studien über Hysterie* (1895) angelegt. Freud sah im seelischen Apparat in erster Linie eine Einrichtung zur Bewältigung von Erregungen, die andernfalls als bedrückend empfunden und pathogene Folgen haben würden. Der entscheidende Faktor in der Psychologie der Neurosen sei die

---

[81] (1937c) ›Die endliche und die unendliche Analyse‹, G. W., Bd. 16, S. 88.
[82] Ibid., S. 89.
[83] (1940a [1938]) *Abriß der Psychoanalyse*, G. W., Bd. 17, S. 129.

»Vorherrschaft des Phantasielebens und der vom unerfüllten Wunsch getragenen Illusion ... Wir fanden, für die Neurotiker gelte nicht die gemeine objektive, sondern die psychische Realität. Ein hysterisches Symptom gründe sich auf Phantasie, anstatt auf die Wiederholung wirklichen Erlebens, ein zwangsneurotisches Schuldbewußtsein auf die Tatsache eines bösen Vorsatzes, der nie zur Ausführung gekommen.«[84]

Schon 1911 hatte Freud in den ›Formulierungen über die zwei Prinzipien des psychischen Geschehens‹ bemerkt, daß alle Erinnerungen von der Realität wegführten und die Wahl der Neurose mit der Entwicklungsstufe des Ichs – Lustprinzip oder Realitätsprinzip – in Zusammenhang gebracht werden könne. Die Unterscheidung zwischen Psychose und Neurose bezieht sich ebenfalls auf den Grad, in dem das Realitätsprinzip durch das Lustprinzip ersetzt worden ist.

»Die gemeinsame Ätiologie für den Ausbruch eines Psychoneurose oder Psychose bleibt immer die Versagung, die Nichterfüllung eines jener ewig unbezwungenen Kindheitswünsche, die so tief in unserer phylogenetisch bestimmten Organisation wurzeln. Diese Versagung ist im letzten Grunde immer eine äußere; im einzelnen Fall kann sie von jener inneren Instanz (im Über-Ich) ausgehen, welche die Vertretung der Realitätsforderung übernommen hat. Der pathogene Effekt hängt nun davon ab, ob das Ich in solcher Konfliktspannung seiner Abhängigkeit von der Außenwelt treu bleibt und das Es zu knebeln versucht, oder ob es sich vom Es überwältigen und damit von der Realität losreißen läßt. Eine Komplikation wird in diese anscheinend einfache Lage aber durch die Existenz des Über-Ichs eingetragen, welches in noch nicht durchschauter Verknüpfung Einflüsse aus dem Es wie aus der Außenwelt in sich vereinigt, gewissermaßen ein Idealvorbild für das ist, worauf alles Streben des Ichs abzielt, die Versöhnung seiner mehrfachen Abhängigkeiten. Das Verhalten des Über-Ichs wäre, was bisher nicht geschehen ist, bei allen Formen psychischer Erkrankung in Betracht zu ziehen.«[85]

Die Welt der Phantasie spielt in der Psychose dieselbe entscheidende Rolle wie in der Neurose; sie ist das Vorratslager, aus dem die Materialien für den Aufbau der neuen (psychotischen) Realität entnommen werden. Anders als in der Neurose, in der diese konstruierte Realität einen mehr symbolischen Charakter hat, versucht diese Realität in der Psychose, an die Stelle der äußeren Realität zu treten. Freud hat diesen Unterschied am Humor deutlich gemacht: Der Humor »bedeutet nicht nur den Triumph des Ichs, sondern auch den des Lustprinzips, das sich hier gegen die Ungunst der realen Verhältnisse zu behaupten vermag«.

[84] (1921c) *Massenpsychologie und Ich-Analyse*, G. W., Bd. 13, S. 85 f.
[85] (1924b) ›Neurose und Psychose‹, G. W., Bd. 13, S. 390.

»Durch diese beiden letzten Züge, die Abweisung des Anspruchs der Realität und die Durchsetzung des Lustprinzips nähert sich der Humor den regressiven oder reaktionären Prozessen, die uns in der Psychopathologie so ausgiebig beschäftigen. Mit seiner Abwehr der Leidensmöglichkeit nimmt er einen Platz ein in der großen Reihe jener Methoden, die das menschliche Seelenleben ausgebildet hat, um sich dem Zwang des Leidens zu entziehen, einer Reihe, die mit der Neurose anhebt, im Wahnsinn gipfelt, und in die der Rausch, die Selbstversenkung, die Ekstase einbezogen sind.«[86]

Die Betonung der relativen Macht des Realitätsprinzips und des Lustprinzips als eines Anzeichens für eine Psychopathologie ist ein entscheidendes Element in Freuds Formulierungen. Er war jedoch davon überzeugt, »daß jeder von uns sich in irgendeinem Punkte ähnlich wie der Paranoiker benimmt, eine ihm unleidliche Seite der Welt durch eine Wunschbildung korrigiert und diesen Wahn in die Realität einträgt«.[87]

Das Prinzip des Wiederholungszwangs betrachtete Freud als ein für die analytische Behandlung von Neurosen höchst bedeutsames Moment. Wenn die Widerstände des Ichs durch das analytische Verfahren genügend weit herabgesetzt worden sind, kann der Zwang eines Patienten, in der Übertragung das Ausagieren verdrängter Triebstrebungen zu wiederholen, als ein Mittel benutzt werden, eine therapeutische Veränderung in der manifesten Persönlichkeit – in ihren Hemmungen, unzweckmäßigen Einstellungen und pathologischen Charakterzügen – zustande zu bringen. In manchen Fällen scheinen jedoch der ursprüngliche Masochismus, die negative therapeutische Reaktion und das Schuldgefühl des Neurotikers zu einem Verlust an Plastizität zu führen – psychische Prozesse, Energieverhältnisse und Verteilung der Energie sind unveränderlich, starr fixiert –, der dem Erfolg der Analyse entgegenarbeitet.

[86] (1927d) ›Der Humor‹, G. W., Bd. 14, S. 385 f.
[87] (1930a) *Das Unbehagen in der Kultur*, **G. W., Bd. 14, S. 440.**

7
Besetzung

Definition

Besetzung ist ein energetisches Konzept, das sich auf seelische Zustände und Prozesse (Dynamik) bezieht; es ist eines der fundamentalsten Konzepte der Freudschen Psychologie und läßt sich als eine Erregungsladung oder Energiebesetzung definieren. Freud sagt, »daß an den psychischen Funktionen etwas zu unterscheiden ist (Affektbetrag, Erregungssumme), das alle Eigenschaften einer Quantität hat – wenngleich wir kein Mittel besitzen, dieselbe zu messen – etwas, das der Vergrößerung, Verminderung, der Verschiebung und der Abfuhr fähig ist und sich über die Gedächtnisspuren der Vorstellungen verbreitet«.[1]

Zu den Termini, die Freud zur Charakterisierung unbekannter Besetzungsenergie verwendet, gehören »Erregung« und »psychische Intensität«. Er unterscheidet zwei Hauptformen der Besetzung: bewegliche oder freie und gebundene Besetzung; drei Hauptqualitäten: libidinöse, aggressive und neutrale Besetzungsenergie; und drei Hauptfunktionen, denen die Besetzungsenergie dient: Besetzung, Gegenbesetzung und Überbesetzung.

Obwohl sich die einzige ausführliche theoretische Diskussion der Besetzung im ›Entwurf einer Psychologie‹ (1895) findet – wo dieses Thema unter neurophysiologischem Gesichtspunkt behandelt wird –, war Freud stets gegenwärtig, »eine wie große Rolle für das Verständnis der seelischen Vorgänge den statischen Verhältnissen wie dem dynamischen Wechsel in der Quantität der Energiebesetzung zukommt«.[2]

Der psychische Apparat empfängt Reize von außen (vermittels der Wahrnehmungen der Sinnesorgane) wie aus dem Innern des Körpers (endogene Reize), die zu Besetzungsverschiebungen führen.[3]

Historischer Überblick

In Freuds Verwendung des Konzepts »Besetzung« lassen sich zwei Hauptphasen unterscheiden. In der ersten, die bis zur *Traumdeutung*

---

[1] (1894a) ›Die Abwehr-Neuropsychosen‹, G. W., Bd. 1, S. 74.
[2] (1927d) ›Der Humor‹, G. W., Bd. 14, S. 388.
[3] (1950a [1887–1902]) *Aus den Anfängen der Psychoanalyse*, op. cit., S. 321 f.

reicht, wurde »Besetzung«, abgesehen von seltenen Ausnahmen, in einem rein physiologischen Sinne gebraucht. So heißt es im ›Entwurf‹:

>»Kombiniert man diese Darstellung der Neuronen mit der Auffassung der Quantitätstheorie, so erhält man die Vorstellung eines *besetzten* Neurons, das mit gewisser Quantität gefüllt ist, andere Male leer sein kann.«[4]

Man ist versucht, an dieser Stelle einen ausführlichen Exkurs über Freuds neurophysiologische Konzeptualisierung der Besetzungsvorgänge, wie sie im ›Entwurf‹ enthalten ist, einzufügen. Wir sind hier jedoch nur an psychologischen Implikationen des Konzepts der Besetzung interessiert. Wir werden sehen, daß die Wurzeln vieler psychologischer Formulierungen Freuds aus der Zeit nach der Jahrhundertwende, die sich mit der Frage der Besetzung befassen, sich in im ›Entwurf‹ aufgestellten Annahmen erkennen lassen. Freud selbst lehnte den Gebrauch des Terminus »Besetzung« in einem neurophysiologischen Sinne ausdrücklich ab, als er 1905 schrieb:

>».. . das ›eigentlich psychisch Wirkungsfähige‹ [sind] die an sich unbewußten psychischen Vorgänge . . . wenn ich von der ›Besetzung psychischer Wege‹ rede . . . muß ich hinzufügen, daß ich keinen Versuch mache, Zellen und Fasern oder die heute ihre Stelle einnehmenden Neuronensysteme als diese psychischen Wege zu proklamieren.«[5]

Den Wendepunkt vom Gebrauch des Terminus »Besetzung« in einem neurologischen zu seinem Gebrauch in einem psychologischen Sinne bildet *Die Traumdeutung.* Obwohl der Terminus im theoretischen siebten Kapitel bereits die für alle späteren Formulierungen charakteristische nicht-physikalische Bedeutung gewonnen hat, finden wir hier auch noch Passagen, in denen sich Freuds Hoffnung ausdrückt, psychische Phänomene einst in neurologischen Termini darstellen zu können:

>»Der Zweckmäßigkeit zu Liebe postuliere ich also, daß es dem zweiten System gelingt, die Energiebesetzungen zum größeren Anteil in Ruhe zu erhalten, und nur einen kleineren Teil zur Verschiebung zu verwenden. Die Mechanik dieser Vorgänge ist mir ganz unbekannt; wer mit diesen Vorstellungen Ernst machen wollte, müßte die physikalischen Analogien heraussuchen und sich einen Weg zur Veranschaulichung des Bewegungsvorgangs bei der Neuronenerregung bahnen.«[6]

Da Freud die Besetzungsvorgänge nirgendwo in der Perspektive seiner psychologischen Theorie diskutiert hat, ist es außerordentlich schwie-

---

[4] Ibid., S. 308.
[5] (1905c) *Der Witz und seine Beziehung zum Unbewußten,* G. W., Bd. 6, S. 165.
[6] (1900a) *Die Traumdeutung,* G. W., Bd. 2/3, S. 605.

rig, die Bedeutung von »Besetzung« und »Besetzungsvorgängen« eindeutig zu klären. Es läßt sich auch keine Entwicklung im Gebrauch des Terminus erkennen. Die wichtige Unterscheidung zwischen »beweglicher« und »gebundener« Besetzung ist bereits im ›Entwurf‹ (1895) angedeutet.

Arten und Merkmale der Besetzung

Die Unterscheidung zwischen den beiden Formen der beweglichen und gebundenen Besetzung ist eine sehr fundamentale. Sie dient u. a. zur Erklärung des Unterschiedes zwischen den seelischen Primär- und Sekundärprozessen. Die Einführung dieses Unterschiedes schreibt Freud an mehreren Stellen Breuer zu, z. B.:

>»als neu haben wir die Aufstellung *Breuers* in Betracht gezogen, daß es sich um zweierlei Formen der Energieerfüllung handelt, so daß eine freiströmende, nach Abfuhr drängende, und eine ruhende Besetzung der psychischen Systeme (oder ihrer Elemente) zu unterscheiden ist. Vielleicht geben wir der Vermutung Raum, daß die ›Bindung‹ der in den seelischen Apparat einströmenden Energie in einer Überführung aus dem frei strömenden in den ruhenden Zustand besteht.«[7]

Diese Formulierung impliziert die Vorstellung, daß die Besetzung sowohl ein Prozeß (beweglich) als auch ein Zustand (ruhig) sein kann, wobei der letztere Zustand das Resultat der Bindung ist.

In ›Das Unbewußte‹ glaubt Freud, »daß diese Unterscheidung bis jetzt unsere tiefste Einsicht in das Wesen der nervösen Energie darstellt, und [er sieht] nicht, wie man um sie herumkommen soll«.[8]

Die Vorstellung gebundener Besetzung deutet sich bereits im ›Entwurf‹ an, wo Freud die Annahme formuliert, eine Seitenbesetzung binde einen Betrag der durch das Neuron fließenden Quantität, so daß trotz hoher Besetzung nur ein kleiner Strom fließen könne – ein Sachverhalt, der für das Ich und die Denkprozesse gleichermaßen charakteristisch sei. In der *Traumdeutung* führt Freud diesen Punkt weiter aus:

>»Der Zweckmäßigkeit zu Liebe postuliere ich also, daß es dem zweiten System gelingt, die Energiebesetzung zum größeren Anteil in Ruhe zu erhalten, und nur einen kleineren Teil zur Verschiebung zu verwenden ... Ich halte nur an der Vorstellung fest, daß die Tätigkeit des ersten Systems *auf freies Abströmen der Erregungsquantitäten* gerichtet ist, und daß das zweite System durch die von ihm

---

[7] (1920g) *Jenseits des Lustprinzips*, G. W., Bd. 13, S. 31; vgl. a. ibid., S. 26, u. (1915e) ›Das Unbewußte‹, G. W., Bd. 10, S. 287.
[8] (1915e) ›Das Unbewußte‹, G. W., Bd. 10, S. 287.

ausgehenden Besetzungen eine *Hemmung* dieses Abströmens, eine Verwandlung in ruhende Besetzung, wohl unter Niveauerhöhung, herbeiführt.«[9]

Der Vorgang der Bindung beweglicher Besetzung hilft, die Tatsache zu erklären, daß Träume in der Regel nicht den Schlaf stören:

»Die Besetzung, die dem zur Wahrnehmung gewordenen Traum von seiten des *Vbw* entgegenkommt, weil sie durch die Bewußtseinserregung hingelenkt worden ist, bindet die unbewußte Erregung des Traumes und macht sie als Störung unschädlich.«[10]

Am Ende des vorletzten Zitats spricht Freud davon, daß durch die Verwandlung beweglicher in ruhende Besetzung das Besetzungsniveau eines Systems erhöht wird. Später sieht Freud in dieser Verwandlung eine charakteristische Funktion des Ichs, das sich einen großen Vorrat an gebundener Energie hält. »Seine psychologische Leistung besteht darin, daß es die Abläufe im Es auf ein höheres dynamisches Niveau hebt (etwa frei bewegliche Energie in gebundene verwandelt, wie sie dem vorbewußten Zustand entspricht)«.[11] Die Fähigkeit einer psychischen Struktur, Besetzungsenergie zu binden, hängt von der Höhe ihres eigenen Besetzungsniveaus ab:

»Wir ziehen ... den Schluß, daß ein selbst hochbesetztes System imstande ist, neu hinzukommende strömende Energie aufzunehmen, sie in ruhende Besetzung umzuwandeln, also sie psychisch zu ›binden‹. Je höher die eigene ruhende Besetzung ist, desto größer wäre auch ihre bindende Kraft; umgekehrt also, je niedriger seine Besetzung ist, desto weniger wird das System für die Aufnahme zuströmender Energie befähigt sein.«[12]

Unter topischem Gesichtspunkt ist der Vorgang der Bindung für das System *Vbw* charakteristisch und eine seiner Hauptfunktionen. »Die Vorgänge des Systems *Vbw* zeigen ... eine Hemmung der Abfuhrneigung von den besetzten Vorstellungen.«[13] Um diese Funktion erfüllen zu können, verfügt das System *Vbw* »über die Aussendung einer mobilen Besetzungsenergie, von der uns ein Anteil als Aufmerksamkeit vertraut ist«.[14] Diese bewegliche Besetzung ist dadurch charakterisiert, daß sie zweckmäßig gelenkt werden kann und ihr Ziel das Gegenteil direkter Abfuhr ist.

»Besetzung durch das zweite System stellt gleichzeitig eine Hemmung für den Abfluß der Erregung dar ... *das zweite System kann*

[9] (1900a) *Die Traumdeutung*, G. W., Bd. 2/3, S. 605.
[10] Ibid., S. 584.
[11] (1940a [1938]) *Abriß der Psychoanalyse*, G. W., Bd. 17, S. 129.
[12] (1920g) *Jenseits des Lustprinzips*, G. W., Bd. 13, S. 30 ff.
[13] (1915e) ›Das Unbewußte‹, G. W., Bd. 10, S. 287; vgl. a. (1900a) *Die Traumdeutung*, G. W., Bd. 2/3, S. 584.
[14] (1900a) *Die Traumdeutung*, G. W., Bd. 2/3, S. 620.

*nur dann eine Vorstellung besetzen, wenn es imstande ist, die von
ihr ausgehende Unlustentwicklung zu hemmen.*«[15]
Während das System *Vbw* durch ruhende *und* bewegliche Besetzung
charakterisiert ist (beide Formen werden zur Bindung benutzt), soll
das System *Bw* »keine gebundene und nur frei abfuhrfähige Energie
führen«. Freud begründet dies mit der Annahme, daß es im System
Bw keinen »Übergangswiderstand von einem Element zum andern«
gebe.[16] Die beweglichen Energien des Systems *Bw* werden anders
eingesetzt als diejenigen der Systeme *Vbw* und *Ubw*.

»Indem es neue Qualitäten wahrnimmt, leistet es [das System *Bw*]
einen neuen Beitrag zur Lenkung und zweckmäßigen Verteilung der
mobilen Besetzungsquantitäten. Mittels der Lust- und Unlustwahrnehmung beeinflußt es den Verlauf der Besetzungen innerhalb des
sonst unbewußt und durch Quantitätsverschiebungen arbeitenden
psychischen Apparats. Es ist wahrscheinlich, daß das Unlustprinzip
die Verschiebung der Besetzung zunächst automatisch regelt; aber
es ist sehr wohl möglich, daß das Bewußtsein dieser Qualitäten
eine zweite und feinere Regulierung hinzutut, die sich sogar der
ersteren widersetzen kann und die Leistungsfähigkeit des Apparats
vervollkommnet, indem sie ihn gegen seine ursprüngliche Anlage
in den Stand setzt, auch was mit Unlustentbindung verknüpft ist,
der Besetzung und Bearbeitung zu unterziehen.«[17]

Wenn Freud in Verbindung mit dem »zweiten System« *(Vbw)* von
»beweglicher Besetzung« spricht, muß er sich auf eine Art von Besetzungsenergie beziehen, die sich von der für die Vorgänge im ersten System *(Ubw)* charakteristischen frei beweglichen Besetzung unterscheidet.
Dies ist in der folgenden Passage impliziert (wenngleich in ihr gebundene und bewegliche Energie einander gegenübergestellt werden):

»Vielleicht finden wir die Annahme nicht zu gewagt, daß die von
den Trieben ausgehenden Regungen nicht den Typus des gebundenen, sondern den des frei beweglichen, nach Abfuhr drängenden
Nervenvorganges einhalten. Das Beste, was wir über diese Vorgänge
wissen, rührt aus dem Studium der Traumarbeit her. Dabei fanden
wir, daß die Prozesse in den unbewußten Systemen von denen in
den (vor-)bewußten gründlich verschieden sind, daß im Unbewußten Besetzungen leicht vollständig übertragen, verschoben, verdichtet werden können.«[18]

Später formuliert Freud dieselbe Hypothese in Termini der Strukturtheorie. Im Abriß der Psychoanalyse heißt es, »daß im unbewußten Es
die Energie sich in einem Zustand freier Bewegung befindet und daß

15 Ibid., S. 607.
16 (1920g) *Jenseits des Lustprinzips*, G. W., Bd. 13, S. 26.
17 (1900a) *Die Traumdeutung*, G. W., Bd. 2/3, S. 621 f.
18 (1920g) *Jenseits des Lustprinzips*, G. W., Bd. 13, S. 35.

es dem Es auf die Möglichkeit der Abfuhr der Erregungsquantitäten mehr ankommt als auf alles andere«.[19]

Lust und Unlust werden »mit der Quantität der im Seelenleben vorhandenen – und nicht irgendwie gebundenen – Erregung in Beziehung gebracht«.[20] Das Hauptmerkmal der Vorgänge, denen die Traumgedanken durch die Traumarbeit unterzogen werden, ist, »daß aller Wert darauf gelegt wird, die besetzende Energie beweglich und *abfuhrfähig* zu machen; der Inhalt und die eigene Bedeutung der psychischen Elemente, an denen diese Besetzungen haften, wird zur Nebensache«.[21] Ein weiteres wichtiges Merkmal der beweglichen psychischen Energie ist ihre Verschiebbarkeit, die für die Vorgänge im System *Ubw* typisch ist. Freud charakterisiert den Vorgang der Verschiebung so, daß »anfangs schwach mit Intensität geladene Vorstellungen durch Übernahme der Ladung von den anfänglich intensiver besetzten zu einer Stärke gelangen, welche sie befähigt, den Zugang zum Bewußtsein zu erzwingen«.[22] Im Traum wird die Besetzung voll von einer Vorstellung auf eine andere übertragen.

>»Wahrscheinlich ist es diese Abänderung des sonstigen psychischen Vorgangs, welche es ermöglicht, das System der *W* bis zur vollen sinnlichen Lebhaftigkeit in umgekehrter Richtung, von den Gedanken her, zu besetzen.«[23]

Auch die Tatsache, daß die Befriedigung eines Triebes an Stelle der Befriedigung eines anderen treten kann, findet ihre Erklärung in der Möglichkeit, daß die Triebe »einander ihre Libidobesetzung übertragen«.[24]

Aus dieser Diskussion der Merkmale der beweglichen Besetzungsenergie in den drei Systemen *Ubw*, *Vbw* und *Bw* ergibt sich, daß diese Energie in jedem dieser Systeme einem anderen Zweck dient: direkte Abfuhr im System *Ubw*; Bindung unbewußter Erregungen im System *Vbw*; zielgerichtete Lenkung aufgrund der Wahrnehmungen im System *Bw*.

Die Unterscheidung zwischen beweglicher und gebundener Besetzungsenergie und diejenige zwischen Ding- und Wortbesetzungen sind zwei Hauptmerkmale für die Differenzierung zwischen psychischen Primär- und Sekundärprozessen. Freud sagt, es

>»gehört wenig dazu, um den psychischen Primärvorgang mit der frei beweglichen Besetzung, den Sekundärvorgang mit den Veränderungen an der gebundenen oder tonischen Besetzung *Breuers* zu identi-

19 (1940a [1938]) *Abriß der Psychoanalyse*, G. W., Bd. 17, S. 91.
20 (1920g) *Jenseits des Lustprinzips*, G. W., Bd. 13, S. 4.
21 (1900a) *Die Traumdeutung*, G. W., Bd. 2/3, S. 602.
22 Ibid., S. 183.
23 Ibid., S. 548; vgl. a. (1940a [1938]) *Abriß der Psychoanalyse*, G. W., Bd. 17, S. 91.
24 (1923a) ›»Psychoanalyse« und »Libidotheorie«‹, G. W., Bd. 13, S. 231.

fizieren. Es wäre dann die Aufgabe der höheren Schichten des seelischen Apparates, die im Primärvorgang anlangende Erregung der
Triebe zu binden.«[25]

Die Ersetzung des Primärvorgangs durch den Sekundärvorgang und
die Umwandlung der frei beweglichen Besetzungsenergie des ersteren
»in vorwiegend ruhende (tonische) Besetzung« betrachtet Freud »als
eine der frühesten und wichtigsten Funktionen des seelischen Apparates«.[26] »Lust- und Unlustempfindungen [können] von den gebundenen wie von den ungebundenen Erregungsvorgängen in gleicher
Weise erzeugt werden«, doch »die ungebundenen, die Primärvorgänge, [ergeben] weit intensivere Empfindungen nach beiden Richtungen
als die gebundenen, die des Sekundärvorgangs«. Andererseits geschieht
die Umsetzung in gebundene Energie »im Dienste des Lustprinzips; die
Bindung ist ein vorbereitender Akt, der die Herrschaft des Lustprinzips einleitet und sichert«.[27] Das Hauptziel des psychischen Primärprozesses ist die »motorische Abfuhr oder, wenn der Weg frei ist,
[die] halluzinatorische Belebung der gewünschten Wahrnehmungsidentität«. Die Primärvorgänge »treten überall dort ein, wo Vorstellungen
von der vorbewußten Besetzung verlassen, sich selbst überlassen werden und sich mit der ungehemmten, nach Abfluß strebenden Energie
vom Unbewußten her erfüllen können«.[28]

Die Systeme *Bw* und *Ubw* lassen sich nicht nur unter dem Aspekt
der Sekundär- und Primärprozesse unterscheiden, sondern auch unter
dem der Wort- und Dingbesetzungen. 1914 schrieb Freud in einem Brief
an Abraham:

»Unlängst ist mir eine Charakteristik der beiden Systeme *Bw* und
Ubw gelungen, welche beide fast greifbar macht ... Alle Dingbesetzungen bilden das System *Ubw,* das System *Bw* entspricht der Verbindung dieser unbewußten Vorstellungen mit den *Wort*vorstellungen.«[29]

An anderer Stelle bezeichnet Freud das System *Ubw* als »das Reich
der sachlichen Erinnerungsspuren (im Gegensatz zu den Wortbesetzungen)«.[30] In ›Das Unbewußte‹ formuliert er die Annahme, »der
Übergang aus dem System *Ubw* in ein nächstes geschehe nicht durch
eine neue Niederschrift, sondern durch eine Zustandsänderung, einen
Wandel in der Besetzung«.[31]

[25] (1920g) *Jenseits des Lustprinzips,* G. W., Bd. 13, S. 36.
[26] Ibid., S. 67.
[27] Ibid., S. 67 f.
[28] (1900a) *Die Traumdeutung,* G. W., Bd. 2/3, S. 610 f.
[29] Ernest Jones, Das Leben und Werk von Sigmund Freud, Huber, Bern u. Stuttgart
1962, Bd. II, S. 215.
[30] (1917e [1915]) ›Trauer und Melancholie‹, G. W., Bd. 10, S. 444.
[31] (1915e) ›Das Unbewußte‹, G. W., Bd. 10, S. 279.

Aus einer Stelle in *Das Ich und das Es* (1923) geht hervor, daß Freud drei fundamental verschiedene Qualitäten von Besetzungsenergie unterschied: libidinöse, aggressive und neutrale. Er sagt dort, daß wir eine verschiebbare Energie annehmen müssen, »die, an sich indifferent, zu einer qualitativ differenzierten erotischen oder destruktiven Regung hinzutreten und deren Gesamtbesetzung erhöhen kann«.[32] Es ist nicht schwierig, die Quellen der libidinösen und aggressiven Besetzung in den beiden von Freud unterschiedenen Grundtrieben zu erkennen. Die Tatsache, daß sich der Terminus »libidinöse Besetzung« an zahllosen Stellen im ganzen Werk Freuds, der Terminus »aggressive Besetzung« aber nur äußerst selten findet, läßt sich mit der relativ späten Einführung des Konzepts des Todestriebes sowie mit dem Umstand in Zusammenhang bringen, daß die erotischen Triebe »überhaupt plastischer, ablenkbarer und verschiebbarer als die Destruktionstriebe erscheinen« und für klinische und theoretische Formulierungen deshalb von größerer Bedeutung sind.[33] »Narzißtische Besetzung«, ein Terminus, den Freud oft verwendet, muß als eine spezielle Form der libidinösen Besetzung angesehen werden. »Objektbesetzung« kann sich hingegen sowohl auf libidinöse als auch auf aggressive Qualitäten der Besetzung beziehen, obwohl auch hier gilt, daß Freud den libidinösen Qualitäten weit mehr Aufmerksamkeit gewidmet hat als den aggressiven.

Die dritte Qualität der Besetzungsenergie, »neutrale Energie«, definiert Freud als »desexualisierter Eros«. Sie »entstammt dem narzißtischen Libidovorrat« und ist »im Ich und im Es tätig«.[34] Es ist nicht ganz klar, wie die als desexualisierter Eros definierte neutrale Energie – die einen Ichprozeß vorauszusetzen scheint – im Es tätig sein kann. Ein solcher Neutralisierungsprozeß findet nach Freuds Annahme beim Untergang des Ödipuskomplexes statt: »Seine libidinösen Besetzungen werden aufgegeben, desexualisiert und zum Teil sublimiert.«[35] Wenn Freud den Terminus »Ichbesetzungen« (im Sinne von »Besetzungen *durch* das Ich«) verwendet, scheint er in erster Linie an derartige neutrale Energien zu denken. Dies läßt sich aus einer Stelle in der Analyse des Falles Schreber (1911) schließen:

»Man müßte [dann] entweder das, was wir Libidobesetzung (Interesse aus erotischen Quellen) heißen, mit dem Interesse überhaupt zusammenfallen lassen oder die Möglichkeit in Betracht ziehen, daß eine ausgiebige Störung in der Unterbringung der Libido auch

[32] (1923b) *Das Ich und das Es,* G. W., Bd. 13, S. 272 f.
[33] Ibid., S. 273.
[34] Ibid., S. 273.
[35] (1925j) ›Einige psychische Folgen des anatomischen Geschlechtsunterschieds‹, G. W., Bd. 14, S. 29.

eine entsprechende Störung in den Ichbesetzungen induzieren kann.«[36]

Den Terminus »Überbesetzung« verwendet Freud in mindestens zwei verschiedenen Bedeutungen. Einerseits kann er sich auf die ausschließliche oder übermäßige Besetzung eines einzigen Systems, einer einzigen Funktion oder Repräsentanz beziehen. In diesem Sinne gebraucht Freud den Terminus zur Beschreibung des klinischen Bildes schizophrener Patienten:

»Die Unfähigkeit dieser Patienten zur Übertragung ... die ihnen eigentümliche Ablehnung der Außenwelt, das Auftreten von Zeichen einer Überbesetzung des eigenen Ichs, der Ausgang in völlige Apathie, all diese klinischen Charaktere scheinen zu der Annahme eines Aufgebens der Objektbesetzungen trefflich zu stimmen.«[37]

Wenn Freud bei der Diskussion der Reaktion auf körperlichen Schmerz sagt, »von allen Seiten her wird die Besetzungsenergie aufgeboten, um in der Umgebung der Einbruchstelle entsprechend hohe Energiebesetzungen zu schaffen«, so daß »alle anderen psychischen Systeme verarmen«, so ist dies, obwohl Freud in diesem besonderen Falle den Terminus »Gegenbesetzung« verwendet, ebenfalls ein Beispiel für diese Art von Überbesetzung.[38]

Für die psychoanalytische Theorie ist die andere Bedeutung des Terminus »Überbesetzung« wahrscheinlich wichtiger. Sie beruht auf der Annahme, daß jedes der großen psychischen Systeme *(Ubw, Vbw, Bw)* über eigene Besetzungsenergien verfügt und daß der Übergang einer Vorstellungsrepräsentanz von einem System in ein anderes davon abhängt, daß sie von zwei Systemen besetzt – d. h. überbesetzt – ist. Diese Annahme ist am deutlichsten in der folgenden Stelle ausgedrückt:

»Das System *Ubw* enthält die Sachbesetzungen der Objekte ... das System *Vbw* entsteht, indem diese Sachvorstellung durch die Verknüpfung mit den ihr entsprechenden Wortvorstellungen überbesetzt wird. Solche Überbesetzungen ... sind es, welche eine höhere psychische Organisation herbeiführen und die Ablösung des Primärvorganges durch den im *Vbw* herrschenden Sekundärvorgang ermöglichen.«[39]

Auch um eine vorbewußte Vorstellung bewußt zu machen, bedarf es einer Überbesetzung:

»Die Existenz der Zensur zwischen *Vbw* und *Bw* mahnt uns, das Bewußtwerden sei kein bloßer Wahrnehmungsakt, sondern wahr-

[36] (1911c) ›Psychoanalytische Bemerkungen über einen autobiographisch beschriebenen Fall von Paranoia (Dementia Paranoides)‹, G. W., Bd. 8, S. 311.
[37] (1915e) ›Das Unbewußte‹, G. W., Bd. 10, S. 295.
[38] (1920g) *Jenseits des Lustprinzips*, G. W., Bd. 13, S. 30.
[39] (1915e) ›Das Unbewußte‹, G. W., Bd. 10, S. 300.

scheinlich auch eine *Überbesetzung,* ein weiterer Fortschritt der psychischen Organisation.«[40]

In der *Traumdeutung* (1900) hatte Freud diesen »weiteren Fortschritt« ausführlicher diskutiert:

»Der zielbesetzte Gedankengang wird unter gewissen Bedingungen fähig, die Aufmerksamkeit des Bewußtseins auf sich zu ziehen, und erhält dann durch dessen Vermittlung eine ›Überbesetzung‹.«[41]

Die durch das System *Bw* vermittelte Überbesetzung führt zu einer »Verfeinerung der Leistung« »mittels der Lust- und Unlustwahrnehmung«. Der Wert der Überbesetzung, den die mobilen Quantitäten durch den regulierenden Einfluß der Sinnesorgane des Systems *Bw* erhalten, zeigt sich am deutlichsten in der Tatsache, daß sie neue Qualitätsreihen und damit einen neuen Regulationsprozeß erzeugt.[42]

Bedeutung und Funktion der Gegenbesetzung werden als gesondertes Konzept behandelt.

Folgen der Besetzungsvorgänge

Die vielleicht bedeutsamste Folge von Besetzungsvorgängen ist das Prägen dauerhafter Spuren, die »Bahnungen« genannt werden. Im ›Entwurf einer Psychologie‹ (1895) hat Freud die Frage der Bahnungen sehr ausführlich diskutiert; später ist er nur noch selten darauf eingegangen und seine Ansichten in diesem Punkte sind im wesentlichen unverändert geblieben. In *Jenseits des Lustprinzips* (1920) lesen wir:

»Man kann annehmen, die Erregung habe bei ihrem Fortgang von einem Element zum anderen einen Widerstand zu überwinden und diese Verringerung des Widerstandes setze eben die Dauerspur der Erregung (Bahnung).«[43]

Um die Funktion der Bahnungen zu erläutern, rekurrieren wir daher auf den ›Entwurf‹. Freud zeigt dort, daß die Bahnungen helfen, die Anhäufung übermäßiger Quantitäten unabgeführter Erregungen im psychischen Apparat zu vermeiden; dieser erspart »sich die Erfüllung mit *Quantität,* die Besetzung, wenigstens teilweise, indem er die Bahnungen herstellt. Man sieht also, die Bahnungen dienen der Primärfunktion«.[44] Bahnungen entstehen auch zwischen zwei gleichzeitig besetzten Erinnerungsspuren, und zwar aufgrund der Tatsache, daß »zwei gleichzeitig vorhandene Besetzungen . . . in Verbindung gebracht wer-

[40] Ibid., S. 292.
[41] (1900a) *Die Traumdeutung,* G. W., Bd. 2/3, S. 599.
[42] Ibid., S. 608 u. 621.
[43] (1920g) *Jenseits des Lustprinzips,* G. W., Bd. 13, S. 26.
[44] (1950a [1887–1902]) *Aus den Anfängen der Psychoanalyse,* op. cit., S. 310.

den« müssen.[45] Bahnungen sind hinsichtlich der psychischen Ökonomie insofern von besonderer Bedeutung, weil sie etwas Ähnliches wie Signalangst ermöglichen:

»Da die Unlustentbindung bei ganz geringfügiger Besetzung der feindlichen Erinnerung eine außerordentliche sein kann, darf man schließen, daß der Schmerz ganz besonders ausgiebige Bahnungen hinterläßt.«[46]

In ›Metapsychologische Ergänzung zur Traumlehre‹ (1915) reformuliert Freud ein Prinzip, das er bereits in seinem frühen ›Entwurf‹ sehr ausführlich behandelt hatte, nämlich »das Prinzip der Unerregbarkeit unbesetzter Systeme«.[47] Dieses Prinzip gilt vor allem für Vorgänge im Schlaf und besagt, daß die vollständige Leerung eines Systems es reizunempfänglich macht. In bezug auf das System W hatte Freud diese Ansicht bereits im ›Entwurf‹[48] vertreten:

In ›Metapsychologische Ergänzung zur Traumlehre‹ führt Freud jedoch aus: aufgrund der Unbesetztheit des Systems Bw im Schlafzustand werden »die Erregungen, welche`... den Weg der Regression eingeschlagen haben, [diesen Weg] frei finden bis zum System Bw, in welchem sie als unbestrittene Realität gelten werden«. In einer Fußnote heißt es dazu:

»Das Prinzip der Unerregbarkeit unbesetzter Systeme erscheint hier für das Bw (W) außer Kraft gesetzt. Aber es kann sich um nur teilweise Aufhebung der Besetzung handeln, und gerade für das Wahrnehmungssystem werden wir eine Anzahl von Erregungsbedingungen annehmen müssen, die von denen anderer Systeme weit abweichen.«[49]

In den *Studien über Hysterie* (1895) hatte Freud darauf aufmerksam gemacht, daß Vorstellungen für neue Besetzungen unzugänglich sein können, wenn sie in der Vergangenheit mit einem starken Schmerz verknüpft gewesen waren: Eine »Vorstellung mit unerledigtem Affekte [bringt] jedesmal ein gewisses Maß von assoziativer Unzugänglichkeit, von Unverträglichkeit mit neuen Besetzungen mit sich«.[50]

Lust- und Unlustempfindungen hängen eng mit Besetzungsvorgängen – oder besser: Besetzungszuständen – zusammen, d. h., sie hängen vom »Besetzungsniveau« ab.

»Die Empfindungen mit Lustcharakter haben nichts Drängendes an

---

[45] Ibid., S. 343; vgl. a. 326 f.
[46] Ibid., S. 328.
[47] (1917d [1915]) ›Metapsychologische Ergänzung zur Traumlehre‹, G. W., Bd. 10, S. 425 Anm.
[48] (1950a [1887–1902]) *Aus den Anfängen der Psychoanalyse,* op. cit., S. 297.
[49] (1917d [1915]) ›Metapsychologische Ergänzung zur Traumlehre‹, G. W., Bd. 10, S. 425 u. 425 Anm.
[50] (1895b) *Studien über Hysterie,* G. W., Bd. 1, S. 145.

sich, dagegen im höchsten Grad die Unlustempfindungen. Diese drängen auf Veränderung, auf Abfuhr und darum deuten wir die Unlust auf eine Erhöhung, die Lust auf eine Erniedrigung der Energiebesetzung.«[51]
Dieselbe Annahme findet sich bereits im ›Entwurf‹, wo es heißt, »daß durch die Besetzung von Erinnerungen Unlust aus dem Körperinnern *entbunden*, neu hinauf befördert wird«.[52]

Besetzungsvorgänge im Ich

In der Einleitung zu *Aus den Anfängen der Psychoanalyse* führt der Herausgeber aus, daß im ›Entwurf einer Psychologie‹ »das Ich als eine durch den Besitz einer konstanten Energiebesetzung ausgezeichnete Organisation dargestellt ist – eine Hypothese, die ein Vierteljahrhundert später zu einem Grundpfeiler der psychoanalytischen Theorie der psychischen Struktur wurde«.[53] Dies ist richtig, doch hat Freud in seinen späteren Schriften über diese Hypothese einer »konstanten Besetzung« des Ichs sehr viel weniger ausdrücklich gesprochen als im ›Entwurf‹. In den späteren Schriften müssen wir sie aus der Unterscheidung zwischen gebundenen und beweglichen Besetzungsvorgängen, aus der Darstellung der Denkprozesse und anderen Formulierungen erschließen, wie z. B. aus der folgenden Äußerung: »Man kam dazu, sich das Ich selbst als ein Reservoir von – narzißtisch genannter – Libido vorzustellen.«[54] Im ›Entwurf‹ hatte Freud sich sehr viel präziser geäußert. Wir lesen dort, daß das Ich »konstant besetzt ist, also dem durch die sekundäre Funktion erforderten *Vorratsträger* entspricht«.[55] In einem anderen Zusammenhang spricht er von der »Wirkung, welche eine stetig besetzte Neuronenmasse (das Ich) auf andere [Neuronen] mit wechselnder Besetzung ausübt«.[56]
Dieser konstante Besetzungsvorrat setzt das Ich in die Lage, seine vielen Funktionen zu erfüllen. Einige der grundlegenden Besetzungsmechanismen, die diesen Funktionen zugrunde liegen, sind die folgenden:
(a) *Verwandlung starker in schwache Besetzung:* »Es kommt aber einer ungefähren Lösung dieser Aufgabe gleich, wenn es gelingt, *aus dieser starken Vorstellung eine schwache zu machen,* ihr den Affekt, die Erregungssumme, mit der sie behaftet ist, zu entreißen.«[57]

51 (1923b) *Das Ich und das Es,* G. W., Bd. 13, S. 249.
52 (1950a [1887–1902]) *Aus den Anfängen der Psychoanalyse,* op. cit., S. 328.
53 (1950a [1887–1902]) *The Origins of Psycho-Analysis,* Imago, London 1954, S. 26.
54 (1923a) ›»Psychoanalyse« und »Libidotheorie«‹, G. W., Bd. 13, S. 224.
55 (1950a [1887–1902]) *Aus den Anfängen der Psychoanalyse,* op. cit., S. 330.
56 Ibid., S. 360; vgl. a. ibid. S. 345 ff.
57 (1894a) ›Die Abwehrneuropsychosen‹, G. W., Bd. 1, S. 63.

(b) *Hemmung durch Besetzung:* Im Zusammenhang der Diskussion der Halluzinationen sagt Freud: »Es ist die *Ichhemmung, welche ein Kriterium zur Unterscheidung zwischen Wahrnehmung und Erinnerung ermöglicht.*« Eine notwendige Bedingung der Sekundärprozesse ist »eine richtige Verwertung der *Realitätszeichen*, die nur bei Ichhemmung möglich ist«.[58] Der häufigste Fall von hemmender Besetzung ist das Lachen über Witze.[59]

(c) *Unterhalt von Zielbesetzungen:* Es liegt im Belieben des Ichs, den Ablauf von Besetzungsvorgängen »nach irgendwelcher Zielbesetzung hin zu modifizieren ... [Eigentlich unterhält] unser Ich immer Zielbesetzungen, oft gleichzeitig in mehrfacher Zahl«[60] – im Zusammenhang mit Denkvorgängen, Urteilsfällungen, Gegenbesetzungen usw.

(d) *Zurückziehung der Besetzung:* Dieser Vorgang ist ein Merkmal vieler Abwehrmechanismen (vgl. die Zurückziehung vorbewußter Besetzung). In seiner extremsten Form ist er im Schlaf wirksam. »Die psychologische Charakteristik des Schlafes [ist] wesentlich in den Besetzungsänderungen gerade dieses System [*Vbw*] zu suchen, das auch den Zugang zu der im Schlaf gelähmten Motilität beherrscht.«[61] Im Schlaf kehrt das Ich zu einem früheren Zustand zurück, »indem es seine Beziehungen mit der Außenwelt abbricht‚ seine Besetzungen von den Sinnesorganen zurückzieht«.[62]

An Ichleistungen wie Aufmerksamkeit, Denken, Bewußtsein usw. sind einer oder mehrere dieser Besetzungsmechanismen beteiligt.

Aufmerksamkeitsbesetzungen erfüllen eine wichtige regulative Funktion:

> »Von unserem bewußten Nachdenken her wissen wir, daß wir bei Anwendung der Aufmerksamkeit einen bestimmten Weg verfolgen. Kommen wir auf diesem Wege an eine Vorstellung, welche der Kritik nicht stand hält, so brechen wir ab; wir lassen die Aufmerksamkeitsbesetzung fallen.«[63]

Freud weist auf einen wichtigen Aspekt dieser Funktion hin, wenn er sagt: »Könnte sich eine Unlust entbindende Besetzung diesem [dem Aufmerksamkeitsmechanismus] entziehen, so käme das Ich dagegen zu spät.«[64] Im ›Entwurf‹ sprach Freud auch von einer »biologischen Aufmerksamkeitsregel«, welche die Verschiebung der Ichbesetzungen reguliere. Sie lautet: »*Wenn ein Realitätszeichen auftritt, so ist die*

[58] (1950a [1887–1902]) *Aus den Anfängen der Psychoanalyse*, op. cit., S. 333 f.
[59] (1905c) *Der Witz und seine Beziehung zum Unbewußten*, G. W., Bd. 6, S. 164–170.
[60] (1950a [1887–1902]) *Aus den Anfängen der Psychoanalyse*, op. cit., S. 375.
[61] (1900a) *Die Traumdeutung*, G. W., Bd. 2/3, S. 560, vgl. auch ibid., S. 548, 561, 576, 579.
[62] (1940a [1938]) *Abriß der Psychoanalyse*, G. W., Bd. 17, S. 88.
[63] (1900a) *Die Traumdeutung*, G. W., Bd. 2/3, S. 598.
[64] (1950a [1887–1902]) *Aus den Anfängen der Psychoanalyse*, op. cit., S. 358.

gleichzeitig vorhandene Wahrnehmungsbesetzung überzubesetzen.«[65]
Und in der Abhandlung über den Witz heißt es, »daß gerade die Aufmerksamkeitsbesetzung an der Überwachung und Neuverwendung von
frei gewordener Besetzungsenergie einen großen Anteil hat«.[66]
Auch die Denkvorgänge sind eng mit dem Problem der Aufmerksamkeit verknüpft: »Bedingung der Erweckung der Denkzeichen überhaupt ist ja deren Aufmerksamkeitsbesetzung.«[67] Sekundärprozeß-
haftes Denken ist ein seelischer Vorgang, der ausschließlich vermittels
gebundener Energien stattfindet. Dies ist der Hauptgrund dafür, daß es
dem seelischen Apparat möglich ist, während des Aufschubs der Abfuhr erhöhte Reizspannung zu ertragen.

Das Denken »ist im wesentlichen ein Probehandeln mit Verschiebung kleinerer Besetzungsquantitäten, unter geringer Verausgabung
(Abfuhr) derselben. Dazu war eine Überführung der frei verschieb-
baren Besetzungen in gebundene erforderlich, und eine solche wurde
mittels einer Niveauerhöhung des ganzen Besetzungsvorganges erreicht.«[68]
Freud scheint hier zu implizieren, daß Denken eine gewisse Abfuhr mit
sich bringt; 1905 hatte er die Ansicht vertreten:

»Wir sind ja bei unseren Denkvorgängen beständig in der Übung,
solche Besetzungen [entbehrlich gewordene Besetzungen] von
einem Weg auf den andern zu verschieben, ohne von deren Energie
etwas durch Abfuhr zu verlieren.«[69]
Eine Stelle in der *Traumdeutung* stützt diesen zweiten Gesichtspunkt:

»Ein im Vorbewußten angeregter Gedankengang kann spontan erlöschen oder sich erhalten. Den ersteren Ausgang stellen wir uns so
vor, daß seine Energie nach allen von ihm ausgehenden Assozia-
tionsrichtungen diffundiert, die ganze Gedankenkette in einen erreg-
ten Zustand versetzt, der für eine Weile anhält, dann aber abklingt,
indem die abfuhrbedürftige Erregung sich in ruhende Besetzung umwandelt.«[70]
Unter dem Gesichtspunkt der Besetzung sind die Hauptmerkmale der
Denkprozesse also erstens, daß sie immer gebundene Energie verwenden und zweitens, daß nur geringe Besetzungsbeträge verschoben werden.
Bewußtsein hängt von »Besetzungsinnervationen« ab, die »in raschen

[65] Ibid., S. 370, vgl. a. ibid., S. 332 f., 360–364, 372 f.
[66] (1905c) *Der Witz und seine Beziehung zum Unbewußten*, G. W., Bd. 6, S. 170.
[67] (1950a [1887–1902]) *Aus den Anfängen der Psychoanalyse*, op. cit., S. 372.
[68] (1911b) ›Formulierungen über die zwei Prinzipien des psychischen Geschehens‹,
G. W., Bd. 8, S. 233; vgl. a. (1950a [1887–1902]) *Aus den Anfängen der Psychoanalyse*,
S. 376 ff.
[69] (1905c) *Der Witz und seine Beziehung zum Unbewußten*, G. W., Bd. 6, S. 170.
[70] (1900a) *Die Traumdeutung*, G. W., Bd. 2/3, S. 599.

periodischen Stößen aus dem Inneren in das völlig durchlässige System *W-Bw* geschickt und wieder zurückgezogen werden. Solange das System in solcher Weise besetzt ist, empfängt es die von Bewußtsein begleiteten Wahrnehmungen; . . . sobald die Besetzung zurückgezogen wird, erlischt das Bewußtsein und die Leistung des Systems ist sistiert.«[71] Eine ähnliche Annahme hatte Freud im ›Entwurf‹ formuliert, wo es heißt, »daß das Bewußtsein während eines Quantitätsablaufes . . . entsteht, d. h. nicht durch konstante Besetzung geweckt wird«.[72] Eine der Hauptfunktionen des Bewußtseins ist das Wahrnehmen »neuer Qualitäten«, wodurch es befähigt wird, einen »Beitrag zur Lenkung und zweckmäßigen Verteilung der mobilen Besetzungsquantitäten« zu leisten.[73]

Besetzungsvorgänge im Es

Das Es enthält nur frei bewegliche Besetzungen, die durch die Leichtigkeit ihrer Verschiebbarkeit und ihr Hauptziel, nämlich Abfuhr zu finden, charakterisiert sind. Die Besetzungen im Es sind in erster Linie »die psychischen Vertretungen der Triebe«[74,] d. h. »eine Vorstellung oder Vorstellungsgruppe, welche vom Trieb her mit einem bestimmten Betrag von psychischer Energie (Libido, Interesse) besetzt ist«.[75] Die Vorgänge im Es sind ausschließlich von Lustprinzip beherrscht, und Freuds Äußerung, daß »Lust- und Unlustentbindungen automatisch den Ablauf der Besetzungsvorgänge regulieren«[76], scheint sich insbesondere auf solche Prozesse im Es zu beziehen. Wir schließen dies aus der anderen Äußerung, daß der Sekundärprozeß »auch was mit Unlustentbindung verknüpft ist, der Besetzung und Bearbeitung unterziehen« kann.[77]

In der libidinösen Regression hat sich die Libido »dem Ich und seinen Gesetzen entzogen . . . Die Vorstellungen, denen jetzt die Libido ihre Energie als Besetzung überträgt, gehören dem System des Unbewußten an und unterliegen den Vorgängen, die daselbst möglich sind, insbesondere der Verdichtung und Verschiebung.« Eine solche Regression der Libido »ist durch das Vorhandensein von Fixierungen ermöglicht«, die regressiv besetzt werden.[78]

[71] (1925a) ›Notiz über den »Wunderblock«‹, G. W., Bd. 14, S. 8.
[72] (1950a [1887–1902]) *Aus den Anfängen der Psychoanalyse,* op. cit., S. 347.
[73] (1900a) *Die Traumdeutung,* G. W., Bd. 2/3, S. 621.
[74] (1926f) ›Psycho-Analysis‹, G. W., Bd. 14, S. 302.
[75] (1915d) ›Die Verdrängung‹, G. W., Bd. 10, S. 254 f.
[76] (1900a) *Die Traumdeutung,* G. W., Bd. 2/3, S. 580.
[77] Ibid., S. 622.
[78] (1916–17) *Vorlesungen zur Einführung in die Psychoanalyse,* G. W., Bd. 11, S. 374 f.

In bezug auf die Verdrängung betont Freud: »Die verdrängte Vorstellung bleibt im *Ubw* aktionsfähig; sie muß also ihre Besetzung behalten haben.« Daß solche Vorstellungen trotz ihrer Besetzung nicht in das System *Vbw* eindringen können, liegt am Vorhandensein von Gegenbesetzungen.[79]

»Anders aber, wenn der verdrängte unbewußte Wunsch eine organische Verstärkung erfährt, die er seinen Übertragungsgedanken leihen, wodurch er sie in den Stand setzen kann, mit ihrer Erregung den Versuch zum Durchdringen zu machen, auch wenn sie von der Besetzung des *Vbw* verlassen worden sind. Es kommt dann zum Abwehrkampf, indem das *Vbw* den Gegensatz gegen die verdrängten Gedanken verstärkt (Gegenbesetzung), und in weiterer Folge zum Durchdringen der Übertragungsgedanken, welche Träger des unbewußten Wunsches sind, in irgendeiner Form von Kompromiß durch Symptombildung.«[80]

Im Aufsatz ›Die Verdrängung‹ (1915) findet sich eine sehr wichtige Stelle über die Abhängigkeit der Verdrängung vom quantitativen Aspekt der Besetzung:

»Bei unverdrängten Abkömmlingen des Unbewußten entscheidet oft das Ausmaß der Aktivierung oder Besetzung über das Schicksal der einzelnen Vorstellung ... ein solcher Abkömmling [bleibt] unverdrängt, solange er eine geringe Energie repräsentiert, obwohl sein Inhalt geeignet wäre, einen Konflikt mit dem bewußt Herrschenden zu ergeben. Das quantitative Moment zeigt sich aber als entscheidend für den Konflikt ... Zunahme der Energiebesetzung wirkt also in Sachen der Verdrängung gleichsinnig wie Annäherung an das Unbewußte, Abnahme derselben wie Entfernung davon oder Entstellung.«[81]

Besetzungsvorgänge bei Erinnerungen, Wahrnehmungen und Halluzinationen

Diese drei Phänomene werden hier zusammen behandelt, weil die an ihnen beteiligten Besetzungsvorgänge eng miteinander verknüpft sind. Wahrnehmungen führen zu Erinnerungen, und Erinnerungen können unter bestimmten Bedingungen zu Halluzinationen führen. Anders als die Wahrnehmung besitzt die Erinnerung nicht genug Qualität, »um das Bewußtsein zu erregen und hierdurch neue Besetzung an sich zu

79 (1915e) ›Das Unbewußte‹ G. W., Bd. 10, S. 279 f.
80 (1900a) *Die Traumdeutung*, G. W., Bd. 2/3, S. 610.
81 (1915d) ›Die Verdrängung‹, G. W., Bd. 10, S. 254; vgl. a. (1916–17) *Vorlesungen zur Einführung in die Psychoanalyse*, G. W., Bd. 11, S. 388.

ziehen«. Dadurch wird es leicht, die »Erinnerung des einst Peinlichen« zu vermeiden, d. h. das Ich besetzt eine Erinnerung so, »daß der Abfluß von ihr gehemmt wird, also auch der einer motorischen Innervation vergleichbare Abfluß zur Entwicklung der Unlust«.[82] Die meisten Erinnerungen sind aus Besetzungen von mehreren sensorischen Systemen her (auditives, visuelles, taktiles usw. System) zusammengesetzt; für das Verständnis der Traumvorgänge ist es indes wichtig zu sehen, daß manche Erinnerungen »nur als visuelle Besetzungen, nicht als Übersetzung in die Zeichen der späteren Systeme vorhanden sind«, d. h.: daß sie mit keinerlei Wortbesetzungen behaftet sind.[83]

Genetisch gesehen, dienen Erinnerungen in erster Linie der Funktion, die Repräsentanzen von Bedürfnissen mit den auf sie folgenden Erlebnissen zu verknüpfen, so daß – z. B. im Falle eines Befriedigungserlebnisses – das »Erinnerungsbild« einer Wahrnehmung »mit der Gedächtnisspur der Bedürfniserregung assoziiert bleibt«. Dies ermöglicht eine erneute Besetzung des Erinnerungsbildes der Wahrnehmung, wenn das Bedürfnis wieder auftritt, und richtet die Anstrengung auf »die volle Besetzung der Wahrnehmung«.[84]

Unter dem Gesichtspunkt der psychischen Ökonomie ist die Fähigkeit wichtig, zwischen einer Erinnerung und einer Wahrnehmung zu unterscheiden: Es ist »die *Ichhemmung, welche ein Kriterium zur Unterscheidung zwischen Wahrnehmung und Erinnerung ermöglicht*«.[85] An anderer Stelle führt Freud aus:

»Um die innere Besetzung [d. h. eine Erinnerungsbesetzung] der äußeren [d. h. einer Wahrnehmungsbesetzung] gleichwertig zu machen, müßte dieselbe fortwährend aufrechterhalten werden ... Um eine zweckmäßigere Verwendung der psychischen Kraft zu erreichen, wird es notwendig, die volle Regression aufzuhalten, so daß sie nicht über das Erinnerungsbild hinausgeht.«[86]

Wird die topische Regression nicht am Erinnerungsbild aufgehalten, ist »eine volle halluzinatorische Besetzung der Wahrnehmungssysteme« die Folge.[87] In *Das Ich und das Es* (1923) sagt Freud,

»daß bei der Wiederbelebung einer Erinnerung die Besetzung im Erinnerungssystem erhalten bleibt, während die von der Wahrnehmung nicht unterscheidbare Halluzination entstehen mag, wenn die Besetzung nicht nur von der Erinnerungsspur auf das *W*-Element übergreift, sondern völlig auf dasselbe übergeht«.[88]

[82] (1900a) *Die Traumdeutung*, G. W., Bd. 2/3, S. 606 f.
[83] Ibid., S. 579.
[84] Ibid., S. 571.
[85] (1950a [1887–1902]) *Aus den Anfängen der Psychoanalyse*, op. cit., S. 333.
[86] (1900a) *Die Traumdeutung*, G. W., Bd. 2/3, S. 572.
[87] Ibid., S. 553.
[88] (1923b) *Das Ich und das Es*, G. W., Bd. 13, S. 248.

In der *Traumdeutung* (1900) heißt es: »Das erste Wünschen dürfte ein halluzinatorisches Besetzen der Befriedigungserinnerung gewesen sein.« Mit anderen Worten: der Primärprozeß strebt eine halluzinatorische Wiederbelebung der Befriedigungswahrnehmung an; hingegen ist es eine der Funktionen des Sekundärprozesses, nicht zu gestatten, »daß die Erinnerungsbesetzung zur Wahrnehmung vordringe und von dort aus die psychischen Kräfte binde«.[89]

Die Wahrnehmung als solche ist eine Ichfunktion, für die nur geringe Energiebeträge verwendet werden:

> »Das Ich schickt periodisch kleine Besetzungsmengen in das Wahrnehmungssystem, mittels deren es die äußeren Reize verkostet, um sich nach jedem solchen tastenden Vorstoß wieder zurückzuziehen.«[90]

Objektbesetzungen

»Die ersten und eigentlichen Objektbesetzungen« sind die im System *Ubw* enthaltenen »Sachbesetzungen der Objekte«.[91] Diese Äußerung scheint eine Unterscheidung zwischen frühen, halluzinatorischen Wiederbelebungen der Wahrnehmung von Objekten durch eine volle Besetzung ihrer Erinnerungsbilder und der späteren Besetzung von Objektrepräsentanzen mit ihrer klaren Trennung zwischen Erinnerung und Wahrnehmung zu implizieren. Eine Bestätigung dieser Unterscheidung dürfen wir in der Äußerung sehen, daß der primäre Narzißmus so lange anhält, »bis das Ich beginnt, die Vorstellungen von Objekten mit Libido zu besetzen, narzißtische Libido in *Objektlibido* umzusetzen«.[92] Diese Hypothese – daß die ersten Objektbesetzungen vom Es ausgehen – ist für das Verständnis des Narzißmus im allgemeinen und für das des sekundären Narzißmus im besonderen wichtig. Das Ich erledigt »die ersten und gewiß auch spätere Objektbesetzungen des Es dadurch, ... daß es deren Libido [in sich] aufnimmt und an die durch Identifizierung hergestellte Ichveränderung bindet ... Der Narzißmus des Ichs ist so ein sekundärer, den Objekten entzogener.«[93] Freud scheint auf einen wichtigen, diese Tendenz zur Zurückziehung der Besetzung von den Objekten determinierenden Faktor anzuspielen, wenn er im *Abriß der Psychoanalyse* sagt:

> »Die Brust wird anfangs gewiß nicht von dem eigenen Körper unter-

[89] (1900a) *Die Traumdeutung*, G. W., Bd. 2/3, S. 604; vgl. a. (1950a [1887–1902]) *Aus den Anfängen der Psychoanalyse*, op. cit., S. 333 f.
[90] (1915h) ›Die Verneinung‹, G. W., Bd. 14, S. 15; vgl. a. (1950a [1887–1902]) *Aus den Anfängen der Psychoanalyse*, op. cit.
[91] (1915e) ›Das Unbewußte‹, G. W., Bd. 10, S. 300.
[92] (1940a [1938]) *Abriß der Psychoanalyse*, G. W., Bd. 17, S. 72 f.
[93] (1923b) *Das Ich und das Es*, G. W., Bd. 13, S.274 f.

schieden, wenn sie vom Körper abgetrennt, nach ›außen‹ verlegt werden muß, weil sie so häufig vom Kind vermißt wird, nimmt sie als ›*Objekt*‹ einen Teil der ursprünglich narzißtischen Libidobesetzung mit sich.«[94] (Vgl. Konzept *Narzißmus*.)

Der sekundäre Narzißmus hat für spätere Objektwahlen eine bedeutsame Konsequenz: Wenn »die Objektwahl auf narzißtischer Grundlage erfolgt« ist, kann »die Objektbesetzung, wenn sich Schwierigkeiten gegen sie erheben, auf den Narzißmus regredieren ... Die narzißtische Identifizierung mit dem Objekt wird dann zum Ersatz der Liebesbesetzung.«[95]

Die Natur der Objektbeziehungen ist sowohl durch qualitative (libidinöse oder aggressive) als auch durch quantitative Faktoren determiniert. In bezug auf die letzteren sagt Freud,

»der Unterschied zwischen einer gewöhnlichen erotischen Objektbesetzung und dem Zustand einer Verliebtheit bestehe darin, daß in letzterem Falle ungleich mehr Besetzung auf das Objekt übergeht, das Ich sich gleichsam nach dem Objekt entleert«.[96]

Es ist offenkundig, daß Freud sich hier wie an vielen anderen, ähnlichen Stellen auf die Objektrepräsentanz bezieht.

Von der Leichtigkeit, mit der Objektbesetzungen von einer Person auf eine andere übertragen werden, hängt die Stabilität von Objektbeziehungen, aber auch die Behandelbarkeit in der Analyse ab. Bei Personen, die sich »nicht entschließen können, Libidobesetzungen von einem Objekt abzulösen und auf ein neues zu verschieben, obwohl besondere Gründe für solche Besetzungstreue nicht zu finden sind«, verläuft der analytische Prozeß langsamer. Die Behandelbarkeit des »entgegengesetzten‹ Typus, bei dem die Libido besonders leicht beweglich erscheint, rasch auf die von der Analyse vorgeschlagenen Neubesetzungen eingeht und die früheren für sie aufgibt«, ist noch viel zweifelhafter: »... die analytischen Resultate bei diesem zweiten Typus [zeigen sich] oft als sehr hinfällig«.[97]

[94] (1940a [1938]) *Abriß der Psychoanalyse,* G. W., Bd. 17, S. 115.
[95] (1917e [1915]) ›Trauer und Melancholie‹, G. W., Bd. 10, S. 435 f.
[96] (1927d) ›Der Humor‹, G. W., Bd. 14, S. 387.
[97] (1937c) ›Die endliche und die unendliche Analyse‹, G. W., Bd. 16, S. 87.

8
Freuds Theorie des Konflikts

Ein wichtiger Beitrag der Psychoanalyse zum Verständnis des seelischen Lebens im allgemeinen und zur Theorie der Neurosen im besonderen waren die Annahmen über das Vorhandensein seelischer Kräfte,
die als solche in Konflikte eingreifen können.

Diese uns heute so vertrauten Auffassungen hat Freud in den frühen
neunziger Jahren des vorigen Jahrhunderts entwickelt. Die anerkannte
wissenschaftliche Meinung betrachtete Neurosen damals als eine Folge
von »Erblichkeit und Degeneration«. In den *Vorlesungen zur Einführung in die Psychoanalyse* formulierte er das Ziel seiner Bemühungen:
»Wir wollen die Erscheinungen nicht bloß beschreiben und klassifi-
zieren, sondern sie als Anzeichen eines Kräftespiels in der Seele begreifen, als *Äußerung von zielstrebigen Tendenzen,* die zusammen
oder gegeneinander arbeiten. Wir bemühen uns um eine *dynamische
Auffassung* der seelischen Erscheinungen. Die wahrgenommenen
Phänomene müssen in unserer Auffassung gegen die nur angenommenen Strebungen zurücktreten.«[1]

Seine Neurosentheorie beruht auf der Annahme, daß in einer Konfliktsituation diese seelischen Kräfte wirksam sind:
»Die Gesichtspunkte des psychischen Konflikts und der Symptombildung durch Kompromisse zwischen den beiden miteinander ringenden Seelenströmungen hat der Verfasser [Freud] an wirklich
beobachteten und ärztlich behandelten Krankheitsfällen zur Geltung
gebracht ...«[2] »Ohne solchen Konflikt gibt es keine Neurose.«[3]

In den *Studien über Hysterie* schreibt er im Zusammenhang der Darstellung, wie sich »der Gedanke der Abwehr« ergab:
»An das Ich des Kranken war eine Vorstellung herangetreten, die
sich als unverträglich erwies, die eine Kraft der Abstoßung von seiten des Ich wachrief, deren Zweck die *Abwehr* dieser unverträglichen
Vorstellung war. Diese Abwehr gelang tatsächlich, die betreffende
Vorstellung war aus dem Bewußtsein und aus der Erinnerung gedrängt.«[4] Einige Zeilen weiter heißt es: »Also eine psychische Kraft,
die Abneigung des Ich, hatte ursprünglich die pathogene Vorstellung

[1] (1916–17) *Vorlesungen zur Einführung in die Psychoanalyse*, G. W., Bd. 11, S. 62.
[2] (1907a) *Der Wahn und die Träume in W. Jensens ›Gradiva‹*, G. W., Bd. 7, S. 80 f.
[3] (1916–17) *Vorlesungen zur Einführung in die Psychoanalyse*, G. W., Bd. 11, S. 362.
[4] (1895d) *Studien über Hysterie*, G. W., Bd. 1, S. 269.

aus der Assoziation gedrängt und widersetzte sich ihrer Wiederkehr in der Erinnerung.« An anderer Stelle: »*Konflikt* deckt sich mit meinem Gesichtspunkt der Abwehr, umfaßt die Fälle von erworbener Neurose bei nicht hereditär abnormen Menschen.«[5]

Ähnlich:

> »Bei den ... Patienten hatte ... psychische Gesundheit bis zu dem Moment bestanden, in dem *ein Fall von Unverträglichkeit in ihrem Vorstellungsleben vorfiel*, d. h. bis ein Erlebnis, eine Vorstellung, Empfindung an ihr Ich herantrat, welches einen so peinlichen Affekt erweckte, daß die Person beschloß, daran zu vergessen, weil sie sich nicht die Kraft zutraute, den Widerspruch dieser unverträglichen Vorstellung mit ihrem Ich durch Denkarbeit zu lösen.«[6] »Ich hatte bereits damals, und noch ehe die Sexualität in die ihr gebührende Stellung in der Ätiologie eingesetzt war, als Bedingung für die pathologische Wirksamkeit eines Erlebnisses angegeben, daß dieses dem Ich unerträglich erscheinen und ein Bestreben zur Abwehr hervorrufen müsse.«[7]

In bezug auf Konflikte bei Neurotikern und die Mechanismen der Symptombildung, die aus jenen Konflikten resultieren können, sagt Freud:

> »Man findet bei diesen Personen regelmäßig die Anzeichen eines Widerstreites von Wunschregungen oder, wie wir zu sagen gewohnt sind, eines psychischen *Konfliktes*. Ein Stück der Persönlichkeit vertritt gewisse Wünsche, ein anderes sträubt sich dagegen und wehrt sie ab ... Der Konflikt wird durch die Versagung heraufbeschworen, indem die ihrer Befriedigung verlustige Libido nun darauf angewiesen ist, sich andere Objekte und Wege zu suchen. Er hat zur Bedingung, daß diese anderen Wege und Objekte bei einem Anteil der Persönlichkeit ein Mißfallen erwecken, so daß ein Veto erfolgt, welches die neue Weise der Befriedigung zunächst unmöglich macht.«[8]

Nachdem er erklärt hat, wie die Libido in eine regressive Bahn gedrängt werden kann, die zu früheren Formen der Befriedigung und der Objektbeziehungen zurückführt, charakterisiert Freud die auf diese Regression folgenden Ereignisse, die entscheidend dadurch bestimmt sind, ob das Ich jene älteren Befriedigungsformen ablehnt oder annimmt.

> »Wenn [die libidinösen] Strebungen, die mit dem aktuellen Zustand der Individualität unverträglich sind, genug Intensität erworben haben, muß es zum Konflikt zwischen ihnen und dem andern Anteil

[5] (1950a [1887–1902]) *Aus den Anfängen der Psychoanalyse,* op. cit., S. 78.
[6] (1894a) ›Die Abwehr-Neuropsychosen‹, G. W., Bd. 1, S. 61 f.
[7] (1906a) ›Meine Ansichten über die Rolle der Sexualität in der Ätiologie der Neurosen‹, G. W., Bd. 5, S. 155.
[8] (1916–17) *Vorlesungen zur Einführung in die Psychoanalyse,* G. W., Bd. 11, S. 362.

der Persönlichkeit kommen, welcher in Relation zur Realität geblieben ist. Dieser Konflikt wird durch Symptombildungen gelöst.«[9] »Nun scheidet sich der Weg zur Perversion scharf von dem der Neurose. Erwecken diese Regressionen nicht den Widerspruch des Ichs, so kommt es auch nicht zur Neurose, und die Libido gelangt zu irgendeiner realen, wenn auch nicht mehr normalen Befriedigung. Wenn aber das Ich, das nicht nur über das Bewußtsein, sondern auch über die Zugänge zur motorischen Innervation und somit zur Realisierung der seelischen Strebungen verfügt, mit diesen Regressionen nicht einverstanden ist, dann ist der Konflikt gegeben.«[10]

»... in all neuroses the pathological symptoms are really the end-products of such conflicts, which have led to ›repression‹ and ›splitting‹ in the mind. The symptoms are generated by different mechanisms: *(a)* either as formations in substitution for the repressed forces, or *(b)* as compromises between the repressing and repressed forces, or *(c)* as reaction-formations and safeguards against the repressed forces ...«[11]

»Das hysterische Symptom entsteht als Kompromiß aus zwei gegensätzlichen Affekt- oder Triebregungen, von denen die eine einen Partialtrieb oder eine Komponente der Sexualkonstitution zum Ausdrucke zu bringen, die anderen dieselbe zu unterdrücken bemüht ist.«[12]

Im Fall *Dora* erschienen die Symptome, nachdem der Konflikt zwischen der »Versuchung, dem werbenden Manne nachzugeben, und [dem] zusammengesetzten Sträuben dagegen« aufgetreten war. Er führte schließlich zur Zurückweisung der sexuellen Wünsche durch die Ichkräfte.[13] Sie war »voll Bedauern den Antrag des Mannes zurückgewiesen zu haben, voll Sehnsucht nach seiner Person und den kleinen Zeichen seiner Zärtlichkeit«, aber diese Wünsche standen mit anderen Kräften, wie z. B. ihrem Stolz, in Konflikt und wurden verdrängt. Um die Verdrängung aufrechtzuerhalten, mußte sie »die infantile Neigung zum Vater anrufen und übertreiben«.[14]

»Der Verdrängungsprozeß, der zur Zwangsneurose führt, ... ist einem nicht abzuschließenden Konflikt zu vergleichen; es werden im-

9 (1912c) ›Über neurotische Krankheitstypen‹, G. W., Bd. 8, S. 324.
10 (1916–17) *Vorlesungen zur Einführung in die Psychoanalyse*, G. W., Bd. 11, S. 373.
11 (1913m [1911]) ›On Psycho-Analysis‹ (in Engl.), in: *Aust. med. Congr.* (Protokolle der 9. Sitzung, abgehalten in Sydney, New South Wales, Sept. 1911), 2. Teil 8, S. 839; S. E., Bd. 12, S. 208.
12 (1908a) ›Hysterische Phantasien und ihre Beziehung zur Bisexualität‹, G. W., Bd. 7, S. 196; vgl. a. (1900a) *Die Traumdeutung*, G. W., Bd. 2/3, S. 600, und *Aus den Anfängen der Psychoanalyse*, op. cit., S. 143 ff., Brief 46 v. 4. 5. 1896.
13 (1905e [1901]) ›Bruchstück einer Hysterie-Analyse‹, G. W., Bd. 5, S. 251.
14 Ibid., S. 218 f.

mer neue psychische Anstrengungen erfordert, um dem konstanten
Andrängen des Triebes das Gleichgewicht zu halten.«[15]

»Zweizeitige Zwangshandlungen, deren erstes Tempo vom zweiten
aufgehoben wird, sind ein typisches Vorkommnis bei der Zwangsneurose ... Ihre wirkliche Bedeutung liegt aber in der Darstellung
des Konfliktes zweier annähernd gleich großer gegensätzlicher Regungen, soviel ich bisher erfahren konnte, stets des Gegensatzes von
Liebe und Haß ... Anstatt, wie es bei Hysterie regelmäßig geschieht,
ein Kompromiß zu finden, welches beiden Gegensätzen in einer Darstellung genügt, zwei Fliegen mit einem Schlag trifft, werden hier
die beiden Gegensätze, jeder einzeln, befriedigt, zuerst der eine und
dann der andere.«[16]

In bezug auf den Fall des *Rattenmannes* führt Freud aus: Es handelt
sich bereits beim Kind um

»eine vollständige Zwangsneurose ... Wir sehen das Kind unter der
Herrschaft einer sexuellen Triebkomponente, der Schaulust, deren
Ergebnis der mit großer Intensität immer wieder von neuem auftretende Wunsch ist, weibliche Personen, die ihm gefallen, nackt zu
sehen. Dieser Wunsch entspricht der späteren Zwangsidee; wenn er
den Zwangscharakter noch nicht hat, so kommt dies daher, daß das
Ich sich noch nicht in vollen Widerspruch zu ihm gesetzt hat, ihn
nicht als fremd verspürt, doch regt sich bereits von irgendwoher ein
Widerspruch gegen diesen Wunsch, denn ein peinlicher Affekt
begleitet regelmäßig das Auftauchen desselben. Ein Konflikt ist offenbar in dem Seelenleben des kleinen Lüsternen vorhanden;
neben dem Zwangswunsch steht eine Zwangsbefürchtung innig
an den Wunsch geknüpft: so oft er so etwas denkt, muß er fürchten,
es werde etwas Schreckliches geschehen ... Also: ein erotischer
Trieb und eine Auflehnung gegen ihn, ein (noch nicht zwanghaf-
ter) Wunsch und eine (bereits zwanghafte) ihr widerstrebende Befürchtung, ein peinlicher Affekt und ein Drang zu Abwehrhand-
lungen.«[17]

Auch Wahnvorstellungen werden als Folge eines endlosen Kampfes
oder Konflikts betrachtet.

»Die Symptome des Wahnes – Phantasien wie Handlungen – sind
eben Ergebnisse eines Kompromisses zwischen den beiden seelischen
Strömungen, und bei einem Kompromiß ist den Anforderungen
eines jeden der beiden Teile Rechnung getragen worden; ein jeder
Teil hat aber auch auf ein Stück dessen, was er durchsetzen wollte,
verzichten müssen. Wo ein Kompromiß zustande gekommen, da gab

---

[15] (1907b) ›Zwangshandlungen und Religionsübungen‹, G. W., Bd. 7, S. 136.
[16] (1908d) ›Bemerkungen über einen Fall von Zwangsneurose‹, G. W., Bd. 7, S. 414.
[17] Ibid., S. 388 f.

es einen Kampf, hier den von uns angenommenen Konflikt zwischen der unterdrückten Erotik und den sie in der Verdrängung erhaltenden Mächten. Bei der Bildung eines Wahnes geht dieser Kampf eigentlich nie zu Ende.«[18]

In der frühen Kindheit ist der Konflikt zunächst einer mit der äußeren Autorität. »Es [das Schuldbewußtsein als direkter Abkömmling dieses Konflikts] ist dann der unmittelbare Ausdruck der Angst vor der äußeren Autorität, die Anerkennung der Spannung zwischen dem Ich und dieser letzteren.«[19] Im Laufe der Entwicklung werden diese Konflikte mit der äußeren Autorität verinnerlicht.

»Es liegt in der Richtung unserer Entwicklung, daß äußerer Zwang allmählich verinnerlicht wird, indem eine besondere seelische Instanz, das Über-Ich des Menschen, ihn unter seine Gebote aufnimmt.«[20]

Es lassen sich sehr viele verschiedene Konfliktarten im seelischen Leben beobachten. Manche von ihnen liegen bestimmten neurotischen oder andersartigen Störungen zugrunde. In anderen Fällen sind sie ein Element normaler seelischer Vorgänge oder für ein bestimmtes Entwicklungsstadium charakteristisch. Gleichwohl ist die Natur der an diesen Vorgängen oder Störungen beteiligten Strukturen von großem Wert für deren richtige Identifizierung. So sagt Freud in ›Über libidinöse Typen‹:

»Die Veranlassungen der Neurose sind Versagungen und innere Konflikte, Konflikte zwischen den drei großen psychischen Instanzen, Konflikte innerhalb des Libidohaushalts infolge der bisexuellen Anlage, zwischen den erotischen und aggressiven Triebkomponenten.«[21]

Der Kriegsneurose liegt nach Freuds Ansicht ein Konflikt zweier Ichideale zugrunde. 1918 schrieb er in einem Brief an Jones:

»Es handelt sich um einen Konflikt zweier Ichideale, des gewohnten und des durch den Krieg aufgedrängten ... Daher kann sich der Konflikt wie bei einer Psychoneurose aufspielen, das theoretisch so Deutsame wäre eben, daß sich auf Grund einer libidin[ösen] Objektbesetzung ein *neues* Ich entwickelt, das vom früheren Ich umgestürzt werden soll; ein Kampf im Ich anstatt zwischen Ich u. Libido, im Grunde aber doch das nämliche.

Es trete in Parallele zur Melancholie, wo auch ein neues Ich errichtet

---

[18] (1907a) *Der Wahn und die Träume in W. Jensens ›Gradiva‹*, G. W., Bd. 7, S. 7 u. 78 f.

[19] (1930a) *Das Unbehagen in der Kultur*, G. W., Bd. 14, S. 496.

[20] (1927e) *Die Zukunft einer Illusion*, G. W., Bd. 14, S. 332; vgl. a. (1930a) *Das Unbehagen in der Kultur*, G. W., Bd. 14, S. 496.

[21] (1913a) ›Über libidinöse Typen‹, G. W., Bd. 14, S. 513.

wird, aber hier kein Ideal u. auf Grund einer *aufgelassenen* Objekt-besetzung.«[22]

In einem weiteren Brief an Jones im Februar 1919 dehnte er diese Überlegungen auf die traumatische Neurose aus:

»Ich möchte Ihnen folgende Formulierung vorschlagen: Betrachten Sie zuerst den Fall der traumatischen Neurose der Friedenszeit . . . Bei der Kriegsneurose nun besteht ein Konflikt zwischen dem alten und dem neuen kriegerischen Ideal. Das erstere unterliegt dem letzteren; aber wenn die Bombe kommt, begreift dieses alte Ich, daß es durch den Kurs seines *alter ego* ums Leben gebracht werden könnte. Seine Opposition macht diesen neuen Herren über das Ich schwach und machtlos, und so gerät das Ich als Ganzes unter die Ätiologie der traumatischen Neurose. Der Unterschied zwischen Frieden und Krieg besteht darin, daß beim ersteren das Ich stark, aber unvorbereitet ist, und beim letzteren vorbereitet, aber geschwächt. So gesehen, ist die Kriegsneurose ein Fall von einem inneren narzißtischen Konflikt innerhalb des Ichs.«[23]

». . . [es bleibt] das Thema der Konflikte zwischen den verschiedenen Identifizierungen, in die das Ich auseinanderfährt, Konflikte, die endlich nicht durchwegs als pathologische bezeichnet werden können.«[24]

Eine Konfliktsituation muß indes nicht in jedem Falle zur Erkrankung führen: »Was diese dem normalen psychischen Ablauf zugehörigen Vorgänge pathogen macht, bemüht sich die Neurosenpsychologie zu ergründen.«[25, 26]

Ähnlich heißt es in der Abhandlung über ›Neurose und Psychose‹: »Man möchte wissen, unter welchen Umständen und durch welche Mittel es dem Ich gelingt, aus solchen Konflikten . . . ohne Erkrankung zu entkommen.«[27]

In anderen Zusammenhängen nimmt Freud an, der Konflikt fördere die Entwicklung, z. B. die Ichentwicklung:

Die Kinder haben bei ihren Nachforschungen über Empfängnis und Geburt »auch den ersten Anlaß eines ›psychischen Konflikts‹ erlebt, indem Meinungen, für die sie eine triebartige Bevorzugung empfinden, die aber den Großen nicht ›recht‹ sind, in Gegensatz zu anderen geraten, die durch die Autorität der ›Großen‹ gehalten werden, ohne ihnen selbst genehm zu sein«.[28]

[22] Brief an E. Jones, in: Ernest Jones, *Das Leben und Werk von Sigmund Freud*, Huber, Bern u. Stuttgart 1962, Bd. 2, S. 301.
[23] Ibid., S. 302 f.
[24] (1923b) *Das Ich und das Es*, G. W., Bd. 13, S. 259.
[25] (1931a) ›Über libidinöse Typen‹, G. W., Bd. 14, S. 513.
[26] (1913m [1911]) ›On Psycho-Analysis‹, S. E., Bd. 12, S. 208; s. Anm. 11 auf S. 415.
[27] (1924b) ›Neurose und Psychose‹, G. W., Bd. 13, S. 391.
[28] (1908c) ›Über infantile Sexualtheorien‹, G. W., Bd. 7, S. 176.

»Der Wissensdrang der Kinder erwacht hier überhaupt nicht spontan, etwa infolge eines eingeborenen Kausalitätsbedürfnisses, sondern unter dem Stachel der sie beherrschenden eigensüchtigen Triebe, wenn sie – etwa nach Vollendung des zweiten Lebensjahres –
von der Ankunft eines neuen Kindes betroffen werden.«[29]
Ein solches Ereignis regt das Denken des Kindes an und veranlaßt es
zu der Frage, woher die Kinder kommen.
Im folgenden Zitat bezeichnet Freud einen sehr wichtigen Punkt der
psychoanalytischen Theorie des Konflikts:
»Man übersieht an dieser Sachlage gewöhnlich den einen wesentlichen Punkt, daß der pathogene Konflikt der Neurotiker nicht mit
einem normalen Kampf seelischer Regungen, die auf demselben
psychologischen Boden stehen, zu verwechseln ist. Es ist ein Widerstreit zwischen Mächten, von denen die eine es zur Stufe des Vorbewußten und Bewußten gebracht hat, die andere auf der Stufe des
Unbewußten zurückgehalten worden ist. Darum kann der Konflikt
zu keinem Austrag gebracht werden; die Streitenden kommen so
wenig zueinander wie in dem bekannten Beispiel der Eisbär und der
Walfisch. Eine wirkliche Entscheidung kann erst fallen, wenn sich die
beiden auf demselben Boden treffen. Ich denke, dies zu ermöglichen,
ist die einzige Aufgabe der Therapie.«[30]
Er führt einen »neuen Faktor in das Gefüge der ätiologischen Verkettung« ein,
»nämlich die Quantität, die Größe der in Betracht kommenden
Energien; diesen Faktor müssen wir überall noch in Rechnung bringen. Mit rein qualitativer Analyse der ätiologischen Bedingungen
reichen wir nicht aus. Oder um es anders zu sagen, eine bloß *dynamische* Auffassung dieser seelischen Vorgänge ist ungenügend, es
bedarf noch des *ökonomischen* Gesichtspunktes. Wir müssen uns
sagen, daß der Konflikt zwischen zwei Strebungen nicht losbricht,
ehe nicht gewisse Besetzungsintensitäten erreicht sind, mögen auch
die inhaltlichen Bedingungen längst vorhanden sein.«[31]
»Das quantitative Moment zeigt sich aber als entscheidend für den
Konflikt; sobald die im Grunde anstößige Vorstellung sich über ein
gewisses Maß verstärkt, wird der Konflikt aktuell und gerade die
Aktivierung zieht die Verdrängung nach sich. Zunahme der Energiebesetzung wirkt also in Sachen der Verdrängung gleichsinnig wie
Annäherung an das Unbewußte, Abnahme derselben wie Entfernung davon oder Entstellung.«[32]

[29] Ibid., S. 174.
[30] (1916–17) *Vorlesungen zur Einführung in die Psychoanalyse*, G. W., Bd. 11, S. 449 f.
[31] Ibid., S. 389.
[32] (1915d) ›Die Verdrängung‹, G. W., Bd. 10, S. 254.

Ebenso wie eine Steigerung der Libidoquantität kann eine Schwächung des Ichs (latente) Neurosen zum Vorschein kommen lassen.[33]

Wir haben bisher hauptsächlich von Konflikten zwischen den verschiedenen Strukturen oder ihren Repräsentanzen gesprochen; es gibt jedoch noch eine andere Gruppe von Konflikten, die, wie Freud häufig gezeigt hat, eine wichtige Rolle für die endgültige Gestalt der Persönlichkeitsstruktur in normalen wie in pathologischen Fällen spielt. Wir meinen die Konflikte innerhalb eines Systems. Freud nahm hier widersprüchliche Tendenzen und Gegensatzpaare von Trieben an. Im Es können sie zusammen bestehen, sobald sie sich aber durch die Instanz der Ichstruktur auszudrücken suchen, werden der innere Widerspruch und der sich daraus ergebende Konflikt offenbar, insbesondere dann, wenn von den beiden Strebungen die eine ichgerecht ist und die andere nicht.

In den *Vorlesungen zur Einführung* heißt es:

»Es hat in einer ganzen Reihe von Fällen den Anschein, als ob es auch ein Konflikt zwischen verschiedenen, rein sexuellen Strebungen sein könnte; aber das ist im Grunde dasselbe, denn von den beiden im Konflikt befindlichen Sexualstrebungen ist immer die eine sozusagen ichgerecht, während die andere die Abwehr des Ichs herausfordert.«[34]

Ähnlich: »Von den beiden widerstreitenden Sexualregungen ist die eine ichgerecht, die andere beleidigt das narzißtische Interesse; sie verfällt darum der Verdrängung.«[35]

In *Das Ich und das Es* führt Freud aus, daß die aus der ursprünglichen Bisexualität resultierenden Konflikte für den Ödipuskomplex eine doppelte Rolle spielen, die positive und negative Aspekte enthält und den Ausgang der ödipalen Situation mitbestimmt:

».. . d. h. der Knabe hat nicht nur eine ambivalente Einstellung zum Vater und eine zärtliche Objektwahl für die Mutter, sondern er benimmt sich auch gleichzeitig wie ein Mädchen, er zeigt die zärtliche, feminine Einstellung zum Vater und die ihr entsprechende eifersüchtig-feindselige gegen die Mutter.«[36]

In ›Dostojewski und die Vatertötung‹ weist Freud auf die Bedeutung der aus der angeborenen Bisexualität resultierenden Konflikte hin. »Eine stark bisexuelle Anlage wird so zu einer der Bedingungen oder Bekräftigungen der Neurose.«[37]

In bezug auf Fälle von Paranoia hatte Freud bereits sehr viel früher bemerkt:

[33] (1912c) ›Über neurotische Erkrankungstypen‹, G. W., Bd. 8, S. 329.
[34] (1916–17) *Vorlesungen zur Einführung in die Psychoanalyse*, G. W., Bd. 11, S. 363.
[35] (1918b [1914]) ›Aus der Geschichte einer infantilen Neurose‹, G. W., Bd. 12, S. 145.
[36] (1923b) *Das Ich und das Es*, G. W., Bd. 13, S. 261.
[37] (1928b) ›Dostojewski und die Vatertötung‹, G. W., Bd. 14, S. 407.

»... wir sahen mit Überraschung, wie deutlich in all diesen Fällen die Abwehr des homosexuellen Wunsches im Mittelpunkte des Krankheitskonfliktes zu erkennen war, wie sie alle an der Bewältigung ihrer unbewußt verstärkten Homosexualität gescheitert waren.«[38]

Bei vielen Gelegenheiten macht Freud auf die Rolle der Ambivalenz aufmerksam, d. h. auf »das Zusammentreffen von Liebe und Haß gegen dasselbe Objekt, [das sich] an der Wurzel wichtiger Kulturbildungen« aufzeigen läßt.[39]

In den frühen Entwicklungsphasen herrscht immer Ambivalenz vor. »Dem Normalen und Erwachsenen gelingt es ohne Zweifel, beide Einstellungen voneinander zu sondern.« Aber: »Bei vielen Menschen bleibt dieser archaische Zug über das ganze Leben erhalten.«[40] (Vgl. Konzept *Ambivalenz*.)

An der Wurzel ambivalenter Gefühlseinstellungen sieht Freud den Konflikt der beiden Urtriebe, den »ewigen Kampf zwischen dem Eros und dem Destruktions- oder Todestrieb«.[41]

Es lassen sich noch eine Reihe anderer Typen gegensätzlicher Tendenzen im Menschen beobachten. So weist Freud z. B. häufig auf den Konflikt zwischen aktiven und passiven Tendenzen hin: »Es blieb in der Analyse kein Zweifel, daß diese passiven Strebungen gleichzeitig oder sehr bald nach den aktiv-sadistischen aufgetreten waren.«[42]

Ähnlich heißt es in bezug auf die Bisexualität:

»Es ist bekannt, daß es zu allen Zeiten Menschen gegeben hat und noch gibt, die Personen des gleichen wie des anderen Geschlechts zu ihren Sexualobjekten nehmen können, ohne daß die eine Richtung die andere beeinträchtigt. Wir heißen diese Leute Bisexuelle, nehmen ihre Existenz hin, ohne uns viel darüber zu verwundern. Wir haben aber gelernt, daß alle Menschen in diesem Sinne bisexuell sind, ihre Libido entweder in manifester oder in latenter Weise auf Objekte beider Geschlechter verteilen. Nur fällt uns folgendes dabei auf. Während im ersten Falle die beiden Richtungen sich ohne Anstoß miteinander vertragen haben, befinden sie sich im anderen und häufigeren Falle im Zustand eines unversöhnlichen Konflikts. Die Heterosexualität eines Mannes duldet keine Homosexualität, und ebenso ist es umgekehrt. Ist die erstere die stärkere, so gelingt es ihr, die letztere latent zu erhalten und von der Realbefriedigung

[38] (1911c) ›Psychoanalytische Bemerkungen über einen autobiographisch beschriebenen Fall von Paranoia‹, G. W., Bd. 8, S. 295 f.
[39] (1912–13) *Totem und Tabu*, G. W., Bd. 9, S. 189.
[40] (1913b) ›Über die weibliche Sexualität‹, G. W., Bd. 14, S. 528; vgl. a. (1930a) *Das Unbehagen in der Kultur*, G. W., Bd. 14, S. 493.
[41] (1930a) *Das Unbehagen in der Kultur*, G. W., Bd. 14, S. 492.
[42] (1918b [1914]) ›Aus der Geschichte einer infantilen Neurose‹, G. W., Bd. 12, S. 51.

abzudrängen; andererseits gibt es keine größere Gefahr für die heterosexuelle Funktion eines Mannes als die Störung durch die latente Homosexualität. Man könnte die Erklärung versuchen, daß eben nur ein bestimmter Betrag von Libido verfügbar ist, um den die beiden mit einander rivalisierenden Richtungen ringen müssen. Allein man sieht nicht ein, warum die Rivalen nicht regelmäßig den verfügbaren Betrag der Libido je nach ihrer relativen Stärke unter sich aufteilen, wenn sie es doch in manchen Fällen tun können. Man bekommt durchaus den Eindruck, als sei die Neigung zum Konflikt etwas Besonderes, was neu zur Situation hinzukommt, unabhängig von der Quantität der Libido. Eine solche unabhängig auftretende Konfliktneigung wird man kaum auf anderes zurückführen können als auf das Eingreifen eines Stückes von freier Aggression. Wenn man den hier erörterten Fall als Äußerung des Destruktions- oder Aggressionstriebs anerkennt, so erhebt sich sofort die Frage, ob man nicht dieselbe Auffassung auf andere Beispiele von Konflikt ausdehnen, ja ob man nicht überhaupt all unser Wissen vom psychischen Konflikt unter diesem neuen Gesichtspunkt revidieren soll.«[43]

Freud zieht dieselbe Erklärung heran, wenn er »die Erscheinungen des immanenten Masochismus so vieler Personen, der negativen therapeutischen Reaktion und des Schuldbewußtseins der Neurotiker« betrachtet. »Die Phänomene sind unverkennbare Hinweise auf das Vorhandensein« des Aggressions- oder Destruktionstriebes. »Nur das Zusammen- und Gegeneinanderwirken beider Urtriebe Eros und Todestrieb erklärt die Buntheit der Lebenserscheinungen, niemals einer von ihnen allein.«[44]

In ›Die endliche und die unendliche Analyse‹ diskutiert Freud die Möglichkeiten der Beeinflussung einer Konfliktsituation:

»Die Erwartungen der Optimisten [optimistischer Analytiker] setzen offenbar mancherlei voraus, was nicht grade selbstverständlich ist, erstens, daß es überhaupt möglich ist, einen Triebkonflikt (d. h. besser: einen Konflikt des Ichs mit einem Trieb) endgültig für alle Zeiten zu erledigen, zweitens, daß es gelingen kann, einen Menschen, während man ihn an dem einen Triebkonflikt behandelt, gegen alle anderen solcher Konfliktmöglichkeiten sozusagen zu impfen, drittens, daß man die Macht hat, einen solchen pathogenen Konflikt, der sich derzeit durch kein Anzeichen verrät, zum Zwecke der vorbeugenden Behandlung zu wecken, und daß man weise daran tut.«[45]

[43] (1937c) ›Die endliche und die unendliche Analyse‹, G. W., Bd. 16, S. 89 f.
[44] Ibid., S. 88 f.
[45] Ibid., S. 67.

Er meinte damals, es sei derzeit noch nicht möglich, diese Fragen zu beantworten. Gleichwohl glaubte er, daß hinsichtlich der ersten Frage ökonomische Überlegungen notwendig seien; bei einem zu hohen Maß an Triebstärke seien die Chancen für einen Erfolg der Analyse nicht allzu groß. Auf die zweite und dritte Frage hatte er eine konkrete Antwort:

>So sehr es den therapeutischen Ehrgeiz verlocken mag, sich derartige Aufgaben zu stellen, die Erfahrung hat nur eine glatte Abweisung bereit. Wenn der Triebkonflikt nicht aktuell ist, sich nicht äußert, kann man ihn auch durch die Analyse nicht beeinflussen.«[46]

Schließlich müssen wir uns den Zusammenhang zwischen Triebtheorie, den Modellen des seelischen Apparats und der Konflikttheorie klarmachen.

Die Triebtheorie und Freuds Modelle der Seele haben eine lange theoretische Entwicklung erfahren, die sich bis zu den endgültigen Formulierungen in *Jenseits des Lustprinzips* (1920) (Triebtheorie) und in *Das Ich und das Es* (1923) (seelischer Apparat) historisch verfolgen läßt.

Die Konflikttheorie wurde vor diesem ständig wechselnden Hintergrund entwickelt. Konflikte werden daher zu verschiedenen Zeiten in einem entsprechend wechselnden theoretischen Rahmen dargestellt.

Außerdem können Konflikte entweder auf der Basis der an ihnen beteiligten Triebe oder unter dem Gesichtspunkt der beteiligten Systeme oder Strukturen formuliert werden. Da zu verschiedenen Zeiten den verschiedenen Systemen oder Strukturen verschiedene Triebe und verschiedene Tendenzen zugeschrieben worden sind, unterscheiden sich diese beiden Betrachtungsweisen letztlich nicht sehr voneinander.

Wir haben oben mehrere Möglichkeiten von Triebkonflikten bezeichnet. An dieser Stelle ist es gut, sich zu erinnern, daß die Triebkonflikte dem jeweils erreichten Stadium in der Entwicklung der Triebtheorie gemäß zu verschiedenen Zeiten unterschiedlich dargestellt worden sind.

Zunächst hatte Freud die Sexual- und die Ichtriebe postuliert. Die Sexualtriebe wurden damals umfassender dargestellt und verstanden als die »Ichtriebe«, und der Konflikt wurde als einer zwischen zwei Triebgruppen dargestellt.[47]

>Die letzte Formel, welche die Psychoanalyse über das Wesen der Neurosen ergibt, lautet: Der Urkonflikt, aus welchem die Neurosen hervorgehen, ist der zwischen den das Ich [hier: das Selbst] erhaltenden und den sexuellen Trieben. Die Neurosen entsprechen einer

[46] Ibid., S. 75.
[47] (1910j) ›Die psychogene Sehstörung in psychoanalytischer Auffassung‹, G. W., Bd. 8, S. 97.

mehr oder weniger partiellen Überwältigung des Ich durch die Sexualität, nachdem dem Ich der Versuch zur Unterdrückung der Sexualität mißlungen ist.«[48]

»Zur Entstehung der Neurose bedarf es eines Konflikts zwischen den libidinösen Wünschen eines Menschen und jenem Anteil seines Wesens, den wir sein Ich heißen, der Ausdruck seiner Selbsterhaltungstriebe ist und seine Ideale von seinem eigenen Wesen einschließt.«[49]

Im nächsten Stadium seiner Triebtheorie erkannte Freud,

»daß auch ein Teil der ›Ichtriebe‹ libidinöser Natur ist, das eigene Ich zum Objekt genommen hat . . . Der Gegensatz zwischen Ich- und Sexualtrieben wandelte sich in den zwischen Ich- und Objekttrieben, beide libidinöser Natur.«[50]

Trotzdem hielt er an einem Unterschied zwischen Ichlibido (Interesse aus erotischen Quellen) und »Interesse im allgemeinen« oder »Ichinteresse« oder einfach »Interesse« fest.[51]

Auf der nächsten Entwicklungsstufe der Triebtheorie wurden die aggressiven Tendenzen den Ichtrieben zugeordnet.

»Der Haß . . . entspringt der uranfänglichen Ablehnung der reizspendenden Außenwelt von seiten des narzißtischen Ichs. Als Äußerung der durch Objekte hervorgerufenen Unlustreaktion bleibt er immer in inniger Beziehung zu den Trieben der Icherhaltung, so daß Ichtriebe und Sexualtriebe leicht in einen Gegensatz geraten können, der den von Hassen und Lieben wiederholt . . . Der Haß rührt zum Teil auch von den Ablehnungsreaktionen der Ichtriebe [her], die sich bei den häufigen Konflikten zwischen Ich- und Liebesinteressen auf reale und aktuelle Motive berufen können.«[52]

In der endgültigen Formulierung der Triebtheorie wurde der Gegensatz zwischen den libidinösen (Ich- und Objekt-)Trieben und anderen Trieben durch einen anderen Gegensatz ersetzt. »Die Spekulation wandelt diesen Gegensatz in den von Lebenstrieben (Eros) und von Todestrieben um.«[53]

Obwohl die »topische Theorie« erst 1915 in ›Das Unbewußte‹ explizit formuliert wurde, beruhte auch das frühere Modell der Seele, wie es in Kapitel VII der *Traumdeutung* beschrieben ist, auf räumlichen und topischen Annahmen.

»Mit der Aufnahme dieser (zwei oder drei) psychischen Systeme hat sich die Psychoanalyse einen Schritt weiter von der deskriptiven

[48] (1913j) ›Das Interesse an der Psychoanalyse‹, G. W., Bd. 8, S. 410.
[49] (1916d) ›Einige Charaktertypen aus der psychoanalytischen Arbeit‹, G. W., Bd. 10, S. 370.
[50] (1920g) *Jenseits des Lustprinzips*, G. W., Bd. 13, S. 66 Anm.
[51] (1914c) ›Zur Einführung des Narzißmus‹, G. W., Bd. 10, S. 146.
[52] (1915c) ›Triebe und Triebschicksale‹, G. W., Bd. 10, S. 231 f.
[53] (1920g) *Jenseits des Lustprinzips*, G. W., Bd. 13, S. 66 Anm.

Bewußtseinspsychologie entfernt, sich eine neue Fragestellung und einen neuen Inhalt beigelegt. Sie unterschied sich von der Psychologie bisher hauptsächlich durch die *dynamische* Auffassung der seelischen Vorgänge; nun kommt hinzu, daß sie auch die psychische *Topik* berücksichtigen und von einem beliebigen seelischen Akt angeben will, innerhalb welchen Systems oder zwischen welchen Systemen er sich abspielt. Wegen dieses Bestrebens hat sie auch den Namen einer *Tiefenpsychologie* erhalten.«[54]

Schon vor der Strukturtheorie von 1923 war sich Freud der Schwierigkeiten bewußt, den »Konflikt« im Rahmen der topischen Theorie darzustellen, und er hielt es für angemessener, das Spiel von Kräften und Konflikten zwischen den Systemen unter dem Gesichtspunkt des Gegensatzes zwischen dem Ich und dem Verdrängten zu beschreiben:

»Wir entgehen der Unklarheit, wenn wir nicht das Bewußte und das Unbewußte, sondern das zusammenhängende *Ich* und das *Verdrängte* in Gegensatz zueinander bringen. Vieles am Ich ist sicherlich selbst unbewußt, gerade das, was man den Kern des Ichs nennen darf; nur einen geringen Teil davon decken wir mit dem Namen des *Vorbewußten*.«[55]

»›Verdrängt‹ ist ein dynamischer Ausdruck, der auf das seelische Kräftespiel Rücksicht nimmt und besagt, es sei ein Bestreben vorhanden, alle psychischen Wirkungen, darunter auch die des Bewußtwerdens, zu äußern, aber auch eine Gegenkraft, ein Widerstand, der einen Teil dieser psychischen Wirkungen, darunter wieder das Bewußtwerden, zu verhindern vermöge.«[56]

»Ist das Verdrängte wieder der bewußten Seelentätigkeit zugeführt . . ., so kann der so entstandene psychische Konflikt, den der Kranke vermeiden wollte, unter der Leitung des Arztes einen besseren Ausgang finden, als ihn die Verdrängung bot . . . man erreicht seine [des pathogenen Wunsches] bewußte Beherrschung.«[57]

Als die topische Theorie durch die Strukturtheorie ersetzt worden war, war eine sehr viel bessere Charakterisierung und Darstellung der Konfliktsituation möglich:

»Die Folge . . . für die analytische Praxis ist, daß wir in unendlich viele Undeutlichkeiten und Schwierigkeiten geraten, wenn wir an unserer gewohnten Ausdrucksweise festhalten und zum Beispiel die Neurose auf einen Konflikt zwischen dem Bewußten und dem Unbewußten zurückführen wollen. Wir müssen für diesen Gegensatz aus unserer Einsicht in die strukturellen Verhältnisse des Seelenlebens

[54] (1915e) ›Das Unbewußte‹, G. W., Bd. 10, S. 272.
[55] (1920g) *Jenseits des Lustprinzips*, G. W., Bd. 13, S. 17 f.
[56] (1907a) *Der Wahn und die Träume in W. Jensens ›Gradiva‹*, G. W., Bd. 7, S. 74 f.
[57] (1910a [1909]) ›Über Psychoanalyse‹, G. W., Bd. 8, S. 25 f.

einen anderen einsetzen: den zwischen dem zusammenhängenden Ich und dem von ihm abgespaltenen Verdrängten.«[58]

In ›Neurose und Psychose‹ charakterisiert Freud die Natur des Konflikts folgendermaßen:

Es »ergab sich mir nun eine einfache Formel, welche die vielleicht wichtigste genetische Differenz zwischen Neurose und Psychose behandelt: *die Neurose sei der Erfolg eines Konflikts zwischen dem Ich und seinem Es, die Psychose aber der analoge Ausgang einer solchen Störung in den Beziehungen zwischen Ich und Außenwelt.*«[59]

In derselben Abhandlung:

»Die gemeinsame Ätiologie für den Ausbruch einer Psychoneurose oder Psychose bleibt immer die Versagung, die Nichterfüllung eines jener ewig unbezwungenen Kindheitswünsche ... Diese Versagung ist im letzten Grunde immer eine äußere; im einzelnen Fall kann sie von jener inneren Instanz (im Über-Ich) ausgehen, welche die Vertretung der Realitätsforderung übernommen hat. Der pathogene Effekt hängt nun davon ab, ob das Ich in solcher Konfliktspannung seiner Abhängigkeit von der Außenwelt treu bleibt und das Es zu knebeln versucht, oder ob es sich vom Es überwältigen und damit von der Realität losreißen läßt.« Einige Zeilen weiter: »Das Verhalten des Über-Ichs wäre, was bisher nicht geschehen ist, bei allen Formen psychischer Erkrankung in Betracht zu ziehen.« Und: »Die Übertragungsneurose entspricht dem Konflikt zwischen Ich und Es, die narzißtische Neurose dem zwischen Ich und Über-Ich, die Psychose dem zwischen Ich und Außenwelt.«[60]

In das *Ich und das Es* und in der *Neuen Folge der Vorlesungen* charakterisiert Freud die schwierige Situation des Ichs, das gleichzeitig drei Herren dienen muß (dem Es, dem Überich und der Außenwelt). Daher kann es leicht in drei Richtungen in Konflikte geraten.[61] Dazu bemerkt Freud in ›Neurose und Psychose‹:

»Die Behauptung, daß Neurosen und Psychosen durch die Konflikte des Ichs mit seinen verschiedenen herrschenden Instanzen entstehen, also einem Fehlschlagen in der Funktion des Ichs entsprechen, das doch das Bemühen zeigt, all die verschiedenen Ansprüche miteinander zu versöhnen, fordert eine andere Erörterung zu ihrer Ergänzung heraus. Man möchte wissen, unter welchen Umständen und durch welche Mittel es dem Ich gelingt, aus solchen gewiß immer vorhandenen Konflikten ohne Erkrankung zu entkommen.«[62]

[58] (1923b) *Das Ich und das Es,* G. W., Bd. 13, S. 244.
[59] (1924b) ›Neurose und Psychose‹, G. W., Bd. 13, S. 387.
[60] Ibid., S. 390.
[61] (1933a) *Neue Folge der Vorlesungen zur Einführung in die Psychoanalyse,* G. W., Bd. 15, S. 84; vgl. a. (1923b) *Das Ich und das Es,* G. W., Bd. 13, S. 286.
[62] (1924b) ›Neurose und Psychose‹, G. W., Bd. 13, S. 391.

9
Fixierung

Definition

»Fixierung« bedeutet die Bindung eines Teils der Libido oder Aggression an bestimmte Zonen, Umstände oder Modi der Befriedigung oder an Objekte, so daß der fixierte Triebanteil nicht mehr frei beweglich ist.

Das folgende Zitat gibt eine allgemeine Erklärung der Fixierung. (Freud bezieht sich hier auf den von Jung eingeführten Terminus »psychische Trägheit«):

> »... eine eigentümliche psychische Trägheit, die sich der Veränderung und dem Fortschritt widersetzt, [ist] die Grundbedingung der Neurose ... Spürt man dem Ausgangspunkte dieser speziellen Trägheit nach, so enthüllt sie sich als die Äußerung von sehr frühzeitig erfolgten, sehr schwer lösbaren Verknüpfungen von Trieben mit Eindrücken und den in ihnen gegebenen Objekten, durch welche die Weiterentwicklung dieser Triebanteile zum Stillstand gebracht wurde. Oder, um es anders zu sagen, diese spezialisierte, ›psychische Trägheit‹ ist nur ein anderer, kaum ein besserer, Ausdruck für das, was wir in der Psychoanalyse eine *Fixierung* zu nennen gewohnt sind.«[1]

Es ist wichtig festzuhalten, daß das Konzept der Fixierung im Kontext der Libidotheorie entwickelt wurde – vor der Einführung eines Aggressionstriebes. Die klinischen Implikationen der Fixierung wurden deshalb ausschließlich in der Perspektive der Libidotheorie ausgearbeitet; einen Bezug zur Aggression gibt es nur insofern, als der »Sadismus« ein Element der Oral- und Analphase ist. Bis heute ist noch keine der Libidotheorie entsprechende Phasentheorie der Aggression entwickelt worden; wir versuchen deshalb nicht, die Fixierungsstellen des Aggressionstriebes mit derselben Genauigkeit zu kennzeichnen wie die der Libido.

Daß die Libido sich fixieren kann, sah Freud im Einklang mit der Grundannahme der allgemeinen Pathologie, daß alle biologischen Prozesse Entwicklungshemmungen unterliegen können.[2] Ein gewisses Maß an Fixierung im Verlauf der normalen Entwicklung der Libido scheint unvermeidlich zu sein.

---

[1] (1915f) ›Mitteilung eines der psychoanalytischen Theorie widersprechenden Falles von Paranoia‹, G. W., Bd. 10, S. 245 f.
[2] (1916–17) *Vorlesungen zur Einführung in die Psychoanalyse*, G. W., Bd. 11, S. 351.

Bis 1905 – und gelegentlich auch noch später – wird »fixiert« gewöhnlich im Sinne des allgemeinen Gebrauchs des Adjektives »fixiert« verwendet. Etwas ist »fixiert« oder hat eine »Fixierung« erfahren, wenn es dauerhaft eine eindeutige Form angenommen hat. So spricht Freud von der »Fixierung« eines Symptoms[3] oder von der »Fixierung« einer Zwangshandlung.[4]

Die erste Verwendung des Terminus findet sich, wie Kris bemerkt hat, in den Briefen an Fließ.[5] Von 1905 an wird »Fixierung« im oben definierten speziellen Sinne gebraucht.

Formen der Fixierung

Das Konzept der Fixierung ist auf einen weiten Bereich unterschiedlicher klinischer Phänomene angewandt worden. Freud hat verschiedene Typen der Fixierung beschrieben:

(1) Fixierung eines Partialtriebes;

(2) Fixierung der Libido auf einer prägenitalen Organisationsstufe;

(3) Fixierung an ein Objekt oder an einen Typus der Objektwahl;

(4) Fixierung an ein traumatisches Erlebnis (wie in den traumatischen Neurosen).[6]

(1) Fixierung *eines Partialtriebes* heißt, daß ein Partialtrieb der infantilen Sexualität in seiner Entwicklung aufgehalten und vom Hauptstrom der Libidoentwicklung abgetrennt worden ist. Er ordnet sich daher nicht der genitalen Sexualität unter (in diesem Normalfall könnte er zur sexuellen Vorlust beitragen), sondern sucht weiter nach unabhängiger Befriedigung[7], wie es z. B. bei den Perversen der Fall ist, wo nicht der Koitus, sondern die Befriedigung eines Partialtriebes erstrebt wird.[8]

(2) Fixierung *auf einer Stufe der prägenitalen Sexualität* heißt, daß ein Teil der Libido, dem es nicht gelungen ist, zur nächsten Entwicklungsstufe fortzuschreiten, weiterhin unabhängig nach den für die betreffende Stufe (orale, anale oder phallisch-ödipale) charakteristischen Befrie-

---

[3] (1893h) ›Über den psychischen Mechanismus hysterischer Phänome‹, in: Sigmund Freud, *Studienausgabe in zehn Bänden*, Bd. 6, S. 18.

[4] (1896b) ›Weitere Bemerkungen über die Abwehr-Neuropsychosen‹, G. W., Bd. 1, S. 391.

[5] (1950a [1887–1902]) *Aus den Anfängen der Psychoanalyse*, op. cit., S. 169–172, Brief 61 v. 2. 5. 1897 u. Manuskript L.

[6] (1916–17) *Vorlesungen zur Einführung in die Psychoanalyse*, G. W., Bd. 11, S. 282 f.

[7] Ibid., S. 352.

[8] (1905d) *Drei Abhandlungen zur Sexualtheorie*, G. W., Bd. 5, S. 92.

digungen (Zielen) sucht. So bedeutet eine anal-sadistische Fixierung, daß ein bestimmter Anteil der analsadistischen Regungen, während die übrige Libido zur phallischen Phase fortschreitet, seine Stärke behält, wie es sich z. B. an jenen älteren Kindern beobachten läßt, die zwanghaft kleine Tiere quälen.[9]

(3) »Eine besonders innige Bindung des Triebes an das Objekt wird als *Fixierung* desselben hervorgehoben.«[10] Während Freud, wie z. B. in seinen Erörterungen über das Phänomen der Trauer, von der »Fixierung« an ein Liebesobjekt in bezug auf das Erwachsenenalter sprach, bezog er das Konzept der Fixierung an ein Objekt in der Regel auf die Objekte der Kindheit. Freud hat sich hauptsächlich mit der Fixierung an die »inzestuösen Objekte« des Ödipuskomplexes beschäftigt. Doch nahm er an, daß Fixierungen an Objekte in jeder Phase der präödipalen und ödipalen Beziehungen des Kindes stattfinden können. Solche Fixierungen bedeuten, daß weniger Libido zu der nächsten Entwicklungsphase entsprechenden Objektbeziehung fortschreiten kann. Z. B. kann ein kleines Mädchen so stark an seine Mutter als ein präödipales und negativ ödipales Objekt fixiert sein, daß es nur eine sehr schwache positive ödipale Beziehung zum Vater herstellt.[11]

Die allgemeinste klinische Folge von Fixierungen an prägenitale Objekte ist ihr Einfluß auf den Typus der Wahl des Liebesobjekts und auf den Typus der im Erwachsenenalter gesuchten Objektbeziehung. In den *Drei Abhandlungen* beschreibt Freud die Aufgabe der Pubertät als die Ablösung der Libido von den ödipalen Objekten. Eine gewisse Fixierung an das »inzestuöse Objekt« sei auch in der normalen Objektwahl vorhanden.[12]

Geschichte des Konzepts

Als ein Konzept taucht Fixierung im Kontext der Theorie der Libidoentwicklung auf, wie sie 1905 in den *Drei Abhandlungen* dargelegt wird.

»Jeder Schritt auf diesem langen Entwicklungswege kann zur Fixierungsstelle, jede Fuge dieser verwickelten Zusammensetzung zum Anlaß der Dissoziation des Geschlechtstriebes werden.«[13]

Die Rolle der Fixierung an das ödipale Objekt in der Hysterie wurde zuerst am Beispiel des Falles *Dora* aufgezeigt.[14]

[9] Ibid., S. 94.
[10] (1915c) ›Triebe und Triebschicksale‹, G. W., Bd. 10, S. 215.
[11] (1913b) ›Über weibliche Sexualität‹, G. W., Bd. 14, S. 519.
[12] (1905d) *Drei Abhandlungen zur Sexualtheorie*, G. W., Bd. 5, S. 129.
[13] Ibid., S. 137.
[14] (1905e [1901]) ›Bruchstück einer Hysterie-Analyse‹, G. W., Bd. 5.

Welche Rolle die Fixierung in der Ätiologie der Neurose spielt, geht aus der Abhandlung ›Über neurotische Erkrankungstypen‹[15] hervor. Die Annahme, daß die Wahl der Neurose von der Lage der Fixierungsstelle abhänge, wurde zuerst in ›Die Disposition zur Zwangsneurose‹ aufgestellt.[16]
Diese Formulierung über die Frage der Neurosenwahl hatte eine lange Vorgeschichte in Freuds Denken.

Ursachen der Fixierung

Eine Fixierung tritt dann ein, wenn ein Partialtrieb, eine erogene Zone, eine Phase der Libidoentwicklung oder eine Objektbeziehung Quelle intensiver – befriedigender oder schmerzlicher – libidinöser Erlebnisse gewesen ist. Solche intensiven Erlebnisse sind eine Folge der Wechselwirkung zwischen infantiler Sexualkonstitution und Umwelteinflüssen (Verführung, Überbefriedigung oder Versagung). In bezug auf die Stärke der verschiedenen Triebkomponenten postulierte Freud konstitutionelle Variationen: Wo die konstitutionelle Stärke eines Triebes groß ist, wird ein geringeres Maß an Umweltreizung Fixierungen bewirken.[17] Aus diesem Grunde hängt die Wirkung bestimmter Geschehnisse auf ein Kind von der Entwicklungsphase ab, in der sie stattfinden, sowie davon, ob sie auf eine Strebung treffen, die auf dem Höhepunkt ihrer Stärke, im Entstehen oder im Schwinden begriffen ist.

Klinische Anwendungen

Fixierung in der Ätiologie der Neurose

Die Fixierung ist ein wichtiger Faktor in der Ergänzungsreihe der Ursachen, die zu einer Neurose führen. »Die Libidofixierung [repräsentiert] den disponierenden, internen, die Versagung den akzidentellen, externen Faktor der Neurosenätiologie.«[18] Eine Neurose entsteht, wenn die Libido auf die Fixierungsstellen regrediert und dadurch die fixierten Strebungen der infantilen Sexualität verstärkt, die dann mit

---

[15] (1912c) ›Über neurotische Erkrankungstypen‹, G. W., Bd. 8.
[16] (1913j) ›Die Disposition zur Zwangsneurose‹, G. W., Bd. 8.
[17] (1905d) *Drei Abhandlungen zur Sexualtheorie*, G. W., Bd. 5, S. 113 u. 144; vgl. a. (1916–17) *Vorlesungen zur Einführung in die Psychoanalyse*, G. W., Bd. 11, S. 378.
[18] (1916–17) *Vorlesungen zur Einführung in die Psychoanalyse*, G. W., Bd. 11, S. 359.

dem Ich in Konflikt geraten. Je stärker die Libido auf prägenitalen Stufen fixiert ist, desto schwächer ist die genitale Libido.

»Je stärker die Fixierungen auf dem Entwicklungsweg, desto eher wird die Funktion den äußeren Schwierigkeiten durch Regression bis zu jenen Fixierungen ausweichen.«[19]

Fixierungsstellen und Neurosenwahl

Die Wahl der Neurose hängt von der Natur der Fixierungsstelle ab, auf welche die Libido regrediert, nicht von der Natur des auslösenden Konflikts oder der auslösenden Versagung; denn, wie wir oben gesehen haben, ist das, was die neurotische Symptombildung erzwingt, die neu besetzte infantile Sexualität der betreffenden Fixierungsstelle. Die in einer Neurose abgewehrten Strebungen und Phantasien unterscheiden sich in ihrem Inhalt daher danach, auf welche Entwicklungsstufe regrediert wird. Außerdem entspricht der Typus von Abwehrmechanismen, der mobilisiert wird, dem Typus der abzuwehrenden Strebung. Deshalb ist auch die Form der Symptomatologie teilweise durch die Fixierungsstellen determiniert.[20]

Freud hat die Fixierungsstellen der verschiedenen Neurosen wie folgt charakterisiert:

Hysterie. Die Fixierungsstelle liegt in der phallisch ödipalen Phase. Freud hat die Hysterie zunächst allein unter dem Gesichtspunkt der Fixierung an ein Objekt (an das »inzestuöse Objekt«) charakterisiert und keine Fixierung an eine Phase in Betracht gezogen.[21] Nachdem er sich jedoch zur Einführung der phallischen Phase als einer gesonderten und prägenitalen veranlaßt gesehen hatte, änderte er diese Ansicht und nahm eine enge Beziehung der Hysterie »zur letzten Phase der Libidoentwicklung [an], die durch den Primat der Genitalien und die Einführung der Fortpflanzungsfunktion ausgezeichnet ist. Dieser Erwerb unterliegt in der hysterischen Neurose der Verdrängung, mit welcher eine Regression auf eine prägenitale Stufe nicht verbunden ist.« Doch gibt es in der Hysterie auch eine Regression auf ein früheres Niveau: Frauen regredieren in der hysterischen Neurose gewöhnlich auf die phallische, die klitorale Sexualität.[22]

Zwangsneurose. Die Fixierungsstelle liegt in der analsadistischen Phase. Dies erklärt die für die Zwangsneurose charakteristischen Ambi-

[19] Ibid., S. 353.
[20] (1913i) ›Die Disposition zur Zwangsneurose‹, G. W., Bd. 8.
[21] (1916–17) *Vorlesungen zur Einführung in die Psychoanalyse*, G. W., Bd. 11, S. 356.
[22] (1913i) ›Die Disposition zur Zwangsneurose‹, G. W., Bd. 8, S. 452.

valenzkonflikte.[23] 1913 vermutete Freud bereits, »daß ein zeitliches Voraneilen der Ichentwicklung vor der Libidoentwicklung in die Disposition zur Zwangsneurose einzutragen ist«, da eine solche Voreiligkeit eine Fixierung an die analsadistischen Strebungen begünstige.[24] Im Verlauf einer Krankheit kann die Libido von späteren Fixierungsstellen auf frühere regredieren, was eine entsprechende Veränderung in der Symptomatologie nach sich zieht. In ›Die Disposition zur Zwangsneurose‹ stellt Freud einen Fall dar, in dem eine Regression von der Hysterie zur Zwangsneurose stattgefunden hatte.[25] Mehrfache Fixierungsstellen können zu einer vermischten Symptomatologie führen.

Die Psychosen. Freud hat die Psychosen als Folge einer Regression der Libido auf Fixierungsstellen vor der Stufe der Objektwahl – d. h. in der Phase des Autoerotismus und Narzißmus – charakterisiert.[26] Es könne allerdings auch eine Ichregression beteiligt sein.[27]

Paranoia. Die Fixierungsstelle liegt in der Phase des Narzißmus, auf die regrediert wird.[28] *Schizophrenie* (oder Dementia praecox) –: »Die disponierende Fixierung muß weiter zurückliegen als die der Paranoia, im Beginn der Entwicklung, die vom Autoerotismus zur Objektliebe strebt, enthalten sein.«[29]

Melancholie. Im Gegensatz zur normalen Trauer ist in der Melancholie die Identifizierung des Ichs mit dem verlorenen Objekt vollständig; die Objektbesetzungen werden vollständig aufgegeben.
Zu den Voraussetzungen eines solchen Prozesses sagt Freud:
»Es muß einerseits eine starke Fixierung an das Liebesobjekt vorhanden sein, andererseits aber im Widerspruch dazu eine geringe Resistenz der Objektbesetzung. Dieser Widerspruch scheint nach einer treffenden Bemerkung von O. Rank zu fordern, daß die Objektwahl auf narzißtischer Grundlage erfolgt sei, so daß die Objektbesetzung, wenn sich Schwierigkeiten gegen sie erheben, auf den Narzißmus regredieren kann.«[30]
»Wo die Disposition zur Zwangsneurose vorhanden ist, verleiht der

[23] Ibid., S. 448.
[24] Ibid., S. 451.
[25] Ibid., S. 445 f.
[26] Ibid., S. 444.
[27] (1911c) ›Psychoanalytische Bemerkungen über einen autobiographisch beschriebenen Fall von Paranoia‹, G. W., Bd. 8, S. 312.
[28] (1917e [1915]) ›Trauer und Melancholie‹, G. W., Bd. 10, S. 436.
[29] (1911c) ›Über einen autobiographisch beschriebenen Fall von Paranoia‹, G. W., Bd. 8, S. 314.
[30] (1917e [1915]) ›Trauer und Melancholie‹, G. W., Bd. 10, S. 435 f.

Ambivalenzkonflikt der Trauer eine pathologische Gestaltung und zwingt sie, sich in der Form von Selbstvorwürfen ... zu äußern ... Dieser Ambivalenzkonflikt, bald mehr realer, bald mehr konstitutiver Herkunft, ist unter den Voraussetzungen der Melancholie nicht zu vernachlässigen.«[31]
Nach Abrahams Arbeit über die orale Phase (1929) bezeichnete Freud die oralsadistische Phase als die Fixierungsstelle der Melancholie.[32]

Die Beziehung zwischen Fixierung und Perversionen, Neurosen und Charakterbildung

Die Weise, in der prägenitale Fixierungen sich in der erwachsenen Persönlichkeit manifestieren, hängt von der Einstellung des Ichs gegen die Fixierung ab. Dieselbe prägenitale Fixierung kann als Ursache einer Perversion, eines neurotischen Symptoms oder eines Charakterzugs wirken.

Eine Perversion entsteht, wenn das Ich einer prägenitalen Strebung direkte Befriedigung gestattet. Dies kann der Fall sein, weil der Genitalprimat nicht erreicht worden ist[33] oder wenn die Fixierungen durch Regression verstärkt werden:

»Nun scheidet sich der Weg zur Perversion scharf von dem der Neurose. Erwecken diese Regressionen nicht den Widerspruch des Ichs, so kommt es auch nicht zur Neurose, und die Libido gelangt zu irgendeiner realen, wenn auch nicht mehr normalen Befriedigung.«[34]

Bei manchen Perversionen, namentlich beim Fetischismus, in dem das weibliche Genitale durch ein anderes Objekt ersetzt wird, findet Freud, daß das Ich die Perversion nachsieht, weil der Fetisch als ein Mittel zur Abwehr von Kastrationsängsten dient, d. h., im Gebrauch des Fetischs repräsentiert sich eine Verleugnung der Realität der »Kastration« der Frauen.[35]

Eine *Neurose* entwickelt sich, wenn das Ich mit der prägenitalen Fixierung im Konflikt liegt. Ursprünglich war diese Fixierung verdrängt worden. Mit der Regression auf die Fixierungsstelle geht eine »Wiederkehr des Verdrängten« einher; die verstärkten Strebungen der Fixierung versuchen, einen Ausdruck im Bewußtsein zu finden. Stößt

[31] Ibid., S. 437 f.
[32] (1933a) *Neue Folge der Vorlesungen zur Einführung in die Psychoanalyse,* G. W., Bd. 15, S. 106.
[33] (1905d) *Drei Abhandlungen zur Sexualtheorie,* G. W., Bd. 5, S. 140.
[34] (1916–17) *Vorlesungen zur Einführung in die Psychoanalyse,* G. W., Bd. 11, S. 373.
[35] (1940e [1938]) ›Die Ichspaltung im Abwehrvorgang‹, G. W., Bd. 17, S. 61; vgl. (1927e) ›Fetischismus‹, G. W., Bd. 14.

dieser Versuch auf den Widerstand des Ichs, kommt es zur Symptombildung.[36]

Charakterzüge. Mit den Charakterzügen hat das Ich eine stabile Abwehr gegen prägenitale Fixierungen oder eine Form der sublimierten Verwendung dieser Fixierungen errichtet. Charakterzüge werden im Normalfall in der Kindheit entwickelt. Infolge einer Regression – wie z. B. in der Menopause – kann es zu einer »Charakterverwandlung« kommen.[37]

> »Was wir den ›Charakter‹ eines Menschen heißen, ist zum guten Teil mit dem Material sexueller Erregungen aufgebaut und setzt sich aus seit der Kindheit fixierten Trieben, aus durch Sublimierung gewonnenen und aus solchen Konstruktionen zusammen, die zur wirksamen Niederhaltung perverser, als unverwendbar erkannter Regungen bestimmt sind.«[38]

> »Die bleibenden Charakterzüge sind entweder unveränderte Fortsetzungen der ursprünglichen Triebe, Sublimierungen derselben oder Reaktionsbildungen gegen dieselben.«[39]

Nehmen wir einen Partialtrieb, die Schaulust, als Beispiel. Freud stellt dar, wie die Schaulust zur normalen Sexualität beitragen kann, wie sie zur Quelle von Sublimierungen (Interesse an Kunst) oder zur Ursache einer Perversion (Voyeurismus)[40] oder eines neurotischen Symptoms werden kann:

> »Nach eingetretener Verdrängung dieser Neigungen bleibt die Neugierde, fremde Genitalien . . . zu sehen, als quälender Drang bestehen, der bei manchen neurotischen Fällen dann die stärkste Triebkraft für die Symptombildung abgibt.«[41]

Fixierung an ein Objekt und Typen der Objektwahl

In den *Drei Abhandlungen* zeigt Freud auf, wie die Fixierung an das ödipale Objekt in Fällen von Hysterie pathogen wird: das erwachsene Sexualleben wird scharf abgelehnt, weil die unbewußte inzestuöse Bedeutung aller möglichen Objekte sie mit dem »Inzesttabu« in Konflikt bringt.[42]

[36] (1911c) ›Psychoanalytische Bemerkungen über einen autobiographisch beschriebenen Fall von Paranoia‹, G. W., Bd. 8, S. 304 f.
[37] (1913i) ›Die Disposition zur Zwangsneurose‹, G. W., Bd. 8, S. 450.
[38] (1905d) *Drei Abhandlungen zur Sexualtheorie*, G. W., Bd. 5, S. 140 f.
[39] (1908b) ›Charakter und Analerotik‹, G. W., Bd. 7, S. 209.
[40] (1905d) *Drei Abhandlungen zur Sexualtheorie*, G. W., Bd. 5, S. 55.
[41] Ibid., S. 93.
[42] Ibid., S. 126 f.

In seinen Beiträgen zur Psychologie des Liebeslebens[43] nahm Freud dieses Thema wieder auf. Er beschreibt dort auf der Wiederbelebung von Aspekten der ödipalen Situation beruhende Typen der Objektwahl. Ein weiteres Beispiel findet sich in ›Die am Erfolge scheitern‹.[44]

[43] (1910h) »Über einen besonderen Typus der Objektwahl beim Manne«, G. W., Bd. 8; (1912d) ›Über die allgemeinste Erniedrigung des Liebeslebens‹, G. W., Bd. 8; (1918a) ›Das Tabu der Virginität‹, G. W., Bd. 12.
[44] (1916d) ›Einige Charaktertypen aus der psychoanalytischen Arbeit‹, G. W., Bd. 10, S. 370–389.

10
Regression

Der Terminus »Regression« beschreibt die Rückkehr der vor mächtigen Hindernissen ausweichenden Triebe zu fixen Brennpunkten ihrer Vergangenheit. (Freud hat das Konzept der Regression hauptsächlich in Beziehung auf die Libidotheorie entwickelt, aber es läßt sich auch auf die Aggressionstriebe anwenden.) Er wird, wie Freud hervorhebt, in einem rein deskriptiven Sinne gebraucht.

»Wir können die Libidoregression auch nicht einen rein psychischen Vorgang heißen und wissen nicht, welche Lokalisation im seelischen Apparat wir ihr anweisen sollen. Wenn sie auch den stärksten Einfluß auf das seelische Leben ausübt, so ist doch der organische Faktor an ihr der hervorragendste.«[1]

Freud vergleicht diesen Prozeß mit einem durch feindliches Gebiet ziehenden Volk, das »starke Abteilungen an den Stationen seiner Wanderung zurückgelassen hat«.[2] Je größer die Anzahl der Zurückgelassenen, desto schwächer werden die weiter Vorrückenden sein und desto eher werden sie in die Gefahr der Niederlage kommen. Und in einer Situation aktueller oder drohender Niederlage werden die am weitesten Vorgerückten sich natürlich zu den zurückgelassenen starken Stationen zurückziehen. Ähnlich wird angesichts von Hindernissen eine Regression um so eher stattfinden, je stärker die Fixierung ist.

Verschiedene Verwendungsweisen des Terminus

Regression kann sich auf eine Regression zu bestimmten Objekten oder Typen der Objektbeziehung oder auf topische, zeitliche oder formale Regression – Formen, die im Hinblick auf Regression in Träumen unterschieden werden – beziehen. Außerdem wird der Terminus nicht nur zur Beschreibung libidinöser Regressionen (in Neurosen und Psychosen) gebraucht, sondern auch zur Beschreibung von Regressionen des Ichs (in den Psychosen).

---

[1] (1916–17) *Vorlesungen zur Einführung in die Psychoanalyse*, G. W., Bd. 11, S. 355.
[2] Ibid., S. 353.

Historische Entwicklung

Freud verglich seine Studien über Fixierung und Regression mit einer wissenschaftlichen Arbeit, die er als einundzwanzigjähriger Student unter der Leitung v. Brückes ausgeführt hatte und die sich »mit dem Ursprung der hinteren Nervenwurzeln im Rückenmark eines kleinen, noch sehr archaisch gebildeten Fisches« beschäftigte. Sie bildete die Grundlage seiner ersten Veröffentlichungen (1877/78). Er hatte gefunden, daß die Ganglienzellen »aus dem Rückenmark in die Wurzelstrecke der Nerven gewandert sind«, wobei eine Reihe dieser Zellen auf dem Weg zurückgeblieben waren. Dies half ihm, die Möglichkeit zu erkennen, daß einzelne Anteile jeder einzelnen Sexualstrebung auf einer frühen Entwicklungsstufe zurückbleiben können, »wenngleich andere Anteile das Endziel erreicht haben mögen«. Das Verbleiben einer Partialstrebung auf einer frühen Stufe nennt er eine *Fixierung*. Eine *Regression* liegt vor, wenn Anteile von Partialstrebungen den einmal gegangenen Weg der stufenweisen Entwicklung wieder zurückgehen – gewöhnlich, wenn ihr weiterer Fortschritt von äußeren Hindernissen aufgehalten wird.[3] Als Freuds Interessengebiet sich in den folgenden Jahren erweiterte, beschäftigte er sich nur flüchtig mit regressiven Prozessen. 1897 stellte er die Regression dann zum erstenmal in den Mittelpunkt seiner dynamischen Erklärung der Neurosen. Er tat dies in einem Brief an Fließ, in dem er seine »Entdeckung« der Entwicklung der Libido einführte.[4] Drei Jahre später unterschied er zwischen *topischer, zeitlicher* und *formaler* Regression. Doch: »Alle drei Arten von Regression sind aber im Grunde eines und treffen in den meisten Fällen zusammen.«[5]

Die Regression ist

(a) eine topische im Hinblick auf das von Freud entwickelte Schema der psychischen Systeme;

(b) eine zeitliche, »insofern es sich um ein Rückgreifen auf ältere psychische Bildungen handelt«;

(c) eine formale, »wenn primitive Ausdrucks- und Darstellungsweisen die gewohnten ersetzen«.

Freud charakterisierte die Bedeutung der Regression im Traume so:

»Das Träumen [ist] im ganzen ein Stück Regression zu den frühesten Verhältnissen des Träumers, ein Wiederbeleben seiner Kindheit, der in ihr herrschend gewesenen Triebregungen und verfügbar gewesenen Ausdrucksweisen. Hinter dieser individuellen Kindheit wird uns dann ein Einblick in die phylogenetische Kindheit, in die

---

[3] Ibid., S. 352 f.
[4] (1950a [1887–1902]) *Aus den Anfängen der Psychoanalyse,* op. cit., S. 199 Anm.
[5] (1900a) *Die Traumdeutung,* G. W., Bd. 2/3, S. 554.

Entwicklung des Menschengeschlechts, versprochen, von der die des einzelnen tatsächlich eine abgekürzte, durch die zufälligen Lebensumstände beeinflußte Wiederholung ist. Wir ahnen, wie treffend die Worte Fr. *Nietzsches* sind, daß sich im Traume ›ein uraltes Stück Menschtum fortübt, zu dem man auf direktem Wege kaum mehr gelangen kann‹, und werden zur Erwartung veranlaßt, durch die Analyse der Träume zur Kenntnis der archaischen Erbschaft des Menschen zu kommen, das seelisch Angeborene in ihm zu erkennen. Es scheint, daß Traum und Neurose uns mehr von den seelischen Altertümern bewahrt haben, als wir vermuten konnten, so daß die Psychoanalyse einen hohen Rang unter den Wissenschaften beanspruchen darf, die sich bemühen, die ältesten und dunkelsten Phasen des Menschheitsbeginnes zu rekonstruieren.«[6]

Das Konzept wurde weiterentwickelt, als Freud – 1909 – nach der Rolle der Regression bei der Symptombildung fragte:

»Die Flucht aus der unbefriedigenden Wirklichkeit in das, was wir wegen seiner biologischen Schädlichkeit Krankheit nennen, was aber niemals ohne einen unmittelbaren Lustgewinn für den Kranken ist, vollzieht sich auf dem Wege der Rückbildung *(Regression)*, der Rückkehr zu früheren Phasen des Sexuallebens, denen seinerzeit die Befriedigung nicht abgegangen ist.«[7]

1916 unterschied Freud

»Rückkehr zu den ersten von der Libido besetzten Objekten, die bekanntlich inzestuöser Natur sind, und Rückkehr der gesamten Sexualorganisation zu früheren Stufen. Beide kommen bei den Übertragungsneurosen vor und spielen in deren Mechanismus eine große Rolle. Besonders die Rückkehr zu den ersten inzestuösen Objekten der Libido ist ein Zug, der sich bei den Neurotikern mit geradezu ermüdender Regelmäßigkeit findet. Weit mehr läßt sich über die Regressionen der Libido sagen, wenn man eine andere Gruppe der Neurosen, die sogenannten narzißtischen, mit heranzieht ... Diese Affektionen geben uns Aufschluß über noch andere, bisher nicht erwähnte Entwicklungsvorgänge der Libidofunktion und zeigen uns dementsprechend auch neue Arten der Regression.«[8]

In ›Zur Geschichte der psychoanalytischen Bewegung‹ berichtet Freud, wie die »Entdeckung« des psychischen Prozesses, den er später Regression nannte, die Entwicklung der psychoanalytischen Technik veränderte. Gegen Ende des neunzehnten Jahrhunderts hatten Breuer und er in bestimmten Fällen die kathartische Methode angewandt.

»Wir lenkten die Aufmerksamkeit des Kranken direkt auf die trau-

6 Ibid., S. 554.
7 (1910a [1909]) ›Über Psychoanalyse‹, G. W., Bd. 8, S. 52 f.
8 (1916–17) *Vorlesungen zur Einführung in die Psychoanalyse*, G. W., Bd. 11, S. 354.

matische Szene, in welcher das Symptom entstanden war, suchten in dieser den psychischen Konflikt zu erraten und den unterdrückten Affekt frei zu machen. Dabei entdeckten wir den für die psychischen Prozesse bei den Neurosen charakteristischen Vorgang, den ich später *Regression* genannt habe. Die Assoziation des Kranken ging von der Szene, die man aufklären wollte, auf frühere Erlebnisse zurück und nötigte die Analyse, welche die Gegenwart korrigieren sollte, sich mit der Vergangenheit zu beschäftigen. Diese Regression führte immer weiter nach rückwärts, zuerst schien es, regelmäßig bis in die Zeit der Pubertät, dann lockten Mißerfolge wie Lücken des Verständnisses die analytische Arbeit in die dahinterliegenden Jahre der Kindheit, die bisher für jede Art von Erforschung unzugänglich gewesen waren. Die regrediente Richtung wurde zu einem wichtigen Charakter der Analyse.«[9]

1912 lenkte Freud die Aufmerksamkeit auf die spezifische Rolle der Regression bei Schwierigkeiten in der analytischen Situation sowie auf das Verhältnis der Regression zu Prozessen wie Introversion und Verdrängung. In bezug auf den ersten Punkt sagte er: »Alle die Kräfte, welche die Regression der Libido verursacht haben, werden sich als ›Widerstände‹ gegen die analytische Arbeit erheben.« In bezug auf den zweiten bemerkte er:

Die Libido »war in die Regression geraten, weil die Anziehung der Realität nachgelassen hatte. Um sie frei zu machen, muß nun diese Anziehung des Unbewußten überwunden werden, also die seither in dem Individuum konstituierte Verdrängung der unbewußten Triebe und ihrer Produktionen aufgehoben werden. Dies ergibt den bei weitem großartigeren Anteil des Widerstandes, der ja so häufig die Krankheit fortbestehen läßt, auch wenn die Abwendung von der Realität die zeitweilige Begründung wieder verloren hat. Mit den Widerständen aus beiden Quellen hat die Analyse zu kämpfen.«[10]

Klinische Anwendungen

Theoretische Überlegungen

»Es liegt uns nahe anzunehmen, daß Fixierung und Regression nicht unabhängig voneinander sind. Je stärker die Fixierung auf dem Entwicklungsweg, desto eher wird die Funktion den äußeren Schwierigkeiten durch Regression bis zu jenen Fixierungen ausweichen, desto

[9] (1914d) ›Zur Geschichte der psychoanalytischen Bewegung‹, G. W., Bd. 10, S. 47.
[10] (1912b) ›Zur Dynamik der Übertragung‹, G. W., Bd. 8, S. 368.

widerstandsunfähiger erweist sich also die ausgebildete Funktion gegen äußere Hindernisse ihres Ablaufes.«[11]

Klinische Beispiele

Hysterie. In der Hysterie regrediert die Libido zu den primären inzestuösen Sexualobjekten – nicht auf eine frühere Stufe der Sexualorganisation.[12] Die Symptome »setzen an die Stelle einer Veränderung der Außenwelt eine Körperveränderung ... was einer in phylogenetischer Hinsicht höchst bedeutsamen Regression entspricht«.[13]

Zwangsneurose. Hier ist die Libido an die – prägenitale – analsadistische Phase fixiert oder regrediert zu ihr.
»Bei der Zwangsneurose ist im Gegenteil die Regression der Libido auf die Vorstufe der sadistisch-analen Organisation das auffälligste und das für die Äußerung in Symptomen maßgebende Faktum. Der Liebesimpuls muß sich dann als sadistischer Impuls maskieren.«
Gleichzeitig findet eine Regression zu primären Objekten statt; die damit verbundenen Zwangsvorstellungen erfüllen den Patienten mit Entsetzen und bleiben seiner bewußten Wahrnehmung unerklärlich.[14]

Perversion. Für das Auftreten einer Perversion postulierte Freud die folgende Voraussetzung: »Regression der Libido ohne Verdrängung würde nie eine Neurose ergeben, sondern in eine Perversion auslaufen.«[15]

Die Psychosen. In den Neurosen kann die Regression der Libido ohne Regression des Ichs stattfinden, während in den Psychosen die Ablösung der Libido von den Objekten mit ihrer Zurückziehung ins Ich verbunden ist. Störungen der libidinösen Prozesse können eine Folge abnormer Veränderungen des Ichs sein – in Fällen, in denen das Ich schwach ist. In bezug auf Dementia praecox und Paranoia sagt Freud, »daß deren disponierende Fixierung in einem Stadium der Libidoentwicklung *vor* der Herstellung der Objektwahl, also in der Phase des Autoerotismus und des Narzißmus zu suchen ist«. Die Regression kann hier also bis zu sehr frühzeitigen Fixierungen der Libido zurückverfolgt werden.[16]

[11] (1916–17) *Vorlesungen zur Einführung in die Psychoanalyse*, G. W., Bd. 11, S. 353.
[12] Ibid., S. 355.
[13] Ibid., S. 381.
[14] Ibid., S. 356.
[15] Ibid., S. 356.
[16] (1913i) ›Die Disposition zur Zwangsneurose‹, G. W., Bd. 8, S. 444.

Freud nahm an, daß die paranoische Zurückziehung der Liebe von ihrem frühen Objekt stets mit einer Regression verbunden und diese Regression eine von der sublimierten Homosexualität zum Narzißmus sei.

»Daraus wollen wir schließen, daß die frei gewordene Libido bei der Paranoia zum Ich geschlagen, zur Ichvergrößerung verwendet wird. Damit ist das aus der Entwicklung der Libido bekannte Stadium des Narzißmus wieder erreicht, in welchem das eigene Ich das einzige Sexualobjekt war.«[17]

In der Dementia praecox geht die Regression »nicht nur bis zum Narzißmus, der sich in Größenwahn äußert, sondern bis zur vollen Auflassung der Objektliebe und Rückkehr zum infantilen Autoerotismus«.[18]

Melancholie. Freud sah drei Voraussetzungen der Melancholie: »Verlust des Objekts, Ambivalenz und Regression der Libido ins Ich«.[19]

Als den für den Ausgang entscheidenden Faktor sah er die Regression an. Die Melancholie leiht einige Merkmale von der Trauer, andere von der »Regression von einem Typus der Objektwahl auf den ursprünglichen Narzißmus«.[20]

Regression findet natürlich auch in normalen seelischen Vorgängen statt – z. B. in Zuständen verminderten Bewußtseins wie solchen des Träumens oder der Witzbildung.[21]

[17] (1911c) ›Psychoanalytische Bemerkungen über einen autobiographisch beschriebenen Fall von Paranoia‹, G. W., Bd. 8, S. 309.
[18] Ibid., S. 314.
[19] (1917e [1915]) ›Trauer und Melancholie‹, G. W., Bd. 10, S. 446.
[20] Ibid., S. 436.
[21] (1905c) *Der Witz und seine Beziehung zum Unbewußten*, G. W., Bd. 6, S. 195–205.

11
Angst

Angst ist »ein Affektzustand, also eine Vereinigung von bestimmten Empfindungen der Lust-Unlust-Reihe mit den ihnen entsprechenden Abfuhrinnervationen und deren Wahrnehmung, wahrscheinlich aber der Niederschlag eines gewissen bedeutungsvollen Ereignisses, durch Vererbung einverleibt«.[1]

Historisch lassen sich in der Entwicklung der Freudschen Auffassungen über die Angst drei Hauptphasen unterscheiden. In der ersten Phase postulierte Freud eine Verwandlung unabgeführter Libido in Angst. Während dieser Phase gab es – im ›Entwurf‹, in *Die Traumdeutung* und in ›Das Unbewußte‹ – allerdings bereits die Vorstellung, daß ein geringes Maß an Unlust (Angst) als ein Signal zur Vermeidung weiterer Unlust wirke. In der zweiten Phase, nach der Veröffentlichung der Strukturtheorie im Jahre 1923, wurde diese Vorstellung in *Hemmung, Symptom und Angst* weiterentwickelt. Hinsichtlich der Zwangsneurose hielt Freud in dieser Phase noch an der früheren (Transformations-)Theorie fest. In der dritten Phase wurde auch dieser Aspekt verworfen, und die Theorie der Signalangst kam zu voller Geltung.

In den Anfängen der Psychoanalyse faßte Freud die Angst als Folge eines rein biologischen Prozesses auf. Er nahm an, sie trete in der Neurose aufgrund einer Störung der Abfuhr von Sexualspannung auf, durch welche es zu einer Anhäufung unabgeführter Libido komme, die dann unmittelbar in Angst verwandelt werde. Eine solche Regression eines Affektes von der unwillkommenen sexuellen Vorstellung kann man nicht durch eine »klinisch-psychologische Analyse erweisen ... Vielleicht wäre es überhaupt richtiger zu sagen: Dies sind überhaupt nicht Vorgänge psychischer Natur, sondern physische Vorgänge«, die »psychische Folgen« haben.[2]

Im Anschluß an Fechner, der das »Konstanzprinzip« – die innere Tendenz des Nervensystems, die Erregungsmenge möglichst gering oder zumindest konstant zu halten – aufgestellt hatte, nahm Freud an, daß jede Störung der Abfuhr von Sexualspannung eine Anhäufung von Erregung bewirke, die, um abgeführt werden zu können, in Angst verwandelt werde. Diese Annahme erklärte zwar das Vorhandensein von Angst in den »Angst«- oder »Aktualneurosen«, nicht jedoch die Angst

---

[1] (1933a) *Neue Folge der Vorlesungen zur Einführung in die Psychoanalyse*, G. W., Bd. 15, S. 87 f.

[2] (1894a) ›Die Abwehr-Neuropsychosen‹, G. W., Bd. 1, S. 67.

in den »Psychoneurosen« (Phobien, Zwangsneurosen usw.), bei denen die Möglichkeit eines Einflusses psychischer Ereignisse nicht ausgeschlossen werden konnte. Freud löste dieses Problem durch Einführung der weiteren Annahme, daß die Ursache für eine Anhäufung von Spannung bei den »Aktualneurosen« eine physische sei, z. B. Koitus interruptus, während bei den »Psychoneurosen« diese Ursache in der Verdrängung zu sehen sei. In seinem Teleskop-Modell der Seele hat Freud die Angst wie folgt aufgefaßt: »Die Angst ist ein libidinöser Impuls, der vom Unbewußten ausgeht und vom Vorbewußten gehemmt wird.«[3] Angst in Träumen wurde ursprünglich genauso erklärt wie Angst irgendwo sonst. In der Abhandlung über Jensens ›Gradiva‹ heißt es: »Die Angst des Angsttraumes ... wie überhaupt jede nervöse Angst [ist] durch den Prozeß der Verdrängung aus der Libido hervorgegangen.«[4] In ›Die Verdrängung‹ sagt Freud, daß das »Schicksal des quantitativen Faktors der Triebrepräsentanz« ein dreifaches sein kann:

»Der Trieb wird entweder ganz unterdrückt, so daß man nichts von ihm auffindet, oder er kommt als irgendwie qualitativ gefärbter Affekt zum Vorschein, oder er wird in Angst verwandelt.«[5]

In der Phase der topischen Theorie herrschte in Freuds Werk dieselbe (Transformations-)Theorie der Angst vor, obwohl sich an manchen Stellen bereits kurze Hinweise auf die später in *Hemmung, Symptom und Angst* entwickelte Theorie finden. So sagt Freud z. B. in ›Das Unbewußte‹:

»Eine Erregung ... muß ... den Anstoß zu einer geringen Angstentwicklung geben, welche nun als Signal benützt wird, um durch neuerliche Flucht der Besetzung den weiteren Fortgang der Angstentwicklung zu hemmen.«[6]

Im Strukturmodell der psychischen Funktionen ließ Freud die frühere Hypothese fallen und ersetzte sie durch die der Signalangst. Gleichwohl sagte er auch noch in *Hemmung, Symptom und Angst*, es könne sehr wohl möglich sein, daß das, was bei der Erzeugung der Angst in der Angstneurose Abfuhr finde, der Überfluß an ungenutzter Libido sei. Erst in *Neue Folge der Vorlesungen zur Einführung in die Psychoanalyse* entschied er diese Frage, indem er sagte, daß das Auftreten der Angst auch in der Angstneurose eine Reaktion auf eine traumatische Situation sei. An der These, daß Libido sich in Angst verwandele, hielt er nicht mehr fest. Angst galt jetzt als eine Ichfunktion; Affekte galten nicht mehr als Sicherheitsventile, sondern wurden vom Ich als Signale verwandt.

---

[3] (1900a) *Die Traumdeutung*, G. W., Bd. 2/3, S. 343.
[4] (1907a) *Der Wahn und die Träume in W. Jensens* ›Gradiva‹, G. W., Bd. 7, S. 87.
[5] (1915d) ›Die Verdrängung‹, G. W., Bd. 10, S. 255 f.
[6] (1915e) ›Das Unbewußte‹, G. W., Bd. 10, S. 282.

»Das Ich [ist] die eigentliche Angststätte . . . Die Angst ist ein Affektzustand, der natürlich nur vom Ich verspürt werden kann. Das Es kann nicht Angst haben wie das Ich, es ist keine Organisation, kann Gefahrsituationen nicht beurteilen. Dagegen ist es ein überaus häufiges Vorkommnis, daß sich im Es Vorgänge vorbereiten oder vollziehen, die dem Ich Anlaß zur Angstentwicklung geben.«[7]
In *Neue Folge der Vorlesungen* reformulierte Freud seine Thesen von 1926, daß nur das Ich Angst produzieren und verspüren könne und »die drei Hauptarten der Angst, die Realangst, die neurotische und die Gewissensangst sich . . . zwanglos auf die drei Abhängigkeiten des Ichs, von der Außenwelt, vom Es und vom Überich, beziehen lassen«. Er fügte hinzu, »die Frage, aus welchem Stoff die Angst gemacht wird, hat an Interesse verloren«.[8] Darüber hinaus sprach er von der Entdekkung zweier neuer Tatsachen – daß Angst Verdrängung bewirkt und nicht umgekehrt Verdrängung Angst, wie er früher angenommen hatte, und daß angsterregende Triebsituationen sich auf äußere Gefahrensituationen zurückführen lassen.
Ferner führte er aus, daß bestimmte spezifische Entwicklungsereignisse in der Regel traumatische Situationen herbeiführen: Geburt, Trennungsangst, Kastrationsangst, Verlust der Liebe des Objekts, Verlust der Liebe des Überichs.[9] Diese Situationen erregen automatisch Angst, deren Wesen darin liegt, daß das Ich sich angesichts einer Anhäufung von äußerer oder innerer Erregung als hilflos erlebt.[10] In ihrer Funktion als ein Signal ist Angst die Reaktion des Ichs auf die drohende Gefahr einer traumatischen Situation.[11]

[7] (1926d) *Hemmung, Symptom und Angst*, G. W., Bd. 14, S. 171.
[8] (1933a) *Neue Folge der Vorlesungen zur Einführung in die Psychoanalyse*, G. W., Bd. 15, S. 92.
[9] (1926d) *Hemmung, Symptom und Angst*, G. W., Bd. 14, S. 167, 169 u. 174.
[10] Ibid., S. 168 u. 199.
[11] Ibid., S. 176–179.

12
Ambivalenz

Definition

»Gefühlsambivalenz im eigentlichen Sinne« ist »das Zusammentreffen von Liebe und Haß gegen dasselbe Objekt«[1] und »ist bei einem Menschen bald mehr, bald weniger in der Anlage vorgesehen«.[2] »D.. zärtliche und die feindliche Regung ... bestehen nebeneinander fort, oft durch das ganze Leben hindurch, ohne daß die eine die andere aufheben könnte.«[3] »Neben der starken Liebe ist immer eine starke Aggressionsneigung vorhanden.«[4] Aber:

> »Wir können nicht so weit gehen zu behaupten, daß die Ambivalenz der Gefühlsbesetzungen ein allgemeingültiges psychologisches Gesetz ist, daß es überhaupt unmöglich ist, große Liebe für eine Person zu empfinden, ohne daß sich ein vielleicht ebenso großer Haß hinzugesellt oder umgekehrt. Dem Normalen und Erwachsenen gelingt es ohne Zweifel, beide Einstellungen voneinander zu sondern, sein Liebesobjekt nicht zu hassen und seinen Feind nicht auch lieben zu müssen. Aber das scheint das Ergebnis späterer Entwicklungen. In den ersten Phasen des Liebeslebens ist offenbar die Ambivalenz das Regelrechte. Bei vielen Menschen bleibt dieser archaische Zug über das ganze Leben erhalten.«[5]

Freud definierte den Ambivalenzkonflikt als »gut begründete Liebe und nicht minder berechtigten Haß, beide auf dieselbe Person gerichtet«,[6] und dehnte diese Definition in seiner letzten Triebtheorie auf den Konflikt zwischen den beiden Urtrieben aus, den »ewigen Kampf zwischen dem Eros und dem Destruktions- oder Todestrieb«.[7]

Verschiedene Verwendungsweisen des Terminus

Im allgemeinen hat Freud den Terminus »Ambivalenz« im oben definierten Sinne verwendet, doch gelegentlich hat er ihn auch zur Be-

1 (1912–13) *Totem und Tabu*, G. W., Bd. 9, S. 189.
2 Ibid., S. 76 f.
3 (1914f) ›Zur Psychologie des Gymnasiasten‹, G. W., Bd. 10, S. 206 f.
4 (1933a) *Neue Folge der Vorlesungen zur Einführung in die Psychoanalyse*, G. W., Bd. 15, S. 132.
5 (1931b) ›Über die weibliche Sexualität‹, G. W., Bd. 14, S. 528.
6 (1926d) *Hemmung, Symptom und Angst*, G. W., Bd. 14, S. 130.
7 (1930a) *Das Unbehagen in der Kultur*, G. W., Bd. 14, S. 492.

zeichnung des gleichzeitigen Vorhandenseins aktiver und passiver Strebungen gebraucht.

»Die Tatsache, daß zu jener späteren Zeit der Entwicklung neben einer Triebregung ihr (passiver) Gegensatz zu beobachten ist, verdient die Hervorhebung durch den trefflichen, von Bleuler eingeführten Namen: *Ambivalenz*.«[8]

»Die dritte Gegensätzlichkeit des Liebens, die Verwandlung des Liebens in ein Geliebtwerden entspricht der Einwirkung der Polarität von Aktivität und Passivität und unterliegt derselben Beurteilung wie die Fälle des Schautriebes und des Sadismus.«[9]

Diese Verwendung des Terminus erscheint in Freuds Darstellung der Analyse des Wolfsmannes:

»Es blieb in der Analyse kein Zweifel, daß diese passiven Strebungen gleichzeitig oder sehr bald nach den aktiv-sadistischen aufgetreten waren. Dies entspricht der ungewöhnlich deutlichen, intensiven und anhaltenden *Ambivalenz* des Kranken, die sich hier zum erstenmal in der gleichmäßigen Ausbildung der gegensätzlichen Partialtriebe äußerte.«[10]

Historischer Überblick

Allgemeines

Die erste Andeutung des Konzepts der Ambivalenz findet sich in einem Manuskript vom Mai 1897, in dem Freud sich der Idee des Ödipuskomplexes nähert und dabei vom Vorhandensein feindseliger Impulse gegen die Eltern spricht.[11] In den ›Bemerkungen über einen Fall von Zwangsneurose‹ (1909 [1907]) hob er deren Bedeutung für seine klinische Arbeit hervor; Liebe und Haß seien in Gegensatzpaaren zusammengebunden, die beim Erwachsenen in der Regel nicht gleichzeitig bewußt würden, bei Kindern jedoch für eine beträchtliche Zeitspanne nebeneinander bestehen könnten.

»Die Gefühle, die in diesen Beziehungen zwischen Eltern und Kindern und in den daran angelehnten zwischen den Geschwistern untereinander geweckt werden, sind nicht nur positiver, zärtlicher, sondern auch negativer, feindseliger Art.«[12]

[8] (1915c) ›Trieb und Triebschicksale‹, G. W., Bd. 10, S. 223 f.
[9] Ibid., S. 232.
[10] (1918b [1914]) ›Aus der Geschichte einer infantilen Neurose‹, G. W., Bd. 12, S. 51.
[11] (1950a [1887–1902]) *Aus den Anfängen der Psychoanalyse*, op. cit., S. 180 ff.
[12] (1910a [1909]) ›Über Psychoanalyse‹, G. W., Bd. 8, S. 50.

Die Bedingung für das »chronische Nebeneinander von Liebe und Haß gegen dieselbe Person, beide Gefühle von höchster Intensität« scheint »eine sehr frühzeitig, in den prähistorischen Kindheitsjahren erfolgte Scheidung der beiden Gegensätze und Verdrängung des einen Anteiles, gewöhnlich des Hasses«, zu sein.[13]

1912 übernahm Freud den von Bleuler 1910 in einem Vortrag in Bern geprägten Terminus »Ambivalenz« für das Konzept. In ›Zur Dynamik der Übertragung‹ (1912) weist er auf diesen Beitrag Bleulers hin und hebt hervor, daß neurotische Personen zweifellos insbesondere durch einen hohen Grad von Ambivalenz der Gefühle charakterisiert seien, ein gewisses Maß solcher Ambivalenz aber normal zu sein scheine. Die historische Bedeutung dieses Konzepts machte er in *Totem und Tabu* (1913) deutlich, wo der den Zusammenhang zwischen Tabu und Neurose aufzeigte: der primitive Mensch wird mit dem Konflikt zwischen Liebe und Haß fertig, indem er die Feindseligkeit projiziert, sie in der Regel auf die geliebte Person verschiebt, und dann Tabus errichtet, um sich gegen die Bedrängung von außen zu schützen; dies ist ein ähnlicher Mechanismus wie der in der Zwangsneurose, in der Melancholie (›Trauer und Melancholie‹, 1917), in der Hysterie *(Hemmung, Symptom und Angst,* 1926), in der Paranoia (›Dostojewski und die Vatertötung‹, 1929) und in der Homosexualität (›Psychogenese eines Falles von weiblicher Homosexualität‹, 1920) benutzte.

Metapsychologische Aspekte

Es scheint, daß Freud bis 1915 Ambivalenz nur als ein Paar von »Gefühlsgegensätzen« aufgefaßt hat.[14] In ›Triebe und Triebschicksale‹ begann er – im Zusammenhang mit der Entwicklung der Triebtheorie –, das Konzept unter metapsychologischen Aspekten zu formulieren; seine Annahmen gipfelten in der These, der Konflikt zwischen Liebe und Haß sei der Konflikt der beiden Urtriebe. (Vgl. die Konzepte über die *Triebtheorie* und den *Todestrieb.*) 1915 meinte er: »Der Fall von Liebe und Haß erwirbt ein besonderes Interesse durch den Umstand, daß er der Einreihung in unsere Darstellung der Triebe widerstrebt.« Liebe kann in Haß verwandelt werden.

»Da diese beiden [Liebe und Haß] besonders häufig gleichzeitig auf dasselbe Objekt gerichtet vorkommen, ergibt diese Koexistenz auch das bedeutsamste Beispiel einer Gefühlsambivalenz.«[15] Indes: »Die Beziehungen Liebe und Haß [sind] nicht für die Relation der Triebe

13 (1909d) ›Bemerkungen über einen Fall von Zwangsneurose‹, G. W., Bd. 7, S. 455.
14 (1912–13) *Totem und Tabu,* G. W., Bd. 9, S. 175.
15 (1915c) ›Triebe und Triebschicksale‹, G. W., Bd. 10, S. 225.

zu ihren Objekten verwendbar, sondern für die Relationen des Gesamt-Ichs [Freud meint hier das Selbst, die Gesamtperson] zu den Objekten reserviert.«[16]

Mit Hilfe des Gegensatzpaares von Liebe und Haß erläuterte er seine These über die Beziehung zwischen den Sexual- und den Ichtrieben. Der Haß ist älter als die Liebe.

»Als Äußerung der durch Objekte hervorgerufenen Unlustreaktion bleibt er immer in inniger Beziehung zu den Trieben der Icherhaltung, so daß Ichtriebe und Sexualtriebe leicht in einen Gegensatz geraten können, der den von Hassen und Lieben wiederholt.«[17]

Er sah Liebe und Haß aus verschiedenen Quellen entspringen und als weiteres Merkmal der Ambivalenz galt ihm, »daß die Triebgegensatzpaare in annähernd gleicher Weise ausgebildet sind«.[18]

Erst in *Jenseits des Lustprinzips* (1920) versuchte er, »die Polarität von Lieben und Hassen mit einem angenommenen Gegensatz von Lebens- und Todestrieben zu verknüpfen«.[19]

»Wo der ursprüngliche Sadismus keine Ermäßigung und Verschmelzung erfährt, ist die bekannte Liebe-Haß-Ambivalenz des Liebeslebens hergestellt.«[20] »Es erhebt sich auch die Frage, ob nicht die reguläre *Ambivalenz,* die wir in der konstitutionellen Anlage zur Neurose oft verstärkt finden, als Ergebnis einer Entmischung aufgefaßt werden darf; allein diese ist so ursprünglich, daß sie vielmehr als nicht vollzogene Triebmischung gelten muß.«[21]

Gegen die Kritik an seinem Postulat des Todestriebes insistierte er 1930 darauf, daß es einen »mitgeborenen Ambivalenzkonflikt« gebe, einen »ewigen Hader zwischen Liebe und Todesstreben«,[22] und daß das in der Liebe Feindselige und Gefährliche nicht auf eine ursprüngliche Bipolarität als solche, sondern auf einen Konflikt zwischen den Lebens- und den Todestrieben zurückzuführen sei (vgl. Konzept: *Mischung-Entmischung).*

Ursprung der Ambivalenz

Freuds sich wandelnde Annahmen über den Ursprung der Ambivalenz hängen von der Entwicklung seiner Triebtheorien ab. Er betrachtete die Ambivalenz stets als ein Grundphänomen des emotionalen Le-

---

[16] Ibid., S. 229.
[17] Ibid., S. 231.
[18] (1905d) *Drei Abhandlungen zur Sexualtheorie,* G. W., Bd. 5, S. 99.
[19] (1921c) *Massenpsychologie und Ich-Analyse,* G. W., Bd. 13, S. 111 Anm.
[20] (1920g) *Jenseits des Lustprinzips,* G. W., Bd. 13, S. 58.
[21] (1923b) *Das Ich und das Es,* G. W., Bd. 13, S. 270.
[22] (1930a) *Das Unbehagen in der Kultur,* G. W., Bd. 14, S. 493.

bens,[23] das in der Anlage jedes Menschen in stärkerem oder schwächerem Maße enthalten sei – als ein Gesetz, das »unsere Gefühlsbeziehungen beherrscht«.[24] 1913 stellte er jedoch Überlegungen darüber an, ob die Ambivalenz vielleicht doch kein ursprünglicher Bestandteil des Gefühlslebens, sondern von der menschlichen Gattung in Verbindung mit ihrem Vaterkomplex erworben worden ist – denn der psychoanalytischen Untersuchung von Zeitgenossen zeige sich die Ambivalenz am deutlichsten in den gegensätzlichen Gefühlen gegen den mächtigen Vater. Nach der Formulierung der Theorie des Todestriebes fragte er 1923, ob, wie oben zitiert, die Ambivalenz nicht als Ergebnis einer nicht vollzogenen Triebmischung aufgefaßt werden müsse. Doch in derselben Abhandlung vermutete er:

>»Es könnte auch sein, daß die im Elternverhältnis konstatierte Ambivalenz durchaus auf die Bisexualität zu beziehen wäre und nicht, wie ich es vorhin dargestellt, durch die Rivalitätseinstellung aus der Identifizierung entwickelt würde.«[25]

Auch in der *Neuen Folge der Vorlesungen* von 1933 war die Frage des Ursprungs der Ambivalenz für ihn noch nicht entschieden:

>»Oder man kann eine solche ursprüngliche Ambivalenz der Liebesbesetzung [in der ersten Liebesbeziehung des Kindes] ablehnen und darauf hinweisen, daß es die besondere Natur des Mutter-Kind-Verhältnisses ist, die mit der gleichen Unvermeidlichkeit zur Störung der kindlichen Liebe führt.«[26]

Und auch in ›Die endliche und die unendliche Analyse‹ (1937) setzte er noch Liebe mit dem Lebenstrieb und Haß mit dem Todestrieb gleich. Freuds Ansichten über den Ort der Ambivalenz in der Triebtheorie und über ihren Ort in den Entwicklungsphasen der Sexualorganisation entwickelten sich parallel. 1915 bemerkte er, daß die Vorstufe der Liebe, die ihr Sexualziel im Verschlingen des Objekts hat, eine ambivalente Phase sei; Identifizierung, eine Vorstufe der Objektwahl, benehme sich daher von Anfang an wie ein Abkömmling der ersten oralen Phase der Libidoorganisation, d. h. der oral-kannibalistischen Phase, in welcher der Wunsch, das Objekt zu zerstören, und der, es zu erhalten, gleichzeitig vorhanden sind. In der sadistisch-analen Phase verstärkt das Ziel, sich des Objekts zu bemächtigen, die Ambivalenz in einem solchen Maße, daß es schwierig wird, Liebe und Haß zu unterscheiden. »Die Vorherrschaft des Sadismus und die Kloakenrolle der analen Zone geben ihr ein exquisit archaisches Gepräge.«[27] Die ambiva-

[23] (1912–13) *Totem und Tabu*, G. W., Bd. 9, S. 76 f.
[24] (1915b) ›Zeitgemäßes über Krieg und Tod‹, G. W., Bd. 10, S. 346.
[25] (1923b) *Das Ich und das Es*, G. W., Bd. 13, S. 261.
[26] (1933a) *Neue Folge der Vorlesungen zur Einführung in die Psychoanalyse*, G. W., Bd. 15, S. 132.
[27] (1905d) *Drei Abhandlungen zur Sexualtheorie*, G. W., Bd. 5, S. 99.

lente Identifizierung mit dem gegengeschlechtlichen Elternteil wird im ödipalen Konflikt manifest; die feindseligen Impulse und die zärtlichen Gefühle, die in den vorausgegangenen Stufen nebeneinander bestanden hatten, geraten in Konflikt, wahrscheinlich infolge einer verstärkten affektiven Phantasie, »deren Inhalt natürlich einer herrschenden Strebung direkt zuwiderläuft«,[28] wobei die Intensität des Kampfes mit der Stärke der Disposition und der realen Erlebnisse variiert. »Erst mit der Herstellung der Genitalorganisation ist die Liebe zum Gegensatz vom Haß geworden.«[29] Knaben und Mädchen gehen in unterschiedlicher Weise mit ihrer Ambivalenz um.

»Gegen diesen Erklärungsversuch erhebt sich sofort die Frage: Wie wird es aber den Knaben möglich, ihre gewiß nicht weniger intensive Mutterbindung unangefochten festzuhalten? Ebenso rasch ist die Antwort bereit: Weil es ihnen ermöglicht ist, ihre Ambivalenz gegen die Mutter zu erledigen, indem sie alle ihre feindseligen Gefühle beim Vater unterbringen. Aber erstens soll man diese Antwort nicht geben, ehe man die präödipale Phase der Knaben eingehend studiert hat, und zweitens ist es wahrscheinlich überhaupt vorsichtiger, sich einzugestehen, daß man diese Vorgänge, die man eben kennen gelernt hat, noch gar nicht gut durchschaut.«[30] (Vgl. Konzept: *Ödipuskomplex*.)

In der normalen Entwicklung verliere die Ambivalenz an Stärke, aber sie verschwinde nicht völlig. Gegensätzliche Gefühle seien auch in anderen als in den Beziehungen zu Familienmitgliedern vorhanden, z. B. gegenüber Lehrern.[31]

Kulturelle Aspekte

Neben der Bedeutung der Ambivalenz für die normale und die neurotische Entwicklung hat Freud ihre Rolle bei der Entstehung von Religion und Gewissen sowie ihre große Bedeutung für die Kulturentwicklung untersucht. Nach seiner Ansicht hat seit je die Ambivalenz des Ödipuskomplexes die Beziehungen der Menschen zu ihren Göttern beherrscht. »Das kindliche Vorstellungsbild [bleibt] erhalten und [verschmilzt] mit der überlieferten Erinnerungsspur des Urvaters zur Gottesvorstellung des Einzelnen.«[32] 1913 hielt er es für wahrscheinlich, daß »auch das Gewissen auf dem Boden einer Gefühlsambivalenz ent-

[28] (1921c) *Massenpsychologie und Ichanalyse*, G. W., Bd. 13, S. 84 Anm.
[29] (1915c) ›Triebe und Triebschicksale‹, G. W., Bd. 10, S. 231.
[30] (1931b) ›Über die weibliche Sexualität‹, G. W., Bd. 14, S. 528 f.
[31] (1914f) ›Zur Psychologie des Gymnasiasten‹, G. W., Bd. 10, S. 206.
[32] (1923d) ›Eine Teufelsneurose im siebzehnten Jahrhundert‹, G. W., Bd. 13, S. 330.

steht«.[33] Mit der Entwicklung seiner Theorie änderte sich Freuds Ansicht über den Ursprung und die Natur des Gewissens, doch in allen seinen späteren Formulierungen blieb die Ambivalenz ein wesentliches Element. Die Einsetzung einer inneren Autorität – nämlich des Überichs – ändert nichts daran, daß es hinsichtlich des Schuldgefühls nicht entscheidend ist, ob man eine Gewalttat wirklich begangen oder die Absicht nicht ausgeführt hat, »denn das Schuldgefühl ist der Ausdruck des Ambivalenzkonflikts«.[34]

In *Totem und Tabu* führte Freud aus: Ein unbewußter ambivalenter Impuls kann »dank der Unzerstörbarkeit und Unkorrigierbarkeit unbewußter Vorgänge aus sehr frühen Zeiten, denen er angemessen war, in spätere Zeiten und Verhältnisse hinübergerettet werden, in denen seine Äußerungen fremdartig erscheinen müssen. All dies sind nur Andeutungen, aber eine sorgfältige Ausführung derselben würde zeigen, wie wichtig sie für das Verständnis der Kulturentwicklung werden können.«[35]

»Ist die Kultur der notwendige Entwicklungsgang von der Familie zur Menschheit, so ist unablösbar mit ihr verbunden, als Folge des mitgeborenen Ambivalenzkonflikts, als Folge des ewigen Haders zwischen Liebe und Todesstreben, die Steigerung des Schuldgefühls vielleicht bis zu Höhen, die der Einzelne schwer erträglich findet.«[36]

Klinische Anwendungen

»Das Gefühlsleben des Menschen [ist aus Gegensatzpaaren] zusammengesetzt; ja, es käme vielleicht nicht zur Verdrängung und zur Neurose, wenn es anders wäre.«[37] Bei der Bildung einer Neurose spielt der Ambivalenzkonflikt eine entscheidende Rolle; da Freud den Kampf zwischen Liebe und Haß mit dem zwischen den Lebens- und den Todestrieben gleichsetzte, fragte er in ›Die endliche und die unendliche Analyse‹, »ob man nicht überhaupt all unser Wissen vom psychischen Konflikt unter diesem neuen Gesichtspunkt revidieren soll«.[38] »Die Ambivalenz der Gefühlsrichtungen erklärt uns am besten die Fähigkeit der Neurotiker, ihre Übertragungen in den Dienst des Widerstandes zu stellen«,[39] und ist für den Ausgang der Analyse bedeutsam.

[33] (1912–13) *Totem und Tabu*, G. W., Bd. 9, S. 85.
[34] (1930a) *Das Unbehagen in der Kultur*, G. W., Bd. 14, S. 492.
[35] (1912–13) *Totem und Tabu*, G. W., Bd. 9, S. 88.
[36] (1930a) *Das Unbehagen in der Kultur*, G. W., Bd. 14, S. 493.
[37] (1909b) ›Analyse der Phobie eines fünfjährigen Knaben‹, G. W., Bd. 7, S. 347.
[38] (1937c) ›Die endliche und die unendliche Analyse‹, G. W., Bd. 16, S. 90.
[39] (1912b) ›Zur Dynamik der Übertragung‹, G. W., Bd. 8, S. 373.

Freud hatte das Konzept der Ambivalenz ursprünglich in bezug auf diese Krankheit formuliert. Ein ambivalentes »Verhalten von Liebe und Haß [gehört] zu den häufigsten, ausgesprochensten und darum wahrscheinlich bedeutsamsten Charakteren der Zwangsneurose«.[40] 1913 sagte er: »Die Disposition zur Zwangsneurose . . . denken wir uns durch ein besonders hohes Maß solcher ursprünglicher Gefühlsambivalenz ausgezeichnet.«[41] Und: Es ist sehr wahrscheinlich, daß der ganze Abwehrprozeß der Reaktionsbildung durch das Ambivalenzverhältnis ermöglicht ist, »in welches der zu verdrängende sadistische Impuls eingetragen ist«.[42] Die Macht des Ambivalenzkonflikts zeigt sich besonders deutlich in den zwanghaften Depressionszuständen, die auf den Tod eines geliebten Menschen folgen, sowie darin, daß er den meisten neurotischen Symptomen »zu ihrer ursprünglichen Bedeutung auch die des direkten Gegensatzes« hinzufügt.[43] Freud glaubte indes nicht, erkannt zu haben, warum die Ambivalenz in der Zwangsneurose eine so große Rolle spielt.

Hysterie

1909 fragte Freud, ob die unterdrückten feindseligen und eifersüchtigen Gefühle des kleinen Hans gegen seinen Vater die Disposition für seine spätere Krankheit geschaffen haben, und 1913 zeigte er auf, wie Hans dem Konflikt durch Verschiebung seiner feindseligen und ängstlichen Gefühle auf ein Ersatzobjekt begegnete.

»Der Ambivalenzkonflikt wird also nicht an derselben Person erledigt, sondern gleichsam umgangen, indem man einer seiner Regungen eine andere Person als Ersatzobjekt unterschiebt.«[44] Es gibt offenbar verschiedene Wege, die aus einem Ambivalenzkonflikt herausführen.«[45]

Die Phobie des kleinen Hans muß *ein* Versuch gewesen sein, ihn zu lösen. Zwangsneurotiker zeichnen sich durch Reaktionsbildungen aus, die die Allgemeinheit von Charakterzügen haben; in der Hysterie ist die Reaktionsbildung auf das besondere Objekt der Ambivalenz begrenzt.

---

[40] (1909d) ›Bemerkungen über einen Fall von Zwangsneurose‹, G. W., Bd. 7, S. 456.
[41] (1912–13) *Totem und Tabu*, G. W., Bd. 9, S. 77.
[42] (1915d) ›Die Verdrängung‹, G. W., Bd. 10, S. 260.
[43] (1926d) *Hemmung, Symptom und Angst*, G. W., Bd. 14, S. 142.
[44] Ibid., S. 132.
[45] Ibid., S. 130.

Freud sah im Ambivalenzkonflikt eine Voraussetzung der Melancholie, die das Verhältnis zum Objekt kompliziert.

»Die Ambivalenz ist entweder konstitutionell, d. h. sie hängt jeder Liebesbeziehung des Ichs an, oder sie geht gerade aus den Erlebnissen hervor, welche die Drohung des Objektverlustes mit sich bringen.«[46]

»Die konstitutive Ambivalenz gehört an und für sich dem Verdrängten an, die traumatischen Erlebnisse mit dem Objekt mögen anderes Verdrängte aktiviert haben. So bleibt alles an diesen Ambivalenzkämpfen dem Bewußtsein entzogen«[47], obwohl die Regression der Liebesbesetzung zur sadistischen und oral-kannibalistischen Stufe gerade durch den Einfluß des Ambivalenzkonflikts bedingt ist.

Paranoia und Homosexualität

In seiner Diskussion des Falles Schreber hob Freud besonders hervor, daß der Hauptzweck der Projektion des Hasses auf das einst geliebte Objekt darin liege, die Veränderung der emotionalen Einstellung, d. h. den Ambivalenzkonflikt, zu rechtfertigen.

»Der vorbildliche Fall eines solchen Konflikts [Paranoia] [ist] der zwischen den beiden Gliedern eines Gegensatzpaares, der Fall der ambivalenten Einstellung.«[48]

»Die Feindseligkeit, die der Verfolgte [der Paranoiker] bei Anderen findet, [ist] der Widerschein der eigenen feindseligen Gefühle gegen diese Anderen . . . Da wir wissen, daß beim Paranoiker gerade die geliebteste Person des gleichen Geschlechts zum Verfolger wird, entsteht die Frage, woher diese Affektumkehr rührt, und die naheliegende Antwort wäre, daß die stets vorhandene Gefühlsambivalenz die Grundlage für den Haß abgibt . . . So leistet die Gefühlsambivalenz dem Verfolgten den . . . Dienst zur Abwehr der Homosexualität.«[49]

»Es ist von Anfang an eine ambivalente Einstellung vorhanden und die Verwandlung geschieht durch eine reaktive Besetzungsverschiebung.«[50]

---

[46] (1917e [1915]) ›Trauer und Melancholie‹, G. W., Bd. 10, S. 444.
[47] Ibid., S. 444.
[48] (1912–13) *Totem und Tabu*, G. W., Bd. 9, S. 113.
[49] (1922b) ›Über einige neurotische Mechanismen bei Eifersucht, Paranoia und Homoxexualität‹, G. W., Bd. 13, S. 200.
[50] (1923b) *Das Ich und das Es*, G. W., Bd. 13, S. 272.

Die Ambivalenz in der Beziehung des Mädchens zur Mutter und des Jungen zum Vater kann zu einer pathogenen homosexuellen Lösung der ödipalen und präödipalen Konflikte führen.

Normale Entwicklung

Nach Freuds Überzeugung ist, wie sich in Träumen zeige[51], bei jedem Menschen Ambivalenz anzutreffen; für die Bildung psychopathologischer Phänomene ist ihr quantitativer Faktor entscheidend.[52]

---

[51] (1900a) *Die Traumdeutung,* G. W., Bd. 2/3, S. 433.
[52] (1922b) ›Über einige neurotische Mechanismen bei Eifersucht, Paranoia und Homosexualität‹, G. W., Bd. 13, S. 203.

13
Verschiedene Verwendungsweisen
des Terminus Objekt

Freud hat den Terminus »Objekt« in verschiedenen Weisen und mit verschiedenen Implikationen verwendet. Doch trotz der verschiedenen Verwendungsweisen ist Freuds Sprachgebrauch sehr konsistent; es ist immer klar, was er im einen oder andern Fall meint.

Es gibt zwei Gegensatzgruppen, die für die Bestimmung, in welchem Sinne »Objekt« als ein Konzept gebraucht wird, außerordentlich wichtig sind.

Der erste Gegensatz besteht zwischen etwas (Objekt), das sich außerhalb des kindlichen Körpers befindet, und etwas (Objekt), das ein Teil des kindlichen Körpers ist. Die zweite Gegensatzgruppe bezieht sich auf »Objekt« als Objekt der Partialtriebe im Gegensatz zum Objekt des Ichs.

In bezug auf die erste Gegensatzgruppe gebraucht Freud den Terminus zur Beschreibung von etwas, das sich außerhalb des Kindes befindet – die Mutter, die Brust usw. Er verwendet den Terminus »Objekt« hier deskriptiv, so, wie ein äußerer Beobachter:

»Als die anfänglichste Sexualbefriedigung noch mit der Nahrungsaufnahme verbunden war, hatte der Sexualtrieb ein Sexualobjekt außerhalb des eigenen Körpers in der Mutterbrust. Er verlor es nur später, vielleicht gerade zur Zeit, als es dem Kinde möglich wurde, die Gesamtvorstellung der Person, welcher das ihm Befriedigung spendende Organ angehörte, zu bilden. Der Geschlechtstrieb wird dann in der Regel autoerotisch und erst nach Überwindung der Latenzzeit stellt sich das ursprüngliche Verhältnis wieder her. Nicht ohne guten Grund ist das Saugen des Kindes an der Brust der Mutter vorbildlich für jede Liebesbeziehung geworden. Die Objektfindung ist eigentlich eine Wiederfindung.«[1]

In einem Zusatz von 1920 zu den *Drei Abhandlungen* wird deutlich, was er mit Objekt meint, wenn er den Terminus in einem psychologischen Sinne (Objekt des Ichs) und nicht mit einer biologischen Nebenbedeutung (Objekt der Partialtriebe im frühen Lebensalter) verwendet:

»Wir haben dann als eine der überraschendsten Ermittlungen feststellen müssen, daß diese Frühblüte des infantilen Sexuallebens

---

[1] (1905d) *Drei Abhandlungen zur Sexualtheorie*, G. W., Bd. 5, S. 123.

(zwei bis fünf Jahre) auch eine Objektwahl mit all den reichen, seelischen Leistungen zeitigt.«[2]

Gegensatzgruppen im Gebrauch des Terminus »Objekt«

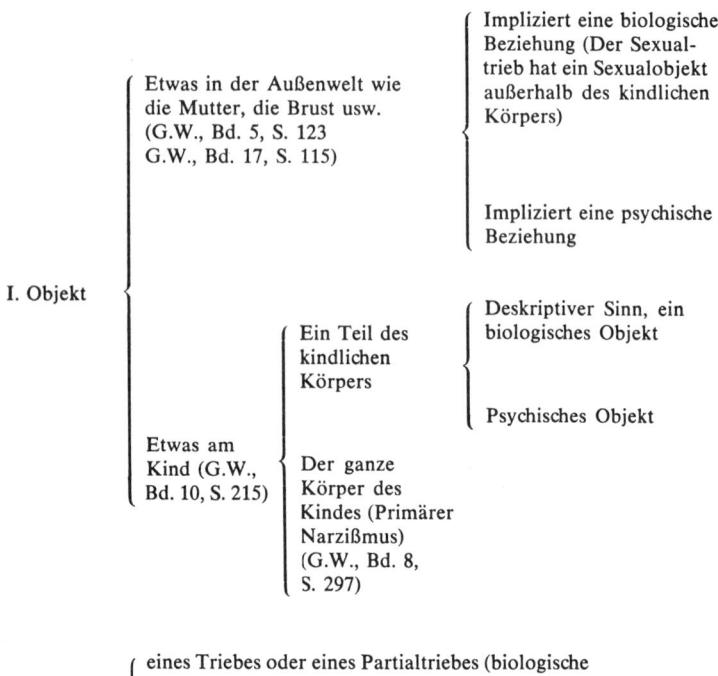

In derselben Abhandlung sagt Freud unter der Zwischenüberschrift ›Zweizeitige Objektwahl‹:

»Man kann es als ein typisches Vorkommnis ansprechen, daß die Objektwahl zweizeitig, in zwei Schüben erfolgt. Der erste Schub nimmt in den Jahren zwischen zwei und fünf seinen Anfang und wird durch die Latenzzeit zum Stillstand oder zur Rückbildung gebracht; er ist durch die infantile Natur seiner Sexualziele ausgezeichnet. Der zweite setzt mit der Pubertät ein und bestimmt die definitive Gestaltung des Sexuallebens.«[3]

[2] Ibid., S. 135.
[3] Ibid., S. 100.

Man muß sehen, daß die beiden letzten Zitate die für die Phase der phallisch-ödipalen Strebungen des Kindes charakteristische Objektwahl beschreiben. Selbstverständlich besteht schon lange vor Erreichen dieser Entwicklungsstufe eine psychische Beziehung zu einem Objekt. In ›Triebe und Triebschicksale‹ heißt es dann:

»Die Beziehungen Liebe und Haß [sind] nicht für die Relationen der Triebe zu ihren Objekten verwendbar, sondern für die Relation des Gesamt-Ichs zu den Objekten reserviert.«[4]

Im folgenden Zitat aus dem *Abriß der Psychoanalyse* macht Freud deutlich, an welcher Stelle das biologische Sexualobjekt in der Form der Mutterbrust sich in ein psychisch bedeutsames Objekt für das Ich des Kindes verwandelt. Er weist hier auf die notwendige Voraussetzung einer Differenzierung zwischen dem Selbst des Kindes und dem der Mutter hin.

»Das erste erotische Objekt des Kindes ist die ernährende Mutterbrust, die Liebe entsteht in Anlehnung an das befriedigte Nahrungsbedürfnis. Die Brust wird anfangs gewiß nicht von dem eigenen Körper unterschieden, wenn sie vom Körper abgetrennt, nach ›außen‹ verlegt werden muß, weil sie so häufig vom Kind vermißt wird, nimmt sie als ›*Objekt*‹ einen Teil der ursprünglich narzißtischen Libidobesetzung mit sich.«[5]

Es ist also klar, daß wir einen schweren Fehler machen, wenn wir den Terminus »Objekt« unexakt und außerhalb des Kontextes, in dem er bei Freud auftritt, verwenden; wir vermischen dann Konzepte verschiedener Klassen, die sich auf völlig verschiedene Entwicklungsstufen beziehen, und gehen mit ihnen um, als ob sie Äquivalente wären, obwohl jeweils etwas ganz Anderes gemeint ist. In diesem ersten Gegensatz haben wir es mit einem Terminus zu tun, der einen Teil des kindlichen Körpers bezeichnet.

Dieser Körperteil fungiert als das Objekt eines Partialtriebes. In ›Triebe und Triebschicksale‹ sagt Freud: Das Objekt »ist nicht notwendig ein Teil des eigenen Körpers. Es kann im Laufe der Lebensschicksale des Triebes beliebig oft gewechselt werden.«[6] In derselben Abhandlung heißt es im Zusammenhang von Überlegungen darüber, daß sich noch nicht alle Partialtriebe als der Analyse gleichermaßen zugänglich erwiesen hätten:

»Wir können von ihnen allgemein aussagen, daß sie sich *autoerotisch* betätigen, d. h., ihr Objekt verschwindet gegen das Organ, das ihre Quelle ist, *und fällt in der Regel mit diesem zusammen*« (Nachträgliche Hervorhebung).[7]

4 (1915c) ›Triebe und Triebschicksale‹, G. W., Bd. 10, S. 229.
5 (1940a [1938]) *Abriß der Psychoanalyse*, G. W., Bd. 17, S. 115.
6 (1915c) ›Triebe und Triebschicksale‹, G. W., Bd. 10, S. 215.
7 Ibid., S. 225.

Das Objekt eines Triebes charakterisiert Freud in dieser Abhandlung wie folgt:

>»Das Objekt des Triebes ist dasjenige, an welchem oder durch welches der Trieb sein Ziel erreichen kann. Es ist das variabelste am Triebe, nicht ursprünglich mit ihm verknüpft, sondern ihm nur infolge seiner Eignung zur Ermöglichung der Befriedigung zugeordnet.«[8]

Dies macht noch klarer, was Freud meinte, wenn er in bezug auf die früheste Lebensphase von der Bedeutung der Brust oder der Mutter sprach. Man kann die relativ zufällige Verknüpfung eines Partialtriebes mit seinem Objekt (entweder in der Außenwelt oder am Körper des Kindes), wie sie von Freud hier beschrieben wird, mit der engen Verknüpfung auf späteren Entwicklungsstufen vergleichen, auf denen die Mutter zum Objekt des Ichs geworden ist.

In dieser Gegensatzgruppe tritt noch eine dritte Verwendungsweise des Terminus »Objekt« auf, in der er sich nicht auf einen Teil des kindlichen Körpers bezieht, sondern auch auf den Körper als ganzen. Diese Verwendungsweise findet sich in mehreren Werken Freuds, u. a. in der Abhandlung über *Leonardo da Vinci,* in der über den Fall *Schreber* und in *Totem und Tabu.* In der Abhandlung über den Fall *Schreber* schrieb Freud:

>»Untersuchungen der letzten Zeit haben uns auf ein Stadium in der Entwicklungsgeschichte der Libido aufmerksam gemacht, welches auf dem Wege vom Autoerotismus zur Objektliebe durchschritten wird [das Stadium des Narzißmus]. Es besteht darin, daß das in der Entwicklung begriffene Individuum, welches seine autoerotisch arbeitenden Sexualtriebe zu einer Einheit zusammenfaßt, um ein Liebesobjekt zu gewinnen, zunächst sich selbst, seinen eigenen Körper zum Liebesobjekt nimmt, ehe es von diesem zur Objektwahl einer fremden Person übergeht.«[9]

Die zweite Gegensatzgruppe besteht aus »Objekt« als Objekt eines Partialtriebes und »Objekt« als Objekt des Ichs. Die für diesen Gegensatz wichtigen Zitate haben wir bereits im Zusammenhang mit der Diskussion des ersten Gegensatzes angeführt. Das Problem der Beziehung des Ichs zum Objekt wird dadurch kompliziert, daß diese Beziehung sich in ihrer Komplexität und ihrem Reichtum mit dem Alter des Kindes und mit dem Erreichen neuer Entwicklungsstufen verändert. Diese Art von Beziehung wird also von relativ einfachen bis zu höchst komplexen Formen variieren.

[8] Ibid., S. 215.
[9] (1911c) ›Psychoanalytische Bemerkungen über einen autobiographisch beschriebenen Fall von Paranoia‹, G. W., Bd. 8, S. 297; vgl. (1905d) *Drei Abhandlungen zur Sexualtheorie,* G. W., Bd. 5, S. 44 f., Anm.; (1910c) *Eine Kindheitserinnerung des Leonardo da Vinci,* G. W., Bd. 8, S. 170.

Die Beziehung eines Partialtriebes zu einem Objekt hat den Charakter einer biologischen Beziehung, während die des Ichs zum Objekt sehr viel komplexer und in erster Linie eine psychische Beziehung ist.

Man kann sagen, daß der bedürfnisbefriedigende Typus einer Beziehung zu einem Objekt den Charakter der Beziehung eines Partialtriebes zu seinem Objekt hat. Aus diesem Grunde erfahren die sogenannten Objekte der Bedürfnisbefriedigung dasselbe Schicksal wie die Objekte der Partialtriebe. Sie bestehen, solange sie Befriedigung gewähren, und verschwinden oder werden umstandslos durch andere ersetzt, sobald sie diese Funktion nicht mehr erfüllen – wie es mit dem Objekt der Partialtriebe geschieht.

14
Historischer Überblick über die drei Abhandlungen zur Sexualtheorie

Die zum erstenmal am Jahre 1905 veröffentlichten *Drei Abhandlungen* haben in ihren verschiedenen späteren Ausgaben eine größere Anzahl von Revisionen und Erweiterungen erfahren als irgendein anderes Werk Freuds. Die folgende Zusammenstellung soll dem Leser helfen, die wichtigsten Revisionen und Zusätze historisch richtig einzuordnen.*

---

* Alle Seitenzahlen beziehen sich auf G. W., Bd. 5.

von sehr intensiver, aber kurzlebiger Fixierung an
das Weib ... durchmachen, nach deren Überwindung sie sich mit dem Weib identifizieren und sich
selbst zum Sexualobjekt nehmen.«

2. Absatz der Fußnote: 1915
Nennt weitere Faktoren, die die Entwicklung des
Individuums beeinflussen. Heterosexuelle oder homosexuelle Objektwahl entscheidet sich erst nach
der Pubertät und hängt von zahlreichen Faktoren
ab; wesentlichste Merkmale der Inversionstypen:
narzißtische Objektwahl und Festhalten an der erotischen Bedeutung der Analzone. Akzidentelle Be-
einflussungen der Objektwahl sind die Versagung
und das Vorhandensein beider Elternteile.

3.–7. Absatz der Fußnote: 1920
Hinweise auf neue biologische Arbeiten über die
organischen Bedingungen homosexueller Geschlechtscharaktere und Ferenczis Unterscheidung
»zwischen den beiden Typen des *Subjekthomoero-
tikers,* der sich als Weib fühlt und benimmt, des
Objekthomoerotikers, der durchaus männlich ist
und nur das weibliche Objekt gegen ein gleichge-
schlechtliches vertauscht hat.«

Schlußfolgerung (S. 46)   1905
B. *Geschlechtsunreife und Tiere als Sexualobjekte*
Diese Frage des Sexualobjekts ist eine des Grades,
nicht eine von Geisteskrankheit o. ä. (S. 47/48)   1905
Fußnote: Unterschied zwischen dem Liebesleben
der Alten Welt und dem unsrigen: die Alten legten
den Akzent auf den Trieb selbst, wir legen ihn auf
dessen Objekt (S. 48)   1910

II. *Abweichungen in bezug auf das Sexualziel*
A. *Anatomische Überschreitungen*   1905
Überschätzung des Sexualobjekts (S. 49)   1905
S. 50, Fußnote 1: Ferenczi hat die Suggerierbar-
keit in der Hypnose mit dem »Elternkomplex« ver-
knüpft   1910
S. 50, Fußnote 2: Bemerkungen zum Verhältnis
zwischen der Überschätzung des Objekts und dem
Übergreifen des sexuellen Interesses auf andere
Körperteile als die Genitalien (»Reizhunger«).   1915
S. 50, Fußnote 3: Die Frau zeigt in der Regel eine

Masochismus ... Sexualüberschätzung ... 1915
wurden einige Sätze gestrichen und zwei Absätze
hinzugefügt, die die Termini präzise definieren (S.
56/57).

S. 57, Fußnote: Unterscheidung des Masochismus
in einen *primären* oder *erogenen,* »aus dem sich
zwei spätere Formen, der *feminine* und der *moralische* Masochismus entwickeln«, und in einen *sekundären* Masochismus, der durch »Rückwendung des
im Leben unverbrauchten Sadismus gegen die eige-
ne Person entsteht«.   1924
Kurzer Abschnitt über den Schmerz in der ursprünglichen Ausgabe (S. 58)   1905
»Sadismus und Masochismus nehmen unter den
Perversionen eine besondere Stellung ein, da der
ihnen zugrunde liegende Gegensatz von Aktivität
und Passivität zu den allgemeinen Charakteren des
Sexuallebens gehört.« (S. 58)   1915
Absatz über den prägenitalen (oralen) Aspekt (S.
58)   1905
S. 58, Fußnote 2, hebt Sadismus und Masochismus
aus der Reihe der anderen Perversionen heraus.   1924
Aktive und passive Formen dieser Perversion treten
regelmäßig bei ein und derselben Person auf. »Ein
Sadist ist immer auch gleichzeitig ein Masochist.«
(S. 59)   1905
Gewisse Perversionen treten regelmäßig als Gegen-
satzpaare auf (S. 59)   1905
Solche Gegensätze sind »mit dem in der Bisexualität
vereinten Gegensatz von männlich und weiblich in
Beziehung zu setzen«.   1924

III. *Allgemeines über alle Perversionen*
     Variation und Krankheit (S. 59 f.)
          Eine Perversion ist ein krankhaftes Symptom, wenn
          sie nicht neben der normalen Sexualität auftritt,
          sondern diese ersetzt.   1905
     Die seelische Beteiligung bei den Perversionen (S. 61)
          Gerade die »abscheulichsten Perversionen« stellen
          eine Idealisierung des Triebes dar.   1905
     Zwei Ergebnisse (S. 61)
          1. Widerstände wie Scham und Ekel schränken den Se-
          xualtrieb ein; entwickeln sich diese Widerstände früher

als der Sexualtrieb, beeinflussen sie seine Entwicklung. 1905
S. 61, Fußnote: Zusammenhang von individueller Entwicklung und Psychogenese der Menschheit. 1915
2. Zusammengesetzte Natur des Sexualtriebes; manche
Perversionen »werden nur durch das Zusammentreten
von mehreren Motiven [Partialtrieben] verständlich«. 1905
S. 62, Fußnote: »Die Perversion [ist] der Rückstand einer Entwicklung zum Ödipuskomplex, nach dessen Verdrängung die der Anlage nach stärkste Komponente des
Sexualtriebes wieder hervorgetreten ist.« 1920

IV. *Der Sexualtrieb bei den Neurotikern*
Die Psychoanalyse (S. 62)
Die Analyse zeigt, daß die Symptome »die Sexualbetäti-
gung des Kranken« sind. 1905
S. 63, Fußnote: »Die nervösen Symptome beruhen ei-
nerseits auf dem Anspruch der libidinösen Triebe, an-
dererseits auf dem Einspruch des Ichs, der Reaktion
gegen dieselben.« 1920
Ergebnisse der Psychoanalyse (S. 63)
»Zwischen dem Drängen des Strebens und dem Widerstreben der Sexualablehnung stellt sich der Ausweg der
Krankheit her.« (S. 64) 1905
Neurose und Perversion (S. 65)
»Die Neurose ist . . . das Negativ der Perversion.« 1905
(a) »Bei allen Neurotikern . . . finden sich im unbewußten
Seelenleben Regungen von Inversion.« 1905
S. 65, Fußnote 2, hebt die Bedeutung dieser Tatsache
für jede Theorie der Homosexualität hervor. 1920
(b) Anatomische Überschreitungen – insbesondere: Verwendung von Mund- und Afterschleimhaut in der Rolle
von Genitalien. 1905
(c) Bedeutsame Rolle der in Gegensatzpaaren auftretenden Partialtriebe. 1905

V. *Partialtriebe und erogene Zonen* (S. 67)
Der erste Satz führt Perversionen auf »Partialtriebe« zu-
rück. 1905
Der Rest des Absatzes definiert Trieb, Reiz, Quelle und
Ziel. 1915
S. 67, Fußnote: »Die Trieblehre ist das bedeutsamste,
aber auch das unfertigste Stück der psychoanalytischen
Theorie.« 1924

S. 81, Fußnote 2: Beispiel eines erwachsenen Mädchens, das seine Lust beim Lutschen beschreibt.   1920

Autoerotismus (S. 81)

Der erste Absatz führt das Konzept ein, zitiert Havelock Ellis.   1905

S. 82, Fußnote: Unterscheidung zwischen Ellis' und der psychoanalytischen Bestimmung des Konzepts.   1920

Satz – S. 83 –, daß viele hysterische Patientinnen mit Eß-störungen, hysterischem Globus, Schnüren im Hals und Erbrechen in der Kindheit stark gelutscht hatten.   1915

Die erste Ausgabe spricht von zwei »wesentlichen Charakteren einer infantilen Sexualäußerung«.

Hinzufügung eines dritten: Die Sexualäußerung »entsteht in *Anlehnung* an eine der lebenswichtigen Körperfunktionen, sie kennt noch kein Sexualobjekt, ist *autoerotisch,* und ihr Sexualziel steht unter der Herrschaft einer *erogenen Zone«.*   1915

(3) *Das Sexualziel der infantilen Sexualität*

Charaktere erogener Zonen (S. 83)

Erste Ausgabe: »Erogene und hysterogene Zonen zeigen die nämlichen Charaktere.«   1905

S. 85, Fußnote 1: »Weitere Überlegungen ... führen dazu, die Eigenschaft der Erogeneität allen Körperstellen und inneren Organen zuzusprechen.«   1915

Infantiles Sexualziel (S. 85)   1905

S. 85, Fußnote 2, macht auf die Gefahren der teleologischen Denkweise wie in dem Satz, daß die Natur sichere Vorrichtungen getroffen hat, um dieses Erleben der Befriedigung [einer erogenen Zone] nicht dem Zufalle zu überlassen«, aufmerksam.   1920

(4) *Die masturbatorischen Sexualäußerungen* (S. 86)

Betätigung der Afterzone (S. 86)

Die Sexualität lehnt sich an Körperfunktionen an – in Darmstörungen usw.   1905

Absatz darüber, daß das Kind seinen Kot als »Geschenk« (d. h. als auf ein Objekt bezogen) und in einer seiner Sexualtheorien als Kind auffaßt.   1915

S. 88, Fußnote: Hinweis auf eine Arbeit von Lou Andreas-Salomé über das erste Verbot (Verbot der Anallust). »Das kleine Wesen muß bei diesem Anlasse zuerst die seinen Triebregungen feindliche Umwelt ahnen ... Das ›Anale‹ bleibt von da an das Symbol für alles vom Leben Abzuscheidende.«   1920

(3) *Die Libidotheorie* (S. 118)

Dieser Abschnitt beruht weitgehend auf der Arbeit über den Narzißmus, Fußnoten führen dies weiter aus. 1915

Der letzte Teil, der das Konzept der Libido im Gegensatz zu Jung, der es mit der »psychischen Triebkraft überhaupt zusammenfallen läßt«, auf die »sexuellen Triebkräfte« einschränkt, stammt aus dem Jahre 1920 1920

(4) *Differenzierung von Mann und Weib* (S. 120)

Im Hinblick auf die masturbatorischen Sexualbetätigungen hat die Sexualität im Kindesalter auch beim Mädchen wesentlich »männlichen« (phallischen) Charakter. 1905

S. 121, Fußnote: Diskussion über den Gebrauch von »männlich« und »weiblich« im Sinne von Aktivität und Passivität, im biologischen und im soziologischen Sinne. 1915

Leitzonen bei Mann und Weib (S. 121)

Entwicklung der erogenen Zonen bei der Frau, Übergang von der Klitoris zur Vagina. 1905

(5) *Die Objektfindung* (S. 123)

Der erste Abschnitt charakterisiert das Saugen des Kindes als Vorbild für die spätere Objektfindung; das ursprüngliche Objekt wird verloren, in der Pubertät wiedergefunden. 1905 Dieser 1905 geschriebene Abschnitt (S. 123) besagt, daß die orale Phase objektbezogen ist, die Sexualität danach bis zur Pubertät autoerotisch wird. Dies stimmt nicht mit den Bemerkungen von 1915 über die zweizeitige Objektwahl (S. 100) überein, denen zufolge die Objektwahl in zwei Schüben erfolgt: der erste zwischen dem Alter von 2 und 5 Jahren, der durch die Latenzzeit zum Stillstand gebracht wird; der zweite, der die definitive Gestaltung des Sexuallebens bestimmt, setzt mit der Pubertät ein. Ein weiterer Zusatz von 1920 (S. 135) betont, daß zwischen 2 und 5 Jahren die erste Objektwahl stattfindet.

S. 123, Fußnote: Es gibt zwei Wege der Objektfindung – Anlehnung an frühinfantile Vorbilder, narzißtische Objektwahl. 1915

Sexualobjekt der Säuglingszeit (S. 124) 1905

Infantile Angst (S. 125) 1905

S. 126, Fußnote 1: Neurotische Angst entsteht aus der Libido, verhält sich zu ihr, »wie der Essig zum Wein« (eine später modifizierte Ansicht). 1920

Inzestschranke (S. 126)

S. 127, Fußnote 1: Hinweis auf anthropologische Daten in *Totem und Tabu,* auf den Ödipuskomplex usw. 1915

Zusammenfassung

15
Realitätsprüfung

Definition

Realitätsprüfung ist eine Ichfunktion, die Wahrnehmungen oder Reize aus der Außenwelt von Impulsen oder Wünschen aus dem Unbewußten unterscheidet, die zwischen Realität und Phantasie trennt.

Der Terminus »Realitätsprüfung« taucht zum erstenmal in den ›Formulierungen über die zwei Prinzipien des psychischen Geschehens‹ (1911b) im Zusammenhang von Überlegungen über das Phantasieren auf; die Funktion der Realitätsprüfung war jedoch bereits in den ersten psychoanalytischen Schriften Freuds voll enthalten.[1]

Die ersten Versuche, zwischen innerer und äußerer Realität zu unterscheiden (zwischen Wünschen, Vorstellungen, Phantasien, Erinnerungen und Realitätswahrnehmungen), die Annahme, daß das Finden eines Objektes in der Realität eigentlich ein Wiederfinden ist, und die zentrale These, daß die Unterscheidung zwischen einer Wahrnehmung und einer Erinnerung (oder Vorstellung) durch eine Ichhemmung ermöglicht wird, finden sich bereits im ›Entwurf einer Psychologie‹ (1895).[2]

Entwicklung der Realitätsprüfung: Wahrnehmung und Wunscherfüllung

Im ›Entwurf‹ versuchte Freud, das Denken und die zur Unterscheidung zwischen Wahrnehmung und Wunscherfüllung notwendige Realitätsprüfung als aus der mit dem Streben nach Wunschbefriedigung verknüpften Spannung entstehend zu begreifen.

»Im Ich herrscht die Begierdespannung, in deren Folge die Vorstellung des geliebten Objektes (die Wunsch-Vorstellung) besetzt wird. Biologische Erfahrung hat gelehrt, daß diese Vorstellung nicht so stark besetzt werden darf, um mit einer Wahrnehmung verwechselt werden zu können, und daß man die Abfuhr aufschieben muß, bis von der Vorstellung her die Qualitätszeichen auftreten, als Be-

---

[1] (1911b) ›Formulierungen über die zwei Prinzipien des psychischen Geschehens‹, G. W., Bd. 8, S. 234.

[2] (1950a [1887–1902]) *Aus den Anfängen der Psychoanalyse,* op. cit., S. 305.

weis, daß die Vorstellung jetzt real, eine Wahrnehmungsbesetzung ist. Kommt eine Wahrnehmung an, die mit der Vorstellung identisch oder ähnlich ist, so findet sie ihre Neurone durch den Wunsch *vorbesetzt, d. h.* entweder schon alle besetzt oder einen Teil davon, soweit eben die Übereinstimmung geht. Die Differenz zwischen der Vorstellung und der ankommenden Wahrnehmung gibt dann den Anlaß zum Denkvorgang, der sein Ende erreicht, wenn die überschüssigen Wahrnehmungsbesetzungen auf einem gefundenen Wege in Vorstellungsbesetzungen überführt sind; dann ist *Identität erreicht.*«[3]

In *Die Traumdeutung* (1900) schrieb Freud darüber, wie beim Kleinkind eine Verknüpfung zwischen der Gedächtnisspur einer Bedürfniserregung und dem Erinnerungsbild der Wahrnehmung, die ein wesentlicher Bestandteil des Befriedigungserlebnisses ist, hergestellt wird.

»Sobald dies Bedürfnis ein nächstesmal auftritt, wird sich, dank der hergestellten Verknüpfung, eine psychische Regung ergeben, welche das Erinnerungsbild jener Wahrnehmung wieder besetzen und die Wahrnehmung selbst wieder hervorrufen, also eigentlich die Situation der ersten Befriedigung wiederherstellen will.«[4]

Um Befriedigung zu erlangen, muß die Wahrnehmungsidentität von der Außenwelt her aufgebaut werden, da der Weg der Regression nicht zur Aufhebung des Bedürfnisses, sondern zu Frustration führt. 1919 fügte Freud die Fußnote hinzu: »Mit anderen Worten: es wird die Einsetzung einer ›Realitätsprüfung‹ als notwendig erkannt.«[5] An späterer Stelle heißt es, ein zweites System *(Vbw)* müsse die Außenwelt so verändern, »daß die reale Wahrnehmung des Befriedigungsobjekts eintreten kann«.[6]

Realitätsprüfung und das Wiederfinden der Objekte

Realitätsprüfung als ein Wiederfinden von Objekten, die einst reale Befriedigung gebracht haben, ist in dem Aufsatz ›Die Verneinung‹ (1925h)[7] klar formuliert worden; die erste Diskussion dieses Aspektes findet sich im ›Entwurf‹ (1895)[8] in bezug auf die Versuche des Kleinkindes, eine Identität zwischen dem Erinnerungsbild von der Mutterbrust und deren realer Wahrnehmung herzustellen. In der *Traumdeutung* setzte Freud diese Diskussion fort:

[3] Ibid., S. 440.
[4] (1900a) *Die Traumdeutung,* G. W., Bd. 2/3, S. 571.
[5] Ibid., S. 572, Anm. 1.
[6] Ibid., S. 604.
[7] (1925h) ›Die Verneinung‹, G. W., Bd. 14, S. 13 f.
[8] (1950a [1887–1902]) *Aus den Anfängen der Psychoanalyse,* op. cit., S. 334 ff.

»Die erste psychische Tätigkeit zielt also auf eine *Wahrnehmungs-identität,* nämlich auf die Wiederholung jener Wahrnehmung, welche mit der Befriedigung des Bedürfnisses verknüpft ist.«
Diese Wahrnehmungsidentität wird dann von der Außenwelt her aufgebaut.[9] In ›Die Verneinung‹ wurde dieser Punkt weiterentwickelt:
»Der erste und nächste Zweck der Realitätsprüfung ist also nicht, ein dem Vorgestellten entsprechendes Objekt in der realen Wahrnehmung zu finden, sondern es *wiederzufinden,* sich zu überzeugen, daß es noch vorhanden ist. Ein weiterer Beitrag zur Entfremdung zwischen dem Subjektiven und dem Objektiven rührt von einer anderen Fähigkeit des Denkvermögens her. Die Reproduktion der Wahrnehmung in der Vorstellung ist nicht immer deren getreue Wiederholung; sie kann durch Weglassungen modifiziert, durch Verschmelzungen verschiedener Elemente verändert sein. Die Realitätsprüfung hat dann zu kontrollieren, wie weit diese Entstellungen reichen. Man erkennt aber als Bedingung für die Einsetzung der Realitätsprüfung, daß Objekte verloren gegangen sind, die einst reale Befriedigung gebracht hatten.«[10]

Realitätsprüfung sowie normale und halluzinatorische Regression

In der *Traumdeutung* schrieb Freud: »Es hindert uns nichts, einen primitiven Zustand des psychischen Apparats anzunehmen, in dem dieser Weg [zur Wunscherfüllung] wirklich so [regredient] begangen wird, das Wünschen also in ein Halluzinieren ausläuft.« Dieser Weg der Regression hebt aber das Bedürfnis nicht auf.
»Um eine zweckmäßigere Verwendung der psychischen Kraft zu erreichen, wird es notwendig, die volle Regression aufzuhalten, so daß sie nicht über das Erinnerungsbild hinausgeht und von diesem aus andere Wege suchen kann, die schließlich zur Herstellung der gewünschten Identität von der Außenwelt her führen. Diese Hemmung sowie die darauf folgende Ablenkung der Erregung wird zur Aufgabe eines zweiten Systems, welches die willkürliche Motilität beherrscht, d. h. an dessen Leistung sich erst die Verwendung der Motilität zu vorher erinnerten Zwecken anschließt. All die komplizierte Denktätigkeit aber, welche sich vom Erinnerungsbild bis zur Herstellung der Wahrnehmungsidentität durch die Außenwelt fortspinnt, stellt doch nur einen durch die Erfahrung notwendig gewordenen *Umweg zur Wunscherfüllung dar.*«[11]

[9] (1900a) *Die Traumdeutung,* G. W., Bd. 2/3, S. 571 ff.
[10] (1925h) ›Die Verneinung‹, G. W., Bd. 14, S. 14.
[11] (1900a) *Die Traumdeutung,* G. W., Bd. 2/3, S. 571 f.

In bezug auf die halluzinatorische Regression sagt Freud in der *Traumdeutung* (1900a): »Während des Wachens ... vermag [diese Regression] die halluzinatorische Belebung der Wahrnehmungsbilder nicht zu erzeugen.«[12] Und in ›Metapsychologische Ergänzung zur Traumlehre‹ (1917d [1915]):

> »Für unseren gegenwärtigen Zusammenhang darf uns die Annahme gestattet werden, daß die Halluzination in einer Besetzung des Systems *Bw (W)* besteht, die aber nicht wie normal von außen, sondern von innen her erfolgt, und daß sie zur Bedingung hat, die Regression müsse so weit gehen, daß sie dies System selbst erreicht und sich dabei über die Realitätsprüfung hinaussetzen kann.«[13]

Realitätsprüfung und Ichhemmung

Die Unterscheidung zwischen Phantasie und Realität interessierte Freud seit seinen ersten Schriften, und im ›Entwurf‹ (I. Teil, Kap. 15 und 16, und III. Teil)[14] ist viel über dieses Thema gesagt. Strachey zufolge sind die Diskussionen über diesen Aspekt im ›Entwurf‹ und in ›Metapsychologische Ergänzung zur Traumlehre‹ sehr ähnlich:

> »Der ›Entwurf‹ enthält zwei Hauptgedankenstränge. Freud argumentiert, daß die ›psychischen Primärprozesse‹ von sich aus keine Unterscheidung zwischen einer Vorstellung und einer Wahrnehmung treffen; sie müssen zunächst durch die ›psychischen Sekundärprozesse‹ gehemmt werden, die indes nur dort wirksam werden können, wo es ein ›Ich‹ mit einem Besetzungsvorrat gibt, der groß genug ist, die zum Wirksamwerden der Hemmung notwendige Energie zu liefern. Das Ziel der Hemmung besteht darin, den Realitätszeichen Zeit für ihren Weg vom Wahrnehmungsapparat her zu verschaffen. Neben dieser Hemmungs- und Verzögerungsfunktion ist das Ich jedoch auch dafür verantwortlich, ›Aufmerksamkeitsbesetzungen‹ auf die Außenwelt zu lenken, ohne welche die Realitätszeichen nicht wahrgenommen werden könnten.«[15]

Im ›Entwurf‹ hatte Freud geschrieben:

> »Bei Hemmung durch besetztes Ich werden die ω Abfuhrzeichen [perzeptuelle Neuronen] ganz allgemein zu *Realitätszeichen,* welche φ [das Nervensystem als ganzes] biologisch verwerten lernt. Befindet sich das Ich beim Auftauchen eines solchen Realitätszeichens im

[12] Ibid., S. 548.
[13] (1917d [1915]) ›Metapsychologische Ergänzung zur Traumlehre‹, G. W., Bd. 10, S. 423.
[14] (1950a [1887–1902]) *Aus den Anfängen der Psychoanalyse,* op. cit., S. 305.
[15] (1917d [1915]) ›Metapsychologische Ergänzung zur Traumlehre‹, S. E., Bd. 14, S. 220.

Zustande der Wunschspannung, so wird es die Abfuhr nach der spezifischen Aktion folgen lassen; fällt mit dem Realitätszeichen eine Unluststeigerung zusammen, so wird ψ durch geeignete große Seitenbesetzung am angezeigten Orte eine Abwehr von normaler Größe veranstalten; ist keines von beiden der Fall, so wird die Besetzung ungehindert nach den Bahnungsverhältnissen vor sich gehen dürfen. Die Wunschbesetzung bis zur Halluzination, die volle Unlustentwicklung, die vollen Abwehraufwand mit sich bringt, bezeichnen wir als *psychische Primärvorgänge*; hingegen jene Vorgänge, welche allein durch gute Besetzung des Ich ermöglicht werden und Mäßigung der obigen darstellen, als *psychische Sekundärvorgänge*. Die Bedingung der letzteren ist, wie man sieht, eine richtige Verwertung der *Realitätszeichen,* die nur bei Ichhemmung möglich ist.«[16]

In der *Traumdeutung* diskutierte Freud in vielfältiger Weise die Notwendigkeit der Ichtätigkeit und -hemmung für die Realitätsprüfung (vgl. obiges Zitat in D.). Eine andere hier wichtige Stelle in der *Traumdeutung:*

»Das erste Wünschen dürfte ein halluzinatorisches Besetzen der Befriedigungserinnerung gewesen sein. Diese Halluzination erwies sich aber, wenn sie nicht bis zur Erschöpfung festgehalten werden sollte, als untüchtig, das Aufhören des Bedürfnisses, also die mit der Befriedigung verbundene Lust, herbeizuführen. Es wurde so eine zweite Tätigkeit – in unserer Ausdrucksweise die Tätigkeit eines zweiten Systems – notwendig, welche nicht gestattet, daß die Erinnerungsbesetzung zur Wahrnehmung vordringe und von dort aus die psychische Kraft binde, sondern die vom Bedürfnisreiz ausgehende Erregung auf einen Umweg leite, der endlich über die willkürliche Motilität die Außenwelt so verändert, daß die reale Wahrnehmung des Befriedigungsobjekts eintreten kann.«[17]

Ebenso wie die Realitätsprüfung aus der hemmenden Funktion des Ichs entsteht und von ihr abhängt, so hängt die Sicherheit des Ichs von der Realitätsprüfung ab. Im *Abriß der Psychoanalyse* schrieb Freud:

»Bewußte Vorgänge an der Peripherie des Ichs, alle anderen im Ich unbewußt, das wäre der einfachste Sachverhalt, den wir anzunehmen hätten. So mag es sich auch wirklich bei den Tieren verhalten, beim Menschen kommt eine Komplikation hinzu, durch welche auch innere Vorgänge im Ich die Qualität des Bewußtseins erwerben können. Dies ist das Werk der Sprachfunktion, die Inhalte des Ichs mit Erinnerungsresten der visuellen, besonders aber akustischen Wahrnehmungen in feste Verbindung bringt. Von da ab kann die wahrnehmende Peripherie der Rindenschicht in weit größerem

[16] (1950a [1887–1902]) *Aus den Anfängen der Psychoanalyse,* op. cit., S. 333 f.
[17] (1900a) *Die Traumdeutung,* G. W., Bd. 2/3, S. 604.

Umfang auch von innen her erregt werden, innere Vorgänge wie Vorstellungsabläufe und Denkvorgänge können bewußt werden, und es bedarf einer besonderen Vorrichtung, die zwischen beiden Möglichkeiten unterscheidet, der sogenannten *Realitätsprüfung*. Die Gleichstellung, Wahrnehmung-Realität (Außenwelt) ist hinfällig geworden. Irrtümer, die sich jetzt leicht ergeben, im Traum regelmäßig, werden *Halluzinationen* genannt.«[18]

An späterer Stelle:

»Wie das Es ausschließlich auf Lustgewinn ausgeht, so ist das Ich von der Rücksicht auf Sicherheit beherrscht. Das Ich hat sich die Aufgabe der Selbsterhaltung gestellt, die das Es zu vernachlässigen scheint. Es bedient sich der Angstsensationen als eines Signals, das seiner Integrität drohende Gefahren anzeigt. Da Erinnerungsspuren ebenso bewußt werden können wie Wahrnehmungen, besonders durch ihre Assoziation mit Sprachresten, besteht hier die Möglichkeit einer Verwechslung, die zur Verkennung der Realität führen würde. Das Ich schützt sich gegen sie durch die Einrichtung der *Realitätsprüfung,* die im Traum nach den Bedingungen des Schlafzustandes entfallen darf.«[19]

Realitätsprüfende Systeme

Im ›Entwurf‹ heißt es:

»Die *biologische Aufmerksamkeitsregel* aber lautet für das Ich: *Wenn ein Realitätszeichen auftritt, so ist die gleichzeitig vorhandene Wahrnehmungsbesetzung überzubesetzen.*«[20]

Hier beginnt die Überlegung, die schließlich zu dem Ergebnis kommt, daß die Realitätsprüfung eine Ichfunktion ist. In der *Traumdeutung* ordnete Freud, wie oben bereits gesagt, die Realitätsprüfung dem »zweiten System« zu.

In ›Das Unbewußte‹ (1915e) schrieb er sie dem System *Vbw* zu.

»Dem System *Vbw* fallen ferner zu die Herstellung einer Verkehrsfähigkeit unter den Vorstellungsinhalten, so daß sie einander beeinflussen können, die zeitliche Anordnung derselben, die Einführung der einen Zensur oder mehrerer Zensuren, die Realitätsprüfung und das Realitätsprinzip.«[21]

In ›Trauer und Melancholie‹ (1917e [1915]) verlegte er die Realitätsprüfung wieder in das noch undefinierte Ich: ». . . wir werden sie [die

[18] (1940a [1938]) *Abriß der Psychoanalyse,* G. W., Bd. 17, S. 84.
[19] Ibid., S. 129 f.
[20] (1950a [1887–1902]) *Aus den Anfängen der Psychoanalyse,* op. cit., S. 370.
[21] (1915e) ›Das Unbewußte‹, G. W., Bd. 10, S. 287 f.

Gewissensinstanz] mit der Bewußtseinszensur und der Realitätsprüfung zu den großen Ichinstitutionen rechnen.«[22]

In ›Metapsychologische Ergänzung zur Traumlehre‹ (1917d [1915]), wo er versuchte, das System *Bw* von dem System *Vbw* zu unterscheiden, und wo er über das *Bw* so schrieb, wie er früher über das *Vbw* geschrieben hatte, ordnete er die Realitätsprüfung dem System *Bw* zu, obwohl er sie in demselben Abschnitt auch in das Ich verlegte:

»Diese Leistung der Orientierung in der Welt durch Unterscheidung von innen und außen müssen wir nun nach einer eingehenden Zergliederung des seelischen Apparates dem System *Bw (W)* allein zuschreiben. *Bw* muß über eine motorische Innervation verfügen, durch welche festgestellt wird, ob die Wahrnehmung zum Verschwinden zu bringen ist oder sich resistent verhält. Nichts anderes als diese Einrichtung braucht die *Realitätsprüfung* zu sein. Näheres darüber können wir nicht aussagen, da Natur und Arbeitsweise des Systems *Bw* noch zu wenig bekannt sind. Die Realitätsprüfung werden wir als eine der großen *Institutionen* des *Ichs* neben die uns bekannt gewordenen *Zensuren* zwischen den psychischen Systemen hinstellen.«[23]

In *Massenpsychologie und Ich-Analyse* (1921c) schrieb er die Funktion der Realitätsprüfung dem Ichideal zu:

»Daß das Ich traumhaft erlebt, was er [der Hypnotiseur] fordert und behauptet, mahnt uns daran, daß wir verabsäumt haben, unter den Funktionen des Ichideals auch die Ausübung der Realitätsprüfung zu erwähnen. Kein Wunder, daß das Ich eine Wahrnehmung für real hält, wenn die sonst mit der Aufgabe der Realitätsprüfung betraute psychische Instanz sich für diese Realität einsetzt.«

In einer 1923 hinzugefügten Fußnote schrieb er: »Indes scheint ein Zweifel an der Berechtigung dieser Zuteilung, der eingehende Diskussion erfordert, zulässig.«[24]

In *Das Ich und das Es* (1923b) schrieb Freud die Realitätsprüfung endgültig dem Ich zu:

». . . daß ich die Funktion der Realitätsprüfung diesem Über-Ich zugewiesen habe, erscheint irrig und der Korrektur bedürftig. Es würde durchaus den Beziehungen des Ichs zur Wahrnehmungswelt entsprechen, wenn die Realitätsprüfung seine eigene Aufgabe bliebe.«[25]

[22] (1917e [1915]) ›Trauer und Melancholie‹, G. W., Bd. 10, S. 433.
[23] (1917d [1915]) ›Metapsychologische Ergänzung zur Traumlehre‹, G. W., Bd. 10, S. 424.
[24] (1921c) *Massenpsychologie und Ich-Analyse*, G. W., Bd. 13, S. 126.
[25] (1923b) *Das Ich und das Es*, G. W., Bd. 13, S. 256, Anm. 2.

In derselben Abhandlung heißt es an anderer Stelle:

»Unsere Vorstellungen vom Ich beginnen sich zu klären, seine verschiedenen Beziehungen an Deutlichkeit zu gewinnen. Wir sehen das Ich jetzt in seiner Stärke und in seinen Schwächen. Es ist mit wichtigen Funktionen betraut, kraft seiner Beziehung zum Wahrnehmungssystem stellt es die zeitliche Anordnung der seelischen Vorgänge her und unterzieht dieselben der Realitätsprüfung.«[26]

Genese der Realitätsdifferenzierung

In bezug auf die Frage der Genese der Realitätsdifferenzierung schrieb Freud, daß das Ich an zwei Kennzeichen lernen könne, zwischen inneren und äußeren Reizen zu unterscheiden: am Fortwirken eines Reizes und daran, ob es sich dem Reiz entziehen kann oder nicht.

In ›Triebe und Triebschicksale‹ (1915c) schrieb er:

»Stellen wir uns auf den Standpunkt eines fast völlig hilflosen, in der Welt noch unorientierten Lebewesens, welches Reize in seiner Nervensubstanz auffängt. Dies Wesen wird sehr bald in die Lage kommen, eine erste Unterscheidung zu machen und seine erste Orientierung zu gewinnen. Es wird einerseits Reize verspüren, denen es sich durch eine Muskelaktion (Flucht) entziehen kann, diese Reize rechnet es zu einer Außenwelt; andererseits aber auch noch Reize, gegen welche eine solche Aktion nutzlos bleibt, die trotzdem ihren konstant drängenden Charakter behalten; diese Reize sind das Kennzeichen einer Innenwelt, der Beweis für die Triebbedürfnisse. Die wahrnehmende Substanz des Lebewesens wird so an der Wirksamkeit ihrer Muskeltätigkeit einen Anhaltspunkt gewonnen haben, um ein ›außen‹ von einem ›innen‹ zu scheiden.«[27]

Dem fügte er in ›Metapsychologische Ergänzung zur Traumlehre‹ (1917d [1915]) hinzu:

»Wir haben in einem früheren Zusammenhang (›Triebe und Triebschicksale‹) für den noch hilflosen Organismus die Fähigkeit in Anspruch genommen, mittels seiner Wahrnehmungen eine erste Orientierung in der Welt zu schaffen, indem er ›außen‹ und ›innen‹ nach der Beziehung zu einer Muskelaktion unterscheidet. Eine Wahrnehmung, die durch eine Aktion zum Verschwinden gebracht wird, ist als eine äußere, als Realität erkannt; wo solche Aktion nichts ändert, kommt die Wahrnehmung aus dem eigenen Körperinnern, sie ist nicht real. Es ist dem Individuum wertvoll, daß es ein solches Kenn-

[26] Ibid., S. 285.
[27] (1915c) ›Triebe und Triebschicksale‹, G. W., Bd. 10, S. 212.

479

zeichen der Realität besitzt, welches gleichzeitig eine Abhilfe gegen sie bedeutet.«[28]

Eine weitere Dimension der Genese der Realität wurde in ›Die Verneinung‹ (1925h) diskutiert:

»Die Urteilsfunktion hat im wesentlichen zwei Entscheidungen zu treffen. Sie soll einem Ding eine Eigenschaft zu- oder absprechen und sie soll einer Vorstellung die Existenz in der Realität zugestehen oder bestreiten. Die Eigenschaft, über die entschieden werden soll, könnte ursprünglich gut oder schlecht, nützlich oder schädlich gewesen sein. In der Sprache der ältesten, oralen Triebregungen ausgedrückt: das will ich essen oder will es ausspucken, und in weitergehender Übertragung: das will ich in mich einführen und das aus mir ausschließen. Also: es soll in mir oder außer mir sein. Das ursprüngliche Lust-Ich will, wie ich an anderer Stelle ausgeführt habe, alles Gute in sich introjizieren, alles Schlechte von sich werfen. Das Schlechte, das dem Ich Fremde, das Außenbefindliche, ist ihm zunächst identisch.«[29]

Psychische Realität und materielle Realität

Im ›Entwurf‹ diskutierte Freud den Unterschied zwischen »Denkrealität« und »externer Realität«,[30] und in der *Traumdeutung* schrieb er bei der Diskussion der Frage, was innere und was äußere Realität sei: »Ob den unbewußten Wünschen *Realität* zuzuerkennen ist, kann ich nicht sagen. Allen Übergangs- und Zwischengedanken ist sie natürlich abzusprechen.«[31]

1914 fügte er den Satz hinzu: »Hat man die unbewußten Wünsche, auf ihren letzten und wahrsten Ausdruck gebracht, vor sich, so muß man wohl sagen, daß die *psychische* Realität eine besondere Existenzform ist, welche mit der *materiellen* nicht verwechselt werden soll« [1914 war jedoch, anstatt von »materieller«, von »faktischer« Realität die Rede; »materieller« stammt von 1919].[32]

»Hat man die unbewußten Wünsche, auf ihren letzten und wahrsten Ausdruck gebracht, vor sich, so muß man wohl sagen, daß die *psychische Realität* eine besondere Existenzform ist, welche mit der *materiellen* Realität nicht verwechselt werden soll.«[33]

[28] (1917d [1915]) ›Metapsychologische Ergänzung zur Traumlehre‹, G. W., Bd. 10, S. 423 f.

[29] (1925h) ›Die Verneinung‹, G. W., Bd. 14, S. 13.

[30] (1950a [1887–1902]) *Aus den Anfängen der Psychoanalyse,* op. cit., S. 371.

[31] (1900a) *Die Traumdeutung,* G. W., Bd. 2/3, S. 625.

[32] Sigmund Freud, *Studienausgabe in zehn Bänden,* S. Fischer, Frankfurt am Main, Bd. 2, S. 187.

[33] (1900a) *Die Traumdeutung,* G. W., Bd. 2/3, S. 625.

In der *Traumdeutung* faßte Freud das Unbewußte als die eigentliche psychische Realität auf, die uns ihrer inneren Natur nach *»so unbekannt wie das Reale der Außenwelt, und uns durch die Daten des Bewußtseins ebenso unvollständig gegeben* [ist] *wie die Außenwelt durch die Angaben unserer Sinnesorgane«*.[34]

Normale und klinische Implikationen der Realitätsprüfung

Freud hat die Realitätsprüfung in Verbindung mit einer Vielzahl normaler, neurotischer und psychotischer Zustände diskutiert. In ›Metapsychologische Ergänzung zur Traumlehre‹ zeigte er am Beispiel der *Amentia* Meynerts, wie der Bruch mit der Realität sich vollziehen kann:

»Die Amentia ist die Reaktion auf einen Verlust, den die Realität behauptet, der aber vom Ich als unerträglich verleugnet werden soll. Darauf bricht das Ich die Beziehung zur Realität ab, es entzieht dem System der Wahrnehmungen *Bw* die Besetzung oder vielleicht besser eine Besetzung, deren besondere Natur noch Gegenstand einer Untersuchung werden kann. Mit dieser Abwendung von der Realität ist die Realitätsprüfung beseitigt, die – unverdrängten, durchaus bewußten – Wunschphantasien können ins System vordringen und werden von dort aus als bessere Realität anerkannt.«[35]

In *Massenpsychologie und Ichanalyse* schrieb er über die verzerrte Realität des Neurotikers:

»Diese Vorherrschaft des Phantasielebens und der vom unerfüllten Wunsch getragenen Illusion haben wir als bestimmend für die Psychologie der Neurosen aufgezeigt. Wir fanden, für die Neurotiker gelte nicht die gemeine objektive, sondern die psychische Realität. Ein hysterisches Symptom gründe sich auf Phantasie, anstatt auf die Wiederholung wirklichen Erlebens, ein zwangsneurotisches Schuldbewußtsein auf die Tatsache eines bösen Vorsatzes, der nie zur Ausführung gekommen. Ja, wie im Traum und in der Hypnose, tritt in der Seelentätigkeit der Masse die Realitätsprüfung zurück gegen die Stärke der affektiv besetzten Wunschregungen.«[36]

In ›Neurose und Psychose‹[37] und in ›Der Realitätsverlust bei Neurose und Psychose‹ sah Freud »einen der unterscheidenden Züge zwischen Neurose und Psychose« darin, »daß bei ersterer das Ich in Ab-

---

[34] Ibid., S. 617 f.
[35] (1917d [1915]) ›Metapsychologische Ergänzung zur Traumlehre‹, G. W., Bd. 10, S. 424 f.
[36] (1921c) *Massenpsychologie und Ich-Analyse*, G. W., Bd. 13, S. 85 f.
[37] (1924b) ›Neurose und Psychose‹, G. W., Bd. 13, S. 388 f.

hängigkeit von der Realität ein Stück des Es (Trieblebens) unterdrückt, während sich dasselbe Ich bei der Psychose im Dienste des Es von einem Stück der Realität zurückzieht«.[38]

Die Trauer verlangt Realitätsprüfung *par excellence*. In ›Trauer und Melancholie‹ schrieb Freud:

»Die Realitätsprüfung hat gezeigt, daß das geliebte Objekt nicht mehr besteht, und erläßt nun die Aufforderung, alle Libido aus ihren Verknüpfungen mit diesem Objekt abzuziehen. Dagegen erhebt sich ein begreifliches Sträuben ... Dies Sträuben kann so intensiv sein, daß eine Abwendung von der Realität und ein Festhalten des Objekts durch eine halluzinatorische Wunschpsychose zustande kommt. Das Normale ist, daß der Respekt vor der Realität den Sieg behält.«[39]

In *Hemmung, Symptom und Angst* fügte er hinzu:

»Die Trauer entsteht unter dem Einfluß der Realitätsprüfung, die kategorisch verlangt, daß man sich von dem Objekt trennen müsse, weil es nicht mehr besteht.«[40]

In ›Das Unheimliche‹ bemerkte Freud:

»Wer diese animistischen Überzeugungen [das Unheimliche des Erlebens wie Allmacht der Gedanken usw.] bei sich gründlich und endgültig erledigt hat, für den entfällt das Unheimliche dieser Art ... Es handelt sich hier also rein um eine Angelegenheit der Realitätsprüfung, um eine Frage der materiellen Realität.«[41]

In ›Fetischismus‹[42] und im *Abriß der Psychoanalyse*[43] schrieb Freud über die Realitätsentstellung, die entsteht, wenn das Ich bei der Abwehr einer unerträglichen äußeren Realität seine Reaktionen auf diese Realität spaltet.

In *Das Unbehagen in der Kultur* finden sich ausführliche Diskussionen über die verschiedenen Weisen des Umgangs mit der Realität:

»Eine andere Technik der Leidabwehr bedient sich der Libidoverschiebungen, welche unser seelischer Apparat gestattet, durch die seine Funktion so viel an Geschmeidigkeit gewinnt. Die zu lösende Aufgabe ist, die Triebziele solcherart zu verlegen, daß sie von der Versagung der Außenwelt nicht getroffen werden können. Die Sublimierung der Triebe leiht dazu ihre Hilfe.«[44]

»Wenn schon bei diesem Verfahren die Absicht deutlich wird, sich von der Außenwelt unabhängig zu machen, indem man seine Be-

38 (1924e) ›Der Realitätsverlust bei Neurose und Psychose‹, G. W., Bd. 13, S. 363.
39 (1917e [1915]) ›Trauer und Melancholie‹, G. W., Bd. 10, S. 430.
40 (1926d) *Hemmung, Symptom und Angst*, G. W., Bd. 14, S. 205.
41 (1919h) ›Das Unheimliche‹, G. W., Bd. 12, S. 262.
42 (1927e) ›Fetischismus‹, G. W., Bd. 14, S. 312 f.
43 (1940a [1938]) *Abriß der Psychoanalyse*, G. W., Bd. 17, S. 132–135.
44 (1930a) *Das Unbehagen in der Kultur*, G. W., Bd. 14, S. 437 f.

friedigung in inneren, psychischen Vorgängen sucht, so treten die gleichen Züge noch stärker bei dem nächsten hervor. Hier wird der Zusammenhang mit der Realität noch mehr gelockert, die Befriedigung wird aus Illusionen gewonnen, die man als solche erkennt, ohne sich durch deren Abweichung von der Wirklichkeit im Genuß stören zu lassen. Das Gebiet, aus dem diese Illusionen stammen, ist das des Phantasielebens; es wurde seinerzeit, als sich die Entwicklung des Realitätssinnes vollzog, ausdrücklich den Ansprüchen der Realitätsprüfung entzogen und blieb für die Erfüllung schwer durchsetzbarer Wünsche bestimmt.«[45]

»Energischer und gründlicher geht ein anderes Verfahren vor, das den einzigen Feind in der Realität erblickt, die die Quelle alles Leids ist, mit der sich nicht leben läßt, mit der man darum alle Beziehungen abbrechen muß, wenn man in irgendeinem Sinne glücklich sein will.« (Eremit, Wahnsinniger, Massenwahn usw.)[46]

---

[45] Ibid., S. 439.
[46] Ibid., S. 439.

16
Übertragung

Definition

»Die Übertragung stellt sich in allen menschlichen Beziehungen . . .
spontan her . . . Die Psychoanalyse schafft sie also nicht, sie deckt
sie bloß dem Bewußtsein auf, und bemächtigt sich ihrer, um die psychischen Vorgänge nach dem erwünschten Ziel zu lenken.«[1]
In der Übertragung wird Vergessenes aus der Vergangenheit wiederholt, aber diese Wiederbelebung unbewußt gewordener früher Einstellungen erscheint nicht als der Vergangenheit angehörig, sondern bezieht sich auf den Arzt in der Gegenwart. Der Patient sieht in ihm
»eine Wiederkehr – Reinkarnation – einer wichtigen Person aus seiner
Kindheit«, erblickt in ihm Vergangenheit und überträgt darum Gefühle
und Reaktionen auf ihn, »die sicherlich diesem Vorbild gegolten haben . . . Diese Übertragung ist *ambivalent,* sie umfaßt positive, zärtliche, wie negative, feindselige Einstellungen gegen den Analytiker.«[2]
»Diese Tatsache der Übertragung erweist sich bald als ein Moment
von ungeahnter Bedeutung, einerseits ein Hilfsmittel von unersetz-
lichem Wert, andererseits eine Quelle ernster Gefahren.«[3]
Sie wird, im negativen wie im positiven Falle – von den Widerständen
als Waffe benutzt; doch der Patient wird nur dann von der Existenz
und der Macht seiner unbewußten Regungen und von der Richtigkeit
der in der Analyse konstruierten Zusammenhänge überzeugt, wenn
er in der Übertragung den Teil seines Gefühlslebens, an den er sich
nicht mehr erinnern kann, wiedererlebt.
In der analytischen Technik ist die Handhabung der Übertragung »das
bei weitem schwierigste . . . Die Übertragung allein muß man fast selbständig erraten, auf geringfügige Anhaltspunkte hin und ohne sich der
Willkür schuldig zu machen.«[4]
»In der Psychoanalyse werden . . . alle Regungen, auch die feindseligen, geweckt, durch Bewußtmachen für die Analyse verwertet . . .
Die Übertragung, die das größte Hindernis für die Psychoanalyse
zu werden bestimmt ist, wird zum mächtigsten Hilfsmittel derselben.«[5]

[1] (1910a [1909]) ›Über Psychoanalyse‹, G. W., Bd. 8, S. 55.
[2] (1940a [1938]) *Abriß der Psychoanalyse,* G. W., Bd. 17, S. 100.
[3] Ibid., S. 100.
[4] (1905e [1901]) ›Bruchstück einer Hysterie-Analyse‹, G. W., Bd. 5, S. 280.
[5] Ibid., S. 281.

Die Übertragung fügt »einen wesentlichen Zug zum Bilde der Analyse« hinzu und darf »technisch wie theoretisch die größte Bedeutung beanspruchen«.[6]

In der Tatsache, »daß sich regelmäßig während der analytischen Behandlung eine besondere Gefühlsbeziehung des Patienten zum Arzt herstellt«,[7] sah Freud einen Beweis für den Satz, »daß die Triebkräfte der neurotischen Symptombildung sexueller Natur sind«.[8]

Historische Übersicht

Freud gebrauchte den Terminus »Übertragung« zuerst in den *Studien über Hysterie*[9], in denen er das überraschende Phänomen zu erkennen begann. Durch die neue kathartische Drucktechnik, welche die hypnotische Behandlung ersetzt hatte, auf etwas Derartiges zu stoßen, hatte er ebensowenig erwartet wie Breuer. Doch anders als Breuer, der, nachdem er das sexuelle Motiv der Übertragung seiner Patientin Anna O. auf ihn entdeckt, aber nicht den universellen Charakter dieses unerwarteten Phänomens erkannt hatte, an der Aufklärung der Neurosen nicht mehr weiterarbeiten wollte, war Freud in der Lage, seine lebenslange Arbeit dem klinischen und theoretischen Studium dieses Vorgangs zu widmen.

Freud hatte vom Beginn seiner klinischen Arbeit an die Bedeutung des affektiven Faktors, d. h. des Einflusses der Persönlichkeit des Arztes, erkannt.

Bei Patienten, »die sich entschlossen haben, sich dem Arzte zu überliefern und ihm ein Vertrauen einzuräumen, wie es sonst nur freiwillig gewährt, aber nie gefordert wird, bei diesen anderen, sage ich, ist es kaum zu vermeiden, daß nicht die persönliche Beziehung zum Arzte sich wenigstens eine Zeitlang ungebührlich in den Vordergrund drängt; ja, es scheint, als ob eine solche Einwirkung des Arztes die Bedingung sei, unter welcher die Lösung des Problems allein gestattet ist. Ich meine nicht, daß es an diesem Sachverhalt etwas Wesentliches ändert, ob man sich der Hypnose bedienen konnte oder dieselbe umgehen und ersetzen mußte.«[10]

Freud glaubte, daß der Arzt sich seines in dieser positiven Beziehung begründeten Einflusses bedienen sollte, um als Aufklärer, Lehrer, Vertreter einer freien oder überlegenen Weltsicht, Beichtvater usw. den Patienten zur Überwindung von Widerständen zu bewegen, damit er

6 (1925d [1924]) *Selbstdarstellung*, G. W., Bd. 14, S. 67.
7 (1923a) ›»Psychoanalyse« und »Libidotheorie«‹, G. W., Bd. 13, S. 223.
8 Ibid., S. 222 f.
9 (1895d) *Studien über Hysterie*, G. W., Bd. 1, S. 308.
10 Ibid., S. 265.

»die eigentlich heilende psychische Arbeit [Katharsis] in Angriff nehmen« kann, »indem er die [das hysterische Symptom] verursachenden
pathogenen Eindrücke reproduziert und unter Affektäußerung aus-
spricht«.[11] Wenn allerdings das Verhältnis des Kranken zum Arzte
gestört ist, so bedeutet dies »das ärgste Hindernis, auf das man stoßen
kann. Man kann aber in jeder ernsteren Analyse darauf rechnen.«
Dieses Hindernis tritt in drei Hauptfällen ein:
(1) Bei persönlicher Entfremdung des Patienten vom Arzt, z. B., wenn
er sich beleidigt glaubt. Dieses Hindernis »ist durch Aussprechen und
Aufklären leicht zu überwinden«.[12] – Es wurde zu dieser Zeit noch
nicht als Übertragung aufgefaßt.
(2) Wenn der Patient sich aufgrund der mit der Behandlung verbundenen besonderen Besorgtheit fürchtet, zu abhängig vom Arzt zu werden.
Dies kann zu erheblichen Schwierigkeiten führen, da dieses neue Motiv zum Widerstand meistens unbewußt bleibt. – Auch dieses Hindernis
war noch nicht als Übertragung erkannt worden.
(3) »Wenn [der] Kranke sich davor erschreckt, daß [er] aus dem Inhalte der Analyse auftauchende peinliche Vorstellungen auf die Person des Arztes überträgt. Dies ist häufig, ja in manchen Analysen ein
regelmäßiges Vorkommnis. Die Übertragung auf den Arzt geschieht
durch falsche Verknüpfung.«[13]
Freud erklärte dies am Beispiel eines hysterischen Symptoms einer seiner Patientinnen:
»Es war zuerst der Inhalt des Wunsches im Bewußtsein der Kranken
aufgetreten, ohne die Erinnerungen an die Nebenumstände, die diesen
Wunsch in die Vergangenheit verlegen konnten; der nun vorhandene
Wunsch wurde durch den im Bewußtsein herrschenden Assoziations-
zwang mit meiner Person verknüpft, welche ja die Kranke beschäftigen
darf, und bei dieser Mésalliance – die ich falsche Verknüpfung heiße –
wacht derselbe Affekt auf, der seinerzeit die Kranke zur Verweisung
dieses unerlaubten Wunsches gedrängt hat. Nun ich das einmal erfahren habe, kann ich von jeder ähnlichen Inanspruchnahme meiner Person voraussetzen, es sei wieder eine Übertragung und falsche Verknüpfung vorgefallen.«[14]
Freud erkannte »das Gesetzmäßige des ganzen Vorgangs«[15], daß nämlich diese Hindernisse »nach altem Muster neu produzierte Symptome«
sind, die ebenso zu behandeln seien wie die alten. Diese Einsicht führte
zum Verständnis der außerordentlichen Bedeutung derartiger »Hin-

[11] Ibid., S. 285 f.
[12] Ibid., S. 307.
[13] Ibid., S. 308 f.
[14] Ibid., S. 309.
[15] Ibid., S. 310.

dernisse«, die sich schließlich als ein Hauptinstrument der psychoanalytischen Technik und Theorie erwiesen.

Bereits 1893 sah Freud:

> »Die Arbeit für die Patientin blieb dieselbe: etwa den peinlichen Affekt zu überwinden, daß sie einen derartigen Wunsch einen Moment lang hegen konnte, und es schien für den Erfolg gleichgültig, ob sie diese psychische Abstoßung im historischen Falle oder im rezenten mit mir zum Thema der Arbeit nahm. Die Kranken lernten auch allmählich einsehen, daß es sich bei solchen Übertragungen auf die Person des Arztes um einen Zwang und um eine Täuschung handle, die mit Beendigung der Analyse zerfließe.«[16]

In ›Bruchstück einer Hysterie-Analyse‹ (1901 geschrieben) hat Freud die entscheidende Bedeutung der Übertragung für die Therapie als noch sehr viel umfassender erkannt. Er war jetzt der Überzeugung, daß die Übertragung ein für jede Analyse unbedingt notwendiges Element sei, die letzte Produktion der andauernden Krankheit des Patienten. Wenn sie nicht erkannt und geschickt gehandhabt werde, könne keine Behandlung zu Ende geführt werden. Das vorzeitige Ende der Analyse seiner Patientin *Dora* sei durch seinen Fehler, die Übertragung nicht erkannt zu haben, herbeigeführt worden. Sein Verständnis der theoretischen Implikationen des Phänomens der Übertragung hatte sich in der Zwischenzeit beträchtlich erweitert. 1901 schrieb er:

> »Während einer psychoanalytischen Kur ist die Neubildung von Symptomen, man darf wohl sagen: regelmäßig sistiert. Die Produktivität der Neurose ist aber durchaus nicht erloschen, sondern betätigt sich in der Schöpfung einer besonderen Art von meist unbewußten Gedankenbildungen, welchen man den Namen ›*Übertragungen*‹ verleihen kann.«[17]

Zur Erklärung der Übertragung schrieb er jetzt: »eine ganze Reihe früherer psychischer Erlebnisse wird nicht als vergangen, sondern als aktuelle Beziehung zur Person des Arztes wieder lebendig.« Übertragungen seien auch in anderen Situationen – z. B. in Nervenheilanstalten – offenkundig, es nehme sie dort nur niemand wahr. Die Psychoanalyse versuche, sie zu erkennen – die feindseligen ebenso wie die zärtlichen –, bewußt zu machen und aufzulösen. Dieser Prozeß ist wesentlich, weil die Übertragung vom Patienten »zur Herstellung aller Hindernisse verwendet wird, welche das Material der Kur unzugänglich machen, und da die Überzeugungsempfindung für die Richtigkeit der konstruierten Zusammenhänge beim Kranken erst nach Lösung der Übertragung hervorgerufen wird«.[18] Die Bearbeitung der Übertra-

---

[16] Ibid., S. 310.
[17] (1905e [1901]) ›Bruchstück einer Hysterie-Analyse‹, G. W., Bd. 5, S. 279.
[18] Ibid., S. 280.

gung ist die schwierigste Aufgabe der analytischen Technik, da der Arzt hier nicht die Hilfe des Patienten erwarten kann. Doch:

>Wo sich die Übertragungen frühzeitig in die Analyse einbeziehen lassen, da wird deren Verlauf undurchsichtig und verlangsamt, aber ihr Bestand ist gegen plötzliche unwiderstehliche Widerstände besser gesichert.«

Im Falle *Dora* ging Freud die Übertragung noch von der Oberfläche her an; sie entwickelte sich, sagt Freud, aufgrund irgendeines Details an der Person des Arztes, das die Patientin an eine Gestalt aus ihrer Vergangenheit erinnerte. Er war der Ansicht, daß es gleichgültig sei, ob die in der Übertragung wiederbelebte Regung des Patienten in der Beziehung zum Arzt oder der zu einer anderen Person überwunden wurde. Wenn sie dem Patienten bewußt gemacht und erklärt werde, löse sie sich sofort auf. Werde sie jedoch nicht erkannt, trete das Ausagieren der Phantasien an die Stelle ihrer verbalen Wiederholung in der Behandlung – und führe den vorzeitigen Abbruch der Analyse herbei.

>Wo Regungen der Grausamkeit und Motive der Rache, die schon im Leben zur Aufrechterhaltung der Symptome verwendet worden sind, sich während der Kur auf den Arzt übertragen, ehe er Zeit gehabt hat, dieselben durch Rückführung auf ihre Quellen von seiner Person abzulösen, da darf es nicht Wunder nehmen, daß das Befinden der Kranken nicht den Einfluß seiner therapeutischen Bemühung zeigt. Denn wodurch könnte die Kranke sich wirksamer rächen, als indem sie an ihrer Person dartut, wie ohnmächtig und unfähig der Arzt ist?«[19]

Der *Rattenmann* mußte sich die Überzeugung von seinen unbewußten Wünschen »auf dem schmerzhaften Wege der Übertragung erwerben«.[20]

>Er erlebte mit Hilfe einer Übertragungsphantasie als neu und gegenwärtig, was er aus der Vergangenheit vergessen hatte, oder was nur unbewußt bei ihm abgelaufen war.«[21]

Freud hatte inzwischen voll erkannt:

>In einem Liebesrezidiv vollzieht sich der Prozeß der Genesung, wenn wir alle die mannigfaltigen Komponenten des Sexualtriebes als ›Liebe‹ zusammenfassen, und dieses Rezidiv ist unerläßlich, denn die Symptome, wegen deren die Behandlung unternommen wurde, sind nichts anderes als Niederschläge früherer Verdrängungs- oder Wiederkehrkämpfe und können nur von einer neuen Hochflut der nämlichen Leidenschaften gelöst und weggeschwemmt werden. Jede

[19] Ibid., S. 284.
[20] (1909d) ›Bemerkungen über einen Fall von Zwangsneurose‹, G. W., Bd. 7, S. 429.
[21] Ibid., S. 421.

psychoanalytische Behandlung ist ein Versuch, verdrängte Liebe zu befreien, die in einem Symptom einen kümmerlichen Kompromißausweg gefunden hatte. Ja, die Übereinstimmung mit dem vom Dichter geschilderten Heilungsvorgang in der ›Gradiva‹ erreicht ihre Höhe, wenn wir hinzufügen, daß auch in der analytischen Psychotherapie die wiedergeweckte Leidenschaft, sei sie Liebe oder Haß, jedesmal die Person des Arztes zu ihrem Objekte wählt.«[22]

Noch in seiner Deutung des Falles *Schreber* (1911) schien es Freud, die Übertragung sei zustande gekommen, weil die Person des Arztes den Patienten an seinen Bruder oder seinen Vater »erinnert« hatte. Doch als er die theoretische Bedeutung der Übertragung untersuchte, erfuhr dieses Konzept eine beträchtliche Erweiterung. In einem Brief an Pfister schrieb er 1910:

»Mit der Übertragung ist es ja überhaupt ein Kreuz. Das eigenwillig Ungebändigte der Krankheit, wegen dessen wir die indirekte Suggestion und die direkte hypnotische aufgegeben haben, ist auch durch die Psychoanalyse nicht ganz zu beseitigen, nur einzuschränken, und ihr Rest kommt in der Übertragung zum Vorschein. Er ist meist ansehnlich genug, da lassen dann die Regeln oft im Stiche, man wird sich nach der Eigenart des Kranken richten müssen und auch seine persönliche Note nicht ganz aufgeben wollen. Im Allgemeinen meine ich wie Stekel, daß der Patient in der Abstinenz, in unglücklicher Liebe gehalten werden soll, was natürlich nicht in vollem Ausmaße möglich ist. Je mehr Sie ihn Liebe finden lassen, desto eher bekommen Sie seine Komplexe, aber desto geringer ist der definitive Erfolg, da er seine bisherigen Komplexerfüllungen nur losschlägt, weil er sie gegen die Übertragungsergebnisse eintauschen kann. Der Erfolg ist sehr schön, aber von der Übertragung ganz abhängig. Heilung ist vielleicht erreicht, aber nicht der nötige Grad von Selbständigkeit und Sicherheit vor Rückfall.«[23]

Theoretische und technische Bewertung, 1909–1915

Strachey hat auf Freuds Abneigung hingewiesen, Material über die Technik der psychoanalytischen Behandlung zu veröffentlichen, doch finden sich in Freuds Werk genügend explizite Angaben, um die wichtigen Faktoren zu klären und ihre relative Bedeutung zu bestimmen. Die umfassendsten Darstellungen fallen in die Periode von 1908 bis 1915, als Freud auch an den Fragen der Metapsychologie arbeitete. Freud hatte die Absicht, im Rahmen seiner metapsychologischen Ar-

[22] (1907a) *Der Wahn und die Träume in W. Jensens ›Gradiva‹*, G. W., Bd. 7, S. 118 f.
[23] S. Freud-O. Pfister, *Briefe 1909–1939*, Frankfurt am Main 1963, S. 37 f.

beit 1908 ein systematisches Werk über psychoanalytische Technik zu publizieren, in dem er sich mit dem »kräftigen« Mechanismus[24] der Übertragung, der den Patienten hilft, ihre verdrängten unbewußten Wünsche wiederzuerleben, auseinandersetzen wollte. 1909 erklärte er seinem amerikanischen Publikum:

»Jedesmal wenn wir einen Nervösen psychoanalytisch behandeln, tritt bei ihm das befremdende Phänomen der sogenannten *Übertragung* auf, das heißt er wendet dem Arzte ein Ausmaß von zärtlichen, oft genug mit Feindseligkeit vermengten Regungen zu, welches in keiner realen Beziehung begründet ist und nach allen Einzelheiten seines Auftretens von den alten und unbewußt gewordenen Phantasiewünschen des Kranken abgeleitet werden muß. Jenes Stück seines Gefühlslebens, das er sich nicht mehr in die Erinnerung zurückrufen kann, erlebt der Kranke also in seinem Verhältnisse zum Arzt wieder, und erst durch solches Wiedererleben in der ›Übertragung‹ wird er von der Existenz wie von der Macht dieser unbewußten sexuellen Regungen überzeugt. Die Symptome, welche, um ein Gleichnis aus der Chemie zu gebrauchen, die Niederschläge von früheren Liebeserlebnissen (im weitesten Sinne) sind, können auch nur in der erhöhten Temperatur des Übertragungserlebnisses gelöst und in andere psychische Produkte übergeführt werden. Der Arzt spielt bei dieser Reaktion nach einem vortrefflichen Worte von S. Ferenczi die Rolle eines *katalytischen Ferments,* das die bei dem Prozesse frei werdenden Affekte zeitweilig an sich reißt.«[25]

Freud war überzeugt, daß in jeder Analyse diese spontane Übertragung das eigentliche Vehikel des therapeutischen Einflusses ist. Auch als die Technik modifiziert worden war, als das kathartische Ziel der Aufklärung von Symptomen durch das, Widerstände aufzudecken und zu überwinden, ersetzt worden war, hielt er es für notwendig, daß der Patient »sich so weit an den Arzt attachiert hat *(Übertragung),* daß ihm die Gefühlsbeziehung zum Arzt die neuerliche Flucht [vor seinem durch die in der Übertragung aufgedeckten unbewußten Wünsche verschärften Konflikt] unmöglich macht«.[26]

Im Aufsatz ›Zur Dynamik der Übertragung‹ legte Freud nicht nur die Bedeutung der positiven Übertragung dar, sondern wollte auch verständlich machen, »wie die Übertragung während einer psychoanalytischen Kur notwendig zustande kommt, und wie sie zu der bekannten Rolle während der Behandlung gelangt«.

[24] (1910d) ›Die zukünftigen Chancen der psychoanalytischen Therapie‹, G. W., Bd. 8, S. 105.
[25] (1910a [1909]) ›Über Psychoanalyse‹, G. W., Bd. 8, S. 54 f.
[26] (1910k) ›Über »wilde« Psychoanalyse‹, G. W., Bd. 8, S. 124 f.

»Machen wir uns klar, daß jeder Mensch durch das Zusammenwirken von mitgebrachter Anlage und von Einwirkungen auf ihn während seiner Kinderjahre eine bestimmte Eigenart erworben hat, wie er das Liebesleben ausübt, also welche Liebesbedingungen er stellt, welche Triebe er dabei befriedigt, und welche Ziele er sich setzt. Das ergibt sozusagen ein Klischee (oder auch mehrere), welches im Laufe des Lebens regelmäßig wiederholt, neu abgedruckt wird, insoweit die äußeren Umstände und die Natur der zugänglichen Liebesobjekte es gestatten, welches gewiß auch gegen rezente Eindrücke nicht völlig unveränderlich ist. Unsere Erfahrungen haben nun ergeben, daß von diesen das Liebesleben bestimmenden Regungen nur ein Anteil die volle psychische Entwicklung durchgemacht hat; dieser Anteil ist der Realität zugewendet, steht der bewußten Persönlichkeit zur Verfügung und macht ein Stück von ihr aus. Ein anderer Teil dieser libidinösen Regungen ist in der Entwicklung aufgehalten worden, er ist von der bewußten Persönlichkeit wie von der Realität abgehalten, durfte sich entweder nur in der Phantasie ausbreiten oder ist gänzlich im Unbewußten verblieben, so daß er dem Bewußtsein der Persönlichkeit unbekannt ist. Wessen Liebesbedürftigkeit nun von der Realität nicht restlos befriedigt wird, der muß sich mit libidinösen Erwartungsvorstellungen jeder neu auftretenden Person zuwenden, und es ist durchaus wahrscheinlich, daß beide Portionen seiner Libido, die bewußtseinsfähige wie die unbewußte, an dieser Einstellung Anteil haben.«[27]

Die »erwartungsvoll bereitgehaltene Libidobesetzung«, die der Patient dem Analytiker zuwendet, kann nicht an jedes Klischee, nicht an jede Gestalt aus der frühen Kindheit gebunden werden, weil die Übertragung nicht nur durch bewußte, sondern auch durch unbewußte Erwartungsvorstellungen hergestellt worden ist. Dies erklärt auch, warum die Übertragung auf den Arzt »über Maß und Art dessen hinausgeht, was sich nüchtern und rationell rechtfertigen läßt«. In jeder Neurose wird der »Anteil der bewußtseinsfähigen, der Realität zugewendeten Libido ... verringert, der Anteil der von der Realität abgewendeten, unbewußten, welche etwa noch die Phantasien der Person speisen darf, aber dem Unbewußten angehört, um so viel vermehrt«.[28]

---

[27] (1912b) ›Zur Dynamik der Übertragung‹, G. W., Bd. 8, S. 364 f.
[28] Ibid., S. 367.

Die analytische Behandlung hat das Ziel, die zu ihren infantilen Imagines regredierte Libido aufzusuchen, sie wieder dem Bewußtsein zugänglich und der Realität dienstbar zu machen. Dieser Versuch muß Widerstände erzeugen; die ursprüngliche Libidoregression war durch eine Versagung der Befriedigung durch die Außenwelt oder, stärker noch, durch die von den dem Unbewußten angehörenden Anteilen von Komplexen auf die Libido ausgeübte Anziehung zustande gekommen. Diese Anziehung der unbewußten Triebe und Regungen muß überwunden werden. »Jeder einzelne Einfall, jeder Akt des Behandelten muß dem Widerstande Rechnung tragen.«[29]

»Verfolgt man nun einen pathogenen Komplex von seiner (entweder als Symptom auffälligen oder auch ganz unscheinbaren) Vertretung im Bewußten gegen seine Wurzel im Unbewußten hin, so wird man bald in eine Region kommen, wo der Widerstand sich so deutlich geltend macht, daß der nächste Einfall ihm Rechnung tragen und als Kompromiß zwischen seinen Anforderungen und denen der Forschungsarbeit erscheinen muß. Hier tritt nun nach dem Zeugnisse der Erfahrung die Übertragung ein. Wenn irgend etwas aus dem Komplexstoff (dem Inhalt des Komplexes) sich dazu eignet, auf die Person des Arztes übertragen zu werden, so stellt sich diese Übertragung her, ergibt den nächsten Einfall und kündigt sich durch die Anzeichen eines Widerstandes, etwa durch eine Stockung, an. Wir schließen aus dieser Erfahrung, daß diese Übertragungsidee darum vor allen anderen Einfallsmöglichkeiten zum Bewußtsein durchgedrungen ist, weil sie auch dem Widerstande Genüge tut.«[30]

Arten der Übertragung

Der Patient bedient sich der Entstellung seines Materials durch die Übertragung als der vorteilhaftesten und stärksten Waffe des Widerstandes, der sich nach dem Grad der Intensität und Hartnäckigkeit der Übertragung bemessen läßt. Es müssen verschiedene Aspekte der Übertragung unterschieden werden: positive (zärtliche) und negative (feindselige) Übertragungen; und es gilt, ihre Bedeutung für die Behandlung zu bestimmen. Einige sind Verbündete der Behandlung, andere fungieren als Widerstände gegen sie.

---

[29] Ibid., S. 368.
[30] Ibid., S. 369.

Die positive Übertragung läßt sich gemäß der früher in diesem Buch erklärten Dispersion der Libidobesetzung unterteilen. Die bewußten zärtlichen Gefühle stehen dem Patienten und dem Arzt für die Herstellung einer positiven Beziehung zur Verfügung, von der die Behandlung ausgehen kann und die das Vehikel für deren Erfolg darstellt.

»*Solange nun die Mitteilungen und Einfälle des Patienten ohne Stockung erfolgen, lasse man das Thema der Übertragung unberührt.* Man warte mit dieser heikelsten aller Prozeduren, bis die Übertragung zum Widerstande geworden ist.«[31]

Dies tritt in jedem Falle ein, weil die unbewußten positiven Gefühle stets auf ihre erotischen Quellen, die ursprünglichen infantilen Sexualobjekte, zurückgehen. Wenn die Behandlung die Libido im Unbewußten aufsucht, sind die Reaktionen daher die des unbewußten Systems.

»Die unbewußten Regungen wollen nicht erinnert werden, wie die Kur es wünscht, sondern sie streben danach, sich zu reproduzieren, entsprechend der Zeitlosigkeit und der Halluzinationsfähigkeit des Unbewußten. Der Kranke spricht ähnlich wie im Traume den Ergebnissen der Erweckung seiner unbewußten Regungen Gegenwärtigkeit und Realität zu; er will seine Leidenschaften agieren, ohne auf die reale Situation Rücksicht zu nehmen.«[32]

(Dieses grundlegende Problem wurde in ›Erinnern, Wiederholen und Durcharbeiten‹ [1914] weiter untersucht und führte in *Jenseits des Lustprinzips* [1920] schließlich zur Definition des Wiederholungszwanges.)

Der Analytiker muß den Patienten daran hindern, seine unbewußten Regungen in Aktion umzusetzen.

»Der Arzt will ihn dazu nötigen, diese Gefühlsregungen in den Zusammenhang der Behandlung und in den seiner Lebensgeschichte einzureihen, sie der denkenden Betrachtung unterzuordnen und nach ihrem psychischen Werte zu erkennen. Dieser Kampf zwischen Arzt und Patienten, zwischen Intellekt und Triebleben, zwischen Erkennen und Agierenwollen spielt sich fast ausschließlich an den Übertragungsphänomenen ab. Auf diesem Felde muß der Sieg gewonnen werden, dessen Ausdruck die dauernde Genesung von der Neurose ist. Es ist unleugbar, daß die Bezwingung der Übertragungsphänomene dem Psychoanalytiker die größten Schwierigkeiten bereitet, aber man darf nicht vergessen, daß gerade sie uns den unschätzbaren Dienst erweisen, die verborgenen und vergessenen Liebesregun-

[31] (1913c) ›Zur Einleitung der Behandlung‹, G. W., Bd. 8, S. 473.
[32] (1912b) ›Zur Dynamik der Übertragung‹, G. W., Bd. 8, S. 374.

gen der Kranken aktuell und manifest zu machen, denn schließlich kann niemand *in absentia* oder *in effigie* erschlagen werden.«[33]

Übertragungsliebe

Freud diskutierte das Phänomen der Übertragungsliebe im Zusammenhang mit bewußten und unbewußten Gefühlen. Er stellte dar, wie eine Patientin, die dem Arzt gegenüber seit langem bewußte zärtliche Gefühle zeigte, plötzlich »in ihrer Verliebtheit aufzugehen [scheint], und diese Wandlung ist ganz regelmäßig in einem Zeitpunkte aufgetreten, da man ihr gerade zumuten mußte, ein besonders peinliches und schwer verdrängtes Stück ihrer Lebensgeschichte zuzugestehen oder zu erinnern«.[34] Der Zustand der Verliebtheit in den Analytiker ist ohne Zweifel echt, er ist durch die analytische Situation provoziert und durch den Widerstand verstärkt worden; er kümmert sich weniger um die Realität als die normale Liebe, aber er beruht – wie jeder Zustand der Verliebtheit – auf den alten Zügen und wiederholt die infantilen Reaktionen.

Der Analytiker behandelt die Übertragungsliebe wie jede andere Übertragungsäußerung.

»Man hütet sich, von der Liebesübertragung abzulenken, sie zu verscheuchen oder der Patientin zu verleiden; man enthält sich ebenso standhaft jeder Erwiderung derselben. Man hält die Liebesübertragung fest, behandelt sie aber als etwas Unreales, als eine Situation, die in der Kur durchgemacht, auf ihre unbewußten Ursprünge zurückgeleitet werden soll und dazu verhelfen muß, das Verborgenste des Liebeslebens der Kranken dem Bewußtsein und damit der Beherrschung zuzuführen. Je mehr man den Eindruck macht, selbst gegen jede Versuchung gefeit zu sein, desto eher wird man der Situation ihren analytischen Gehalt entziehen können. Die Patientin, deren Sexualverdrängung doch nicht aufgehoben, bloß in den Hintergrund geschoben ist, wird sich dann sicher genug fühlen, um alle Liebesbedingungen, alle Phantasien ihrer Sexualsehnsucht, alle Einzelcharaktere ihrer Verliebtheit zum Vorscheine zu bringen, und von diesen aus dann selbst den Weg zu den infantilen Begründungen ihrer Liebe eröffnen.«[35]

Negative Übertragung

In der negativen Übertragung unterschied Freud ebenfalls zwei Aspekte.

[33] Ibid., S. 374.
[34] (1915a) ›Bemerkungen über die Übertragungsliebe‹, G. W., Bd. 10, S. 310.
[35] Ibid., S. 314 f.

»Bei den heilbaren Formen von Psychoneurosen findet sie sich neben der zärtlichen Übertragung, oft gleichzeitig auf die nämliche Person gerichtet, für welchen Sachverhalt *Bleuler* den guten Ausdruck *Ambivalenz* geprägt hat . . . Die Ambivalenz der Gefühlsrichtungen erklärt uns am besten die Fähigkeit der Neurotiker, ihre Übertragungen in den Dienst des Widerstandes zu stellen.«[36]

Wenn die feindseligen Gefühle erkannt und in der Übertragung bewußt gemacht werden, können sie ebenso wie die positiven der Realität dienstbar gemacht werden und die Behandlung unterstützen, deren letztes Ziel es ist, den Patienten von neurotischer Angst und von Hemmungen in seinem realen Leben zu befreien, indem jene Gefühle in der Übertragung durchgearbeitet und aufgelöst werden.

Um dieses Ziel zu erreichen, muß die Behandlung das primäre Behandlungsmotiv des Patienten, Linderung des Leidens, verstärken:

»Die zur Überwindung der Widerstände erforderten Affektgrößen stellt sie [die analytische Behandlung] durch die Mobilmachung der Energien bei, welche für die Übertragung bereitliegen; durch die rechtzeitigen Mitteilungen zeigt sie dem Kranken die Wege, auf welche er diese Energien leiten soll.«[37]

Der zweite Aspekt der negativen Übertragung wurde in dieser Periode (1909–1915) nur berührt. Freud glaubte, wenn sie so negativ sei wie bei Paranoikern, sei eine Behandlung unmöglich, da die Waffe der Kur die positive Übertragung sei. Später, bei der Diskussion der narzißtischen Störungen, sprach er ausführlicher darüber, welche Krankheitsformen durch die psychoanalytische Behandlung geheilt oder gebessert werden könnten.

Wiederholungszwang

In ›Erinnern, Wiederholen und Durcharbeiten‹ (1914), der vorletzten in dieser Hauptreihe von Freuds Schriften über die psychoanalytische Technik, wurde die Stärke der unbewußten Aspekte der Übertragung mit all den gefährlichen Möglichkeiten, die sich daraus ergeben, daß, weil der Analytiker gelegentlich »nicht die Zeit hat, den wilden Trieben den Zügel der Übertragung anzulegen«,[38] der Patient dem Wiederholungszwang erliegt, statt sich zu erinnern, voll erkannt und untersucht.

Freud führte aus, daß der Wiederholungszwang des Patienten seine Weise der Erinnerung an das Verdrängte ist, dem er sich in der Be-

[36] (1912b) ›Zur Dynamik der Übertragung‹, G. W., Bd. 8, S. 372 f.
[37] (1913c) ›Zur Einleitung der Behandlung‹, G. W., Bd. 8, S. 477.
[38] (1914g) ›Erinnern, Wiederholen und Durcharbeiten‹, G. W., Bd. 10, S. 134.

handlung nicht entziehen kann. In der Übertragung wiederholt der Patient diese vergessene Vergangenheit; diese Wiederholung ist nicht auf die Behandlung beschränkt, sondern betrifft auch alle anderen Aspekte der aktuellen Situation des Patienten.

> »Das Wiederholenlassen während der analytischen Behandlung ... heißt ein Stück realen Lebens heraufbeschwören und kann darum nicht in allen Fällen harmlos und unbedenklich sein. Das ganze Problem der oft unausweichlichen ›Verschlimmerung während der Kur‹ schließt sich hier an.«[39]

Die Gefahren erhöhen sich ferner durch die Wahrscheinlichkeit, daß auch neue und tieferliegende Triebregungen, die nicht zum Bewußtsein zugelassen worden waren, »wiederholt« werden. Im Grunde muß dies geschehen, weil das Kranksein des Patienten kein Ereignis der Vergangenheit, sondern eine aktuelle Macht ist.

> »Stück für Stück dieses Krankseins wird nun in den Horizont und in den Wirkungsbereich der Kur gerückt, und während der Kranke es als etwas Reales und Aktuelles erlebt, haben wir daran die therapeutische Arbeit zu leisten, die zum guten Teile in der Zurückführung auf die Vergangenheit besteht.«[40]

Übertragungsneurose

Der Analytiker kämpft ständig darum, all die Regungen, die der Patient in den motorischen Bereich lenken möchte, in der psychischen Sphäre zu halten. Die Mittel, derer sich der Analytiker in diesem Kampf bedient, sind die bewußte positive Beziehung, die der Patient zum Arzt hergestellt hat, und die Handhabung der Übertragung, die das Hauptmittel darstellt.[41]

> »Wir machen ihn [den Wiederholungszwang des Patienten] unschädlich, ja vielmehr nutzbar, indem wir ihm sein Recht einräumen, ihn auf einem bestimmten Gebiete gewähren lassen. Wir eröffnen ihm die Übertragung als den Tummelplatz, auf dem ihm gestattet wird, sich in fast völliger Freiheit zu entfalten, und auferlegt ist, uns alles vorzuführen, was sich an pathogenen Trieben im Seelenleben des Analysierten verborgen hat. Wenn der Patient nur so viel Entgegenkommen zeigt, daß er die Existenzbedingungen der Behandlung respektiert, gelingt es uns regelmäßig, allen Symptomen der Krankheit eine neue Übertragungsbedeutung zu geben, seine gemeine Neurose durch eine Übertragungsneurose zu ersetzen, von

[39] Ibid., S. 132.
[40] Ibid., S. 131.
[41] Ibid., S. 133 f.

der er durch die therapeutische Arbeit geheilt werden kann. Die Übertragung schafft so ein Zwischenreich zwischen der Krankheit und dem Leben, durch welches sich der Übergang von der ersteren zum letzteren vollzieht. Der neue Zustand hat alle Charaktere der Krankheit übernommen, aber er stellt eine artefizielle Krankheit dar, die überall unseren Eingriffen zugänglich ist. Er ist gleichzeitig ein Stück des realen Erlebens, aber durch besonders günstige Bedingungen ermöglicht und von der Natur eines Provisoriums. Von den Wiederholungsreaktionen, die sich in der Übertragung zeigen, führen dann die bekannten Wege zur Erweckung der Erinnerungen, die sich nach Überwindung der Widerstände wie mühelos einstellen.«[42]

In den *Vorlesungen zur Einführung* (1916–17) erklärte Freud später, die Übertragungsneurose entwickle sich aus der Tatsache, daß die Krankheit bei Beginn der Behandlung

»ihre Entwicklung fortsetzt wie ein lebendes Wesen ... aber wenn die Kur sich erst des Kranken bemächtigt hat, dann ergibt es sich, daß die gesamte Neuproduktion der Krankheit sich auf eine einzige Stelle wirft, nämlich auf das Verhältnis zum Arzt ... Hat sich die Übertragung erst zu dieser Bedeutung aufgeschwungen, so tritt die Arbeit an den Erinnerungen des Kranken weit zurück. Es ist dann nicht unrichtig zu sagen, daß man es nicht mehr mit der früheren Krankheit des Patienten zu tun hat, sondern mit einer neugeschaffenen und umgeschaffenen Neurose, welche die erstere ersetzt.«[43]

Alle Symptome haben jetzt eine neue Bedeutung, die in einer Beziehung zur Übertragung steht, doch da der Analytiker sich im Zentrum der Krankheit befindet, ist er in der Lage, mit ihr umzugehen.

»Die Bewältigung dieser neuen künstlichen Neurose fällt aber zusammen mit der Erledigung der in die Kur mitgebrachten Krankheit, mit der Lösung unserer therapeutischen Aufgabe. Der Mensch, der im Verhältnis zum Arzt normal und frei von der Wirkung verdrängter Triebregungen geworden ist, bleibt auch so in seinem Eigenleben, wenn der Arzt sich wieder ausgeschaltet hat.«[44]

In seinem vorletzten Hauptwerk, ›Die endliche und die unendliche Analyse‹, hat Freud dies sehr viel genauer bestimmt.

Die sich wiederholenden Reaktionen, die Reproduktionen, die in der Übertragung und in der Übertragungsneurose erscheinen, haben stets einen Anteil des infantilen Sexuallebens – des Ödipuskomplexes und seiner Abkömmlinge – zum Inhalt; sie müssen als aktuelles Erlebnis wiederholt werden, während der Analytiker dafür zu sorgen versucht,

---

[42] Ibid., S. 134 f.
[43] (1916–17) *Vorlesungen zur Einführung in die Psychoanalyse*, G. W., Bd. 11, S. 462.
[44] Ibid., S. 462.

daß der Patient ein gewisses Maß an Zurückhaltung wahrt, das ihn befähigt zu erkennen, daß das, was als Realität erscheint, in Wirklichkeit nur Reflex einer vergessenen Vergangenheit ist. In Termini der Strukturtheorie wird diese Formulierung verständlicher.

Durcharbeiten

Das Durcharbeiten des Materials wurde als der Teil der Behandlung herausgestellt, der die größten Veränderungen bewirkt und durch den die psychoanalytische Behandlung sich scharf von jeder Suggestionstherapie unterscheidet. Diese These ist gegenüber der früheren, der zufolge es genügte, das Material bewußt zu machen, erheblich modifiziert. »Theoretisch kann man es [das Durcharbeiten] dem ›Abreagieren‹ der durch die Verdrängung eingeklemmten Affektbeträge gleichstellen«[45], notwendig ist es aufgrund des vom Unbewußten ausgehenden Widerstandes. Im Zusammenhang mit der Revision der Triebtheorie in *Jenseits des Lustprinzips* wurde dies weiter untersucht.

In dieser Reihe der zwischen 1908 und 1915 geschriebenen Schriften zur Technik hat Freud sein Grundverständnis der Übertragung recht detailliert dargelegt. Da alle wichtigen Elemente angegeben waren, erfuhr diese Auffassung nur wenige Veränderungen und Erweiterungen.

Weitere Entwicklungen 1915–1939

Die späteren Entwicklungen bestanden im wesentlichen in einer anderen Akzentuierung mancher Aspekte; in einer weiteren Aufklärung der Widerstände im Lichte der Strukturtheorie; in der Anwendung (und Qualifizierung der Anwendung) der Technik auf alle Formen psychischer Krankheit sowie in veränderten Einschätzungen des Behandlungserfolgs.

Übertragungsinhalte

In den *Vorlesungen zur Einführung* unterschied Freud »Regressionen von zweierlei Art«: »Rückkehr zu den ersten, von der Libido besetzten Objekten ... und Rückkehr der gesamten Sexualorganisation zu früheren Stufen«.[46] Obwohl diese Unterscheidung in seinen Falldar-

---

[45] (1914g) ›Erinnern, Wiederholen und Durcharbeiten‹, G. W., Bd. 10, S. 136.
[46] (1916–17) *Vorlesungen zur Einführung in die Psychoanalyse*, G. W., Bd. 11, S. 354.

stellungen, z. B. in der über den *Wolfsmann*, bereits enthalten gewesen war, war sie noch nicht so spezifisch formuliert worden. In *Das Unbehagen in der Kultur* machte er auch auf den »Betrag von direkter Aggressionsneigung«[47] aufmerksam, die in der Übertragung neben der sadistischen Komponente der erotischen Beziehung in Erscheinung trete.

Frustration (Versagung)

In den Schriften zur Technik hatte Freud dargelegt, daß Abstinenz und Versagung der Befriedigung unbewußter Wünsche notwendige Voraussetzungen für die Fortsetzung der Analyse seien. In ›Wege der psychoanalytischen Therapie‹ führte er dies weiter aus. Eine von seinen Objekten ausgehende Versagung hatte den Patienten krank gemacht. Um die notwendige Fortdauer der Analyse zu sichern, müssen wir, »so grausam es klingt, dafür sorgen, daß das Leiden des Kranken in irgendeinem wirksamen Maße kein vorzeitiges Ende finde«.[48] Ein Weg zu diesem Ziel ist die Nichtbefriedigung der Wünsche des Patienten in der Übertragung.

»Der Kranke soll, was sein Verhältnis zum Arzt betrifft, unerfüllte Wünsche reichlich übrig behalten. Es ist zweckmäßig, ihm gerade die Befriedigungen zu versagen, die er am intensivsten wünscht und am dringendsten äußert.«[49]

Feindseligkeit

Das unvermeidliche Auftreten feindseliger Gefühle in der Übertragung wurde genauer untersucht. Die vom Beginn der Behandlung an vorhandene Übertragung wandelt sich zum Widerstand,

»erstens, wenn sie als zärtliche Neigung so stark geworden ist, so deutlich die Zeichen ihrer Herkunft aus dem Sexualbedürfnis verraten hat, daß sie ein inneres Widerstreben gegen sich wachrufen muß, und zweitens, wenn sie aus feindseligen anstatt aus zärtlichen Regungen besteht. Die feindseligen Gefühle kommen in der Regel später als die zärtlichen und hinter ihnen zum Vorschein... Die feindlichen Gefühle bedeuten ebenso eine Gefühlsbindung wie die zärtlichen... Daß die feindlichen Gefühle gegen den Arzt den Namen einer ›Übertragung‹ verdienen, kann uns nicht zweifelhaft sein,

---

[47] (1930a) *Das Unbehagen in der Kultur,* G. W., Bd. 14, S. 466, Anm.
[48] (1919a [1918]) ›Wege zur psychoanalytischen Therapie‹, G. W., Bd. 12, S. 188.
[49] Ibid., S. 189.

denn zu ihrer Entstehung gibt die Situation der Kur gewiß keinen zureichenden Anlaß.«[50]

Der Analytiker hat die Aufgabe, dem Patienten seine Illusion aufzuklären, ihm ständig zu zeigen, daß sein neues Leben in der Übertragung nur ein Reflex der Vergangenheit ist.[51] Um sicherzustellen, daß der Patient den Beweisen für diese Einsicht zugänglich bleibt, muß der Analytiker darauf achten, daß weder die Liebe noch die Feindseligkeit eine extreme Höhe erreichen.

»Es ist uns sehr unerwünscht, wenn der Patient außerhalb der Übertragung *agiert* anstatt zu erinnern; das für unsere Zwecke ideale Verhalten wäre, wenn er sich außerhalb der Behandlung möglichst normal benähme und seine abnormen Reaktionen nur in der Übertragung äußerte.«[52]

Kinderanalyse

Freud sah den Wert der Kinderanalyse ebenso wie unter dem Aspekt einer therapeutischen Maßnahme unter dem einer pädagogischen Einwirkung.

»Wir haben kein Bedenken getragen, die analytische Therapie bei solchen Kindern anzuwenden, die entweder unzweideutige neurotische Symptome zeigen oder auf dem Weg zu einer ungünstigen Charakterentwicklung waren. Die Besorgnis, dem Kind durch die Analyse zu schaden, der Gegner der Analyse Ausdruck gegeben haben, erwies sich als unbegründet. Unser Gewinn bei diesen Unternehmungen war, daß wir am lebenden Objekt bestätigen konnten, was wir beim Erwachsenen sozusagen aus historischen Dokumenten erschlossen hatten. Aber auch der Gewinn für die Kinder war sehr erfreulich. Es ergab sich, daß das Kind ein sehr günstiges Objekt für die analytische Therapie ist; die Erfolge sind gründliche und halten an. Natürlich muß man die für Erwachsene ausgearbeitete Technik der Behandlung für das Kind weitgehend abändern. Das Kind ist psychologisch ein anderes Objekt als der Erwachsene, es besitzt noch kein Über-Ich, die Methode der freien Assoziation trägt nicht weit, die Übertragung spielt, da die realen Eltern noch vorhanden sind, eine andere Rolle. Die inneren Widerstände, die wir beim Erwachsenen bekämpfen, sind beim Kind zumeist durch äußere Schwierigkeiten ersetzt. Wenn sich die Eltern zu Trägern des Widerstandes machen, wird oft das Ziel der Analyse oder diese selbst gefährdet,

[50] (1916–17) *Vorlesungen zur Einführung in die Psychoanalyse,* G. W., Bd. 11, S. 461.
[51] (1940a [1938]) *Abriß der Psychoanalyse,* G. W., Bd. 17, S. 104 f.
[52] Ibid., S. 103.

daher ist es oft notwendig, mit der Analyse des Kindes ein Stück analytischer Beeinflussung der Eltern zu verbinden. Anderseits werden die unvermeidlichen Abweichungen der Kinderanalyse von der Erwachsener durch den Umstand verringert, daß manche unserer Patienten soviel infantile Charakterzüge bewahrt haben, daß der Analytiker, wiederum in Anpassung an das Objekt, nicht umhin kann, sich bei ihnen gewisser Techniken der Kinderanalyse zu bedienen.«[53]

Widerstand

In ›Zur Dynamik der Übertragung‹ (1912) hatte Freud gesagt, der Widerstand in der Übertragung gehe auf zwei Quellen zurück: (1) auf eine dem Patienten von der Außenwelt auferlegte Versagung und seinen partiellen Rückzug von ihr; und (2) auf die Anziehung der Libido durch unbewußte Komplexe, die größer ist als die der Realität. In den *Vorlesungen zur Einführung* (1916–17) bemerkte er hingegen, Widerstände seien das Ergebnis von Einstellungen des Ichs, die sich gegen Veränderungen an dem, was es verdrängt hatte, sträubten. Die Intensität eines Widerstandes schwankt im Verhältnis zur Intensität der Verdrängung und der durch ihre Aufhebung erzeugten Unlust.

»Der Widerstand stammt ja auch aus einer Verdrängung, aus der nämlichen, die wir zu lösen suchen, oder aus einer früher vorgefallenen. Er wird ja von der Gegenbesetzung hergestellt, die sich zur Verdrängung der anstößigen Regung erhob. Wir tun also jetzt dasselbe, was wir schon anfangs tun wollten, deuten, erraten und es mitteilen; aber wir tun es jetzt an der richtigen Stelle. Die Gegenbesetzung oder der Widerstand gehört nicht dem Unbewußten, sondern dem Ich an, welches unser Mitarbeiter ist, und dies, selbst wenn sie nicht bewußt sein sollte.«[54]

In *Jenseits des Lustprinzips* (1920):

». . . man [muß] sich vor allem von dem Irrtum frei machen, man habe es bei der Bekämpfung der Widerstände mit dem Widerstand des ›Unbewußten‹ zu tun. Das Unbewußte, das heißt das ›Verdrängte‹, leistet den Bemühungen der Kur überhaupt keinen Widerstand, es strebt ja selbst nichts anderes an, als gegen den auf ihm lastenden Druck zum Bewußtsein oder zur Abfuhr durch die reale Tat durchzudringen. Der Widerstand in der Kur geht von denselben höheren Schichten und Systemen des Seelenlebens aus, die seiner-

[53] (1933a) *Neue Folge der Vorlesungen zur Einführung in die Psychoanalyse,* G. W., Bd. 15, S. 158 f.
[54] (1916–17) *Vorlesungen zur Einführung in die Psychoanalyse,* G. W., Bd. 11, S. 453 f.

zeit die Verdrängung durchgeführt haben. Da aber die Motive der Widerstände, ja diese selbst erfahrungsgemäß in der Kur zunächst unbewußt sind, werden wir gemahnt, eine Unzweckmäßigkeit unserer Ausdrucksweise zu verbessern. Wir entgehen der Unklarheit, wenn wir nicht das Bewußte und das Unbewußte, sondern das zusammenhängende *Ich* und das *Verdrängte* in Gegensatz zueinander bringen.«[55]

Der Widerstand des bewußten und des unbewußten Ichs steht unter der Herrschaft des Lustprinzips; er sucht die Unlust zu vermeiden, die eine Befreiung des Verdrängten bewirken würde. Doch in der Übertragung wiederholen die Patienten die unerwünschten Situationen der Kindheit mit all ihren schmerzlichen Gefühlen – ein Wiederholungszwang, der dem unbewußten Verdrängten, dem Es zugeschrieben werden muß. In der Übertragung spiegeln sich also sowohl die ungezähmten Triebwünsche als auch die Abwehrreaktionen des Ichs.

»Die Phänomene der Übertragung stehen offenkundig im Dienste des Widerstandes von seiten des auf der Verdrängung beharrenden Ichs; der Wiederholungszwang, den sich die Kur dienstbar machen wollte, wird gleichsam vom Ich, das am Lustprinzip festhalten will, auf seine Seite gezogen.«[56]

Der Nachtrag zu *Hemmung, Symptom und Angst* (1926) bringt die beiden in ›Zur Dynamik der Übertragung‹ diskutierten Aspekte des Widerstandes *und* den in *Das Ich und das Es* erkannten Überich-Aspekt zusammen:

»Diese Aktion zum Schutz der Verdrängung ist es, die wir bei der therapeutischen Bemühungen als *Widerstand* verspüren. Widerstand setzt das voraus, was ich als *Gegenbesetzung* bezeichnet habe.«[57]

Der Widerstand geht vom Ich aus, das, um Unlust zu vermeiden, an seinen Gegenbesetzungen festhält. Wenn das Ich jedoch durch die Arbeit der Analyse auf den Widerstand verzichtet, findet das Ich noch immer Schwierigkeiten, die Verdrängungen rückgängig zu machen; es ist noch der Widerstand des Unbewußten, des Es, d. h. der »Anziehung der unbewußten Vorbilder auf den verdrängten Triebvorgang«[58], zu überwinden. Ein weiterer Widerstand, der sich jedem Schritt zum Erfolg der Analyse widersetzt, geht vom Überich aus und hat seinen Ursprung im Schuldgefühl oder im Strafbedürfnis. Man kann sagen, daß der Analytiker in der Übertragung die Stelle der Objekte einnimmt, die einst das Vorbild des Überichs des Patienten gewesen waren.

Den ersten dieser drei Widerstände, den Ichwiderstand, unterteilt Freud

---

[55] *Jenseits des Lustprinzips*, G. W., Bd. 13, S. 17 f.
[56] Ibid., S. 22.
[57] (1926d) *Hemmung, Symptom und Angst*, G. W., Bd. 14, S. 189 f.
[58] Ibid., S. 192.

in drei Unterarten, die alle in der Behandlung auftreten: (1) der Widerstand gegen die Aufhebung der Verdrängung; (2) der gegen den Verlust des sekundären Krankheitsgewinns; und (3) der Übertragungswiderstand, der sich ebenfalls gegen die Aufhebung der Verdrängung wehrt, »aber in der Analyse andere und weit deutlichere Erscheinungen macht, da es ihm gelungen ist, eine Beziehung zur analytischen Situation oder zur Person des Analytikers herzustellen und somit eine Verdrängung, die bloß erinnert werden sollte, wieder wie frisch zu beleben«.[59]

In ›Die endliche und die unendliche Analyse‹ führte Freud aus, daß auch die Abwehrmechanismen des Patienten übertragen werden: Das Ich lehnt es ab, seine Abwehrmechanismen beeinflussen zu lassen, so daß die positive Übertragung durch eine negative ersetzt wird, die die analytische Situation völlig aufheben kann. Es gibt einen Widerstand gegen das Aufdecken von Widerständen (Abwehren) wie auch gegen die Analyse überhaupt. Diese Widerstände können sich als unüberwindlich erweisen, da »die Analyse nur bestimmte und begrenzte Mengen von Energien aufwenden kann, die sich mit den feindlichen Kräften zu messen haben«.[60] Die Überwindung der Widerstände »lohnt sich aber auch, denn [sie] bringt eine vorteilhafte Ichveränderung zustande, die sich unabhängig vom Erfolg der Übertragung erhalten und im Leben bewähren wird«.[61] Doch gibt es, wie Freud immer wieder betonte, viele Faktoren, die einem Erfolg der Analyse entgegenarbeiten, und viele der analytischen Behandlungssituation immanente Schwierigkeiten.

Übertragung bei narzißtischen Störungen

Freud hatte erkannt:
> »Die Fähigkeit zur Übertragung, welche wir bei diesen Affektionen [Übertragungsneurose – Angsthysterie, Konversionshysterie und Zwangsneurose] therapeutisch nutzen, setzt ja die ungestörte Objektbesetzung voraus.«[62]

Die Objektbesetzung wird im allgemeinen mit großer Energie festgehalten, selbst dann, wenn die Libido von dem realen Objekt abgezogen wird und auf ein phantasiertes und dann auf ein verdrängtes Objekt zurückgeht. Man muß annehmen, daß die Objektbesetzung im System *Ubw* fortbesteht, das die »Sachbesetzungen der Objekte, die

[59] Ibid., S. 192 f.
[60] (1937c) ›Die endliche und die unendliche Analyse‹, G. W., Bd. 16, S. 85.
[61] (1940a [1938]) *Abriß der Psychoanalyse*, G. W., Bd. 17, S. 105.
[62] (1915e) ›Das Unbewußte‹, G. W., Bd. 10, S. 295.

ersten und eigentlichen Objektbesetzungen«, enthält.[63] Die Übertragung verweigert dieser zurückgewiesenen Sachvorstellung die Übersetzung in Worte; die Überbesetzung wird aufgehalten und der Eintritt in das System *Vbw* verhindert. Dies läßt sich mit der besonderen
Gleichgültigkeit verbinden, die »in bezug auf das Objekt entwickelt
wird, ganz besonders bei den Übertragungen in der Analyse, die vollzogen werden müssen, gleichgültig auf welche Personen«.[64]

»Die Fähigkeit, libidinöse Objektbesetzungen auch auf Personen zu
richten, muß ja allen normalen Menschen zugesprochen werden. Die
Übertragungsneigung der ... Neurotiker ist nur eine außerordentliche Steigerung dieser allgemeinen Eigenschaft.«[65]

Bei bestimmten Störungen ist allerdings keine Objektbesetzung verfügbar; es kommt nicht zu einer Übertragung, so daß diese Krankheiten
durch psychoanalytische Methoden nicht vollständig geheilt werden
können.

»Bei der Schizophrenie hat sich uns dagegen die Annahme aufgedrängt, daß nach dem Prozesse der Verdrängung die abgezogene
Libido kein neues Objekt suche, sondern ins Ich zurücktrete, daß
also hier die Objektbesetzungen aufgegeben und ein primitiver ob-
jektloser Zustand von Narzißmus wieder hergestellt werde. Die Unfähigkeit dieser Patienten zur Übertragung – soweit der Krankheits-
prozeß reicht – ihre daraus folgende therapeutische Unzulänglichkeit,
die ihnen eigentümliche Ablehnung der Außenwelt, das Auftreten von
Zeichen einer Überbesetzung des eigenen Ichs, der Ausgang in völlige Apathie, all diese klinischen Charaktere scheinen zu der Annahme eines Aufgebens der Objektbesetzungen trefflich zu stimmen.«[66]

Karl Abraham hatte 1908 beobachtet, daß im Größenwahn und in der
Dementia praecox die libidinöse Besetzung von Objekten fehlte und
die Libido auf das Ich zurückgewendet war. Die aufgrund von Versagung vom realen Objekt abgezogene Libido bleibt nicht an Phanta-
sieobjekte geheftet, sondern zieht sich ins Ich zurück. In den *Vorlesungen zur Einführung* setzte Freud diese Überlegungen fort. Aufgrund
seiner klinischen Eindrücke behauptete er, bei den narzißtischen Neurosen (Dementia praecox, Paranoia, Melancholie) »müsse die Objektbesetzung aufgegeben und die Objektlibido in Ichlibido umgesetzt worden sein«. Die an narzißtischen Neurosen Erkrankten haben deshalb
keine Übertragungsfähigkeit »oder nur ungenügende Reste davon. Sie
lehnen den Arzt ab, nicht in Feindseligkeit, sondern in Gleichgültigkeit.
Darum sind sie auch nicht durch ihn zu beeinflussen.«[67]

[63] Ibid., S. 300.
[64] (1923b) *Das Ich und das Es*, G. W., Bd. 13, S. 273 f.
[65] (1916–17) *Vorlesungen zur Einführung in die Psychoanalyse*, G. W., Bd. 11, S. 464.
[66] (1915e) ›Das Unbewußte‹, G. W., Bd. 10, S. 295.
[67] (1916–17) *Vorlesungen zur Einführung in die Psychoanalyse*, G. W., Bd. 11, S. 465.

Die therapeutische Unzugänglichkeit dieser zu den Psychosen zählenden Krankheiten hat es nicht unmöglich gemacht, daß die Psychoanalyse ein überaus fruchtbares Studium dieser Krankheiten beginnen konnte. Als Resultat dieser Untersuchungen hat Freud formuliert:

> »Die Übertragung ist oft nicht so völlig abwesend, daß man nicht ein Stück weit mit ihr kommen könnte, bei zyklischen Verstimmungen, leichter paranoischer Veränderungen, partieller Schizophrenie hat man unzweifelhafte Erfolge mit der Analyse erzielt.«[68]

Andere Verwendungen

In den *Studien über Hysterie* und den Kapiteln IV und VII der *Traumdeutung* hat Freud den Terminus »Übertragung« in einem anderen, wenn auch nicht unverwandten Sinne gebraucht. Es heißt dort,

> »daß die unbewußte Vorstellung als solche überhaupt unfähig ist, ins Vorbewußte einzutreten, und daß sie dort nur eine Wirkung zu äußern vermag, indem sie sich mit einer harmlosen, dem Vorbewußten bereits angehörigen Vorstellung in Verbindung setzt, auf sie ihre Intensität überträgt und sich durch sie decken läßt. Es ist dies die Tatsache der *Übertragung,* welche für so viele auffällige Vorfälle im Seelenleben der Neurotiker die Aufklärung enthält. Die Übertragung kann die Vorstellung aus dem Vorbewußten, welche somit zu einer unverdient großen Intensität gelangt, unverändert lassen, oder ihr selbst eine Modifikation durch den Inhalt der übertragenen Vorstellung aufdrängen.«[69]

In diesem Übertragungsverlangen der verdrängten Vorstellungen, dem Verlangen, Eintritt in das Vorbewußte zu erlangen, liegt wahrscheinlich auch die Erklärung für die bedeutsame Rolle, die Tagesreste bei der Traumbildung spielen. Die rezenten, indifferenten Elemente der Tagesreste haben die Zensur am wenigsten zu fürchten und bieten dem Unbewußten daher den unbedingt notwendigen Ansatzpunkt für eine Übertragung. Im Vorbewußten kommt ein Gedankenzug zustande, »der von der vorbewußten Besetzung verlassen, vom unbewußten Wunsch her Besetzung gefunden hat«.[70]

> »Die Erinnerungen, von denen aus der unbewußte Wunsch die Affektbindung hervorruft, waren dem *Vbw* niemals zugänglich; darum ist deren Affektentbindung auch nicht zu hemmen. Eben wegen dieser Affektentwicklung sind diese Vorstellungen jetzt auch nicht von den vorbewußten Gedanken her zugänglich, auf die sie ihre Wunschkraft

[68] (1925a [1924]) *Selbstdarstellung,* G. W., Bd. 14, S. 86.
[69] (1900a) *Die Traumdeutung,* G. W., Bd. 2/3, S. 568.
[70] Ibid., S. 600.

übertragen haben. Vielmehr tritt das Unlustprinzip in Kraft und veranlaßt, daß das *Vbw* sich von diesen Übertragungsgedanken abwendet. Dieselben werden sich selbst überlassen, ›verdrängt‹, und somit wird das Vorhandensein eines infantilen, dem *Vbw* von Anfang an entzogenen Erinnerungsschatzes zur Vorbedingung der Verdrängung.«[71]

Zwischen diesem Prozeß und Übertragung im Sinne einer Wiederbelebung unbewußter infantiler Wünsche in bezug auf eine Person in der Gegenwart lassen sich durchaus Verbindungen sehen.

Eine gewisse Verbindung besteht auch zwischen dem gewöhnlichen theoretischen Verständnis der Übertragung und Freuds Spekulationen über Gedankenübertragung in ›Traum und Okkultismus‹ (1932). Gedankenübertragung werde die angebliche Tatsache genannt, daß seelische Vorgänge in einer Person – emotionale Zustände, Vorstellungen – ohne Hilfe der bekannten Kommunikationsmittel einer anderen, räumlich entfernten Person mitgeteilt werden könnten. Er glaubte, im Tierreich gebe es eine derartige Kommunikation, die möglicherweise die ursprüngliche archaische Weise der Verständigung zwischen Individuen gewesen sei; sollte sie etwas Reales sein, lasse sie sich möglicherweise in Fällen von gleichzeitiger Analyse erkennen. – Nach unserem gegenwärtigen Wissensstand hat diese Art der Verständigung keine bekannte Bedeutung.

Handhabung der Übertragung

Der Anfänger in der Analyse erkennt bald, »daß die einzigen wirklichen ernsthaften Schwierigkeiten bei der Handhabung der Übertragung anzutreffen sind«.[72] Die beste Methode, den Umgang mit ihr zu erlernen, sei die Erfahrung einer eigenen Analyse; gleichwohl gab Freud einige technische Empfehlungen.

»Das erste Ziel der Behandlung bleibt, [den Patienten] an die Kur und an die Person des Arztes zu attachieren. Man braucht nichts anderes dazu zu tun, als ihm Zeit zu lassen. Wenn man ihm ernstes Interesse bezeugt, die anfangs auftauchenden Widerstände sorgfältig beseitigt und gewisse Mißgriffe vermeidet, stellt der Patient ein solches Attachement von selbst her und reiht den Arzt an eine der Imagines jener Personen an, von denen er Liebes zu empfangen gewohnt war.«[73]

Dies ist wichtig, weil der persönliche Einfluß des Arztes die stärkste

---

[71] Ibid., S. 609 f.
[72] (1915a) ›Bemerkungen über die Übertragungsliebe‹, G. W., Bd. 10, S. 306.
[73] (1913c) ›Zur Einleitung der Behandlung‹, G. W., Bd. 8, S. 473 f.

dynamische Waffe in der Behandlung ist. Die Beziehung, die zu Beginn der Behandlung zum Analytiker hergestellt wird, ist gewöhnlich eine übertragene infantile Beziehung. Eine Zeitlang ist sie die stärkste Triebkraft für den Fortschritt der Analyse; der Analytiker braucht sich nicht mit ihr zu befassen, solange sie im Dienste der gemeinsamen Arbeit der Analyse steht. Indes:

>Lange Vorbesprechungen vor Beginn der analytischen Behandlung, eine andersartige Therapie vorher, sowie frühere Bekanntschaft zwischen dem Arzte und dem zu Analysierenden haben bestimmte ungünstige Folgen, auf die man vorbereitet sein muß. Sie machen nämlich, daß der Patient dem Arzte in einer fertigen Übertragungseinstellung gegenübertritt, die der Arzt erst langsam aufdecken muß, anstatt daß er die Gelegenheit hat, das Wachsen und Werden der Übertragung von Anfang an zu beobachten.«[74]

Daß der Patient auf der Couch liegt und den Analytiker nicht sieht, hielt Freud für wichtig, weil dieses Verfahren die Absicht und den Erfolg habe, »die unmerkliche Vermengung der Übertragung mit den Einfällen des Patienten zu verhüten, die Übertragung zu isolieren und sie zur Zeit als Widerstand scharf umschrieben hervortreten zu lassen«.[75] Freud empfahl, auf Versuche des Patienten zu achten, die Funktion der Couch durch vor und nach der Analyse gemachte Bemerkungen aufzuheben; auf diese Weise könne der Patient versuchen, seine Beziehung zum Analytiker aufzuteilen – Ausdruck eines Übertragungswiderstandes.

Auch die Frage des Honorars müsse im Kontext der Übertragung gesehen werden.

>Der Wegfall der Regulierung, die doch durch die Bezahlung an den Arzt gegeben ist, macht sich sehr peinlich fühlbar; das ganze Verhältnis rückt aus der realen Welt heraus; ein gutes Motiv, die Beendigung der Kur anzustreben, wird dem Patienten entzogen.«[76]

Der Patient sollte erst dann mit den Forderungen und technischen Verfahren der Analyse bekannt gemacht werden, wenn eine wirksame Übertragung mit ihm hergestellt worden ist. Danach ist es

>die Aufgabe des Arztes, dem Patienten zur Kenntnis und später zur Überwindung der Widerstände zu verhelfen, die während der Behandlung bei ihm auftreten und die ihm anfänglich selbst nicht bewußt sind ... Das wesentliche Stück der Heilungsarbeit [besteht] in der Überwindung dieser Widerstände ... ohne diese Leistung [kann] eine dauerhafte seelische Veränderung des Patienten nicht erzielt werden.«[77]

[74] Ibid., S. 456 f.
[75] Ibid., S. 476.
[76] Ibid., S. 465 f.
[77] (1923a [1922]) ›»Psychoanalyse« und »Libidotheorie«‹, G. W., Bd. 13, S. 225.

Der erste Widerstand tritt auf, wenn der Patient darauf beharrt, ihm falle nichts ein, was er erzählen könnte:

»[Man kann] ihn durch Drängen zum Eingeständnis nötigen, daß er doch gewisse Gedanken, die ihn beschäftigen, vernachlässigt hat. Er hat an die Kur selbst gedacht, aber an nichts Bestimmtes, oder das Bild des Zimmers, in dem er sich befindet, hat ihn beschäftigt, oder er muß an die Gegenstände im Behandlungsraum denken, und daß er hier auf einem Divan liegt, was er alles durch die Auskunft ›Nichts‹ ersetzt hat. Diese Andeutungen sind wohl verständlich; alles was an die gegenwärtige Situation anknüpft, entspricht einer Übertragung auf den Arzt, die sich zu einem Widerstande geeignet erweist. Man ist so genötigt, mit der Aufdeckung dieser Übertragung zu beginnen; von ihr aus findet sich rasch der Weg zum Eingange in das pathogene Material des Kranken.«[78]

Dieser erste Widerstand kann von erheblicher Bedeutung sein, denn in der Regel verrät er den die Neurose beherrschenden Komplex; so werden Männer mit überstark verdrängter Homosexualität am Anfang der Behandlung ihre Gedanken wahrscheinlich zurückhalten, weil die Situation ihre unbewußten Wünsche leicht wiederbeleben kann.

Freud diskutierte Wege, auf denen der Analytiker dem Patienten helfen kann, seine Widerstände zu erkennen. Er hielt es für wichtig, sich der Hilfe seiner Intelligenz zu versichern,

»welche wir durch unsere Deutung unterstützen. Es ist kein Zweifel, daß die Intelligenz des Kranken es leichter hat, den Widerstand zu erkennen und die dem Verdrängten entsprechende Übersetzung zu finden, wenn wir ihr die dazu passenden Erwartungsvorstellungen gegeben haben.«[79]

Doch stehe die Intelligenz des Patienten immer in der Gefahr, ihren Wert zu verlieren, weil sich infolge der Widerstände sein Urteil trübe. Die wichtigste Kraftquelle, die der Analytiker dem Patienten eröffnen kann, liegt in der Übertragung; neu erworbenes Wissen kann der Patient sich nur insoweit zunutze machen, als er durch die Übertragung dazu bewegt wird.

Im Fortgang der Analyse, beim Versuch, durch Aufdeckung der Widerstände die Verdrängung zu erkennen, verändert sich die Übertragung.

Auf die wachsende Intensität der auf den Analytiker übertragenen zärtlichen oder feindseligen Gefühle muß der Analytiker mit größter Geschicklichkeit reagieren. Die »Übertragungsneurose« ist der Punkt in der Behandlung, an dem die gravierendsten Fehler gemacht werden können oder die größten Erfolge erkennbar werden.

[78] (1913c) ›Zur Einleitung der Behandlung‹, G. W., Bd. 8, S. 472.
[79] (1916–17) *Vorlesungen zur Einführung in die Psychoanalyse*, G. W., Bd. 11, S. 454.

»Der Versuch, sich der Schwierigkeiten zu entziehen, indem man die Übertragung unterdrückt oder vernachlässigt, wäre unsinnig; was immer man sonst getan hat, es verdiente nicht den Namen einer Analyse. Den Kranken wegzuschicken, sobald sich die Unannehmlichkeiten seiner Übertragungsneurose herstellen, ist nicht sinnreicher und außerdem eine Feigheit; es wäre ungefähr so, als ob man Geister beschworen hätte und dann davongerannt wäre, sobald sie erscheinen.«[80]

Der Analytiker müsse bestrebt sein, die Übertragungsneurose in möglichst engen Grenzen zu halten: es sollte möglichst viel in den Kanal der Erinnerung gedrängt werden und möglichst wenig in Form des Agierens, als Wiederholung früher Erlebnisse, erscheinen. Es wäre freilich falsch, wenn der Analytiker den Patienten zwänge, das gerade Wiederentdeckte erneut zu verdrängen.

»Zur Triebunterdrückung, zum Verzicht und zur Sublimierung auffordern, sobald die Patientin ihre Liebesübertragung eingestanden hat, hieße nicht analytisch, sondern sinnlos handeln.«

Gleichermaßen sinnlos wäre es, »die Patienten . . . auf das Erscheinen der Liebesübertragung vor[zu]bereiten oder sie sogar auf[zu]fordern, sich ›nur in den Arzt zu verlieben, damit die Analyse vorwärtsgehe‹«.[81]

Ein solches Verfahren würde allenfalls die Spontaneität der Übertragung zerstören.

Der Analytiker darf keinen persönlichen Nutzen aus der Übertragung ziehen. Ebenso

»ist ausgeschlossen, daß wir den aus der Übertragung folgenden Forderungen des Patienten nachgeben, es wäre widersinnig, sie unfreundlich oder gar entrüstet abzuweisen; wir überwinden die Übertragung, indem wir dem Kranken nachweisen, daß seine Gefühle nicht aus der gegenwärtigen Situation stammen und nicht der Person des Arztes gelten, sondern daß sie wiederholen, was bei ihm bereits früher einmal vorgefallen ist. Auf solche Weise nötigen wir ihn, seine Wiederholung in Erinnerung zu verwandeln. Dann wird die Übertragung, die, ob zärtlich oder feindselig, in jedem Falle die stärkste Bedrohung der Kur zu bedeuten schien, zum besten Werkzeug derselben, mit dessen Hilfe sich die verschlossensten Fächer des Seelenlebens eröffnen lassen.«[82]

Die analytische Behandlung muß die Versagungsgefühle des Patienten, die eine Ursache seiner Erkrankung gewesen waren, verstärken. Der Arzt muß dafür sorgen, daß diese den Patienten zur Heilung drängende Triebkraft erhalten bleibt, denn eine zu frühe Linde-

[80] (1926e) *Die Frage der Laienanalyse*, G. W., Bd. 14, S. 258 f.
[81] (1915a) ›Bemerkungen über die Übertragungsliebe‹, G. W., Bd. 10, S. 309.
[82] (1916–17) *Vorlesungen zur Einführung in die Psychoanalyse*, G. W., Bd. 11, S. 461.

rung der Symptome kann zu einem vorzeitigen Abbruch der Analyse führen.

»Die Gefahr droht, soviel ich sehe, besonders von zwei Seiten. Einerseits ist der Patient, dessen Kranksein durch die Analyse erschüttert worden ist, aufs emsigste bemüht, sich an Stelle seiner Symptome neue Ersatzbefriedigungen zu schaffen, denen nun der Leidenscharakter abgeht. Er bedient sich der großartigen Verschiebbarkeit der zum Teil freigewordenen Libido, um die mannigfachsten Tätigkeiten, Vorlieben, Gewohnheiten, auch solche, die bereits früher bestanden haben, mit Libido zu besetzen und sie zu Ersatzbefriedigungen zu erheben. Er findet immer wieder neue solche Ablenkungen, durch welche die zum Betrieb der Kur erforderte Energie versickert, und weiß sie eine Zeitlang geheim zu halten. Man hat die Aufgabe, alle diese Abwege aufzuspüren und jedesmal von ihm den Verzicht zu verlangen, so harmlos die zur Befriedigung führende Tätigkeit auch an sich erscheinen mag.«[83]

Gegen jede voreilige Ersatzbefriedigung im realen Leben muß der Arzt energisch einschreiten. Der Patient muß ihm versprechen, keine größere Änderung in seinem Leben – z. B. Scheidung – vorzunehmen, ehe sie in der Analyse durchgearbeitet worden ist. Der Patient kann jedoch auch in der Übertragung Ersatzbefriedigungen suchen:

»Der Kranke sucht vor allem die Ersatzbefriedigung in der Kur selbst im Übertragungsverhältnis zum Arzt und kann sogar danach streben, sich auf diesem Wege für allen ihm sonst auferlegten Verzicht zu entschädigen. Einiges muß man ihm ja wohl gewähren, mehr oder weniger, je nach der Natur des Falles und der Eigenart des Kranken. Aber es ist nicht gut, wenn es zu viel wird. Wer als Analytiker etwa aus der Fülle seines hilfsbereiten Herzens dem Kranken alles spendet, was ein Mensch vom anderen erhoffen kann, der begeht denselben ökonomischen Fehler, dessen sich unsere nicht analytischen Nervenheilanstalten schuldig machen. Diese streben nichts anderes an, als es dem Kranken möglichst angenehm zu machen, damit er sich dort wohlfühle und gerne wieder aus den Schwierigkeiten des Lebens seine Zuflucht dorthin nehme. Dabei verzichten sie darauf, ihn für das Leben stärker, für seine eigentlichen Aufgaben leistungsfähiger zu machen. In der analytischen Kur muß jede solche Verwöhnung vermieden werden.«[84]

Eine weitere große Gefahr für die Analyse ist der Wiederholungszwang des Patienten, der Zwang, statt zu erinnern, innerhalb und außerhalb der Behandlung zu wiederholen.

»Das Erinnernlassen in der Hypnose mußte den Eindruck eines Ex-

[83] (1919a [1918]) ›Wege der psychoanalytischen Therapie‹, G. W., Bd. 12, S. 188.
[84] Ibid., S. 189.

periments im Laboratorium machen. Das Wiederholenlassen während der analytischen Behandlung nach der neueren Technik heißt ein Stück realen Lebens heraufbeschwören und kann darum nicht in allen Fällen harmlos und unbedenklich sein.«[85]

»Der Analytiker hat die Aufgabe, den Patienten jedesmal aus der gefahrdrohenden Illusion zu reißen, ihm immer wieder zu zeigen, daß es eine Spiegelung der Vergangenheit ist, was er für ein neues reales Leben hält. Und damit er nicht in einen Zustand gerate, der ihn unzugänglich für alle Beweismittel macht, sorgt man dafür, daß weder die Verliebtheit noch die Feindseligkeit eine extreme Höhe erreichen. Man tut dies, indem man ihn frühzeitig auf diese Möglichkeiten vorbereitet und deren erste Anzeichen nicht unbeachtet läßt. Solche Sorgfalt in der Handhabung der Übertragung pflegt sich reichlich zu lohnen. Gelingt es, wie zumeist, den Patienten über die wirkliche Natur der Übertragungsphänomene zu belehren, so hat man seinem Widerstand eine mächtige Waffe aus der Hand geschlagen, Gefahren in Gewinne verwandelt, denn was der Patient in den Formen der Übertragung erlebt hat, das vergißt er nicht wieder, das hat für ihn stärkere Überzeugungskraft als alles auf andere Art Erworbene.«[86]

Die Übertragungen müssen durchgearbeitet und aufgelöst werden; dem Patienten seine Widerstände und Verdrängungen bewußt machen, reicht nicht aus. Der schwierigste, aber auch lohnendste Teil der Arbeit des Analytikers ist es, den Patienten davon zu überzeugen, »daß er in seinem Übertragungsverhalten Gefühlsrelationen *wiedererlebt*, die von seinen frühesten Objektbesetzungen, aus der verdrängten Periode seiner Kindheit herstammen«.

Die Übertragung wird dazu verwendet, »den Kranken zur Leistung einer psychischen Arbeit zu bewegen – zur Überwindung seiner Übertragungswiderstände –, die eine dauernde Veränderung seiner psychischen Ökonomie bedeutet«.[87]

Zusammenfassung

Bedeutung der Übertragung für die Therapie

In den Händen des Analytikers ist die Übertragung Freud zufolge das mächtigste therapeutische Instrument, dessen Wert gar nicht über-

[85] (1914g) ›Erinnern, Wiederholen und Durcharbeiten‹, G. W., Bd. 10, S. 131 f.
[86] (1940a) *Abriß der Psychoanalyse*, G. W., Bd. 17, S. 102 f.
[87] (1925a [1924]) *Selbstdarstellung*, G. W., Bd. 14, S. 68.

schätzt werden kann. Die Übertragung in der Situation der analytischen Behandlung ist ein Weg, unbewußte Verdrängungen aufzudekken, an das verdrängte Material gebundene Affekte zu wiederholen, vergessene Konflikte aus der frühen Kindheit wiederzubeleben und noch einmal zu erleben. Durch die Reaktivierung seiner unbewußten infantilen Wünsche in der Übertragung wird sich der Patient dieser Wünsche bewußt und von ihrer Realität überzeugt. Wenn die Konflikte in der Beziehung zum Analytiker nicht erneut durchlebt werden, lassen sie sich nicht auflösen. Die Intensität der Übertragung muß für die Überwindung der Widerstände genutzt werden, denn nur nach deren Überwindung kann der Kranke – auch nach der Lösung der Übertragungsbeziehung zum Analytiker – seine Symptome dauerhaft aufgeben.[88]

Die Kraft, den Kampf gegen seine Widerstände zu bestehen, gewinnt der Patient in der positiven Übertragung.

Die mit diesem unersetzlichen Instrument verbundenen Gefahren ergeben sich hauptsächlich daraus, daß es dem Widerstand dienen kann; die Handhabung dieses Instruments erfordert höchste Geschicklichkeit.

Theoretische Bedeutung der Übertragung

»Die psychoanalytische Theorie ist ein Versuch, zwei Erfahrungen verständlich zu machen, die sich in auffälliger und unerwarteter Weise bei dem Versuche ergeben, die Leidenssymptome eines Neurotikers auf ihre Quellen in seiner Lebensgeschichte zurückzuführen: die Tatsache der Übertragung und die des Widerstandes.«[89] »Die analytische Neurosenlehre ruht auf drei Pfeilern, 1. der Lehre von der Verdrängung . . . 2. von der Bedeutung der Sexualtriebe, 3. von der Übertragung.«[90]

»Diese außerordentliche, für die Kur geradezu zentrale Bedeutung hat die Übertragung bei den Hysterien, Angsthysterien und Zwangsneurosen, die darum mit Recht als ›Übertragungsneurosen‹ zusammengefaßt werden. Wer sich aus der analytischen Arbeit den vollen Eindruck von der Tatsache der Übertragung geholt hat, der kann nicht mehr bezweifeln, von welcher Art die unterdrückten Regungen sind, die sich in den Symptomen dieser Neurosen Ausdruck verschaffen, und verlangt nach keinem kräftigeren Beweis für deren libidinöse Natur. Wir dürfen sagen, unsere Überzeugung von der

[88] (1914g) ›Erinnern, Wiederholen und Durcharbeiten‹, G. W., Bd. 10, S. 130; vgl. a. (1940a [1938]) *Abriß der Psychoanalyse*, G. W., Bd. 17, S. 103 f.
[89] (1914d) ›Zur Geschichte der psychoanalytischen Bewegung‹, G. W., Bd. 10, S. 54.
[90] (1926f) ›Psycho-Analysis‹, G. W., Bd. 14, S. 303.

Bedeutung der Symptome als libidinöse Ersatzbefriedigungen ist erst durch die Einreihung der Übertragung endgültig gefestigt worden.«[91]

In der Tatsache, daß in jeder Behandlung einer Neurose die Übertragung in unverhüllt sexueller Form – ob zärtlich oder feindselig – auftritt, sah Freud den Beweis dafür, daß die Triebkräfte der neurotischen Symptombildung dem Sexualleben entstammen.

Grenzen der Übertragung

»Mit den anderen Verfahren der Psychotherapie verglichen, ist die Psychoanalyse das über jeden Zweifel mächtigste ... Aber sie hat auch sehr fühlbare Schranken ... Schon die durchgängige Unzugänglichkeit der Psychosen für die analytische Therapie sollte bei deren naher Verwandtschaft mit den Neurosen unsere Ansprüche bei diesen letzteren einschränken. Die therapeutische Wirksamkeit der Psychoanalyse bleibt durch eine Reihe von bedeutsamen und kaum angreifbaren Momenten beengt.«[92]

Freud glaubte nicht, daß Versuche, die Technik der Analyse und insbesondere der Übertragung zu vervollkommnen, zur Überwindung dieser Schwierigkeiten führen könnten.

Er glaubte auch nicht, daß die Analyse zur prophylaktischen Behandlung von nicht aus der Vergangenheit stammenden Triebkonflikten geeignet sei. Der Patient kann nicht alle seine Konflikte in der Übertragung aktualisieren; und der Analytiker kann nicht alle möglichen Triebkonflikte aus der Übertragungssituation ableiten. Die Behandlung ist auf das beschränkt, was verfügbar gemacht werden kann.

Es gibt Fälle, in denen der Analytiker die entfesselte Übertragung nicht bändigen kann und die Analyse abgebrochen werden muß; so gelingt es bei manchen Frauen nicht, die erotische Übertragung – die ja nicht befriedigt wird – aufrechtzuerhalten. Den Wert der Erkenntnis dieser Beschränkungen der analytischen Behandlung sah Freud darin, daß sie es ermöglicht, nutzlose Anstrengungen zu vermeiden – Anstrengungen, die Analyse zu einem allmächtigen Instrument zu machen, das sie niemals sein könne.

[91] (1916–17) *Vorlesungen zur Einführung in die Psychoanalyse*, G. W., Bd. 11, S. 462 f.
[92] (1933a) *Neue Folge der Vorlesungen zur Einführung in die Psychoanalyse*, G. W., Bd. 15, S. 165 f.

17
Gegenübertragung

Freud hat die Gegenübertragung in keiner seiner Schriften umfassend diskutiert. Seine Bemerkungen zu diesem Konzept finden sich in erster Linie in ›Ratschläge für den Arzt bei der psychoanalytischen Behandlung‹ (1912) und in einer seiner letzten Arbeiten, in ›Die endliche und die unendliche Analyse‹ (1937). Strachey glaubt, diese Knappheit könnte ihre Ursachen in Freuds Ansicht haben, daß den Patienten keine detaillierten Kenntnisse über die analytische Technik zugänglich gemacht werden sollten.

Das Konzept wurde zum erstenmal 1910 in ›Die zukünftigen Chancen der psychoanalytischen Therapie‹ formuliert. Von Ernest Jones wissen wir, daß Ferenczi, der 1909 eine Arbeit über die analytische Technik geschrieben hatte, Freud vorschlug, in ihr auch die psychische Verfassung des Analytikers zu berücksichtigen. Freud schrieb:

»Wir sind auf die ›Gegenübertragung‹ aufmerksam geworden, die sich beim Arzt selbst durch den Einfluß des Patienten auf das unbewußte Fühlen des Arztes einstellt, und sind nicht weit davon, die Forderung zu erheben, daß der Arzt diese Gegenübertragung in sich erkennen und bewältigen müsse. Wir haben, seitdem eine größere Anzahl von Personen die Psychoanalyse üben und ihre Erfahrungen untereinander austauschen, bemerkt, daß jeder Psychoanalytiker nur so weit kommt, als seine eigenen Komplexe und inneren Widerstände es gestatten, und verlangen daher, daß er seine Tätigkeit mit einer Selbstanalyse beginne, und diese, während er seine Erfahrungen an Kranken macht, fortlaufend vertiefe. Wer in einer solchen Selbstanalyse nichts zustande bringt, mag sich die Fähigkeit, Kranke analytisch zu behandeln, ohne weiteres absprechen.«[1]

Freud erkannte jedoch bald immer deutlicher, daß eine Selbstanalyse für künftige Analytiker oft unvollständig und unzureichend ist. In ›Ratschläge für den Arzt bei der psychoanalytischen Behandlung‹ entwickelte er die Idee einer Lehranalyse, und in ›Die endliche und die unendliche Analyse‹ empfahl er, ein Analytiker solle alle fünf Jahre erneut in Analyse gehen.

In ›Ratschläge für den Arzt bei der psychoanalytischen Behandlung‹ charakterisierte Freud den persönlichen Anteil des Analytikers am Behandlungsprozeß:

---

[1] (1910d) ›Die zukünftigen Chancen der psychoanalytischen Therapie‹, G. W., Bd. 8, S. 108.

».. . er soll dem gebenden Unbewußten des Kranken sein eigenes Unbewußtes als empfangendes Organ zuwenden, sich auf den Analysierten einstellen wie der Receiver des Telephons zum Teller eingestellt ist. Wie der Receiver die von Schallwellen angeregten elektrischen Schwankungen der Leitung wieder in Schallwellen verwandelt, so ist das Unbewußte des Arztes befähigt, aus den ihm mitgeteilten Abkömmlingen des Unbewußten dieses Unbewußte, welches die Einfälle des Kranken determiniert hat, wiederherzustellen.«[2]

Um dazu in der Lage zu sein, muß der Analytiker »eine psychologische Bedingung in weitem Ausmaße erfüllen«:

»Wenn der Arzt aber imstande sein soll, sich seines Unbewußten in solcher Weise als Instrument bei der Analyse zu bedienen, so . . . darf er in sich selbst keine Widerstände dulden, welche das von seinem Unbewußten Erkannte von seinem Bewußtsein abhalten, sonst würde er eine neue Art von Auswahl und Entstellung in die Analyse einführen, welche weit schädlicher wäre als die durch Anspannung seiner bewußten Aufmerksamkeit hervorgerufene. Es genügt nicht hierfür, daß er selbst ein annähernd normaler Mensch sei, man darf vielmehr die Forderung aufstellen, daß er sich einer psychoanalytischen Purifizierung unterzogen und von jenen Eigenkomplexen Kenntnis genommen habe, die geeignet wären, ihn in der Erfassung des vom Analysierten Dargebotenen zu stören. An der disqualifizierenden Wirkung solcher eigener Defekte kann billigerweise nicht gezweifelt werden; jede ungelöste Verdrängung beim Arzte entspricht nach einem treffenden Worte von W. Stekel einem ›blinden Fleck‹ in seiner analytischen Wahrnehmung.«[3]

Gefahren wie z. B. Erinnerungsfehler, die nur dann auftreten, wenn der Analytiker durch persönliche Betroffenheit irritiert ist, d. h. wenn er weit unter das Niveau des idealen Analytikers fällt, würden dann vermieden.

»Das richtige Verhalten für den Analytiker wird darin bestehen, sich aus der einen psychischen Einstellung nach Bedarf in die andere zu schwingen, nicht zu spekulieren und zu grübeln, solange er analysiert, und erst dann das gewonnene Material der synthetischen Denkarbeit zu unterziehen, nachdem die Analyse abgeschlossen ist.«[4]

»Ich kann den Kollegen nicht dringend genug empfehlen, sich während der psychoanalytischen Behandlung den Chirurgen zum Vorbild zu nehmen, der alle seine Affekte und selbst sein menschliches

[2] (1912e) ›Ratschläge für den Arzt bei der psychoanalytischen Behandlung‹, G. W., Bd. 8, S. 381 f.
[3] Ibid., S. 382.
[4] Ibid., S. 380.

Mitleid beiseite drängt und seinen geistigen Kräften ein einziges Ziel setzt: die Operation so kunstgerecht als möglich zu vollziehen . . . Die Rechtfertigung dieser vom Analytiker zu fordernden Gefühlskälte liegt darin, daß sie für beide Teile die vorteilhaftesten Bedingungen schafft, für den Arzt die wünschenswerte Schonung seines eigenen Affektlebens, für den Kranken das größte Ausmaß von Hilfeleistung, das uns heute möglich ist.«[5]

Dies ist insbesondere dann wichtig, wenn der Patient sich in der Übertragung in den Analytiker verliebt hat:

»Für den Arzt bedeutet [diese Tatsache] eine kostbare Aufklärung und eine gute Warnung vor einer etwa bei ihm bereitliegenden Gegenübertragung. Er muß erkennen, daß das Verlieben der Patientin durch die analytische Situation erzwungen wird und nicht etwa den Vorzügen seiner Person zugeschrieben werden kann, daß er also gar keinen Grund hat, auf eine solche ›Eroberung‹, wie man sie außerhalb der Analyse heißen würde, stolz zu sein.«[6]

». . . der Versuch, sich in zärtliche Gefühle gegen die Patientin gleiten zu lassen, [ist] nicht ganz ungefährlich. Man beherrscht sich nicht so gut, daß man nicht plötzlich einmal weiter gekommen wäre, als man beabsichtigt hatte. Ich meine also, man darf die Indifferenz, die man sich durch die Niederhaltung der Gegenübertragung erworben hat, nicht verleugnen.«[7]

Der Analytiker hat einen ständigen Kampf gegen die Mächte in seinem Innern zu führen, »welche ihn von dem analytischen Niveau herabziehen möchten«. Er muß sich dieser Mächte daher in möglichst hohem Maße bewußt sein.

»Der Psychoanalytiker weiß, daß er mit den explosivsten Kräften arbeitet und derselben Vorsicht und Gewissenhaftigkeit bedarf wie der Chemiker. Aber wann ist dem Chemiker je die Beschäftigung mit den ob ihrer Wirkung unentbehrlichen Explosivstoffen wegen deren Gefährlichkeit untersagt worden? . . . [Die Psychoanalyse scheut sich nicht,] die gefährlichsten seelischen Regungen zu handhaben und zum Wohle des Kranken zu meistern.«[8]

Freud warnte davor, den Patienten Einblick in die eigenen seelischen Konflikte (des Analytikers) zu geben; vertrauliche Mitteilungen aus dem Leben des Analytikers stellten ein Hindernis für die analytische Behandlung dar.

»Die Erfahrung spricht nicht für die Vorzüglichkeit einer solchen affektiven Technik. Es ist auch nicht schwer einzusehen, daß man

[5] Ibid., S. 380 f.
[6] (1915a) ›Bemerkungen über die Übertragungsliebe‹, G. W., Bd. 10, S. 308.
[7] Ibid., S. 312 f.
[8] Ibid., S. 320 f.

mit ihr den psychoanalytischen Boden verläßt und sich den Suggestionsbehandlungen annähert. Man erreicht so etwa, daß der Patient eher und leichter mitteilt, was ihm selbst bekannt ist, und was er aus konventionellen Widerständen noch eine Weile zurückgehalten hätte. Für die Aufdeckung des dem Kranken Unbewußten leistet diese Technik nichts, sie macht ihn nur noch unfähiger, tiefere Widerstände zu überwinden, und sie versagt in schwereren Fällen regelmäßig an der rege gemachten Unersättlichkeit des Kranken, der dann gerne das Verhältnis umkehren möchte und die Analyse des Arztes interessanter findet als die eigene. Auch die Lösung der Übertragung, eine der Hauptaufgaben der Kur, wird durch die intime Einstellung des Arztes erschwert, so daß der etwaige Gewinn zu Anfang schließlich mehr als wettgemacht wird. Ich stehe darum nicht an, diese Art der Technik als eine fehlerhafte zu verwerfen. Der Arzt soll undurchsichtig für den Analysierten sein und wie eine Spiegelplatte nichts anderes zeigen, als was ihm gezeigt wird.«[9]

Um dieses Ziel zu erreichen, empfahl Freud 1912 die Einrichtung der Lehranalyse. (Früher hatte er die Analyse seiner eigenen Träume als ausreichende Vorbereitung eines Arztes auf die Ausübung der Analyse angesehen.) Die Analyse seiner eigenen Träume sei ohne fremde Hilfe häufig unmöglich; jeder, der Analysen an anderen ausführen wolle, solle sich vorher selbst einer Analyse bei einem Sachkundigen unterziehen.

»Wer es mit der Aufgabe ernst meint, sollte diesen Weg wählen, der mehr als einen Vorteil verspricht; das Opfer, sich ohne Krankheitszwang einer fremden Person eröffnet zu haben, wird reichlich gelohnt. Man wird nicht nur seine Absicht, das Verborgene der eigenen Person kennen zu lernen, in weit kürzerer Zeit und mit geringerem affektiven Aufwand verwirklichen, sondern auch Eindrücke und Überzeugungen am eigenen Leibe gewinnen, die man durch das Studium von Büchern und Anhören von Vorträgen vergeblich anstrebt.«[10]

»Eine solche Analyse eines praktisch Gesunden wird begreiflicherweise unabgeschlossen bleiben. Wer den hohen Wert der durch sie erworbenen Selbsterkenntnis und Steigerung der Selbstbeherrschung zu würdigen weiß, wird die analytische Erforschung seiner eigenen Person nachher als Selbstanalyse fortsetzen und sich gerne damit bescheiden, daß er in sich wie außerhalb seiner immer Neues zu finden erwarten muß. Wer aber als Analytiker die Vorsicht der Eigenanalyse verschmäht hat ... wird leicht in die Versuchung geraten,

[9] (1912e) ›Ratschläge für den Arzt bei der psychoanalytischen Behandlung‹, G. W., Bd. 8, S. 384.
[10] Ibid., S. 382 f.

was er in dumpfer Selbstwahrnehmung von den Eigentümlichkeiten seiner eigenen Person erkennt, als allgemeingültige Theorie in die Wissenschaft hinauszuprojizieren.«[11]

Strachey vermutet, daß Freud geglaubt habe, er selbst habe aufgrund der Besonderheiten seiner Übertragungsbeziehungen zu Frauen die Psychologie der Frau rätselhafter gefunden als die des Mannes.

> »Vielleicht kam dieser Eindruck [von der Schwierigkeit, die erste Mutterbindung analytisch zu erfassen] aber davon, daß die Frauen in der Analyse bei mir an der nämlichen Vaterbindung festhalten konnten, zu der sie sich aus der in Rede stehenden Vorzeit geflüchtet hatten ... Ich habe es auch nicht dahin gebracht, einen Fall vollkommen zu durchschauen.«[12]

Vom Analytiker wird »viel Geschick, Geduld, Ruhe und Selbstverleugnung« verlangt.[13]

> »Ferenczi fügt noch die wertvolle Bemerkung an, es sei so sehr entscheidend für den Erfolg [der Behandlung], daß der Analytiker aus seinen eigenen ›Irrungen und Irrtümern‹ genügend gelernt und die ›schwachen Punkte der eigenen Persönlichkeit‹ in seine Gewalt bekommen habe.«[14]

> »Es ist unbestreitbar, daß die Analytiker in ihrer eigenen Persönlichkeit nicht durchwegs das Maß von psychischer Normalität erreicht haben, zu dem sie ihre Patienten erziehen wollen.«

Den auf diese Tatsache höhnend hinweisenden Kritikern hält Freud entgegen:

> »Analytiker sind Personen, die eine bestimmte Kunst auszuüben gelernt haben und daneben Menschen sein dürfen wie auch andere.«

Gleichwohl gelte für den Analytiker im Gegensatz zu einem anderen Arzt, daß er

> »infolge der besonderen Bedingungen der analytischen Arbeit durch seine eigenen Defekte wirklich darin gestört wird, die Verhältnisse des Patienten richtig zu erfassen und in zweckdienlicher Weise auf sie zu reagieren. Es hat also seinen guten Sinn, wenn man vom Analytiker als Teil seines Befähigungsnachweises ein höheres Maß von seelischer Normalität und Korrektheit fordert.«[15]

Freud warnte:

> »Es wäre nicht zu verwundern, wenn durch die unausgesetzte Beschäftigung mit all dem Verdrängten, was in der menschlichen Seele nach Befreiung ringt, auch beim Analytiker alle jene Triebansprüche

11 Ibid., S. 383.
12 (1931b) ›Über die weibliche Sexualität‹, G. W., Bd. 14, S. 519.
13 (1926e) *Die Frage der Laienanalyse*, G. W., Bd. 14, S. 259.
14 (1937c) ›Die endliche und die unendliche Analyse‹, G. W., Bd. 16, S. 93.
15 Ibid., S. 93 f.

wachgerüttelt würden, die er sonst in der Unterdrückung erhalten kann. Auch dies sind ›Gefahren der Analyse‹, die zwar nicht dem passiven, sondern dem aktiven Partner der analytischen Situation drohen, und man sollte es nicht unterlassen, ihnen zu begegnen.«[16]

Den Weg zum Schutz vor diesen Gefahren sah Freud darin, daß jeder Analytiker sich selbst der Analyse bei einem erfahrenen Kollegen unterzieht; denn

»bei Selbstanalysen ist die Gefahr der Unvollständigkeit besonders groß. Man begnügt sich zu bald mit einer partiellen Aufklärung, hinter der der Widerstand leicht zurückhält, was möglicherweise wichtiger ist.«[17]

Deshalb sei eine Lehranalyse notwendig, die ihren Zweck erfüllt habe,

»wenn sie dem Lehrling die sichere Überzeugung von der Existenz des Unbewußten bringt, ihm die sonst unglaubwürdigen Selbstwahrnehmungen beim Auftauchen des Verdrängten vermittelt und ihm an einer ersten Probe die Technik zeigt, die sich in der analytischen Tätigkeit allein bewährt hat. Dies allein würde als Unterweisung nicht ausreichen, allein man rechnet darauf, daß die in der Eigenanalyse erhaltenen Anregungen mit deren Aufhören nicht zu Ende kommen, daß die Prozesse der Ichumarbeitung sich spontan beim Analysierten fortsetzen und alle weiteren Erfahrungen in dem neu erworbenen Sinn verwenden werden. Das geschieht auch wirklich, und soweit es geschieht, macht es den Analysierten tauglich zum Analytiker.«[18]

Es scheint jedoch

»daß zahlreiche Analytiker es erlernen, Abwehrmechanismen anzuwenden, die ihnen gestatten, Folgerungen und Forderungen der Analyse von der eigenen Person abzulenken, wahrscheinlich indem sie sie gegen andere richten, so daß sie selbst bleiben, wie sie sind, und sich dem kritisierenden und korrigierenden Einfluß der Analyse entziehen können«.

Dieser Gefahr und den Gefahren, die sich aus dem ständigen Umgang mit verdrängtem Material für den Analytiker ergeben, sollte begegnet werden, indem jeder Analytiker

»periodisch, etwa nach Verlauf von fünf Jahren, sich wieder zum Objekt der Analyse [macht], ohne sich dieses Schrittes zu schämen. Das hieße also, auch die Eigenanalyse würde aus einer endlichen eine unendliche Aufgabe, nicht nur die therapeutische Analyse am Kranken.«[19]

[16] Ibid., S. 95 f.
[17] (1935b) ›Die Feinheit einer Fehlhandlung‹, G. W., Bd. 16, S. 38.
[18] (1937e) ›Die endliche und die unendliche Analyse‹, G. W., Bd. 16, S. 95.
[19] Ibid., S. 96.

18
Masturbation

Freuds Interesse am Thema der Masturbation läßt sich in seinen
Schriften bis zum Jahre 1892 zurückverfolgen. Zu jener Zeit beschäftigte er sich mit Problemen wie der Ätiologie der Neurasthenie, der
Abtrennung eines besonderen Syndroms – der »Angstneurose« – von
der Neurasthenie usw.

Im Manuskript A[1] *(Aus den Anfängen der Psychoanalyse)* fragte er,
ob die Masturbation eine besondere Disposition für spätere sexuelle
Traumen erzeuge, ob z. B. der Koitus reservatus (Kondom) überhaupt
als Schädlichkeit wirken könne, wenn ihm keine Masturbationsge-
schichte vorausgegangen sei. Weiter fragte er, ob es eine angeborene
Neurasthenie mit angeborener sexueller Schwäche gebe oder diese immer von Kinderfrauen oder durch Masturbierung durch andere erworben sei. Er nahm an, die Neurasthenie der Männer werde im Pubertätsalter erworben. Ihre Ursache sei auf Masturbation zurückgehende
sexuelle Erschöpfung; gewöhnlich trete sie in den zwanziger Jahren des
Patienten in Erscheinung. Zu dieser Zeit glaubte er auch, exzessives
Masturbieren beeinträchtige die Potenz eines Mannes.[2] Neben der Masturbation als erster Schädlichkeit sah Freud im *Onanismus conjugalis*
(Koitus interruptus) die zweite Schädlichkeit, welche die Männer in
einem späteren Alter trifft, vor allem dann, wenn sie durch frühe Masturbation zur Neurasthenie disponiert sind.[3] Er vermutete, der Neurastheniker sei vielleicht überhaupt unfähig, somatische Spannung zu
ertragen, da er es gewohnt sei, sich durch Masturbation sofort von jeglicher Spannung zu befreien. Im Manuskript G findet sich eine Äußerung, der zufolge die Melancholie »als Steigerung von Neurasthenie
durch Masturbation«[4] entsteht.

Etwas später, im Dezember 1897, zog Freud in einem Brief an Fließ
eine wichtige Parallele zwischen der Masturbation und anderen Formen von Sucht: »Es ist mir die Einsicht aufgegangen, daß die Masturbation die einzige große Gewohnheit, die ›Ursucht‹ ist, als deren Ersatz und Ablösung erst die anderen Süchte nach Alkohol, Morphin,
Tabak etc. ins Leben treten.« In der Hysterie sei die Rolle dieser Sucht
(der Masturbation) »ganz ungeheuer«.[5]

[1] (1950 [1892–1899]) *Aus den Anfängen der Psychoanalyse,* op. cit., S. 61 f.
[2] Ibid., S. 64.
[3] Ibid., S. 64.
[4] Ibid., S. 92.
[5] Ibid., S. 205.

In ›Die Abwehr-Neuropsychosen‹ (1894) berichtete Freud von einem stark gestörten Mädchen, das an Zwangsvorwürfen litt. Er fand, daß das überwältigende Schuldgefühl dieses Mädchens mit exzessiver Masturbation zusammenhing, die es seit Jahren »unter den heftigsten, aber wie gewöhnlich nutzlosen Selbstvorwürfen« betrieb.[6] In ›Obsessions et phobies‹ (1895) gab er weitere Beispiele der gleichen Art.[7]

In den ›Studien über Hysterie‹ (1895) erklärte er, wie Konflikte zwischen unvereinbaren Vorstellungen pathogene Folgen haben können und daß solche Vorstellungen häufig mit dem Sexualleben des Individuums verknüpft sind – z. B. Masturbation bei einem Jugendlichen mit moralischen Vorstellungen.[8]

1895 bemerkte er, daß Neurasthenie entsteht, wenn der normale Koitus durch Masturbation ersetzt wird.[9] In derselben Arbeit führte er die »Angstneigung der neurasthenisch gewordenen Masturbanten« darauf zurück, »daß diese Personen so leicht in den Zustand der ›Abstinenz‹ geraten, nachdem sie sich solange gewöhnt hatten, jeder kleinen Quantität somatischer Erregung eine allerdings fehlerhafte Abfuhr [durch exzessives Masturbieren] zu verschaffen«.[10] Ferner versuchte er hier die »gemischten Neurosen« (Neurasthenie und Angstneurose in verschiedenen Anteilen) zu erklären. Ein durch Masturbation neurasthenisch gewordener Mann könne eine Angstneurose hinzuerwerben, wenn er sich z. B. verlobe, von seiner Braut erregt werde, die Spannung aber nicht im Koitus lösen könne. Oder: »Eine Frau, mit welcher ihr Mann Koitus reservatus ohne Rücksicht auf ihre Befriedigung übt, sieht sich genötigt, die peinliche Erregung nach einem solchen Akt durch Masturbation zu beenden; sie zeigt infolgedessen nicht reine Angstneurose, sondern daneben Symptome von Neurasthenie« – Angstneurose wegen wiederholter Erregungen ohne befriedigende Lösung, Neurasthenie aufgrund der exzessiven Masturbation, zu der sie gezwungen ist.[11]

In ›L'hérédité et l'étiologie des névroses‹ (1896) behauptet Freud kategorisch, die einzig spezifische Ätiologie der Neurasthenie sei übermäßiges Masturbieren oder längere Zeit andauernde spontane Pollutionen. Er erwähnt, daß er bei manchen Neurasthenikern diese Ätiologie nicht gefunden habe; diese Fälle scheinen mit einer sexuellen Konstitution ausgestattet zu sein, die jener gleiche, die beim Neurastheniker infolge des Masturbierens entstehe.[12]

In ›Weitere Bemerkungen über die Abwehr-Neuropsychosen‹ (1896):

6 (1894a) ›Die Abwehr-Neuropsychosen‹, G. W., Bd. 1, S. 69.
7 (1895c) ›Obsessions et Phobies‹, G. W., Bd. 1, S. 347.
8 (1895d) Studien über Hysterie, G. W., Bd. 1, S. 75.
9 (1895b [1894]) ›Über die Berechtigung, von der Neurasthenie einen bestimmten Symptomenkomplex als »Angstneurose« abzutrennen‹, G. W., Bd. 1, S. 335.
10 Ibid., S. 337.
11 Ibid., S. 340.
12 (1896a) ›L'hérédité et l'étiologie des névroses‹, G. W., Bd. 1, S. 415.

»Aktive Masturbation muß ich aus der Liste der für Hysterie pathogenen sexuellen Schädlichkeiten des frühen Kindesalters ausschließen. Wenn diese doch so häufig neben der Hysterie gefunden wird,
so rührt dies von dem Umstande her, daß die Masturbation selbst
weit häufiger, als man meint, die Folge des Mißbrauches oder der
Verführung ist.«[13]

Freuds Theorie der »Abwehrneurosen«* (Hysterie und Zwangsneurose) war zu dieser Zeit die Verführungstheorie. Zwangsneurotiker waren in der Verführungsepisode selbst aktiv gewesen, während Hyste-
riker passive Opfer eines Aktes sexuellen Mißbrauchs oder sexueller
Verführung gewesen waren.

In den *Inhaltsangaben der wissenschaftlichen Arbeiten* (1897):

»Während die echte Neurasthenie nach spontanen Pollutionen entsteht oder durch Masturbation erworben wird, gehören zur Ätiologie
der Angstneurose solche Momente, die einer Zurückhaltung sexueller Erregung entsprechen wie: Abstinenz bei vorhandener Libido,
frustrane Erregung und vor allem coitus interruptus.«[14]

In ›Die Sexualität in der Ätiologie der Neurosen‹ (1898) wiederholte
Freud diese Formel.[15] Inzwischen war er seiner Überzeugung, daß ausgiebige Masturbation der für die Neurasthenie entscheidende ätiologische Faktor sei, so sicher, daß er eine andere Störung, z. B. progressive
Paralyse, annahm, wenn es ihm nicht gelang, die für die Neurasthenie
charakteristische masturbatorische Vergangenheit nachzuweisen.[16]

In derselben Arbeit heißt es später:

»Die Masturbation ist bei erwachsenen Mädchen und reifen Männern weit häufiger, als man anzunehmen pflegt, und wirkt als Schädlichkeit nicht nur durch die Erzeugung der neurasthenischen Symptome, sondern auch, indem sie die Kranken unter dem Drucke
eines als schändlich empfundenen Geheimnisses erhält.«

Für eine erfolgreiche Behandlung sei es erforderlich, die Gewohnheit
des Masturbierens zu brechen, eine therapeutische Aufgabe, die »wie
jede andere Abgewöhnung nur in einer Krankenanstalt und unter
beständiger Aufsicht des Arztes lösbar« sei. »Die ärztliche Behandlung
kann sich hier kein anderes Ziel stecken, als den wieder gekräftigten
Neurastheniker dem normalen Geschlechtsverkehre zuzuführen.«[17]

---

13 (1896b) ›Weitere Bemerkungen über die Abwehr-Neuropsychosen‹, G. W., Bd. 1,
S. 382.
* Die *Abwehrneurosen* – Hysterie und Zwangsneurosen – müssen auf dieser Entwicklungsstufe der Freudschen Theorie im Gegensatz zu den *Aktualneurosen* (wie sie Ende des
vorigen Jahrhunderts verstanden wurden) gesehen werden.
14 (1897b [1877–1897]) *Inhaltsangaben der wissenschaftlichen Arbeiten des Privat-
docenten Dr. Sigm. Freud,* G. W., Bd. 1, S. 483.
15 (1898a) ›Sexualität in der Ätiologie der Neurosen‹, G. W., Bd. 1, S. 497.
16 Ibid., S. 499.
17 Ibid., S. 505.

Aus der Erkenntnis einer sexuellen Ätiologie der Neurosen ergibt sich eine Reihe von Folgerungen, u. a.:

»Die Hauptleistung, die uns zugunsten der Neurastheniker möglich ist, fällt in die Prophylaxis. Wenn die Masturbation die Ursache der Neurasthenie in der Jugend ist und späterhin durch die von ihr geschaffene Verminderung der Potenz auch zu ätiologischer Bedeutung für die Angstneurose gelangt, so ist die Verhütung der Masturbation bei beiden Geschlechtern eine Aufgabe, die mehr Beachtung verdient, als sie bis jetzt gefunden hat. Überdenkt man alle die feineren und gröberen Schädigungen, die von der angeblich immer mehr um sich greifenden Neurasthenie ausgehen, so erkennt man geradezu ein Volksinteresse darin, daß die Männer mit voller Potenz in den Sexualverkehr eintreten. In Sachen der Prophylaxis aber ist der einzelne ziemlich ohnmächtig.«[18]

In der *Traumdeutung* (1900a) wie auch in anderen Werken finden sich Beispiele für den symbolischen Ausdruck von Masturbationskonflikten in Träumen – z. B. in »Zahnreizträumen« oder in »Flugträumen« usw.[19] Freud berichtet von einem zwölfjährigen hysterischen Jungen, der durch »grüne Gesichter mit roten Augen«, vor denen er sich entsetzt, am Einschlafen gehindert wird. Der Junge assoziierte diese Erscheinung mit Kinderunarten, darunter auch Onanie, einer Praxis, der er sich selbst hingegeben hatte und derentwegen er sich schuldig fühlte. Seine Mutter hatte vorhergesagt, daß solche Jungen blödsinnig werden, in der Schule nichts lernen und früh sterben.[20]

Die *Drei Abhandlungen zur Sexualtheorie* (1905d) enthalten zahlreiche Äußerungen zum Thema der Masturbation. In bezug auf das Sexualziel der Invertierten bemerkt Freud: »Bei Männern fällt der Verkehr per anum durchaus nicht mit Inversion zusammen; Masturbation ist ebenso häufig das ausschließliche Ziel.«[21]
In bezug auf das Lutschen schreibt er:

»Nicht selten kombiniert sich mit dem Wonnesaugen [das nicht im Dienste der Nahrungsaufnahme steht] die reibende Berührung gewisser empfindlicher Körperstellen, der Brust, der äußeren Genitalien. Auf diesem Wege gelangen viele Kinder vom Ludeln zur Masturbation.«[22]

Freud gebrauchte den Terminus »Masturbation« nicht nur in bezug auf die genitale Masturbation, sondern ebenso in bezug auf anale Ma-

---

[18] Ibid., S. 508.
[19] (1900a) *Die Traumdeutung*, G. W., Bd. 2/3, S. 390.
[20] Ibid., S. 549 f.
[21] (1905d) *Drei Abhandlungen zur Sexualtheorie*, G. W., Bd. 5, S. 45.
[22] Ibid., S. 81.

sturbation. »Echte masturbatorische Reizung der Afterzone mit Hilfe des Fingers . . . ist bei älteren Kindern keineswegs selten.«[23]

Kaum ein Individuum entgehe der Säuglingsonanie. Mädchen masturbierten zu dieser Zeit meist durch Zusammendrücken der Oberschenkel, während der Junge die Hand bevorzuge – ein Hinweis darauf, »welchen wichtigen Beitrag zur männlichen Sexualtätigkeit der Bemächtigungstrieb einst leisten wird«. Man müsse drei Phasen der infantilen Masturbation unterscheiden:

> »Die erste von ihnen gehört der Säuglingszeit an [zweite Hälfte des ersten Lebensjahres], die zweite der kurzen Blütezeit der Sexualbetätigung um das vierte Lebensjahr, erst die dritte entspricht der oft ausschließlich gewürdigten Pubertätsonanie.«

Die erste Phase sei von nur kurzer Dauer. »Die möglichen Verhältnisse« der zweiten Phase »sind sehr mannigfaltig . . . Aber alle Einzelheiten dieser *zweiten* infantilen Sexualbetätigung hinterlassen die tiefsten (unbewußten) Eindrucksspuren im Gedächtnis der Person, bestimmen die Entwicklung ihres Charakters, wenn sie gesund bleibt, und die Symptomatik ihrer Neurose, wenn sie nach der Pubertät erkrankt«. In 1915 und 1920 hinzugefügten Fußnoten fragte er, warum das Schuldbewußtsein der Neurotiker so häufig an die Pubertätsonanie anknüpfe und vermutete den wichtigsten Faktor dieser Bedingtheit in der Tatsache, »daß die Onanie ja die Exekutive der ganzen infantilen Sexualität darstellt und darum befähigt ist, das dieser anhaftende Schuldgefühl zu übernehmen«.[24]

Wenn Kinder zu Voyeurs werden, ist in der Regel ihre Aufmerksamkeit durch Masturbation auf ihre Genitalien gelenkt worden, wonach sie ein lebhaftes Interesse für die Genitalien ihrer Gespielen zu entwickeln pflegen.[25]

Beim Mädchen treten Sexualitätshemmungen in Form von Schuld, Scham usw. früher und gegen geringeren Widerstand als beim Knaben auf.

> »Mit Rücksicht auf die autoerotischen und masturbatorischen Sexualäußerungen könnte man den Satz aufstellen, die Sexualität der kleinen Mädchen habe durchaus männlichen Charakter . . . Es ließe sich auch die Behauptung vertreten, die Libido sei regelmäßig und gesetzmäßig männlicher Natur.«[26]

> »Die leitende erogene Zone ist auch beim weiblichen Kinde an der Klitoris gelegen, der männlichen Genitalzone an der Eichel also homolog. Alles, was ich über die Masturbation bei kleinen Mädchen

[23] Ibid., S. 88.
[24] Ibid., S. 89 f.
[25] Ibid., S. 93.
[26] Ibid., S. 120.

in Erfahrung bringen konnte, betraf die Klitoris und nicht die für die späteren Geschlechtsfunktionen bedeutsamen Partien des äußeren Genitales. Ich zweifle selbst daran, daß das weibliche Kind unter dem Einflusse der Verführung zu etwas anderem als zur Klitorismasturbation gelangen kann.«[27]

In ›Meine Ansichten über die Rolle der Sexualität in der Ätiologie der Neurosen‹ vertrat Freud weiterhin die These, der Neurasthenie liege regelmäßig Masturbation (oder gehäufte Pollutionen), der Angstneurose unabgeführte Erregung (z. B. Koitus interruptus) zugrunde.[28] Doch korrigierte er hier die frühere Verführungstheorie. Er habe inzwischen gelernt, »so manche Verführungsphantasie als Abwehrversuch gegen die Erinnerung der eigenen sexuellen Betätigung (Kindermasturbation) aufzulösen«.[29]

In ›Bruchstück einer Hysterie-Analyse‹ macht Freud darauf aufmerksam, »wie häufig Magenkrämpfe gerade bei Masturbation auftreten«.[30] Weiter führt er aus:

»Die hysterischen Symptome treten fast niemals auf, solange die Kinder masturbieren, sondern erst in der Abstinenz; sie drücken einen Ersatz für die masturbatorische Befriedigung aus.«

Bei Erwachsenen können Masturbation und hysterische Symptome zusammenfallen, da eine *relative* Abstinenz (geringeres Maß an Masturbation) den gleichen Effekt hat.[31] Freud gibt in dieser Abhandlung mehrere Beispiele von hysterischen Symptomen wie Waschzwang usw., die ihre Hauptursache in der Praxis der Kindermasturbation und im Kampf gegen sie haben.[32] Weiter stellte er eine Beziehung zwischen Bettnässen (das wieder auftritt, nachdem es bereits kontrolliert werden konnte) und der Masturbation her, »die in der Ätiologie des Bettnässens überhaupt eine noch zu gering geschätzte Rolle spielt«.[33] Auch der Fluor albus der jungen Mädchen gehe auf Masturbation zurück; alle anderen Ursachen seien von geringerer Bedeutung. Diese Ansicht korrigierte Freud in einer 1923 hinzugefügten Fußnote.[34]

Schließlich wies er auf viele Formen von Symptomhandlungen hin, die sich bei Normalen ebenso wie bei Neurotikern beobachten lassen und häufig symbolische Darstellungen der Masturbation sind.[35]

In ›Hysterische Phantasien und ihre Beziehung zur Bisexualität‹ (1907)

[27] Ibid., S. 120 f.
[28] (1906a) ›Meine Ansichten über die Rolle der Sexualität in der Ätiologie der Neurosen‹, G. W., Bd. 5, S. 150.
[29] Ibid., S. 153.
[30] (1905e [1901]) ›Bruchstück einer Hysterie-Analyse‹, G. W., Bd. 5, S. 241.
[31] Ibid., S. 241 f.
[32] Ibid., S. 182 u. 243.
[33] Ibid., S. 237.
[34] Ibid., S. 238.
[35] Ibid., S. 239.

diskutierte Freud die wichtige Beziehung unbewußter Phantasien zum Sexualleben einer Person:

»Sie [sind] nämlich identisch mit der Phantasie, welche derselben während einer Periode von Masturbation zur sexuellen Befriedigung gedient hat. Der masturbatorische (im weitesten Sinne: onanistische) Akt setzte sich damals aus zwei Stücken zusammen, aus der Hervorrufung der Phantasie und aus der aktiven Leistung zur Selbstbefriedigung auf der Höhe derselben. Diese Zusammensetzung ist bekanntlich selbst eine Verlötung. Ursprünglich war die Aktion eine rein autoerotische Vornahme zur Lustgewinnung von einer bestimmten erogen zu nennenden Körperstelle. Später verschmolz diese Aktion mit einer Wunschvorstellung aus dem Kreise der Objektliebe und diente zur teilweisen Realisierung der Situation, in welcher diese Phantasie gipfelte. Wenn dann die Person auf diese Art der masturbatorisch-phantastischen Befriedigung verzichtet, so wird die Aktion unterlassen, die Phantasie aber wird aus einer bewußten zu einer unbewußten. Tritt keine andere Weise der sexuellen Befriedigung ein ... und gelingt es [der Person] nicht, ihre Libido zu sublimieren, ... so ist jetzt die Bedingung dafür gegeben, daß die unbewußte Phantasie aufgefrischt werde, wuchere und sich mit der ganzen Macht des Liebesbedürfnisses wenigstens in einem Stück ihres Inhalts als Krankheitssymptom durchsetze. Für eine ganze Reihe von hysterischen Symptomen sind solcher Art die unbewußten Phantasien die nächsten psychischen Vorstufen ... Auf diese Weise wird die Onanieentwöhnung eigentlich rückgängig gemacht und das Endziel des ganzen pathologischen Vorganges, die Herstellung der seinerzeitigen primären Sexualbefriedigung, wird dabei zwar niemals vollkommen, aber immer in einer Art von Annäherung erreicht.«[36]

In ›Die kulturelle Sexualmoral und die moderne Nervosität‹ (1908) entwickelte Freud sehr ausführlich seine Ansicht über die potentiellen Gefahren exzessiver Masturbation.

»Man unterscheidet viel zu wenig strenge, wenn man die Frage der Abstinenz behandelt, zwei Formen derselben, die Enthaltung von jeder Sexualbetätigung überhaupt und die Enthaltung vom sexuellen Verkehre mit dem anderen Geschlechte. Vielen Personen, die sich der gelungenen Abstinenz rühmen, ist dieselbe nur mit Hilfe der Masturbation und ähnlicher Befriedigungen möglich geworden, die an die autoerotischen Sexualtätigkeiten der frühen Kindheit anknüpfen. Aber gerade dieser Beziehung wegen sind diese Ersatzmittel zur sexuellen Befriedigung keineswegs harmlos; sie disponieren zu den zahlreichen Formen von Neurosen und Psychosen, für welche

---

[36] (1908a) ›Hysterische Phantasien und ihre Beziehung zur Bisexualität‹, G. W., Bd. 7, S. 193 f.

die Rückbildung des Sexuallebens zu seinen infantilen Formen die Bedingung ist. Die Masturbation entspricht auch keineswegs den idealen Anforderungen der kulturellen Sexualmoral und treibt darum die jungen Menschen in die nämlichen Konflikte mit dem Erziehungsideale, denen sie durch die Abstinenz entgehen wollten. Sie verdirbt ferner den Charakter durch *Verwöhnung* auf mehr als eine Weise, erstens, indem sie bedeutsame Ziele mühelos, auf bequemen Wegen, anstatt durch energische Kraftanspannung erreichen lehrt, also nach dem Prinzipe der *sexuellen Vorbildlichkeit,* und zweitens, indem sie in den die Befriedigung begleitenden Phantasien das Sexualobjekt zu einer Vorzüglichkeit erhebt, die in der Realität nicht leicht wiedergefunden wird. Konnte doch ein geistreicher Schriftsteller (Karl Kraus in der Wiener ›Fackel‹), den Spieß umdrehend, die Wahrheit in dem Zynismus aussprechen: Der Koitus ist nur ein ungenügendes Surrogat für die Onanie!«[37]

»Alle die Männer, die infolge masturbatorischer oder perverser Sexualausübung ihre Libido auf andere als die normalen Situationen und Bedingungen der Befriedigung eingestellt haben, entwickeln in der Ehe eine verminderte Potenz.«

Das muß fatale Folgen für die Ehe haben: »Infolge der geringen Potenz des Mannes wird die Frau nicht befriedigt, bleibt auch dann anästhetisch, wenn ihre aus der Erziehung mitgebrachte Disposition zur Frigidität durch mächtiges sexuelles Erleben überwindbar gewesen wäre.«[38]

In ›Über infantile Sexualtheorien‹ (1908) sprach Freud über die Entwicklungsphase, in der der Junge hauptsächlich von Erregungen seines Penis beherrscht ist, die ihn veranlassen, mit der Hand an ihm zu spielen. Dieses Spiel zieht gewöhnlich die Drohung der Eltern nach sich, der Penis werde abgeschnitten werden – eine Erfahrung, die mit dem Kastrationskomplex verknüpft ist.[39]

In ›Allgemeines über den hysterischen Anfall‹ (1909):

»Die Erforschung der Kindergeschichte Hysterischer lehrt, daß der hysterische Anfall zum Ersatze einer ehemals geübten und seither aufgegebenen *autoerotischen* Befriedigung bestimmt ist. In einer großen Zahl von Fällen kehrt diese Befriedigung (die Masturbation durch Berührung oder Schenkeldruck, die Zungenbewegung u. dgl.) auch im Anfalle selbst unter Abwendung des Bewußtseins wieder.«[40]

---

[37] (1908a) ›Die kulturelle Sexualmoral und die moderne Nervosität‹, G. W., Bd. 7, S. 162 f.
[38] Ibid., S. 164.
[39] (1908c) ›Über infantile Sexualtheorien‹, G. W., Bd. 7, S. 179.
[40] (1909a [1908]) ›Allgemeines über den hysterischen Anfall‹, G. W., Bd. 7, S. 238.

In der ›Analyse der Phobie eines fünfjährigen Knaben‹ (1909) berichtet Freud, wie das Kind im Alter von 3¹/₂ Jahren, von der Mutter beim Spielen mit seinem Penis angetroffen wird. Sie droht: »Wenn du das machst, lass' ich den Dr. A. kommen, der schneidet dir den Wiwimacher ab.«[41] Freud kam zu dem Schluß, daß die pathologische Angst des kleinen Hans nicht auf die Masturbation zurückzuführen sei, der er seit über einem Jahr frönte, sondern auf den Kampf, von dieser Gewohnheit abzulassen, eine Tatsache, die zur »Verdrängung und Angstbildung besser paßt«.[42] Häufig würden Kinder auch durch Juckempfindungen an der Eichel zum Berühren des Penis veranlaßt. Freud teilt eine Masturbationsphantasie des kleinen Hans[43] mit: Das Kind war um 6 Uhr ängstlich aufgewacht und antwortet auf die Frage, was geschehen sei: »Ich habe den Finger ganz wenig zum Wiwimacher gegeben. Da hab' ich die Mammi ganz nackt im Hemde gesehen und sie hat den Wiwimacher sehen lassen. Ich hab' der Grete, meiner Grete, gezeigt, was die Mama macht, und hab' ihr meinen Wiwimacher gezeigt. Dann hab' ich die Hand schnell vom Wiwimacher weggeben.«[44]

Ferner wies Freud hier auf die mögliche *nachträgliche* Wirkung der früher im Leben des Kindes im Hinblick auf das Masturbieren geäußerten Kastrationsdrohung hin. Die Mutter des kleinen Hans hatte diese Drohung ausgesprochen, als der kleine Junge gerade anfing, die verbreitetste – und normalste – Form autoerotischer Sexualbetätigung zu praktizieren.[45]

In ›Bemerkungen über einen Fall von Zwangsneurose‹ (1909) diskutierte Freud erneut die Frage, warum neurotische Patienten einmütig die Pubertätsonanie für ihre Krankheit verantwortlich machen.

»Die Ärzte wissen im allgemeinen nicht, wie sie darüber denken sollen, aber unter dem Eindrucke der Erfahrung, daß auch die meisten später Normalen in den Pubertätsjahren eine Weile onaniert haben, neigen sie in ihrer Mehrzahl dazu, die Angaben der Kranken als grobe Überschätzungen zu verurteilen . . . Aber die Onanie der Pubertätsjahre ist in Wirklichkeit nichts anderes als die Auffrischung der . . . Onanie der Kinderjahre, welche zumeist in den Jahren von 3 bis 4 oder 5 eine Art von Höhepunkt erreicht, und diese ist allerdings der deutlichste Ausdruck der sexuellen Konstitution des Kindes, in welcher auch wir die Ätiologie der späteren Neurosen suchen. Die Kranken beschuldigen unter solcher Verhüllung also eigentlich ihre infantile Sexualität, und darin haben sie vollauf recht.«[46]

[41] (1909b) ›Analyse der Phobie eines fünfjährigen Knaben‹, G. W., Bd. 7, S. 245.
[42] Ibid., S. 263.
[43] Ibid., S. 265, Anm.
[44] Ibid., S. 267.
[45] Ibid., S. 270 f.
[46] (1909d) ›Bemerkungen über einen Fall von Zwangsneurose‹, G. W., Bd. 7, S. 423.

»Das Problem der Onanie wird hingegen unlösbar, wenn man die Onanie als eine klinische Einheit auffassen will und daran vergißt, daß sie die Abfuhr der verschiedenartigsten Sexualkomponenten und der von ihnen gespeisten Phantasien darstellt. Die Schädlichkeit der Onanie ist nur zum geringen Anteil eine autonome, durch ihre eigene Natur bedingte. Der Hauptsache nach fällt sie mit der pathogenen Bedeutung des Sexuallebens überhaupt zusammen. Wenn soviele Individuen die Onanie, d. h. ein gewisses Ausmaß dieser Betätigung, ohne Schaden vertragen, so lehrt diese Tatsache nichts anderes, als daß bei ihnen die sexuelle Konstitution und der Ablauf der Entwicklungsvorgänge im Sexualleben die Ausübung der Funktion unter den kulturellen Bedingungen gestattet hat, während andere infolge ungünstiger Sexualkonstitution oder gestörter Entwicklung an ihrer Sexualität erkranken, d. h. die Anforderungen zur Unterdrückung und Sublimierung der sexuellen Komponenten nicht ohne Hemmungen und Ersatzbildungen erfüllen können.«[47]

An späterer Stelle setzt Freud viele der Verhaltenseigentümlichkeiten und Zwangssymptome des Patienten zu den zugrunde liegenden, um die Masturbation zentrierten Konflikten in Beziehung. »Die Zwangshandlungen nähern sich nämlich immer mehr, und je länger das Leiden andauert, um so deutlicher, den infantilen Sexualhandlungen nach Art der Onanie.«[48]

In ›Über einen besonderen Typus der Objektwahl beim Manne‹ (1910) diskutiert Freud, wie der Junge unter die Herrschaft des Ödipuskomplexes gerät, und im Zusammenhang damit, wie die verbotenen Regungen, die Mutter zu besitzen, sich in Phantasien ausleben, »welche die Sexualbetätigung der Mutter unter den mannigfachsten Verhältnissen zum Inhalte haben, deren Spannung auch besonders leicht zur Lösung im onanistischen Akte führt«.[49] Weiter diskutiert Freud hier den »Familienroman« und die »Rettungsphantasien«, die für das Liebesleben mancher Männer charakteristisch sind.

»Es macht keine Schwierigkeiten anzunehmen, daß die eifrig geübte Onanie der Pubertätsjahre ihren Beitrag zur Fixierung jener Phantasien geleistet hat.«[50]

Wenn sich die Libido von der Realität abwendet, wird sie

»von der Phantasietätigkeit aufgenommen (Introversion), verstärkt die Bilder der ersten Sexualobjekte, fixiert sich an dieselben. Das Inzesthindernis nötigt aber die diesen Objekten zugewendete Libido, im Unbewußten zu verbleiben . . . Es ändert nichts an diesem

[47] Ibid., S. 424.
[48] Ibid., S. 460.
[49] (1910h) ›Über einen besonderen Typus der Objektwahl beim Manne‹, G. W., Bd. 8, S. 73.
[50] Ibid., S. 74.

Sachverhalt, wenn der Fortschritt nun in der Phantasie vollzogen wird, der in der Realität mißlungen ist, wenn in den zur onanistischen Befriedigung führenden Phantasiesituationen die ursprünglichen Sexualobjekte durch fremde ersetzt werden. Die Phantasien werden durch diesen Ersatz bewußtseinsfähig, an der realen Unterbringung der Libido wird ein Fortschritt nicht vollzogen. Es kann auf diese Weise geschehen, daß die ganze Sinnlichkeit eines jungen Menschen im Unbewußten an inzestuöse Objekte gebunden wird.«[51]
In ›Die psychogene Sehstörung in psychoanalytischer Auffassung‹ (1910) sprach Freud von der Talionbestrafung, die sich z. B. zeigt, »wenn die Finger von Personen, die der Masturbation entsagt haben, sich weigern, das feine Bewegungsspiel, welches am Klavier oder an der Violine erfordert wird, zu erlernen«.[52]
Im Fall *Schreber* (1911) verwies Freud auf die bekannte Befürchtung, »man werde durch sexuelle Betätigung, speziell durch Onanie, den Verstand verlieren«. In bezug auf den Fall Schrebers fügte er hinzu: »Bei der Unsumme hypochondrischer Wahnideen, die der Kranke entwickelt, ist vielleicht kein großer Wert darauf zu legen, daß sich einige derselben mit den hypochondrischen Befürchtungen der Onanisten wörtlich decken.«[53]
Von November 1911 bis April 1912 widmete die Wiener Psychoanalytische Vereinigung neun Abende der Diskussion der Onanie. Freud hielt das Schlußreferat und schrieb eine Einleitung zur Veröffentlichung der Referate.
Freud zufolge bestand allgemeine Übereinstimmung:
a) über die Bedeutung der den onanistischen Akt begleitenden oder ihn vertretenden Phantasien,
b) über die Bedeutung des mit der Onanie verknüpften Schuldbewußtseins, woher immer dieses stammen mag,
c) über die Unmöglichkeit, eine qualitative Bedingung für die Schädlichkeit der Onanie anzugeben. (Hierüber nicht ohne Ausnahmen einig.)
Unausgeglichene Meinungsverschiedenheiten haben sich gezeigt:
a) in Betreff der Leugnung des somatischen Faktors der Onaniewirkung,
b) in Betreff der Abweisung der Onanieschädlichkeit überhaupt,
c) in bezug auf die Herkunft des Schuldgefühls,
d) in bezug auf die Ubiquität der Kinderonanie.

---

[51] Ibid., S. 81 f.
[52] (1910i) ›Die psychogene Sehstörung in psychoanalytischer Auffassung‹, G. W., Bd. 8, S. 100.
[53] (1911c) ›Psychoanalytische Bemerkungen über einen autobiographisch beschriebenen Fall von Paranoia‹, G. W., Bd. 8, S. 292.

Endlich bestehen bedeutungsvolle Unsicherheiten:

a) über den Mechanismus der schädlichen Wirkung der Onanie, falls eine solche anzuerkennen ist,

b) über die ätiologische Beziehung der Onanie zu den Aktualneurosen.

Freud wiederholte seine Unterscheidung der Onanie nach dem Lebensalter: Säuglingsonanie, Kinderonanie, Pubertätsonanie.

Er hielt an seinen früheren Ansichten über die Neurasthenie und die Angstneurosen fest und führte die Hypochondrie als dritte Aktualneurose ein.

Gegen Stekel, für den »die Schädlichkeit der Onanie eigentlich ein unsinniges Vorurteil [ist]«, argumentierte Freud: wenn man zugebe,

»daß die sexuellen Antriebe pathogen wirken können, so [dürfe man] diese Bedeutung nicht mehr der Onanie streitig machen, die ja nur in der Ausführung solcher sexueller Triebregungen besteht ... Die Onanie ist ja weder somatisch noch psychologisch etwas Letztes, kein wirkliches Agens, sondern nur ein Name für gewisse Tätigkeiten, aber trotz aller Weiterführungen bleibt das Urteil über die Krankheitsverursachung doch mit Recht an diese Tätigkeit geknüpft. Vergessen Sie auch nicht daran, die Onanie ist nicht gleichzusetzen der Sexualbetätigung überhaupt, sondern ist solche Betätigung mit gewissen einschränkenden Bedingungen. Es bleibt also auch möglich, daß gerade diese Besonderheiten der onanistischen Betätigung die Träger ihrer pathogenen Wirkung seien. Wir werden also vom Argument weg wieder an die klinische Beobachtung gewiesen, und diese mahnt uns, die Rubrik ›Schädliche Wirkungen der Onanie‹ nicht zu streichen. Jedenfalls haben wir es bei den Neurosen mit Fällen zu tun, in denen die Onanie Schaden gebracht hat.«[54]

»Dieser Schaden scheint sich auf drei verschiedenen Wegen durchzusetzen:

a) als *organische* Schädigung nach unbekanntem Mechanismus, wobei die ... Gesichtspunkte der Maßlosigkeit und der inadäquaten Befriedigung in Betracht kommen.

b) auf dem Wege der *psychischen Vorbildlichkeit,* insoferne zur Befriedigung eines großen Bedürfnisses nicht die Veränderung der Außenwelt angestrebt werden muß.

c) durch die Ermöglichung der *Fixierung infantiler* Sexualziele und des Verbleibens im psychischen Infantilismus ... Halten wir uns vor Augen, welche Bedeutung die Onanie als Exekution der Phantasie gewinnt, dieses Zwischenreiches, welches sich zwischen dem Le-

[54] (1912f) ›Schlußwort der Onaniediskussion‹, G. W., Bd. 8, S. 335–342.

ben nach dem Lust- und dem nach dem Realitätsprinzip eingeschaltet hat, wie die Onanie es ermöglicht, in der Phantasie sexuelle Entwicklungen und Sublimierungen zu vollziehen, die doch keine Fortschritte, sondern nur schädliche Kompromißbildungen sind. Derselbe Kompromiß macht allerdings nach Stekels wichtiger Bemerkung schwere Perversionsneigungen unschädlich und wendet die ärgsten Folgen der Abstinenz ab.«[55]

»Eine dauernde Abschwächung der Potenz kann ich nach meinen ärztlichen Erfahrungen nicht aus der Reihe der Onaniefolgen ausschließen ... Gerade diese Folge der Onanie kann man aber nicht ohne weiteres zu den Schädigungen rechnen. Eine gewisse Herabsetzung der männlichen Potenz und der mit ihr verknüpften brutalen Initiative ist kulturell recht verwertbar.«[56]

Freud hielt es für vorteilhaft, zwischen *direkten* Schädigungen durch die Onanie und *indirekten* Schädigungen, die sich aus dem Widerstand des Ichs gegen die Onanie ergeben, zu unterscheiden.[57]

Weiter fragte er: »Vorausgesetzt, daß die Onanie schädlich werden kann, unter welchen Bedingungen und bei welchen Individuen erweist sie sich als schädlich?« Er hatte keine Antwort, sondern sagte, es gelte, »den Einfluß des quantitativen Faktors und des Zusammenwirkens mehrfacher pathogen wirksamer Momente zu würdigen, vor allem aber müßten wir den sogenannten konstitutionellen Dispositionen des Individuums einen großen Platz einräumen«. Was eine individuelle Disposition sei, lasse sich allerdings nur schwer bestimmen.[58]

Abschließend bemerkte Freud, daß die Frage der unbewußten Onanie (im Schlafe, in hysterischen Anfällen) zu wenig behandelt worden sei und sprach in diesem Zusammenhang von einer »therapeutischen Wiederkehr der Onanie«, womit er meinte, daß es für manchen Patienten »einen großen Fortschritt bedeutet, wenn [er] sich während der Behandlung wiederum der Onanie getraut, wenngleich er nicht die Absicht hat, dauernd auf dieser infantilen Station zu verweilen«.[59]

In *Totem und Tabu* (1912–13) erläuterte Freud erneut die der Berührungsangst Zwangskranker zugrunde liegenden Mechanismen und den Zusammenhang dieser Angst mit den Konflikten des Kindes beim Berühren seiner Genitalien.[60]

Nach dem ›Schlußwort der Onaniediskussion‹ stehen Freuds Äußerungen zur Frage der Masturbation meist im Kontext des Kastrationskomplexes. So berichtet er in ›Das Unbewußte‹ (1915) von einem

[55] Ibid., S. 342.
[56] Ibid., S. 343.
[57] Ibid., S. 343.
[58] Ibid., S. 343 f.
[59] Ibid., S. 344 f.
[60] (1912–13) *Totem und Tabu,* G. W., Bd. 9, S. 39.

Patienten, für den »das Auspressen des Inhalts der Mitesser ein Ersatz für die Onanie ist. Die Grube, die darauf ... entsteht, ist das weibliche Genitale, d. h. die Erfüllung der durch die Onanie provozierten Kastrationsdrohung.«[61]

In den *Vorlesungen zur Einführung* (1916–17) führte Freud wieder eine Reihe häufig vorkommender Traumsymbole an, die für Masturbation stehen: jede Art von Spielen, auch das Klavierspiel, gleiten, rutschen, einen Ast abreißen usw. Das Ausfallen oder Ausziehen eines Zahnes (Zahnreizträume) bedeutet Kastration als Bestrafung für die Onanie.[62]

Er weist erneut darauf hin, daß »von den Zwangshandlungen ... ein ungeahnt großer Anteil als verkappte Wiederholung und Modifikation auf die Masturbation zurück[geht]«.[63] Einige Seiten später spricht er von der außerordentlichen Bedeutung der Mutterbrust für das Kleinkind als erstes Objekt des Sexualtriebes und erklärt, wie das Kind dieses Objekt durch einen Teil seines Körpers ersetzt (Daumen oder Zunge).

»Es macht sich dadurch für den Lustgewinn von der Zustimmung der Außenwelt unabhängig ... Die erogenen Zonen sind nicht gleich ausgiebig; es wird darum ein wichtiges Erlebnis, wenn der Säugling, wie Lindner berichtet, bei dem Herumsuchen am eigenen Körper die besonders erregbaren Stellen seiner Genitalien entdeckt und so den Weg vom Lutschen zur Onanie gefunden hat.«[64]

»Das Sexualleben des Kindes erschöpft sich eben in der Betätigung einer Reihe von Partialtrieben, die unabhängig voneinander teils am eigenen Körper teils schon am äußeren Objekt Lust zu gewinnen suchen. Unter diesen Organen treten die Genitalien sehr bald hervor; es gibt Menschen, bei denen sich die Lustgewinnung am eigenen Genitale ... ohne Unterbrechung von der Säuglingsonanie bis zur Notonanie der Pubertätsjahre fortsetzt und dann unbestimmt lange darüber hinaus anhält. Mit dem Thema der Onanie würden wir übrigens nicht so bald fertig werden; es ist ein Stoff für vielseitige Betrachtung.«[65]

Freud kontrastiert hier auch die Entwicklung eines Proletariermädchens mit der eines Mädchens aus der Mittelschicht. Er nimmt den Fall an, daß zwei solche Mädchen zusammen spielen und einander an den Genitalien reizen. Der Vergleich soll zeigen, daß die spätere Sexualität des Proletariermädchens aufgrund seiner freieren Sexualent-

61 (1915e) ›Das Unbewußte‹, G. W., Bd. 10, S. 298.
62 (1916–17) *Vorlesungen zur Einführung in die Psychoanalyse*, G. W., Bd. 11, S. 158 u. 194.
63 Ibid., S. 320.
64 Ibid., S. 325.
65 Ibid., S. 327.

wicklung ungeschädigt sein wird, während das Mittelklassemädchen mit dem Gefühl des Unrechts und unter noch weiteren moralischen und sozialen Zwängen in bezug auf die Sexualbetätigung' aufwachsen wird, so daß sein späteres Sexualleben wahrscheinlich schwer gestört sein wird und Schuld, Ekel und Verdrängung eine Neurose auslösen können.[66]

An späterer Stelle: »Mit der Verführungsphantasie, wo keine Verführung stattgehabt hat, deckt das Kind in der Regel die autoerotische Periode seiner Sexualbetätigung.«[67]

Ferner verteidigt er hier erneut seine früheren Ansichten über Neurasthenie und Masturbation sowie über die sexuelle Ätiologie der Aktualneurosen.[68]

In ›Aus der Geschichte einer infantilen Neurose‹ (1918) berichtet Freud, wie sein Patient die Verführungsversuche seiner älteren Schwester zwar ablehnt, aber daraufhin beginnt, vor dem Kindermädchen (Nanja) »mit seinem Glied zu spielen, was, wie in so vielen anderen Fällen, wenn Kinder die Onanie nicht verbergen, als Verführungsversuch aufgefaßt werden muß«.[69] Das Kindermädchen lehnt diese Verführung ab und erklärt dem Knaben, wer mit seinem Penis spiele, bekäme dort eine »Wunde«. Freud zeigt an diesem Fall, daß die Sexualforschung der Kinder nach den ersten genitalen Erregungen einsetzt und sie gewöhnlich durch den Anblick des weiblichen Genitales auf das »Problem der Kastration« stoßen.[70]

Er zeigt ferner, wie dieser Patient nach der Kastrationsdrohung das Masturbieren aufgab und sein Sexualleben, das gerade im Begriff war, unter die Herrschaft der Genitalzone zu gelangen, durch diese äußere Hemmung oder Gefahr auf eine frühere Phase prägenitaler Organisation zurückgeworfen wurde (in diesem Falle auf die anal-sadistische Organisation).[71]

In ›Ein Kind wird geschlagen‹ (1919) verwies Freud auf die überraschende Häufigkeit dieser Phantasie, die höchst lustvoll und gewöhnlich von genitaler Masturbation begleitet ist. Er nahm an, daß diese Phantasie in der Regel mit dem fünften oder sechsten Lebensjahr einsetze und alle männlichen Patienten mit solchen Onaniephantasien als Masochisten – im Sinne einer sexuellen Perversion – angesehen werden müßten.[72]

[66] Ibid., S. 366.
[67] Ibid., S. 385.
[68] Ibid., S. 401 f.
[69] (1918b [1914]) ›Aus der Geschichte einer infantilen Neurose‹, G. W., Bd. 12, S. 48.
[70] Ibid., S. 49.
[71] Ibid., S. 50.
[72] (1919e) ›Ein Kind wird geschlagen‹, G. W., Bd. 12, S. 197.

In ›Das ökonomische Problem des Masochismus‹ (1924) heißt es in bezug auf den femininen Masochismus:

»Wir kennen diese Art von Masochismus beim Manne ... in zureichender Weise aus den Phantasien masochistischer (häufig darum impotenter) Personen, die entweder in den onanistischen Akt auslaufen oder für sich allein die Sexualbefriedigung darstellen.«[73]

In ›Der Untergang des Ödipuskomplexes‹ (1924): »Wenn das (männliche) Kind sein Interesse dem Genitale zugewendet hat, so verrät es dies durch ausgiebige manuelle Beschäftigung mit demselben.« Um es von dieser Praxis abzubringen, wird ihm mehr oder weniger brutal mit der Kastration gedroht. Zunächst nimmt das Kind wenig Notiz von solchen Drohungen, doch der Anblick des weiblichen Genitales bewirkt meist, daß es diesen Drohungen Glauben schenkt. Freud wiederholt hier, daß das Bettnässen von Kindern der Pollution Erwachsener gleichzustellen sei. Es ist »ein Ausdruck der männlichen Genitalerregung, welche das Kind um diese Zeit zur Masturbation gedrängt hat«.[74]

Das Sexualleben des Kindes im Alter von $2^1/_2$ bis 5 Jahren erschöpft sich keineswegs in der Masturbation:

»Es steht nachweisbar in der Ödipuseinstellung zu seinen Eltern, die Masturbation ist nur die genitale Abfuhr der zum [Ödipus-] Komplex gehörigen Sexualerregung und wird dieser Beziehung ihre Bedeutung für alle späteren Zeiten verdanken.«[75]

In ›Einige psychische Folgen des anatomischen Geschlechtsunterschieds‹ (1925) kam Freud auf die Frage der Beziehung zwischen der Onanie und den mit dem Ödipuskomplex verknüpften Phantasien zurück. Ob die Onanie »von Anfang an diese Beziehung hat oder nicht vielmehr spontan als Organbetätigung auftritt und erst später den Anschluß an den Ödipuskomplex gewinnt, ist unsicher«.* Er nahm an, daß »eine Belauschung des elterlichen Koitus in sehr früher Kinderzeit die erste sexuelle Erregung setzen und durch ihre nachträglichen Wirkungen der Ausgangspunkt für die ganze Sexualentwicklung werden kann. Die Onanie sowie die beiden Einstellungen des Ödipuskomplexes [positiv und negativ] knüpfen späterhin an den in der Folge gedeuteten Eindruck an. Allein wir können nicht annehmen, daß solche Koitusbeobachtungen ein regelmäßiges Vorkommnis sind, und stoßen hier mit dem Problem der ›Urphantasien‹ zusammen.«[76]

---

[73] (1924c) ›Das ökonomische Problem des Masochismus‹, G. W., Bd. 13, S. 374.
[74] (1924d) ›Der Untergang des Ödipuskomplexes‹, G. W., Bd. 13, S. 397.
[75] Ibid., S. 398.
* Hier scheint die Möglichkeit einer Unterscheidung zwischen einer phallischen und einer späteren phallisch-ödipalen Phase impliziert zu sein – eine Unterscheidung, die unter den Kinderanalytikern häufig diskutiert wird.
[76] (1925j) ›Einige psychische Folgen des anatomischen Geschlechtsunterschieds‹, G. W., Bd. 14, S. 22.

Weiter spricht er hier von den Frauen, »die mit besonderer Intensität und Zähigkeit an ihrer Vaterbindung festhalten und an dem Wunsch, vom Vater ein Kind zu bekommen, in dem diese gipfelt. Man hat guten Grund anzunehmen, daß diese Wunschphantasie auch die Triebkraft ihrer infantilen Onanie war.«[77] Und er wiederholt hier die frühere Äußerung über den »männlichen« Charakter der klitoralen Masturbation und der Libido und fährt fort: »Die Analysen der phallischen Vorzeit haben mich nun gelehrt, daß beim Mädchen bald nach den Anzeichen des Penisneides eine intensive Gegenströmung gegen die Onanie auftritt, die nicht allein auf den Einfluß der erziehenden Pflegeperson zurückgeführt werden kann.« Er faßte diese Strömung als eine Entwicklungskraft auf.[78]

1925, in der ›Selbstdarstellung‹, hält Freud immer noch an seinen frühen Ansichten (von 1895) über die sexuelle Ätiologie der Aktualneurosen (Neurasthenie und Angstneurose) sowie über die Beziehung von Neurasthenie und exzessiver Masturbation und die von Koitus interruptus oder jeder Form von unabgeführter Sexualerregung und Angstneurose fest. Allerdings sagt er jetzt:

»Ich habe später keine Gelegenheit mehr gehabt, auf die Untersuchungen über die Aktualneurosen zurückkommen ... Blicke ich heute auf meine damaligen Ergebnisse zurück, so kann ich sie als erste, rohe Schematisierungen erkennen ... Aber sie scheinen mir im Ganzen heute noch richtig zu sein ... [Es liegt mir ferne], die Existenz des psychischen Konflikts und der neurotischen Komplexe bei der Neurasthenie zu leugnen. Die Behauptung geht nur dahin, daß die Symptome dieser Kranken nicht psychisch determiniert und analytisch auflösbar sind, sondern als direkte toxische Folgen des gestörten Sexualchemismus aufgefaßt werden müssen.«[79]

In *Hemmung, Symptom und Angst* (1926) bezeichnet Freud den Kampf gegen die Onanieversuchung als eine der Hauptaufgaben der Latenzzeit.

»Dieser Kampf erzeugt eine Reihe von Symptomen, die bei den verschiedensten Personen in typischer Weise wiederkehren und im allgemeinen den Charakter des Zeremoniells tragen ... Sie zeigen bereits die Züge, welche in einer späteren schweren Erkrankung so verhängnisvoll hervortreten werden: die Unterbringung an den Verrichtungen, die später wie automatisch ausgeführt werden sollen, am Schlafengehen, Waschen und Ankleiden, an der Lokomotion, die Neigung zur Wiederholung und zum Zeitaufwand. Warum das so

[77] Ibid., S. 23.
[78] Ibid., S. 27.
[79] (1925d [1924]) *Selbstdarstellung*, G. W., Bd. 14, S. 50.

geschieht, ist noch keineswegs verständlich; die Sublimierung analerotischer Komponenten spielt dabei eine deutliche Rolle.«[80]
An späterer Stelle erklärt er die Phobie vor dem Alleinsein als Bestreben, der Onanieversuchung zu entgehen.[81]
In *Die Frage der Laienanalyse* (1926) diskutiert Freud das allgemeine
Vorkommen der infantilen Masturbation und fragt, wie man sich gegen die Sexualbetätigung der frühen Kindheit verhalten solle:
»Man kennt die Verantwortlichkeit, die man durch ihre Unterdrük-
kung auf sich nimmt, und getraut sich doch nicht, sie uneingeschränkt
gewähren zu lassen. Bei Völkern niedriger Kultur und in den unte-
ren Schichten der Kulturvölker scheint die Sexualität der Kinder frei-
gegeben zu sein. Damit ist wahrscheinlich ein starker Schutz gegen
die spätere Erkrankung an individuellen Neurosen erzielt worden,
aber nicht auch gleichzeitig eine außerordentliche Einbuße an der
Eignung zu kulturellen Leistungen? Manches spricht dafür, daß wir
hier vor einer neuen Scylla und Charybdis stehen.«[82]
In einem Brief an Reik (1929) über ›Dostojewski und die Vatertötung‹ (1928) stellte Freud eine Beziehung zwischen den von einem
schweren Schuldgefühl begleiteten Neurosen und den Abwehrkämpfen
gegen die Onanie her und brachte außerdem Onanie und Spielsucht in
Zusammenhang, eine Verknüpfung, die bei Dostojewski deutlich werde.[83]
In ›Über die weibliche Sexualität‹ (1931) stellt Freud fest:
»Die eigene phallische Betätigung, Masturbation an der Klitoris,
wird von kleinen Mädchen meist spontan gefunden, ist zunächst
phantasielos. Dem Einfluß der Körperpflege an ihrer Erweckung
wird durch die so häufige Phantasie Rechnung getragen, die Mutter,
Amme oder Kinderfrau zur Verführerin macht ... Das Verbot der
Masturbation wird, wie wir gehört haben, zum Anlaß, sie aufzugeben, aber auch zum Motiv der Auflehnung gegen die verbieten-
de Person, also die Mutter oder den Mutterersatz, der später regelmäßig mit ihr verschmilzt. Die trotzige Behauptung der Masturbation scheint den Weg zur Männlichkeit [und anderen Komplikationen in der Entwicklung zur Frau] zu eröffnen.«
Die Tatsache der Kastration wird von den Mädchen später als Strafe
für das Onanieren aufgefaßt.[84]
Mädchen und Jungen durchlaufen gleichermaßen eine Phase phallischer Bindung an die Mutter. Das Mädchen gibt diese Haltung durch

[80] (1926d) *Hemmung, Symptom und Angst,* G. W., Bd. 14, S. 145 f.
[81] Ibid., S. 158.
[82] (1926e) *Die Frage der Laienanalyse,* G. W., Bd. 14, S. 247.
[83] (1928b) ›Dostojewski und die Vatertötung‹, G. W., Bd. 14, S. 406 u. 418.
[84] (1931b) ›Über die weibliche Sexualität‹, G. W., Bd. 14, S. 525 f.

Anerkennung seiner Kastration (oder aufgrund seiner Unzufriedenheit mit der Klitoris) auf. Häufig stellt es mit diesem Schritt auch die Masturbation ein, was in der Regel eine Verstärkung der passiven femininen Strebungen zur Folge hat.[85] In der *Neuen Folge der Vorlesungen*[86], in *Der Mann Moses und die monotheistische Religion*[87] und im *Abriß der Psychoanalyse*[88] kam Freud auf diese Themen zurück, indem er die Rolle der Masturbation in der phallisch-ödipalen Phase bei Jungen und Mädchen in ihren Ähnlichkeiten und Unterschieden ebenso klärte wie die Rolle der Kastrationsangst, der Kastrationsdrohung und des Penisneides für die Aufgabe der Masturbation (und der mit ihr verbundenen Phantasien) und für das weitere Schicksal der männlichen und weiblichen Entwicklung.

In ›Die Ichspaltung im Abwehrvorgang‹ (1940) erklärt Freud, wie manche Patienten die an der Masturbation anknüpfende und durch den Anblick des weiblichen Genitales verstärkte Kastrationsdrohung durch Schaffung eines Fetischs als Ersatz für den vermißten Penis des Weibes ignorieren.

»Wenn [der Patient] nicht anerkennen mußte, daß das Weib ihren Penis verloren hatte, so büßte die ihm erteilte Drohung ihre Glaubwürdigkeit ein, dann brauchte er auch für seinen Penis nicht zu fürchten, konnte ungestört seine Masturbation fortsetzen.«[89]

In einer Notiz vom 3. August 1938 (›Ergebnisse, Ideen, Probleme‹ [1937–38]): »Letzter Grund aller intellektuellen und Arbeitshemmungen scheint die Hemmung der kindlichen Onanie zu sein.« Doch vielleicht liege dieser Grund noch tiefer: in der unbefriedigenden Natur der Masturbation in diesem Alter, in der fehlenden Reaktion des Orgasmus.[90]

[85] Ibid., S. 532, 535.
[86] (1933a) *Neue Folge der Vorlesungen zur Einführung in die Psychoanalyse*, G. W., Bd. 15, S. 135.
[87] (1939a [1937–39]) *Der Mann Moses und die monotheistische Religion*, G. W., Bd. 16, S. 184.
[88] (1940a [1938]) *Abriß der Psychoanalyse*, G. W., Bd. 17, S. 77–117 u. 120 f.
[89] ›Die Ichspaltung im Abwehrvorgang‹, G. W., Bd. 17, S. 61.
[90] ›Ergebnisse, Ideen, Probleme‹, G. W., Bd. 17, S. 152.

Anhang

Literaturverzeichnis

Abraham, Karl   (1969/1971) *Psychoanalytische Studien; Werke in zwei Bänden,* Bd. I, 1. Aufl. 1969; 2., ergänzte Aufl. 1971; Bd. II, 1. Aufl. 1971, Reihe ›Conditio humana‹, S. Fischer Verlag, Frankfurt am Main.

Adler, Alfred   (1908) ›Der Aggressionstrieb im Leben und in der Neurose‹, in: *Fortschr. Med.,* Bd. 26, S. 577.

(1910) ›Der psychische Hermaphroditismus im Leben und in der Neurose‹, in: *Fortschr. Med.,* Bd. 28, S. 486.

Alexander, Franz   (1922) ›Kastrationskomplex und Charakter‹, in: *Int. Z. Psychoanal.,* Bd. 8, S. 121.

Andreas-Salomé, Lou   (1916) ›»Anal« und »Sexual«‹, in: *Imago,* Bd. 4, S. 249.

Bleuler, Eugen   (1910) Vortrag über Ambivalenz (Bern), Bericht im *Zentbl. Psychoanal.,* Bd. 1, S. 266.

Deutsch, Helene   (1930) ›Der feminine Masochismus und seine Beziehung zur Frigidität‹, in: *Int. Z. Psychoanal.,* 16, S. 172–184.

Ellis, Havelock   (1898) ›Auto-Erotism; A Psychological Study‹, in: *Alien. & Neur.,* Bd. 19, S. 260.

Fechner, G. T.   (²1860) *Elemente der Psychophysik,* Leipzig.

Ferenczi, Sándor   (1909) ›Introjektion und Übertragung‹, in: *Schriften zur Psychoanalyse,* Reihe ›Conditio humana‹, S. Fischer, Frankfurt am Main 1970, Bd. 1, S. 12.

Freud, Anna   (1949) ›Notes on Aggression‹, in: *Bulletin of the Menninger Clinic,* 13, S. 143–151.

Hartmann, Heinz,   (1956) ›The Development of the Ego Concept in Freud's Work‹, in: *International Journal of Psycho-Analysis,* Bd. 27, Teil VI; dt.: ›Die Entwicklung des Ich-Begriffs bei Freud‹, in: *Psyche,* 18, S. 420 bis 444.

Hartmann, Heinz,   (1953) ›The Function of Theory in Psychoanalysis‹, in: *Drives, Affects and Behaviour,* International Universities Press, New York.
E. Kris u.
R. M. Loewenstein

Lampl-de Groot, J.   (1927) ›Zur Entwicklungsgeschichte des Ödipuskomplexes der Frau‹, in: *Int. Z. Psychoanal.,* Bd. 13, S. 269.

Näcke, P.   (1899) ›Kritisches zum Kapitel der normalen und pathologischen Sexualität‹, in: *Arch. Psychiatr. Nervenkrank.*, Bd. 37, S. 356.

Pfister, O.   (1963) *Psycho-analysis and Faith,* Hogarth Press, London.

Reik, T.   (1919) *Probleme der Religionspsychologie. 1. Das Ritual,* Leipzig, Wien u. Zürich.

Sadger, I.   (1910) ›Ein Fall von multipler Perversion und hysterischer Absence‹, in: *Jb. psychoanalyt. psychopath. Forsch.*, Bd. 2, S. 59.

Silberer, H.   (1909) ›Bericht über eine Methode, gewisse symbolische Halluzinationen und Erscheinungen hervorzurufen und zu beobachten‹, in: *Jb. psychoanalyt. psychopath. Forsch.*, Bd. 1, S. 513.

Sperber, H.   (1912) ›Über den Einfluß sexueller Momente auf Entstehung und Entwicklung der Sprache‹, in: *Imago,* Bd. 1, S. 405.

Stekel, W.   (1909) ›Beiträge zur Traumdeutung‹, in: *Jb. psychoanalyt. psychopath. Forsch.*, Bd. 1, S. 458.
           (1911) *Die Sprache des Traumes,* Wiesbaden, 2. Aufl. 1922.

Gesamtbibliographie
der veröffentlichten Schriften Sigm. Freuds

Die nachfolgende Bibliographie enthält alle vor August 1970 veröffentlichte Schriften Sigmund Freuds. Sie basiert auf der in Band 24 der englischen Gesamtausgabe der psychologischen Schriften Sigmund Freuds aufgenommenen Freud-Bibliographie (*Standard Edition of the Complete Psychological Works of Sigmund Freud*, herausgegeben von James Strachey, 24 Bde., London 1953–1974, Bd. 24, S. 43–82). Sie soll die ›Chronological Hand-List of Freud's Works‹ (A. Tyson u. J. Strachey, *Int. J. Psycho-Anal.*, 1956, 37, S. 19) ersetzen; in ihr sind mehrere von der ›Hand-List‹ nicht verzeichnete und zum Teil erst in der Folgezeit entdeckte Veröffentlichungen aufgenommen. Eine Anzahl von bibliographischen Angaben wurde aufgrund neuerer Informationen abgeändert.

Die Bibliographie ist chronologisch angelegt, und zwar entsprechend dem Jahr der Erstveröffentlichung. Innerhalb jeden Erscheinungsjahres ist nicht in jedem Fall eine chronologische Reihenfolge eingehalten; die in dem jeweiligen Jahr veröffentlichten Schriften sind durch Kleinbuchstaben gekennzeichnet. Die eckigen Klammern enthalten das Jahr der Niederschrift, soweit es sich vom Erscheinungsjahr unterscheidet; so bedeutet z. B. (1955c [1920]), daß die betreffende Arbeit 1920 niedergeschrieben und 1955 zum erstenmal veröffentlicht wurde.

Bei deutschen und anderen Originaltexten wird auf die *Gesammelten Schriften* und auf die *Gesammelten Werke* verwiesen; die *Studienausgabe* und die Taschenbucheditionen werden in der Regel nur dann erwähnt, wenn das betreffende Werk nicht in den beiden großen deutschen Ausgaben enthalten ist. Für die englischen Übersetzungen werden die beiden bekanntesten Editionen genannt: die *Collected Papers* und die *Standard Edition*. Im übrigen werden keine Hinweise auf Übersetzungen gegeben. Sie finden sich in Alexander Grinsteins *Index of Psychoanalytic Writings*.

Buch- und Zeitschriftentitel sind kursiv, Einzelarbeiten und -artikel in einfache französische Anführungszeichen gesetzt. Abkürzungen von Zeitschriftentiteln entsprechen der *World List of Scientific Periodicals* (London 1952, 3. Aufl., und London 1963–1965, 4. Aufl.). Weitere Abkürzungen:

G.S.   Sigmund Freud, *Gesammelte Schriften in 12 Bänden,* Wien 1924–1934.

G.W.   Sigmund Freud, *Gesammelte Werke in 18 Bänden,* Imago Publishing Co., London 1940–1952; Bd. 18, Frankfurt am Main 1968; seit 1960 die ganze Edition bei S. Fischer Verlag, Frankfurt am Main.

C.P.   Sigmund Freud, *Collected Papers* (5 Bde.), London 1924 bis 1950.

Standard Ed. Sigmund Freud, *Standard Edition* (24 Bde.), London 1953 bis 1974.

(1877a) ›Über den Ursprung der hinteren Nervenwurzeln im Rückenmarke von Ammocoetes (Petromyzon Planeri)‹, *S.B. Akad. Wiss. Wien* (Math.-Naturwiss. Kl.), III Abt., **75**, 15.

(1877b) ›Beobachtungen über Gestaltung und feineren Bau der als Hoden beschriebenen Lappenorgane des Aals‹, *S.B. Akad. Wiss. Wien* (Math.-Naturwiss. Kl.), I Abt., **75**, 419.

(1878a) ›Über Spinalganglien und Rückenmark des Petromyzon‹, *S.B. Akad. Wiss. Wien* (Math.-Naturwiss. Kl.), III Abt., **78**, 81.

(1879a) ›Notiz über eine Methode zur anatomischen Präparation des Nervensystems‹, *Zbl. med. Wiss.*, **17**, Nr. 26, 468.

(1880a) Übersetzungen von J. S. Mill ›Enfranchisement of Women‹ (1851); review of Grote's *Plato and the Other Companions of Sokrates* (1866); ›Thornton on Labour and its Claims‹ (1869); ›Chapters on Socialism‹ (1879), unter den Titeln ›Über Frauenemancipation‹; ›Plato‹; ›Die Arbeiterfrage‹; ›Der Sozialismus‹, in Mill *Gesammelte Werke*, **12** (hrsg. v. Gomperz), Leipzig.

(1882a) ›Über den Bau der Nervenfasern und Nervenzellen beim Flußkrebs‹, *S.B. Akad. Wiss. Wien* (Math.-Naturwiss. Kl.), III Abt., **85**, 9.

(1884a) ›Ein Fall von Hirnblutung mit indirekten basalen Herdsymptomen bei Scorbut‹, *Wien. med. Wschr.*, **34**, Nr. 9, 244, und **10**, 276.

(1884b) ›Eine neue Methode zum Studium des Faserverlaufes im Centralnervensystem‹, *Zbl. med. Wiss.*, **22**, Nr. 11, 161.

(1884c) ›A New Histological Method for the Study of Nerve-Tracts in the Brain and Spinal Cord‹ [in Englisch], *Brain*, **7**, 86.

(1884d) ›Eine neue Methode zum Studium des Faserverlaufes im Centralnervensystem‹, *Arch. Anat. Physiol., Lpz.*, Anat. Abt., 453.

(1884e) ›Über Coca‹, *Zbl. ges. Ther.*, **2**, 289; neu durchgesehener und vermehrter Separat-Abdruck, Wien, 1885. (Siehe 1885f.)

(1884f [1882]) ›Die Struktur der Elemente des Nervensystems‹, *Jb. Psychiat. Neurol.*, **5**, Heft 3, 221.

(1885a) ›Beitrag zur Kenntnis der Cocawirkung‹, *Wien. med. Wschr.*, **31**, Nr. 5, 129.

(1885b) ›Über die Allgemeinwirkung des Cocaïns‹, *Med.-chir. Zbl.*, **20**, Nr. 32, 374.

(1885c) ›Ein Fall von Muskelatrophie mit ausgebreiteten Sensibilitätsstörungen (Syringomyelie)‹, *Wien. med. Wschr.*, **35**, Nr. 13, 389, und **14**, 425.

(1885*d*) ›Zur Kenntnis der Olivenzwischenschicht‹, *Neurol. Zbl.*, **4**, Nr. 12, 268.

(1885*e*) ›Gutachten über das Parke Cocaïn‹, in Gutt ›Über die verschiedenen Cocaïn-Präparate und deren Wirkung‹, *Wien. med. Pr.*, **26**, Nr. 32, 1036.

(1885*f*) Zusätze zu ›Über Coca‹, im Nachdruck von 1884*e*, Wien, 1885.

(1886*a*) ›Akute multiple Neuritis der spinalen und Hirnnerven‹, *Wien. med. Wschr.*, **36**, Nr. 6, 168.

(1886*b*) Mit Darkschewitsch, L. O. von, ›Über die Beziehung des Strickkörpers zum Hinterstrang und Hinterstrangskern, nebst Bemerkungen über zwei Felder der Oblongata‹, *Neurol. Zbl.*, **5**, Nr. 6, 121.

(1886*c*) ›Über den Ursprung des Nervus acusticus‹, *Mschr. Ohrenheilk.*, Neue Folge **20**, Nr. 8, 245, und **9**, 277.

(1886*d*) ›Beobachtung einer hochgradigen Hemianästhesie bei einem hysterischen Manne (Beiträge zur Kasuistik der Hysterie. I)‹, *Wien. med. Wschr.*, **36**, Nr. 49, 1633; *Standard Ed.*, **1**, 25.

(1886*e*) Übersetzung von J.-M. Charcot ›Sur un cas de coxalgie hystérique de cause traumatique chez l'homme‹, unter dem Titel ›Über einen Fall von hysterischer Coxalgie aus traumatischer Ursache bei einem Manne‹, *Wien. med. Wschr.*, **36**, 711 und 756 (enthalten in 1886*f*).

(1886*f*) Übersetzung (mit Vorwort und zusätzlichen Fußnoten) von J.-M. Charcot *Leçons sur les maladies du système nerveux*, Bd. III, Paris, 1887, unter dem Titel *Neue Vorlesungen über die Krankheiten des Nervensystems insbesondere über Hysterie*, Wien; *Standard Ed.*, **1**, 19.

(1887*a*) Besprechung von Averbeck ›Die akute Neurasthenie‹, *Wien. med. Wschr.*, **37**, 138; *Standard Ed.*, **1**, 35.

(1887*b*) Besprechung von Weir Mitchell *Die Behandlung gewisser Formen von Neurasthenie und Hysterie*, Berlin 1887 (übers. v. G. Klemperer), *Wien. med. Wschr.*, **37**, 138; *Standard Ed.*, **1**, 36.

(1887*c*) Besprechung von Adamkiewicz ›Monoplegia anaesthetica‹, *Neurol. Zbl.*, **6**, Nr. 6, 131.

(1887*d*) ›Bemerkungen über Cocaïnsucht und Cocaïnfurcht, mit Beziehung auf einen Vortrag W. A. Hammond's‹, *Wien. med. Wschr.*, **37**, Nr. 28, 929.

(1887*e*) Besprechung von H. Obersteiner *Anleitung beim Studium des Baues der nervösen Centralorgane im gesunden und kranken Zustande*, *Wien. med. Wschr.*, **37**, Nr. 50, 1642.

(1887*f*) ›Das Nervensystem‹, Abschnitt V in *Ärztliche Versicherungsdiagnostik*, hrsg. v. Buchheim.

(1887*g*) Besprechung von J. Pal ›Ein Beitrag zur Nervenfärbetechnik‹, *Neurol. Zbl.*, **6**, Nr. 3, 53.

(1887*h*) Besprechung von Al. Borgherini ›Beiträge zur Kenntniss der Leitungsbahnen im Rückenmarke‹, *Neurol. Zbl.*, **6**, Nr. 4, 79.

(1887*i*) Besprechung von J. Nussbaum ›Über die wechselseitigen Beziehungen zwischen den centralen Ursprungsgebieten der Augenmuskelnerven‹, *Neurol. Zbl.*, **6**, Nr. 23, 543.

(1888*a*) ›Über Hemianopsie im frühesten Kindesalter‹, *Wien. med. Wschr.*, **38**, Nr. 32, 1081, und 33, 1116.

(1888*b*) ›Aphasie‹, ›Gehirn‹, ›Hysterie‹ und ›Hysteroepilepsie‹ in Villarets *Handwörterbuch der gesamten Medizin*, **1**, Stuttgart. (Die Autorschaft beruht auf Vermutung, da die Artikel nicht gezeichnet sind.) *Standard Ed.*, **1**, 39 und 58 (nur die beiden letztgenannten Artikel).

(1888–89) Übersetzung (mit Einführung und zusätzlichen Fußnoten) von H. Bernheim *De la suggestion et de ses applications à la thérapeutique*, Paris, 1886, unter dem Titel *Die Suggestion und ihre Heilwirkung*, Wien (Teil II übers. v. O. von Springer). (2., überarb. Aufl. v. M. Kahane, Wien, 1896.), *C.P.*, **5**, 11; *Standard Ed.*, **1**, 73.

(1889*a*) Besprechung von August Forel *Der Hypnotismus*, *Wien. med. Wschr.*, **39**, 1097 und 1892; *Standard Ed.*, **1**, 91.

(1890*a*) In der früheren Fassung dieser Bibliographie irrtümlich eingeordnet unter der Jahreszahl (1905*b* [1890]) ›Psychische Behandlung (Seelenbehandlung)‹, *G.W.*, **5**, 289; *Standard Ed.*, **7**, 283.

(1891*a*) Mit Rie, O., *Klinische Studie über die halbseitige Cerebrallähmung der Kinder*, Heft III der *Beiträge zur Kinderheilkunde*, hrsg. v. Kassowitz, Wien.

(1891*b*) *Zur Auffassung der Aphasien*, Wien.

(1891*c*) ›Kinderlähmung‹ und ›Lähmung‹ in Villarets *Handwörterbuch der gesamten Medizin*, **2**, Stuttgart. (Die Autorschaft beruht auf Vermutung, da die Artikel nicht gezeichnet sind.)

(1891*d*) ›Hypnose‹, in A. Bum *Therapeutisches Lexikon*, 724, Wien; *Standard Ed.*, **1**, 105.

(1892*a*) Übersetzung von H. Bernheim *Hypnotisme, suggestion et psychothérapie; études nouvelles*, Paris, 1891, unter dem Titel *Neue Studien über Hypnotismus, Suggestion und Psychotherapie*, Wien.

(1892–93) ›Ein Fall von hypnotischer Heilung nebst Bemerkungen über die Entstehung hysterischer Symptome durch den »Gegenwillen«‹, *G.S.*, **1**, 258; *G.W.*, **1**, 3; *Standard Ed.*, **1**, 117.

(1892–94) Übersetzung (mit Vorrede und zusätzlichen Fußnoten) von J.-M. Charcot *Leçons du mardi à la Salpêtrière (1887–8)*, Paris, 1888, unter dem Titel *Poliklinische Vorträge*, **1**, Wien (2. Bd. übers. v. M. Kahane, Wien, 1895.); *Standard Ed.*, **1**, 131.

(1893*a*) Mit Breuer, J., ›Über den psychischen Mechanismus hysterischer Phänomene; Vorläufige Mitteilung‹, *G.S.*, **1**, 7; *G.W.*, **1**, 81; *C.P.*, **1**, 24; *Standard Ed.*, **2**, 3.

(1893*b*) *Zur Kenntnis der cerebralen Diplegien des Kindesalters (im An-*

schluß an die Little'sche Krankheit), Heft III, Neue Folge der *Beiträge zur Kinderheilkunde*, hrsg. v. Kassowitz, Wien.

(1893c) ›Quelques considérations pour une étude comparative des paralysies motrices organiques et hystériques‹ [in Französisch], *G.S.*, 1, 273; *G.W.*, 1, 39; *C.P.*, 1, 42; *Standard Ed.*, 1, 157.

(1893d) ›Über familiäre Formen von cerebralen Diplegien‹, *Neurol. Zbl.*, 12, Nr. 15, 512, und 16, 542.

(1893e) ›Les diplégies cérébrales infantiles‹ [in Französisch], *Rev. neurol.*, 1, Nr. 8, 177.

(1893f) ›Charcot‹, *G.S.*, 1, 243; *G.W.*, 1, 21; *C.P.*, 1, 9; *Standard Ed.*, 3, 9.

(1893g) ›Über ein Symptom, das häufig die Enuresis nocturna der Kinder begleitet‹, *Neurol. Zbl.*, 12, Nr. 21, 735.

(1893h) Vortrag ›Über den psychischen Mechanismus hysterischer Phänomene‹ [stenographische, vom Autor revidierte Nachschrift], *Wien. med. Pr.*, 34, Nr. 4, 121, und 5, 165; *Studienausg.*, 6, 13; *Standard Ed.*, 3, 27.

(1894a) ›Die Abwehr-Neuropsychosen‹, *G.S.*, 1, 290; *G.W.*, 1, 59; *C.P.*, 1, 59; *Standard Ed.*, 3, 43.

(1895a) Besprechung von Edinger ›Eine neue Theorie über die Ursachen einiger Nervenkrankheiten, insbesondere der Neuritis und Tabes‹, *Wien. klin. Rdsch.*, 9, Nr. 2, 27.

(1895b [1894]) ›Über die Berechtigung, von der Neurasthenie einen bestimmten Symptomenkomplex als »Angstneurose« abzutrennen‹, *G.S.*, 1, 306; *G.W.*, 1, 315; *C.P.*, 1, 76; *Standard Ed.*, 3, 87.

(1895c [1894]) ›Obsessions et phobies‹ [in Französisch], *G.S.*, 1, 334; *G.W.*, 1, 345; *C.P.*, 1, 128; *Standard Ed.*, 3, 71.

(1895d) Mit Breuer, J., *Studien über Hysterie,* Wien; Neudruck Frankfurt am Main, 1970. (Ohne Breuers Beiträge); *G.S.*, 1, 3; *G.W.*, 1, 77; *Standard Ed.*, 2 (mit Breuers Beiträgen).

(1895e) ›Über die Bernhardt'sche Sensibilitätsstörung am Oberschenkel‹, *Neurol. Zbl.*, 14, Nr. 11, 491.

(1895f) ›Zur Kritik der »Angstneurose«‹, *G.S.*, 1, 343; *G.W.*, 1, 357; *C.P.*, 1, 107; *Standard Ed.*, 3, 121.

(1895g) ›Über Hysterie‹, drei Vorträge Freuds, in Zusammenfassung mitgeteilt in *Wien. klin. Rdsch.*, 9, Nrn. 42–4.

(1895h) ›Mechanismus der Zwangsvorstellungen und Phobien‹, vom Autor stammende Zusammenfassung, *Wien. klin. Wschr.*, 8, 496.

(1896a) ›L'hérédité et l'étiologie des névroses‹ [in Französisch], *G.S.*, 1, 388; *G.W.*, 1, 407; *C.P.*, 1, 138; *Standard Ed.*, 3, 143.

(1896b) ›Weitere Bemerkungen über die Abwehr-Neuropsychosen‹, *G.S.*, 1, 363; *G.W.*, 1, 379; *C.P.*, 1, 155; *Standard Ed.*, 3, 159.

(1896c) ›Zur Ätiologie der Hysterie‹, *G.S.*, 1, 404; *G.W.*, 1, 425.; *C.P.*, 1, 183; *Standard Ed.*, 3, 189.

(1896*d*) Vorwort zur 2. deutschen Aufl. von Bernheim *Suggestion* (überarb. v. M. Kahane), Wien; *Standard Ed.*, 1, 86.

(1897*a*) *Die infantile Cerebrallähmung*, II Theil, II Abt. in Nothnagels *Spezielle Pathologie und Therapie*, 9, Wien.

(1897*b*) *Inhaltsangaben der wissenschaftlichen Arbeiten des Privatdozenten Dr. Sigm. Freud (1877–1897)*, Wien. *G.W.*, 1, 463; *Standard Ed.*, 3, 225.

(1898*a*) ›Die Sexualität in der Ätiologie der Neurosen‹, *G.S.*, 1, 439; *G.W.*, 1, 491; *C.P.*, 1, 220; *Standard Ed.*, 3, 261.

(1898*b*) ›Zum psychischen Mechanismus der Vergeßlichkeit‹, *G.W.*, 1, 519; *Standard Ed.*, 3, 289.

(1898*c*) ›Cerebrale Kinderlähmung [I]‹ (32 Besprechungen und Zusammenfassungen), *Jbr. Leist. Neurol.*, 1, (1897), 613.

(1899*a*) ›Über Deckerinnerungen‹, *G.S.*, 1, 465; *G.W.*, 1, 531; *C.P.*, 5, 47; *Standard Ed.*, 3, 301.

(1899*b*) ›Cerebrale Kinderlähmung [II]‹ (29 Besprechungen und Zusammenfassungen), *Jbr. Leist. Neurol.*, 2, (1898), 632.

(1900*a*) *Die Traumdeutung*, Wien. *G.S.*, 2–3; *G.W.*, 2–3; *Standard Ed.*, 4–5.

(1900*b*) ›Cerebrale Kinderlähmung [III]‹ (22 Besprechungen und Zusammenfassungen), *Jbr. Leist. Neurol.*, 3 (1899), 611.

(1901*a*) *Über den Traum*, Wiesbaden. *G.S.*, 3, 189; *G.W.*, 2–3, 643; *Standard Ed.*, 5, 633.

(1901*b*) *Zur Psychopathologie des Alltagslebens*, Berlin, 1904. *G.S.*, 4, 3; *G.W.*, 4; *Standard Ed.*, 6.

(1901*c* [1899]) Autobiographische Notiz in J. L. Pagel *Biographisches Lexicon hervorragender Ärzte des neunzehnten Jahrhunderts*, Berlin; nachgedruckt in: Sigmund Freud, *»Selbstdarstellung«; Schriften zur Geschichte der Psychoanalyse* (hrsg. v. Ilse Grubrich-Simitis), Frankfurt am Main 1971; *Standard Ed.*, 3, 325.

(1903*a*) Besprechung von Georg Biedenkapp *Im Kampfe gegen Hirnbacillen, Neue Freie Presse*, 8. Feb., Morgenbl., 41; *Standard Ed.*, 9, 253.

(1904*a*) ›Die Freud'sche psychoanalytische Methode‹, *G.S.*, 6, 3; *G.W.*, 5, 3; *C.P.*, 1, 264; *Standard Ed.*, 7, 249.

(1904*b*) Besprechung von John Bigelow *The Mystery of Sleep, Neue Freie Presse*, 4. Feb., Morgenbl., 22; *Standard Ed.*, 9, 254.

(1901*c*) Besprechung von A. Baumgarten *Neurasthenie, Wesen, Heilung, Vorbeugung, Neue Freie Presse*, 4. Feb., Morgenbl., 22.

(1904*d*) Notiz über ›Magnetische Menschen‹, *Neue Freie Presse*, 6. Nov., Morgenbl., 10.

(1904*e*) Nachruf auf Prof. S. Hammerschlag, *Neue Freie Presse*, 11. Nov., Morgenbl., 8; *Standard Ed.*, 9, 255.

(1904*f*) Besprechung von Löwenfeld *Die psychischen Zwangerscheinungen,* J. *Psychol. Neurol.* **3**, 190.

(1905*a*) ›Über Psychotherapie‹, *G.S.*, **6**, 11; *G.W.*, **5**, 13; *C.P.*, **1**, 249; *Standard Ed.*, **7**, 257.

(1905*b* [1890]) Nun unter (1890*a*).

(1905*c*) *Der Witz und seine Beziehung zum Unbewußten,* Wien. *G.S.*, **9**, 5; *G.W.*, **6**; *Standard Ed.*, **8**.

(1905*d*) *Drei Abhandlungen zur Sexualtheorie,* Wien. *G.S.*, **5**, 3; *G.W.*, **5**, 29; *Standard Ed.*, **7**, 125.

(1905*e* [1901]) ›Bruchstück einer Hysterie-Analyse‹, *G.S.*, **8**, 3; *G.W.*, **5**, 163; *C.P.*, **3**, 13; *Standard Ed.*, **7**, 3.

(1905*f*) Besprechung von R. Wickmanns *Lebensregeln für Neurastheniker, Neue Freie Presse,* 31. Aug., Morgenbl., 21.

(1906*a*) ›Meine Ansichten über die Rolle der Sexualität in der Ätiologie der Neurosen‹, *G.S.*, **5**, 123; *G.W.*, **5**, 149; *C.P.*, **1**, 272; *Standard Ed.*, **7**, 271.

(1906*b*) Vorwort zu Freuds *Sammlung kleiner Schriften zur Neurosenlehre aus den Jahren 1893–1906,* G.S., **1**, 241; *G.W.*, **1**, 557; *Standard Ed.*, **3**, 3.

(1906*c*) ›Tatbestandsdiagnostik und Psychoanalyse‹, *G.S.*, **10**, 197; *G.W.*, **7**, 3; *C.P.*, **2**, 13; *Standard Ed.*, **9**, 99.

(1906*d*) Zwei Briefe an Magnus Hirschfeld, *Monatsbericht des wissenschaftlich-humanitären Komitees,* Leipzig, **5** (Febr.), 30 (erster Brief unvollständig).

(1906*e* [1904]) Zwei Briefe an Wilhelm Fließ, in Richard Pfenning *Wilhelm Fließ und seine Nachentdecker; O. Weininger und H. Swoboda,* Berlin.

(1906*f*) Früher (1907*d*) Antwort auf eine Rundfrage *Vom Lesen und von guten Büchern, Neue Blätter für Literatur und Kunst,* Nr. 1, Wien; in 1960*a* als Brief an Hugo Heller (in der Erstauflage an das Antiquariat Hinterberger fehladressiert sowie mit der Angabe 1907 fehldatiert); *Standard Ed.*, **9**, 245.

(1907*a*) *Der Wahn und die Träume in W. Jensens* ›Gradiva‹, Wien. *G.S.*, **9**, 273; *G.W.*, **7**, 31; *Standard Ed.*, **9**, 3.

(1907*b*) ›Zwangshandlungen und Religionsübung‹, *G.S.*, **10**, 210; *G.W.*, **7**, 129; *C.P.*, **2**, 25; *Standard Ed.*, **9**, 116.

(1907*c*) ›Zur sexuellen Aufklärung der Kinder‹, *G.S.*, **5**, 134; *G.W.*, **7**, 19; *C.P.*, **2**, 36; *Standard Ed.*, **9**, 131.

(1907*d*) Nun unter (1906*f*).

(1907*e*) Ankündigung der *Schriften zur angewandten Seelenkunde,* in 1907*a* (nur in der 1. Aufl.), 82; *Standard Ed.*, **9**, 248.

(1908*a*) ›Hysterische Phantasien und ihre Beziehung zur Bisexualität‹, *G.S.*, **5**, 246; *G.W.*, **7**, 191; *C.P.*, **2**, 51; *Standard Ed.*, **9**, 157.

(1908*b*) ›Charakter und Analerotik‹, *G.S.*, **5**, 261; *G.W.*, **7**, 203; *C.P.*, **2**, 45; *Standard Ed.*, **9**, 169.

(1908*c*) ›Über infantile Sexualtheorien‹, *G.S.*, **5**, 168; *G.W.*, **7**, 171; *C.P.*, **2**, 59; *Standard Ed.*, **9**, 207.

(1908*d*) ›Die »kulturelle« Sexualmoral und die moderne Nervosität‹, *G.S.*, **5**, 143; *G.W.*, **7**, 143; *C.P.*, **2**, 76; *Standard Ed.*, **9**, 179.

(1908*e* [1907]) ›Der Dichter und das Phantasieren‹, *G.S.*, **10**, 229; *G.W.*, **7**, 213; *C.P.*, **4**, 173; *Standard Ed.*, **9**, 143.

(1908*f*) Vorwort zu Stekel *Nervöse Angstzustände und ihre Behandlung*, *G.S.*, **11**, 239; *G.W.*, **7**, 467; *Standard Ed.*, **9**, 250.

(1909*a* [1908]) ›Allgemeines über den hysterischen Anfall‹, *G.S.*, **5**, 255; *G.W.*, **7**, 235; *C.P.*, **2**, 100; *Standard Ed.*, **9**, 229.

(1909*b*) ›Analyse der Phobie eines fünfjährigen Knaben‹, *G.S.*, **8**, 129; *G.W.*, **7**, 243; *C.P.*, **3**, 149; *Standard Ed.*, **10**, 3.

(1909*c*) ›Der Familienroman der Neurotiker‹, *G.S.*, **12**, 367; *G.W.*, **7**, 227; *C.P.*, **5**, 74; *Standard Ed.*, **9**, 237.

(1909*d*) ›Bemerkungen über einen Fall von Zwangsneurose‹, *G.S.*, **8**, 269; *G.W.*, **7**, 381; *C.P.*, **3**, 293; *Standard Ed.*, **10**, 155.

(1910*a* [1909]) *Über Psychoanalyse*, Wien. *G.S.*, **4**, 349; *G.W.*, **8**, 3; *Standard Ed.*, **11**, 3.

(1910*b* [1909]) Vorwort zu Ferenczi *Lélekelemzés: Értekezések a pszichoanalizis köréböl* (Aufsätze über Psychoanalyse), *G.S.*, **11**, 241; *G.W.*, **7**, 469; *Standard Ed.*, **9**, 252.

(1910*c*) *Eine Kindheitserinnerung des Leonardo da Vinci*, Wien. *G.S.*, **9**, 371; *G.W.*, **8**, 128; *Standard Ed.*, **11**, 59.

(1910*d*) ›Die zukünftigen Chancen der psychoanalytischen Therapie‹, *G.S.*, **6**, 25; *G.W.*, **8**, 104; *C.P.*, **2**, 285; *Standard Ed.*, **11**, 141.

(1910*e*) ›»Über den Gegensinn der Urworte«‹, *G.S.*, **10**, 221; *G.W.*, **8**, 214; *C.P.*, **4**, 184; *Standard Ed.*, **11**, 155.

(1910*f*) Brief an Dr. Friedrich S. Krauss über *Anthropophyteia*, *G.S.*, **11**, 242; *G.W.*, **8**, 224; *Standard Ed.*, **11**, 233.

(1910*g*) ›Zur Selbstmord-Diskussion‹, *G.S.*, **3**, 321; *G.W.*, **8**, 62; *Standard Ed.*, **11**, 231.

(1910*h*) ›Über einen besonderen Typus der Objektwahl beim Manne‹, *G.S.*, **5**, 186; *G.W.*, **8**, 66; *C.P.*, **4**, 192; *Standard Ed.*, **11**, 165.

(1910*i*) ›Die psychogene Sehstörung in psychoanalytischer Auffassung‹, *G.S.*, **5**, 310; *G.W.*, **8**, 94; *C.P.*, **2**, 105; *Standard Ed.*, **11**, 211.

(1910*j*) ›Beispiele des Verrats pathogener Phantasien bei Neurotikern‹, *G.S.*, **11**, 300; *G.W.*, **8**, 228; *Standard Ed.*, **11**, 236.

(1910*k*) ›Über »wilde« Psychoanalyse‹, *G.S.*, **6**, 37; *G.W.*, **8**, 118; *C.P.*, **2**, 297; *Standard Ed.*, **11**, 221.

(1910*l*) ›Typisches Beispiel eines verkappten Ödipustraumes‹, *Zentralbl.*

Psychoanal., 1, 45; Nachdruck in *Die Traumdeutung, G.S.*, 3, 118, Anm.; *G.W.*, 2–3, 404, Anm.; *Standard Ed.*, 5, 398, Anm.

(1910*m*) Besprechung von Wilh. Neutra ›Briefe an nervöse Frauen‹, *Zentralbl. Psychoan.*, 1, 49; *Standard Ed.*, 11, 238.

(1911*a*) ›Nachträge zur Traumdeutung‹, *Zentralbl. Psychoanal.*, 1, 187. Teilweise nachgedruckt in *G.S.*, 3, 77 ff. und 126 f.; *G.W.*, 2–3, 365 ff. und 412 f.; *Standard Ed.*, 5, 360 ff. und 408 f. (vollständig).

(1911*b*) ›Formulierungen über die zwei Prinzipien des psychischen Geschehens‹, *G.S.*, 5, 409; *G.W.*, 8, 230; *C.P.*, 4, 13; *Standard Ed.*, 12, 215.

(1911*c* [1910]) ›Psychoanalytische Bemerkungen über einen autobiographisch beschriebenen Fall von Paranoia (Dementia Paranoides)‹, *G.S.*, 8, 355; *G.W.*, 8, 240; *C.P.*, 3, 387; *Standard Ed.*, 12, 3.

(1911*d*) ›Die Bedeutung der Vokalfolge‹, *G.S.*, 11, 301; *G.W.*, 8, 348; *Standard Ed.*, 12, 341.

(1911*e*) ›Die Handhabung der Traumdeutung in der Psychoanalyse‹, *G.S.*, 6, 45; *G.W.*, 8, 350; *C.P.*, 2, 305; *Standard Ed.*, 12, 91.

(1911*f*) ›»Gross ist die Diana der Epheser«‹ (nach F. Sartiaux's *Villes mortes d'Asie mineure*), *G.W.*, 8, 360; *Standard Ed.*, 12, 342.

(1911*g*) Zusammenfassung von G. Greve ›Sobre psicologia y psicoterapia de ciertos estados angustiosos‹, *Zbl. Psychoan.*, 1, 594.

(1911*h*) Fußnote zu Stekel ›Zur Psychologie des Exhibitionismus‹, *Zbl. Psychoan.*, 1, 495; *Standard Ed.*, 18, 274.

(1911*i*) ›Ein Beitrag zum Vergessen von Eigennamen‹ [in 1901*b*, von der 4. Aufl. an], *Zbl. Psychoan.*, 1, 407; *G.S.*, 4, 37; *G.W.*, 4, 37; *Standard Ed.*, 6, 30.

(1911*j*) Übersetzung (mit zusätzlicher Fußnote) von James J. Putnam ›On the Etiology and Treatment of the Psychoneuroses‹, 1910, unter dem Titel ›Über Ätiologie und Behandlung der Psychoneurosen‹, *Zbl. Psychoan.*, 1, 137; *Standard Ed.*, 17, 271 (aufgenommen in einer Anm. des Herausgebers zu 1919*b*).

(1912*a* [1911]) ›Nachtrag zu dem autobiographisch beschriebenen Fall von Paranoia (Dementia Paranoides)‹, *G.S.*, 8, 432; *G.W.*, 8, 317; *C.P.*, 3, 467; *Standard Ed.* 12, 80.

(1912*b*) ›Zur Dynamik der Übertragung‹, *G.S.*, 6, 53, *G.W.*, 8, 364; *C.P.*, 2, 312; *Standard Ed.*, 12, 99.

(1912*c*) ›Über neurotische Erkrankungstypen‹, *G.S.*, 5, 400; *G.W.*, 8, 322; *C.P.*, 2, 113; *Standard Ed.*, 12, 229.

(1912*d*) ›Über die allgemeinste Erniedrigung des Liebeslebens‹, *G.S.*, 5, 198; *G.W.*, 8, 78; *C.P.*, 4, 203; *Standard Ed.*, 11, 179.

(1912*e*) ›Ratschläge für den Arzt bei der psychoanalytischen Behandlung‹, *G.S.*, 6, 64; *G.W.*, 8, 376; *C.P.*, 2, 323; *Standard Ed.*, 12, 111.

(1912*f*) ›Zur Onanie-Diskussion‹, *G.S.*, 3, 324; *G.W.*, 8, 332; *Standard Ed.*, 12, 243.

(1912*g*) ›A Note on the Unconscious in Psycho-Analysis‹ [in Englisch], *C.P.*, **4**, 22; *Standard Ed.*, **12**, 257; (Übers. ins Deutsche v. Hanns Sachs): ›Einige Bemerkungen über den Begriff des Unbewußten in der Psychoanalyse‹, *G.S.*, **5**, 433; *G.W.*, **8**, 430.

(1912*h*) Nachfrage des Herausgebers über Kindheitsträume, *Zbl. Psychoan.*, **2**, 680; *Standard Ed.*, **17**, 4 (aufgenommen in 1918*b*).

(1912–13) *Totem und Tabu*, Wien, 1913. *G.S.*, **10**, 3; *G.W.*, **9**, *Standard Ed.*, **13**, 1.

(1913*a*) ›Ein Traum als Beweismittel‹, *G.S.*, **3**, 267; *G.W.*, **10**, 12; *C.P.*, **2**, 133; *Standard Ed.*, **12**, 269.

(1913*b*) Geleitwort zu Pfister *Die psychoanalytische Methode*, *G.S.*, **11**, 224; *G.W.*, **10**, 448; *Standard Ed.*, **12**, 329.

(1913*c*) ›Weitere Ratschläge zur Technik der Psychoanalyse: I. Zur Einleitung der Behandlung‹, *G.S.*, **6**, 84; *G.W.*, **8**, 454; *C.P.*, **2**, 342; *Standard Ed.*, **12**, 123.

(1913*d*) ›Märchenstoffe in Träumen‹, *G.S.*, **3**, 259; *G.W.*, **10**, 2; *C.P.*, **4**, 236; *Standard Ed.*, **12**, 281.

(1913*e*) Vorwort zu Steiner *Die psychischen Störungen der männlichen Potenz*, *G.S.*, **11**, 247; *G.W.*, **10**, 451; *Standard Ed.*, **12**, 345.

(1913*f*) ›Das Motiv der Kästchenwahl‹, *G.S.*, **10**, 243; *G.W.*, **10**, 244; *C.P.*, **4**, 244; *Standard Ed.*, **12**, 291.

(1913*g*) ›Zwei Kinderlügen‹, *G.S.*, **5**, 238; *G.W.*, **8**, 422; *C.P.*, **2**, 144; *Standard Ed.*, **12**, 305.

(1913*h*) ›Erfahrungen und Beispiele aus der analytischen Praxis‹, *Int. Z. (ärztl.) Psychoanal.*, **1**, 377; teilweise nachgedruckt in *G.S.*, **11**, 301; *G.W.*, **10**, 40. Teilweise aufgenommen in *Traumdeutung. G.S.*, **3**, 41, 71 f., 127 und 135; *G.W.*, **2–3**, 238, 359 ff., 413 f. und 433; *Standard Ed.*, **13**, 193 (vollständig); *Standard Ed.*, **4**, 232, und **5**, 354–6, 409 f. und 431 (teilweise).

(1913*i*) ›Die Disposition zur Zwangsneurose‹, *G.S.*, **5**, 277; *G.W.*, **8**, 442; *C.P.*, **2**, 122; *Standard Ed.*, **12**, 313.

(1913*j*) ›Das Interesse an der Psychoanalyse‹, *G.S.*, **4**, 313; *G.W.*, **8**, 390; *Standard Ed.*, **13**, 165.

(1913*k*) Geleitwort zu J. G. Bourke, *Der Unrat in Sitte, Brauch, Glauben und Gewohnheitsrecht der Völker*, *G.S.*, **11**, 249; *G.W.*, **10**, 453; *C.P.*, **5**, 88; *Standard Ed.*, **12**, 335.

(1913*l*) ›Kindheitsträume mit spezieller Bedeutung‹, *Int. Z. (ärztl.) Psychoanal.*, **1**, 79; *Standard Ed.*, **17**, 4 (aufgenommen in 1918*b*).

(1913*m* [1911]) ›On Psycho-Analysis‹ [in Englisch], *Aust. med. Congr.* (Transactions of the Ninth Session, abgehalten in Sydney, New South Wales, Sept. 1911), **2**, Part 8, 839; *Standard Ed.*, **12**, 207.

(1914*a*) ›Über fausse reconnaissance (»déjà raconté«) während der psychoanalytischen Arbeit‹, *G.S.*, **6**, 76; *G.W.*, **10**, 116; *C.P.*, **2**, 334; *Standard Ed.*, **13**, 201.

(1914*b*) ›Der Moses des Michelangelo‹, *G.S.*, **10**, 257; *G.W.*, **10**, 172; *C.P.*, **4**, 257; *Standard Ed.*, **13**, 211.

(1914*c*) ›Zur Einführung des Narzißmus‹, *G.S.*, **6**, 155; *G.W.*, **10**, 138; *C.P.*, **4**, 30; *Standard Ed.*, **14**, 69.

(1914*d*) ›Zur Geschichte der psychoanalytischen Bewegung‹, *G.S.*, **4**, 411; *G.W.*, **10**, 44; *C.P.*, **1**, 287; *Standard Ed.*, **14**, 3.

(1914*e*) ›Darstellungen der »großen Leistung« im Traume‹, *Int. Z. (ärztl.) Psychoanal.*, **2**, 384; teilweise nachgedruckt in *Die Traumdeutung, G.S.*, **3**, 130; *G.W.*, **2–3**, 416; *Standard Ed.*, **5**, 412.

(1914*f*) ›Zur Psychologie des Gymnasiasten‹, *G.S.*, **11**, 187; *G.W.*, **10**, 204; *Standard Ed.*, **13**, 241.

(1914*g*) ›Weitere Ratschläge zur Technik der Psychoanalyse: II. Erinnern, Wiederholen und Durcharbeiten‹, *G.S.*, **6**, 109; *G.W.*, **10**, 126; *C.P.*, **2**, 366; *Standard Ed.*, **12**, 147.

(1915*a*) ›Weitere Ratschläge zur Technik der Psychoanalyse: III. Bemerkungen über die Übertragungsliebe‹, *G.S.*, **6**, 120; *G.W.*, **10**, 306; *C.P.*, **2**, 377; *Standard Ed.*, **12**, 159.

(1915*b*) ›Zeitgemäßes über Krieg und Tod‹, *G.S.*, **10**, 315; *G.W.*, **10**, 324; *C.P.*, **4**, 288; *Standard Ed.*, **14**, 275.

(1915*c*) ›Triebe und Triebschicksale‹, *G.S.*, **5**, 443; *G.W.*, **10**, 210; *C.P.*, **4**, 60; *Standard Ed.*, **14**, 111.

(1915*d*) ›Die Verdrängung‹, *G.S.*, **5**, 466; *G.W.*, **10**, 248; *C.P.*, **4**, 84; *Standard Ed.*, **14**, 143.

(1915*e*) ›Das Unbewußte‹, *G.S.*, **5**, 480; *G.W.*, **10**, 264; *C.P.*, **4**, 98; *Standard Ed.*, **14**, 161.

(1915*f*) ›Mitteilung eines der psychoanalytischen Theorie widersprechenden Falles von Paranoia‹, *G.S.*, **5**, 288; *G.W.*, **10**, 234; *C.P.*, **2**, 150; *Standard Ed.*, **14**, 263.

(1915*g* [1914]) Brief an Dr. F. van Eeden. In *De Amsterdammer*, Nr. 1960, 17. Jan., 3; *Standard Ed.*, **14**, 301; Ernest Jones, *Das Leben und Werk von Sigmund Freud,* Huber, Bern und Stuttgart 1962, Bd. 2, S. 434.

(1916*a*) ›Vergänglichkeit‹, *G.S.*, **11**, 291; *G.W.*, **10**, 358; *C.P.*, **5**, 79; *Standard Ed.*, **14**, 305.

(1916*b*) ›Mythologische Parallele zu einer plastischen Zwangsvorstellung‹, *G.S.*, **10**, 240; *G.W.*, **10**, 398; *C.P.*, **4**, 345; *Standard Ed.*, **14**, 337.

(1916*c*) ›Eine Beziehung zwischen einem Symbol und einem Symptom‹, *G.S.*, **5**, 310; *G.W.*, **10**, 394; *C.P.*, **2**, 162; *Standard Ed.*, **14**, 339.

(1916*d*) ›Einige Charaktertypen aus der psychoanalytischen Arbeit‹, *G.S.*, **10**, 287; *G.W.*, **10**, 364; *C.P.*, **4**, 318; *Standard Ed.*, **14**, 311.

(1916*e*) Fußnote zu Ernest Jones ›Professor Janet über Psychoanalyse‹, *Int. Z. (ärztl.) Psychoanal.*, **4**, 42; *Standard Ed.*, **2**, XIII.

(1916–17) *Vorlesungen zur Einführung in die Psychoanalyse,* Wien. *G.S.,* 7; *G.W.,* 11; *Standard Ed.,* 15–16.

(1917*a*) ›Eine Schwierigkeit der Psychoanalyse‹, *G.S.,* 10, 347; *G.W.,* 12, 3; *C.P.,* 4, 347; *Standard Ed.,* 17, 137.

(1917*b*) ›Eine Kindheitserinnerung aus *Dichtung und Wahrheit*‹, *G.S.,* 10, 357; *G.W.,* 12, 15; *C.P.,* 4, 357; *Standard Ed.,* 17, 147.

(1917*c*) ›Über Triebumsetzungen insbesondere der Analerotik‹, *G.S.,* 5, 268; *G.W.,* 10, 402; *C.P.,* 2, 164; *Standard Ed.,* 17, 127.

(1917*d* [1915]) ›Metapsychologische Ergänzung zur Traumlehre‹, *G.S.,* 5, 520; *G.W.,* 10, 412; *C.P.,* 4, 137; *Standard Ed.,* 14, 219.

(1917*e* [1915]) ›Trauer und Melancholie‹, *G.S.,* 5, 535; *G.W.,* 10, 428; *C.P.,* 4, 152; *Standard Ed.,* 14, 239.

(1918*a*) ›Das Tabu der Virginität‹, *G.S.,* 5, 212; *G.W.,* 12, 161; *C.P.,* 4, 217; *Standard Ed.,* 11, 193.

(1918*b* [1914]) ›Aus der Geschichte einer infantilen Neurose‹, *G.S.,* 8, 439; *G.W.,* 12, 29; *C.P.,* 3, 473; *Standard Ed.,* 17, 3.

(1919*a* [1918]) ›Wege der psychoanalytischen Therapie‹, *G.S.,* 6, 136; *G.W.,* 12, 183; *C.P.,* 2, 392; *Standard Ed.,* 17, 159.

(1919*b*) ›James J. Putnam‹, *G.S.,* 11, 276; *G.W.,* 12, 315; *Standard Ed.,* 17, 271.

(1919*c*) ›Internationaler psychoanalytischer Verlag und Preiszuteilungen für psychoanalytische Arbeiten‹, *G.W.,* 12, 333; *Standard Ed.,* 17, 267.

(1919*d*) Einleitung zu *Zur Psychoanalyse der Kriegsneurosen,* Wien. *G.S.,* 11, 252; *G.W.,* 12, 321; *C.P.,* 5, 83; *Standard Ed.,* 17, 207.

(1919*e*) ›»Ein Kind wird geschlagen«‹, *G.S.,* 5, 344; *G.W.,* 12, 197; *C.P.,* 2, 172; *Standard Ed.,* 17, 177.

(1919*f*) ›Victor Tausk‹, *G.S.,* 11, 277; *G.W.,* 12, 316; *Standard Ed.,* 17, 273.

(1919*g*) Vorrede zu Theodor Reik *Probleme der Religionspsychologie,* Wien. *G.S.,* 11, 256; *C.P.,* 5, 92; *Standard Ed.,* 17, 259.

(1919*h*) ›Das Unheimliche‹, *G.S.,* 10, 369; *G.W.,* 12, 229; *C.P.,* 4, 368; *Standard Ed.,* 17, 219.

(1919*i* [1915]) Brief an Dr. Hermine von Hug-Hellmuth, *G.S.,* 11, 261; *G.W.,* 10, 456; *Standard Ed.,* 14, 341.

(1919*j* [1918]) ›Kell-e az egyetemen a psychoanalysist tanitani?‹, *Gyógyászat* (Budapest), 59, Nr. 13, 192; *Standard Ed.,* 17, 171.

(1919*k*) ›E. T. A. Hoffmann über die Bewußtseinsfunktion‹, *Int. Z. (ärztl.) Psychoanal.,* 5, Nr. 4, 308; *Standard Ed.,* 17, 233, Anm. (aufgenommen in 1919*h*).

(1920*a*) ›Über die Psychogenese eines Falles von weiblicher Homosexualität‹, *G.S.,* 5, 312; *G.W.,* 12, 271; *C.P.,* 2, 202; *Standard Ed.,* 18, 147.

(1920*b*) ›Zur Vorgeschichte der analytischen Technik‹, *G.S.,* 6, 148; *G.W.,* 12, 309; *C.P.,* 5, 101; *Standard Ed.,* 18, 263.

(1920c) ›Dr. Anton von Freund‹, *G.S.*, 11, 280; *G.W.*, 13, 435; *Standard Ed.*, 18, 267.

(1920d) ›Gedankenassoziation eines vierjährigen Kindes‹, *G.S.*, 5, 244; *G.W.*, 12, 305; *Standard Ed.*, 18, 266.

(1920e) Vorwort zur vierten Auflage der *Drei Abhandlungen zur Sexualtheorie*, *Int. Z. Psychoanal.*, 6, 247; *G.S.*, 5, 5; *G.W.*, 5, 31; *Standard Ed.*, 7, 133.

(1920f) ›Ergänzungen zur Traumlehre‹ (Zusammenfassung von Freuds Ansprache auf dem Internationalen Psychoanalytischen Kongreß in Den Haag), *Int. Z. Psychoanal.*, 6, 397; *Standard Ed.*, 18, 4.

(1920g) *Jenseits des Lustprinzips*, Wien, *G.S.*, 6, 191; *G.W.*, 13, 3; *Standard Ed.*, 18, 7.

(1921a) Preface [in Englisch] zu J. J. Putnam *Addresses on Psycho-Analysis*, London und New York. *G.S.*, 11, 262; *G.W.*, 13, 437; *Standard Ed.*, 18, 269.

(1921b) Introduction [in Englisch] zu Varendonck, *The Psychology of Day-Dreams*, London. *Standard Ed.*, 18, 271; deutsch (nur teilweise) *G.S.*, 11, 264; *G.W.*, 13, 439.

(1921c) *Massenpsychologie und Ich-Analyse*, Wien, *G.S.*, 6, 261; *G.W.*, 13, 73; *Standard Ed.*, 18, 69.

(1921d) ›Preiszuteilungen‹, *Int. Z. Psychoanal.*, 7, 38; *Standard Ed.*, 17, 269 (in 1919c).

(1921e) Auszug eines Briefes an Claparède [in Französisch], in Freud *La psychanalyse* (französische Übersetzung von 1910a), Genf; *Standard Ed.*, 11, 214 (in 1910i).

(1922a) ›Traum und Telepathie‹, *G.S.*, 3, 278; *G.W.*, 13, 165; *C.P.*, 4, 408; *Standard Ed.*, 18, 197.

(1922b) ›Über einige neurotische Mechanismen bei Eifersucht, Paranoia und Homosexualität‹, *G.S.*, 5, 387; *G.W.*, 13, 195; *C.P.*, 2, 232: *Standard Ed.*, 18, 223.

(1922c) ›Nachschrift zur Analyse des kleinen Hans‹, *G.S.*, 8, 264; *G.W.*, 13, 431; *C.P.*, 3, 288; *Standard Ed.*, 10, 148.

(1922d) ›Preisausschreibung‹, *Int. Z. Psychoanal.*, 8, 527; *Standard Ed.*, 17, 269 (in 1919c).

(1922e) Vorwort [in Französisch] zu Raymond de Saussure *La méthode psychanalytique*, Genf; *Standard Ed.*, 19, 283.

(1922f) ›Etwas vom Unbewußten‹ (Zusammenfassung von Freuds Ansprache auf dem Internationalen Psychoanalytischen Kongreß in Berlin), *Int. Z. Psychoanal.*, 8, 486; enthalten in 1923b, *Standard Ed.*, 19, 3.

(1923a [1922]) ›»Psychoanalyse« und »Libido Theorie«‹, *G.S.*, 11, 201; *G.W.*, 13, 211; *C.P.*, 5, 107; *Standard Ed.*, 18, 235.

(1923b) *Das Ich und das Es*, Wien. *G.S.*, 6, 353; *G.W.*, 13, 237; *Standard Ed.*, 19, 3.

(1923c [1922]) ›Bemerkungen zur Theorie und Praxis der Traumdeutung‹, G.S., 3, 305; G.W., 13, 301; C.P., 5, 136 Standard Ed., 19, 109.

(1923d [1922]) ›Eine Teufelsneurose im siebzehnten Jahrhundert‹, G.S., 10, 409; G.W., 13, 317; C.P., 4, 436; Standard Ed., 19, 69.

(1923e) ›Die infantile Genitalorganisation‹, G.S., 5, 232; G.W., 13, 293; C.P., 2, 244; Standard Ed., 19, 141.

(1923f) ›Josef Popper-Lynkeus und die Theorie des Traumes‹, G.S., 11, 295; G.W., 13, 357; Standard Ed., 19, 261.

(1923g) Vorwort zu Max Eitingon Bericht über die Berliner psychoanalytische Poliklinik, Wien. G.S., 11, 265; G.W., 13, 441; Standard Ed., 19, 285.

(1923h) Brief [in Spanisch] an Señor Luis Lopez-Ballesteros y de Torres, G.S., 11, 266; G.W., 13, 442; Standard Ed., 19, 289.

(1923i) ›Dr. Ferenczi Sándor‹, G.S., 11, 273; G.W., 13, 443; Standard Ed., 19, 267.

(1924a) Brief [in Französisch] an Le Disque Vert, G.S., 11, 266; G.W.; 13, 446; Standard Ed., 19, 290.

(1924b [1923]) ›Neurose und Psychose‹, G.S., 5, 418; G.W., 13, 387; C.P., 2, 250; Standard Ed., 19, 149.

(1924c) ›Das ökonomische Problem des Masochismus‹, G.S., 5, 374; G.W., 13, 371; C.P., 2, 255; Standard Ed., 19, 157.

(1924d) ›Der Untergang des Ödipuskomplexes‹, G.S., 5, 423; G.W., 13, 395; C.P., 2, 269; Standard Ed., 19, 173.

(1924e) ›Die Realitätsverluste bei Neurose und Psychose‹, G.S., 6, 409; G.W., 13, 363; C.P., 2, 277; Standard Ed., 19, 183.

(1924f [1923]) ›A Short Account of Psycho-Analysis‹ (veröffentlicht unter dem Titel ›Psychoanalysis: Exploring the Hidden Recesses of the Mind‹), Kap. 73, Bd. 2 von These Eventful Years, London und New York; Standard Ed., 19, 191; deutscher Text: ›Kurzer Abriß der Psychoanalyse‹, G.S., 11, 183; G.W., 13, 405 (das dt. Orig. erschien zuerst 1928).

(1924g [1923]) Auszug aus einem Brief an Wittels, in Wittels Sigmund Freud, London. Standard Ed., 19, 286; deutsches Original in 1960a.

(1924h) ›Mitteilung des Herausgebers‹, Int. Z. Psychoanal., 10, 373; Standard Ed., 19, 293.

(1924i) Brief in Jewish Observer und Middle East Review, 3 (23), Juni.

(1925a [1924]) ›Notiz über den »Wunderblock«‹, G.S., 6, 415; G.W., 14, 3; C.P., 5, 175; Standard Ed., 19, 227.

(1925b) Brief an den Herausgeber der Jüdischen Preßzentrale Zürich, G.S., 11, 298; G.W., 14, 556; Standard Ed., 19, 291.

(1925c) Message on the Opening of the Hebrew University [in Englisch], G.S., 11, 298; G.W., 14, 556; Standard Ed., 19, 292.

(1925d [1924]) Selbstdarstellung, Wien, 1934. G.S., 11, 119; G.W., 14, 33; Standard Ed., 20, 3.

(1925e [1924]) ›Die Widerstände gegen die Psychoanalyse‹, *G.S.*, 11, 224; *G.W.*, 14, 99; *C.P.*, 5, 163; *Standard Ed.*, 19, 213.

(1925f) Geleitwort zu August Aichhorn *Verwahrloste Jugend, Wien. G.S.*, 11, 267; *G.W.*, 14, 565; *C.P.*, 5, 98; *Standard Ed.*, 19, 273.

(1925g) ›Josef Breuer‹, *G.S.*, 11, 281; *G.W.*, 14, 562; *Standard Ed.*, 19, 279.

(1925h) ›Die Verneinung‹, *G.S.*, 11, 3; *G.W.*, 14, 11; *C.P.*, 5, 181; *Standard Ed.*, 19, 235.

(1925i) ›Einige Nachträge zum Ganzen der Traumdeutung‹, *G.S.*, 3, 172; *G.W.*, 1, 561; *C.P.*, 5, 150; *Standard Ed.*, 19, 125.

(1925j) ›Einige psychische Folgen des anatomischen Geschlechtsunterschieds‹, *G.S.*, 11, 8; *G.W.*, 14, 19; *C.P.*, 5, 186; *Standard Ed.*, 19, 243.

(1926a) ›An Romain Rolland‹, *G.S.*, 11, 275; *G.W.*, 14, 553; *Standard Ed.*, 20, 279.

(1926b) ›Karl Abraham‹, *G.S.*, 11, 283; *G.W.*, 14, 564; *Standard Ed.*, 20, 277.

(1926c) Bemerkung zu E. Pickworth Farrow ›Eine Kindheitserinnerung aus dem 6. Lebensmonat‹, *G.W.*, 14, 568; *Standard Ed.*, 20, 280.

(1926d [1925]) *Hemmung, Symptom und Angst, Wien. G.S.*, 11, 23; *G.W.*, 14, 113; *Standard Ed.*, 20, 77.

(1926e) *Die Frage der Laienanalyse, Wien. G.S.*, 11, 307; *G.W.*, 14, 209; *Standard Ed.*, 20, 179.

(1926f) Artikel in der *Encyclopaedia Britannica* (›Psycho-Analysis; Freudian School‹), *Encyclopaedia Britannica*, 13. Aufl., neuer Bd. 3, 253; *Standard Ed.*, 20, 261; deutscher Text: ›Psycho-Analysis‹, *G.S.*, 12, 372; *G.W.*, 14, 299 (das deutsche Original erschien zuerst 1934).

(1926g) Übersetzung (mit zusätzlicher Fußnote) von I. Levine *The Unconscious* (Part I, Section 13: ›Samuel Butler‹), London, 1923, unter dem Titel *Das Unbewußte, Wien. Standard Ed.*, 14, 205 (in 1915e).

(1926h) Brief von Freud, in *Au delà de l'amour*, Paris. *(Les cahiers contemporains*, 3.)

(1926i) ›Dr. Reik und die Kurpfuschereifrage‹, Brief an die *Neue Freie Presse, Neue Freie Presse*, 18. Juli, 12; *Standard Ed.*, 21, 247.

(1927a) ›Nachwort zur »Frage der Laienanalyse«‹, *G.S.*, 11, 385; *G.W.* 14, 287; *C.P.*, 5, 205; *Standard Ed.*, 20, 25.

(1927b) ›Nachtrag zur Arbeit über den Moses des Michelangelo‹, *G.S.*, 11, 409; *G.W.*, 14, 321; *Standard Ed.*, 13, 237.

(1927c) *Die Zukunft einer Illusion, Wien. G.S.*, 11, 411; *G.W.*, 14, 325; *Standard Ed.*, 21, 3.

(1927d) ›Der Humor‹, *G.S.*, 11, 402; *G.W.*, 14, 383; *C.P.*, 5, 215; *Standard Ed.*, 21, 159.

(1927e) ›Fetischismus‹, *G.S.*, 11, 395; *G.W.*, 14, 311; *C.P.*, 5, 198; *Standard Ed.*, 21, 149.

(1928a) ›Ein religiöses Erlebnis‹, *G.S.*, 11, 467; *G.W.*, 14, 393; *C.P.*, 5, 243; *Standard Ed.*, 21, 167.

(1928b) ›Dostojewski und die Vatertötung‹, *G.S.*, 12, 7; *G.W.*, 14, 399; *C.P.*, 5, 222; *Standard Ed.* 21, 175.

(1929a) ›Ernest Jones zum 50. Geburtstag‹, *G.S.*, 12, 395; *G.W.*, 14, 554; *Standard Ed.*, 21, 249.

(1929b) Brief [in Französisch] an Maxime Leroy über einen Traum des Cartesius. *G.S.*, 12, 403; *G.W.*, 14, 558; *Standard Ed.*, 21, 199.

(1930a [1929]) *Das Unbehagen in der Kultur*, Wien. *G.S.*, 12, 29; *G.W.*, 14, 421; *Standard Ed.*, 21, 59.

(1930b) Vorwort zu *Zehn Jahre Berliner Psychoanalytisches Institut*, Wien. *G.S.*, 12, 388; *G.W.*, 14, 572; *Standard Ed.*, 21, 257.

(1930c) Geleitwort zu *The Medical Review of Reviews*, New York, 36, 103; *Standard Ed.*, 21, 254; deutscher Text: *G.S.*, 12, 386; *G.W.*, 14, 570 (das deutsche Original wurde zuerst 1934 veröffentlicht).

(1930d) Brief an Dr. Alfons Paquet, *G.S.*, 12, 406; *G.W.*, 14, 545; *Standard Ed.*, 21, 207.

(1930e) Ansprache im Frankfurter Goethe-Haus, *G.S.*, 12, 408; *G.W.*, 14, 547; *Standard Ed.*, 21, 208.

(1930f [1929]) Brief an Theodor Reik, in Reik *Freud als Kulturkritiker*, Wien. *Standard Ed.*, 21, 195.

(1931a) ›Über libidinöse Typen‹, *G.S.*, 12, 115; *G.W.*, 14, 509; *C.P.*, 5, 247; *Standard Ed.*, 21, 215.

(1931b) ›Über die weibliche Sexualität‹, *G.S.*, 12, 120; *G.W.*, 14, 517; *C.P.*, 5, 252; *Standard Ed.*, 21, 223.

(1931c) Geleitwort zu Edoardo Weiss *Elementi di Psicoanalisi*, *G.S.*, 12, 389; *G.W.*, 14, 573; *Standard Ed.*, 21, 256.

(1931d) ›Das Fakultätsgutachten im Prozeß Halsmann‹, *G.S.*, 12, 412; *G.W.*, 14, 541; *Standard Ed.*, 21, 251.

(1931e) Brief an den Bürgermeister der Stadt Příbor, *G.S.*, 12, 414; *G.W.*, 14, 561; *Standard Ed.*, 21, 259.

(1931f) Brief an Georg Fuchs, in Fuchs, *Wir Zuchthäusler*, Langen, München, S. X in *Int. J. Psycho-Anal.*, 42 (1961), 199; *Standard Ed.*, 22, 251.

(1932a) ›Zur Gewinnung des Feuers‹, *G.S.*, 12, 141; *G.W.*, 16, 3; *C.P.*, 5, 288; *Standard Ed.*, 22, 185.

(1932b) Geleitwort zu Hermann Nunberg *Allgemeine Neurosenlehre auf psychoanalytischer Grundlage*, *G.S.*, 12, 390; *G.W.*, 16, 273; *Standard Ed.*, 21, 258.

(1932c) ›Meine Berührung mit Josef Popper-Lynkeus‹, *G.S.*, 12, 415; *G.W.*, 16, 261; *C.P.*, 5, 295; *Standard Ed.*, 22, 219.

(1932d) Zusammenfassung [in Ungarisch] des ersten Teils von Vorlesung XXX in 1933a, *Magyar Hirlap*, Budapest, 25. Dez.

(1932*e* [1931]) Preface [Englisch] z. 3., überarb. Aufl. v. *The Interpretation of Dreams*, London, New York; *Studienausg.*, **2**, 28; *Standard Ed.*, **4**, XXXII.

(1933*a*) *Neue Folge der Vorlesungen zur Einführung in die Psychoanalyse*, Wien. *G.S.*, **12**, 151; *G.W.*, **15**; *Standard Ed.*, **22**, 3.

(1933*b* [1932]) *Warum Krieg?*, Paris. *G.S.*, **12**, 349; *G.W.*, **16**, 13; *C.P.*, **5**, 273; *Standard Ed.*, **22**, 197.

(1933*c*) ›Sándor Ferenczi‹, *G.S.*, **12**, 397; *G.W.*, **16**, 267; *Standard Ed.*, **22**, 227.

(1933*d*) Vorwort (in Französisch) zu Marie Bonaparte *Edgar Poe; étude psychanalytique*, Paris; deutscher Text: *G.S.*, **12**, 391; *G.W.*, **16**, 276; *Standard Ed.*, **22**, 254.

(1933*e* [1932]) Drei Briefe an André Breton (französische Übersetzung), *Le surréalisme au service de la révolution*, Nr. 5, 10; einer der Originalbriefe als Faksimile abgebildet.

(1934*a* [1930]) Vorrede zur hebräischen Ausgabe der *Vorlesungen zur Einführung in die Psychoanalyse*, *G.S.*, **12**, 383; *G.W.*, **16**, 274; *Standard Ed.*, **15**, 11.

(1934*b* [1930]) Vorrede zur hebräischen Ausgabe von *Totem und Tabu*, *G.S.*, **12**, 385; *G.W.*, **14**, 569; *Standard Ed.*, **13**, XV.

(1935*a*) Postscript (1935) zu *An Autobiographical Study*, Neuaufl., London und New York; *Standard Ed.*, **20**, 71; deutscher Text: ›Nachschrift 1935 zur *Selbstdarstellung*‹, 2. Aufl., Wien, 1936; *G.W.*, **16**, 31. (Das deutsche Original erschien zuerst gegen Ende 1935.)

(1935*b*) ›Die Feinheit einer Fehlhandlung‹, *G.W.*, **16**, 37; *C.P.*, **5**, 313; *Standard Ed.*, **22**, 233.

(1935*c*) ›Thomas Mann zum 60. Geburtstag‹, *G.W.*, **16**, 49; *Standard Ed.*, **22**, 255.

(1936*a*) Brief an Romain Rolland: ›Eine Erinnerungsstörung auf der Akropolis‹, *G.W.*, **16**, 250; *C.P.*, **5**, 302; *Standard Ed.*, **22**, 239.

(1936*b* [1932]) Vorwort zu Richard Sterba *Handwörterbuch der Psychoanalyse*, Wien. *Standard Ed.*, **22**, 253.

(1936*e* [1935]) Vorwort [in tschechischer Übersetzung] zur tschechischen Ausgabe der *Vorlesungen zur Einführung in die Psychoanalyse*, Prag.

(1936*d*) ›Zum Ableben Professor Brauns‹, *Mitteilungsblatt der Vereinigung jüdischer Ärzte*, Nr. 29 (Mai), 6.

(1937*a*) ›Lou Andreas-Salomé‹, *G.W.*, **16**, 270; *Standard Ed.*, **23**, 297.

(1937*b*) ›Moses ein Ägypter‹, *G.W.*, **16**, 103; *Standard Ed.*, **23**, 7.

(1937*c*) ›Die endliche und die unendliche Analyse‹, *G.W.*, **16**, 59; *C.P.*, **5**, 316; *Standard Ed.*, **23**, 211.

(1937*d*) ›Konstruktionen in der Analyse‹, *G.W.*, **16**, 43; *C.P.*, **5**, 358; *Standard Ed.*, **23**, 257.

(1937c) ›Wenn Moses ein Ägypter war . . .‹, G.W., 16, 114; Standard Ed., 23, 17.

(1938a) ›Ein Wort zum Antisemitismus‹, Die Zukunft (Paris), Nr. 7 (25. Nov.), 2; Standard Ed., 23, 289.

(1938b [1937]) Brief an André Breton, in Trajectoire du rêve; Documents recueillis par André Breton, Paris.

(1938c) Brief an den Herausgeber von Time and Tide [in Englisch], Time and Tide, 26. Nov., 1938, S. 1649; ›Anti-Semitism in England‹, Standard Ed., 23, 301.

(1939a [1937–39]) Der Mann Moses und die monotheistische Religion, G.W., 16, 103; Standard Ed., 23, 3.

(1939b) Mit Freud, Anna, Übersetzung von Marie Bonaparte Topsy, Chow-Chow au Poil d'Or, Paris, 1937, unter dem Titel Topsy, der goldhaarige Chow, Amsterdam.

(1939c) Früher (1948a) Brief an die Herausgeber von Das Psychoanalytische Volksbuch, in Das Psychoanalytische Volksbuch (3. Aufl.), Bern. Nachgedruckt in P. R. Hofstätter Einführung in die Tiefenpsychologie (›Erkenntnis und Besinnung‹, Nr. 1), Wien, 1948.

(1939c [1910–35]) Weggelassen.

(1940a [1938]) Abriß der Psychoanalyse, G.W., 17, 67; Standard Ed., 23, 141.

(1940b [1938]) ›Some Elementary Lessons in Psycho-Analysis‹ [Titel in Englisch; Text in Deutsch], G.W., 17, 141; C.P., 5, 376; Standard Ed., 23, 281.

(1940c [1922]) ›Das Medusenhaupt‹, G.W., 17, 47; C.P., 5, 105; Standard Ed., 18, 273.

(1940d [1892]) Mit Breuer, J., ›Zur Theorie des hysterischen Anfalls‹, G.W., 17, 9; C.P., 5, 27; Standard Ed., 1, 151.

(1940e [1938]) ›Die Ichspaltung im Abwehrvorgang‹, G.W., 17, 59; C.P., 5, 372; Standard Ed., 23, 273.

(1940f [1939]) Brief an Anna Freud Bernays, in Anna Freud Bernays ›My Brother Sigmund Freud‹, American Mercury, Nov. Deutscher Text unveröffentlicht.

(1940g [1938]) Vorwort zu Yisreal Doryon Lynkeus' New State, Jerusalem.

(1941a [1892]) Brief an Josef Breuer, G.W., 17, 5; C.P., 5, 25; Standard Ed., 1, 147.

(1941b [1892]) ›Notiz »III«‹, G.W., 17, 17; C.P., 5, 31; Standard Ed., 1, 149.

(1941c [1899]) ›Eine erfüllte Traumahnung‹, G.W., 17, 21; C.P., 5, 70; Standard Ed., 5, 623.

(1941d [1921]) ›Psychoanalyse und Telepathie‹, G.W., 17, 21; Standard Ed., 18, 177.

560

(1941*e* [1926]) Ansprache an die Mitglieder des Vereins *B'nai B'rith, G.W.*, 17, 51; *Standard Ed.*, 20, 273.

(1941*f* [1938]) ›Ergebnisse, Ideen, Probleme‹, *G.W.*, 17, 151; *Standard Ed.*, 23, 299.

(1941*g* [1936]) Entwurf zu einem Brief an Thomas Mann, *Int. Z. Psychoan. Imgao*, 26, 217.

(1941*h* [1939]) Brief an C. Berg [in Englisch], in Berg *War in the Mind*, London.

(1941*i* [1873]) ›Ein Jugendbrief‹, *Int. Z. Psychoan. Imago*, 26, 5 (enthalten in 1960*a* und 1969*a*).

(1942*a* [1905–6]) ›Psychopathic Characters on the Stage‹, *Standard Ed.*, 7, 305; deutscher Text: ›Psychopathische Personen auf der Bühne‹, *Die Neue Rundschau*, 73, (1962), 53; *Studienausgabe*, 10, 161.

(1945*a* [1939]) Vorwort [in Englisch] zu J. Hobman *David Eder,* London.

(1945*b* [1926]) Brief an M. D. Eder [in Englisch], in J. Hobman *David Eder,* London.

(1945*c* [1936]) Brief an Barbara Low [in Englisch], in J. Hobman *David Eder,* London.

(1945–46 [1938]) Vorwort und Briefe an Yisrael Doryon in Doryon *Der Mann Moses,* Jerusalem.

(1946*a* [1938–39]) Zwei Briefe an David Abrahamsen, in Abrahamsen *The Mind and Death of a Genius,* New York.

(1948*a*) Nun unter (1939*c*).

(1950*a* [1887–1902]) *Aus den Anfängen der Psychoanalyse,* London, enthalten der ›Entwurf einer Psychologie‹ (1895); *Standard Ed.*, 1, 175.

(1950*b* [1936]) Brief an Kurt Hiller, in Hiller *Köpfe und Tröpfe, Profile aus einem Vierteljahrhundert,* Hamburg und Stuttgart.

(1951*a* [1935]) ›A Letter on Homosexuality‹ [in Englisch], *Amer. J. Psychiat.*, 107, 786; *Int. J. Psycho-Anal.*, 32, 331 (enthalten in 1960*a*).

(1951*b* [1938–39]) Sechs Briefe an Jacob Meitlis, in Meitlis ›The Last Days of Sigmund Freud‹. *Jewish Frontier,* 1951, 20. Sept.

(1951*c* [1930–32]) Zwei Briefe an Richard Flatter, in ›Queries and Notes; Sigmund Freud on Shakespeare‹, *Shakespeare Quarterly,* 1951, 2, Nr. 4, 368 (deutscher Text unveröffentlicht).

(1952*a*) Drei Briefe an Theodor Reik, *Psychoanalysis,* 1, 5.

(1952*b*) Brief an Victor Bauer, in Charles Veillon *Journal de la maison* (Lausanne), 9, 101.

(1954*a* [1933]) Drei Briefe an J. Magnes, in M. Rosenbaum ›Freud-Eitingon-Magnes Correspondence; Psychoanalysis at the Hebrew University‹, *J. Amer. Psychoan. Ass.*, 2, Nr. 2, 311 (deutsches Original unveröffentlicht).

(1954*b* [1929]) Brief an ›Yivo‹, *News of the Yivo,* 55, 9 (Yiddish Section).

(1954c [1934]) Brief an Havelock Ellis [in englischer Übersetzung], in J. Wortis *Fragments of an Analysis with Freud,* New York.

(1954d [1932–35]) Vier Briefe [einer in Englisch] an J. Wortis, in Wortis *Fragments of an Analysis with Freud,* New York.

(1955a [1907–8]) Originalnotizen zum Teil einer Zwangsneurose (»Rattenmann«), *Standard Ed.,* 10, 259. Deutscher Text noch nicht veröffentlicht.

(1955b [1906–31]) Zehn Briefe an Arthur Schnitzler, *Die Neue Rundschau,* 66, Nr. 1.

(1955c [1920]) ›Memorandum on the Electrical Treatment of War Neurotics‹; *Standard Ed.,* 17, 211; deutscher Text: ›Gutachten über die elektrische Behandlung der Kriegsneurotiker‹, in *Psyche* (Frankfurt), 26, Nr. 12 (1972), 942.

(1955d [1876]) Zwei Stipendiengesuche für zoologische Studien, in J. Gicklhorn ›Wissenschaftsgeschichtliche Notizen zu den Studien von S. Syrski (1874) und S. Freud (1877) über männliche Flußaale‹, *S.B. Akad. Wiss. Wien* (Math.-Naturwiss. Kl.), I Abt., 164, Nr. 1 und 2.

(1955e [1930]) Brief an Juliette Boutonier, in J. Favez-Boutonier ›Psychanalyse et philosophie‹, *Bull. soc. fr. philos.,* 49, 3.

(1955f [1909–38]) Briefe und Auszüge aus Briefen an Ludwig Binswanger, in Binswanger *Erinnerungen an Sigmund Freud,* Bern.

(1955–56 [1938]) Brief an Nandor Fodor. *Psychoanalysis, J. Nat. Psychol. Ass. Psychoanalysis,* 4, (2) 25.

(1956a [1886]) ›Report on my Studies in Paris and Berlin, on a Travelling Bursary Granted from the University Jubilee Fund, 1885–6‹, *Int. J. Psycho-Anal.,* 37, 2; *Standard Ed.,* 1, 3; deutscher Text: ›Bericht über meine mit Universitäts-Jubiläums Reisestipendium unternommene Studienreise nach Paris und Berlin‹, in J. und R. Gicklhorn *Sigmund Freuds akademische Laufbahn im Lichte der Dokumente,* 82, Wien, 1960, auch in Sigmund Freud, *»Selbstdarstellung«; Schriften zur Geschichte der Psychoanalyse* (hrsg. v. Ilse Grubrich-Simitis), Frankfurt am Main, 1971.

(1956b [1916]) Brief an Eduard Hitschmann, *Psychoanal. Quart.,* 25, 362.

(1956c [1932–38]) Briefe an Hilda Aldington (H.D.), in H.D. *Tribute to Freud.* New York, 173–80.

(1956d [1923, 1936]) Zwei Briefe an Erich Leyens [einer in Englisch], *Psychoanal. Quart.,* 25, 148.

(1956e [1920]) Brief an Wilfrid Lay [in Englisch], *Psychoanal. Quart.,* 25, 152.

(1956f [1933]) Brief an Xavier Bovéda, *Psychoanal. Quart.,* 25, 153.

(1956g [1927]) Brief an Julie Braun-Vogelstein, *J. Am. Psychoanal. Ass.,* 4, 645; auch enthalten in 1960a.

(1957a [1911]) Mit Oppenheim, D. E., ›Träume im Folklore‹, *Dreams in Folklore,* New York, 1958, Part II; *Standard Ed.,* 12, 177; deutscher Text in Sigmund Freud, *Über Träume und Traumdeutungen,* Frankfurt am Main, 1971.

(1957*b* [1921]) Brief an Dr. Hereward Carrington, *Psychoanalysis and the Future,* New York (*Nat. Psychol. Ass. Psychoanal.*), 12.

(1957*c* [1931]) Brief an Immanuel Velikowsky, *Psychoanalysis and the Future,* New York (*Nat. Psychol. Ass. Psychoanal.*), 15.

(1960*a*) *Briefe 1873–1939* (hrsg. v. E. L. Freud), Frankfurt am Main, 2., erweiterte Aufl., Frankfurt am Main, 1968.

(1963*a*) Sigmund Freud/Oskar Pfister, *Briefe 1909 bis 1939* (hrsg. v. E. L. Freud und H. Meng), Frankfurt am Main.

(1965*a*) Sigmund Freud/Karl Abraham, *Briefe 1907 bis 1926* (hrsg. v. H. C. Abraham und E. L. Freud), Frankfurt am Main.

(1966*a* [1912–36]) Sigmund Freud/Lou Andreas-Salomé, *Briefwechsel* (hrsg. v. E. Pfeiffer), Frankfurt am Main.

(1966*b* [1938]) Introduction [in Englisch] zu S. Freud und W. C. Bullitt, *Thomas Woodrow Wilson, Twenty-Eighth President of the United States; A Psychological Study, Encounter,* 28, Nr. 1, 3; als Buch, Boston und London, 1967; deutscher Text der Einführung in *Neurose und Genialität,* hrsg. v. J. Cremerius, Frankfurt am Main, 1971.

(1967*a* [1928]) Brief an Lytton Strachey, *Almanach: Das einundachtzigste Jahr,* S. Fischer Verlag, Frankfurt am Main, 60. (Enthalten in der 2. Aufl. von 1960*a*.)

(1968*a* [1927–39]) Sigmund Freud/Arnold Zweig. *Briefwechsel* (hrsg. v. E. L. Freud), Frankfurt am Main.

(1969*a*) Sieben Briefe und zwei Postkarten an Emil Fluß, in ›Some Early Unpublished Letters of Freud‹, *Int. J. Psycho-Anal.,* 50, 419; deutscher Text: *Die Neue Rundschau,* 80 (1969), 678.

Stichwortverzeichnis

565

SIGMUND FREUD
WERKE IM TASCHENBUCH

Herausgegeben von Ilse Grubrich-Simitis
Redigiert von Ingeborg Meyer-Palmedo

Die Sammlung präsentiert das Lebenswerk des Begründers der Psychoanalyse breiten Leserschichten in neuer Gliederung und Ausstattung. Sie löst sukzessive die früheren Taschenbuchausgaben der Schriften Sigmund Freuds ab. Erstmals werden auch die Bereiche Behandlungstechnik und Krankheitslehre sowie einige voranalytische Schriften einbezogen. Zeitgenössische Wissenschaftler haben Begleittexte verfaßt; sie stellen Verbindungen zur neueren Forschung her, gelangen zu einer differenzierten Neubewertung des Freudschen Œuvres und beschreiben dessen Fortwirkung in einem weiten Spektrum der intellektuellen Moderne.

EINFÜHRUNGEN:

Vorlesungen zur Einführung in die Psychoanalyse
Biographisches Nachwort von Peter Gay
Band 10432

Neue Folge der Vorlesungen
zur Einführung in die Psychoanalyse
Biographisches Nachwort von Peter Gay
Band 10433

Abriß der Psychoanalyse
Einführende Darstellungen. Einleitung von F.-W. Eickhoff
Band 10434

»Selbstdarstellung«
Schriften zur Geschichte der Psychoanalyse
Herausgegeben und eingeleitet von Ilse Grubrich-Simitis
Band 10435 (*in Vorbereitung*)

FISCHER TASCHENBUCH VERLAG

fi 1581 / 4 a

SIGMUND FREUD
WERKE IM TASCHENBUCH

FISCHER TASCHENBUCH VERLAG

fi 1581 / 6 b

SIGMUND FREUD
WERKE IM TASCHENBUCH

KRANKHEITSLEHRE UND BEHANDLUNGSTECHNIK:

Schriften zur Krankheitslehre der Psychoanalyse
Einleitung von Clemens de Boor. Band 10444

Zur Dynamik der Übertragung
Behandlungstechnische Schriften
Einleitung von Hermann Argelander. Band 10445

KRANKENGESCHICHTEN:

Studien über Hysterie
(zusammen mit Josef Breuer)
Einleitung von Stavros Mentzos
Band 10446

Bruchstück einer Hysterie–Analyse
Nachwort von Stavros Mentzos
Band 10447

Analyse der Phobie eines fünfjährigen Knaben
(inkl. Nachschrift)
Einleitung von Veronica Mächtlinger
Im Anhang: Vorwort 1979 von Anna Freud
Band 10448

Zwei Krankengeschichten
»Rattenmann«/»Wolfsmann«
Einleitung von Carl Nedelmann
Band 10449

Zwei Fallberichte
Einleitung von Mario Erdheim
Band 10450

FISCHER TASCHENBUCH VERLAG

SIGMUND FREUD
WERKE IM TASCHENBUCH

FISCHER TASCHENBUCH VERLAG

fi 1581 / 5 d

SIGMUND FREUD
WERKE IM TASCHENBUCH

ÜBER KUNST UND KÜNSTLER:

Der Moses des Michelangelo
Schriften über Kunst und Künstler
Einleitung von Peter Gay
Band 10456

Eine Kindheitserinnerung des Leonardo da Vinci
Einleitung von Janine Chasseguet-Smirgel
Band 10457

VORANALYTISCHE SCHRIFTEN:

Schriften über Kokain
Aufgrund der Vorarbeiten von Paul Vogel
Herausgegeben und eingeleitet von Albrecht Hirschmüller
Band 10458

Zur Auffassung der Aphasien
Eine kritische Studie
Herausgegeben von Paul Vogel
Bearbeitet von Ingeborg Meyer-Palmedo
Einleitung von Wolfgang Leuschner
Band 10459

FISCHER TASCHENBUCH VERLAG

fi 1581 / 8 e

Geist und Psyche

Begründet von Nina Kindler 1964

Psychoanalyse

Raymond Battegay
**Psychoanalytische
Neurosenlehre**
Band 12233

Heinrich Deserno
**Die Analyse und
das Arbeitsbündnis**
Band 12131

Irene Fast
**Von der Einheit
zur Differenz**
Band 12682

Anna Freud
**Zur Psychoanalyse
der Kindheit**
Band 11519
**Das Ich und
die Abwehr-
mechanismen**
Band 42001

Merton M. Gill
**Die Über-
tragungsanalyse**
Band 12528

Wolfgang Harsch
**Die psychoanaly-
tische Geldtheorie**
Band 12665

Karen Horney
**Neue Wege in der
Psychoanalyse**
Band 11595
Selbstanalyse
Band 12571

Ludger Lütkehaus
**Psychoanalyse
ohne Zukunft?**
Band 12635

Stavros Mentzos
**Neurotische Kon-
fliktverarbeitung**
Band 42239
Hysterie
Band 42212

M. Mitscherlich
Erinnerungsarbeit
Band 11617

(Hg.) H. Nagera
**Psychoanalytische
Grundbegriffe**
Band 42288

(Hg.) Harald Pühl/
W. Schmidbauer
**Supervision und
Psychoanalyse**
Band 10599

Joh. Reichmayr
**Einführung
in die Ethno-
psychoanalyse**
Band 10650
**Spurensuche in
der Geschichte
der Psychoanalyse**
Band 11727

D.W. Winnicott
**Von der Kinder-
heilkunde zur
Psychoanalyse**
Band 42249

Fischer Taschenbuch Verlag

Geist und Psyche

Begründet von Nina Kindler 1964

Psychotherapie

Eric Berne
**Was sagen Sie,
nachdem Sie
»Guten Tag«
gesagt haben?**
Band 42192

Gerhard Danzer/
Josef Rattner
**Medizinische
Anthropologie**
Band 13303

Irmgard
Hülsemann
**Ich will fühlen,
daß ich lebe**
Band 13152

Sheldon B. Kopp
**Das Ende
der Unschuld**
Ohne Illusionen
leben
Band 11375

Marga Kreckel
**Macht der Väter –
Krankheit der
Söhne**
Band 13305

Erich Neumann
**Zur Psychologie
des Weiblichen**
Band 42051

Gertrud Orff
**Die Orff-Musik-
Therapie**
Band 42193

Erving und
Miriam Polster
Gestalttherapie
Band 42150

Erwin Ringel
**Selbstschädigung
durch Neurose**
Band 13499

Carl R. Rogers
**Therapeut
und Klient**
Band 42250

Walter J. Schraml
**Einführung in die
Tiefenpsychologie**
Für Pädagogen
und Sozial-
pädagogen
Band 10827

Reiner Stach (Hg.)
**Zur Psychologie
des Laufens**
Band 12023

Peter Tyrer/
Derek Steinberg
**Modelle
psychischer
Störungen**
Theorie- und
Praxiskonzepte in
der Psychotherapie
Band 13035

Fischer Taschenbuch Verlag

Geist und Psyche

Begründet von Nina Kindler 1964

Kinderpsychologie

Jacques Berna
Liebe zu Kindern
Aus der Praxis
eines Analytikers
Band 12670

Bruno Bettelheim
**Die Geburt
des Selbst**
Band 42247

Herausgegeben von
Gerd Biermann
**Kinderpsycho-
therapie**
Handbuch zu
Theorie und Praxis
Band 12039

Martin Dornes
Die frühe Kindheit
Band 13548
**Der kompetente
Säugling**
Band 11263

Anna Freud
**Einführung in
die Technik der
Kinderanalyse**
Band 42111
**Zur Psychoanalyse
der Kindheit**
Band 11519

Evelyn Heinemann/
Udo Rauchfleisch/
Tilo Grüttner
**Gewalttätige
Kinder**
Band 10760

Elizabeth Noble
**Primäre
Bindungen**
Über den
Einfluß pränataler
Erfahrungen
Band 12798

J. Sandler/
H. Kennedy/
R. L. Tyson
Zur Kinderanalyse
Gespräche mit
Anna Freud
Band 12501

Elaine V. Siegel/
Sabine Trautmann-
Voigt/Bernd Voigt
**Tanz- und Be-
wegungstherapie**
Band 12805

Daniel Widlöcher
**Was eine Kinder-
zeichnung verrät**
Band 42254

D.W. Winnicott
**Familie und
individuelle
Entwicklung**
Band 42261

Fischer Taschenbuch Verlag